minuit et demie

Marseille le 15 février
un jour de fini
t a moi
de mort un jour de
tous toi, un jour de
rre ! D'abord que je
de suite quelque
ts... est ce que ça
coup que ...rive
s de cahie... je
u papier a lettre mai
le d'écrire sur des
hier, il me semble qu
te, enfin tu choisiras

Jens Rosteck

ÉDITH PIAF

Jens Rosteck

ÉDITH PIAF

Hymne an das Leben

Propyläen

2. Auflage 2013

Propyläen ist ein Verlag der Ullstein Buchverlage GmbH
www.propylaeen-verlag.de

ISBN 978-3-549-07419-0

Lektorat: Karin Schneider
Gesetzt aus der Aldus und Neutra Display
bei Pinkuin Satz und Datentechnik, Berlin
Druck und Bindearbeiten: GGP Media GmbH, Pößneck
Printed in Germany

Ihr Leben war dermaßen traurig …
Fast zu schön, um wahr zu sein.

SACHA GUITRY

Inhalt

ANHANG

Gefesselt – und glücklich, es zu sein

»Sie erscheint im Halbdunkel, ganz in Schwarz gekleidet. Ohne eine schützende Rüstung, ohne den geringsten Schmuck und ohne Zierde, die Hände der Länge nach dicht an den Körper gepresst, den Kopf leicht zur Schulter hin geneigt, ein wenig schief, als schenkte sie der Menschenmenge ihre Aufmerksamkeit, ungeschickt, unbeholfen. Den Blick in die Ferne gerichtet, den blauen Blick. Immer dann schön, sobald sie singt. Denn alles [Anbetungswürdige an ihr beruht allein auf der Kraft ihres] Organs. Und konzentriert sich auf ihre nackten Hände, die denen einer Infantin ähneln, so bewundernswert sind sie. Und alles basiert auf der ewigen Opferbereitschaft ihrer Lippen, die vor Schmerz vibrieren, wenn sie diese gewöhnlichen, banalen Worte formen, Worte, bei denen sich Trunkenheit (›ivresse‹) auf Jugend (›jeunesse‹) reimt.« Ihrer Lippen, »die, im Angesicht Gottes, den Schrei der ganzen Erde ausstoßen!«[1]

Ein halbes Jahrhundert ist vergangen, seit Édith Piaf 1963 von der Lebensbühne abtrat. Und seit 1935, als sie sich zum ersten Mal im Lichtkegel eines Scheinwerfers vor ein Publikum wagte, erliegen Menschen auf aller Welt ihrer unverwechselbaren Stimme, ihrem hochdramatischen Vortragsstil, ihrer unnachahmlichen Bühnenpräsenz, ihrem Elan und ihrem Charisma. Noch heute assoziieren wir mit Piafs Liedern, Meilensteinen der Chansonkunst, die von ewigen Themen wie Liebe, Glück, Tod, Verlust und Trennungsschmerz handeln, Authentizität, denken wir unwillkürlich an Paris und Frankreich. Wohl jeder kennt ihr Porträt oder ihre Posen und kann ein halbes Dutzend ihrer Titel mitsummen. Das Phänomen Piaf hat sich nachhaltig in unser kollektives Klang- und Bildgedächtnis eingegraben. Ihre Einzigartigkeit ist verbürgt.

Charles Aznavour, der ihr, wie so viele andere Chansonniers und Showstars seiner Ära, den entscheidenden Karrieresprung und die Etablierung als feste Größe im französischen Musikleben verdankte, nannte sie »eine Besessene, eine Perfektionistin, kompromisslos, wenn es um ihre Kunst ging, eine Ruhelose in ihrem Leben«, aber auch »eine wunderbare Frau«.[2] Sie debütierte als *enfant de la balle*, als Artistenkind, und wandelte sich vom Spatz zum Phönix. Sie entstammte der Gosse, doch sie diente sich hoch: vom Bordell über den Zirkus in die Kabaretts an der Seine bis in die New Yorker Carnegie Hall. Als Dreijährige schien sie einem frühen Tod geweiht; als Heranwachsende war sie so bemitleidenswert wie Andersens Mädchen mit den Schwefelhölzern; in den fünfziger Jahren, deren Bild sie eigentlich gar nicht entsprach, wurde sie zum Monument und brachte es zu Weltruhm. Sie verausgabte sich mit verstörender Geschwindigkeit und erschreckender Intensität – großzügig und verschwenderisch darin, ihre Zuhörer zu beschenken, rücksichtslos und ohne Erbarmen, was ihren Leistungswillen und den Umgang mit den Männern in ihrem Leben betraf.

Ihre »unendliche« Leidensfähigkeit begünstigte die Vehemenz und Inbrunst, die sie in jede ihrer Bühnenperformances und Tonaufnahmen legte. Ihre *Rise-and-fall-story* verschaffte ihr einen gleichsam religiösen Status, den ihre Bewunderer – die sie regelmäßig triumphieren, scheitern und wiederauferstehen sehen wollten – ihr schon immer zugebilligt hatten. Gerade ihr Credo, nichts bedauern zu wollen –»non, je ne regrette rien« – und immer erneut bereit zu sein, ganz von vorn anzufangen, verlieh Piaf ihre verblüffende Stärke. Eine mentale Stärke, die paradoxerweise Hand in Hand zu gehen schien mit einem schwachen, rasch verfallenden Körper. Wie Elvis Presley, Billie Holiday, Judy Garland oder Janis Joplin stand ihr nur eine kurze Zeitspanne zur Verfügung, um stellvertretend für uns alle »den Schrei der ganzen Erde auszustoßen«, und dennoch war ihre Mission vollendet, hatte sie am Lebensende in künstlerischer Hinsicht alles gesagt, formuliert und gesungen, worauf es für sie ankam. Wie Jacques Brel oder Boris Vian blieb sie in der Wahrnehmung ihrer Zeitgenossen eine zuweilen unbequeme, oftmals rebellische und doch zutiefst poetische Gestalt. Wenngleich auch um ein etliches volksnäher. Und selbst diejenigen unter den Nachgeborenen, die kein Wort Französisch verstehen, lassen sich von ihr, wenn sie ihre Chansons hören und Aufzeichnungen ihrer Konzerte betrachten, genauso betören wie einst diese Kritikerin, die sich der Magie dieser zerbrechlichen und doch so starken Frau auslieferte: »Wenn die Scheinwerfer das schmale Wundermädchen zu verglühen scheinen oder sie mit Rot wie mit Glut überschütten, wenn ihre bleichen Hände mit sparsamen Gesten sich bewegen, wenn ihre plötzlich geheimnisvolle schwarze Tinte die ganze Stille des Saales in sich saugt, dann ergibt man sich ihr, gefesselt und glücklich, es zu sein.«[3]

Nur ihr Wunsch, dass allein ihre Lieder in der Erinnerung der Menschen bleiben sollten und sie selbst hinter ihr Werk zurücktreten würde, sollte sich nicht erfüllen lassen: Édith Piaf führte ein bemerkenswertes, widersprüchliches und maßloses Leben, dessen Fülle und Abgründe, dessen Reichtum und Sprunghaftigkeit eine minutiöse Nachzeichnung und Deutung verdienen.

Wie aber nähert man sich als Biograph einem solchen Monument? Vielleicht, indem man den Parcours vorrangig als das Dasein einer Theaterkünstlerin und Selbstdarstellerin auffasst, ohne dabei die Sängerin und Textdichterin zu vernachlässigen. Indem man der Versuchung widersteht, Piaf ausschließlich als Heilige, als Star oder als Liebende zu rezipieren, und stattdessen den Menschen

13

Édith in seiner Komplexität porträtiert, mit all seinen Brüchen und Ungereimtheiten. Musikalischer Ausdruckswille, Hang zum Exhibitionismus und Sehnsucht, drei Konstanten ihrer Persönlichkeit, lassen sich in ihrem Fall noch weniger voneinander trennen als bei anderen Protagonistinnen. Und indem man dem Vorsatz treu bleibt, dass (fast) alles von einem Menschenleben erzählt und auch versuchsweise bewertet, aber nichts vorschnell beurteilt, nichts zur Abstempelung »freigegeben« werden darf.

Schon bei den Vorarbeiten richtete ich meine Aufmerksamkeit in erster Linie auf drei Besonderheiten Édith Piafs: ihre Stimme, ihre Energie und ihr Bestreben, Legendenbildung zu betreiben. Denn ihr Mythos – kleinwüchsig, eigensinnig, leidenschaftlich, unverwüstlich – entstand, maßgeblich von ihr initiiert, bereits zu Lebzeiten.

Als erstaunlich und unverständlich empfand ich es, dass sich in fünf Jahrzehnten kein deutschsprachiger Autor zum Anfertigen eines detaillierten und möglichst vollständigen Lebensbildes dieser Interpretin bereitgefunden hatte. Aber auch um eine musikalisch fundierte Einschätzung und Schilderung maßgeblicher stilistischer Charakteristika hatten, wie ich nach Durchsicht der ausufernden Piaf-Literatur feststellen musste, nahezu alle Spezialisten einen großen Bogen gemacht. Daher habe ich mich dafür entschieden, meine Sichtweise ihres Lebenslaufes mit dieser zusätzlichen Erläuterungsebene zu bereichern: Um auch der Vielfalt ihres Œuvres gerecht zu werden, widme ich vierzehn Chansons eigene »Biographien«, die auf ihre Spezifika und ihre jeweilige Stellung im Schaffen Piafs eingehen. Die Lektüre dieser Intermezzi kann auch losgelöst vom größeren Zusammenhang erfolgen. Ein Buch im Buch.

Seit ich in Frankreich lebe, begegnen mir Piafs Genie und ihre unverbrauchte Ausstrahlungskraft immer wieder in unvermuteter Gestalt, in kongenialen Interpretationen durch Künstler anderer Sparten: etwa durch den Schauspieler und Rezitator Michel Hermon oder die aus Cádiz stammende Flamenco-Sängerin Ana Salazar mit ihren »hispanisierten« Chansons. Gelungene Verfremdungseffekte oder geglücktes Crossover: für mich sowohl die Bekräftigung von Piafs ungebrochener Präsenz als auch eine Ermunterung, mich eingehender mit ihrem Weiterwirken zu befassen.

Und wenn mir mal wieder nach ein wenig Leierkasten-Seligkeit und urwüchsigem Straßengesang ist, spaziere ich einfach durch das Vieux Nice, durch Nizzas pittoreske Altstadt, und lasse mich vom rauen Charme der lokalen Alleinunterhalterin Dany Dean[4] ins Paris der dreißiger Jahre entführen. Die vitale Siebzigjährige ist ein Original, das mit Schiebermütze und Halstuch vor seine Zufallshörer tritt und dem das Repertoire der Piaf in Fleisch und Blut übergegangen ist. Die geplagten Stimmbänder pflegt Dany mit Halssirup und Gauloises. Ihre Aura, ihr Anblick und ihr Stimmklang vermitteln einen Eindruck davon, wie eine gealterte Piaf die Passanten zum Stehenbleiben verführt, wie sie ihr Publikum in Bann gehalten, wie sie die Menschen zum Träumen gebracht hätte. Wenn sie nicht vorher entdeckt worden wäre.

Munteres Spätzchen:
erst »moineau«, dann »piaf«.

PROLOG
Vom Donner gerührt
Singen, um zu überleben · 1935

> Jedes Mal wenn sie singt, meint man,
> sie risse sich ihre Seele zum allerletzten Mal aus dem Leib.
>
> JEAN COCTEAU

Momente im Leben gibt es, an denen man ohne erklärlichen Grund seiner Gewohnheit zuwiderhandelt. An denen man aus dem üblichen Trott ausbricht, ohne zu wissen, warum. Aus einer plötzlichen Laune heraus. Absichtslos und intuitiv.

Dieser graue Nachmittag im Oktober 1935 ist ein solcher Moment. Zwei junge, doch nicht mehr ganz unschuldige Straßensängerinnen wollen ihr Glück heute einmal in einem anderen Stadtviertel versuchen. Im feinen Westen von Paris. »Eines Tages, einfach so, ohne Grund, entschieden wir uns für die Champs-Ély-

17

sées. Wir probierten verschiedene Straßen aus.« Armselig und abgerissen präsentieren sie sich mit ihren mal witzigen, mal anzüglichen oder melancholischen Schlagern. Männern mit Hüten und Aktentaschen, unterwegs zu Geschäftsterminen, liegen sie in den Ohren, und sie tun ihr Bestes, um Frauen in tadellos sitzenden Kostümen a cappella zu becircen. Vergebens. »Es ließ sich nicht gut für uns an.«[5] Auf den noblen Boulevards des 8. und 16. Arrondissements hält sich die Freigebigkeit der vorbeieilenden Passanten in Grenzen. Sie machen einen Bogen um die Mädchen, wenden den Blick ab oder verziehen angewidert den Mund. Dort, wo die beiden zu Hause sind und sich schon ein Revier erobert haben, weit draußen im Osten, in den Hinterhöfen von Ménilmontant, in den schmutzigen Seitengassen von Pigalle und auf den Trottoirs von Belleville, sind die Leute um einiges spendabler. Ihresgleichen, einfache Leute. Arbeiter auf dem Heimweg bleiben schon mal fünf Minuten stehen, um sich ein Lied in ganzer Länge anzuhören oder um zaghaft Beifall zu klatschen. Polizisten drücken schon mal ein Auge zu, wenn sie Édith und Simone unerlaubterweise vor einer Schule oder einem Gerichtsgebäude antreffen und lassen sich mit einem hübschen Chanson gern bestechen – auf der anderen Straßenseite dürfen die schäbig gekleideten Frauen dann weitertingeln. Kinder gesellen sich zu ihnen, schlagen Purzelbäume, vollführen einen Handstand. Gaffer johlen, Halbwüchsige feixen, Hausfrauen machen ein paar Sous locker, und der eine oder andere junge Kerl stößt sie mit dem Ellenbogen an, riskiert einen frechen Spruch. Jeder Auftritt wird zu einem kleinen Volksfest. Für Bettlerinnen werden sie nicht gehalten, man begegnet ihnen sogar mit ein wenig Respekt.

Das Problem ist nur, dass halb Paris ihre Moritaten und Gassenhauer bereits gehört hat. Für die nächste warme Suppe, für die fällige Miete ihres zugigen Hotelzimmers fehlt ihnen längst wieder das nötige Kleingeld. Und nicht nur bei ihrem Wirt stehen sie schon seit einigen Wochen in der Kreide, auch Gestalten, die nicht mit sich spaßen lassen, schulden sie jede Menge Francs. Lange werden sie sich nicht mehr mit dummen Ausreden abspeisen lassen. Höchste Zeit also, sich woanders umzuschauen. Warum also heute ausnahmsweise einmal nicht in die Nähe des Arc de Triomphe pilgern? *Une fois n'est pas coutume*, lautet eine französische Redensart. Einmal ist keine Gewohnheit.

Édith Giovanna Gassion, noch keine zwanzig, hätte es ebenso gut in der Nähe des Invalidendoms oder am Trocadéro versuchen können. Wie stets hat sie ihre Gefährtin Simone, genannt »Momone«, im Schlepptau. Ihren Schatten. Die anhängliche Momone, eine Kameradin, mit der man durch Dick und Dünn gehen kann, gibt sich nur allzu gern als ihre Schwester aus. Singen kann sie leider nicht besonders gut, sie summt nur unbeholfen ein bisschen mit oder trägt die zweite Stimme bei. Daher ist sie vor allem für die Animation der Umstehenden zuständig, für die Aufforderungen zum Zuhören und Mitklatschen, fürs Eintreiben der kümmerlichen »Gage«. Édith muss die Darbietungen allein bestreiten. Das macht ihr nichts aus. Daran ist sie seit Kindertagen gewöhnt. Bei ihrer bescheidenen Körpergröße, weniger als anderthalb Meter misst sie, muss sie sich allerdings gehörig in die Höhe recken, um überhaupt gesehen zu werden.

Sie kämpft gegen den Verkehrslärm an und schreit sich die Kehle aus dem Hals. Sie plündert ihr schmales Repertoire und wiederholt ihr halbes Dutzend Lieder mit der Abgebrühtheit und Resignation eines Leierkastenmannes. Bis jetzt hat ihnen der trostlose Nachmittag keine Reichtümer beschert. Momones zerknittertes Hütchen, das als Sammelbeutel herhalten muss, ist noch immer fast leer, ein kalter Wind fegt durch die Häuserzeilen. Eine letzte Chance gibt das seltsame Gespann seiner feindseligen Umgebung noch, bevor es den Champs den Rücken kehrt. Und baut sich an einer Straßenecke unterhalb des Triumphbogens auf, dort, wo die Avenue Mac-Mahon auf die Rue Troyon stößt. Fehlanzeige auch hier: Kaum ein Spaziergänger hält inne oder wendet auch nur den Kopf in ihre Richtung. Es ist wie verhext.

Aber noch jemand ist heute von seinen Gewohnheiten abgewichen. Auch Louis Leplée hat einen anderen Weg eingeschlagen. An diesem sonnenlosen *après-midi* steht ihm der Sinn nach weniger belebten Straßen. So kommt er an der Rue Troyon vorbei. Aufgrund einer Kriegsverletzung hinkt er. Und damit man ihm das nicht gleich anmerkt, lässt er sich meist Zeit bei seinem Weg zur Arbeit. Etwas Preziöses umgibt ihn. Momone und Édith sehen ihn schon von weitem, einen eleganten, gutgekleideten Herrn mit graumeliertem Haar und sanften, blauen und auch etwas traurigen Augen. Sie nehmen wahr, wie er seinen Schritt verlangsamt, schließlich stehen bleibt und zuhört. Édith trällert gerade das Lied vom Spatz, *Comme un moineau*. So als sänge sie ihr Selbstporträt. Wie ein Spatz ist sie geboren, wie ein Spatz hat sie gelebt, wie ein Spatz wird sie sterben. Kess, unbekümmert, immer ausgehungert, selten satt. Aus dem Nest gefallen. Und zu allen Schandtaten bereit.

Leplée bewegt sich nicht vom Fleck und lauscht auch noch ihrem nächsten Chanson. Mit entrücktem, zärtlichem Gesichtsausdruck. Und mit dem wissenden Lächeln eines Kenners. Alle Zeit der Welt scheint er zu haben. Momone grinst belustigt. Sie glaubt bereits an einen Verehrer, der Édith womöglich gleich einen Heiratsantrag machen wird. Édith hingegen schaut etwas tiefer in die gütigen Augen Leplées hinein und weiß sofort, dass dieser schon etwas angegraute Gentleman sich nicht für sie als Frau interessiert. Zu unattraktiv muss sie ihm erscheinen – verwachsen und ungepflegt, ohne Strümpfe, in einem verschlissenen Kleidchen.

Nein, Leplée, der Betreiber eines Variétés in der Rue Pierre-Charron, interessiert sich für die Stimme von Édith Giovanna Gassion. Diese Stimme, die den Straßenlärm zu übertönen imstande ist und über den Köpfen der Passanten zu schweben scheint, hat es ihm angetan. Er schließt für einen Moment die Augen, wartet ab, bis die letzte Strophe verklungen ist, und macht ein paar energische Schritte auf die arme Kleine zu, die misstrauisch vor ihm zurückweicht.

Keine zehn Tage später, an einem Freitagabend zu vorgerückter Stunde, stellt Leplée diese Stimme seinem anspruchsvollen, skeptischen Kabarettpublikum im Le Gerny's vor, und Édith steht zum ersten Mal auf einer »richtigen« Bühne. Zum ersten Mal hören ihr Menschen zu, die sich für Kunst und gehobene Unterhaltung interessieren. Menschen mit Champagnerkelchen in den Händen, die etwas von Musik verstehen und mehr als nur flüchtige Ablenkung suchen. Männer und Frauen, die ihrerseits zum ersten Mal mit einer Welt konfrontiert werden, die sie nur vom Hörensagen kennen. Mit einem finsteren, unheimlichen Paris, in das sie nie einen Fuß setzen würden. Ein *culture clash* bahnt sich an. Leplée holt die schmächtige Édith ins Scheinwerferlicht. Die Zufallsbegegnung an der Straßenecke schildert der Impresario genau so, wie sie sich zugetragen hat. Väterlicher Stolz mischt sich in seine Darstellung. Er setzt auf Authentizität. Er vertraut ungeschminkter Realität. Er verzichtet auf Glamour. Er riskiert sehr viel an diesem Abend. Und wagt doch zu hoffen, dass dieses bleiche, grotesk kleine Mädchen in seinem löchrigen Pullover, mit dem wirren Haarschopf und der Ausstrahlung eines Zirkusgeschöpfs binnen weniger Minuten die mondänen Zuhörer des Gerny's erst befremden, dann verzaubern und zuletzt erobern wird. Mit seiner Stimme.

Auf die gespannte, konzentrierte Stille während ihres Vortrags, bei dem sie allmählich an Sicherheit gewinnt, und auf die lauernde, gefährliche Stille nach dem letzten Chanson folgt, nach quälenden Sekunden des Wartens und der Ungewissheit, stürmischer, donnernder Applaus. Bravorufe. Jubelnde Menschen, die sich von ihren Stühlen erheben. Eine Einladung auf ein Glas Sekt. Komplimente. Händeschütteln. Strahlende Gesichter. Die Feuertaufe hat sie erfolgreich absolviert. Und »Édith weiß noch nicht, dass sie gerade zum zweiten Mal geboren wurde«.[6]

Édith selbst wird sich mehr als zwanzig Jahre später an ganz andere Details ihres Premierenabends erinnern. Auch ihr sei »die eisige Stille« aufgefallen, die sie aber nicht als »ein Zeichen von Feindseligkeit« gedeutet habe. »Das war einfach die normale Reaktion wohlerzogener Leute, die nicht gerade hocherfreut darüber waren, dass man ihnen die Existenz von kleinen Mädchen wie mir in Erinnerung rief. Mädchen, die nie genug zu essen hatten und vor lauter Elend dabei waren zu krepieren.« Mit ihren »armseligen Klamotten« und ihrem »Gespenstergesicht« sei sie »in dieser eleganten Umgebung aus dem Rahmen« gefallen. »Ich wirkte verstörend auf sie«, wird Édith im Jahre 1958 resümieren, im ersten Teil ihrer Autobiographie. »Von einer Sekunde auf die andere war ich vor lauter Lampenfieber wie gelähmt, von diesem schrecklichen Phänomen«, von dessen Existenz sie sich noch eine Minute früher nicht hätte träumen lassen. Am liebsten hätte sie »kehrtgemacht, aber ich gehöre nun mal nicht zu denjenigen, die schnell aufgeben«. Im Gegenteil, Schwierigkeiten stimulierten sie. »Und in dem Moment, in dem ich mich besiegt fühle, finde ich, wo genau, weiß ich selbst nicht, die Kraft, die es mir gestattet, weiterzukämpfen und mich nicht unterkriegen zu lassen. Ich blieb also.«[7] Sie fasst sich ein Herz und macht weiter. »Man hörte mir zu. Ganz allmählich und behutsam bemächtigte sich die Sicherheit meiner Stimme.« Unter jenen, die ihren Vortrag mit kritischer Miene begleiten, sitzen Berühmtheiten wie der Chansonstar Maurice Chevalier und der Romanschriftsteller Joseph Kessel, der Komiker Fernandel und die große Mistinguett. Édith traut ihren Augen kaum, als sie endlich einen Blick in den Saal riskiert. *Le Tout-Paris* hat sich versammelt, um ihrem Debüt beizuwohnen! »Ich sah aufmerksame und sogar ernste Gesichter. Nicht ein einziges Lächeln. Ich fühlte mich bestärkt. Ich hatte mein Publikum ›in der Hand‹!«[8]

Bis es so weit war und sich das Wunder vom Gerny's ereignen konnte, hatte Leplée anderthalb Wochen lang alle Hände voll zu tun gehabt. Zunächst musste er das störrische junge Ding, das sich für ein Almosen gerade um Kopf und Kragen sang, dazu bringen, ihm, einem Unbekannten, zu vertrauen. Überredungskunst brauchte er gar nicht erst aufzubieten. Bloß keine einschmeichelnden Worte! Mit einer kleinen Konfrontation bewerkstelligte er die Annäherung. Es galt, die Begabte herauszufordern. Noch auf der Straße erklärte er das Persönchen für völlig verrückt. Prophezeite ihm, dass es sich die Stimme ruiniere, dass es sein Talent mutwillig zerstöre. Édiths Einwand, sie verdiene sich hier ihren Lebensunterhalt, ließ er nicht gelten. In einem richtigen Kabarett solle sie gefälligst arbeiten, mit ihrem Potential! Auf anständige Weise Geld verdienen! Und der kecken Antwort »Würden Sie mich denn anstellen? Bis jetzt bin ich nämlich noch nirgends unter Vertrag« begegnete er mit einem Angebot. Indem er sich vorstellte, ihr den Namen seines Etablissements nannte, die Adresse auf einen Zettel kritzelte und sie für den kommenden Montag um vier Uhr nachmittags zu sich bestellte. Auf eine Bewährungsprobe. Kein Vorschlag – ein Befehl. Damit ließ er die verdutzten Mädchen in der

Rue Troyon einfach stehen. Von Momone, der er noch rasch einen Fünf-Francs-Schein in die Hand gedrückt hatte, war ohnehin nicht die Rede gewesen.

Noch am selben Abend nahmen Édith und Momone das Lokal dieses Leplée schon einmal von außen in Augenschein. Daheim, in ihrer Stammkneipe, stießen sie dann auf ihren Erfolg an und prahlten lauthals mit ihrer Eroberung. Dabei wussten sie nicht so genau, was sie von der ganzen Angelegenheit eigentlich halten sollten. Was, wenn dieser geschniegelte Monsieur mit den guten Manieren nur ein Aufschneider war? Die berühmte Sängerin Fréhel, eine wichtige Vertreterin des *chanson réaliste*, verkehrte ebenfalls in dieser Pigalle-Bar und nahm den beiden Mädchen, kaum dass sie von Leplées Angebot gehört hatte, sogleich den Wind aus den Segeln. Sie riet davon ab, im Gerny's vorstellig zu werden. Bestimmt führe der feine Herr etwas anderes im Schilde, Vorsicht sei geboten. Und überhaupt, der Pariser Westen komme für ein vielversprechendes Debüt als Chansonsängerin gar nicht in Frage. Nicht für sie, Édith, jedenfalls. Die so Düpierte beschloss, dass es sich bei Fréhels Warnungen um puren Neid handelte, und eilte nach Hause, um vorsichtshalber schon mal ihren einzigen Rock gründlich auszuwaschen.

An besagtem Montag warf Édith erst um fünf einen Blick auf die Uhr – sei es, weil sie der Mut zwischenzeitlich verlassen hatte, sei es, weil sie, von einem Tag zum nächsten lebend, Leplées Offerte längst vergessen hatte –, aber dann hastete sie doch zur Metrostation. Anderthalb Stunden war sie zu spät. Dass Leplée, der im Gerny's mit einem Klavierbegleiter ungeduldig auf ihr Erscheinen gewartet hatte, sie nicht auf der Stelle hinauswarf, verhieß mehr als alle schönen Worte. Von ihrem Repertoire hielt er allerdings gar nichts und brach die Probe ab, als sie ihrem dürftigen Melodienreigen auch noch einige Opernausschnitte hinzufügen wollte.

Was er gehört hatte, reichte ihm. Sein Instinkt hatte ihn nicht getrogen. Ihm war ein seltener Edelstein in die Hände gefallen. Roh und ungeschliffen. Nun galt es, ihn zum Juwel zu machen, ihm die richtige Fassung zu geben. Ohne viel Aufhebens engagierte er sie vom 24. Oktober an, bot ihr allabendlich eine Festgage und verlangte dafür, dass sie innerhalb weniger Tage vier bewährte

Lieder einstudierte. Hauspianist und -akkordeonist, beide hervorragende Musiker, würden sich um Arrangements und Detailarbeit kümmern. Er selbst würde ihr mit Rat zur Seite stehen. Lediglich um ein anständiges, vorzeigbares Kleidungsstück habe sie sich zu kümmern. Édith, nun bereits wieder etwas selbstbewusster, war einverstanden und nahm sich vor, ihren Pullover, an dem sie schon seit Wochen herumwerkelte, fertigzustricken.

Und dann musste noch ein Name gefunden werden. Dass Giovanna oder Gassion als Bühnennamen ausschieden, verstand sich von selbst. Aber auch mit Huguette Hélia, Tania oder Denise Jay, Pseudonymen, die sie sich bei kurzen Einlagen in Kellerbars und Vorstadtvariétés zugelegt hatte, war nun wirklich kein Staat zu machen. Leplée dachte kurz nach und besann sich auf das Lied vom Spatz, das ihn keine Woche zuvor in Bann gezogen hatte. Spatz, *moineau*. Und er fand, dass die Bezeichnung *môme* – Göre, Fratz – zu ihrem kindhaften Äußeren und ihrer Kleinwüchsigkeit ausgezeichnet passte. La Môme Moineau also! Ärgerlich nur, dass dieser Künstlername bereits vergeben war. Ausgerechnet von ihm. An seine gute Bekannte Lucienne Garcia, die sich gegen Ende der *années folles* in Leplées Amüsierclub Liberty's am Pigalle in die Herzen ihrer Zuhörer gesungen hatte.

Zum Glück hält der Pariser Argot, der Straßenslang, jede Menge Synonyme bereit: *Piaf* entspricht dem Hochsprachenbegriff *moineau*, klingt kurz und knackig und beinhaltet noch weitere Bedeutungsebenen. Von *piaffer* spricht man, wenn Pferde ungeduldig mit den Hufen scharren oder aufstampfen oder, ganz allgemein, wenn jemand »Hummeln im Hintern« hat, übermütig ist.[9] Und unter *piaffer avec impatience* versteht man ein nervöses Aufgekratztsein. La Môme Piaf, das Spatzengör, die Bezeichnung saß wie angegossen. Leplée duldete keine Widerrede. Falls die Getaufte Einwände vorzutragen hatte, so ist davon nichts nach außen gedrungen. Ihren Spitznamen hatte sie weg, war fürs Leben gezeichnet.

Die Proben ließen sich gut an. La Môme Piaf erschien von nun an pünktlich und machte riesige Fortschritte. So lernte sie im Einklang mit dem Klavier zu singen – ein absolutes Novum für sie. Stimmbildung und Artikulation beanspruchten den größten Teil der Ausbildung; die Beherrschung von Phrasierung, Ritardandi und Fermatensetzung, Grundzüge eines souveränen Bühnenverhaltens sowie die angemessene Platzierung weniger expressiver Gesten waren weitere Schritte auf dem Weg zur frühen Meisterschaft. Mit metrischen Vorgaben freilich nahm sie es schon damals nicht so genau und gestattete sich große Freiheiten. Mit dem Notentext spielte sie Katz und Maus, erlaubte sich Enjambements, spontane Rubati und Umtextierungen, womit sie ihren Pianisten mehr als einmal zur Improvisation zwang – und zur Verzweiflung brachte. So weit das Metier, das Erlernbare. Das Verbesserungswürdige und Ausbaufähige. Was man ihr nicht beibringen musste, war Interpretation. Da saß schon jetzt jeder Ausdruck, da stimmte jeder Tonfall, da überzeugte jede einzelne Zeile, da glaubte man ihr jedes Wort. So als sei La Môme Piaf mit diesen Fähigkeiten auf die Welt gekommen.

Bei einer dieser Arbeitssitzungen wurde sie Yvonne Vallée vorgestellt, Maurice Chevaliers Exfrau und ein echter Bühnenstar. Vallée zeigte sich von Édiths Begabung entzückt, behandelte sie nicht herablassend, sondern wie eine ernstzunehmende Kollegin, und schenkte ihr sogar einen weißen Seidenschal – als Talisman. Um aus Édith etwas Besonderes werden zu lassen und damit man ihr erst gar nicht diesen altmodischen roten Schal, Accessoire der »realistischen« Sängerzunft, zumuten würde.

Der gute Onkel Leplée, das dämmerte seinem Schützling erst im Laufe der Zeit, verstand wirklich etwas vom Showgeschäft. Der Theaterroutinier hatte die vier Lieder für Édiths Debüt mit Bedacht gewählt: den Aristide-Bruant-Klassiker *Nini peau d'chien* mit seiner poetischen Montmartre-Atmosphäre, raues Selbstbildnis eines armen, verlorenen Mädchens. *Si petite* oder *Je me fais toute petite*, das von den Gefühlswallungen einer Frau handelt, die sich in den Armen ihres Geliebten beschützt weiß und eben »ganz klein« vorkommt. Den düsteren *Valse brune* und natürlich, als Zugpferd, *Les Mômes de la cloche*.

Da klang Édiths neuer Name schon im Titel an, und den Inhalt der Ballade nahm man ihr ohne zu zögern ab: die traurige Litanei der zerlumpten Clochard-Kinder, wie sie in Scharen durch die Straßen ziehen. Von der Gesellschaft verstoßen, ohne ein Dach über dem Kopf, zu Kriminalität und Prostitution gezwungen. Das in ein einfaches Lied gekleidete Schicksal einer Generation von namenlosen, ungewollten Geschöpfen. In diesem Milieu kannte Édith sich aus, brauchte keine Pose einzunehmen oder das Elend neu zu erfinden. Das war eins zu eins ihre Geschichte. Eine Nummer, der so gar nichts Glanzvolles anhaftete.

Leplées Kalkül ging auf. Die Konfrontation mit Édith war quasi ein programmierter *succès de scandale*. Die Schockwirkung der *Mômes de la cloche* auf privilegierte Partygänger und Diplomaten, auf Transvestiten, Homosexuelle und eitle Damen, auf Künstler und wohlhabende Tagediebe, wie sie zusammengenommen den Großteil seiner Gäste ausmachten, war praktisch garantiert. Und der Gegensatz zwischen dem jämmerlichen Bild, das seine ausgezehrte, erbarmungswürdige Debütantin abgab, und der Wucht der realistischen Texte, zwischen der Kindfrau-Erscheinung und der Stimmgewalt, die das Gerny's von den ersten Takten an förmlich erschütterte, hätte nicht schroffer ausfallen können: Er überwältigte noch die Hartgesottensten unter den Zuhörenden.

»Sa voix m'a pris aux entrailles. Elle m'a ému, elle m'a bouleversé.« Das hatte er seinen Kabarettbesuchern schon angekündigt, bevor Édith auf die Bühne getreten war. Es klang wie eine Warnung, konnte aber auch als Verheißung aufgefasst werden. »Ihre Stimme hat mich im Innersten ergriffen, hat mich bei den Eingeweiden gepackt. Sie hat mich berührt, sie hat mich umgehauen.« Der Begriff *bouleversé* – überwältigt – fiel immer wieder, wenn Menschen versuchten, ihre erste Begegnung mit Piaf und ihrer Stimme in Worte zu fassen. Sie fühlten sich hypnotisiert. Ihnen war es, als sänge die kleine Pariserin um ihr Leben, um Leib und Seele. Und sie fühlten sich in der Seele getroffen, durchbohrt und »erkannt«. Piafs Stimme ging ihnen durch Mark und Bein.

Auch Chevalier, der »Mann mit dem Strohhut«, und der Poet Jean Cocteau, der noch so manche Eloge auf sie schreiben sollte, bemühten ein ums andere Mal das Bild von der aus dem Leib herausgerissenen Seele, vom Bauch als »Sitz« von Piafs Stimme. Man schrieb ihr physische Attribute zu. Niemand, der sie je gehört hatte, sparte mit Superlativen und Metaphern. Sie sei voller Wahrhaftigkeit. In ihr bündelten sich die »Splitter des Lebens«

und fügten sich wieder neu zusammen. Sie steuere geradewegs auf die Sterne zu. In all den Schwärmereien der Piaf-Aficionados ging es weniger um ihren spezifischen Klang und seine Nuancen – die dunkle Färbung, das Vibrato, die rollenden Konsonanten, die auf die Spitze getriebenen Nasale – als vielmehr um die Wirkung, die diese Stimme auf sie ausübte. Diese Urgewalt, die auch die Mauern von Jericho zum Erzittern bringen könne.

Die Empfindungen, die Leplées Gäste im Gerny's beim Anblick dieser Göre »aus dem Volk« verspürten, ihre Reaktionen auf das vokale Ereignis, das sich vor ihren Ohren vollzog, ihre Euphorie angesichts dieser Performance, deren Zeuge sie gerade geworden waren, nahmen im Kern bereits alle Emotionen und künstlerischen Errungenschaften vorweg, mit denen man die Piaf für alle Zeiten in Verbindung bringen würde: Präsenz und Authentizität. Eindringlichkeit und Inbrunst. Intensität und Kompromisslosigkeit. Leidenschaft und Vitalität. Unbezähmbarkeit und Eigensinn. Beseeltheit und Dramatik. Überlebenskampf und unbedingter Überlebenswille. Leidensfähigkeit und tranceartige Konzentration.

Piafs erstes Publikum erfuhr bereits, was für all ihre späteren Zuhörer zum Erlebnis werden würde: Dass sie Sehnsüchte zu transportieren verstand. Dass sie Macht über die Menschen besaß. Dass die Menschen sich ihr anvertrauten, dass sie ihr, unausgesprochen, ihre geheimen Seelenqualen wie eine Opfergabe darbringen konnten und dafür etwas zurückbekamen – einen Hoffnungsschimmer vielleicht, der sie anderntags in die Lage versetzte, ihren Alltag beherzter anzugehen. Einen Funken Zuversicht, um ihren Kummer abzuschütteln, eine Prise guter Laune, um ihren Mitmenschen wieder freundlicher zu begegnen. Eine kathartische Wirkung mit Langzeiteffekt. Zuschauer, die aus ihren Konzerten kamen, fühlten sich gereinigt, geläutert und beschenkt. Was geschah, wenn man sich auf Piafs Vortrag einließ, ging also weit über Musik heraus. Es handelte sich um einen religiösen Akt, einen gegenseitigen Vertrauensbeweis. Um einen Pakt zwischen Sängerin und Publikum.

Ein Vorfall illustriert diese magische Fusion zwischen Interpretin und Erlösungsbedürftigen: Auf dem Zenit ihrer Laufbahn erschien eine schon sterbenskranke, aber weltberühmte Édith Piaf mit mehr als vierstündiger Verspätung zu einem Auftritt in

Annecy. Konzertveranstalter waren landauf, landab zwar an Piafs notorische Unzuverlässigkeit und an ihre Absagen in letzter Minute gewöhnt, doch das Publikum tobte mittlerweile vor Wut und ließ sich auch durch die Ankündigung, der Star werde jede Minute eintreffen, nicht besänftigen. Schlägereien verwandelten den Saal in einen Hexenkessel. Als Piaf endlich vor ihre Zuhörer trat und ihr geballte Aggression entgegenschlug, brüllte sie ebenso zornig in die Menge zurück. Zum Glück war das Mikrophon noch nicht eingeschaltet! Die Konfusion hatte ihren Höhepunkt erreicht. Auf einen Wink des lokalen Impresarios hin begann Piaf schweren Herzens mit ihrer Darbietung. Die ersten zwei Chansons gingen im Höllenlärm unter, die nächsten drei wurden noch von Pfiffen und Verwünschungen unterbrochen, danach ebbten die Zwischenrufe ab, es wurde stiller. Am Ende des ersten Blocks hingen die Leute an ihren Lippen, zur Pause lagen sie Piaf zu Füßen. Die zweite Hälfte wurde zu einem Triumph, ein Blumenregen ging auf sie nieder, und die Ovationen wollten kein Ende nehmen. Nicht einmal eine Operndiva hätte ein solches Umschlagen der Emotionen zu vollbringen vermocht. Zuletzt konnten sich Interpretin und Publikum kaum noch voneinander lösen, Tränen der Rührung flossen beiderseits des Orchestergrabens. Alle fühlten sich verzaubert und verwandelt. Eine Läuterung hatte stattgefunden.[10]

Zurück ins Gerny's. Édiths Pullover war natürlich nicht rechtzeitig für ihren ersten Auftritt fertig geworden. Ein Stück des Ärmels fehlte. Noch in der Garderobe hantierte sie, schuldbewusst und vergeblich, mit den Stricknadeln, zögerte ihren Auftritt hinaus. So lange, bis Leplée, im Begriff, die Geduld zu verlieren, sie in Richtung Bühne zerrte und sie anherrschte, sich gefälligst Yvonnes Schal um die Schultern zu werfen und anzufangen. Kaum dass La Môme Piaf sich im Scheinwerferlicht bewegte, wurde das fehlende Stück natürlich für jedermann sichtbar. Aber niemand machte sich über sie lustig. Wie sie ja überhaupt Humor und Ausgelassenheit, im Privaten zwei ihrer größten Vorzüge, von Anfang an aus ihrer Bühnenshow wirkungsvoll verbannte. Ihre Inszenierungen boten, mit ganz wenigen Ausnahmen, Pathos und Leid, Schmerz und Klage dar. Ein schalkhaftes Augenzwinkern, ein komplizenhaftes

Gelächter, eine ironische Wendung, selbst ein verstecktes Lächeln wären fehl am Platz gewesen. Sobald es ans Professionelle ging, gab sie die große Tragödin. Unter vier Augen oder im Freundeskreis ließ sie hingegen den Spaßvogel frei, steckte andere mit ihren Lachsalven an, konnte von neuen Witzen nicht genug bekommen.

Den Pullover und ihren fleckigen Rock trug sie nur einmal. Leplée nahm sie mit zu Tout Main und ließ ihr ein schlichtes schwarzes Kleid schneidern, ohne Kragen. La Môme hatte es nicht nötig, ausstaffiert daherzukommen. Sie dankte es ihrem Gönner, indem sie ein Leben lang nur sehr selten ein anderes Outfit wählte für ihre Bühnenauftritte. Ob in der Carnegie Hall oder in einem Kino in der Banlieue, sie verwuchs mit ihrem kleinen Schwarzen.

Édith gefiel es bei Leplée. Sie liebte es, dass er wie sie die Nacht zum Tag machte, sein Lokal bis zum Morgengrauen offen hatte, dass er Künstlern wie ihr eine Chance gab und beim Feiern und Trinken ordentlich mithalten konnte. Sie war erleichtert, dass er sie nicht körperlich bedrängte. Sie mochte seine weiche, weibliche Seite und sein tragikomisches Clownsgesicht mit den sinnlichen Lippen. Sie spürte seinen Stolz und bewunderte ihn dafür, dass er Neidern und Verächtern – die gab es zuhauf – die Tür wies, sein Spätzchen vor Kritikern in Schutz nahm und sich damit abfand, dass zahlende Kunden, die La Môme Piaf einfach nur vulgär und pöbelhaft fanden, nicht mehr wiederkamen. Nach und nach fand sie heraus, dass er Paris von derselben Seite kennengelernt hatte wie sie – von »unten«. Dass er selbst in Kellerlokalen aufgetreten war, ein Kabarett nach dem anderen gegründet, sich vom Palace in der Rue du Faubourg Montmartre über das Liberty's bis zum Gerny's hochgearbeitet hatte. Dass sein Partner und Teilhaber Bob früher als »Bobette« in Frauenkleidern die Empfangschefin gespielt hatte, dass einer seiner früheren Geschäftsfreunde unter mysteriösen Umständen ermordet worden war, dass er aufreizende Lieder goutierte, die Schwulenlokale von Paris wie seine Westentasche kannte und dass er in Pigalle und auf dem Montmartre genauso zu Hause war wie sie.

Leplée und Piaf waren vom gleichen Schlag. Nachteulen, Zecher, Partykönige, großzügig und unglücklich Liebende, tief in die Halbwelt Verstrickte und mit der Unterwelt auf Du und Du. Auch wenn er jetzt Glacéhandschuhe trug und sich einer anderen Ausdrucksweise befleißigte, neuen, gutsituierten Bekanntschaften stets mit Charme, exzellentem Benehmen und ausgesuchter Höflichkeit begegnete, besuchte er immer noch ausschweifende Apachenbälle und verkehrte mit Strichjungen.

»Das Schicksal nahm mich bei der Hand, um mich in die Sängerin zu verwandeln, die ich werden würde.«[11] So gewunden drückte die alternde Piaf aus, was ihr in ihrem zwanzigsten Lebensjahr, aus heiterem Himmel, dank Louis Leplée widerfahren war. Er nahm sie unter seine Fittiche und päppelte sie auf. Er durfte erleben, dass sein künstlerischer Intensivkurs über Nacht Früchte getragen hatte. Er mochte ihre wilde, unverbildete Seite, musste aber schnell einsehen, dass sie zu jenen Spatzen zählte, die sich nicht einsperren ließen. Und sich damit abfinden. Denn nach getaner Arbeit, immer dann, wenn ihr gerade ein arabischer Prinz, ein reicher Anwalt oder ein bedeutender Kollege gehuldigt hatte und sie an dessen Tisch Platz nehmen durfte, immer dann, wenn ein wichtiger Journalist ein ernstes Wort mit ihr sprechen wollte, immer dann, wenn es im Gerny's hoch herging und gerade am schönsten war, rebellierte La Môme. Sprang auf und rannte davon. Zurück nach Pigalle, wo sie mit der verschmähten Momone und einigen Saufkumpanen ihre Abendgage durchbrachte, um danach alle steilen Treppen des Montmartre bis zur Kirche von Sacré-Cœur hinaufzusteigen, wo sie volltrunken der Muttergottes für ihr unverschämtes Glück dankte. Weiter ging es zu irgendeinem Luden, dem sie einen Geldschein zusteckte, und wieder zurück zu Leplée, der dann oft gerade sein Lokal zumachen wollte. Dem sie sich, schmollend, kichernd und völlig erschöpft, auf den Schoß setzte. Wie ein ungezogenes kleines Mädchen fühlte sie sich dann und hatte, bevor sie einschlief, ein schlechtes Gewissen, dass es ihr plötzlich so gut ging. Für so viel unverdiente Anerkennung würde sie büßen müssen, so hatte sie es gelernt.

Leplée kannte die Fallstricke des Milieus nur zu gut und hätte Édith am liebsten vor ihrem Doppelleben zwischen Pigalle und den Champs bewahrt. Er hoffte inständig, sie nicht stolpern sehen zu müssen; er fürchtete, dass sie ihm entgleiten würde, sobald er sich nur einen kurzen Moment der Unaufmerksamkeit erlaubte.

Er wünschte, sie würde sich von nun an voll und ganz auf ihren vielversprechenden Bühnenstart konzentrieren, ein zartes Pflänzchen noch, das es zu hegen und zu pflegen galt. Ausschlafen und sich schonen, nur noch Proben, Auftritte und berufliche Termine absolvieren, ruhig ein paar Diven-Allüren entwickeln und sonst den Müßiggang pflegen. Doch die Anziehungskräfte ihres alten Lebens und des scheinbar sorglosen Daseins am Pigalle erwiesen sich vorerst noch als stärker. Momones unheilvoller Einfluss, ein paar Taugenichtse, in die sein Spatz sich offenbar verguckt hatte, und die Abhängigkeit vom scheinbar sorgenfreien, in Wirklichkeit kräftezehrenden Leben waren nicht zu unterschätzen. Verbote und Strenge hätten daran nichts geändert, sondern Édith eher in die Flucht geschlagen, das war ihm klar. Er ließ sie gewähren, zeigte Verständnis für ihre ungestüme Natur, gönnte ihr die Privilegien der Jugend. Nur wer sich wohl fühlte in seiner Haut, konnte mit Freude und Selbstbewusstsein vor die Leute treten und lossingen, das wusste er aus Erfahrung. Für sie musste er nicht ständig den gewieften Boss spielen.

Das Kunststück, sie nicht zu gängeln, aber gelegentlich zu zügeln, gelang ihm. Es verdient Bewunderung. Als ihr Beschützer köderte er sie mit Ablenkungen und verließ sich auf ihre Affinitäten und gemeinsamen Schwächen. Von Verletzlichkeit konnten beide ein Lied singen. Spaziergänge zu zweit über den Friedhof von Thiais, weit draußen im Pariser Südosten, wo beide Gräber von Angehörigen besuchten, über ihre unglückliche Vergangenheit nachsannen und in langen Gesprächen einander Trost spendeten, wurden ihnen zur lieben Gewohnheit. Etwas ganz und gar Unerhörtes für La Môme: Wann hatte sich je zuvor einmal ein Mensch längere Zeit mit ihr unterhalten und sie ernst genommen, noch dazu ein distinguierter Herr, der es gut mit ihr meinte?

Damit er nicht ihr alleiniger Ansprechpartner und Schutzengel blieb, stellte Leplée ihr den Poeten und Schriftgelehrten Jacques Bourgeat vor, einen Bücherwurm und Herzensmenschen, der Édiths Zuneigung durch sein Einfühlungsvermögen gewann. Sie begann, auf ihn zu hören, auf sein Angebot zur kulturellen Unterweisung einzugehen, sich Schritt für Schritt mit seiner Unterstützung die Klassiker anzueignen – sie lasen sogar Sokrates – und innige Briefe mit ihm zu tauschen. Sie, die noch nie zuvor eine Korrespondenz gepflegt hatte und erst lernen musste, ihre Gedanken zu bündeln und in schöne, aussagekräftige Sätze zu fassen! Von Bourgeat aber, einem Autodidakten, der seine Tage in der Nationalbibliothek verbrachte und sich zugleich aufs Zuhören verstand, ließ sie sich von Zeit zu Zeit aufs Land entführen, wo eine weitere neue Erfahrung auf sie wartete: die Natur.

Beide waren beglückt über diese unvermutete seelische Nähe. Bourgeat wurde zu ihrem diskretesten und verlässlichsten Freund. Zu einem keineswegs unkritischen Berater, zu ihrem stets präsenten Brieffreund, der über die Jahrzehnte hinweg zu ihr hielt und sie moralisch unterstützte. Was immer ihr auch zustoßen sollte, mit Bourgeat konnte sie es besprechen. Ihm durfte sie ihr Herz ausschütten. Er allein würde in der Lage sein, noch ihre irrwitzigsten Gedankensprünge, Handlungen und Launen nachzuvollziehen, ihre Fehler, Sünden, Irrtümer und Tiefschläge zu verstehen. Er war von nun an immer für sie da.

Was Leplée betraf, so sollte es nicht mehr lange dauern, bis ihr inniges Vater-Tochter-Verhältnis und ihre Vertrautheit sich auch in den Anreden äußerten. Édith, mit deren zuweilen aufbrausendem Wesen nicht zu spaßen war, durfte an seiner Seite Kind sein. Durfte *papa* zu ihm sagen und besaß mit ihm erstmals in ihrem jungen Leben tatsächlich so etwas wie einen »Vater«. Keinen Ersatz für ihren Erzeuger, gewiss, aber einen Mann, der diese selbstgewählte Rolle wirklich ausfüllte. Für ihn war sie *mon petit,* meine Kleine oder genauer: mein Kleiner; er kokettierte mit ihrer Androgynität und ihrer »Spatzenhaftigkeit«.

Leplée begnügte sich aber nicht mit väterlicher Fürsorge, sondern ließ auch in professioneller Hinsicht seine Beziehungen für sie spielen. Er rührte die Werbetrommel und bemühte sich, die Presse für seinen neuen Star zu erwärmen. Erste Artikel erschienen, andere Variétés wurden auf La Môme aufmerksam. Anfragen aus der Provinz trafen ein, Tourneeplaner sprachen vor.

Mann Nummer drei im Trio ihrer Wohltäter war der Rundfunkjournalist und Moderator Jacques Canetti von der Radio-Cité.[12] Ein Chansonspezialist, Talentsucher und Kenner, dem so schnell niemand das Wasser reichen konnte. Er war neugierig geworden auf Leplées Entdeckung und befand rasch, dass die Vorschusslorbeeren, die sie einheimste, vollauf gerechtfertigt waren. Das dürre Spatzenmädchen vom Pigalle elektrisierte ihn nicht nur, es begeisterte ihn. Eine Eintagsfliege war das nicht! Canetti, stets bemüht, den begabten Nachwuchs der Schlager- und Chansonszene nach Kräften zu fördern, lud Édith in seine Sendung ein. Plauderte mit ihr, befragte sie zu ihrer Person, kitzelte ihren entwaffnenden Charme hervor, setzte sie in Szene und stellte sie dann unverzüglich vor sein Mikrophon. So flatterten die Lieder der Môme über den Äther in die Radios von Paris, vor denen sich, wie jeden Sonntagvormittag, die Familien und Musikliebhaber versammelt hatten, um Canettis populäre Liveausstrahlung »Music-Hall des Jeunes« zu empfangen.

Von da an ging es Schlag auf Schlag. Bei der Radio-Cité standen nach der Präsentation die Telefone nicht mehr still, brachen noch am Wochenende die Leitungen zusammen. Alle Welt wollte in Erfahrung bringen, was es mit Leplées vorlautem *piaf* auf sich hatte. Aus einer Sendung mit Canetti wurden mit einem Schlag dreizehn. Mit Édiths Chansons im Ohr zu frühstücken und ihren Balladen zu lauschen wurde an den Vorweihnachtssonntagen des Jahres 1935 zu einer schönen Gewohnheit zwischen Montparnasse und den Grands Boulevards. Als Folge dieser erfolgreichen Rundfunkshows strömten natürlich neue Besucherwellen ins Gerny's, und am 18. Dezember, am Vorabend seines zwanzigsten Geburtstages, nahm das Gör mit dem zusammengestoppelten Pullover, das kaum wusste, wie ihm geschah, bei Polydor seine erste Schallplatte auf.

Les Mômes de la Cloche, Mon apéro sowie *La Java de Cézigue* wurden auf Schellack gebannt und in die Verkaufsregale gestellt, noch bevor dieses verrückte Jahr sich dem Ende zuneigte. Auch *L'Étranger* war unter diesen ersten Einspielungen. Ein Lied, das Édith ihrer schon weit bekannteren Kollegin Annette Lajon einfach »geklaut« hatte. Indem sie das brandneue Chanson, das sie bei einer Probe zufällig gehört hatte, ohne die geringsten Skrupel heimlich auswendig lernte, mit dem Gerny-Pianisten Jean Uremer in Windeseile einstudierte und öffentlich vortrug. Noch bevor Lajon, die die Exklusivitätsrechte an dieser bewegenden Moritat von einem einfachen Mädchen und einem Seemann besaß, es selbst zur Uraufführung bringen konnte. Lajon fühlte sich zu Recht bestohlen und stellte Édith, auf frischer Tat ertappt, im Gerny's vor ihrem Publikum zur Rede. Doch schließlich gab sie sich mit der Reue der jungen Diebin zufrieden und überließ ihr, beeindruckt von deren ausdrucksstarker Interpretation und in einer Anwandlung von Großmut, ihr künstlerisches »Eigentum«. Anderen Schilderungen zufolge soll Édith sich vorher noch eine Backpfeife der erzürnten Rivalin eingefangen haben. Aber das Lied vom Fremden gehörte nun ein für alle Mal zu ihrem Repertoire. Der Einsatz hatte sich gelohnt. Sie hatte sich in Lajons Titel verliebt und in der Ich-Erzählerin des Chansons mit ihren flüchtigen Amouren und ihrer Zuneigung für einen Unbekannten wiedererkannt.

Für die Dauer einer Filmszene sollten sich zu allem Überfluss, laut Drehbuch, nun aber auch die Frauen von Pigalle in sie verlieben. Denn noch eine letzte Premiere hielt dieser atemlose Winter für Édith bereit: Sie wurde zum ersten Mal für einen Film engagiert und durfte darin gleich sich selbst, die Môme Piaf, spielen. Ungewöhnlich modisch frisiert und in einem glänzenden, pyjamaartigen Hosenanzug, dessen Satinstoff genau in der Körpermitte suggestive Falten warf, sang sie, an einen stilisierten Schiffsmast gelehnt, mit Jean Wiéners Chanson *Quand même* (»Trotzdem«) eine Hymne an das Laster: »Mit dem alltäglichen Glück / kann ich wirklich nichts anfangen. / Tugend, das ist doch wohl eher eine Schwäche, / deren Bestimmung auf den Himmel zielt. / Ich hingegen ziehe ihr die Versprechen / künstlicher Paradiese vor.«

Dabei war sie umringt von burschikosen jungen Damen, die feurige, schmachtende Blicke auf sie warfen. Im Mittelpunkt des Streifens *La Garçonne*, der auf Victor Marguerittes skandalträchtigem, gleichnamigem Roman um ein »jungenhaftes Mädchen« basiert, steht eine Frau, die einer arrangierten Heirat entgehen will und stattdessen den Geheimnissen des wahren Lebens auf den Grund geht – ausgerechnet in den Lesbenkneipen von Pigalle.

Künstlich wirkt an dieser Einlage alles: das modisch-futuristische und an Fritz-Lang-Filme gemahnende Dekor, die schwüle, provokante Atmosphäre des Lokals, Lichtjahre von der armseligen Ausstattung echter Pigalle-Kneipen entfernt, Édiths Erscheinung,

die so gar nicht dem »armen Gör« entspricht, und das Lied selbst –
ein Fremdkörper in ihrem Repertoire. Aber es tat Édiths Ego denkbar gut, auf Plakaten und im Abspann mit Publikumslieblingen
wie Arletty, Suzy Solidor und Marie Bell im selben Atemzug genannt zu werden. Nur insofern haftete der seltsam abgehobenen
Quand-même-Szene wirklich etwas Prophetisches an: Dass sie
selbst, einer Lichtgestalt gleich, in absehbarer Zeit aus der Menge
beliebter Chansonsängerinnen herausstechen würde. Den Blicken
ihrer Konkurrentinnen ausgesetzt.

Einstweilen lief aus Leplées Sicht alles wie am Schnürchen für
seinen Schützling: Allabendlich volles Haus, Besucher, die sich um
La Môme rissen, enthusiastische Journalisten, eine eigene Rund-
funkreihe, Plattenaufnahmen, ein Cameo-Auftritt im Kino. Keine
zehn Wochen nach ihrer ersten Begegnung an der Kreuzung hatte

Keine Kinder
von Traurigkeit:
»La Môme« und
ihr *papa* Leplée
im Gerny's,
um 1935.

35

er einen neuen Menschen aus ihr gemacht. Dass sie bislang im Großen und Ganzen mit bemerkenswerter Ausgeglichenheit auf dem Teppich geblieben war, nahm ihn besonders für sie ein.

Édith war der Erfolg in der Tat nicht zu Kopf gestiegen. Wenn ihr der Trubel um ihre Person ab und an zu viel wurde, tauchte sie einfach für ein paar Stunden bei ihren *copains* unter, um sich tags darauf, übernächtigt und reumütig, wieder bei Papa Leplée einzufinden. Um die Stunde ihres nächsten Auftritts ungeduldig herbeizusehnen, um erneut das Bad in der Menge und die Akklamationen zu genießen. Um die Huldigungen auszukosten, um wieder im Rampenlicht stehen zu dürfen. »Viele, ja unzählige Komplimente und Glückwünsche sind mir seitdem zuteilgeworden«, schwärmte Piaf noch Jahrzehnte später. »Doch darunter sind keine, an die ich mich mit größerem Vergnügen erinnere«[13] als jene, die ihr am ersten Abend im Gerny's und während der folgenden Gastspielreihe unter der Obhut Leplées gemacht wurden.

Besonders imponiert hatte ihr jedoch die charmante Geste des legendären Fliegers und Nationalhelden Jean Mermoz. Hingerissen von ihrem Auftritt hatte er sie zu Champagner eingeladen, um am nächsten Abend mit einer ganzen Ladung Rosen wiederzukommen. Den Korb des Blumenverkäufers, der zwischen den Tischreihen auf und ab ging, hatte Mermoz einfach leergekauft. Verschwenderische Großzügigkeit, aus purem Übermut. Einfach so, und: *pourquoi pas?* Édith hätte es genauso gemacht.

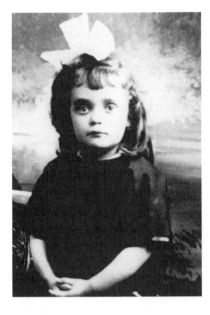

Vom rauen Paris ins idyllische
Bernay: Édith Giovanna Gassion
als Vierjährige, um 1919.

Keine Kindheit
Belleville und Bernay · 1915–1923

> Was mein Privatleben angeht, das echte, das wahre,
> davon weiß niemand etwas.
> Niemand kennt es.
> Die Leute wissen nur das, was ich zu sagen bereit bin.

Um den Ursprüngen des Mythos Piaf näherzukommen, sollte man sich nach Belleville begeben. Den Ort ihrer Geburt und ihrer ersten Lebensjahre. Die Stätte ihrer Erfindung. Den Schauplatz von frechen Lügen und ungeschminkter Wahrheit. Belleville, das Arbeiterquartier nordöstlich des Pariser Zentrums.

Lassen wir die belebte, lärmende Kreuzung vom Boulevard de la Villette hinter uns, wo bis in die Abendstunden hinein Menschenmengen aus den Metroausgängen quillen, wo dunkelrot lackierte Ententorsi an Fleischerhaken in den Auslagen hängen und Köche aus Hanoi in Riesenkesseln rühren. Steigen wir die Rue de Belleville noch ein paar hundert Meter weiter hinauf, und wir erreichen die Nummer 72. Da prangt die obligatorische Pariser Gedenktafel, und rund um die Haustür haben Verehrer allerlei Spuren hinterlassen: Herzen, Liedzitate und das in Blau – nicht in Rosa! – gesprayte Konterfei einer bleichen jungen Frau mit traurigem Antlitz. Der Geburtsort von Édith Giovanna Gassion. Im zweiten Jahr des Ersten Weltkriegs, fünf Tage vor Weihnachten, soll sie hier oder jedenfalls nicht weit entfernt das Licht der Welt erblickt und sogleich auf die Lichterstadt hinabgeschaut haben. Pariser Urgestein.

Auch wenn verbürgt ist, dass sie in dem baufälligen Gebäude ihre erste Lebenszeit verbrachte, sind Umstände und Ort der Niederkunft mitnichten eindeutig. Jede wichtige Episode aus Édiths frühen Jahren liegt in einem unentwirrbaren, kaum verifizierbaren Legendendickicht verborgen. Dazu beigetragen hat Piafs Bestreben, den ohnehin schon märchenhaften Zügen ihrer Vita weitere verklärende oder dramatische Aspekte hinzuzufügen. Ihre Ghostwriter taten ein Übriges und würzten die beiden »Memoiren«-Bände mit allerlei Anekdoten und spekulativen Details. Eine Mitschuld an der Unmöglichkeit der Wahrheitsfindung trug des Weiteren die Regenbogenpresse, die, nicht selten vom Objekt ihrer Berichterstattung dazu angestachelt, Unwichtiges aufbauschte, Sensationelles hinzudichtete und gerade auch wenig Schmeichelhaftes und Abstoßendes am Werdegang der Sängerin in den Mittelpunkt rückte. Kurz, all das, was das öffentliche Interesse und die Auflage in Schwung hielt. Herausgekommen ist eine polyphone Biographik, ein Konglomerat von Erlebtem, Erzähltem, Gesungenem und Hinzugeflunkertem, das das »Ich« ihrer Lieder erst in seiner ganzen Komplexität wahrnehmbar werden lässt.

Halten wir uns also an Piafs eigene Maxime, mit der sie *Ma vie, Mein Leben*, Teil zwei ihres unvollständigen Selbstporträts, eröffnete: »Wohl sollte ich zuerst meine Kindheit beschwören, meine Jugend, aber sie scheinen mir so fern, so unwirklich manchmal. Ich habe das Gefühl, dass selbst ich unwillkürlich lügen müsste, wenn ich davon erzählte.« Erlauben wir manchen Episoden daher ruhig den Charme des Unwahrscheinlichen und der Fabulierlust. Lassen wir uns von den Legenden anziehen und verführen. Vervollständigen und präzisieren lässt sich das Bild einzelner Lebensstationen durch Interviews, Zeitzeugnisse, Briefwechsel und die Berichte ihr nahestehender Personen.

Erwecken wir das Standbild von 1915 zum Leben. In jener kalten Dezembernacht sollen die volkstümliche Sängerin Annetta Jacqueline Gassion, geborene Maillard, und der Akrobat Louis Alphonse Gassion erst in den frühen Morgenstunden angeheitert nach Hause gekommen sein. Louis befand sich auf Fronturlaub – Anlass zum Feiern. Als das junge Paar sich lachend und schlingernd seinem Heim näherte, setzten bei Annetta die Wehen ein. Noch bevor herbeigerufene Helfer sie zu einem Arzt oder in eine Klinik bringen konnten, gebar sie das Kind an Ort und Stelle, auf den wenigen Stufen vor dem Haus oder im Hauseingang. Version zwei: Vater Louis eilte um Hilfe zu holen, blieb aber vor lauter Aufregung in mehreren Lokalen hängen, während ein zufällig vorbeikommender Streifenpolizist, geistesgegenwärtig handelnd, der werdenden Mutter zur Hilfe kam und seinen kurzen Regenumhang als Unterlage für die Entbindung zur Verfügung stellte. Das Großstadtpflaster musste als Kreißsaal herhalten. Eine Variante hiervon: Der Polizist opferte seinen Stoffmantel. Eine weitere Variante: Ordnungshüter zerschlugen die Glasscheibe einer Notrufsäule und riefen in letzter Minute eine Ambulanz herbei. Version drei: Das Ehepaar hatte die Nacht zu Hause verbracht und geschlafen, als die Niederkunft sich ankündigte; die junge Frau schaffte es nur noch in den Hausflur, wo ihr Nachbarn halfen, weil der aufgeregte Vater auf der Suche nach Beistand das Haus verlassen hatte. Version vier, weit weniger dramatisch: Louis Gassion war zum fraglichen Zeitpunkt gar nicht in Paris, und Annetta konnte gerade noch ins altehrwürdige Hôpital Tenon in der Rue de la Chine laufen, anderthalb Kilometer weit entfernt im 20. Arrondissement. Poetisch und aufregend ist diese letztgenannte Version natürlich nicht – allein, sie entspricht dem Geburtsregister von Belleville und dem Klinikprotokoll des fraglichen Tages, beide mit präziser Nennung der Uhrzeit – fünf Uhr morgens. Die angegebene Adresse – 4, Rue de la Chine – lässt nur den Schluss zu, dass es sich bei Édiths Eintritt in die Welt um eine ganz normale Krankenhausgeburt handelte, die »in Abwesenheit des Vaters« erfolgte.

Es liegt auf der Hand, warum die spektakuläre Trottoirszene von Piaf favorisiert und in Umlauf gebracht wurde und warum allein von dieser Begebenheit so viele verschiedene »Zeugenaussagen« kursieren: Die Pariser Straßensängerin musste natürlich unbedingt ebendort zur Welt gekommen sein, und zwar nicht in irgendeiner beliebigen Gasse, sondern auf der Hauptachse eines pittoresken Viertels, mit dem man sie zeitlebens in Verbindung bringen und identifizieren sollte.

Einigkeit besteht in der Einschätzung darüber, was Annetta und Louis zur Wahl des exotischen Namens ihrer Erstgeborenen bewogen haben mochte. Édith hieß seinerzeit schließlich kaum ein Pariser Mädchen. Aber ab dem Herbst 1915 sprach alle Welt von den Ruhmestaten einer gewissen Miss Edith Cavell. Die englische Krankenschwester hatte in Belgien ihren Dienst versehen und während der deutschen Besatzung verwundeten Soldaten aus mehreren Ländern zur Flucht verholfen. Mehr als zweihundert Männer hatte die Oberin, die einer Untergrundorganisation beigetreten war, durch die neutralen Niederlande bereits in die Freiheit geschleust. Im August 1915 war sie von den Deutschen verhaftet und – ungeachtet der Flut von Gnadengesuchen aus aller Welt – bald darauf zum Tode verurteilt worden. Der Dichter Gottfried Benn hatte als Arzt bei der Hinrichtung anwesend sein müssen. Und die heroische Edith Cavell, der man in London unweit des Trafalgar Square ein Denkmal errichten sollte, wurde zum Symbol couragierten Widerstandes.

Édith durfte also zu Recht stolz sein auf die Entscheidung ihrer Eltern für eine Hommage an die britische Résistance-Kämpferin bei der Namensfindung – auf diese Weise betrat sie die Welt gleich als ein Geschöpf der Rebellion! Édith war demnach ein Modename für Neugeborene in jenen bewegten Kriegsmonaten. Und weit besser als »Giovanna«. Annetta Maillard hatte ihren Mittelnamen an ihre Tochter weitergegeben, und die erwachsene Piaf wollte nur sehr ungern an diese Verbindung erinnert werden.

Auch wenn die Wohnung in der Rue de Belleville längere Zeit die Adresse der jungen Familie war: Édith wurde in eine Familie von Zirkusleuten, Schaustellern und Volkskünstlern hineingeboren. Die Maillards wie die Gassions waren Nomaden, die von Stadt zu Stadt, von Jahrmarkt zu Jahrmarkt, von einer Volksbelustigung zur nächsten weiterzogen. Und zwar mit Leib und Seele. Das galt besonders für Louis Alphonse, Édiths Vagabundenvater. 1881 im normannischen Städtchen Falaise im Département Calvados auf die Welt gekommen, teilte er das Schicksal aller Gassion-Männer – er war ein Winzling. Kaum größer als sein Töchterchen Édith, kam er gerade einmal auf etwas mehr als anderthalb Meter. Dieses Manko kompensierte er mit dem Ausbau seiner körperlichen Fähigkeiten und einer gesteigerten Galanterie. Louis Gassion, mit vierzig Kilo nicht nur bildlich gesprochen ein Leichtgewicht, galt als Frauenheld und Schürzenjäger. Sein unstetes Akrobaten- und Wanderleben begünstigte diese amouröse Umtriebigkeit, deren konkreten Konsequenzen er sich gegebenenfalls durch einen Ortswechsel nonchalant entziehen konnte. In Annetta Maillard scheint er aber tatsächlich verliebt gewesen zu sein, heiratete er sie doch am 4. September 1914. Und zwar in Sens, wo er stationiert war, und nur wenige Tage, bevor auch Frankreich mobilmachte.

Louis' Vater Victor Alphonse Gassion, Jahrgang 1850 und seit seinem zwanzigsten Lebensjahr ein Zirkusreiter, hatte es gleichfalls nie lange an ein und demselben Ort gehalten. Mit seiner Frau Louise-Léontine Descamps aus dem Pas-de-Calais, ihren vierzehn Kindern[14] und dem Zirkus Ciotti zog er durch Frankreich. Ursprünglich kam Victor Alphonse aus der Normandie und entstammte einer sesshaften Familie von Hutmachern. Sein Traum war eine Großfamilie gewesen, die als Zirkustruppe über Land ziehen würde. Mit der zehn Jahre jüngeren Louise, die er erst 1888 ehelichte und die ihrerseits mit einundzwanzig Geschwistern aufgewachsen war, machte er sich an die Verwirklichung dieses Traums. Vier seiner Töchter bildete er als Trapezkünstlerinnen aus; in wechselnden Besetzungen hielten sie als »Sœurs Gassion« mit ihren halsbrecherischen Kunststücken das Publikum in Atem. Sobald eine von ihnen durch Heirat ausschied, wurde sie durch ein jüngeres Familienmitglied ersetzt. Eine andere Schwester brachte es gemeinsam mit ihrem Ehemann, einem »Weltmeister der Kieferkraft« am Trapez, und einem weiteren Partner als »unvergleichliches Krag-Trio« sogar bis in die Vereinigten Staaten und nach China und feierte dort Erfolge.

Louis Gassion wurde schon als Kind zum Schlangenmenschen geschult und machte sich für seine Verbiegungen eine angeborene Gelenkigkeit zunutze. Sein großes Vorbild war Valentin le Désossé, Valentin, der »Knochenlose«, der überall in Frankreich Triumphe feierte und in Paris Starruhm erlangte. An dessen Perfektion reichten Louis' Darbietungen nicht heran. Sein Talent langte aber offenbar für einen gewissen Bekanntheitsgrad, für Zirkusengagements, für ein regelmäßiges Auskommen beim Tingeln auch auf eigene Rechnung sowie für den Druck von Broschüren. Plakate mit Abbildungen von allerlei gewagten Kunststücken weisen ihn als *contorsionniste mondain,* als Verrenkungskünstler und »Antipodisten« von internationalem Rang aus.

Die Maillards bekamen ihr Töchterchen im August 1895 im Ausland, im italienischen Livorno, einer Durchgangsstation für sie, und wählten deshalb zwei italienische Vornamen. Die Vorfahren von Annetta Giovannas Mutter Aïcha, einer marokkanischen Berberin aus Mogador, deren vollständiger Name Emma Saïd ben Mohamed lautete, sollen Kabylen gewesen sein. Mit dem Geburtsjahr 1876 war Letztere gleichfalls neunzehn, als sie Auguste Maillard ein Kind schenkte. Angeblich war auch Auguste ein Zirkusbetreiber, aber wenn das stimmte, muss es sich dabei um ein sehr bescheidenes Unternehmen gehandelt haben – Gepäck und Ausrüstung der Maillards passten auf einen Pferdekarren. Ein Unternehmen, dessen Vorstellungen unter freiem Himmel stattfanden. Was aus Auguste geworden ist, entzieht sich unserer Kenntnis. Auf den Heiratsdokumenten von Édiths Eltern ist er als »verstorben« angegeben.

Annetta, die auf Jahrmärkten Nougatriegel verkaufte und sich als Gelegenheitssängerin versuchte, während Aïcha ihre dressierten Flöhe zum Hüpfen brachte oder eine Reitbahn beaufsichtigte, war zweifellos in noch viel ärmlicheren Umständen durch ihre Jugend gekommen als Louis. Den Schlangenmenschen hatte es in den Vorkriegsmonaten wieder einmal nach Paris verschlagen, und sein kleiner Wohnwagen hatte zufällig in der Nachbarschaft von Mutter und Tochter Maillard Platz gefunden. Man lernte sich kennen, scherzte, ging zusammen tanzen und kam sich näher. Vierzehn Jahre trennten die Liebenden, doch Louis' Charme und Verführungskünste wirkten Wunder.

Bald zog das Paar zusammen. Die Miete für die kleine Wohnung in der Rue de Belleville war gerade noch erschwinglich, und die junge Braut fand von Zeit zu Zeit ein kleines Engagement als Sängerin in einem Lokal – ihre schöne, zaghafte und noch wenig entwickelte Stimme musste als Mitgift herhalten. Mehr als ein Zubrot brachte das aber nicht ein, und der Krieg, *la grande guerre*, machte alle Pläne mit einem Schlag zunichte. Louis wurde eingezogen und kaserniert. Beide waren wieder so allein wie zuvor. Eine Ehe ohne Eheleben. Bei den seltenen Wiedersehen versicherten sich beide ihrer Liebe. Nach einem Fronturlaub ihres Mannes im März 1915 war Annetta dann schwanger. Und wusste nicht, wann und ob sie Louis wiedersehen würde. Wie Dutzende ihrer Nachbarinnen stand sie jetzt stundenlang bei der öffentlichen Suppenspeisung an.

Kaum waren Annetta und Louis sich nähergekommen, wurden sie einander auch schon wieder entfremdet. Dass sie Paris auch nur in Teilen gemeinsam entdeckt haben konnten, erscheint unvorstellbar. Hunger und Gewaltausbrüche regierten in den Mietshäusern und vor den Geschäften, deren Warenangebot immer weiter schrumpfte. Die Heimkehr pflegebedürftiger Kriegsopfer nach Belleville verschlimmerte die Spannungen noch. Als großer Tröster für alle drei, für die junge Mutter, den nolens volens kämpfenden Akrobaten und die marokkanische Großmutter, als großer Tröster für weitere Tausende von kriegsgebeutelten Menschen musste der *gros rouge* herhalten. Minderwertiger, billiger Rotwein. Rotwein wärmte, Rotwein nährte. Mit Rotwein ließen sich die endlosen Monate überstehen, die einsamen schlaflosen Nächte. Ein paar Tropfen Rotwein ließen sich auch in die Fläschchen von Säuglingen geben, wenn keine Milch mehr im Haus war. Wurde auch Édith, als Neugeborene, mit dem Rotweinfläschchen aufgezogen?

»Mir schien das nicht ungewöhnlich«, bekräftigte Piaf, mit der Distanz von über vier Jahrzehnten. »Dort, wo ich geboren bin, trinkt jeder. Als ich klein war, gab mir meine Großmutter jeden

Morgen die Flasche mit Rotwein und etwas Wasser. Um mir Kraft zu geben!« Und sie hatte Verständnis: für all diejenigen, die sich keinen anderen Rat mehr wissen. »Man trinkt immer, um irgendetwas oder irgendjemand zu vergessen, um seine Niederlagen zu vergessen, seine Schwächen, seine Leiden, seine Gemeinheiten.«

Annettas Niederlagen waren mit Händen zu greifen. Die junge Mutter, gerade einmal zwanzig Jahre alt und allein, war ihrer neuen Verantwortung kaum gewachsen und ohne das geringste Einkommen. Sie fasste sich ein Herz und versuchte sich wieder als *chanteuse*, vor der Haustür, unten auf dem Boulevard, in den Kneipen vom Montmartre, sang Trinklieder, interpretierte veristische Stücke aus dem Repertoire der *réalistes*. Zu verlieren hatte sie nichts. Und allmählich erntete sie mit ihrem dunklen, elegischen Timbre ein wenig Anerkennung. Dank ihrer verhalten exotischen Ausstrahlung brachte sie es zu bescheidener Bekanntheit. Line Marsa nannte sie sich jetzt, in Anspielung auf den exklusiven nordafrikanischen Badeort La Marsa bei Tunis.

Tonaufnahmen haben sich keine erhalten, aber Fotos: Line Marsa mit Pagenkopf, grell geschminkten, gespitzten Lippen und großen Ohrringen. Line, wie sie die Augen rollt – offenkundig eine komische Nummer. Line Marsa mit Halstuch und schwarzem Rock auf einer Treppe in Belleville, die Arme angewinkelt, den Blick gen Himmel gerichtet – die mit allen Wassern gewaschene Straßensängerin. Und dieselbe Line, mit den Zügen einer Algerierin, mit schwarzen Ringen unter den Augen und einer Zigarette in der Rechten, noch ziemlich jung an Jahren – und dennoch schon so alt, müde und mutlos wirkend. Arletty und Michel Simon, die beiden großen Schauspieler der Folgejahrzehnte, standen damals noch am Anfang ihrer Laufbahn und hörten Line singen. Gar nicht übel und auf eine bestimmte Weise fesselnd, befanden sie. Expressiv, aber doch nicht »groß« genug für den richtigen Durchbruch. Immerhin brachte Annetta Gassion es manchmal bis ins Vorprogramm des Olympia am Boulevard des Capucines.

Schön warm war es in den Cafés, in denen sie auftreten durfte. Ein Akkordeonist spielte, abgerissene Gestalten tanzten, und irgendein Fremder lud sie auf eine Karaffe *gros rouge* ein, sie sang, und es fielen ein paar Münzen für sie ab. In diesem Leben war kein Platz für ein kleines, quengelndes Kind. Als Édith noch nicht richtig laufen konnte, setzte Line sie zu den anderen Kindern vors Haus auf den Bürgersteig und befahl ihnen, auf sie aufzupassen. Als sie älter wurde und schon etwas sprechen konnte, ließ sie sie allein in der Wohnung zurück. Und als sie sich keinen Rat mehr wusste und auch Louis nicht nach seiner Meinung fragen konnte, klemmte sie sich die Kleine unter den Arm, überquerte die Rue de Belleville, bog in die Rue Rébeval ein und lieferte sie bei ihrer eigenen Mutter ab. In Aïchas Flohzirkus war sicher noch ein Platz frei. Auf einen »Insassen« mehr oder weniger kam es da nicht an.

Diese verwitwete Oma, die wohl nicht nur der Legende nach der Enkelin schon mal Rotwein zu trinken gab, damit das Geschrei endlich aufhörte, war noch längst keine alte Frau. Aïcha war erst vierzig. Nachdem ihr Annetta auf den Jahrmärkten keine Stütze mehr sein konnte, verordnete sie den Flöhen eine Ruhepause und sah sich nach anderen Verdienstmöglichkeiten um. Das wenige, was ihr sporadische Handlanger- und Haushaltsdienste eintrugen, brachte sie gleich im nächsten Bistro durch. Da unterschieden sich Großmutter und Mutter kaum, rastlose Schaustellerinnen. Ihre spärlich möblierten, vor Schmutz nur so starrenden Wohnungen boten ein Umfeld, in dem ein Kind notgedrungen verwahrlosen musste. Édith war also auch in der Rue Rébeval kein gerngesehener Gast, um den man sich rührend kümmerte, sondern schlicht überflüssig. Mehr als zehn Stunden am Tag blieb sie unbeaufsichtigt, hatte keine Ansprechpartner, schlief unregelmäßig und starrte Löcher in die Luft.

Wurde Édith von ihrer Mutter verlassen oder nur einem anderen Familienmitglied anvertraut? Annetta musste ahnen, dass es ihrer Tochter bei der freiheitsliebenden Aïcha nicht viel besser ergehen würde als in der elterlichen Wohnung, und sie nahm billigend in Kauf, dass ihr Kind sich zu einer apathischen Kreatur entwickelte. Doch darf man Annetta-Line Leichtfertigkeit unterstellen? Im Zirkus und auf dem Rummel erzog jeder jeden, kümmerten sich die Kollegen wie selbstverständlich auch um fremden Nachwuchs, in der Anonymität der Großstadt aber herrschten andere Kräfte als die Gesetze des Clans, die Aïcha und Line kannten. Édith war einfach nur lästig.

Trotzdem bekam sie noch ein Brüderchen: Herbert Gassion wurde am letzten Augusttag des letzten Kriegsjahres 1918 in Marseille geboren. Seine Zeugung verdankte sich einem letzten Aufflackern der Zuneigung zwischen Louis und Annetta, die unterdessen ein Engagement im fernen Konstantinopel ergattert hatte. Gleich nach der Niederkunft verschwand sie für längere Zeit an den Bosporus, um dort ihr Glück zu machen. Die Fürsorge nahm sich des kleinen Herbert an. Es darf bezweifelt werden, dass er deshalb eine glücklichere Jugend verlebte als die kränkliche und völlig unterernährte Édith, bei der von behüteter oder sinnerfüllter Kindheit ohnehin keine Rede sein konnte. Von ihrem Schicksal erfuhr ihr Vater vermutlich erst nach dem Krieg durch seine Schwester Zaza und die Concierge, die ihm mitteilte, dass seine Frau sich aus dem Staube gemacht hatte. In Abwesenheit seiner Schwiegermutter stürmte er in deren Behausung, um dort seine knapp dreijährige Tochter unter achtlos hingeworfenen, dreckstarrenden Decken zu finden, vor sich hin dämmernd und lallend, von oben bis unten mit Schorf und Krusten bedeckt. Der mittel- und beschäftigungslose Kriegsheimkehrer wusste nicht, was er mit einem kranken, verwahrlosten Kleinkind anfangen sollte – aber hier konnte er es nicht lassen. Da blieb nur eine Möglichkeit: Bernay in der Normandie. Dort lebte die andere Großmutter, Maman Tine. Und mit ihr, Louis' Mutter, noch eine ganze Reihe anderer Frauen.

Es stimmt traurig, dass sich Line-Annetta ausgerechnet dadurch, dass sie Édiths späteres Metier ausübte, nachhaltig von ihrer Tochter entfernte, die mit ebendieser Tätigkeit auf so verblüffende Weise reüssieren sollte. Édith brachte im Nachhinein sogar Verständnis auf für den allmählichen Rückzug ihrer Mutter von ihrem Kind: »Ich bin den Gedanken nie losgeworden, dass das Schicksal mich genau zu jener Karriere geleitet hat, von der meine Mutter geträumt hat, aber die ihr nicht vergönnt war, die ihr durch die Finger glitt. Weniger deshalb, weil sie nicht genug Talent besaß, sondern einfach, weil das Glück ihr nicht hold war.«[15] Die gereifte Piaf wusste nur allzu genau, wie hoch der Preis für den erfolgreichen Verbleib im Milieu des Showbusiness war und welche Opfer man, zumal als junge Frau mit einem Kleinkind am Hals, dafür zu bringen hatte.

Was aber hatte das Kind Édith, eingeschlossen in die Wohnungen der Maillard-Frauen oder auf den Straßen von Belleville schutzlos ausgesetzt, von Paris zu sehen bekommen in jenen Kleinkinderjahren? Was hatte Paris ihm mit auf den Lebensweg gegeben? Ein Gefühl für die Geräusche und die Atmosphäre bestenfalls, für die disparaten Emotionen der Stadt: Aggression, Verkehr, Schnelllebigkeit, Prostitution, Gelächter, Leiden, Hunger, Spiel. Ein Gespür für den Soundtrack der »Insel von Frankreich« und für die Bühnenhaftigkeit des Daseins. Eine Form von Geborgenheit in der Anonymität. Die Fähigkeit zum Aushalten eigentlich unerträglicher Entbehrungen. Die Gewissheit, sich nur auf sich selbst verlassen zu können. Einen ganzen Fundus von Rollen. Genug, um noch jahrzehntelang glaubhaft davon zu singen und zu erzählen.

In Bernay, einem kleinen Provinzstädtchen im Département Eure, nordwestlich von Paris und südlich von Caen, war auf den ersten Blick die Welt noch in Ordnung. Zwar herrschten auch hier bittere Armut und, nach vier Kriegsjahren, ein eklatanter Mangel an Männern. Aber anders als in Paris wurde Solidarität großgeschrieben in Bernay. Jeder kannte jeden, alle hielten zusammen, so gut es ging, organisierten das Lebensnotwendige und verließen sich auf ihr soziales Gefüge. Zu Letzterem zählte auch die Existenz einer *maison close* oder *maison de tolérance*, eines Freudenhauses, das diskret etwas abseits lag. Ob Krieg oder nicht – das Geschäft florierte. Und mochte auch der eine oder andere Moralapostel die Nase rümpfen oder das Trottoir wechseln, wenn ihm zu besonderen Anlässen der Tross der Lebedamen im Sonntagsstaat entgegenkam, das Bordell war ein selbstverständlicher Bestandteil des Stadtlebens. »Kunden« fachsimpelten und kungelten im Herrenzimmer bei Branntwein und Zigarren, kommunalpolitische Entscheidungen fielen dort, und mancher Amtsträger, der tagsüber darauf achtete, dass in der *maison* die Gesetze eingehalten wurden, kehrte nach Einbruch der Dunkelheit als Privatmann zurück. Über die eine oder andere Regelwidrigkeit sah er dann künftig großzügig hinweg. So wusch in Bernay eine Hand die andere.

Mit strenger Hand geführt wurde die *maison de passe* in der Rue Saint-Michel, etwas zurückgesetzt von der Straße und in untadeligem Zustand, von Édiths Großmutter väterlicherseits. Louise Léontine und ihr Mann, Großvater Victor, hatten sich längst aus dem Zirkusleben zurückgezogen. Der Handel mit Kohle und Lebensmitteln im benachbarten Caen war glücklos verlaufen, und als »Maman Tine«, wie Louise Léontine Gassion Descamps sich nunmehr nannte, erfahren hatte, dass in Bernay eine Bordellchefin gesucht wurde, ergriff sie die Gelegenheit beim Schopf. Wenn die Gassions schon als Schandfleck galten, dann wenigstens nicht grundlos!

Louis' Mutter brach nicht in Begeisterung aus, als ihr Sohn mit der noch unbekannten Enkelin im Schlepptau bei ihr anklopfte. Ein Esser mehr, eine Schlafstatt weniger! Und sie schlug die Hände über dem Kopf zusammen, als sie sah, in welcher Verfassung die Kleine war. Ihre Mädchen aber, die meisten junge Dinger im Alter von Line und darunter, zeigten sich entzückt über das Eintreffen der neuen Mitbewohnerin. Sie setzten allen Ehrgeiz daran, Édith wieder zu einem gesunden, fröhlichen Menschenkind zu machen. Nicht wenige von ihnen waren selbst Mütter. Ihre unehelichen Kinder hatten sie irgendwo in Obhut gegeben oder die Fürsorge hatte sie ihnen weggenommen. Nun besaßen sie endlich ein Kind, das sie verhätscheln durften, für das sie aber keine Verantwortung tragen mussten. Ein Püppchen, fein herausgeputzt und im Zentrum der Aufmerksamkeit. Über Nacht bekam die mutterlose Dreijährige, nach der bislang kein Hahn gekräht hatte, nun gleich ein Dutzend Ersatzmütter verpasst, die gar nicht genug von ihr bekommen konnten. Von morgens bis abends war immer eine *maman* für Édith da, ging liebevoll und zärtlich auf sie ein, hatte eine Leckerei für sie, kaufte ihr Spielzeug oder sang ihr etwas vor. Von null auf hundert: ein Wechselbad der Gefühle.

Maman Tine sorgte mit einer gewissen Strenge dafür, dass der emotionale Überschwang, mit dem ihre Mädchen sich der kleinen Édith bemächtigten, das Kind nicht überforderte. Albernheiten setzte sie Grenzen. Wenn sie auch abweisend auf ihre Enkelin wirken mochte, im Grunde ihres Herzens war Tine die Güte selbst. Mit eiserner Disziplin – ihrem scharfen Auge entging nichts – und einer streng geregelten Hierarchie ging es zu wie im Mädchenpensionat. Zucht und Ordnung waren ihr heilig. Nur so ließ sich ein gewisser Anstand aufrechterhalten.

In den plüschigen, verrauchten Salons zwischen halbvollen Absinthgläsern, in den dämmrig-roten, schwülen Separees von Maman Tines *maison close* verlaufen Édiths Initiationsjahre. In einem intakten, abgeschotteten Matriarchat. Unter Frauen, die spät aufstehen, in Negligees und Seidenstrümpfen den Nachmittag verbringen, sich täglich frisieren, Zigaretten rauchen und Karten spielen, die Witze reißen und schlüpfrige Geschichten erzählen, die den ganzen Tag Kaffee kochen und am frühen Abend beginnen, sich zurechtzumachen. Auch mit der Waschfrau, Madame Taillère, freundet das Kind sich an, über sie erfährt es vom »richtigen Leben« draußen.

Männer sind für Édith schemenhafte Gestalten, die des Nachts das Haus bevölkern, wenn sie schon im Bett liegt, und deren tiefe Stimmen sie im Halbschlaf hört. Soldaten in feschen Uniformen, Honoratioren in Dreiteilern, vornehme Herren mit gezwirbelten Bärten. Édith beobachtet sie durchs Fenster oder durchs Schlüsselloch. Männer, das sind fremde Menschen, die verlegen im Vestibül herumstehen, bis ihnen ein Empfangsfräulein knicksend die Hüte abnimmt, die Lebensmittel anliefern oder eine Regenrinne reparieren. Männer, das könnten Väter, Geliebte und Lebenspartner sein, von denen im Boudoir ja dauernd die Rede ist – aber hier, in Maman Tines Institution, besitzen die Frauen weder die einen noch die anderen.

Wenn Louis alle paar Monate mal vorbeischaut, macht er einen Ausflug mit Édith und kauft ihr eine *crêpe*, zeigt ihr die Stätten seiner eigenen Kindheit. Zwei- oder dreimal im Jahr, bestenfalls. Als Wochenendvater. Ihrem müden, gutmütigen Großvater Louis, einem schweigsamen, vor sich hin brummenden alten Bären, klettert sie auf den Schoß; manchmal wird sie im Salon von einem freundlichen Herrn hochgehoben. Statt gleichaltriger Spielgefährten – abgesehen von Cousine Marcelle, die mit ihren Eltern in Louis' Geburtsstadt Falaise eine Halbtagsreise entfernt wohnt – hat Édith lauter »ältere Schwestern« namens Carmen, Odette oder

Manon. Sie nähen ihr hübsche Kleidchen, binden ihr Schleifchen ins Haar, bringen ihr Gedichte und Lieder bei und führen sie mit mütterlichem Stolz vor. Sie stellen fest, wie gelehrig und auffassungsbegabt *la petite* ist, wie folgsam und artig, und wie gern sie etwas auswendig lernt. Sie bringen sie dazu, auf einen Tisch zu klettern und ein Couplet zum Besten zu geben. Liegt in Szenen wie diesen – »Édith, sing uns doch mal was vor!« –, gefolgt von Applaus und kollektivem Frauenlächeln,[16] eine der Wurzeln für Piafs späteren unbezähmbaren Drang, sich zu produzieren, Anerkennung und Zuneigung überwiegend aus dem Lob für künstlerische Arbeit zu beziehen? Hat Édith hier schon begriffen, dass sie eigentlich nie um ihrer selbst willen geliebt wird, sondern immer dann, wenn ihr etwas glückt, was sie vor anderen auszeichnet, immer dann, wenn sie etwas darstellt? Nur dann, wenn man sie vorzeigen kann? Wenn sie den Menschen »spielt«, den andere nicht haben können und schmerzlich vermissen?

Innerhalb weniger Monate ist Édith vollständig genesen und hat sprechen gelernt. Ihre *grandes sœurs* haben sie zu einem höflichen Mädchen erzogen, das es, so ihre Hoffnung, einmal besser haben wird als sie selbst. Ein Jahr später ist sie so weit, dass Tine sie, geschmückt mit Ringellocken, Schleifen und adrettem Röckchen, in die Vorschule schicken kann, wo sie rasch vorankommt, Phantasiegestalten und ungelenke Buchstaben in ihr Heftchen malt und die Lehrerin mit erstaunlichen Gedächtnisleistungen beeindruckt. Ein reines Zuckerschlecken sind diese Schulbesuche und der Nachhauseweg aber nicht – Édith wird als das Kind aus dem »Teufelshaus«, das »Bankert aus dem Puff« beschimpft und verspottet. Steine fliegen in ihre Richtung. Auf dem Pausenhof grenzt man sie aus, Eltern verbieten ihren Kindern, mit ihr zu spielen. Ohne dass die kleine Gassion mit ihren ausdrucksstarken Augen sich einen Reim auf diese Anschuldigungen machen kann.

Im selben Maße, wie der geschundene kleine Körper von Krätze und Entbehrungen befreit wird und sich von den Pariser Torturen erholt, verschlechtert sich gleichzeitig Édiths Augenlicht. Bald sind Lider und Pupillen verklebt und verkrustet, die Augen zu kleinen Schlitzen verengt. Die Kleine sieht alles verschwommen, nimmt nichts als Umrisse wahr. Farben, Schatten und Flecken. Tastend nur vermag sie sich vorwärtszubewegen, läuft gegen Wände, reißt Gläser und Vasen um. Großeltern und Hurenschar befürchten das Schlimmste: dass Édith binnen kurzem erblinden könnte. Der Arzt des Hauses und ein herbeigerufener Apotheker diagnostizieren eine Keratitis, eine Hornhautentzündung. Da es um 1920 noch kein Penicillin gibt und keine schmerzlindernden Tropfen, können die beiden Männer nichts tun. Sie befürchten, dass sich Lichtempfindlichkeit und Schmerzen, womöglich eine dauerhafte Schädigung oder gar Erblindung einstellen werden. Der Arzt verschreibt Salben und Bettruhe und rät, Édiths Augen für eine Weile zu verbinden. Therapievorschläge, die von gutem Willen, aber auch von Hilflosigkeit zeugen.

»Ich gewöhnte mich daran, mit ausgestreckten Händen durchs Haus zu laufen, um Zusammenstöße zu vermeiden«, erinnert sich Édith in späteren Jahren. »Meine Finger und Hände entwickelten eine bestimmte Überempfindlichkeit, ich erkannte Stoffe durch bloßes Ertasten wieder, und ebenso erging es mir mit der Haut der Menschen.« Sie wusste dann, »das hier ist Carmen, das muss Rose sein«, berichtet Édith von ihrem frühkindlichen Blindekuh-Spiel. Ihrem musikalischen Empfinden kommt das Abnehmen der Sehkraft zugute: Sie schult ihr Gehör. »Ich lebte in einer Welt, die einzig aus Klängen und Geräuschen bestand.«[17]

Der Frauenclan flüchtet sich in Frömmigkeit. Doch Maman Tine und die Mädchen geben nicht auf. Rosenkränze werden gebetet, Psalmen gesungen und Beistand vom Pfarrer erbeten, der manchmal bei den *filles de joie* vorbeischaut, um moralische Unterstützung zu leisten. Ihre Fürbitten richten sie an die heilige Thérèse von Lisieux, die nur wenige Kilometer entfernt Wunder wirken soll. Thérèse, die schon damals das Objekt kultischer Verehrung an ihrem einstigen Wirkungsort ist. Naiver Katholizismus hat aus dem Nachbarstädtchen ein Lourdes des Nordens werden lassen. Zehntausende pilgern dorthin und erhoffen sich Heilung, Segen und ein gnädiges Schicksal. Von Bernay aus ist Lisieux mit einer Kutschfahrt ohne Umstände zu erreichen. Édiths Frauen lassen nichts unversucht. Sie legen ihre Ersparnisse zusammen, und an einem Sonntag im August setzt sich eine feierliche Prozession nach Lisieux in Bewegung – ein aufsehenerregendes Ereignis für

Bernay, denn wann sehen die Bürger des Städtchens schon mal alle ihre *filles de joie* gemeinsam, und dann noch in höherer Mission? Für die festlich gekleideten Frauen wird aus der Pilgerfahrt ein Spießrutenlaufen, die Leute halten sich mit Verunglimpfungen nicht zurück. Doch von ihrer Mission lassen sich die Prostituierten nicht abbringen und kehren im Bewusstsein, richtig gehandelt zu haben, erhobenen Hauptes von ihren Zwiegesprächen mit der kleinen heiligen Thérèse aus Lisieux zurück.

Auch für das, was als »das Wunder von Bernay und Lisieux« in den Piaf-Mythos eingehen wird, hat die Nachwelt mehrere Deutungsmöglichkeiten zur Auswahl. Fest steht, dass Édith eines Tages die Augenbinde abgenommen wird und sie triumphierend verkünden darf: »Ich kann wieder sehen!« Und dass sie diesen Tag, an dem sie ihr Augenlicht wiedergewonnen hat, noch im Erwachsenenalter als ihr glücklichstes Kindheitserlebnis in Erinnerung hat. Weit gehen die Meinungen darüber auseinander, ob Édith selbst an der Pilgerfahrt teilgenommen hat oder ob sie erst nach ihrer Gesundung nach Lisieux gekommen ist, um der heiligen Thérèse persönlich zu danken und Blumen an ihrem Grabmal niederzulegen. Ferner soll die wundersame Heilung am Namenstag von Saint Louis, von Ludwig dem Heiligen also, erfolgt sein, einem 25. August. Unklar ist nur, in welchem Jahr. Der Namenspatron von Vater Louis Gassion hätte sich somit als Glücksbringer erwiesen!

Für Raymond Asso, Piafs zweiten Mentor und künstlerischen Berater ab 1937, klang das alles viel zu dramatisch. Er vermutete eine profane Erklärung für das vermeintliche »Wunder«. Wahrscheinlich hatten einfach Salben und Tropfen ihre Wirkung getan und die Entzündung zum Abklingen gebracht, während die Augen durch das lange Tragen der Binde geschont worden waren.

Édith wird ihre Freude und Erleichterung über Thérèse' mystische Intervention zu ihren Gunsten zu einem elementaren persönlichen Erweckungserlebnis und einem Zeichen ihrer Auserwähltheit stilisieren. Sie wird dieses Privileg zelebrieren, noch als Weltstar wird sie buchstäblich jedermann davon berichten. Keine Woche wird vergehen, ohne dass sie in eine Kirche eilt, um zu Thérèse' Ehren eine Kerze anzuzünden oder eine kleine Gabe zurückzulassen, kein Tag, an dem sie nicht vor dem Einschlafen niederkniet und betet – auch in Amerika, auch während ihrer Tourneen und selbst dann noch, als ihr geschwächter Körper ihr beinahe den Dienst versagt. Édith sah Thérèse wohl als Doppelgängerin: eine physisch Hinfällige, der eine göttliche Fügung außerordentliche spirituelle Kraft geschenkt hatte, der einen die Gnade, der anderen den Gesang. Beide waren in der Lage, ein Werk zu schaffen, das Bestand hatte; beide besaßen einen unwiderstehlichen Magnetismus; beide vermochten einen inneren Dialog zwischen hilfebedürftigen Außenstehenden – für Édith ihr Publikum – und sich selbst zu etablieren; beide hatten eine »Botschaft« zu verkünden. Beide verfügten über eine ähnliche Gestik und reckten ihre Hände gen Himmel; beide verhießen Vergebung, und beide hatten ihrem Gegenüber – ihren Zuhörern – Verständnis und Liebesfähigkeit anzubieten. Mehr noch: Sie offerierten eine alle Grenzen sprengende Liebe und erwarteten für sich persönlich keine Gegenleistung.[18] Sie waren beide Berufene.

Thérèse sollte für Édith die Schwester repräsentieren, die sie nie haben würde, und deren Stelle weder Momone noch ihre viel jüngere Halbschwester Denise Gassion würden einnehmen können; Thérèse wurde Édiths »besseres« Alter Ego: keusch, rein und vor irdischen Verstrickungen gefeit. Und wie Thérèse würde Édith darauf vertrauen, dass die Menschen zu ihr kämen, weil sie sich Erlösung versprächen. Jedes Konzert eine Wallfahrt.

Man sieht deutlich, wie gut die Sängerin es verstand, herausgehobene Ereignisse schon ihres frühen Lebens so »hinzubiegen«, dass sie als Vorzeichen für ihren späteren, parareligiösen Werdegang gewertet werden konnten. »Mein Glaube an etwas Größeres, Stärkeres, Reineres als alles, was es hier auf Erden gibt, ist grenzenlos«, bekannte die alternde Piaf, durchdrungen von ihrem Sendungsbewusstsein und überzeugt davon, eine Mission erfüllen zu müssen. »Und ich weiß, dass es schon genügt, vom Jenseits Zeichen zu erbitten, um sie zu erhalten, ebenso Warnungen und guten Rat.« Von Thérèse waren die ersten Zeichen an sie ausgegangen; nunmehr sah sie sich selbst in die Lage versetzt, sie zu beherzigen und ihren Anhängern Glück zu spenden. Zuversicht zu schenken, Aussicht auf Heilung, Hoffnung.

Ein religiöser Mensch wurde Édith dadurch noch lange nicht, noch weniger eine Kirchgängerin. Gebeichtet haben wird sie wohl kaum, und über katholische Moral setzte sie sich unbekümmert hinweg – mit zahllosen Liebhabern, einem ziemlich unorthodoxen Verständnis von Ehe und Treue und einer fast anarchischen Auffassung von Sexualität und Partnerwahl. Édith war dem Zeitgeist ihrer Ära um Längen voraus. Was ihre Faszination für Übersinnliches nicht ausschloss! Abergläubisch war sie sehr wohl – kein Auftritt ohne vorheriges Ritual: »Zuerst bekreuzige ich mich, dann küsse ich die geweihte Medaille, die ich immer bei mir trage. Ich bücke mich und berühre mit beiden Händen den Boden. Danach strecke ich den Zeigefinger und den kleinen Finger aus, um imaginäre Dämonen abzuschrecken. Erst ... nachdem ich alle meine Freunde abgeküsst habe, ... wage ich ins Scheinwerferlicht zu treten.«

Die Erfahrung temporärer Blindheit versetzte Édith schon als Kind in die Lage, in einer Welt der Vorstellung zu leben und mit den Klängen und Geräuschen, die in ihr Bewusstsein traten, auszukommen – alles, was sie nicht eindeutig zuordnen konnte, malte sie sich einfach aus. Zugleich trainierte sie auf diese Weise ihr Gedächtnis und schärfte ihren Sinn für die Eigenschaften der Menschen, Dinge und Vorgänge, baute ihr Erinnerungsvermögen an Stimmklang und spezifische Liedwendungen aus. »Immer wenn ich ein Chanson verstehen oder ›sehen‹ wollte«, soll sie einmal gesagt haben, »schloss ich meine Augen«[19], und schon befand sie sich inmitten einer glaubwürdigen Geschichte von Liebe oder Leid, Freude, Trauer und Tod. Immer wenn sie auf der Bühne stand, »sah« sie den Kern und den musikalischen Gehalt des Liedes, das sie gerade sang, in aller Deutlichkeit und brachte auch ihr Publikum dazu, dessen »Realität« mit ihren Augen zu sehen, zu verstehen und zu durchdringen.

Mit der vollständigen Wiedererlangung ihres Sehvermögens sind auch die idyllischen Tage in Bernay gezählt für die kleine Édith. Obwohl sie erst jetzt ein ganz normales Kind sein darf, das auf den Hügeln herumtobt, auf Erkundungsgängen in die nähere Umgebung seine Füße in das kühle Flusswasser steckt, auf Bäume klettert, seiner Cousine Marcelle die Gegend zeigt und Streiche ausheckt. Obwohl sie gerade in der Schule Fortschritte macht und allmählich lesen lernt, Madame Taillère dabei hilft, die Wäsche aufzuhängen, dem Küchenpersonal zur Hand geht, dem alten Hauspianisten zuhört und sich in den Privatgemächern der *filles* endlich einmal gründlich umschaut. Denn Maman Tine befindet, dass eine »sehende« Grundschülerin doch eine Spur zu verständig ist, um in einem Bordell zu wohnen. Ein sehendes Mädchen wird dort Zeugin von Dingen, die es noch nicht verstehen kann. Ein sehendes Mädchen wird Fragen stellen – es wird wissen wollen, warum Odette geweint und warum Carmen ein Veilchen hat. Es wird stadtbekannte Persönlichkeiten wiedererkennen, die in Unterhosen ihrer Liebesdienerin nachsteigen, und es wird irgendwann den einen oder anderen Vorfall in der Schule herumerzählen. Kurz, ein Dreikäsehoch mit entsiegelten Augen wird »wissen«. Auch die Lehrerin befindet, dass das Kind aus dem unehrenhaften Haushalt in ihrer École Paul-Bert nicht mehr am richtigen Platz sei; das Gerede der Leute nehme zu. Derselbe Pfarrer, der wenige Monate zuvor noch so aufopfernd für Édith gebetet hat, nimmt Louis Gassion bei der nächsten Stippvisite zur Seite und überzeugt ihn, schleunigst väterliche Verantwortung zu übernehmen. In ihrem eigenen Interesse, versteht sich! Nur so könne Édith dem Einfluss dieses Sündenpfuhls entgehen, nur so könne er dafür seine Hand ins Feuer legen, dass *la petite* ihren Aufenthalt in der Normandie als unbeschwerte Zeitspanne in Erinnerung behalten werde.

Maman Tine redet ihrem Sohn gleichfalls ins Gewissen – mit Erfolg. Am nächsten Tag hat sie bereits ein Maul weniger zu stopfen. Und Louis weiß nur zu gut, wie lange er seiner Mutter die Fürsorgepflicht aufgebürdet hat. Eine Rückkehr nach Paris ist für Édith ausgeschlossen. Von nun an wird sie als Zirkuskind mit ihm durch die Lande reisen, in alter Familientradition. Eine Siebenjährige als Begleiterin wird, so hofft er insgeheim, Zuschauerherzen erweichen und für gut gefüllte Sammelbeutel sorgen. Tine gewährt Louis also einen Vorschuss, mit dem er sich einen alten Wohnwagen zulegt, und winkt nur kurz, als eine verzweifelte Édith und ein grimmiger Louis auf den Ortsausgang von Bernay zustreben. Dann dreht sie sich um und entzieht sich dem ungläubigen Blick ihrer Enkeltochter. Édiths andere Mütter schlafen noch. Oder versuchen gerade, ihre letzten Besucher loszuwerden.

Auf die bemerkenswerten Lehrjahre folgen ab 1922 oder 1923 nun die unsteten Wanderjahre. Heute hier, morgen dort. Sechs oder sieben Jahre lang an der Seite eines in sich gekehrten Mannes, dem die Frauenherzen aber nur so zufliegen. Sie sind ein drolliges Paar – Édith, mit allen Wassern gewaschen und großen verträumten Augen, die gleichwohl nie »auf dieselbe Weise offen« zu stehen scheinen wie die ihrer Mitmenschen, und Louis, Anfang vierzig, der seine Beine verknoten und auf dem Kopf stehen kann wie kein Zweiter und der, um seinen Zuschauern einen weiteren Sou aus der Tasche zu locken, seine Darbietungen regelmäßig mit der halsbrecherischen Nummer des *saut périlleux*, des Saltos, abschließt. Er hat ein Engagement beim Zirkus Caroli in Aussicht und auch vor, es anzutreten, sich in die Phalanx der Artisten einzureihen, Teil einer bunten Revue zu werden. Schweren Herzens allerdings, denn am liebsten ist Louis sein eigener Herr. Er mag sich nicht unterordnen. Von seinem Töchterchen erwartet er allerdings Gehorsam, sonst setzt es Ohrfeigen. Die bekommt Édith aber auch dann verabreicht, wenn er einfach schlechter Laune ist oder sie bei seinen eigenwilligen Geschichtstests versagt. Dann fragt er sie aus heiterem Himmel historische Jahreszahlen und berühmte Persönlichkeiten ab, die er ihr am Vortag eingebläut hatte. Édith weiß, dass er ein schlechtes Gewissen hat, weil er sie aus der Schule nehmen musste. Daher erwartet sie keine übertriebenen Zärtlichkeiten und erst recht keine Küsse, nimmt sich aber vor seinen gelegentlichen Zornausbrüchen in Acht.

Mit dem Cirque Caroli touren Vater und Tochter durch den Norden Frankreichs und durch Belgien. Édith spielt mit den Kindern von Tierbändigern, Gauklern und Feuerschluckern. Wenn sie länger an einem Ort bleiben, schickt Louis sie zur Schule. Einiges, was ihr diese Zufallslehrer mit auf den Weg geben, bleibt hängen; wenigstens wird sie später leidlich gut schreiben können. Ihre Hefte mit den karierten Seiten und den spärlichen Eintragungen schleppt sie wie einen Schatz mit sich herum.

Viel Zeit für *plaisir* bleibt ihr nicht. »Ich lebte im Wohnwagen, ich machte sauber und hielt den Haushalt in Ordnung, ich wusch ab, mein Tageswerk begann früh und war hart, aber dieses Vagabundenleben gefiel mir, und mit Entzücken entdeckte ich die verzaubernde Welt des fahrenden Volks, mit seinen Fanfaren, Melodien und Kehrreimen, den Paillettenkostümen der Clowns und der roten, gestrassten Tunika des Dompteurs.«[20]

Einmal, beim Versteckspiel, verkriecht sie sich so tief zwischen zwei Löwenkäfigen, dass sie, in Reichweite der mörderischen Krallen, in der Falle sitzt und sich nicht mehr heraustraut. Löwenbändiger und Vater geben ihr geflüsterte Anweisungen, wie sie sich mit vorsichtigen, geräuschlosen Bewegungen aus ihrer misslichen Lage befreien kann. Édith verlangt von Louis die Zusicherung, ihr hinterher keine Tracht Prügel zu verpassen. Der besorgte *papa* schwört. Nach erfolgter Rettung wird das Gelübde natürlich umgehend gebrochen. Édith, entsetzt und auch enttäuscht, ahnt immerhin, dass sie die Strafe verdient hat.

Von den wenigen erhaltenen Aufnahmen aus jenen Jahren blicken uns Patchworkfamilien mit immer neuer Besetzung der Frauen- und Mutterrolle entgegen: zumeist Trios. Ein selbstbewusster Louis, seine schon fast gleich große, verschmitzt dreinschauende Tochter mit neckischem Hütchen, mittlerweile ist sie zehn oder elf, und daneben eine Dame. Mal handelt es sich dabei um eine Kollegin des Verdrehungskünstlers, mal um eine neue Eroberung. Édith ist längst daran gewöhnt, vor dem Wohnwagen Schmiere zu stehen, wenn Louis sich mit einer Gespielin zurückzieht. Meistens schlafen nachher alle drei im schmalen Wohnraum, der gleichzeitig als Küche, Depot und Garderobe dient. Édith versteht schon so viel von Komödiantentum, dass sie binnen Minuten eine Ersatzmutti für sich und eine Geliebte für Louis beschaffen kann, indem sie ein bisschen auf die Tränendrüse drückt und ihre Mutterlosigkeit mitleidigen Passantinnen, Zuschauerinnen oder neuen weiblichen Ensemblemitgliedern eindrucksvoll schildert. Die Rührnummer kann Steine erweichen, die Taktik geht fast jedes Mal auf. Bald beherrscht sie das Abschätzen von Konzentrationsspannung wie Einfühlungsspielraum ihres Publikums und verfügt über das perfekte Timing. Schwindeln, Angeben und Aufschneiden – das ist Singen und Interpretieren gar nicht so unähnlich.

Schließlich kommt, was kommen muss: Louis verscherzt es sich im Streit über Kleinigkeiten mit der Zirkusdirektion, und halsstarrig, wie er nun einmal ist, gibt er nicht nach und kehrt dem gesicherten Dasein bei den Carolis den Rücken. Es wird wieder getingelt! Ohne festes Dach über dem Kopf. An den Kreuzungen der Landstraßen tritt Louis auf, vor Kasernentoren, Fabrikpforten und auf den staubigen Plätzen namenloser Orte. Ab und zu ist mal ein drittklassiges Hotelzimmer drin, ansonsten nächtigen die beiden in Hauseingängen. Den bohrenden Hunger betäuben sie mit Cognac. Burleske Szenen wie aus einem Charlie-Chaplin-Film. Nur dass sie nach anderthalb Stunden noch lange nicht beendet sind. Édith trägt wie Louis ein Akrobatentrikot und spielt die Ansagerin. Sie rollt den Teppich aus, auf dem ihr Vater seine Kunststücke darbietet, und macht die Runde mit dem Blechteller. Sie weiß schon: Je trauriger sie schaut, desto mehr wird gegeben. Trotz aller Entbehrungen schätzen die beiden ihren Lebensstil. Ohne Verpflichtungen, ins Blaue hinein, uninteressiert an festem Besitz, ohne Gewähr für die Zukunft. Édith wird ihn ihr Leben lang beibehalten.

In Lens wird Édith auf einmal wieder zum Kind. Als Louis und sie auf die Tram warten, erblickt sie im Schaufenster eines vornehmen Spielwarengeschäftes eine wunderschöne Puppe. Lebensecht, aus Porzellan und sündhaft teuer. Ihre ganzen Wocheneinkünfte oder mehr würden für ihren Erwerb draufgehen. Vater und Tochter haben noch nichts gegessen, die Unterkunft will bezahlt werden, und ein guter Tag ist es nicht gewesen, ihre Einnahmen sind kläglich. Édith verliert die Puppe nicht aus den Augen – und fügt sich in ihr Schicksal. Richtiges Spielzeug, ein Luxusgut, hat sie schon lange nicht mehr besessen.

Am nächsten Tag ist Édiths Überraschung grenzenlos, als der Vater ihr feierlich die Kostbarkeit übergibt. Mehrere Wochen lang wird er auf seinen geliebten, allabendlichen Pernod verzichten, an manchen Tagen die Anzahl seiner Vorstellungen verdoppeln; Hotelzimmer scheiden für die nächsten Monate als Übernachtungsmöglichkeit aus, und sie werden mal wieder am Hungertuch nagen. Aber die Puppe gehört jetzt ihr. Édith versteht, dass der alternde Mann vor ihr, der sich nicht einmal von ihrer Freude zu einem gerührten Lächeln hinreißen lässt, sie offenbar doch ein wenig liebhat. Mit dieser unerwarteten, unvernünftigen Geste hat er es ihr heute bewiesen.

Auf seine Weise.

La Ville inconnue

Ein Hauch von film noir wie von West Side Story, eine gewisse Krimi-spannung und düstere Großstadtromantik umgeben dieses coole, jazzi-ge und zu Unrecht relativ unbekannte Chanson von »der unbekannten Stadt«, das Piaf gegen Ende des Jahres 1960 einspielte. Man meint einen Miles-Davis-Soundtrack zu hören und wähnt sich zugleich mitten in einem Thriller, wenn zu Beginn zweimal ein jäher orchestraler Auf-schrei von drohendem Unheil kündet – Fahrstuhl zum Schafott? –, um dann in einen träge vor sich hin plätschernden, gemächlichen Slow zu wechseln. Einen Slow, dessen verschleppte Triolen, weit ausschwingen-de Basslinien, bluesige Bläsereinwürfe, melancholische Saxophon- und Harmonikasoli eine schaurig-schöne, laszive Atmosphäre verbreiten. Sel-ten war ein Piaf-Titel so »modern« und so »unfranzösisch«, so unverblümt amerikanisch und so reich an verspielten instrumentalen Einsprengseln. Hier ein verführerisch klimperndes, tröpfelndes Barpiano als Replik auf den sehnsüchtigen Singsang einer Schlaflosen, dort groovige Akkorde, gestopfte Bläser, gelassene Bongo-Rhythmen, gelegentlich kurze, zu-gespitzte Crescendi.

Ein Nocturne für Somnambule. Selbst ohne den Text zu verstehen, sieht sich der Zuhörer auf einem trostlosen, regennassen Boulevard, in dessen Pfützen sich Ampeln, Motorradscheinwerfer und Lichtreklamen spiegeln. Eine schmuddelige Broadway-Ecke, eine verlassene Kreuzung am Pigalle, irgendwann nach Mitternacht. Ein alter Citroën, der mit quiet-schenden Reifen um die Ecke biegt. Dann herrscht wieder Stille, liegt die Straße verödet da, jault zuweilen die Harmonika auf. Im Bistro bestellt ein hartnäckiger Gast einen letzten Drink, in der Bar gegenüber schmiegt sich ein Liebespaar bei seinem letzten Tanz aneinander, bevor auch der geduldigste Kneipenwirt dichtmacht. Alle sind allein. Doch die Nacht ist noch jung, verheißt kühle Erotik, lädt ein zu einem Spaziergang an die geisterhaften Ufer der Seine. Und dieser Song zuckt mit den Schultern, könnte noch ewig so weitergehen – bis zum Morgengrauen.

Eine erschöpfte Nachtschwärmerin, eine von der »unbekannten« Stadt Enttäuschte zieht hier Bilanz. Selten war Piafs Stimme so tief, so sonor und so abgeklärt. Weder Pathos noch Inbrunst sind diesmal ihre Mittel. Vielmehr steuert sie zu einem matten, lethargischen Blues ohne Worte, in dem Saxophon und dezente Percussion duettieren, ihren verhaltenen Klagegesang bei. Einen Monolog. Lakonisch, zurückgenommen und dennoch verzweifelt. Sie raunt und trauert, vergleicht sich mit einem herrenlosen, streunenden Hund, der in der Metropole herumirrt. Straßenzüge, Avenuen, Kanalquais nehmen kein Ende. Sie hat Angst vor den nackten grauen Mauern und Häuserwänden, vor anonymen Absteigen und kalten Hotelbetten. Sehnt sich nach einem endlosen Schlaf weit in den Tag hinein, in dem sie ihre Umgebung, ihre Liebe, sich selbst endlich vergessen kann. Den grausamen Morgen will sie am liebsten ignorieren; von den vorübereilenden, nie lächelnden Passanten fühlt wiederum sie sich ignoriert. Das Wort »amour« fällt nur einmal. Dafür zerreißt für wenige Sekunden das Startsignal eines abfahrenden Zuges, der gleich über die Brücke rattern wird, die nächtliche Stille. War das die Fanfare vom Anfang? Oder hatte die übermüdete Heimatlose, die hoffnungslos Verirrte selbst, ein namenloses Du um Hilfe angerufen?

Michel Vaucaire und Charles Dumont, das geniale letzte Songwriterteam Piafs, schuf diese so unheimliche wie sinnliche Klangkulisse und legte ihr zum Abschluss Fragen in den Mund, auf die sie noch immer keine Antwort weiß: Wer weckt mich auf? Wer denkt noch an mich? Wer erinnert sich noch an mich? »Du« etwa?

Mitgehangen, mitgefangen:
Édith und Momone
in den frühen 1930ern.

Gossenkinder, Straßenmädchen
Die »Schwestern« von Pigalle · 1924–1935

Groß bin ich nicht,
schön bin ich nicht,
aber solange ich diese Stimme besitze,
wird mir alles gehören.

Die Dekade, die als die »verrückten« und »wilden« zwanziger Jahre in die Kulturgeschichte eingehen und Paris noch ein Stück berühmter machen sollte, die Dekade, deren Aufbruchsgeist, innovative Energien und kreative Purzelbäume an Vater und Tochter Gassion so unbemerkt vorbeiziehen sollten wie ein Planet, der in seiner Umlaufbahn nie auch nur in die Nähe der Erde gelangt, neigte sich allmählich dem Ende zu, und auch Louis Alphonse war inzwischen in die Jahre gekommen. Er ging auf die fünfzig zu und zählte damit in Akrobatenkreisen zum alten Eisen. Nicht

61

alle Kunststücke gingen ihm mehr so spielerisch leicht von der Hand wie noch zu Zirkuszeiten, immer öfter machte ihm sein linker Arm zu schaffen, zuweilen verlor er gar die Kontrolle über eine ganze Körperseite. Manche Tricks musste er aufgeben, und das jahrzehntelange Leben auf der Walz forderte ebenfalls seinen Tribut. Édith hatte er bereits ein paar Übungen beigebracht, aber so richtig Feuer gefangen hatte sie nicht – sie würde als weiblicher Schlangenmensch wohl kaum in seine Fußstapfen treten. Eines Abends fühlte er sich so schlecht, dass er gezwungen war, das Bett zu hüten; an einen Auftritt war nicht zu denken. Einmal mehr war das Geld knapp. Auch wenn es mit seiner Artistenwürde unvereinbar war, schickte er, von Hilflosigkeit übermannt, Édith zum Betteln aus dem Haus. Doch sie entschied sich anders. Sie fing an zu singen.

Die alten Kinderlieder hatte sie längst vergessen. Auswendig konnte sie nur die *Marseillaise*, und auch davon nur die erste Strophe. Aber es langte zum Füllen ihres Tellers. Édith kam nach nur einer Stunde mit mehr Francs nach Hause, als Louis in einer halben Woche zusammenturnte. Er war verblüfft. Und Édith mochte an jenem Tag erstmals ein Bewusstsein dafür entwickelt haben, welche Macht sie über andere Menschen besaß, wenn sie loslegte, ein Gefühl dafür, allein über ihre Stimme aus der Begrenzung ihres Körpers herauszutreten und andere zu erreichen mit der ganzen Kraft ihrer Seele. Und sie ahnte, dass sie mit dem Singen – notfalls auch auf sich selbst gestellt – ihren Lebensunterhalt verdienen könnte. Zugleich war jedes Lied, das sie den überraschten Passanten in irgendeiner Kleinstadt im Norden Frankreichs entgegenschmetterte, auch ein Schrei in Richtung Annetta. Eine bewusste Imitation. Singend versuchte sie, ihrer singenden Mutter zu gleichen und ihrer Sehnsucht nach dieser Unbekannten, von der sie noch immer nichts wusste und die nichts von ihr wissen wollte, Ausdruck zu verleihen.

In späteren Jahren revidierte Piaf selbstverständlich auch diese Legende von der Inbesitznahme ihres künstlerischen Willens und der Selbstbehauptung in äußerster Not. Einmal tauschte sie in der Erinnerung die *Marseillaise* gegen die *Internationale* ein, wohl um den revolutionären Akt ihrer sängerischen Initiation noch deutlicher herauszustellen. Ein anderes Mal brachte sie die Anekdote in Umlauf, derzufolge Louis umstehende Zuschauer nicht enttäuschen wollte, denen er vollmundig einen Salto seiner Kleinen in Aussicht gestellt hatte, den Édith dann nicht ausführen mochte. Als Entschädigung habe er sie ein Liedchen singen lassen. Die Zuschauer seien bewegt gewesen, hätten glückselig applaudiert und ihr bereitwillig viel mehr Münzen auf den Teller gelegt als üblich. Die Ergriffenheit ihrer Mienen habe der Vater sein Lebtag nicht vergessen. Von diesem Tag an waren Édiths Chansons, meist kokette Schlager und beliebte Foxtrotts, deren schlüpfrige Textzeilen sie mit unschuldigem Augenaufschlag und unverfrorener Nonchalance darbot, eine besondere Attraktion und aus den Auftritten der Gassions nicht mehr wegzudenken. Der Ruf vom *phénomène vocal*, vom Stimmwunder, eilte ihnen voraus, und die Reisekasse füllte sich mit unvermuteter Geschwindigkeit. Sie lebten nicht mehr von der Hand in den Mund, und gelegentlich leisteten sie sich eine Übernachtung in einer kleinen Pension.

Und Édith hatte Blut geleckt. Sie war nunmehr nicht länger das unnütze kleine Mädchen, das sich dumm anstellte und seinem Vater nichts als Scherereien bereitete. Sie wurde jetzt als gleichrangiger Part ihres Duos wahrgenommen und wusste, was sie wert war. Wenn Louis sie herablassend behandelte, wenn er den Patriarchen herauskehrte, widersetzte sie sich. In Le Havre aber, als beide in einem Kino direkt vor der Filmvorführung auf die Bühne gehen sollten, bekam sie endlich die dicken Küsse von ihm, auf die sie so lange gewartet hatte: Trotz einer heftigen Fieberattacke, trotz starken Hustens und Louis' mahnender Worte, sie solle heute besser auf ihre Lieder verzichten, stieg sie auf die Bühne und absolvierte, vom Publikum angefeuert, bravourös ihr Programm. Nie war Louis Gassion, überwältigt von Édiths heroischem Eigensinn, stolzer auf die Familientradition, die sich bei ihr nun mit einem vokalen Salto mortale aufs Schönste fortsetzte, als an diesem denkwürdigen Abend in der normannischen Hafenstadt. Und für seine pubertierende Tochter, die sich schon lange nichts mehr aus Puppen machte, wog dieser zweite große Liebesbeweis alle Ohrfeigen der zurückliegenden Jahre wieder auf. Die väterlichen Küsse brachten ihre Wangen zum Glühen.

Vorbei die Zeiten, als Louis noch das Adoptionsangebot eines wohlmeinenden Paares aus Sens ausschlagen musste, das sich in *la petite Édith* verguckt hatte und sie ihm auf der Stelle abkaufen wollte – empört hatte er ihnen klargemacht, seine Tochter sei für kein Geld der Welt zu haben, und sie aufgefordert, gefälligst selbst »tätig« zu werden. Vorbei auch die Zeiten, als Édith ihren Vater und das Bett widerspruchslos mit anderen Frauen teilte. Ständig einem zwar leicht ergrauten, aber herumturtelnden Vater bei der Balz zusehen zu müssen vertrug sich nicht mehr mit den Ansprüchen einer Dreizehn-, Vierzehnjährigen, die sich weniger als Tochter denn als Geschäftspartnerin sah. Manche dieser »Mütter auf Zeit« oder »vorübergehenden Freundinnen«, wie Louis sie halb spaßend, halb entschuldigend nannte oder wie Édith sie auf den wenigen Fotografien bezeichnet hatte, waren ihr zuwider gewesen, oder, peinlich genug, nur wenige Jahre älter als sie selbst. Einige hatten länger durchgehalten, als ihr lieb gewesen war: die launenhafte, jähzornige Lucienne etwa, die selbst Louis zum Weinen gebracht hatte, und gleich zwei Sylvianes. Die Erste von ihnen stammte aus Lyon, meinte es ernst mit Louis und gebar ihm einen Sohn, der aber noch im Kindbett verstarb. Die Zweite kam aus Nancy und begegnete Vater und Tochter während ihrer Tour durch das Elsass und Lothringen. Sie machte sich ebenfalls Hoffnungen auf den winzigen Schlangenmenschen und brachte ihren Liebhaber sogar dazu, sie seiner Familie in Falaise vorzustellen. Doch hatte sie die Rechnung ohne den Wirt gemacht – Louis hatte nichts weniger als eine feste Beziehung im Sinn. Zuweilen machte er sich einen Spaß daraus, in Lokalzeitungen Anzeigen aufzugeben, mit denen er gezielt auf die Suche nach einer Kinderfrau, Assistentin und Reisebegleiterin ging und die »Annehmlichkeiten« seines Artistenlebens in den höchsten Tönen pries. So manches junge Ding fiel auf den Provinz-Casanova herein, ging ihm bei seinem Casting ins Netz und gesellte sich, für ein Vierteljahr oder zwei, zu ihnen. Bis Louis sich zu langweilen begann, Édith zur heiligen Thérèse um Ablösung betete und bald schon wieder eine Nachfolgerin auf der Matte stand.

In immer kürzeren Abständen wurde es Édith jedoch zu bunt an der Seite ihres treulosen Verführervaters, sie fühlte sich einmal mehr abgeschoben. Und sie suchte das Weite. So gelang es ihr, direkt nach dem Tod ihres Halbbruders, sich unbemerkt von Louis und der unglücklichen Mutter davonzustehlen und mit dem Zug bis nach Bernay durchzubrennen. Mitreisenden, die ihr etwas Geld gaben, tischte sie Schauergeschichten von gewalttätigen Eltern auf und behauptete, auf dem Land würde schon eine fürsorgliche Großmutter auf sie warten. Louis musste sie wohl oder übel zurückholen. Doch büchste sie noch so manches weitere Mal aus. Es gärte in ihr. »Alle drei Monate eine neue Mutter: seine Geliebten, die mehr oder weniger nett zu mir waren, je nachdem, ob mir meine Chansons – ja, damals sang ich schon und sammelte nachher Geld ein – ein paar Sous eintrugen oder bloß Spötteleien. Eine solche Erziehung hat aus mir kein empfindsames Wesen gemacht.«

Die erste Wiederbegegnung des Teenagers Édith mit Line Marsa, der großen Unbekannten, bestärkte sie nur in ihrem Unbehagen und ihrem Unabhängigkeitsdrang. Da waren Louis und sie gerade auf Durchreise in Paris und verbrachten den Abend im Umkreis des Faubourg Saint-Martin, dort, wo die vergnügungssüchtigen Paare sich dem Modetanz Java hingaben, wo jedes zweite Haus ein Variététheater, ein *bal-musette*, ein *dancing* oder ein *caf'conc'* beherbergte und die Auftrittswilligen sich auf dem Trottoir die Beine in den Bauch standen, bis sie endlich an die Reihe kamen und ihre Nummer zeigen konnten. So mancher Talentschuppen hielt hier allabendlich einen *concours du chanteur méconnu* ab, einen Wettbewerb verkannter Sänger und verkrachter Existenzen, die nach Jahren des Tingelns noch immer auf den großen Durchbruch warteten. Édith war hier fremd, Louis auf vertrautem Terrain; er kannte alle. Eine dunkelhaarige, exotisch wirkende Dame mit wildem Make-up und riesigen Ohrringen löste sich aus der Menge, kam auf die beiden zu, schaute aufgeregt von Édith zu Louis und wieder zurück und bat schließlich darum, dem Mädchen einen Kuss geben zu dürfen. »Von Fremden lasse ich mich nicht küssen«, zischte Édith und zog den Kopf ein, »das erlaubt mein Vater nicht.« Louis erklärte ihr, dass es sich diesmal ausnahmsweise nicht um eine weitere, sondern um ihre richtige Mutter handele, und gab seine Erlaubnis. Édith, verwirrt und verschämt, ließ es geschehen und hielt der Fremden die Wangen hin. Ohne zu wissen, was sie von dieser seltsamen Familienzusammenführung halten sollte, bei der sie auch kurz ihren Bruder Herbert zu Gesicht bekam und verlegen wartete, bis die beiden Erwachsenen ihre knappe Unterredung beendet hatten. Die Kino-Küsse ihres Vaters waren ihr lieber gewesen.

Louis dachte daran, sich zur Ruhe zu setzen und etwas Ordnung in sein Leben zu bringen. Im Juni 1929 war seine Scheidung von Annetta rechtskräftig geworden, im Juli 1930 seine Schwiegermutter Aïcha gestorben. Seine Exfrau war schon in den Mittzwanzigern aus Konstantinopel zurückgekommen und verschaffte sich mit Mühe und Not hin und wieder kleine Engagements im Mikado und im Chat Noir. Ihren Herbert überließ sie erneut staatlichen Fürsorgeeinrichtungen. Line und Louis, so viel war klar, wollten nichts mehr miteinander zu tun haben. Auf seiner letzten Tour durch den Osten Frankreichs im Jahre 1930 kam dann noch einmal Bewegung in die *vie sentimentale* von Monsieur Gassion. Die zwanzigjährige Jeanne l'Hôte schaffte es schließlich, diesen Freibeuter der Liebe dauerhaft an sich zu binden und mit ihm in die Hauptstadt zu gehen. Yéyette, so ihr Spitzname, Édith und Louis zogen wieder nach Belleville, in dieselbe Straße, in der alles begonnen hatte: die neue Adresse lautete 115, rue de Belleville. Ein Stück weiter den Hügel hinauf, an der Grenze zum 19. Arrondissement. Édith bekam ein Schwesterchen namens Denise Gassion, geboren im Februar 1931, mehr als fünfzehn Jahre jünger als sie selbst, und erstmals eine Stiefmutter, kaum fünf Jahre älter. Nahezu täglich riss Édith jetzt aus. Yéyette, die Louis' Heiratsantrag rundheraus ausschlug, war überreizt und mit dem Baby beschäftigt. Édiths anfängliche Eifersucht verwandelte sich in Überdruss und Widerwillen. Den Zaungast von Louis' neuem Liebesglück mochte sie nicht spielen. Streit lag permanent in der Luft, Erziehungsversuche verpufften wirkungslos. Eine Trennung ließ sich nicht länger hinausschieben.

Noch keine sechzehn war sie in diesem Sommer 1931 und stand bereits vor einem Scherbenhaufen. Louis, schon im Großvateralter, genoss späte Vaterfreuden und unerwartetes Eheglück; ihm war sie nur im Wege. Bernay war längst keine Zuflucht mehr für sie.

Von Frauen hatte sie kaum jemals Unterstützung erfahren. Ihre Geschwister, zu denen sie keine Verbindung hatte, ließen sie indirekt noch deutlicher spüren, dass sie in Wahrheit ein Einzelkind war. Freundschaften hatte sie keine schließen können, ein Liebhaber kam ihr noch nicht in den Sinn. »Liebe« war ihr ein Rätsel, Zärtlichkeit hatte sie kaum erfahren, Vertrauen war unangebracht, Spaß eine Seltenheit, Fremden misstraute sie. Etwas »Richtiges« gelernt hatte sie nicht. Was blieb, war die Straße. Gleich unten am Boulevard ging sie singen. Da war sie in ihrem Element, da fiel sie auf und erfuhr Bestätigung – nie direkt, immer gefiltert durch die Distanz der Vorführung. »Für mich ist das Singen eine Flucht, es geht in eine andere Welt, ich stehe nicht mehr auf dem Boden.«[21] Jo Privat, ein im Viertel beliebter und virtuoser Akkordeonist, wurde auf sie aufmerksam und begleitete sie bald regelmäßig. In Cafés bot man ihr gelegentlich eine Auftrittsmöglichkeit; in der populären Vielleuse, dem Reich der großen Berthe Sylva, war sie eine Zeitlang heimisch.

Noch Jahrzehnte danach erinnerten sich viele Bewohner von Belleville an das Mädchen mit dem überragenden Talent, ohne zu wissen, wer das gewesen war. Wenn Édith müde wurde, hockte sie sich auf einen Mülleimer oder den Schemel eines Schuhputzjungen und sang weiter. Aus den Fenstern regnete es stets Münzen. Manche Hausfrauen und Alte warteten bereits auf sie, legten sich ein Kissen bereit, stützten ihre Ellenbogen auf und hielten einen Obolus bereit. Nahezu wöchentlich lernte Édith ein Dutzend neuer Chansons, bekam ein Gefühl dafür, welche Lieder »zogen«, und ließ sich von Eingeweihten die neuesten Hits vorsingen. Sie sammelte die seinerzeit weitverbreiteten Miniaturpartituren, die *petits-formats*, und »coverte« die Erfolgstitel der Saison. Bald hatte sie herausgefunden, dass in »ihrem« Teil von Paris weniger die fröhlichen, frivolen Nummern gefragt waren als die traurigen und tragischen. Balladen, Moritaten und Klagegesänge. Auch ihre Schlagfertigkeit wuchs von Tag zu Tag: Mit ihrer *gouaille*, ihrer Spottlust, ihrem Standvermögen und ihrer Paris-Tauglichkeit machte sie sich genauso von sich reden.

Ganz ohne Aufsicht war sie trotzdem nicht, Louis hatte einen Akrobatenkollegen gebeten, sie bei ihren Unternehmungen im

Auge zu behalten. Camille Ribon, auch ein Überlebenskünstler, versetzte Umstehende in Staunen, wenn er auf den Daumenspitzen vor ihnen auf- und abwanderte. Ihn gewann sie lieb, seine gutgemeinten Ermahnungen und sanften Tadel nahm sie an. Ihm ließ sie aus Dankbarkeit noch Jahrzehnte später Geld zukommen, als sie längst die große Édith Piaf geworden war.

Viel sprang bei ihren Straßenkonzerten und Caféauftritten nicht für sie heraus, die Konkurrenz war groß und die Weltwirtschaftskrise von 1929 zog noch immer dramatische Auswirkungen nach sich. In Belleville war Anfang der 1930er praktisch jeder Dritte arbeitslos. Es hieß sich nach der Decke strecken. Auch Mutter und Tochter Gassion waren nun Konkurrentinnen, noch dazu mit einem ähnlichen Repertoire. Line stand inzwischen auf der Bühne des Lesbenclubs Le Monocle in Montparnasse jenseits der Seine – ein Stadtviertel, das in Künstlerkreisen gerade in Mode kam und das ihre Tochter nur dem Namen nach kannte –, Édith war mit Jo weiterhin auf den Boulevards im armen Nordosten unterwegs. Sie streckte zwar ihre Fühler schon in Richtung Ménilmontant, Pigalle und Montmartre aus, blieb aber im proletarischen Milieu. Beide achteten darauf, dass sich ihre Wege möglichst selten kreuzten, und wenn sie von Dritten miteinander verglichen wurden – damals noch meist zu Édiths Ungunsten – oder, mit nur wenigen Tagen Abstand, in denselben *beuglants* um Auftrittsmöglichkeiten nachsuchten, so war ihnen das unangenehm.

Louis sah seine *petite Édith* binnen kürzester Zeit nicht ohne Rührung zu einem waschechten *titi parisien* heranreifen, einer mit allen Wassern gewaschenen Großstadtpflanze, der bald niemand mehr ein X für ein U vormachen konnte. Ihm leuchtete ein, dass es an der Zeit war, sein flügge gewordenes Kind auch räumlich aus seiner Obhut zu entlassen und er willigte ein, als sich ihr die Möglichkeit bot, in einem möblierten Zimmer ein paar Häuser weiter unterzukommen. Also in greifbarer Nähe. Um es bezahlen zu können, machte sich Édith auf Jobsuche. Im Tagesblatt *L'Ami du peuple* stieß sie auf die Annonce eines Milch- und Käsegeschäftes im feinen 16. Arrondissement am anderen Ende der Stadt, wo man nach Aushilfskräften Ausschau hielt, aber auch Lehrlinge ausbildete. Gerade einmal eine Woche hielt sie es dort aus.

Einen geregelten Tagesablauf einzuhalten, um vier in der Frühe aufzustehen und gehorsam einer einzigen, monotonen Tätigkeit nachzugehen sah sie sich außerstande. Sie wurde gefeuert, auch aufgrund ihres aufsässigen Betragens und ihres flinken Mundwerks, und in zwei weiteren Geschäften erging es ihr ebenso. Ein letzter Versuch führte sie in die Holzschuhwerkstatt und Stiefelwichserei Taupin et Masquet. Auch aus diesem Betrieb flog sie in hohem Bogen gleich wieder heraus. »Man entließ mich, ein-, zwei, dreimal ... ich zerbrach zu viel Geschirr, ich war zu faul, zu unverschämt.« Für ein Angestelltenleben war Édith augenscheinlich nicht geschaffen. Und wenn das Alleinsingen zu wenig einbrachte, musste sie sich eben einer Gruppe von Musikern anschließen.

Mit Raymond, einem Banjo-Spieler, und seiner Freundin Rosalie gründete Édith ihre erste Formation. Und bewies gleich Geschmack für Lautmalerei und Alliteration. Zizi, Zézette und Zouzou nannten sie sich; wer welchen Part übernahm bei diesem Spiel mit pikanten Pseudonymen[22], können wir nur vermuten. Ihre ersten Auftritte, für die sie behördliche Genehmigungen einholen mussten, führten das Trio in die Kasernen rund um Paris. Zumeist an Örtlichkeiten, die Édith zuvor schon mit Louis bereist hatte. In Versailles trieben sie es gleich ein bisschen zu bunt. Im Vorgriff auf ihre abendliche Gage hatten sie ein Hotelzimmer gebucht und dort ihr weniges Taschengeld noch am Nachmittag verprasst, sich ein üppiges Mahl gegönnt, tief ins Glas geschaut und auf den Hotelbesitzer angestoßen. Als bei ihrer Vorstellung dann die Zuschauer ausblieben, standen sie mit leeren Taschen da – und waren nicht in der Lage, ihre offene Hotelrechnung zu begleichen. Ohne lange nachzudenken, suchten sie das Weite, landeten aber auf der vergeblichen Suche nach einem improvisierten Dach über dem Kopf in der örtlichen Polizeiwache. Wo sie auf das wütende Hotelier-Ehepaar trafen, das gerade Anzeige erstatten wollte. Nur auf die Zusage hin, dass das Terzett von der Gage des nächsten Abends die Schulden begleichen würde, und nach guter Zurede eines Schutzmanns ließen sich die Wirtsleute besänftigen. Zizi, Zézette und Zouzou hielten Wort, denn zum Glück war der zweite Abend gut besucht und brachte ihnen die erforderliche Summe ein. Das Abenteuer von Versailles wurde mit der feierlichen Aushändigung der ausstehenden Hotelmiete und einem weiteren Trinkspruch beschlossen. Beim Hinausgehen streckte Édith den Wirtsleuten voller Übermut noch rasch die Zunge heraus. *Si non è vero, è ben trovato.*

Bald schon stand sie wieder allein da. Hin und wieder machte sie sich gemeinsam mit Ribon und weiteren Sängern, Musikern und Akrobaten in andere Kasernen auf. Sie war wie ein Stehaufmännchen, gab auch nach Rückschlägen nie auf. Und freute sich wie ein Kind, wenn sie wieder einmal einen Menschenauflauf verursachte, den Verkehr für ein paar Minuten zum Erliegen brachte oder eine Passantin zum Weinen. Solange sie sang, fühlte sie sich lebendig. Hunger, Einsamkeit, Sehnsucht nach Zuwendung spielten dann keine Rolle mehr, »weil ich dabei wirklich glücklich war, vollkommen glücklich. Von da an begriff ich, was es heißt, eine Berufung zu haben.« Danach ging es in die nächste Kneipe zum Feiern. Gleich wieder weg mit den sauer verdienten Francs! Manchmal saß zufällig Louis am Nebentisch und ließ sie hochleben, wenn sie, den Schalk im Nacken, wieder die Alleinunterhalterin gab. Denn solange Édith wach war, verwandelte sich alles für sie in eine Bühne – der Bartresen, unter dem sich die Kippen türmten, die Tische der Kartenspieler, die sich mit Rotweingläsern füllten, wenn Édith das soeben zusammengesungene Geld in eine Runde für alle investierte, die verdreckten Toiletten, vor denen sich händereibend die Huren aufwärmten, die Vergnügungsschuppen in der Banlieue, die Bruchbuden in den Armenvierteln der Industriestädte rund um Paris, wo sie Soldaten, Arbeitern und Marktweibern ihre tristen Lieder vorsang. Unverblümte Anträge älterer Männer, die Nacht mit ihr zu verbringen, schlug sie aus. Ihre Gewitztheit rettete sie, ihre Seitenhiebe. Und nicht zuletzt die Fähigkeit, sich trotz eines schweren Kopfes am nächsten Morgen wieder in irgendeinen Hinterhof zu stellen und weiterzumachen. Mochten ihr auch vor Erschöpfung die Beine versagen, auf ihre Stimme war immer Verlass.

Sie eroberte Paris zum zweiten Mal. Aber diesmal richtig, mit Hingabe und Leidenschaft. »Sie liebt das Pflaster, wie andere Blumen lieben oder das Meer. Paris klebt ihr am Leibe wie ein nasses Hemd. Es ist ihr unter die Haut gegangen.«[23] Die Schauspielerin

Arletty hatte zu genau jener Zeit einen großen Hit, als sie 1931/32 das *Cœur de Parisienne*, das »Herz einer Pariserin« besang. In Édiths Brust schlug dieses Herz bereits voller Intensität. Und es begann allmählich zu rasen.

Auftritt Momone alias Simone Berteaut! Édith und sie begegneten sich entweder durch gemeinsame Bekannte von Mutter Berteaut, Concierge in der Rue des Panoyaux, und Louis Gassion oder im Trainingsraum von Camille Ribon, der gerade dabei war, die knabenhafte Vierzehnjährige mit dem Mausgesicht und den kleinen Augen zu einer Akrobatin zu schulen. Simone wirkte scheu und unauffällig, war aber listig und vorwitzig. Schon in jungen Jahren arbeitete sie im Atelier Wonder, einem Handwerksbetrieb, und schraubte dort ohne rechte Lust Einzelteile für Automobile zusammen. Ein Mädchen wie Édith, das einfach tat, was ihm beliebte, und das von seinen Exkursionen durch das nächtliche Paris und seinen spannenden Fahrten übers Land unglaubliche Geschichten erzählen konnte, war ihr noch nie untergekommen – von den Eltern unabhängig, im ganzen Viertel bekannt, in der Lage, im Handumdrehen Geld zu verdienen, und nicht auf den Mund gefallen. Simone hing an Édiths Lippen und konnte sich nichts Schöneres vorstellen, als an ihrer Seite genauso in den Tag hineinzuleben und den Freiheitsdurst zu stillen. So wurden die beiden Geschäftspartnerinnen. Édith, die zur Beruhigung von Madame Berteaut sogar eine schriftliche Vereinbarung aufsetzte, mit der sie Momone zu einem Festgehalt von fünfzehn Francs pro Tag offiziell »engagierte«, war der Boss und konnte eine Assistentin gut gebrauchen. Wie sie noch aus den Wanderjahren mit Louis wusste, würde ihnen zu zweit, mit der Aufgabenteilung in Gesang und Kollekte, größerer Erfolg beschieden sein. Man würde sie weniger leicht verscheuchen können und nicht als bloße Hungerleider wahrnehmen, sie würden wie ein professionelles Musikduo wirken, und auch den vollen Spendenteller konnte man ihnen nicht einfach wegschnappen. Sogleich gründeten sie auch eine Wohngemeinschaft. Im Hôtel de l'Avenir in der Rue Orfila 105 nahmen sie Quartier. Madame Berteaut war es zufrieden. Und Édith hatte, ohne es zu ahnen, in Momone ihre Schicksalsgefährtin gefunden.

Momone, die ihre gemeinsamen Straßendarbietungen um gymnastische Einlagen bereicherte, bewunderte und imitierte Édith, war manchmal auf sie neidisch, gab ständig mit ihr an und folgte ihr wie ein junger Hund. Sie frisierte, um Édith auch biographisch nahezukommen, den gassion'schen Stammbaum und dachte sich eine komplizierte, reichlich unglaubwürdige Familien- und Fortpflanzungsgeschichte aus, mit der sie ihre direkte Verwandtschaft konstruieren wollte. Viele konnte sie damit überzeugen, zumindest am Anfang. Sie machte sich unentbehrlich, wich ihrer »älteren Schwester« nicht von der Seite und tauchte nach Streitigkeiten und endgültigen Adieus mit einem untrüglichen Gespür für wechselseitige Bedürftigkeit immer dann wieder im Leben Édiths auf, wenn diese gerade ein schlimmes Erlebnis zu bewältigen oder eine wichtige Entscheidung zu treffen hatte. Momone leistete sich Ungeheuerliches, benahm sich niederträchtig und übte Verrat, nur um im Gegenzug eindrucksvoll beweisen zu können, dass man in ihr die treueste Kameradin auf Erden besaß. Édith war hin- und hergerissen. Sie bezeichnete Simone später als ihren »bösen Geist«, verfluchte sie, wenn sie ihr wieder auf den Leim gegangen war, fühlte sich von ihr überwacht, hintergangen und in die Enge getrieben. Sie hatte Momone in schwierigen Zeiten aber auch viel zu verdanken. Momone war Fluch und Segen zugleich. Eine Verräterin und ein Goldschatz.

Einstweilen bestimmte jedoch Édith die Marschroute. Sie hatte einen Rollentausch vollzogen. Louis' Stelle einnehmend, entschied nun sie, wohin die Tagestour gehen und wie lange sie dauern würde, verwaltete die Einnahmen, suchte die Männer aus, mit denen sie trinken gingen, und kommandierte Momone, die jetzt die »frühere Édith« und Tochter zu spielen hatte, nach Herzenslust herum. Durch ihre Freundschaft zu Momone entdeckte Édith ihre Lust am Manipulieren. Und sie erkannte, dass andere in ihr oftmals etwas Großes, Vollkommenes sehen wollten und dass es ihnen Freude bereitete, wenn man diesem Ideal dann auch entsprach – und sei es durch Herrschsucht und kleine Quälereien. Mit Momone lebte sie erstmals ihre »sadistische« Ader aus, fand Gefallen am Demütigen. In ihren zahllosen Beziehungen mit Männern und in ihren wenigen Frauenfreundschaften sollte Édith künftig immer die Tonangebende und Autoritäre sein. Setzte sich einer ihrer Partner zur Wehr, widersprach oder versuchte, den Spieß umzudrehen, machte sie augenblicklich Schluss. Momone konnte bald ein Lied singen von dieser verhängnisvollen Charaktereigenschaft. Aber in einem unterschied sie sich deutlich von Édiths späteren Opfern: Sie würde immer wieder angekrochen kommen.

Ein emblematisches Foto aus den frühen Dreißigern zeigt das falsche Schwesternpaar als unzertrennliches Gespann. Beste Freundinnen linsen hier in die Kamera, Komplizinnen gar. Édiths Kopf krönt ein schief sitzendes Schaffnermützchen; in Augen- und Mundpartie kündigt sich bei der Sechzehnjährigen schon die Melancholie der späten Piaf-Jahre an. Die Hände hat sie in die Rocktaschen gesteckt. Momone stützt sich mit einem Arm auf die Schulter ihrer »Chefin«, den anderen stemmt sie burschikos in die Seite. Verschlagen schaut sie drein, so als würde sie gleich eine Schnute ziehen. Womöglich ist die Aufnahme in einer Armeebaracke außerhalb von Paris gemacht worden, wo die beiden Mädchen vor einer Dekoration aus Pappmaché Handstände vollführten und mit lasziver Unschuld *Nuits de Chine* sangen. Bevor sie mit den grölenden Soldaten um die Häuser zogen und von einem Gendarmen, der die »Künstlerinnen« als gefährdete Minderjährige identifizierte, sanft, aber bestimmt wieder nach Belleville zurückgeschickt wurden. Oder Édith hatte gerade Damias begehrtes Lied von den beiden Fiedlern zum Besten gegeben, *Les deux ménétriers*. »Ihr müsst euch alle noch viel mehr lieben«, heißt es darin. »Los, habt euch lieb! Umarmt euch!« Das hätten sich ihre männlichen Zuhörer natürlich am liebsten nicht zweimal sagen lassen und gleich die beiden Darstellerinnen in den Arm genommen.

In den Kasernen, wo die Bühne eine rettende Grenzlinie darstellte und Schutz vor Zudringlichkeiten bot, klappte die Mädchenshow stets wie am Schnürchen und brachte ordentlich etwas ein. Wochentags war es schwieriger, da zog es »Miss Édith« und ihre Assistentin in die Geschäftsviertel, wo sie auf großzügige Spenden der *hommes d'affaires* nur hoffen konnten. Am Wochenende, in den Arbeitervierteln, lief es wieder etwas besser. Mit etwas Glück begleitete sie in Clignancourt ein Instrumentalist auf der Quetschkommode, ein durchreisender Artist vollführte kühne

Sprünge, während Édith sang, Camille Ribon steuerte mit seiner Frau das eine oder andere Kunststück bei. Oder ein Tierdompteur ließ in Vincennes sein Äffchen über Momones schlaksige Glieder krabbeln und brachte es dazu, die Hosentaschen der Umstehenden um ein paar Münzen zu erleichtern.

Es waren aufregende Monate, in denen jeden Tag etwas anderes passierte. Auf ihren künstlerischen Streifzügen avancierten sie zu einem gerngesehenen Pärchen; in Belleville galten sie als siamesische Zwillinge. Nie sah man die eine ohne die andere. Abends in ihrem Zimmer zählten sie das Geld, machten sich Konserven warm und liefen gleich wieder auf die Straße, diesmal aber, um tüchtig zu feiern. Die Männer betrachteten sie mit Wohlgefallen. Momone und Édith waren in ein Alter gekommen, in dem sie Flirts und kleinen Liebschaften nicht mehr abgeneigt waren. Das eine oder andere sexuelle Abenteuer dürfte sich für beide wohl in dieser Zeitspanne ergeben haben. Die Gesetze der Großstadt kannten sie aus dem Effeff. »Ich glaubte, dass ein Mädchen niemals nein sagen dürfe, wenn es ein Junge zu sich rief. Ich dachte, das gehöre zu unserer Rolle als Frau.«

Die erste große Liebe widerfuhr Édith unweit der Porte des Lilas, als sie noch nicht siebzehn war, in Gestalt »eines großen blonden Jungen«. Sie kannte ihn längst vom Sehen, er kam zu jedem ihrer Auftritte, folgte ihr auf Schritt und Tritt. Nur wenig älter war er, und Édith merkte bald, dass er es auf sie abgesehen hatte. Er machte sich auf der Straße an sie heran, sah ihr »fest in die Augen, stieß einen bewundernden Pfiff aus und legte dann mit königlicher Geste ein durchlöchertes Fünf-Sous-Stück in meinen Napf«. Das musste als erfolgreicher Annäherungsversuch reichen. Ihr erster Freund: ein männlicher Groupie. In Romainville im Pariser Nordosten sprach er sie schließlich an, in einer Bar. P'tit Louis hieß er. Für ihn war es beschlossene Sache, dass Édith und er ein Paar waren. Sie ließ es mit sich geschehen. Anziehend fand sie ihn ja: »So zierte ich mich auch nicht lange, als P'tit Louis mir winkte.« Und so begann im Sommer 1932 eine romantische, schwärmerische Teenagerliebe zweier Straßenkinder.

Ihr neuer Freund ging auch keiner geregelten Tätigkeit nach. Sie hatten viel Zeit füreinander, waren ausgelassen und machten Paris unsicher, wann immer es ihnen beliebte. Wenn P'tit Louis Geld brauchte, verdingte er sich tageweise als Maurer, fuhr Waren aus oder packte bei Umzügen mit an. Für ihren neuen Hausstand – sie bezogen nach ein paar Wochen des Zusammenlebens mit Momone im Hôtel de l'Avenir bald ein eigenes möbliertes Zimmer – klaute er Hausrat und Geschirr zusammen. An den Sonntagen lud er Édith ins Kino ein, und so machten sie im Alcazar um die Ecke Bekanntschaft mit Charlie Chaplin und seinen Streichen; vielleicht schien ihnen die Welt des berühmten Komikers, den die Franzosen »Charlot« nennen, sogar ein wenig vertraut. »Das Leben war wundervoll, vielleicht einfach nur deshalb, weil wir beide sehr jung waren«, so brachte Édith ihr Glück auf den Punkt. Unbeschwerte Monate, entweder zu dritt oder zu zweit. Kein Erwachsener redete ihnen hinein. Und am Ende des Sommers war sie schwanger.

Natürlich machten sie und Momone mit ihrer Straßenkunst weiter, solange es Édiths Schwangerschaft zuließ, und nach der Geburt der kleinen Marcelle gab es auch keine Pause. Vor lauter Erschöpfung deklamierte sie manchmal wie in Trance, verlangte ihrem geschwächten Körper die letzten Reserven ab. Die Qualität ihres Vortrags schien nicht gelitten zu haben. »Mit ihrer Stimme hätte sie eine Kathedrale füllen« können, erinnerte sich eine Bewohnerin von Belleville, als aus ihrer Lieblingssängerin längst »die« Piaf geworden war, »sie schien von weit her zu kommen, diese Stimme«. Édith »stand einfach nur da, stemmte ihre Füße in den Asphalt und sang alles, was ihr in den Sinn kam, von populären Tino-Rossi-Liedern bis hin zu kleinen Meisterstücken. Das Mädchen, das sie immer begleitete, las die Münzen von der Erde auf, doch ›mein Mädchen‹ schaute nie zu mir«, ihrem Fan, »auf. Sie sang einfach weiter, als ob die Musik von ihr Besitz ergriffen hätte.«[24]

Mit Marcelles Ankunft auf Erden am 11. Februar 1933 begannen für Édith die größten Herausforderungen ihrer bis dato schon nicht gerade von Stabilität gekennzeichneten Jugend. Ihr kam es vor, als müsse sie die Umstände, unter denen Annetta sie siebzehn Jahre zuvor zur Welt gebracht hatte, unter umgekehrten Vorzeichen ein zweites Mal durchleben – diesmal aus der Sicht der unreifen, als Beschützerin untauglichen jungen Mutter. Als müsse sie alle traumatischen Erfahrungen ein zweites Mal durchlaufen, so als habe sie nichts aus ihrer eigenen Kindheit gelernt. Nicht nur, dass Marcelle, die Édith und P'tit Louis bald Cécelle nennen und anfangs noch wie ihren Augapfel hüten würden, wie sie selbst im Hôpital Tenon ins Leben geschickt wurde, nicht nur, dass Édith sich mit ihrem Töchterchen genauso ungeschickt anstellte wie Line eine Generation früher, auch sie würde sich gezwungen sehen, das Kind schon in den ersten Monaten im Stich zu lassen und zum Singen auf die Straße zu gehen: ganz einfach, weil kein Geld da war und auch kein »richtiger« Mann. Édith nahm sich vor, dass hier die Parallelen enden sollten. Sie entschied, ihr Kind zu ihren Auftritten immer mitzunehmen.

Die Familie war überrascht über das Ausmaß an Zuneigung, die sie der Kleinen entgegenbrachte – eine solche Vernarrtheit hatte ihr, dem rauen Straßengör, niemand zugetraut. Sie verkündete außerdem, Cécelle so lange wie möglich stillen zu wollen. Sehr zum Missfallen ihrer Halbschwester Denise machte sie großes Aufhebens um ihre Mutterschaft, zelebrierte ihre abgöttische Liebe für das Neugeborene und forderte bedingungslose Aufmerksamkeit aller Anwesenden für ihre Verrichtungen ein, als wäre sie die erste Frau auf der Welt, die ein Kind bekommen hat. Für die Obhut der Kleinen probierte sie verschiedene Arrangements aus. Zunächst hauste das Paar, von Louis und Yéyette mit Geschenken überhäuft, bei Édiths »Schwiegermutter« in Romainville, dann wieder, als *ménage à quatre*, mit Momone in wechselnden Unterkünften; um das Baby kümmerten sich reihum Momone – die schon mal vergaß, die Milchfläschchen vor Gebrauch auszukochen –, Yéyette, für deren hilfreiche Tipps Édith sehr dankbar war, und selbstverständlich auch P'tit Louis, wenn er gerade einmal keinen Job hatte. Oder Édith nahm, und das war der Regelfall, ihr Töchterchen einfach mit auf ihre Streifzüge und zu ihren Auftritten. Bei Wind und Wetter.

P'tit Louis ging es gehörig gegen den Strich, wie Édith ihr Mutterdasein in die Hand nahm, und das auch noch ohne ihn zu fragen oder auch nur einzuweihen. Für ihn gehörte seine Freundin ins Haus, wo sie sich schonen sollte, und Cécelle in eine Wiege, aber nicht, notdürftig in eine Decke gewickelt, auf zugige Metrobahnsteige, in verregnete Hinterhöfe, ungeheizte Kasernen und rauch-geschwängerte Bars. Dass seine »Frau« darauf bestand, ihren Teil zum Lebensunterhalt beizutragen und nicht eine Stunde lang von der Gesellschaft ihrer seltsamen Gefährtin lassen mochte, mit der er selbst manchmal die Abende verbringen musste, während Édith im Lapin Agile auf dem Montmartre einem kleinen Engagement nachging, verletzte seine Jungenehre. Er forderte Gehorsam ein und mehr Rücksichtnahme auf ihre gemeinsame Tochter. Édith wiederum ärgerten diese bürgerlichen und spießigen Züge, die gar nicht zu dem Straßenjungen passen wollten. Die Rolle des »Famili-en«-Oberhauptes gestand sie ihm nicht zu. Sorgte er etwa für ihren Unterhalt? Sie erachtete ihr Zusammenleben lediglich als Provi-sorium. Und bevormunden ließ sie sich schon gar nicht. Genau jetzt, wo alles über sie hereinbrach – Entbehrungen, Sorgen um das Kind, ihre stagnierende »Laufbahn«, Querelen mit Momone und das Gezeter von P'tit Louis, der alles besser zu wissen glaubte –, sehnte sie sich nach einer Schulter zum Anlehnen, nach »einem gediegeneren, eine[m] richtigen Mann«. Und fand ihn. Ohne Mit-gefühl konstatierte sie: »P'tit Louis war ein Kind wie ich«, ein lieber Kerl, mehr nicht, und zog daraus die Konsequenz: »Eines Tages be-trog ich ihn.« So als handle es sich um ein Naturgesetz, einen un-fähigen gegen einen fähigeren Mann einfach auszutauschen. »Ich spürte verworren, dass mir irgendetwas fehlte, und zwar das, was ich zeit meines Lebens unermüdlich gesucht habe – die beschüt-zende Gewalt eines Mannes, eines richtigen Mannes.«

Ihre Wahl fiel auf einen starken, unnahbaren Burschen in Uni-form, der sich auf den Einsatz in den Kolonien vorbereitete, vor den Toren von Paris kaserniert war und jederzeit den Marsch-befehl bekommen konnte. Ein starker, unabhängiger Mann mit exotischer Aura. Édith verklärte ihn ohne Umschweife zu ihrem »Legionär«. Ein Kasernenauftritt Édiths hatte die beiden zu-sammengeführt; der Soldat hatte ihr angeboten, seinen Sitzplatz mit einem leidenschaftlichen Kuss zu bezahlen. Und ihr waren die Knie weich geworden. Endlich ein Kerl, der sich nahm, was er wollte, ein todesmutiger Einzelgänger, der nicht viele Worte machte, ein rücksichtsloser Fremder, der nicht lange fackelte, keine Komplimente flüsterte und von dem sie sich nur allzu gern um den Finger wickeln ließ. »Eines Morgens hatte ich P'tit Louis mit meinem Kind im Arm kurzerhand verlassen, um mit diesem Mann zusammenzuleben.« Behauptete Édith rückblickend und sagte damit doch nur die halbe Wahrheit. Es dürfte sich bestenfalls um eine Wochenendromanze gehandelt haben. Flüchtiges Liebesglück in den wenigen Stunden, die »ihr Legionär« Ausgang hatte. Cécelle war sicher nicht dabei gewesen. Ihm und ihr war die Aussichtslosigkeit ihrer Lage klar, von Zusammenleben oder Zukunft konnte keine Rede sein, und genau das entsprach Édiths diffusen Vorstellungen von *le grand amour*: Vergänglich musste sie sein, heftig und unwiederholbar.

Je ferner und unerreichbarer der Angebetete war, ob nun Seemann, Soldat in den Kolonien oder Durchreisender, desto verzweifelter und größer die Liebe. Sich sehnen und vergeblich warten müssen, Glück nur sekundenlang erleben dürfen – dazu war sie geschaffen. Der Archetyp des »Legionärs« war damit geboren. Eine Figur, die in den Dreißigern Konjunktur hatte – man denke nur an Marlene Dietrichs Kultfilm *Morocco* aus derselben Epoche – und deren Faszinationskraft Édith und ihre ersten wichtigen Förderer in künstlerischen Belangen, Raymond Asso und Marguerite Monnot, in Zukunft ausreizen würden. Édith würde in ihren Chansons gerade deshalb so glaubwürdig ihrer Sehnsucht nach diesem rücksichtslosen, aber umso attraktiveren Männertyp Ausdruck verleihen, weil sie sie als Siebzehnjährige, als junge, frustrierte Mutter auf der Suche nach ihrem Ideal, selbst erlebt hatte: »Ach, wie habe ich meinen Legionär geliebt! Aber vielleicht sang ich [meine Legionärs-Lieder] gerade deshalb so gut. Lange Zeit konnte ich [sie] nicht [vortragen], ohne dass mich dabei ein Schauer überlief.« Wie gewonnen, so zerronnen: Das Pattern von Édiths *vie sentimentale* war mit dieser unbedeutenden Episode, zum *coup de foudre*, zum blitzartigen Verliebtsein aufgebauscht, unwiderruflich vorgegeben.

Zwischen P'tit Louis und Édith spitzte sich der Kampf um Cécelle weiter zu; beider Ringen um ihr Kind glich einem Akt aus Brechts *Kaukasischem Kreidekreis*. Mal »stahl« er Marcelle aus dem gemeinsamen Zimmer und brachte sie in Romainville in Sicherheit, mal wurden Vater Gassion und Stiefmutter Yéyette eingeschaltet und um Verstärkung gebeten, dann wieder setzte Édith Vertrauen in Momone und sorgte mit deren Hilfe dafür, dass ihr Freund seine Tochter tagelang nicht zu Gesicht bekam. Ein Ultimatum nach dem anderen wurde verkündet und nicht eingehalten. Es war aus und vorbei zwischen den beiden Kindereltern, nur P'tit Louis glaubte noch an eine Chance zur Versöhnung. Zur selben Zeit witterte Édith Morgenluft im Pigalle-Viertel, einer für sie neuen, vielversprechenden Gegend: Immer öfter zeigte sie sich dort, freundete sich mit Kolleginnen wie Rina Ketty an und ließ sich von dem Angebot eines Paradiesvogels namens Lulu anlocken, in seinem – oder ihrem? – Transvestitenlokal Juan-les-Pins gemeinsam mit Momone aufzutreten. Hier spielte derzeit die Musik, hier verdienten sich begabte Instrumentalisten wie Django Reinhardt ihre Sporen, hier, so munkelte man, wurden wilde Feste gefeiert. Nach Pigalle kamen all jene, die es lieber etwas rustikaler hatten. Édith wollte daran teilhaben. Koste es, was es wolle. Belleville war out. Warnungen vor der organisierten Krimininalität und der Allgegenwart mächtiger Zuhälterringe schlug sie in den Wind.

Das Mädchentrio fand eine Absteige in der Nähe des Boulevard de Clichy und zog, ohne irgendjemandem Bescheid zu sagen, um – zehn Metrostationen weiter nach Westen. Eden hieß ihr Hotel ganz und gar unverdient. Und um das Régence, ihre nächste Unterkunft, war es auch nicht besser bestellt. Wenige Wochen nur vergingen, und die einander in symbiotischer Zuneigung verfallenen »Schwestern« gerieten auf die schiefe Bahn. Aus freien Stücken wurden sie zu typischen Pigalle-Bewohnerinnen, ließen sich mit Wonne in diesen gefährlichen Sumpf hineinziehen. Während Cécelle im Hotelzimmer schlief und sich selbst überlassen blieb – Édith, zunehmend gleichgültig, ersparte ihr eigenes früheres Schicksal ihrer Tochter nun doch nicht –, räkelten sich Momone und ihre Chefin in Matrosenanzügen auf der Bühne von Lulus Kabarett, einem Etablissement, in dem Frauen in Männerkleidern auch Nacktdarbietungen knabenhafter Mädchen nicht verschmähten. Wenn Lulu nicht anständig zahlte und auch die gesammelten Champagnerkorken der Flaschen, zu deren Verzehr Édith und Momone animieren sollten, nicht ausreichten, um im Régence weiterwohnen zu können, zog das Gespann in bewährter Manier wieder auf die Straße, wo es noch ein halbes Dutzend fatalistischer Lieder vortrug, bis es die Zimmermiete zusammenkratzen konnte. Aber auf den Straßen von Pigalle, der Hochburg des horizontalen Gewerbes, waren »musisch« eingestellte Konkurrentinnen nicht gern gesehen. Von dort wurden sie rasch wieder verscheucht. Zum Singen gab es die Cafés, Treffpunkte der Luden und Anlaufstellen für Nachtschwärmer, Pflasterschwalben, Schwule und Drogenabhängige. Au Clair de la Lune, in das der Mond nie hineinleuchtete, war besonders beliebt, das Nouvelle Athènes, benannt nach dem Viertel der Romantiker südlich der Boulevards, nicht minder.

Édith und Momone vervollkommneten hier, mit masochistischer Gründlichkeit, ihre Kenntnisse des Untergrunds von Paris. Sie erhielten tiefe Einblicke in diesen Mikrokosmos aus Gewalt, käuflicher Liebe, korrupter Polizei und politischem Filz. Sie ließen sich Schnaps ausgeben und fielen auf. Mädchen in ihrem Alter ohne männlichen Schutz waren hier eine Seltenheit, und Frauen, die in solchen Lokalen künstlerischen Ambitionen nachgingen, unbekannt. Die Zuhälter, beständig auf der Suche nach frischen Mädchenkörpern, vermochten die »Schwestern« nicht auf Anhieb einzuordnen: Gehörten sie zu den »Unregistrierten« oder zu den Frauen, die »unter Laternen« auf ihre Freier warteten? Gingen sie mit jedem mit oder waren sie wählerisch? Waren sie auf bestimmte Praktiken spezialisiert? Hatte es sie aufgrund ihrer Qualitäten von Belleville nach Pigalle verschlagen? In das Viertel rund ums Moulin Rouge gelangten gemeinhin nur die besten, beliebtesten und fleißigsten unter den Huren. Dagegen sprachen ihr unattraktives, ungepflegtes Äußeres und Édiths kindliche Statur. Zählten sie zu den Teilzeitdirnen, zu denen, die nur zum Spaß mitgingen, oder zu den *belles de jour*, die irgendwo anders eine bürgerliche Existenz führten und das Geld gar nicht nötig hatten? Dafür waren sie wieder zu abgerissen, und ihr Slang entlarvte ihre Herkunft aus Belleville. Auch der Umstand, dass sie hier so mir nichts, dir nichts aufgetaucht waren, erregte Misstrauen unter den *julots*.

Diese Zuhälter, die ganze Straßenzüge kontrollierten und denen keine noch so geringfügige Veränderung in ihrem Machtbereich entging, registrierten sehr wohl, dass Édith versuchte, in den Variétés und Kabaretts im Viertel Fuß zu fassen. Man hörte sie im Petit Jardin, sie gehörte zu Jo Privats Schützlingen und arbeitete mit einem weiteren Akkordeonisten, Jean Vaissade, zusammen. Im Sirocco sang sie und im Tourbillon, sie ließ sich von einem Deutschen namens Norbert Glanzberg am Klavier begleiten – ihrem späteren Pianisten in Kriegszeiten. Auch für Putzarbeiten und Gläserspülen war sie sich nicht zu schade. Einige fanden dann heraus, dass sie Line Marsas Tochter war und dass sie, sehr zu Momones Verdruss, weiterhin in den Kasernen rings um Paris auftrat, aber ohne ihre Freundin. Doch Édith hatte sich wie alle anderen den Gesetzen des Pigalle zu unterwerfen, wenn sie und ihre Gefährtin hier auch weiter ihre Kreise ziehen wollten. Das Milieu streckte seine Fangarme nach ihr aus.

So ging sie schließlich einem gewissen Albert Valette ins Netz. Laut anderen Quellen war es ein Henri. Nach einer kurzen Phase des Verliebtseins in einen weiteren »starken Mann« – »er hatte schwarze Augen, trug Hosen nach dem letzten Schrei und konnte so schön lächeln« – hatte sie sich damit abzufinden, dass sie leider nicht seine Auserwählte, sondern nur eines unter vielen Mädchen war, die für ihn zwischen der Place de Clichy, der Avenue Trudaine und Barbès das Geld verdienten. Nur dass seine neue Beute darauf bestand, ungewöhnlichen Dienstleistungen nachzugehen und nicht als Dirne, sondern als Straßensängerin für ihn zu arbeiten. Zähneknirschend, nach zahlreichen gewalttätigen Auseinandersetzungen, akzeptierte er diesen »Sonderdienst«, solange nur die Einnahmen stimmten. Und das taten sie: Édith brachte mehr Geld ein als seine Huren, und »Verschleiß« stand nicht zu befürchten. Auf Lob oder gar Zärtlichkeiten konnte sie dennoch nicht zählen; allabendlich hagelte es Ohrfeigen und Fußtritte. Henri-Albert, ein Routinier des Charmes, zeigte nun seine wahre Natur. »Zwischen uns kam es zu schrecklichen Rauferei. Ich dagegen biss und kratzte ihn.« Édith, die sich nicht so rasch einschüchtern ließ und ihrerseits tüchtig austeilen konnte, schien es nicht einmal zu kümmern. »Mir lag viel an dem Mann, und dieser Handel schien mir ganz normal zu sein.« Engstirnigere Naturen mochten sie in einer Abwärtsspirale gefangen sehen. Sie hingegen befand, dass sie von dem Arrangement – Singen statt Prostitution – profitierte. »In gewissem Sinne hatte ich nun [leichtes] Spiel. Für mich war das eine Art Glück. Jahrelang«, in Wirklichkeit wohl nicht länger als ein bis zwei Jahre, »lebte ich so am Pigalle mit ›meinem Mann‹ zusammen. Ich war nur ein armes Mädchen. Ich sang, weil ich keine andere Möglichkeit sah, mein Brot zu verdienen und meinem Zuhälter zu ›apportieren‹.« Für Édith war es seit ihren Nomadenjahren mit Louis Gassion eben das Normalste der Welt, auf der Straße herumzulungern, ihre Stimme »auszuleihen« wie andere ihren Körper, um einem strengen Mann, den sie bewunderte und von dem sie sich gängeln und demütigen ließ, anschließend den Großteil ihrer Einnahmen auszuhändigen. Das Singen wurde für sie in jener rabenschwarzen Phase ihrer Jugend zu einer erotischen Gratifikation, die sie gewährte, die sie begehrenswert machte, die sie aber auch kontrollieren und »meistbietend« an den Mann bringen konnte. Ihr Marktwert entsprach exakt ihren vokalen Leistungen.

Von diesem Zeitpunkt an verlor sich ihre Spur in den Lokalen, Nachtbars, Stundenhotels und Seitenstraßen des Pigalle, und eine genaue Rekonstruktion der Ereignisse wird durch Unstimmigkeiten der Chronologie und allerlei Versionen, die einem Groschenroman entliehen scheinen und deren Wahrheitsgehalt sich nicht klären lässt, zu einem schwierigen Unterfangen. Simone Berteauts romanhafte »Memoiren« lesen sich am besten, sind freilich nur selten für bare Münze zu nehmen. Schon deshalb nicht, weil sich die unscheinbare Momone immer bemühte, ihre Rolle als Zeugin über Gebühr zu betonen, auch wenn sie womöglich gar nicht immer dabei gewesen oder von Édith zuweilen ausgebootet worden war. Piafs eigene fragmentarische »Erinnerungen« wiederum sind zu bruchstückhaft und werfen mehr Fragen auf, als dass sie Antworten geben. Bleibt eine Handvoll von Begebenheiten, die als eine Art Schnittmenge in nahezu allen Quellen Erwähnung finden und die eine ungefähre Vorstellung von den Ereignissen geben, wie sie sich zwischen 1933 und 1935 zugetragen haben müssen.

Albert oder Henri war wie die meisten *maquereaux* kein Mann, der sich lange mit einem anständigen Resultat zufriedengab – er wollte noch mehr aus Édith herauspressen, und er wollte, dass sie sich ihm endgültig unterwarf. Das Singen allein fand er »nicht ausreichend; er verlangte noch andere Talente von mir. Vielleicht aus Gewinnsucht, aber [eher] noch, um mich fest ›halten‹ zu können. In der Unterwelt gibt es nämlich ein Gesetz, nach dem man Männer und Frauen mit in das Spiel verwickeln muss, damit sie sich aus den Fängen der Gauner nicht mehr zu befreien wagen.« Wie die anderen in seinem Mädchenring wurde auch sie zu »zusätzlicher Arbeit eingeteilt«. Édith wurde fortan als Kundschafterin in bessere Variététheater und Tanzlokale geschickt, um dort junge Damen auszuspähen, jene, die alleinstehend waren und vermögend wirkten. Édith beobachtete ihr Kommen und Gehen, notierte sich ihre Gewohnheiten, und sobald sie genug Informationen zusammengetragen hatte, trat Albert als gutgekleideter, charmanter Gigolo auf den Plan. Er machte sich an die Schönheiten heran, ließ seine Verführungskünste spielen, und in der Mehrzahl der Fälle gelang es ihm, seine Eroberungen nach durchtanzter Nacht nach Hause zu begleiten. Ganz Kavalier der alten Schule. In der engen Rue Lemercier, im Batignolles-Viertel westlich des Pigalle, schliefen die Leute tief und fest. Dort gab es keine Zeugen. Albert raubte seine Opfer an Ort und Stelle aus, erbeutete Juwelen, Bargeld und Wohnungsschlüssel, mit denen er sich Zugang zu ihren Appartements verschaffte, noch bevor die Ausgeplünderten die Polizei alarmiert hatten. Nachdem er seine Beute verhökert hatte, plusterte er sich mächtig auf und verprasste große Summen mit Édith und ihren Rivalinnen. Gab sie sich eine Mitschuld am traurigen Los der einsamen Damen? Packte sie die Reue, als Kriminelle zu agieren? Es überwog wohl noch der Stolz auf »ihren« Mann und seine Angeberei. Auch wenn ihr seine Gewaltbereitschaft Angst einflößte. Anders als P'tit Louis verstand er sich aber darauf, Feste zu feiern: »Dann spendierte er mir die ganze Nacht Champagner.« Und sogar Momone bekam hin und wieder ein Glas ab, teilte die verderbliche Freude über die Dummheit und Vertrauensseligkeit der ausgeraubten »feinen« Damen.

Dass es ihnen selbst einmal an den Kragen gehen könnte, kam ihnen damals noch nicht in den Sinn. Henri-Albert, der im Milieu »Ali Baba« genannt wurde und sich mit Männern fürs Grobe, Schlägertypen wie »Tarzan«, umgab, ließ nicht mit sich spaßen, wenn ein Mädchen mal nicht spurte oder sich gar mit dem Gedanken trug, diesem Leben den Rücken zu kehren. Der bloße Verdacht auf Abtrünnigkeit zog Drohungen, Schläge und Misshandlungen nach sich. Vor keiner Gewalttat schreckten Ali Baba und seine Erfüllungsgehilfen zurück. Wenn sie eine Unfügsame nicht töteten, richteten sie sie so zu, dass sie für immer entstellt keine Chance mehr haben würde, sich anderswo durchzuschlagen oder gar in den Etablissements des Pigalle für Konkurrenten zu arbeiten. Alberts Drohungen waren keine Worthülsen: Édith wusste, dass sie sich ihrer Sonderstellung nicht mehr lange sicher sein konnte.

»Das klingt wie ein allzu primitiver Unterhaltungsroman, ich weiß. Aber mein ganzes Leben gleicht einem beinahe unglaublichen Roman, und dabei hat sich alles ebenso einfach zugetragen, wie ich es jetzt erzähle.«

Sie beschloss, sich aus diesem Milieu zu befreien, sobald sich die Gelegenheit dazu bot. »Aus tiefster Not und Schande heraus fasste ich den Entschluss, der Gaunerwelt zu entfliehen und mich ganz allein aus diesem Abgrund emporzuarbeiten, in den ich schon so tief gesunken war.« Mittlerweile befand sie sich weit außerhalb der Reichweite ihrer Beschützer von Belleville, der treuen Akrobaten und Musiker, ihres Vaters und P'tit Louis'. Sie konnten hier nichts für sie tun. Momone würde man zum Schweigen bringen, falls sie sich einmischen sollte. Édith fasste sich ein Herz, wartete auf einen günstigen Moment und teilte Albert mit, dass sie nicht länger für ihn arbeiten würde. Sie trieb die Provokation auf die Spitze, indem sie ihm zum »Abschied« ins Gesicht spuckte. Hatte sie den Verstand verloren, oder setzte sie einfach alles auf eine Karte, darauf hoffend, dass eine Himmelsmacht – womöglich die heilige Thérèse – ihre schützende Hand über sie halten würde? »Ich wollte wieder eine Frau werden wie alle anderen, aber ich wusste nicht, wie viel Mut dazu gehörte; denn die Unterwelt lässt einen nicht so ohne weiteres los.«

Ein riskantes Katz-und-Maus-Spiel setzte ein. Édith floh, wurde eine Woche später gestellt und in Alberts Zimmer verbracht, wo sie ihren Gebieter in einer kurzen, heftigen Auseinandersetzung erneut abzuwehren und zu demütigen vermochte; sie entkam abermals. Die Ruhe vor dem Sturm währte auch nach ihrem zweiten Ausbruchsversuch nicht lange. Nur wenige Tage vergingen, und Ali Babas Häscher hatten Édith wieder gestellt. Diesmal wartete ein Tribunal auf sie. Von einer Horde zorniger Männer wurde sie umringt, die mit Messern und Flaschen in den Händen bereit schienen, kurzen Prozess mit ihr zu machen. Albert hatte seinen Revolver auf sie gerichtet. Doch Édith bot ihm die Stirn. Vor versammelter Mannschaft bezeichnete sie ihn als Feigling, tat so, als nähme sie die Drohgebärden und seinen Tötungsversuch nicht ernst und forderte ihn auf, sich ihrer zu entledigen. »›Schieß doch, wenn du ein Mann bist.‹ Ich sah noch, wie sein Blick sich verhärtete, dann hörte ich einen Knall und spürte ein Brennen am Hals.« Einer seiner Kumpane hatte dem Luden im letzten Moment den Arm weggeschlagen, als er im Begriff gewesen war, abzudrücken. Die Kugel verfehlte ihr Ziel, streifte sie nur und schlug hinter ihr in der Wand ein. Man ließ Édith laufen, denn Alberts Ehre war wiederhergestellt. Ein Wunder war geschehen. Édith hatte dem Tod ins Gesicht geblickt, aber Widerstandsgeist und Mut hatten den Sieg über die Mechanismen des Milieus davongetragen. »Halb wahnsinnig vor Schreck stürzte ich hinaus.«

Diese Erfahrung hätte ihr eine Lehre sein müssen. Sie hatte mehr Glück als Verstand besessen, war glimpflich davongekommen, aber spielte auch weiterhin mit dem Feuer. Kaum Henri-Albert entronnen und noch immer in seinem Revier, ließ sie sich gleich mit drei nicht minder gefährlichen Liebhabern ein, René – groß und stark, mit »entschlossenem Gesicht, ein Mann, der töten konnte« –, Pierre und Léon. Nur einen liebte sie wirklich – »er war so zärtlich und geduldig; ohne große Widerrede ertrug er meine Launen« –, die anderen beiden »belog sie unverfroren«. Der »Zärtliche« war ein Nichtstuer und ließ sich von ihr aushalten. Das Schema funktionierte eine Zeitlang. Édiths Boulevardkomödie mit albernen Auf- und Abgängen, überraschenden Situationen, peinlichen Konfrontationen und in Schränken und unter Betten versteckten Liebhabern währte nur ein paar Wochen. Ihr doppeltes oder eher dreifaches Spiel flog auf. Als ihr die Gehörnten auf die Schliche kamen, entwischte Édith in buchstäblich letzter Minute, versteckte sich mit Hilfe von Momone und ängstigte sich noch Jahrzehnte später, vom schlechten Gewissen verfolgt. Sie fürchtete, einer aus dem amourösen »Trio« könne es ihr irgendwann heimzahlen. Manchmal, in irgendeiner Provinzstadt, glaubte sie dann einen der Betrogenen im Publikum auszumachen und hatte das mulmige Gefühl, genau jetzt, nach all den Jahren, würde der Racheengel seinen Tribut fordern. »Nicht dass ich den Teufel im Leib hatte – es war nur das bohrende, beinahe krankhafte Bedürfnis, geliebt zu werden, umso mehr geliebt zu werden, je hässlicher und verächtlicher ich mich fand, je weniger für die Liebe geschaffen.«

Wer Édith immer ausfindig machte, war ihre Mutter Line-Annetta. Sie klopfte minutenlang an die Tür ihres Hotelzimmers in der Rue Germain Pilon oder stand mit bittendem, anklagendem oder auch forderndem Gesichtsausdruck in irgendeiner Kneipe vor ihr. Mal wortlos, mal jammernd, dann wieder tobend. Line wollte immer das Gleiche – eine Karaffe billigen Rotweins oder einen Teil von Édiths dürftiger Abendgage. Und sie vermittelte ihrer Tochter den Eindruck, dass ihr solche Almosen zustünden. Resigniert fügte Édith sich dann in diese ungesunde Abhängigkeit, zahlte die verkrachte Sängerin aus und vermied Blicke oder Unterredungen. Eine mögliche Bringschuld Lines wagte sie nicht einmal anzusprechen. Was sie vor sich hatte, war ein Zerrspiegel ihrer eigenen Existenz. Mit jeder weiteren Spende hoffte sie, das Schreckgespenst in Gestalt ihrer Erzeugerin zu bannen oder wenigstens für die nächsten Wochen und Monate auf Distanz zu halten. Fast nie gelang es ihr; die entwürdigenden Mutter-Tochter-Szenen wiederholten sich und brachte sie selbst im Pigalle, wo lautstarke Auseinandersetzungen an der Tagesordnung waren, ins Gerede.[25] Lines Präsenz empfand Édith allmählich als Fluch. »Der Anfang eines endlosen Weges.«

Ersparen wir uns weitere Schauergeschichten, die Momone und Piaf uns in den verschiedensten, kaum glaubwürdigen Ausschmückungen hinterlassen haben – die blutige »Schlacht« mit aufgebrachten »Zigeunern« in der Vorstadt Pantin etwa, die Édith mit Sängerkollegen durchstanden haben will, oder den tragischen Unfall einer Madame Georgette, die mit dem Schürhaken auf Édith losgegangen und dabei unglücklich gestürzt sein soll. Am Gesamtbild einer so systematischen wie verheerenden Selbstzerstörung vermögen zusätzliche, noch entsetzlichere Details nichts mehr zu ändern. Mit achtzehn hatte Édith sich in Gefahr, mit neunzehn an den Rand des physischen und psychischen Ruins begeben. Raubbau an Leib und Seele hatte sie getrieben, gepaart mit der Akzeptanz vollständiger Amoralität und der Abwesenheit jeglichen Verantwortungsgefühls. Sie selbst resümierte: »Mein Jungmädchendasein wird Ihnen möglicherweise erschreckend vorkommen, aber es war auch schön. Ich trieb mich in Barbès, Pigalle, Clichy herum, in den Straßen des Lichts und des Genusses. Ich habe gehungert … Ich habe gefroren … Aber ich war frei. Frei beim Aufstehen, beim Schlafengehen. Frei, mich zu betrinken, zu träumen und zu hoffen.«[26]

Für diese Freiheit hatte Édith einen hohen Preis zu zahlen: ihr Kind. Als sie noch in Henri-Albert Valettes Diensten stand, hatte sie eines Abends ihr Hotelzimmer leer vorgefunden. Momone, die an jenem Nachmittag auf Marcelle aufpassen sollte – eine lästige Aufgabe, die sie lieber der Pensionswirtin überließ –, war nur einen Moment zu lang unten am Pigalle in ein Schwätzchen vertieft gewesen. Zeit genug für P'tit Louis, den einzigen Mann, der damals wirklich etwas für Édith übrighatte, seine kleine Cécelle ein für alle Mal in Sicherheit zu bringen: nach Romainville. Diesmal schritten die Mädchen nicht ein. Vor lauter Scham wagten Édith und Momone keinen Widerspruch, und es ließ sich nicht leugnen, dass Cécelle es bei ihrer Großmutter väterlicherseits in der Banlieue um ein Vielfaches besser haben würde als im Rotlichtmilieu der Rue Germain Pilon. Das Kleinkind, mit dem sie nicht umzugehen wussten, fehlte ihnen gleichwohl; ohne dessen Anwesenheit fühlten sich die »Schwestern« wieder selbst wie verwaiste Teenager.

P'tit Louis ließ sich von da an überhaupt nicht mehr bei Édith blicken, und an ihr Scheitern als *maman*, an die schmerzliche Tatsache, dass sie ihr Töchterchen in absehbarer Zeit wohl nicht mehr zu Gesicht bekommen würde, wollte sie – nun selbst eine Rabenmutter – nach Möglichkeit nicht erinnert werden. Wann immer sie ein junges Paar mit seinen Kindern vorbeispazieren sah, was eher selten geschah in ihrem *quartier*, krampfte sich ihr Herz zusammen. »Wie könnte sie auch ein Kind aufziehen, da sie ja selbst nicht aufgezogen wurde! Die Mutter hatte sie verlassen, und die Kleine hat sie verlassen.«[27]

Erst im Sommer 1935, nach einer Nummer im Tourbillon oder nach einer Vorführung im Chez Lulu, stand ihr »großer blonder« Laufbursche noch einmal vor ihr, außer sich vor Erregung. Zum Überbringen einer Hiobsbotschaft. Marcelle, so erfuhr sie von einem stammelnden, schluchzenden P'tit Louis, war an Meningitis erkrankt und ins Kinderkrankenhaus der *rive gauche* eingeliefert worden. Für die Zweieinhalbjährige bestand kaum mehr Hoffnung. Édith machte sich noch in der Nacht auf ins Hôpital Necker in der Rue des Sèvres und legte diesen beschwerlichen Fußmarsch in den folgenden Tagen, getrieben von Verzweiflung, gleich mehrfach zurück. Cécelles letzte Chance bestand in einer Lumbalpunktion, auf die eine neuntägige Frist der Ungewissheit folgte. Nur wenige Patienten kamen durch. Am 6. Juli, noch war die Wartezeit nicht abgelaufen, erwachte Marcelle aus tiefem Schlaf und nahm ihre Mutter für wenige Sekunden noch ein letztes Mal in den Blick. »Weinend bedeckte ich sie mit Küssen. Gegen fünf Uhr in der Früh musste ich sie verlassen.« Den Rest der schlaflosen Nacht verbrachte Édith mit Stoßgebeten. Am Morgen des 7. Juli war ihr kleines Mädchen tot, und Édith erlebte, mit nicht einmal zwanzig Jahren, das schlimmste Drama im Dasein einer Mutter – ihr Kind sterben zu sehen.

Das Segnen des Kindersargs in Saint-Pierre-de-Montmartre, die Bestattung Cécelles in einem Armengrab auf dem Friedhof von Thiais – »weder [er] noch ich hatten Geld, ihr einen Kranz zu kaufen« –, die nun wirklich allerletzten Begegnungen mit P'tit Louis – »wir trennten uns ohne ein Wort« – durchlebte sie wie in Trance. »Ich war vernichtet. Ich dachte an Marcelle, an mein Unglück.«

Dahingerafft worden war Marcelle laut Totenschein von einer Hirnhautentzündung – oder war sie vielmehr »an den Spätfolgen des Elends der Kindheit von Édith selbst« zugrunde gegangen, »an ihrer Unwissenheit«[28]? Jeden weiteren Tag ihres Daseins plagte Édith Piaf der Gedanke, dass ein Mensch, der sich in die Lage versetzt sieht, Leben zu schenken, sich unwillkürlich auch als Todesengel derselben Kreatur gebärdet. Jedes Mal, wenn man jemanden auf die Welt hievt, »unterschreibt man auch ein [potentielles]

Todesurteil« – eine ungeheure Verantwortung, die man besser verdrängt oder der man nur mit dem Glauben an etwas Höheres beikommen kann.[29]

Bevor Édith den winzigen Sarg mit ihrer Tochter in der Erde von Thiais verschwinden sah, harrte ihrer aber noch ein einschneidendes Erlebnis. Ganze zehn Francs hatten gefehlt, um die Kosten für die Beerdigung aufbringen zu können. Etliche Pigalle-Kumpane hatten zusammengelegt, Sängerinnen und Huren gesammelt, die Gassions, die Berteauts und die Familie von P'tit Louis ihre letzten Ersparnisse zusammengekratzt, um Cécelle einen einigermaßen würdigen Abgang von dieser tristen Welt zu ermöglichen. Doch der fehlende Betrag ließ sich beim besten Willen nicht aufbringen. Da kam es Édith auf eine Schicksalsprüfung mehr oder weniger nicht an – sie bot sich dem erstbesten Freier an. »In meinem viel zu langen Mantel mit den geflickten Ärmeln ging ich hinaus in die Nacht. Langsam schleppte ich mich dahin.« Und ließ sich ansprechen, belästigen, wurde fündig. Keine sechzig Minuten später lagen die erforderlichen zehn Francs auf dem Nachttisch, und ihr Kunde verließ, am verständnisvoll grinsenden Nachtportier vorbei, das Stundenhotel.

Verkaufte Édith dem zahlungswilligen »Kerl mit einem spöttischen Lächeln um die Lippen« ihren Körper für den Restbetrag? Zwei Jahre Pigalle-Routine scheinen dafürzusprechen – ein Allerweltscoup, ein banaler Akt, weiter nichts. Doch der Piaf-Mythos kennt wieder einmal zwei andere, ergreifende Varianten: Ihr Ghostwriter Jean Noli regte an, den Mann von der Straße zu einem verständnisvollen, mitfühlenden Gentleman zu erklären: Édith sei in Tränen ausgebrochen, die trauernde Mutter habe die Liebesdienste nicht leisten können und stattdessen voller Schmerz vom Tod ihres Töchterchens erzählt. Daraufhin habe der Freier sich als Herzensmensch erwiesen, auf »Gegenleistung« verzichtet und ihr die nötigen Francs für die Beerdigung geschenkt. Piaf war glücklich über diese Wendung, der Wahrheit auf die Sprünge zu helfen – wie viel »unbefleckter« würde sie nunmehr vor ihren Leserinnen und Lesern dastehen! Simone Berteaut, die keinen Ruf zu verlieren hatte, behauptete stattdessen, der Kunde sei sehr wohl zufriedengestellt worden, habe aber weit mehr als die erforderliche Summe gezahlt. Wie dem auch sei: Die Legende des barmherzigen Freiers besaß unwiderstehliche Anziehungskraft für die alternde Piaf und sogar das Potential zur Charakterbildung: »Wenn mich dieser Mann wie eine Dirne behandelt hätte … Vielleicht wäre ich dann nie mehr zu einer großzügigen Geste fähig gewesen, zu einer jener Gesten, die häufig im letzten Augenblick den Leib oder die Seele retten. Heute noch bin ich ihm dankbar dafür, dass er mir dabei geholfen hat, großzügig zu werden.«

Momone zog eine schonungslose Bilanz der Cécelle-Tragödie: »Das war wirklich ein sehr dunkler Moment unseres Lebens. Einer der vielleicht schlimmsten, schmutzigsten Zeitabschnitte, aber ehrlich gesagt, auch ziemlich kurz.« Und unbarmherzig fuhr sie fort: »Einige Tage danach hatten wir bereits vergessen, dass die kleine Marcelle tot war. Schrecklich, aber so war es. Wir ›wussten‹ es einfach nicht mehr. Wir sind nicht auf dem Friedhof gewesen. Niemals. Wir waren ja selbst nur Kinder, wir dachten einfach nicht mehr daran.«[30] Dicht an der historischen Wirklichkeit oder Vergeltung der verbannten »Schwester«?

Édith sollte Jahrzehnte brauchen, um mit diesem frühen Verlust, mit ihrem Versagen als Mutter und ihrer späteren Kinderlosigkeit fertig zu werden. Und Altruismus wurde im Laufe der Zeit, ob nun vom »Zehn-Francs-Kunden« freigesetzt oder nicht, in der Tat zu einer ihrer liebenswerten, großartigen Charaktereigenschaften: »Im Gedenken an diesen Unbekannten habe ich immer, wenn ich konnte, anderen aus der ›Patsche‹ geholfen, ohne etwas dafür zu verlangen.« Es stimmte schon, Édith Piaf half fortan allen. Line und Camille Ribon. Ihrem alternden Vater. Unbekannten, die auf der Straße ihr Mitleid erregten, abgehalfterten Akrobaten ohne Aussicht auf Rente. Schmarotzern, die jahrelang bei ihr ein und aus gehen und sich in ihrer Wohnung ungehindert »bedienen« würden. Und selbstverständlich immer wieder, auch wenn es noch so widersinnig sein mochte, Momone.

»Mit einer solchen Jugend ist es wohl nicht möglich, ein Vorbild an Tugend zu werden.« Ein Vorbild an Authentizität aber allemal. Die zwei Jahre, die sie südlich von Sacré-Cœur zugebracht hatte, hatten aus Édith eine hartgesottene, zähe kleine Person und eine lebenserfahrene Sängerin gemacht. Als sie vor ihren ersten Förderer Leplée trat, hatte sie bereits ein Kind verloren, sich in kriminelle Umtriebe verwickeln lassen, immer wieder das Spiel mit der Gefahr begonnen und noch immer, trotz Anläufen mit zahllosen »richtigen« Männern, nicht die »richtige« Liebe erfahren dürfen. Pigalle war ein hartes Pflaster gewesen; aber sie fühlte sich ihm noch verpflichtet, als sie bereits im Gerny's ihre ersten Erfolge feierte. Pigalle hatte sie zu der Frau werden lassen, die sie fortan auf der Bühne mit noch nie dagewesener Überzeugungskraft darstellen sollte. Weniger einem vorwitzigen Spatz glich sie dann als vielmehr einem »komischen Vogel«, zuweilen auch einem Raubvogel, der seine Beute schon von weitem erspäht und sie ergreift, bevor andere sie ihm wegschnappen können.

Inwieweit ihr Pigalle auch Inbegriff einer typisch pariserischen Vergnügungskultur war, die ausländische Besucher noch heute anzieht, bleibt freilich im Dunkeln. Den berühmten Cirque Medrano am Boulevard de Clichy, in dem ihrem Vater Louis aufzutreten nie vergönnt war, wird sie wahrgenommen haben, desgleichen die Schießbuden und Schausteller. Pigalle, wo das Moulin Rouge Heerscharen von Provinzlern anlockte, blieb für Édith und Momone, die von Divertissements ausgeschlossen waren, einfach das Ghetto ihrer Jugend. Eine Klasse besser als Belleville allemal. Zur Pariser Hochkultur der *années folles*, deren Blütezeit exakt mit Édiths Kinder- und Pubertätsjahren zusammenfiel, hatten sie keinen Zugang.

Dennoch: Eines hatte sich Édith fest vorgenommen. Wenn sie einmal erfolgreich und wohlhabend sein sollte, würde sie dem mythischen Pigalle und dem proletarischen Belleville, den entbehrungsreichen Stätten ihrer Menschwendung, für alle Zeiten den Rücken kehren. Und es blieb dabei: Die große Édith Piaf war ausschließlich im 16. Arrondissement zu Hause, im Westen der Metropole, mit Blick auf den Bois de Boulogne. Mit einem Bein im feinen Neuilly. Dort, wo die Hautevolee, die Diplomaten und die Politiker residierten. Dort, wohin der Schmutz ihrer Jugend nicht vordrang, wo Prostituierte in eleganten Studios ihre Kunden empfingen, wo die Henris und Alberts dieser Stadt nichts zu melden

hatten. Dort, wo man von Pigalle und Belleville singen und erzählen konnte, als handle es sich um exotische Orte – irgendwo auf
diesem Planeten, nur nicht in demselben Paris.

Elle fréquentait la Rue Pigalle

Die finstere Ballade aus fünf tieftraurigen, musikalisch identischen Strophen ohne Refrain handelt von der freudlosen Geschichte eines Freudenmädchens. Piafs Mentor und Textautor Raymond Asso verschränkte
1939 mit viel Fingerspitzengefühl unrühmliche Begebenheiten aus ihrer
jüngsten, sündhaften Vergangenheit mit einer unbarmherzigen Milieuschilderung. »Die Rue Pigalle war ihr Revier« – dieser Titel konnte sowohl
auf die Interpretin als auch auf die Protagonistin des Liedes zutreffen. Für
Authentizität war somit gesorgt, wenngleich sich hier, wie schon im Legionärs-Chanson, natürlich wieder Dichtung und Wahrheit durchkreuzten.

Ⅰn Form einer Moritat und in anprangerndem Tonfall erzählt Piaf vom
deprimierenden Los einer Schicksalsverwandten, einer Prostituierten
mit »blassen Wangen«, der man Schmutz und Laster schon von weitem
ansieht, einer Allerweltshure vom Typ »raue Schale, weicher Kern«. Eigentlich hat sie keine Chance, ihrem Milieu, in dem Ausbeutung, Verbrechen und Laster regieren, jemals zu entfliehen. Nie hat jemand die
wundersame Sanftmut in ihren Augen wahrgenommen, mit der sie ein wenig blauen Himmel in das durch und durch verkommene, dreckige Pigalle
hineinzutragen vermag.

Urplötzlich scheint ihr das Glück hold: Ein Fremder – kein Lude, kein
Freier, sondern ein Bewunderer – macht sie auf ihre schönen Augen aufmerksam. Das erste Kompliment ihres Lebens; das erste Mal, dass sie in
diesem rabenschwarzen Quartier so etwas wie Poesie vernehmen darf.
Er fordert sie auf, ihre Vergangenheit hinter sich zu lassen und einzig ihrer
Schönheit zu vertrauen. Sie lässt sich von ihm aus der Gosse »heraus-
fischen«; die beiden werden ein Paar. Trotzdem fühlt sich das hübsche,
bisher unverstandene Pigalle-Mädchen selbst an seiner Seite noch unwohl, bewegt es sich doch auf dem rechten Seine-Ufer, im Einzugskreis
von Barbès und Clichy, auch weiterhin inmitten der Spelunken, Schatten
und unliebsamen Souvenirs seines Vorlebens. Es fordert seinen Beschüt-

zer auf, nach Montparnasse, ins Zentrum der rive gauche zu gehen, um dort, auf dem linken Ufer, gemeinsam ein neues Leben zu beginnen.

Kaum sind sie im mondänen Viertel der Clubs, Literaten und Caféhäuser angelangt, sieht der Retter seine Geliebte auf einmal in einem ganz anderen Licht: als Halbwelt-Silhouette. Er entdeckt ihre Schwächen, als würden sie von einem Scheinwerfer mitleidslos ausgeleuchtet. Er registriert ihre Unzulänglichkeiten, geißelt die Spuren ihres Lasterlebens, er stellt fest, dass sie für immer gebrandmarkt ist, dass sich ihre Vergangenheit nicht wie eine Hülle einfach abstreifen lässt.

Beide kehren in ihre früheren Leben zurück. Schon ist sie wieder Pflastertreterin, verhöhnt und verspottet, auf den Trottoirs von Pigalle. Der Teufelskreis hat sich geschlossen. Nur der Anblick eines unschuldigen jungen Liebespaares, Passanten jenseits der Halbwelt, treibt ihr, der Ungeliebten, von Zeit zu Zeit Tränen in die »blauen Augen«. Mitnichten ein Happy End. Diese »Elle« hat ihre Chance, anders als Piaf selbst, nicht nutzen können. Der Schatten, über den es zu springen galt, erwies sich als zu groß.

Die Monotonie, zu der sich das Straßenmädchen verdammt sieht, spiegelt sich im Arrangement und in der musikalischen Gestaltung des Chansons: Abgesehen von einem kurzen Flötensolo zu Beginn und einer kakophonen Bläserimprovisation am Ende, in die sich eine Trillerpfeife mischt, bestimmt dumpfe Eintönigkeit die fünf achtzeiligen Strophen. Mit ebenso quälender Gleichförmigkeit erlaubt sich die Stimmführung nur ganz am Strophenende, stets zu den letzten Silben, jeweils einen kurzen, schmerzlichen Ausbruch in die Chromatik. Doch ist auch er nur von kurzer Dauer, in Entsprechung zum vergeblichen Neuanfang der traurigen Heldin. Fast geleiert und seltsam unexpressiv wirkt Piafs Vortrag in den Aufnahmen. Allem Anschein nach enthielt sie sich aber ganz bewusst jeglicher Identifikation und »Auslegung«. Berühren kann einzig ihre jugendliche, kraftvolle Stimme und natürlich die Wucht der Story. Der deprimierende Liedtext spricht für sich selbst. Asso nutzte den Gleichklang der Worte »pêcher/péchés« (fischen/Sünden), »Pigalle/pâles« (bleich) – wobei sich erstes und achtes Zeilenende jeweils reimend aufeinander beziehen. Und ihm gelang es, Piaf mit dieser veristischen Ballade – ein wenig auch an Georg Wilhelm Pabsts wegweisenden Stummfilm Die freudlose Gasse von 1925 gemahnend – in die Tradition der großen chanteuses réalistes einzureihen.

Vielsagende Blicke:
mit ihrem Retter
Raymond Asso,
um 1937.

Der Widerspenstigen Zähmung
Ein Spatz wird flügge · 1936–1940

Drei Jahre brauchte *ich*,
um eine Frau und ein Star zu werden
statt eines bloßen Phänomens,
dessen Stimme man sich anhört,
so wie man ein seltenes,
auf einem Jahrmarktsstand zur Schau gestelltes Tier bestaunt.
Asso verdanke ich,
dass ich wirklich ein Star wurde,
statt immer nur ein Naturereignis zu bleiben.

Ein kometenhafter Aufstieg und ein jäher Absturz, hämisch kommentiert von einer Boulevardpresse, die sie gar nicht tief genug in den Schmutz ziehen kann, liegen dicht beieinander für die Môme Piaf in den Frühjahrsmonaten des Jahres 1936. Am 17. Februar thront Leplées allseits bestauntes Ziehkind noch unter der Zirkuskuppel des Medrano im gleißenden Scheinwerferlicht, hinter dem Kopf eines festlich geschmückten Elefanten, der gerade artig Männchen macht, und strahlt dem Publikum einer Benefizgala entgegen. Was Louis Gassion nie vergönnt war, widerfährt seiner kleinen Édith an diesem Abend, ohne dass sie weiß, wie ihr geschieht: Turmhoch schwebt sie über den Köpfen eines Publikums, das in den berühmtesten Zirkus von Paris gekommen ist, um sich von Mistinguett, Fernandel und Chevalier, der hochverehrten Marie Dubas und eben ihr, der frechen Göre aus dem Gerny's, unterhalten zu lassen. Sie lächelt und grüßt ihre Zuhörer mit huldvollen Gesten. Ein Traum ist wahr geworden – sie gehört zu den auserwählten Pariser Künstlern, für die ihre Zuschauer tief in die Tasche zu greifen bereit sind, und ihr Namenszug prangt so groß wie der eines Stars auf den Plakaten, mit denen die Gala zur Unterstützung der Witwe eines legendären Clowns stadtweit angekündigt wird. Édith hält sich gut fest auf dem rutschigen Rücken des Ungetüms und schaut stolz auf die Bilanz der letzten Monate hinab.

Sieben Wochen später, am Morgen des 6. April, bricht für sie eine Welt zusammen: Über Nacht zählt sie zu den Tatverdächtigen eines Gewaltverbrechens und verbringt achtundvierzig Stunden in Untersuchungshaft. Und am 16. April, als sie bereits zur Persona non grata im Pariser Unterhaltungsbetrieb geworden ist, zu einem zwielichtigen Freak, den kaum jemand mehr engagieren oder hören will, prangt ihr Konterfei – verweint, verzweifelt, verwirrt – auf der Titelseite der Postille *Détective*. Fortan wird sie in Revolverblättern und Gazetten der untersten Kategorie mit einer Bluttat in Verbindung gebracht, mit der sie nichts zu tun hat, die sie nicht versteht und die ihr dennoch anhaftet wie ein Makel. Gegen Ende April ist Édith Piafs Stern endgültig im Sinken begriffen, und wer noch zu ihr hält, feine Kerle wie der Gerny's-Akkordeonist Robert Juel oder der Journalist Marcel Montarron, der sich schreibend bemüht, ihre Ehre zu retten, hat alle Hände voll zu tun, um ihren freien Fall zu bremsen und sie vor dem Sturz ins Bodenlose zu bewahren. Für den durchschnittlichen Pariser Zeitungsleser jedenfalls ist La Môme Piaf in jenen Wochen nichts anderes als eine hässliche Heulsuse, der man besser mit offenem

Misstrauen und Verachtung begegnet. Übles Gesindel, das auf einer ehrenwerten Theaterbühne nichts verloren hat. Ihre zwischenzeitliche Berühmtheit, »die sich die Piaf in weniger als sechs Monaten bei Leplée« erworben hat, war »einem Paris abgerungen, das unnatürlich, grausam und mondän dahinlebte und eigentlich einen Widerwillen dagegen empfand, ein so armes und schmutziges kleines Mädchen, dessen Stimme aus der Gasse heraus erklang, in den Himmel gehoben zu haben«[31]. Muss sie etwa wieder bei null anfangen?

Vier unbekannte Männer haben Édiths Höhenflug gebremst und vereitelt, vier Nichtsnutze, die im Morgengrauen des 6. April zur Privatwohnung von Louis Leplée vorgedrungen sind und ihn um eine beträchtliche Geldsumme erleichtern wollten. Um ihn zu erpressen, haben sie ihm die sprichwörtliche Pistole auf die Brust gesetzt, und wahrscheinlich im Handgemenge hat sich ein tödlicher Schuss gelöst. Eine Kugel hat Leplées Auge getroffen und seinen Schädel durchdrungen. Am Vorabend hatte er in seinem Lokal in aller Öffentlichkeit lautstark vom erfolgreichen Verkauf einer Wohnung schwadroniert. Möglicherweise war ihm diese Prahlerei zum Verhängnis geworden. Die vier Ganoven mussten den Erlös der Transaktion, zwanzigtausend Francs, als Barschaft bei ihm zu Hause vermutet haben. Oder handelte es sich um homosexuelle Erpresser, alte Bekannte, die sich nicht zum ersten Mal Zugang zu seiner Wohnung verschafft hatten? Um Gigolos, die seit jeher bei ihm ein und aus gingen und mit denen er jetzt einen dummen Streit vom Zaun gebrochen hat?

Louis Leplée, schon der dritte Louis in Édiths jungem Leben, aber der erste, um den sie trauern muss, wird in den Morgenstunden dieses Aprilvormittags ermordet aufgefunden. Noch am Vortag hatten Édith und er, der wichtigste Louis von allen, Pläne geschmiedet für eine kleine Riviera-Tournee und ihrer Vorfreude freien Lauf gelassen; zugleich erzählte er ihr von dunklen Vorahnungen, von einem Alptraum, in dem ihm seine tote Mutter erschienen sei und ihm verkündet habe, er solle sich bereithalten, es sei Zeit zu gehen. Düstere Gedanken, die seine Môme augenblicklich mit wildem Gelächter zu vertreiben versuchte. Leplée ermahnte Édith noch, am nächsten Morgen ausgeschlafen zu sein und früh zu erscheinen, eine weitere Radiosendung mit ihr sei geplant. Sein Spatz versprach es. Nur um seinen fürsorglichen Rat auf der Stelle zu ignorieren, sich einmal mehr die Nacht um die Ohren zu schlagen und irgendeinen Pigalle-Kumpel, der ins Regiment beordert worden ist, mit einem Gelage standesgemäß zu verabschieden. Als der Tag dämmert, ist Édith sturzbetrunken und todmüde und greift zum Telefonhörer – sie wählt Leplées Nummer, will den Radiotermin verschieben. Eine Ausrede wird ihr schon noch einfallen. Aber die Stimme am anderen Ende der Leitung ist barsch und unfreundlich, kommandiert sie in die Avenue de la Grande-Armée, und noch während der Taxifahrt fragt sie sich, warum sie diesem Mann gehorcht. Und ob da überhaupt Papa Louis mit ihr gesprochen hat.

Ein Polizist erwartet sie am Hauseingang, im Treppenhaus herrscht Kommen und Gehen, und die Tür zu Louis' Appartement steht weit offen. Ihr Gönner liegt in einer Blutlache auf dem Parkett – sein böser Traum ist Wirklichkeit geworden. Und Édith, über die bereits ein Blitzlichtgewitter niedergeht, wird auf der Stelle einem ersten Verhör unterzogen. Dutzende folgen. Der Inspektor, zu dem die Stimme am Telefon gehört, nimmt sie in die Mangel. Detektive werden auf sie angesetzt. Man konfrontiert sie mit Verdächtigen und zeigt ihr Verbrecherkarteien. Man bringt sie dazu, die Namen von Zuhältern zu nennen, mit denen sie bekannt ist, auch den von Henri – oder Albert – Valette. Man will in Erfahrung bringen, mit wem sie sich herumtreibt – derzeit verkehrt sie mit Jeannot, einem ehemaligen Seemann –, man quetscht sie aus, man quält sie mit Mutmaßungen, man treibt sie in die Enge. Deckt sie womöglich einen Geliebten? Und Zeitungsleute verfolgen sie auf Schritt und Tritt. Sie wittern die Sensation: Leplée, der altruistische Förderer, von den Komplizen seines größten Talents heimtückisch ermordet ... Sogar Filmdokumente existieren von den polizeilichen Untersuchungen. Vernehmungsszenen, voyeuristisch ausgestellt: wohl die hässlichsten, erbärmlichsten Aufnahmen, die es von Édith Piaf gibt. Trotz Pelzkragens und schicken Hutes macht sie einen jämmerlichen Eindruck. Verheult, mit verzerrten Gesichtszügen, stammelnd. Vergeblich versucht sie der Kamera zu entgehen, um klare Worte verlegen.

Sie schluchzt und verbirgt ihr Gesicht, den Kopf erschöpft in die Hand gestützt.

Ihr Alibi ist hieb- und stichfest. Nachweisen kann man ihr nichts – und dennoch ist den ermittelnden Beamten klar, wie tief sie ins Milieu verstrickt ist, mit welch kriminellen Banden sie zu tun hat. Ein dicker Fisch ist ihnen mit dieser Môme Piaf ins Netz gegangen. Ein Kommissar nutzt die einmalige Chance, an wertvolle Informationen über gewisse Pigalle-Kreise zu kommen. Édith redet sich um Kopf und Kragen. Man lässt sie erst laufen, als ihr Ruf bereits ruiniert ist und sie alle, auch die harmlosesten Namen preisgegeben hat. Bei der Beerdigung lauert man ihr erneut auf, fotografiert sie, umzingelt sie, hetzt sie wie Freiwild. Als Unglücksbringerin wird sie beschimpft und verflucht. Reporter und Trauergäste bezichtigen sie des »bösen Blicks«.

»Der Mord an Leplée gehört zu den Unheilszeichen, die den Weg der Piaf säumen«, urteilt die französische Schriftstellerin Monique Lange in ihrem Porträt der Sängerin. »Flüche oder Verhängnisse, an denen man im Geheimen ihr selbst die Schuld zuschob. Wesen wie die Piaf erzeugen Hass ebenso wie Verehrung, und in geringerem Maße trifft das auf alle weiblichen Stars zu.« Göttin und Hexe zugleich – »die Piaf war ihr ganzes Leben lang ein Todesidol«[32]. Warum der Leplée-Mord weiterhin Wogen schlägt und sich alle Aufmerksamkeit auf Édith konzentriert, erklärt der Zeitzeuge Montarron: »Der Mann auf der Straße weiß nichts von Louis Leplée, aber die kleine Piaf, deren Name und Stimme schon über die [Radio-]Wellen gegangen sind, kennt er inzwischen sehr wohl. Das arme, schmächtige Kind ist bei der Nachricht vom tragischen Tod ihres Wohltäters zusammengebrochen.« Dass sie, hilflos und verzweifelt, von den Untersuchungsbeamten unablässig verhört wird, bietet der Presse größtmöglichen Raum für Spekulationen, vor allem, weil sie dann doch noch Namen nennt: den »eines ihrer früheren Geliebten, Henri Valette, den einer vorübergehenden Flamme, Georges, den *spahi*[33], und den ihrer gegenwärtigen Liebschaft«[34].

Auch wird eine Querverbindung zu dem schon Jahre zurückliegenden, unaufgeklärten Mord an Oscar Dufrenne vermutet, dem Besitzer der Music Hall Palace, deren Geschäftsführer Louis Leplée damals gewesen war. Nur ganz allmählich fügt sich die Polizei der Einsicht, dass der aktuelle Fall wohl ein Raubmord oder ein Überfall mit Todesfolge war. Da ist aus der verstockten und zutiefst verunsicherten Édith längst kein Sterbenswörtchen mehr herauszubekommen. »Wie nur soll ich mit Worten beschreiben, was ich in jenen Stunden und Tagen empfand? Wie nur diesen Eindruck einer vollständigen Leere verständlich machen, das Gefühl der Irrealität, das einen empfindungs- und bewegungslos werden lässt, unfähig zu reagieren, fremd einer äußeren Welt gegenüber, die sich binnen Sekunden in Stücke aufgelöst hatte? Ich kam mir vor wie eine Tote, die noch am Leben war.«[35] Mit ihrer gerade begonnenen Karriere scheint es aus und vorbei. Und das schwebende Verfahren wird zum ungelösten Fall, zur ominösen »Sache Leplée«.

In diesen Stunden der Not gewinnt Montarron ihr Vertrauen. Da er zum Glück kein Inspektor ist, lässt sie sich bereitwillig zum Plaudern bringen. Er interessiert sich für ihre Lebensgeschichte, verfasst für das Magazin *Voilà* einen der ersten Berichte, die den Mythos Piaf begründen werden. Mit Bildern von Spatzen natürlich, mit zigarettenrauchenden Mädchen, mit Pariser Treppen und ordentlich Lokalkolorit. Édith zeigt dem Journalisten »ihr« Pigalle und »ihr« Montmartre, führt ihm sogar Jeannot vor, ihren »richtigen« Mann der Stunde. Montarron bringt sie dazu, ihre ungeordneten Gedanken sprudeln zu lassen, aber auch der Tod Marcelles kommt zur Sprache und natürlich ihre Entdeckung durch Leplée, ihr Status als *artiste à sensation*. Édith liegt am Boden, doch legt schon mit Bedacht den Grundstein für spätere Legendenbildung.

Das Jahr 1936 gestaltet sich äußerst schwierig für die in der Presse als »Gangsterliebchen« verunglimpfte Newcomerin. Drei oder vier Männer mit Einfluss und Sachverstand glauben noch an la Môme. Der gute alte Bourgeat lädt sie zu einer Landpartie ins Tal der Chevreuse ein, liest ihr die Klassiker vor und bringt sie mit der Betrachtung von schönen Winden, deren Blüten sich am Abend schließen, zum Weinen. Bei ihm darf sie sich ausheulen, Paris für ein Wochenende einmal ganz vergessen und einfach nur sein »kleiner Vogel« und »piafou« sein. Lange Briefe voller Reue und Beteuerungen, künftig an sich arbeiten zu wollen und sich zu bessern, schickt sie an ihn und unterzeichnet sie mit »Didi«. Jacques Canetti verschafft ihr die Gelegenheit, vier neue Titel für Polydor einzuspielen. *Y avait du soleil, Il n'est pas distingué* und *Mon amant de la coloniale* sind darunter. Robert Juel begleitet sie auf seinem Akkordeon, wo er nur kann. Und neue Auftrittsorte finden sich. Im Chez O'Dett wagt sie sich schon bald wieder auf die Bretter, da wartet Leplées Leichnam in der Pariser Morgue noch auf den endgültigen Obduktionsbericht. Chez O'Dett, das bedeutet nichts anderes als zurück zum Pigalle, *aller/retour* in den Sumpf. Bruno Coquatrix heißt der junge Direktor. Fünfundzwanzig Jahre später werden Coquatrix und Piaf sein Olympia mit vereinten Kräften in einen Hexenkessel verwandeln. Doch jetzt wird sie erst einmal Spießruten laufen. Im O'Dett, aber auch im Gipsy's und im Ange Rouge – welch ein Abstieg im Vergleich zum Gerny's! – fällt eine wütende Meute über sie her, pfeift sie aus. Die Leute sind gekommen, um Transvestiten zu sehen, sich an Dragshows zu weiden und Frivolitäten zu lauschen; die melancholischen Balladen einer gefallenen Ganovenbraut sind hier völlig fehl am Platz. Neider aus dem Milieu zahlen ihr ihren »Verrat« heim; kaum einer ihrer Saufkumpane zeigt sich solidarisch. Édith schlägt sich tapfer, reißt sich zusammen.

Einmal ergreift sogar ein älterer, distinguierter Herr Partei für sie, erhebt sich, als ihr wieder einmal üble Beleidigungen aus dem Saal entgegenschallen. Er fordert das aufgebrachte Publikum auf, doch bitte zwischen Privatleben und künstlerischer Leistung zu unterscheiden. Er appelliert an die Zuhörer, sich rühren zu lassen, anstatt nur auf den nächsten dreckigen Witz zu warten oder an der Wehrlosen ihr Mütchen zu kühlen. Für eine Weile sind die Gemüter besänftigt, regt sich sogar zaghafter Beifall. Aber auf den Kleinkunstbühnen von Paris ist derzeit kein Staat zu machen mit der Môme Piaf in ihrem schäbigen Kaninchenfellmantel. Sie könnte ebenso gut als vielköpfiger Sonderling oder als bärtige Frau auf der Vorortkirmes auftreten. Niemand interessiert sich hier ernsthaft für ihre Lieder. Sie riecht förmlich nach Verbrechen. Und Édith beschließt, sich einstweilen nicht noch ein zweites Gastspiel am Pigalle anzutun. Für eine Weile gibt sie sich wieder mit Kinos, Kasernen und Bergmannskneipen in der Banlieue zufrieden, singt, ohne so recht daran zu glauben, vor todmüden Arbeitern und skeptischen Soldaten abgestandene Lieder von Revolution und Widerstand.

Über Canetti, der sie, ihrem zerstörten Leumund zum Trotz, auch weiterhin in die Radio-Cité einlädt und dafür sorgt, dass ihre Stimme präsent bleibt, gerät Piaf an zwei junge Impresarios. Yves Bizos und Fernand Lumbroso bringen die Môme in einer Truppe junger Talente unter, die mit dem Programm »La Jeune Chanson 1936« durch Paris und Frankreich tourt. Ein Querschnitt durch die aktuelle Liedszene des Landes. Da darf Édith nicht fehlen, und eine Handvoll neuer Titel hat sie auch, wie *Corrèque et réguyer*, eine Verballhornung von *Correct et régulier* (»Richtig und gleichmäßig«), *Entre Saint-Ouen et Glignancourt*, Harmlosigkeiten wie *La Fille et le chien*, aber auch ein brisantes Lied mit einer frechen Hitler-kritischen Passage.

Im Bobino kommt die Auftrittsserie in den ersten Junitagen ins Rollen; im L'Européen, im L'Alhambra und in der Provinz geht es weiter. Orléans, Lyon, Genf, Lausanne, Nîmes, Sète, Nantes und Biarritz lauten die nächsten Stationen. Monat für Monat, fern von der Hauptstadt, in mondänen Städten mit Casinos wie Toulon oder Deauville und gelegentlich auch in weniger glanzvollen Orten. Genau das Richtige für Édith, befindet Canetti, um Gras über die »Sache Leplée« wachsen zu lassen, den Klatsch zum Verstummen zu bringen und jetzt endlich auch die Nichtpariser auf den daheim gerade in Ungnade gefallenen *piaf* aufmerksam zu machen – wohlgemerkt ausschließlich in künstlerischer Hinsicht. Nur dass zum Leidwesen aller, die es gut mit der Môme meinen, Momone wieder mit von der Partie ist. Wie immer, wenn es nicht allzu gut läuft für ihre »Schwester«. Diesmal firmiert sie sogar als Édiths Präsentatorin!

In Brüssel, im Oktober, hinterlässt Édith noch einen zufriedenstellenden Eindruck. Einen Monat später, im bretonischen Brest, geraten die Dinge außer Kontrolle, laufen die Auftritte der Môme aus dem Ruder. Momones unheilvoller Einfluss wirkt wie eine täglich verabreichte Giftspritze. Die jungen Frauen erscheinen ständig unpünktlich zu den Konzerten, treiben sich mit Seeleuten herum, schauen zu tief ins Glas und schließen einige Matrosen den Abend über sogar in ihrem Hotelzimmer ein, damit sie ihnen nach getaner Arbeit gleich wieder zum Weiterfeiern zur Verfügung stehen. Édiths aufreizende, zunehmend unkontrollierte Darbietungen verwandeln den Veranstaltungssaal jedes Mal in ein Tollhaus. Fäuste fliegen, Stühle gehen zu Bruch, die Kapelle wird mit Erdnüssen beworfen. Die schweren Jungs können von den angetrunkenen Pariserinnen nicht genug bekommen und lassen sich kaum noch bändigen, stürmen die Bühne. Halb Brest steht ihretwegen Kopf. Die braven Bürger der Stadt protestieren, Musikinteressierte, denen man einen reizvollen Chansonabend angekündigt hat und die es nun mit der Angst bekommen angesichts der Rauf- und Trunkenbolde. Der örtliche Bühnenleiter, völlig überfordert von den anarchischen Zuständen, wie sie ihm diese Tournee-»Künstlerinnen« eingebrockt haben, alarmiert die Pariser Verantwortlichen. Lumbroso wird eingeschaltet, dem nichts anderes übrig bleibt, als das »wilde Ding« und sein Schwesterherz, dieses »Teufelsgeschöpf«[36], verärgert abzukommandieren.

Weiter geht es in den tiefen Süden, nach Nizza. Inzwischen ist es Dezember. Noch meint es Lumbroso gut mit den Ungehorsamen, noch gewährt er ihnen einen Aufschub. Dort treten sie, zum Jahresausklang, in der Boîte à Vitesse auf, einem Anhängsel des örtlichen Maxim's. Einundzwanzig wird Édith in jenen Wochen, leistet sich zur Feier des Tages eine Flasche Wein, und nur Momone stößt auf ihr Wohl an. Zum Heulen ist dem Geburtstagskind zumute. Das Trinkgelage mit amerikanischen Soldaten am nächsten Tag täuscht auch nicht darüber hinweg, dass ein Tiefpunkt erreicht ist. Für die herumalbernden *frangines*, die ihren gutmütigen Agenten auch hier auf der Nase herumtanzen, werden selbst Nizzas Hafenviertel zum Pigalle. »Was blieb mir noch, nun, da Leplée weg war? Liebe? Ich hatte zuerst noch eine jener Enttäuschungen zu verdauen, die einen auf die Idee bringen können, sich das Leben zu nehmen.« Ihr Metier? »Das interessierte mich nicht mehr. Wochen war es schon her, seit ich ein neues Chansons einstudiert hatte, ich arbeitete nicht mehr, ich hatte keine Wünsche mehr. Ich befand mich auf einer schiefen Bahn, war antriebslos, entmutigt, ohne Kraft und Willen, und ich fühlte mich, als würde ich immer weiter in die Tiefe stürzen.«[37]

Sollten die Prophezeiungen wahr werden, dass sie wieder auf der Straße landen würde?

Schwer vorstellbar, dass die tiefgreifenden politischen Veränderungen, die sich in Frankreich im Laufe des Jahres 1936 vollzogen haben, auf Édith einen nennenswerten Eindruck gemacht haben. Das Land befindet sich in Aufbruchstimmung: Erstmals wurde eine Regierung aus Sozialisten und Kommunisten gewählt, der populäre wie polarisierende neue Premierminister des Front Populaire ist Léon Blum. Geregelte Wochenarbeitszeiten und bezahlter Urlaub sind die Errungenschaften des Jahrzehnts und haben manche Franzosen das erste Mal das Meer oder die Berge sehen lassen. Doch wahrscheinlich ist Édith ausschließlich mit sich selbst beschäftigt, bekommt von der allgemeinen Euphorie nur wenig mit. Sorgen hat sie genug. Die Exzesse mit Momone haben Spuren hinterlassen und ihr eine Tür nach der anderen verschlossen, sie hadert mit ihrer Zukunft: Wie soll es in Paris, wohin sie in den ersten Januartagen 1937 zurückkehrt, bloß für sie weitergehen? Anstelle von Perspektiven entdeckt Édith nichts als selbstzerstörerische Kräfte in sich, sie rühmt sich ihrer kindischen Disziplinlosigkeit und ertränkt ihre wenigen verbleibenden Chancen umgehend in Rotwein, Cognac und Pastis. Ihre Bilanz der katastrophalen Monate auf Tournee und in schlechter Gesellschaft: »Ich wälzte mich in meiner Dummheit wie ein kleines schmutziges Tier im Schlamm, und ebenso gefiel ich mir in der Hässlichkeit. Je blöder meine Chansons waren, desto hässlicher kam ich mir vor und desto zufriedener war ich. Ich empfand eine Art übler Freude am Zerstören, am Zerstören meiner selbst und am Besudeln alles Schönen.« Beeinflussbar ist sie noch immer, leicht mitzureißen und für die erstbeste, billigste Ablenkung zu haben. Abhängig von »Dämonen«. Eine erstaunlich realistische Selbsteinschätzung.

Die Rettung aus schier auswegloser Situation bringt diesmal kein Deus ex Machina wie Leplée, sondern Édiths gutes Erinnerungsvermögen. Und ihr »Händchen« für wirklich wichtige Menschen. Am Nullpunkt ihrer noch kurzen Karriere kommt ihr die Begegnung mit Raymond Asso in den Sinn, einem Mittdreißiger mit expressiven Zügen und sarkastischem Lächeln, mit einer großen, scharf geschnittenen Nase und zurückgekämmtem Haar. In den Räumen eines Musikverlages oder anlässlich ihrer letzten Aufnahmen für Polydor hatten sich ihre Wege erstmals gekreuzt. Asso hatte ihr seinerzeit spontan einen brandneuen Chansontext aus seiner Feder gezeigt, auf den La Môme Piaf nur einen kurzen Blick werfen mochte. Lediglich ein paar wohlwollende Worte hatte sie für ihn übrig: *Pas mal*. Nicht übel. Nicht ahnend, dass sie damit die Keimzelle des Erfolgstitels *Mon légionnaire* vor Augen gehabt hatte, den anstatt ihrer nun Marie Dubas aus der Taufe heben wird. Eine verpasste Chance? Nicht für Édith. Keine zwei Jahre später wird sie das schöne Lied ihrem Repertoire einverleiben und zugleich die Legende in Umlauf bringen, das Chanson habe Asso eigens für sie geschrieben. Nach diesem eher flüchtigen Palaver sind sich Raymond und Édith noch mehrfach über den Weg gelaufen, wobei ihr der talentierte *parolier* stets aufs Neue eine Zusammenarbeit angetragen hatte, vorausgesetzt, sie sei an ernsthafter, systematischer Arbeit interessiert: »Schreib' dir meine Telefonnummer auf. Eines Tages wirst du mich brauchen. Dann ruf mich an; ich werde für dich da sein.« Seine Worte klingen ihr wieder in den Ohren.

Jetzt erscheint ihr der Moment gekommen, ihren guten Willen und sein Versprechen mit ihrer Rückmeldung unter Beweis zu stellen. In einer Pariser Telefonzelle wählt sie seine Nummer. Asso nimmt ab, ist gar nicht überrascht und hält tatsächlich Wort – er lädt sie ein, umgehend mit dem Taxi zu ihm zu kommen. Die Proben könnten beginnen. Auf der Stelle! »Ich war gerettet«, würde sie später eingestehen. Sich bewusst werden, dass sie damit den Kopf aus der Schlinge gezogen und die Weichenstellung für den seriöseren Part ihrer Laufbahn vorgenommen hatte, dass Raymond Asso es war, der sie verwandelt, sie gelehrt hatte, ein Mensch zu sein. »Drei Jahre brauchte er, um mich zu heilen, drei Jahre geduldiger, zärtlicher Liebe, um mir beizubringen, dass es eine andere Welt gibt als die der Huren und Schweinehunde. Drei Jahre, um mich von Pigalle zu entgiften, von meiner zerrütteten, verdorbenen, unglücklichen Kindheit. Drei Jahre, um mich den Glauben an die Liebe zu lehren, an das Glück und an meinen Erfolg.«

Wer ist dieser Mann, dem sie nun ohne zu zögern ihr Schicksal überantworten wird, wer ist dieser Dompteur, der sie drei Jahre in seiner Obhut haben, dem sie widerspruchslos folgen wird »wie ein kleiner Soldat«? Ausgerechnet in Nizza, der Stätte ihrer jüngsten Ausschweifungen, hat er 1901 das Licht der Welt erblickt. Wie Édith ist Asso bereits als Fünfzehnjähriger auf sich allein gestellt gewesen. Er hat sich als Schafhirte in Marokko, als Soldat in der Kolonialarmee, als Leihschriftsteller, als Gelegenheitspoet und als Schmuggler nützlich gemacht nebst »36 [weiterer] mehr oder weniger bizarrer Arbeitsstellen«, ohne dass es ihm gelungen wäre, sein »Gleichgewicht wiederzufinden. So sehr hatte mich die sehr eigenartige Atmosphäre des damaligen Marokko während meiner Reifezeit gezeichnet.«[38] Mit Anfang zwanzig wird er ausgemustert, und erst um 1934 hat er sich der Musik und dem Unterhaltungsgewerbe zugewandt. Seit neuestem schreibt er einen Hit nach dem anderen für Marie Dubas, weiß er doch, um was es geht: »Ein Chanson, das ist nichts Kleines oder Unbedeutendes. In ihm sind alle Schmerzen und Leiden enthalten, aber auch alle irdischen Freuden und sämtliche Hoffnung.«[39]

Dass er auch ein immenses Talent zum Pädagogen und zum Ausbau der Fähigkeiten Dritter besitzt, dass er begabte Menschen wirkungsvoll schurigelt, ist ihm selbst womöglich erst in den Monaten harter, unablässiger Arbeit mit seinem neuen Schützling aufgegangen. Zugleich wird er, in Personalunion, Édiths Gebieter, ihr Schinder, ihr Erlöser. Und schließlich auch, weil sie es so will und er es eines Tages mit sich geschehen lässt, ihr »Macker«.

Asso verliert keine Zeit, stürzt sich in die Arbeit mit seiner lernwilligen Môme. Nimmt sie in die Zange, geht mit ihr in eine monatelange Klausur. Und sie liefert sich ihm aus. »Sie war wie ein spanischer Bettler – stolz, selbstbewusst, furchtsam und ängstlich zugleich.«[40] Er weiß gar nicht, wo er anfangen soll. Bei so vielen Baustellen, Schwachstellen, Leerstellen. Überall macht er Nachholbedarf aus. Das bisschen Training, das man seinem Protegé im Gerny's hat angedeihen lassen, reicht bei weitem nicht aus, um die Music Halls dauerhaft zu erobern, um zu einer festen Größe, zu einer unverwechselbaren Erscheinung auf diesem hart umkämpften Parkett zu werden. Denn das und nichts anderes ist sein Ziel. Édiths Akzent verrät die einfache Herkunft, ihre Diktion ist mangelhaft, ihre Körpersprache unzulänglich. Die Monotonie ihrer Gesten lässt ihn verzweifeln; dass sie oft genug gar nicht versteht, wovon sie gerade singt, ihre Liedtexte gedanklich kaum durchdringt, macht ihn rasend. Reime und Spannungsbögen ignoriert sie genauso wie Schlüsselwörter und rhythmische Feinheiten. Asso setzt ihr zunächst einmal die Grundlagen auseinander. Probt jedes schon vertraute Chanson bis zur totalen Erschöpfung mit ihr, Detail für Detail, Silbe für Silbe, Wort für Wort. Obwohl nicht wirklich »vom Fach«, aber mit der Musikszene der Kapitale bestens vertraut, erkennt der Exlegionär mit den Zügen eines spanischen Hidalgo, worauf es ankommt bei einer Bühnennummer und was szenische Wirkung ausmacht. Er verstärkt die Künstlichkeit und Kunsthaftigkeit der Interpretation, nur um sie, nach wochenlanger Routine, wieder zurückzunehmen und damit überzeugendere, kontrollierte Natürlichkeit herzustellen. Er korrigiert Édiths Ungeschicklichkeiten, hinterfragt abgedroschene Stilelemente, erarbeitet ein simples, aber effizientes Repertoire von Hand- und Körperbewegungen, testet ihre Konzentrationsfähigkeit, stachelt sie durch Kritik und sogar durch Herabwürdigungen an, nur um ihr fünf Minuten später wieder Mut zu machen und großes Lob auszusprechen. Auch Stimmbildung und Atemtechnik kommen nicht zu kurz. Asso kontrolliert Dynamik und Ausdrucksspektrum, bringt ihr das »Hineindenken« in Rezitative und das verständige Gestalten von Refrains nahe, kreiert Überraschungsmomente und Pointen, wacht über die treffsichere Akzentuierung entscheidender Textpassagen. Er lässt nicht locker, gestattet ihr keine Schwäche, kein Mittelmaß. Am Ende jedes Abends schreien die beiden sich an, drehen durch, nur um sich spät in der Nacht erlöst, beglückt und zuversichtlich in die Arme zu fallen. Zwei Besessene sind hier aneinandergeraten. Zwei Unnachgiebige und zwei Perfektionisten.

Man kann es Ausbildung nennen, was Pygmalion Asso mit Édith veranstaltet. Man kann Begriffe wie Therapie oder Persönlichkeitsbildung ins Spiel bringen. Andere reden sogar von Zucht. Auch wenn wenig später ein Nachfolger spottet, Édith sei »wie ein gedrilltes Zirkuspferd« – die Kosenamen sprechen eine andere Sprache. Édith, die Eliza Doolittle vom Pigalle, ist für eine neue Vaterfigur, einen Professor Higgins, durchaus empfänglich. Sie leidet nicht: Sie zeigt sich gelehrig. Sie giert nach Wissen. Asso, der »Didou« zu ihr sagen darf, hat von ihr den Spitznamen »Cyrano« weg. Auch als »Svengali« bezeichnet sie ihn. Édith spürt, dass es ihm um die Sache geht und dass er an sie glaubt. Genau wie ihr ist ihm nichts so wichtig, wie das nächste Chanson und was es beim Publikum auszulösen imstande ist. Genau wie sie ist er in Absolutheit und Ausschließlichkeit vernarrt. In den seltenen Augenblick, in dem ein Lied wirklich »funktioniert«, ein Gedankengang plausibel ist, eine dramatische Wendung mitreißen kann, eine Strophe hundertprozentig »sitzt«. Um sich diesem Glückszustand anzunähern, ist kein Preis zu hoch, keine Übungsstunde zu lang. Eingesperrt fühlt sie sich nicht, sondern befreit. Asso erzieht sie zu Eigenverantwortung und zu selbständiger künstlerischer Gestaltung. Er weiß, dass er nicht bei jedem weiteren Lied dabei sein wird und darf. »Meine Arbeit bestand darin, einem kleinen Geschöpf eine moralische und physische Anleitung anzubieten, einer Kreatur, aus der nie etwas anderes geworden wäre als ein seltsames, auf sich allein gestelltes kleines Ding. Weil ihr die Zärtlichkeit gefehlt hatte, die ich ihr gab, und das Vertrauen, das ich in sie setzte.«[41]

Tyrannisiert mag sie sich so manches Mal vorkommen – aber ein Tyrann ist ihr Cyrano, mit seinem sarkastischen Humor und seinem krummen Zinken, nicht. Im Gegenteil: Ein durch und durch Wohlmeinender hat sich ihrer angenommen. Und die »Umschulung«, die er an ihr vornimmt, setzt sich auf anderen Ebenen fort. Auch Benehmen wird Asso ihr beibringen, gute Umgangsformen. So selbstverständliche Dinge wie Tischmanieren. Das Tragen ordentlicher Kleidung. Das Aufrechterhalten einer gewissen häuslichen Ordnung. Sauberkeit und Hygiene. Die Fähigkeit, auch einmal den Mund zu halten. Das Vermögen, zwischen Plauderei und ernsthafter Diskussion zu unterscheiden, Grenzen zu ziehen und sich auf den Gesprächspartner einzustellen. Das Wissen darum, wann es gilt, Zoten und Kraftausdrücke für sich zu behalten. Auf diese Weise wird sie bei ersten Begegnungen und Abendgesellschaften, bei Dîners und Verlagsempfängen nicht länger als das ungebildete Mädchen aus Belleville zu entlarven sein.

Zu Édiths gesellschaftlichem Aufstieg, unverzichtbar, wenn sie es im Pariser Showbusiness zu etwas bringen will, gehört zuallererst die räumliche Trennung von allen schädlichen Einflüssen und Verlockungen. Haben Asso und Édith anfangs noch gemeinsam im Hôtel Piccadilly gehaust, von wo aus eine Spritztour an die Place Blanche keine Umstände bereitet, ziehen sie im Frühjahr 1937 ein gutes Stück weiter den Hügel hinauf ins Hôtel Alsina in der Avenue Junot. Dort haben sie den Kopf frei und sind fern von Zufallsbegegnungen mit Gestalten »von früher«. Asso plädiert sogar für vollständige Abschottung: Mit Édiths Einwilligung erteilt er auch Momone, die gerade eine Anstellung in einem Lebensmittelladen gefunden hat und zu heiraten gedenkt, und dem Vater ein strenges Besuchsverbot. Nur um seine regelmäßigen Zuwendungen abzuholen – Édith kümmert sich tatsächlich um seine »Altersversorgung« –, darf Louis Gassion kurz kommen. Diese Maßnahme ist ihrer Konzentration aufs Wesentliche förderlich und senkt den Alkoholkonsum seines Zöglings um ein Vielfaches.

Ein Lehrer und seine Schülerin haben sich dort im Alsina zurückgezogen, ein Ersatzvater kümmert sich um seine Ersatztochter, ein ehrgeiziger Produzent formt seine Darstellerin, ein Liebespaar teilt sich Tisch und Bett. Alles, was Asso und Édith miteinander anstellen in diesen Winter- und Frühlingsmonaten des Jahres 1937, ist zwei höheren Zielen untergeordnet – der »Zähmung« des Wildfangs und der Vervollkommnung der Bühnenfigur. Mit dem Fernziel Star. Wenn Édith mithalten will in der Pariser Chansonszene, in der gerade Tino Rossi, Josephine Baker und Lucienne Boyer tonangebend sind, wenn sie einem aufsteigenden Stern wie Charles Trenet Konkurrenz machen möchte, dürfen harte Arbeit und eiserne Disziplin nicht der Rede wert sein.

Als Erstes gilt es, sich ein kohärentes Repertoire zuzulegen und sich von Vorbildern und Modellen deutlich abzusetzen, alles Epigonenhafte abzustreifen und nur für sich selbst einzustehen. Die meisten Lieder, an denen Édith sich bisher versucht hat, haben sie auf ihr Môme-Image festgelegt oder aus ihr eine Nachfolgerin der *chanteuses réalistes* der Vorgänger-Epoche gemacht. Lassen wir die ewigen Legenden und auch die Sängerinnen *en vogue* ruhig einmal Revue passieren: Damia alias Marie-Louise oder Marise Damien war als »Tragödin des Chansons« das große Vorbild der Epoche, eine Allroundkünstlerin mit dunklem Timbre, expressiver Gestik und ausgeklügelter Bühnenshow, in der Requisiten und Beleuchtung große Bedeutung zukam. Die korpulente Fréhel alias Marguerite Boulc'h, von bretonischer Herkunft, mit frechem Mundwerk ausgestattet und auch in Osteuropa gefeiert, erzählte als eine der ersten Interpretinnen ihrer Generation von Armut, Verzweiflung und Prostitution, oder ließ sich von ihrem Ehemann, dem Sänger Roberty, den Erfolgstitel *Sur les bords de la Riviera* auf den Leib schreiben. Yvonne George stand, als Vorläuferin der elegischen Barbara, für intellektuellere Nuancen und sprach Literaten an, Marianne Oswald mit ihrer Berliner Kabarettvergangenheit brachte Weill- und Brecht-Titel zu Gehör; beide erfreuten sich der Gunst von Poeten wie Jean Cocteau, Robert Desnos oder Jacques Prévert. Marie Dubas, die Vorbesitzerin von Édiths Legionärs-Chanson, begann als Musical- und Operettenstarlet, bevor sie ihre Schönheit, ihr Talent zum Grimassenschneiden und ihre Darstellungskünste wirkungsvoll einsetzte und auch Tangos interpretierte. Annette Lajon, der Piaf das Lied vom *Étranger* abspenstig gemacht hatte, kam ursprünglich von der Oper und triumphierte vornehmlich im Süden Frankreichs; die blonde Suzy Solidor, einstiges Fotomodell, akzentuierte ihre androgynen Züge, übernahm gern ambivalente Rollen und faszinierte mit tiefer Stimme wie eleganter Erscheinung. Rina Ketty gelang mit dem emphatisch geträllerten *J'attendrai* einer der größten Hits überhaupt, Yvonne Printemps reüssierte auch als Schauspielerin. Und dann war da natürlich noch die unverwüstliche Mistinguett, aus dem französischen Showgeschäft so wenig wegzudenken wie ihr populäres Chanson *Mon homme*, mit dem sie Millionen von Frauen aus dem Herzen sprach. Jede von ihnen verkörperte einen Typ oder Typus, sprach entweder nur Männer, nur Frauen oder beide Geschlechter an; jede von ihnen hatte ihre eigene Anhängerschaft und ein festes Revier. Beliebte männliche Solisten wie Trenet, der sowohl vor 1939 als auch nach 1945 die Szene dominieren sollte, waren in diesem Panorama weiblicher Stars fast schon eine Seltenheit.

Das Elegische und das Handfeste, das Soubrettenhafte und das Exotische, das Derbe und das Feinsinnige sind schon genauso besetzt wie das Groteske und das Damenhafte, das Pariserische und das Überkümmerte. Raymond und Édith finden dennoch zu guter Letzt ihre Nische, indem sie auf den schon erwähnten Zeit-geschmack für die Legionärs-Romantik setzen. Und indem sich die einstige Môme als unabhängige, nicht länger fremd-, sondern selbstbestimmt liebende junge Frau in Szene setzt. Assos Titel *Mon amant de la coloniale* könnte wie ein Motto über einer gan-zen Reihe von Liedern stehen, in denen die Ich-Erzählerin das so vergängliche wie überwältigende Liebesglück mit einem Söldner, Soldaten oder Legionär besingt.

Endlose Dünen und der heiße Sand der Sahara, ein wortkarger, geheimnisvoller Fremder und die große, die wahrhaftige Liebe in der einen Nacht, der raue Kerl als Fata Morgana und die unend-liche Weite Nordafrikas als ewige Nebenbuhlerin, Passion und der Verzicht auf Ehe und Familie als Fundamente des bürgerlichen Lebens sind die immer wiederkehrenden Motive dieser Chansons. Sie spielen damit, dass jeder Mann einmal davon träumt, als ein-samer Held von Land zu Land, von einer Geliebten zur nächsten zu ziehen, ohne Verpflichtungen einzugehen, wie Gary Cooper nur seiner schicksalhaften Bestimmung folgend. Und sehnt nicht jede Frau einmal die erregende, leidenschaftliche Begegnung mit einem Unbekannten ohne Identität und Heimat herbei, ohne Ver-gangenheit und Zukunft, um dieser Phantasie noch jahrelang schwärmerisch nachzuhängen? Kurz: bedingungslos lieben und geliebt werden – in einem zeitenthobenen, vagen Raum, in dem sich die Konturen von Menschen und Geschichten leicht verlieren und ihre Spuren vom Wüstenwind über Nacht verweht werden. Ob Asso, der einstige Fremdenlegionär, sich selbst sieht in *Mon amant de la coloniale*, *Mon légionnaire*, in *Le Fanion de la Légion*, diesen drei »Tragödien im Taschenformat« für Piaf, die stets mit identischen Versatzstücken arbeiten? Oder in *Le Contrebandier*, dem Lied vom Schmuggler?

Immerhin zeigt Asso großes Geschick darin, Episoden aus Édiths abenteuerlichem jungem Leben, wie sie sie ihm allabend-lich erzählt, zu glaubwürdigen Selbstporträts ins Chansonformat zu bringen: *Paris–Méditerranée* evoziert eine Bahnfahrt, die Édith im Vorjahr unternommen hatte. Während der langen Stunden im Abteil sank ihr Kopf im Schlaf auf die Schulter eines jungen Mannes. Der Fremde hielt ihr bis zum Eintreffen an der Riviera die Hand und bot sich als Stütze an, so als wären sie ein Paar. Doch als der Zug in den »sonnendurchglühten Bahnhof« einfuhr, wurde ihr fürsorglicher, schweigender Begleiter schon von einer Polizeibrigade erwartet und in Handschellen abgeführt. »Vielleicht war er sogar ein Mörder.« Für die Langschläferin bleibt das Bild eines vollendeten Gentleman zurück. Bei *Browning*, der makabren Geschichte eines Mannes mit dem Beinamen »Revolver-König«, wird die Erinnerung an den Mordfall Leplée wachgerufen, mit dem schlechten Ruf der Môme kokettiert, wenn sie sich mit amerikanischem Akzent verabschiedet: »Er denkt an nichts mehr, / denn jetzt ist er ja tot. / Du hast zu viel geredet, / das hättest du besser nicht getan. / Na dann, *bye bye*, Browning.« Und in *Elle fréquentait la Rue Pigalle* schließlich geht es um das traurige Freudenmädchen, das nicht so viel Glück hatte wie Édith und seinem früheren Leben nicht zu entkommen vermochte.

Die drei Säulen des Repertoires – der geheimnisvolle Fremde samt Sahara-Sehnsucht, die autonome, emanzipiert Liebende und eine schillernde Autobiographie – sind gefunden; nun fehlt ihnen nur noch das passende musikalische Gewand, um beim Pariser Publikum zu verfangen. Auch hier weiß Asso Rat: als Musikerin und Komponistin schlägt er seiner Didou Marguerite Monnot vor, mit der er schon mehr als zufriedenstellend für Marie Dubas zusammengearbeitet hat und von der die unvergessliche Melodie von *Mon légionnaire* stammt. Monnot wurde 1903 in einem kleinen Städtchen an der Loire geboren. Die Tochter eines blinden Organisten und einer Literaturliebhaberin ist in einem musischen Haushalt aufgewachsen und scheint für eine große musikalische Karriere prädestiniert: Schon als Dreijährige hat sie ihr erstes Lied komponiert und eine Mozartsängerin öffentlich begleitet. Mit elf brilliert sie als frühreife Pianistin in der Pariser Salle des Agriculteurs mit einem Virtuosenprogramm, lenkt die Aufmerksamkeit eines Saint-Saëns auf sich und studiert fortan bei Koryphäen wie Alfred Cortot, Vincent d'Indy und Nadia Boulanger. Ihre Leidenschaft für spanische Folklore verschafft ihr ein Angebot des spanischen Hofes für eine offizielle Anstellung, die sie aber nicht annimmt. Gesundheitsprobleme, unheilbares Lampenfieber und eine fast krankhafte Schüchternheit hindern die Achtzehnjährige,

ihre vielversprechende Solistenlaufbahn weiterzuverfolgen. Stattdessen betätigt Monnot sich, zunächst eher zum Zeitvertreib, als
Songwriterin, schreibt Walzer, bringt einen Hit für Lucienne Boyer zu Papier, macht ab 1931 aus ihrer neuen Berufung einen Beruf
und gewinnt für das formidable Chanson *L'Étranger* den Grand
Prix de l'Académie Charles Cros. Mitte der fünfziger Jahre legt sie
mit ihrer gelungenen Partitur zur (Film-)Operette *Irma la Douce*
Frankreichs populärstes Musical der Neuzeit vor.

Kein Zweifel: Das Schicksal meint es derzeit gut mit Édith. Die
beiden so gegensätzlichen Frauen werden mehr als zwanzig Jahre
lang zusammenarbeiten und, mit Dutzenden von einprägsamen
Titeln, eines der erfolgreichsten weiblichen Autorenteams des
20. Jahrhunderts sein. »La Guite«, wie Édith ihre gutaussehende,
stets etwas melancholisch dreinschauende Marguerite, »die Königin der Tantiemen«, bald nennen wird, findet bis ins Jahr 1960
hinein für die disparatesten Textvorlagen der Piaf – und für die
Piaf selbst – mit überwältigender Präzision den richtigen Ton, das
richtige Tempo, die richtige Atmosphäre. Monnot verfügt über
eine außerordentliche stilistische Bandbreite und ebensolche Assi-
milierungsfähigkeit. Sie liefert Ohrwürmer am laufenden Band –
von *J'ai dansé avec l'amour* bis *Milord* – und scheint, trotz oder
wegen ihres klassischen Backgrounds, nicht auf ein bestimmtes
Genre festgelegt zu sein. La Guite avanciert nunmehr zu ihrer
musikalischen Hoflieferantin.

Die schamhafte, bescheidene Marguerite und die aufbrausen-
de, impulsive Édith sind Antipoden in jeder Hinsicht – Herkunft,
Vorbildung, Charakter und Temperament könnten verschiedener
nicht sein. Und dennoch erwächst aus ihrer *collaboration artis-
tique* eine der wenigen genuinen Frauenfreundschaften und Kom-
plizenschaften der Sängerin. Vor und nach dem Krieg von gleich-
bleibender Qualität und Stabilität, voller Loyalität, Vertrauen und
Verlässlichkeit. Die Gassion-Tochter, das gebrannte Kind, braucht
ausnahmsweise einmal kein Misstrauen zu hegen. Sie weiß, was
sie an La Guite hat, und bringt es auch zum Ausdruck: »Merci de
m'avoir aidée à être Édith Piaf« – »Danke, mir dabei geholfen zu
haben, Édith Piaf zu werden.«[42] In ihren Memoiren kleidet sie ihre
Verehrung für die ältere Freundin in schwärmerische Worte und

bezeichnet sie rundheraus als »Marguerite Monnot, meine beste Freundin, die Frau, die ich von allen auf der Welt am meisten bewundere. Sehr hübsch, sehr fein und schmal und extrem kultiviert – die lebendige und strahlende Verkörperung all dessen, was Musik ausmacht.«[43] Aus dem Mund des künftigen Weltstars, einer reizbaren, oft unberechenbaren Persönlichkeit, bedeuten solch rare Komplimente höchstes, ja unerhörtes Lob.

Die nächste, die größte Hürde, damit Assos Konzept auch wirklich funktionieren kann, will nichtsdestoweniger erst genommen werden: Cyrano möchte seine Didou auf Dauer in den maßgeblichen Music-Hall-Palästen von Paris unterbringen. Nicht länger kleckern, sondern klotzen. Damit seine Taktik aufgeht, mutet er Édith eine brutale Konfrontation zu und zwingt sie, sich mehrfach – angeblich vierzehnmal! – das bejubelte Gastspiel der phänomenalen Marie Dubas im Théâtre de l'ABC anzuschauen, der damals führenden Chansonbühne am Boulevard Poissonnière. Die Môme ist sprachlos und verunsichert, eingeschüchtert und den Tränen nahe angesichts der Perfektion, der Intensität, der Konzentration und der Komik dieses inspirierten Vortrags. Sie memoriert die Details der Performance, prägt sich Übergänge, Blickkontakte mit den Musikern und Einsätze, aber auch alle Marotten genauestens ein. Und stürzt sich in den Folgetagen, angefeuert von der Professionalität der Kollegin, umso motivierter in ihre Probenarbeit. Raymond spürt, dass sie angebissen hat und es jetzt allen zeigen will.

In einem nächsten Schritt muss Asso den Widerstand des ABC-Direktors Mitty Goldin brechen. Keine leichte Aufgabe, hat der aus Rumänien stammende Gelegenheitskomponist es sich doch zum Prinzip gemacht, keine Anfänger, sondern nur arrivierte Künstler und Publikumsmagneten bei sich auftreten zu lassen. Nach langer Bettelei und einer kollegialen Intervention Marie Dubas' lässt Goldin sich schließlich doch überreden, die kleine Piaf – bei ihm als »Piaff« angekündigt – versuchsweise im Vorprogramm auftreten zu lassen. Goldin ist ein kluger, ambitionierter Geschäftsmann. Den Namen seines Theaters, ABC, hat er mit Bedacht gewählt: Damit steht er in den Telefonbüchern und Verzeichnissen der Unterhaltungsetablissements stets an erster Stelle. Genau der

Rang, den er für sein Haus anstrebt. Verständlich, dass er mit den Einlagen eines Neulings von zweifelhafter Reputation keinesfalls ein Risiko eingehen möchte.

Am 26. März 1937 ist der Tag der Bewährungsprobe gekommen, kaum ein Vierteljahr nach dem folgenreichen Anruf bei ihrem Talenteschmied und neuen Lebensgefährten. La Môme »Piaff« erscheint im kleinen Schwarzen, diesmal aber wohlfrisiert und mit weißem Spitzenkragen, auf der Bühne des ABC und präsentiert ein kleines Set von fünf Liedern, in der Mehrzahl Asso-Titel wie *C'est toi le plus fort* (»Du bist der Stärkere von uns beiden«) – gleichsam eine Anspielung an die wechselnden Kräfteverhältnisse ihres Tandems – und *Un jeune homme chantait*, die Geschichte einer desillusionierenden Entjungferung. Für den sechsten, der eigentlich nicht vorgesehen war, aber von den bravorufenden Zuschauern als Zugabe eingefordert wird, gibt Goldin die Anweisung, wieder den Vorhang zu heben. Natürlich wollen die Leute *Mon légionnaire* hören. Und lassen dessen Interpretin nur ungern ziehen. Der Applaus ist noch immer nicht abgeebbt, als sie schon einige Minuten in der Garderobe sitzt und übers ganze Gesicht strahlt. Goldin lässt sie deshalb nicht ungern noch einmal auf die Bühne kommen, um sich erneut zu verbeugen.

Ein kleiner Triumph. Ein Erfolg, der alles in den Schatten stellt, was sich anderthalb Jahre zuvor im Gerny's abgespielt hat. Die Presse ist von der neuen »Piaff« überaus eingenommen. Seriöse wie populäre Blätter überschlagen sich. Der *Figaro* konstatiert »erstaunliche Fortschritte«, *Paris-Soir* spricht von einer neuen Blütezeit und Kraft des einstigen »kümmerlichen Straßenblümchens«, linke Zeitungen geben ihr, im Einklang mit dem rebellischen Zeitgeist der späten Dreißiger, den Beinamen »Stimme der Revolte«, sind von ihrem Lied über die gesetzlosen Schmuggler hingerissen. Ein anderer Kritiker vergleicht sie gar mit der Colette-Heldin Claudine, preist ihre metallene Stimme, rühmt ihre Authentizität und fordert noch realitätsnähere, klassenkämpferische Lieder für sie ein – die Vorschläge dafür liefert er gleich selbst. Impresario Goldin hat sich also unnötige Sorgen gemacht, Asso und Dubas haben recht behalten. Und Édith, die ihrem Cyrano erleichtert und glücklich um den Hals fällt, hat es jetzt schwarz auf weiß, dass sich die Schinderei gelohnt hat. Wenige Wochen nur, und Raymond hat einen neuen Menschen, eine echte Künstlerin aus ihr gemacht. Mit Zuneigung, Dankbarkeit und dem, was für sie Liebe ist, zahlt sie es ihm heim.

Schon werden die Konkurrenzbühnen auf den neuen Presseliebling aufmerksam und strecken die Hände aus; Asso gelingt es derweil, Édith aus Lumbrosos Knebelvertrag zu lösen, der geschlossen wurde, als sie noch nicht volljährig war. Mit Bedacht hält er ihre Gage einstweilen niedrig. Schickt Édith nach Ende der ABC-Konzerte gegen Mitte April nochmals für ein Intermezzo ins O'Dett und ins Sirocco, damit sie nicht gleich die Bodenhaftung verliert, organisiert eine Minitournee, die sie in Kurorte in Belgien und Nordostfrankreich führt, und sorgt für weitere Schallplattenaufnahmen. Im Sommer ist Édith festes Mitglied einer ABC-Truppe unter Reda Caires Führung, die überall in der Provinz Gastspiele gibt; im Herbst hört man sie in Kinos und kleinen Kabaretts. Doch bereits im November holt Goldin sie zurück ins ABC. Diesmal ins Vorprogramm von Mireille.

Abschied und Neuanfang fallen am ersten Abend zusammen, als die Ansagerin, zu den Orchesterklängen von *Les Mômes de la Cloche*, kurzen Prozess mit dem alten Bühnennamen macht: »Die Môme ist tot! Von jetzt an hören Sie Édith Piaf!« Das Etikett der Göre ist abgestreift, von einer Gassion will ohnehin niemand mehr etwas wissen, und der »Spatz« ist zum vollwertigen Bestandteil ihrer Identität geworden. Der Vorname wird rehabilitiert. Auch äußerlich und formal ist die von Asso herbeigeführte Wandlung nun für alle Welt wahrnehmbar. »Sicher, die ›Môme‹ besaß einen gewissen Charme, aber ›Édith Piaf‹, das ist doch wirklich etwas ganz anderes. Man muss es gesehen haben, wie sie auf die Knie fällt und ihren Schmerz herausschreit, man muss es gehört haben, wie sie in *Le Fanion de la Légion* aufzuheulen imstande ist, um die ganze Palette ihrer Ausdrucksmöglichkeiten, um alle Mittel ihres großartigen Talents im wahren Umfang würdigen und schätzen zu können.«[44]

Immer öfter fallen in den Rezensionen jetzt Begriffe wie »echte Künstlerin« und »großer Star«. Die Kritiker sind sich einig: »Mit der Môme Piaf ist es vorbei – es lebe Édith Piaf!« Und, aller guten

Dinge sind drei, im April und Mai 1938 erfolgt das dritte Gastspiel der »vollwertigen« Piaf im ABC, an prominenter Stelle im
Programm und nicht länger als Anheizerin oder unter ferner liefen, sondern kurz bevor der *fou chantant,* der »singende Narr«,
Charles Trenet als *tête d'affiche,* als Hauptakt des Abends, sich in
die Herzen der Pariser Zuhörer jazzt. Von nun an stehen ihr auch
die anderen großen Bühnen der Hauptstadt offen: das Européen
im Oktober und eine Woche darauf, mitten in Montparnasse, das
Allerheiligste der Pariser Unterhaltungskunst, das Bobino. Beide
Male ist sie die Hauptattraktion, versteht sich – andere dürfen jetzt
im Vorprogramm das Publikum auf sie einstimmen! Wer dieser
Tage in die Music Halls geht, will die Piaf erleben. Mit gleich einem
Dutzend Chansons, alle sind von Asso: »Der längste Liebesbrief,
den er ihr geschrieben hat.« Man delektiert sich an ihren Einlagen
im Kabarett Lune Rousse. Man hört sie auch außerhalb von Paris
und im Ausland. Im Brüsseler Alhambra und im Winterpalais zu
Lyon, bei einer Show zum 14. Juli in Tulle, bei einer Silvestergala
im Zirkus von Rouen und bei einer Anti-Franco-Kundgebung im
Palais de la Mutualité, denn gerade wütet der Spanische Bürger-
krieg. Man begeistert sich an ihrer Diktion und Lebensklugheit,
man bescheinigt ihr wohltuende »Nüchternheit«, man apostrophiert sie als begnadete »Barrikadensängerin« und schmeichelt ihr
mit der Aussage, sie gehöre fortan »zur Rasse der Fréhels«. Trotz
der harten Arbeit, die sie in ihre Perfektionierung investiert habe,
möge sie nie ihre Spontaneität verlieren oder ein »Opfer ihres
Metiers« werden. Einstige Skeptiker revidieren ihre Standpunkte
aus der Gerny's-Ära; andere Pressebeobachter sind von ihren Rol-
lenwechseln hingerissen: Mal ist sie geschundene Hure, mal des-
illusionierte Proletarierin, mal durchtriebenes Straßenkind. Nur
wenige wünschen ihr, sie möge auf ewig die »kleine Piaf« bleiben,
eine »kleine Künstlerin«. Und der Journalist Paul Granet behauptet, »ihr schönes larvenhaftes Gesicht ähnelt einer Maske der griechischen Tragödie, aber einer beseelten und exaltierten, einer, in
der sich jede Emotion und Leidenschaft widerspiegelt, wie sie die
Seele dieser hochsensiblen Künstlerin bewegen«.[45] Das Publikum
feiert sie schon längst, nun heben auch die Intellektuellen interessiert die Augenbrauen, verbeugen sich auch die Herren Kritiker

vor ihrem Talent und ihrer Wandlungsfähigkeit. Wenn sie etwa einen Asso-Sketch zum Besten gibt oder wenn sie dessen neuen, vielbeachteten Titel *Le grand voyage du pauvre nègre,* eine Art Blues, in ihr Repertoire aufnimmt.

Auch was ihren sozialen Status betrifft, geht es allmählich aufwärts mit der neugeborenen Édith Piaf. Auf Assos Anraten sucht sie sich eine Sekretärin. Die junge Suzanne Flon, die gerade im Begriff ist, Schauspielerin zu werden, geht der Aufgabe mit amüsiertem Desinteresse nach, als ihr dämmert, dass sie in erster Linie Édiths Aufpasserin sein soll. Suzanne und Édith geben nicht viel auf Hierarchie und haben stattdessen viel Spaß miteinander. Piafs ehrgeiziger Plan, einen Roman zu schreiben, in dessen Mittelpunkt eine Frau aus der Unterschicht stehen soll, wird nur halbherzig verfolgt – Édith diktiert, formuliert neu, albert herum; Suzanne hackt die Worte unbeholfen und unter großem Gelächter in die Schreibmaschine. Wenn die beiden jungen Damen in Partylaune sind, und das ist eigentlich meistens der Fall, bleibt die Arbeit am literarischen Projekt eben liegen. Am Ende ist gerade einmal der Anfang eines einzigen Kapitels fertig geworden. Aber Édith hat eine neue Freundin gewonnen. Und als Suzanne wieder ihre eigenen künstlerischen Wege geht, ist ihr bewusst geworden, dass sie es ganz gern hat, wenn sich eine andere Frau mit Sorgfalt um ihre alltäglichen Angelegenheiten kümmert. Andrée Bigard und Danielle Bonel werden in den kommenden Jahren zu Flons treuen, verlässlichen Nachfolgerinnen.

Der Sommer 1938 mit seinen Gastspielen in Belgien und in der Schweiz ist kräftezehrend, und gleich zweimal, mittendrin und kurz vor den Triumphen im Européen und im Bobino, gönnt sich Édith zwei Auszeiten im Château de Lafont in Chenevelles. Zuerst mit ihrem Cyrano, dann allein. Das Anwesen im Département Vienne ist eine Pension und im Besitz der Familie von Édiths neuem Klavierbegleiter Max d'Yresne. Ein kurzes Innehalten inmitten der Euphorie – genau das benötigt sie jetzt. Doch ergreift sie, kaum dass sie ohne Asso angereist ist, eine innere Unruhe. Von der Pensionswirtin, Max' Mutter, fühlt sie sich gegängelt. Um halb elf wird sie abends zu Bett geschickt wie ein kleines Mädchen; zum

Strickvergnügen unter Frauen, einzige Beschäftigung während der langen, langweiligen Nachmittage, ist sie nicht aufgelegt. Bei Tisch, wo sie sich inmitten von steifen Bourgeois wie ein Kuckucksei vorkommt, bestimmt die politische Lage in Europa das Gespräch: das rasche Ende der Front-Populaire-Regierung, die von einer neuen Ministerriege unter Vorsitz von Édouard Daladier ersetzt wurde, Hitlers »Anschluss« von Österreich und die Gefahr einer weiteren Annektierung, wie sie der »Rest-Tschechei« und dem Sudetenland droht. Männer im wehrfähigen Alter müssen sich auf die Mobilmachung gefasst machen. Selbst hier, in der idyllischen *campagne*, verdüstern die dunklen Wolken den Spätsommerhimmel. Édith, die wenig von diesen Geschehnissen versteht, kaum etwas Sinnvolles zur Unterhaltung beitragen kann und sich hier auf dem Land ohne ihren Schutzengel verloren vorkommt, wird plötzlich von Zukunfts- und Kriegsängsten geplagt. In Briefen an Asso macht sie ihren Sorgen Luft: »Welche Nachrichten vom Krieg?«, herrscht sie ihn beinahe wütend an. »Wenn alles jemals schlecht ausgehen sollte, werde ich keinen Pfennig Geld besitzen, niemand haben, zu dem ich gehen kann. Dann würde ich in der Tinte sitzen. Gestern habe ich dieses Thema beim Abendessen angeschnitten und viel über solche Dinge gesprochen. Aber niemand hat mir geantwortet. Die Leute hier widern mich wirklich an.«[46]

Sobald eine Auseinandersetzung in der Luft liegt, sobald sie sich mit Aggression konfrontiert sieht, fühlt Édith sich wieder als Waise. Sie flüchtet sich in Gebete, und es quälen sie Selbstzweifel: »Gott hat mir alles in Hülle und Fülle geschenkt, und was tue ich? Ich bin dabei, mein eigenes Glück zu zerstören. Die Erde ist von menschlichem Schmutz wie mir nur so zugedeckt. Das ist der wahre Grund, warum es Kriege gibt.« Nur im Zwiegespräch mit »ihrer« Thérèse kommt sie stundenweise wieder zur Ruhe.

Die Einsamkeit gibt ihr auch Gelegenheit, über ihr Verhältnis zu Asso nachzudenken. Schon seit längerem stört sie sich daran, dass allein er die Verträge aushandelt, die Finanzen kontrolliert und über alles Geschäftliche wacht, sich von ihr nicht in die Karten schauen lässt. Begehrt sie auf, stellt er ihr baldige Freiheit in Aussicht, warnt sie aber, es könne noch zu früh für sie sein, auf eigenen Füßen zu stehen. Dass sie ihn fragen muss, wenn sie sich Stoff für ein neues Kleid kaufen möchte, dass sie für jede Ausgabe, und sei sie noch so gering, seine Genehmigung einholen muss, hat sie lange genug akzeptiert. Die Entmündigung hat sie gründlich satt. Édith Piaf, in Paris umjubelt und in den Casinos mehrerer Länder gerngesehene Entertainerin, gibt sich kratzbürstig und will selbst entscheiden. Assos neues Lied für sie, *Le Poulbot* – sie kann nichts damit anfangen und scheut sich auch nicht, es ihm ins Gesicht zu sagen. Die Vertonung ihres Gastgebers Max d'Yresne – minderwertig und genauso wenig brauchbar. Sie nimmt kein Blatt mehr vor den Mund. Den anschließenden Bruch mit dem Pianisten nimmt sie achselzuckend in Kauf und ersetzt den Musiker durch Louis Maitrier, den Komponisten ihrer Zugnummer *Elle fréquentait la Rue Pigalle*. Und falls der nicht spuren sollte, würde eben ein begabter Musiker wie Louiguy einspringen, schon der übernächste willige Klavierspieler für sie bereitstehen. Édith verplempert keine Zeit mehr mit Empfindlichkeiten.

Unterdessen sind auch die Tage von Asso gezählt. Seine Verdienste und seine aufopfernde künstlerisch-menschliche Erziehung wird sie ihm so schnell nicht vergessen. Seine Zuneigung, die sie gern erwiderte, hat ihr geschmeichelt. »Die Piaf weiß, dass sie ihn braucht, seine ausschließliche Leidenschaft, seine Zuhälternatur.«[47] Aber sie ist nicht länger bereit, seine Gefängnisaufseherallüren hinzunehmen. Selbst in seinen Briefen nach Chenevelles liest er ihr ein bisschen zu oft die Leviten. Mit beißender Ironie zahlt sie es ihm in ihrem Antwortschreiben heim, weist ihren »armen Liebsten« in die Schranken und höhnt: »Wie sehr Du doch leiden musst, wenn Du mir solche hässlichen Dinge schreibst, aber Du hast schon recht, ich bin wirklich dumm. Du hast mich davon überzeugen wollen, dass ich intelligent wäre. Aber Du hast es mir ein bisschen zu eilig, mir all die Wahrheiten unter die Nase zu reiben, denn jetzt ekle ich mich vor mir selber und habe überhaupt kein Selbstvertrauen mehr.«[48]

Das nötige Selbstvertrauen werden ihr wenige Wochen später die Erfolge im Bobino schenken, der Zuspruch der Kritiker, die Zuschauer in den hinteren Rängen, die mit den Füßen stampfen und sie nicht gehen lassen wollen. Asso aber, der sie zu oft gekränkt hat, mit dem unschöne Szenen und Auseinandersetzungen nunmehr an der Tagesordnung sind, darf ruhig seinen Hut nehmen. »Übrigens bin ich derjenige, der sie morgens trockenlegt«, insistiert er noch mit dem Mut der Verzweiflung und dem Stolz eines älteren Bruders, »der ihr ihren Kamillentee verabreicht und der sie wäscht, wenn sie sich erbrochen hat.« Für Dankbarkeitsbezeugungen aber ist es längst zu spät. »So etwas sagt er, um nicht zuzugeben, dass er sie liebt und verrückt nach ihr ist.«[49] Édith wird ihn »liquidieren«, sobald sich eine günstige Gelegenheit ergibt. Der Mohr hat seine Schuldigkeit getan.

Die Zuspitzung der innereuropäischen Lage geht tatsächlich Hand in Hand mit ihrer zaghaften, aber dennoch unumkehrbaren Loslösung von Raymond. Ihre Rückkehr vom ungeliebten Provinzschloss am 30. September 1938 nach Paris fällt mit der Unterzeichnung des Münchner Abkommens durch Premierminister Daladier zusammen, mit dem die Abtretung des Sudetenlandes an Nazideutschland praktisch besiegelt wird. Ein Jahr später, am 4. August 1939, als Édith gerade im Casino von Deauville auf der Bühne steht, wird Asso einberufen und bald im Südosten des Landes einem Landwehrbataillon zugeteilt, er ist nun weit weg. Am 1. September marschieren deutsche Truppen in Polen ein, zwei Tage später, am 3. September, erklärt Frankreich dem Deutschen Reich den Krieg, und Édith Piaf tritt vom 30. September an im Kabarett Night-Club auf, einer schicken Adresse am Étoile. Bevor sie am 29. Oktober mit Trenet an einer Gala zugunsten von Kriegsgefangenen teilnimmt.

Der Night-Club in der Rue Arsène-Houssaye, bloß einen Steinwurf vom Triumphbogen entfernt, ist ein gehobenes Lokal à l'américaine. Hinter den Kulissen wird improvisiert: Im Keller strampeln sich halbnackte muskulöse Männer auf Fahrrädern ab, um die allnächtlich gefährdete Elektrizitätsversorgung des Vergnügungsschuppens zu gewährleisten; in den Küchen, so wird sich später Yves Montand erinnern, herrschen schlimme Zustände. Sie starren vor Dreck. Oben aber, an der Bar, im Saal und in den Garderoben der Stars funkelt und glitzert es. Raffiniertes Dekor, handverlesenes Publikum, wenige, hervorragende Interpreten. Der Krieg spielt sich außerhalb ab. »Mein wahrer Job ist es, einfach zu singen. Singen, was auch immer kommen mag!«,[50] bekennt Édith unbekümmert und genießt ihren Status als Attraktion des Hauses. Allabendlich ist ihre Show ausverkauft.

Kaum ist Asso von der Bildfläche verschwunden, schlüpft Momone zu ihr ins Alsina. Gemeinsam gehen sie wieder den alten üblen Gewohnheiten nach, als habe es Raymond nie gegeben. Édith sieht sich unverzüglich nach einem neuen Mann um – und findet ihn, im L'Amiral, einem etwas kleineren Kabarett in Laufnähe des Night-Clubs. Gleichwohl schreibt sie weiterhin brav und scheinheilig an Asso, erzählt ihm von ihrem ungebrochenen Ruhm und lobt sein neues Chanson für sie, *Je n'en connais pas la fin*, über den grünen Klee. Es sei sein bislang bestes, beteuert sie. Selbst Mistinguett würde es am liebsten singen. Und: »Es wird mein nächster großer Hit.«[51]

Dabei läuft es künstlerisch keineswegs ganz reibungslos ohne ihn, der ihr in den Sattel geholfen hatte. »Und doch betrog ich diesen wunderbaren Mann, noch dazu zu einer Zeit, als es für ihn am schmerzlichsten sein musste. Es ist nicht gerade leicht, eine schlechte Tat zu bekennen, aber noch peinlicher ist es, sich an die Leiden zu erinnern, die man – vom Dämon getrieben, der in jedem von uns schläft – den anderen zugefügt hat. Mein Dämon ist nur allzu oft erwacht.« Das Ende ihres Wankelmuts, um Assos neuen Chansontitel ironisch zu paraphrasieren, kennt derzeit wirklich noch niemand. Noch ein Vierteljahrhundert später wird die Piaf sich verpflichtet fühlen, ihn in ihrer Autobiographie ihres schlechten Gewissens zu versichern und um Entschuldigung zu bitten: »Ich habe Dich schon um Verzeihung gebeten, Raymond. Aber heute will ich es noch einmal tun. Du warst so gut, so lieb zu mir! Und ich weiß, Du hast verstanden, dass ich nicht deshalb so einfach von einem Arm in den anderen taumelte, weil ich eine Dirne war, sondern weil ich eine Liebe suchte, die so groß sein sollte, dass mein ganzes Leben davon verwandelt würde.«

Die glaubt sie in Paul Meurisse zu finden. Der attraktive Endzwanziger, ein Bankierssohn mit flämischen Vorfahren, stößt in das emotionale Vakuum, das Asso in Édiths Alltag und Herzen hinterlassen hat. Seiner großbürgerlichen Herkunft in Dünkirchen und Aix-en-Provence hat er den Rücken gekehrt und darauf verzichtet, Notar zu werden, so wie es seine Familie für ihn geplant hatte. Dem Variété ist er verfallen. Ein gewonnener Gesangswettbewerb gab den Ausschlag. Jetzt gerade steht er mit einer etwas eigenwilligen Show im L'Amiral auf der Bühne. Ein stattlicher, ziemlich versnobter und arroganter Mann, der Édith mit seiner Galanterie und seinen Handküssen ködert. Auf den Champs-Élysées und in teuren Restaurants bewegt er sich wie ein Fisch im Wasser. Seine neue Freundin, von der seine Eltern entsetzt sein werden, ist schwer beeindruckt von so viel Distinguiertheit. »Ich muss sagen, dass Paul mich ohne Umschweife gewann. Ich war allein im Paris der [ersten] Kriegstage und sang im Night-Club in der Rue Arsène-Houssaye. Bevor ich gegen Mitternacht an die Reihe kam, trank ich gewöhnlich noch ein Glas in der Bar La Caravelle. Dort bezauberte mich jeden Abend ein Mann: Elegant, unbeweglich, lässig auf die Theke gestützt, saß er da.« Irgendwann leeren die beiden eine Flasche Champagner in seiner luxuriösen Junggesellenwohnung. Und nur wenige Tage darauf zieht er bei den »Schwestern« im Alsina ein, ergibt sich einmal mehr eine kuriose *ménage à trois*. Doch seit den Tagen von P'tit Louis ist bereits viel Wasser die Seine heruntergeflossen …

Meurisse mit seinen melancholischen Buster-Keaton-Zügen, eine hochgewachsene Erscheinung, der manche Zeitzeugen die entwaffnende Schönheit eines Rudolph Valentino zuschreiben, verliebt sich nicht allein in ein Mädchen mit einem für seine Kreise inakzeptablen sozialen Status, er verfällt auch der Künstlerin Édith Piaf. Wie sie mit unerbittlicher Strenge keinen freien Augenblick vergehen lässt, um ihn für Probenarbeit zu nutzen, erstaunt ihn. Wie sie Pianisten und Autoren erst mitten in der Nacht gehen lässt, wenn jede Einzelheit abgesprochen ist und sie das neue Lied wie im Schlaf beherrscht, ist für ihn der Inbegriff von Disziplin und professionellem Eigensinn. Wie sie im Night-Club das Publikum in der Hand hat und mit ihm spielt, weckt seine Bewunderung. Ihn verblüfft die Totenstille, sobald sie den Raum betritt und die Leute binnen weniger Takte dazu bringt, ihre Gläser, ihre Teller und ihr Besteck für die Dauer ihres Vortrags nicht mehr anzurühren. Kein Kellner wagt mehr, sich zu bewegen oder nachzuschenken; selbst Empfangschef und Sommelier verstummen wie auf ein göttliches

Zeichen hin. Gleich einer Magierin habe sie »aus den Kunden und Besuchern echte [Theater-]Zuschauer« gemacht: »Sie waren verzaubert.« Auch von ihrer phänomenalen Bühnenerscheinung: »Ihre Stimme war ein Liebesschrei. Ihre Hände an den Körper angelegt auf dem schwarzen Hintergrund ihres Kleides, kamen in ihrer Feinheit der Vollkommenheit nahe. Ihre Überzeugungskraft! Sie strahlte innerlich, als wäre sie einem Bild des El Greco entstiegen.«[52]

Mit einem anderen Künstler zusammenzuleben, mag er auch nicht zu den Großen gehören, ist für Édith ein Novum. Und ihr gesellschaftlicher Aufstieg lässt sich nunmehr, an der Seite des herrlich blasierten, schnoddrigen und urkomischen Meurisse, nicht mehr aufhalten. Es ist Zeit für sie, dem Savoir-vivre zu huldigen. »Mit seinen guten Manieren war er für mich der Typ des Gentleman – und was hätte man mir damals nicht alles zumuten können, um einen Gentleman zu erobern! Vor Paul hatte mir noch nie ein Mann in den Mantel geholfen, verstehen Sie? Noch nie hatte mir jemand die Tür geöffnet und war zurückgetreten, um mich vorzulassen. Er war darin unvergleichlich!« Das junge Glück beschließt, seine Zelte am Montmartre abzubrechen, Momone in die Wüste zu schicken und sich eine eigene, standesgemäße Wohnung in der Nähe des Étoile zu suchen. Kilometerweit entfernt vom Liebesnest des Alsina, wo sich Szenen wie im Boulevardtheater abgespielt hatten, als Asso auf Fronturlaub kam, an die Hotelzimmertür klopfte und Meurisse Hals über Kopf ins Nebenzimmer flüchten musste, wo er Momone mit dem Finger an den Lippen bedeutete, Schweigen zu bewahren, bis die Gefahr vorüber sein würde. Asso spürte gleich, dass etwas nicht stimmte. Sofort bemerkte er die noch glimmende Zigarette im Aschenbecher, machte gute Miene zum bösen Spiel und stattete seinem Nachfolger, anständig, wie er ist, am Abend im L'Amiral einen Besuch ab. Um klarzustellen, dass er keine Ansprüche stellt, und aus Respekt vor dem angehenden Künstler Meurisse. Dass er so schnell in Édiths Gunst gesunken und von einem anderen ersetzt worden ist, trifft ihn mitten ins Herz. Anmerken lässt er es sich nicht. Édith hat es zum Jahreswechsel 1939/40 mit zwei Gentlemen zu tun!

Sie darf sich also verwöhnt fühlen. Einstweilen hat sie aber nur

Augen für ihre neue Unterkunft in der Rue Anatole de La Forge. Gleich bei Leplée um die Ecke! Und mitten in den *beaux quartiers*. Ein Esszimmer, einen großen Salon, ein komfortables Bad, ein Arbeitszimmer mit Flügel und sogar einen Gästeraum hat sie noch nie ihr Eigen genannt. Von jetzt an müssen die Herren Tonsetzer und ihre *paroliers* bei ihr daheim erscheinen, wenn sie neue Chansons präsentieren wollen. Die Zeiten, in denen sie gezwungen war, tagelang in den Studios der Verlage zu proben, neigen sich dem Ende zu. Michel Emer, der sie mit seinem Lied vom *L'Accordéoniste* für sich einnimmt, wird einer der Ersten sein, die bei Meurisse/Piaf an der Wohnungstür klingeln. Kurzum, Édith ist entzückt und rückt ihrem neuen Galan auch künstlerisch näher: Vom 6. Januar 1940 an singt sie für mehr als drei Monate an Pauls Seite im L'Amiral. Keine Unterwerfung, aber ein deutliches Zeichen, dass sie sich auf ihn zubewegt hat. Der begeisterte Kritiker Maurice Verne erlebt sie dort bei ihrem Auftritt in maritimem Dekor, vor Infanteristen, Marinesoldaten und Luftwaffenangehörigen auf Heimaturlaub: »Wenn Édith Piaf erscheint, füllt ihr Schatten den Horizont und die Weite aus, denn dieses leinenblaue Meer, auf die Wand gemalt, zeigt sich ihr wohlgefällig. Das Chanson ist Piafs innere Wohnstatt, ihr geheimer Schatz. ›Wenn ich das Chanson nicht gehabt hätte, hätte ich dann überhaupt leben können!?‹, murmelt sie.«[53]

In der Rue Anatole de La Forge murmelt niemand. Das junge Paar hat Spaß am Leben, und insbesondere Édith, die weitaus Aktivere von beiden, die sich über Pauls bourgeoise Lethargie schon mal lustig macht, ist so ausgelassen wie selten zuvor und schlägt gern über die Stränge, aber diesmal kultiviert. Momone erhält keinen Zugang zu dieser vornehmen neuen Welt; die Begegnungen mit ihrem Cyrano beschränken sich auf knappe geschäftliche Kontakte. In der Wohnung tummeln sich eine neue Sekretärin und auch ein Koch, denn weder Édith noch Meurisse sind in der Lage, ein Mahl zuzubereiten. Nicht immer herrscht eitel Sonnenschein: So wie Édith von ihm den letzten Schliff bekommen hat, um in einem Feinschmeckerrestaurant an den Grands Boulevards vor den Blicken des gestrengen Personals zu bestehen, so lernt Paul jetzt notgedrungen, physische Auseinandersetzungen mit seiner neuen Geliebten auszuhalten und auch auszutragen: Gelegentlich

»prügeln sie sich wie die Kesselflicker. Sie zerschlägt mehrere Male das gesamte Porzellan, das sie besitzen«, Meurisse ersetzt es am nächsten Tag bei einem Großeinkauf in den Galeries Lafayette. Man gönnt sich ja sonst nichts! Und sie »zertrampelt« auch mal »einen Radioapparat. Immer wenn Édith fürchtet, einen Herrn«, ja, einen Beherrscher »gefunden zu haben, leistet sie wie eine Wahnsinnige Widerstand. Sie kämpft immer dann, wenn die Liebe zum Gefängnis wird.« In solchen Momenten wird die Liebe abgedreht wie ein Wasserhahn, geht Édith auf Konfrontationskurs und beginnt zu toben. »Es genügt ihr, von Liebe zu singen.«[54]

Mit Tino Rossi treibt sie sich im Fouquet's und dem Dinarzade herum und versucht, Meurisse eifersüchtig zu machen, »denn ich dachte, so könnte ich ihn fester an mich binden«. Die inszenierten Eskapaden dienen allein dem Anfachen eines neuen Streites; in Rossis Gesellschaft wird ihr gar die Zeit lang, und sie redet sowieso nur von Paul. »Von Paul, den ich liebte, der mich in Harnisch brachte und der mir fehlte.« Kaum hat Rossi ihr Versteck Meurisse preisgegeben, erscheint Paul auf der Bildfläche und will sie nach Hause holen. Was Édith selbstverständlich nicht einfach so mit sich machen lässt. »So leicht kriegte er mich nicht wieder! Als Paul eintrat, packte mich plötzlich von neuem der Zorn. Ich drohte ihm, vor allen Gästen, eine Flasche Champagner auf seinem Schädel zu zerschlagen, und da ging er schweigend wieder hinaus. [Draußen dann] gab es«, zu ihrer größten Zufriedenheit, endlich »eine fürchterliche Balgerei.« Édith triumphiert: Am Ende einer Fiakerfahrt, bei der die Fetzen fliegen, sitzt Paul, »der Unerschütterliche mit dem aufreizenden Phlegma«, zusammengesunken zu Hause »auf der Kante eines Sessels und murmelte: ›Ich kann nicht mehr, Didou. Bitte bleib‹!‹ Und ich war so bestürzt, dass ich blieb.« Szenen einer Ehe, aber Meurisse und Piaf sind ja gar nicht verheiratet.

Gewalteruptionen als Ausdruck von Lebensfreude – das Auskosten von Extremen ist Édiths Elixier. Lachsalven und Zornausbrüche in den eigenen vier Wänden, das Zelebrieren fragiler emotionaler Nuancen vor Publikum. Mit einem einfühlsamen Pianisten an ihrer Seite verströmt sie unendliche Zärtlichkeit. Nur jammern und klagen würde sie als Privatmensch nie! Dieselbe kleine, zerbrechliche Frau, vor deren wütenden Tellerwürfen Meurisse mehrmals pro Woche in Deckung geht, bezaubert am Abend im Night-Club einen spanischen Kritiker. Er kann sich nicht sattsehen an ihr, an ihren leuchtenden, ernsten Augen. »Sie bahnt sich einen Weg durch die Tische im Zuschauerraum und betritt die Bühne, ohne zu lächeln oder sich zu verbeugen. Blass, ernst. Sie blickt in den Saal, und in diesem Blick liegt so etwas wie Lebensangst, eine Angst, die um alle Verletzungen des Schicksals weiß. Ihre Stimme, von einer Schwere und Ernsthaftigkeit, die zur Tiefe strebt«, lässt »hochgradig pittoreske, aber auch schrecklich traurige Szenen« entstehen. Einmal scheint es ihm, als breche sie in Schluchzen aus, »dann wieder steigt sie aus dem Abgrund des Schmerzes hervor, um bittere Dinge zu verkünden«. Gerade Assos Liedern spendet der Rezensent größtes Lob. Sowohl »simpel als auch durchdringend« besäßen sie »den Realismus eines unsteten, zerrissenen Lebens, den Realismus der Einsamkeit und denjenigen eines ungeschützten, vagabundierenden Schicksals«[55] – ideales Repertoire für die Piaf. Eine ekstatische Rezension, eine Hymne.

Als Frau mit zwei Gesichtern präsentiert sich die Vierundzwanzigjährige all jenen Männern, denen sie momentan den Kopf verdreht. Der Spanier erlebt sie als erhabene Künstlerin und Schmerzensmadonna. Ihr Geliebter aber muss zu Hause mit einer Furie, Xanthippe und launenhaften Lehrmeisterin klarkommen. Mit Meurisse kann sie den Spieß endlich umdrehen – lange hat sie auf eine solche Gelegenheit gewartet. Sie schwingt sich zu seiner künstlerischen Beraterin auf. Spart nicht mit gnadenloser Kritik. Und genießt das Machtgefühl. Nunmehr ist sie die Lehrerin und er der gedemütigte Schüler. Sie malträtiert Paul im selben Maße, wie Asso sie herumkommandiert hat. Meurisse' Bühneneinlagen kommt die Rosskur allerdings zugute. Der komische Kontrast aus bombastischen Orchesterarrangements, dem simplen Gehalt seiner Lieder und seiner hochmütigen, fast gelangweilten Vortragsweise, den Édith zur Entfaltung bringt, kommt an bei den Zuhörern des L'Amiral. Paul entwickelt sich unter ihrer Anleitung zum Publikumsmagneten!

Édiths Bühneninstinkt, ihr musikalisches Gespür, ihre Einschätzung der Zuschauerreaktionen und ihre treffende Beurteilung, welchen Sängertypus ein Interpret plausibel verkörpern kann, kommen allmählich zum Vorschein. In Zukunft werden ihre künstlerischen und pädagogischen Fähigkeiten auch ihren Liebhabern zugutekommen. Gekoppelt mit Liebesbeweisen unterschiedlichster Natur baut sie ihre Strategie aus: Fast alle Männer, mit denen sie künftig liiert ist, werden ihr nacheinander zuerst als Liebhaber, dann als Zöglinge und zuletzt als von ihr geformte Bühnengeschöpfe dienen. Derjenige, der sich ihrer Gunst erfreuen kann, ist für sie stets das Zentrum der Welt. Wenigstens für die Dauer von ein paar Monaten. Noch im Herbst 1940 erfährt die Presse nur Gutes über Meurisse: »Das Zusammenleben mit ihm brachte mich dazu, das Leben auf eine andere Weise zu betrachten. Seine träge Höflichkeit war grundverschieden von den Umgangsformen der Schurken, mit denen ich am Montmartre zu tun hatte. So konnte ich gar nicht anders, als mich in sein Gesicht zu verlieben, das Gesicht eines Bevorzugten. In ihm war zwar nicht die Spur meiner früheren Vorstellungen enthalten, wie ein perfekter Mann auszuschauen habe.« Meurisse entführte sie in eine Welt »voller Raffinement und Eleganz, von deren Existenz ich mir nie hätte träumen lassen«.[56] Eine Auskunft, die ihrer Lebensrealität mit dem apathischen Meurisse Hohn spricht: In Wirklichkeit regieren längst »Gezänk« und »Schlachten« in ihrer Wohnung am Étoile. »Ich hatte schon viel erlebt, aber trotzdem wusste ich noch immer nicht, was Liebe wirklich war. Für mich erschöpfte sie sich in Raufereien, groben Lügen und Ohrfeigen.« Paul ist nicht so schnell kleinzukriegen. Er kämpft noch. »Seine Kaltblütigkeit machte mich rasend.« Und auch seine Einsilbigkeit, sein Sauberkeitsfimmel, sein Ordnungswahn. Nach der Trennung von ihm, die nur noch eine Frage der Zeit ist, wird Édith künftig stets nach ein und demselben Schema verfahren: Die Gutmütigen und Belastbaren hält sie sich, solange sie beide Spaß aneinander haben und solange sie sich mit ihr prügeln; die Widerspenstigen und Stolzen, die sich nicht die Finger schmutzig machen möchten, werden rasch abserviert. Friedfertigkeit – für Mademoiselle Piaf ein Fremdwort.

Eine entscheidende Begegnung wird Édith noch zuteil, bevor Krieg und Besetzung auch ihr Leben gehörig durcheinanderwirbeln.

Während eines Abendessens bei der »Marquise« – der Gattin von Édiths Musikverleger Raoul Breton – wird ihr der Tausendsassa Jean Cocteau vorgestellt. Auf seinen besonderen Wunsch hin. Der Zeichner, Maler, Poet, Romancier, Dramatiker und Filmemacher ist ebenso Organisator und Partylöwe. Ein unermüdlicher Förderer aller Kunstsparten und ein Routinier beim Initiieren von Skandalen und Sensationen. Wann immer er einen neuen Trend aufspürt, wann immer er einem Ausnahmetalent gegenübersteht, lässt er seine gesellschaftlichen Beziehungen spielen, greift er einer jungen Begabung unter die Arme, verwandelt Kleinkunst in ein großes Ereignis. Er hat das Komponistensextett der »Groupe des Six« ins Leben gerufen und groß gemacht, er hat dem jungen Romanschriftsteller Raymond Radiguet den Weg geebnet und zu Ruhm verholfen, und er hat den Schauspieler Jean Marais entdeckt, den er gerade nach Kräften fördert.

Édith bewundert er bereits, bevor er sie kennenlernt. Und das Zusammentreffen mit ihr bestätigt den ihr vorauseilenden Ruf als einzigartige Chansoninterpretin aufs Vollkommenste. Cocteaus Überraschung ist umso größer, als er auch einen kostbaren Menschen in ihr entdeckt, ein Wesen von »königlicher Einfachheit« und Unverstelltheit. Es funkt zwischen ihnen. Am Ende des Dîners haben sich die beiden angefreundet und duzen sich bereits. Elogen wird der Dichter im Laufe der Jahre auf sie schreiben, eine nach der anderen, die wohl treffendsten Aussagen über ihr Wesen und ihre Gestalt, ihre Stimme und ihre Augen, die jemals ein Piaf-Zeitgenosse zu Papier gebracht hat. Die Sängerin ist geschmeichelt und ihrerseits entzückt von Cocteaus Eleganz, Eloquenz, Belesenheit und Vielseitigkeit; mit seinem Charme, seiner ungekünstelten Freundlichkeit und seiner Gewandtheit kann er sie für sich gewinnen. Beide sind füreinander entflammt. Und auch Meurisse schwärmt von dem Magier Cocteau als einem »Gipfel von Kunstsinnigkeit und Intelligenz«.

Eine platonische, aber nichtsdestoweniger intensive Verliebtheit entwickelt sich zwischen Jean und Édith. Er schaut sich ihre Show im L'Amiral an und überzeugt sich persönlich von der Qualität ihrer Darbietungen. Mit gewohnter publizistischer Verve sorgt er dafür, dass die Pariser Öffentlichkeit unverzüglich von ihrer beider *amour fou* in Kenntnis gesetzt wird. Er veröffentlicht einen programmatischen Text mit dem Titel *Ich arbeite mit Édith Piaf*, und er schreibt in einem wahren Schaffensrausch innerhalb weniger Stunden für sie den Einakter *Le bel indifférent*. Einen dramatischen Monolog oder auch eine *chanson parlée* – ein gesprochenes Lied –, in dem ein »schöner Gleichgültiger« das schweigende Gegenüber einer verzweifelt um ihre Liebe Kämpfenden darstellt. Édiths Bitte, ihr einen Chansontext zu liefern, hat Cocteau hingegen ausgeschlagen. Wenn Édith ihn schon als ihren »Molière« bezeichnet, dann soll sie auch ein Theaterstück von ihm haben! Im April 1940 kommt es im Théâtre des Bouffes-Parisiens, Jacques Offenbachs einstiger Wirkungsstätte, zur Uraufführung. Die beiden Rollen besetzt Cocteau, der sein neues Drama dort mit seinem Erfolgsstück *Les Monstres sacrés* koppelt, selbstverständlich mit Piaf, die den gesamten Sprechpart zu bewältigen hat, und Meurisse als Émile, in einer durchweg stummen Rolle.

Ein berühmtes Foto zeigt den Theaterautor und seine Hauptdarstellerin, wie sie mit angewinkelten Beinen unter einem Klavier kauern und die abgespreizten Hände einander entgegenstrecken. Piafs Haare sind unter einer Kapuze verborgen, ihr aufmerksamer Blick unter nachgezogenen Augenbrauen ruht auf Cocteau, der ihr, unter Andeutung eines Lächelns, offenbar gerade ein Detail seines Stückes erläutert. Einen heruntergebrannten Zigarettenstummel balanciert er dabei zwischen den Fingern.

Cocteau möchte mit dem *Bel indifférent* keineswegs Piaf-Klischees bedienen und zu einem längeren Plot auswalzen, sondern hat sich mit seinem Monodram an der komplexen Beziehung zwischen Paul und Édith orientiert. Hier der sture, kaum zu beeindruckende und seine Emotionen verbergende Geliebte, von seiner Freundin vergöttert und in passiver Laszivität zeitunglesend auf dem Bett lagernd – Meurisse in Reinkultur; dort – Piafs Ebenbild – die wie manisch ihre Liebe einfordernde, zusehends aufgebrachte und hysterische, dann wieder verzagte und bettelnde junge Frau, die einfach nicht verstehen kann, warum ihr nicht die geringste Reaktion widerfährt, die sich nicht damit abfinden will, keine Antwort von ihrem *beau* zu bekommen. Sie demonstriert die gesamte Skala menschlicher Empfindungen; er lässt sich nicht die geringste

Regung anmerken. Phlegmatiker versus Cholerikerin, Leblosigkeit versus Vitalität. Der Einakter, den Jacques Demy, ein der Nouvelle Vague nahestehender Regisseur, 1957 verfilmen wird[57], endet mit den an Selbstverleugnung grenzenden Beteuerungen der Liebenden, alles für ihren *amant* zu tun, woraufhin der Angebetete das Zimmer verlässt und die Tür hinter sich zuwirft.

»Anfangs regte ich mich oft auf, er nie. Wenn wir uns stritten, stand immer nur ich mit fliegenden Haaren und stupidem Blick da – er zuckte nicht einmal mit der Wimper. Allmählich glaubte ich, er wolle mich foppen. Also schlich ich mich heran, ohne dass er es merkte, und schrie ihm dann plötzlich lang und schrill in die Ohren.« Wenn er dann immer noch keine Regung zeigte, zerschlug sie alles, was ihr in die Finger kam. Bei dieser Passage handelt es sich nicht, wie man meinen möchte, um einen Ausschnitt aus Cocteaus Dramenvorlage, sondern um Piafs Erinnerungen an ihre Zeit mit Meurisse. Deutlich ist zu erkennen, wie genau Jean – von Handgreiflichkeiten einmal abgesehen – die Beziehungsrealität des jungen Paares in seiner *chanson parlée* abgebildet hat: »Ich schrie, stampfte, heulte und beschimpfte ihn. Aber Paul blieb ruhig auf seinem Bett liegen, die Augen geschlossen, legte sich eine Zeitung aufs Gesicht.« Erst nach einer erneuten Serie von Provokationen, während derer er ab und zu ein Auge öffnet und dann wieder zumacht, »erhob sich Paul, der Gentleman, schweigend, kam auf mich zu, sagte: ›Das war nicht nett von dir!‹, haute mir eine runter und legte sich wieder hin. Das war also misslungen!«

Für Édith stellt die Bewältigung des langen, emotional stark aufgeladenen Textes einerseits eine Tour de Force dar, eine enorme Gedächtnisleistung, die sie zusätzlich zu ihren Gesangsauftritten in jenem Kriegsfrühling zu bewältigen hat. Andererseits ergreift sie die Gelegenheit, den Pariser Kritikern zu zeigen, was noch alles in ihr steckt. Und gewährt der Öffentlichkeit auf exhibitionistische Weise tiefe Einblicke in ihr Privatleben, liefert ein Vexierspiel: Piaf, die herzzerreißend Liebende? Meurisse, Émile – wer ist wer? Was »stimmt«? Die Presse ist des Lobes voll, spricht von einer »großartigen«, »leidenschaftlichen« und »präzisen« Performance. Cocteau lässt sich angesichts der gelungenen Ausführung zu der schönen Metapher hinreißen, Piaf habe den halbstündigen Monolog mit der Nonchalance einer Akrobatin am Trapez absolviert, die hoch oben in der Kuppel von einer Seite zur anderen fliegt und dennoch wieder sicher an ihrem Ausgangspunkt landet. Ohne Netz und doppelten Boden. Mitten im Krieg wird sie in Südfrankreich mit *Le Fantôme de Marseille* einen weiteren Monolog präsentieren, den Cocteau eigens für sie geschrieben hat.[58]

Der *Comœdia*-Rezensent jubelt über Édith in ihrer Paraderolle als Opfer männlicher Gleichgültigkeit wie als Inkarnation permanenter weiblicher Unzufriedenheit: »Sie spielt so, wie man stirbt, vielleicht weiß sie dabei gar nicht, dass sie es gut macht. Die große Begabung der Piaf ist die Liebe. Mit ihren wild umherfliegenden Haaren, die sie wie eine höllische Hausfrau erscheinen lassen, ihrem kleinen Körper, in dämonisches Schwarz gehüllt, ist die Piaf eine Priesterin der Liebe.«[59]

Diese Priesterin der Liebe schreibt an den Kriegsminister höchstpersönlich, damit Meurisse freigestellt wird, denn unglückseligerweise soll er genau dann eingezogen werden, wenn seine Mitwirkung in den Bouffes-Parisiens erforderlich ist. Mit ihrem kessen Vorstoß hat Édith Erfolg: Paul darf während der ersten Aufführungsserie bis zum 25. April auf der Bühne in Schönheit schweigen. Und der spätere »Gentleman des französischen Kinos« – es wird einmal ein ernstzunehmender Schauspieler aus ihm – macht auch hier schon seine Sache gut. Denn gibt es überhaupt etwas Schwierigeres, als im Theater die völlige Tatenlosigkeit plausibel darzustellen?

In späteren Aufführungen von Cocteaus Geniestreich besetzt Jean Marconi die Rolle des Émile. Die Hauptdarstellerin nimmt im Mai an einer Gala für das Rote Kreuz im Bobino teil, spielt noch einige neue Lieder ein, darunter *L'Accordéoniste*, und eilt zu einer Reihe von Vorstellungen in die Provence. Und im Juni schließlich ist Paris besetztes Territorium, ist fest in deutscher Hand. Vom Arc de Triomphe weht die Hakenkreuzfahne, Wehrmachtssoldaten marschieren die Champs-Élysées hinab, und in Compiègne wird ein demütigender Waffenstillstand ausgehandelt. Edith pendelt zwischen der besetzten Hauptstadt und Toulouse, wo Paul seine baldige Entlassung aus dem Militärdienst herbeisehnt. Bald dürfen sie aufatmen: Er ist wieder frei.

Am 18. Juli stehen beide, ganz und gar nicht gleichgültig und auch nicht länger in Cocteaus Obhut, im dortigen Kino Le Trianon, wo sie niemand kennt, wieder gemeinsam auf der Bühne. Singend natürlich. Es muss weitergehen.

L'Accordéoniste

Um Piafs unnachahmliche Bühnenpräsenz nachvollziehen, um ihr darstellerisches Genie erfassen zu können, gibt es kein besseres Beispiel als diese dreistrophige Leidensgeschichte eines enttäuschten Freudenmädchens, das von seinem »Akkordeonisten« träumt und in seiner Musik, im flinken Spiel seiner Finger und im wirbelnden Rausch der virtuosen Beherrschung seines Instruments gänzlich aufgeht. Ein Java, der unter die Haut geht, eine dreifache, atemlose Steigerung. Piaf verwandelt sich während ihrer Interpretation sowohl in das klangmächtige Schifferklavier als auch in die fragile Protagonistin des Liedes. Sie ist die szenische Verwirklichung nahezu aller Textbestandteile. L'Accordéoniste, zwischen düsterem c-Moll in den tiefen Oktaven des Klaviers und blitzendem C-Dur in den brillanten Läufen der Akkordeontastatur changierend, erzählt die Geschichte einer Illusion und zugleich einer Projektion. Ja, wieder einmal dreht sich alles um ein unglückliches Mädchen, das der Prostitution nachgehen muss, aber das Chanson begnügt sich keineswegs mit dem Abbild seines erbarmungswürdigen Schicksals, sondern entfaltet seine Träume, mit denen es sein tristes Dasein zu meistern glaubt. In einer Abwärtsspirale gefangen, ist das Mädchen erst »schön«, dann »traurig«, schließlich mutterseelenallein. Kümmerliche Abwechslung vom eintönigen Hurenalltag bieten, nach getaner Arbeit, nur die Besuche bei einem Tanzvergnügen in der Vorstadt. Dort sieht es den Akkordeonisten, ein »ulkiges Kerlchen«, bei seinem Spiel und verliebt sich augenblicklich in seine Kunst, als begnadeter Instrumentalist die Menschen in einen anderen Zustand zu versetzen – für die Dauer eines Tanzes sind sie glücklich und vergessen ihre Sorgen. Mit anderen Worten: Die junge Hure ist also in exakt die gleiche Fähigkeit vernarrt, die Piafs Publikum an seiner einmaligen Interpretin so sehr schätzte.

Mittanzen mag sie nicht, sie folgt nicht einmal den Tanzenden mit ihren

Blicken. Ihre Augen sind allein auf die nervösen, geschmeidigen Finger des Musikers fixiert, wie sie auf den Tasten hin- und hergleiten, Knöpfe drücken, die Luftzufuhr des Akkordeons regeln. In diesem wundersamen Zusammenspiel macht sie eine sublimierende Kraft aus, die sie auf sich bezieht und die ihr Lust verschafft. Sowohl Lebenslust als auch körperliche Stimulation. »C'est physique.« Das elektrisierende Spiel ergreift von ihrem Leib Besitz, kriecht ihr unter die Haut, raubt ihr den Atem. Sie windet sich unter grellen Tönen, als müsse sie dem hypnotischen Spiel eines Schlangenbeschwörers gehorchen. Und am Strophenende steht, als körperlicher wie mentaler Höhepunkt, in einem herrlich hinausgezögerten Moment der Ekstase, das Vergessenkönnen – Auslöschung und Transzendenz.

Nunmehr begreift sie sich als eine »von der Musik Verbogene«, Verdrehte. Abend für Abend gibt sich die Träumerin im Tingeltangel-Lokal ihren Phantasien hin, liefert ihre ganze Weiblichkeit willig den lockenden Klängen des Instruments aus, während ihr Körper tagsüber der Befriedigung anonymer Männer dient. Allmählich malt sie sich eine – auf nichts gründende – Zukunft mit dem angebeteten Musiker aus: dem Mann ihres Lebens. Und verliebt sich damit weniger in ihn als in diese Wunschvorstellung, zumal der Akkordeonspieler in den Krieg ziehen musste. Seine Finger tanzen weiterhin durch ihre Phantasien, mit der Erinnerung an ihn und dem Summen seiner Javas vermag sie sich über seine Abwesenheit hinwegzutrösten. Nach seiner Rückkehr, so träumt sie, stehen einem sorglosen gemeinsamen Leben, einem zusammen erworbenen Häuschen und einem geregelten Berufsalltag nichts mehr im Weg. Ein kleinbürgerliches Idyll, sie Kassiererin, er der patron.

Der Absturz in die Realität fällt grausam aus. Der Akkordeonist kehrt nicht aus dem Krieg zurück. Die Kunden bleiben aus, die Kolleginnen streifen sie mit scheelen Blicken. »Elle est foutue«, sie ist vernichtet, am Ende. Ein letztes Mal tragen sie ihre »traurigen« Beine in das Lokal ihrer Träume. Ein anderer Musiker spielt nun dort zum Tanz auf, diesmal die ganze Nacht hindurch. Sie hört die Musik erneut, doch der Zauber bleibt aus. Es sind nicht mehr dieselben Töne, dieselben Finger. Sie möchte aufschreien und erhebt sich, um jetzt endlich doch zu tanzen. Um sich hinwegtragen zu lassen von diesem musikalischen Rausch aus zweiter Hand. Sie tanzt sich in Trance. Allein, die Illusion wirkt nicht länger. Der Java bietet keinen Trost mehr, die Einswerdung misslingt. Mit einem gellenden Schrei gebietet sie der Tanzkapelle Einhalt: »Die Musik anhalten! Stopp!« Diese letzten Worte, schluchzend und verzweifelt a cappella ausgestoßen, verhallen, während die Instrumente schweigen.

Vom ersten Takt an versinnbildlicht Piafs Vortrag, was mit Körper und Seele dieser einsamen, nach Zuneigung hungernden Frau vorgeht. Sie versteht sich nicht als Sängerin, die von einer Leidensgenossin bloß berichtet, sie stellt glaubwürdig dar, was Akkordeon und Spieler mit einer sich hingebenden Kreatur anzustellen imstande sind. Ihre Hände ruhen während der Strophen – eine unwirsche, klagende Litanei – noch auf ihren Hüften, gelegentlich nur feuchtet sie sich an ihrer Zunge blitzschnell eine Fingerspitze an, als wolle sie eine Illustriertenseite umblättern. Kaum aber dass der Refrain einsetzt, das Chanson sich Richtung Dur wendet und der Akkordeonist im Orchester zu großer Form aufläuft, können ihre Finger nicht länger stillhalten, geraten in Bewegung, sind überall und nirgends. Mit dem sinnlichen, auflodernden Gesang flattern sie, fliegen auf, kreisen. Sie kriechen zu beiden Seiten des Körpers auf und ab, gleiten die Hüften entlang, zeichnen die Form ihrer Brüste nach, imitieren das Spiel des Musikers, deuten – ohne jemals Obszönes zu suggerieren – eine Masturbation an. Dann ballt Piaf die Hände zu Fäusten. Sie schlagen den Takt, treiben das Begleitensemble an, peitschen es vorwärts, erzwingen ein Accelerando, verstärken das kulminierende Fortissimo, das allen Beteiligten – auch dem Publikum – den Atem nimmt. Und ihr Schluss-Schluchzer, der abrupte, totale Verzicht auf Musik und Lustgewinn, hängt auf beklemmende Weise im luftleeren, tonlosen Raum. Die Töne verstummen. Große Kunst.

Zum ersten Mal in ihrer frühen Laufbahn ging Piaf bei diesem Chanson über ihren bis dahin stets eher gleichförmigen, sparsamen und stilisierten Vortragsstil hinaus und setzte eine illustrative und die Vorstellung freisetzende Gestik ein. Der Komponist und Textdichter, der dieses schlummernde Potential erkannt und freigesetzt hatte, war der russischstämmige Michel Emer, dessen Chanson-Offerten Piaf bislang immer ignoriert hatte – fälschlicherweise hatte sie ihn für einen Verfasser von harmlosen, süßlichen Schlagern gehalten, die ins Repertoire eines Maurice Chevalier oder einer Lucienne Boyer passen mochten, aber nicht zu ihr. Im Februar 1940, als Emer hartnäckig abermals bei ihr vorgesprochen hatte, war Piaf, die sich Assos Einfluss und Zuneigung zu entziehen trachtete, allerdings dringend auf neue, überzeugende Lieder und gute Texte angewiesen. Inmitten von Probenarbeiten und gleich mehreren Auftritten pro Tag gab sie Emer an jenem Nachmittag nur deshalb eine Chance, weil er zum Kriegsdienst einberufen worden war und noch in derselben Nacht ausrücken musste: Um Mitternacht hatte er sich im Bahnhof einzufinden.

Aus gewährten zehn Minuten wurde eine ganze Nacht des Einstudierens und Feilens, denn kaum hatte Emer – mit brüchiger, ungelenker Stimme – ihr L'Accordéoniste am Flügel vorgetragen, einen Titel, den er spontan für Piaf geschrieben hatte, wusste sie, dass dieses nuancenreiche Chanson ganz und gar zu ihr gehörte. Gleich für ihre nächste Auftrittsserie im Bobino wollte sie es im Programm haben. Gesagt, getan: Emers Zug fuhr ohne ihn ab, und es gelang ihm und Piaf, seine Einberufung noch so lange hinauszuschieben, bis die Récitals im Bobino einsetzten und er die Wirkung seiner Komposition auf Piafs Publikum miterleben durfte. Der Fronteinsatz konnte warten! Endlich verfügte Piaf, die Emer fortan in ihr Herz schloss und seiner Feder noch viele originelle wie langlebige Chansons verdanken sollte, mit diesem Miniaturdrama über einen Titel, mit dem sie verwachsen konnte. Einen Titel, der zu ihrem Markenzeichen werden und regelmäßig zu den Höhepunkten ihrer Konzerte gehören sollte.

Der weitere Kriegsverlauf meinte es zum Glück relativ gut mit Emer und Piaf: Anders als der »Held« des Chansons kehrte der Komponist, der als Jude untertauchen musste, aus dem Krieg heim. Die flinken Akkordeonistenfinger durften weiterhin über die Tasten huschen, das Publikum in Rage versetzen und Piafs Körper zum Glühen bringen. Emers mutige Interpretin hatte sich während der Besatzungszeit mehrfach über Verbote hinweggesetzt, dessen Komposition öffentlich vorzutragen, und einmal sogar aus Gründen der Loyalität lieber eine Auftrittssperre in Kauf genommen, als dem Druck der deutschen Propagandastaffel nachzugeben, strikte Zensurmaßnahmen zu respektieren und Emers Chanson aus ihrem Programm zu nehmen.

Lieber gar nicht singen, als auf den Accordéoniste verzichten!

La Foule

Siebzehn Jahre später, 1957, ersann Piaf für die Adaption des peruanisch-spanischen Walzers Que nadie sepa mi sufrir (»Dass bloß niemand von meinem Leiden erfahren möge«) eine ähnlich berührende und verführerische szenische Umsetzung. Von ihren Süd- und Zentralamerikatourneen Mitte der 1950er brachte sie den populären »vals criollo« mit nach Europa. Zwei Argentinier, darunter der Komponist Ángel Cabral, hatten ihn um 1936 geschrieben, und Piaf war auf der Stelle von der Wirkungskraft dieses geradezu rotierenden, aberwitzig schnellen Walzers und seiner lateinamerikanischen Idiomatik – mit ihren »untypischen« Akzentverlagerungen und pulsierenden Betonungsverschiebungen – überzeugt. In einer französischen Neufassung wollte sie daraus ein weiteres kleines Meisterwerk machen und ihrem inzwischen stattlichen Repertoire einverleiben. Es sollte ihr gelingen!

Der Herausforderung, hierfür einen vom spanischen Original völlig losgelösten neuen Text zu verfassen, hatte sich ihr Newcomer unter den Liedtextern, Michel Rivgauche, zu stellen. Der meisterte die Aufgabe bravourös und stieg in der Gunst seiner Auftraggeberin nach ganz oben – Henri Contet und Michel Emer hatten für eine Weile das Nachsehen und mussten in die zweite Reihe zurücktreten. Und Piafs Leib- und Magen-Komponistin Marguerite Monnot war von diesem musikalischen Wirbelwind so beeindruckt, dass sie sich wünschte, diesen Titel selbst niedergeschrieben zu haben.

Mit Rivgauches neuem Text von 1957 schien das rasante Lied gar wie eine nachträgliche, kongeniale Vertonung seiner Metapher von La Foule, »der Menschenmenge«. Auf einem ausgelassenen riesigen Volksfest voller Gelächter, Lebensfreude, ohrenbetäubend lauter Musik und in brütender Hitze wird die Ich-Erzählerin des Chansons willenlos von den brodelnden Menschenmassen hin und her geschoben, bald bedrängt und geschubst. Zuerst stimulierend, dann bedrohlich. Ein Delirium. Sie meint zu ersticken, fühlt sich einer Panik nahe, schwankt und verspürt die enorme Sogwirkung der Tausende von Menschenleibern. Der fanatische Mob treibt sie direkt in die Arme eines fremden Mannes, auch er ein Opfer dieser schwankenden, über beide hinwegbrandenden Naturgewalt. Eine Zufallsbegegnung der besonderen Art. Mit diesem Fremden beginnt sie, die lärmende Menge um sie herum nachahmend, einen schwungvollen, wahnwitzig-dämonischen Tanz. Und fühlt sich von einer Woge überschäumender Zuneigung getragen, genießt die unkontrollierte, weil unkontrollierbare Fusion. »Unsere beiden Hände blieben aneinandergeschweißt, ab und zu wurden wir in die Höhe gehoben, unsere beiden einander umarmenden Körper verschmolzen, flogen hinweg, landeten wieder – beglückt, trunken und freudestrahlend.« Auf dem Gesicht des Unbekannten breitet sich ein Lächeln aus, das sie durchbohrt. Ein Freudenschrei, ja, ein Lustschrei entringt sich ihr – und Sekunden später wird ihr der neue »Geliebte« von derselben Menge mit der gleichen Beliebigkeit und Gewalt sofort wieder entrissen. Wie gewonnen, so zerronnen.

Die nächste Strophe handelt von den komplementären Empfindungen: Trennungsschmerz, Kampf, Aufbegehren, Aussichtslosigkeit. Die Stimme des Mannes verliert sich bereits im orgiastischen Gebrüll, Geschrei und Gesang der Massen. Ihre wieder leeren Hände krallen sich zusammen. Verkrampfen sich. Sie verflucht diese wie toll feiernden Menschen. Sie schenkten ihr Glück, nur um es ihr Minuten später wieder brutal zu entreißen. Ihrer aufkeimenden Liebe fühlt sie sich aufs Schmählichste beraubt. Ihre Gefühle sind ihr entglitten.

Die zungenbrecherischen, atemlosen Wortketten der Strophen und den beinahe irren Drive des kreiselnden Refrains begleitet Piaf mit einer eindringlichen Körpersprache: Wie eine Meditierende oder, unter Einwirkung von Betäubungsmitteln, längst dem Bewusstsein entrückt, ruft sie sich den gefährlichen, schweißtreibenden Nachmittag auf einem Zócalo oder mitten in Paris, während eines Tanzfestes am 14. Juli, wieder in Erinnerung. Ihr Mienenspiel ist konzentriert und maskenhaft: der denkbar größte Kontrast zur fiebrig aufgepeitschten Klangkulisse, die um sie herum tobt. Nur gelegentlich geht ein Zucken durch ihr Gesicht, während sie die komplizierten, klangmalerisch aufeinander bezogenen Wortkaskaden gleichwohl mit phänomenaler Akkuratesse artikuliert. Ihre Hände dagegen, nach vorne gestreckt und ständig in Bewegung, imitieren das Wechselspiel ihrer Empfindungen als Spielball der Menge. Sie gleiten und »schwimmen«, stoßen sich ab, wehren sich, deuten Wellenbewegungen an, gebieten Einhalt, lassen sich treiben und bringen, zum Ende des Liedvortrages, die Protagonistin langsam, aber sicher aus der Gefahrenzone heraus: Piafs Hände führen ihren Körper immer weiter von der Bühnenmitte fort. Jetzt erst beginnen die Beine einen wilden Tanz zu vollführen, während der Oberkörper, indem sie immer weiter rückwärtstaumelt, sich schon dem geschlossenen Vorhang nähert, hinter dessen Falten sie in wenigen Sekunden verschwunden sein wird. Ein Rückzug auf Raten, aber unabänderlich.

In dieser verstörenden Interpretation ist es der Menge nicht gelungen, den Frauenkörper vollends unter sich zu begraben, ihn zu verschlucken oder auszulöschen. Stattdessen ist die vormals auf Händen Getragene spurlos verschwunden. So wie zuvor ihr namenloser Geliebter. Das Orchester vollzieht ein fade out, macht den Dauer-Crescendi, den chromatisch zugespitzten Wendungen und den gegentaktig akzentuierten Walzerwirbeln ein Ende. Menschenmenge und Opfer haben sich in Luft aufgelöst. Eine leere Bühne bleibt zurück.

Keine Spur von Gleich-
gültigkeit: Piaf und
Cocteau bei den Proben
zu *Le bel indifférent*,
1940.

Fifis frivole Freiheit
Eine Blumenverkäuferin im besetzten Paris · 1940–1944

Es gibt nur ein Wort,
mit dem sich das Wort »Paris« ersetzen ließe,
und dieses Wort lautet »Piaf«.
MARLENE DIETRICH

Drôle de guerre, »komischer« Krieg, nannten die Franzosen den
Beginn des Zweiten Weltkriegs. Wie ein Scheinkrieg oder »Sitz-
krieg« kam er ihnen vor – ein Völkerstreit, der kaum richtig in
Gang kam und gleich nach dem Westfeldzug der *allemands*,
dem Einmarsch der feindlichen Truppen, wieder beendet schien.
Am 22. Juni 1940 war die militärische Niederlage gegen Hitler-
Deutschland besiegelt, und bereits wenige Wochen darauf, am
10. Juli, wurde per Ermächtigungsgesetz der *État français* anstelle
der Republik ausgerufen. *Travail, famille et patrie*, Arbeit, Familie
und Vaterland – die Rückbesinnung auf traditionelle Werte – hatte
er sich auf die Fahnen geschrieben. Frankreich war nun zweigeteilt:
Der Norden und der Westen standen unter deutscher Militärver-
waltung, die unbesetzte Südhälfte, die *Zone non occupée*, kurz:
zone nono oder *zone libre*, wurde vom Vichy-Regime unter dem
neuen Staatschef und »Helden von Verdun«, Marschall Philippe

Pétain, kontrolliert. Hier, vor allem in den Küstenstädten am Mittelmeer und im Hinterland, drängten sich die Flüchtlinge, hofften Zehntausende verzweifelt auf Aus- und Weiterreise in die Freiheit. Bei weitem nicht allen gelang ein Entkommen. Hitlers Häscher waren allgegenwärtig, und ihre französischen Helfershelfer beteiligten sich mit Eifer an Razzien und Festnahmen. Mochte für einen Großteil der Franzosen mit dem Waffenstillstand das Alltagsleben scheinbar so weitergehen wie bisher, die unzähligen Verfolgten konnten am *drôle de guerre* und seinen Nachwirkungen nichts Komisches finden.

Komisch stellte sich jedoch das Dasein für die Bühnenkünstler während der Kriegsjahre dar. Denn die verhängte Schließung aller Theater und Vergnügungsstätten war nur von kurzer Dauer; die Besatzer erwiesen sich als kunstsinnig und legten eine besondere Vorliebe für Kabarett und Jazz an den Tag, Kunstformen, die offiziell als unerwünscht, dekadent oder gar »entartet« galten. Offiziere wie einfache Soldaten stürmten geradezu die wiedereröffneten Revuepaläste, Konzertsäle, Staatstheater und Kleinkunstbühnen, wo in Ausnahmefällen selbst Schwarze und *gitans* weiterhin auftreten durften. Paris galt diesen Deutschen als Inbegriff eines qualitativ außergewöhnlichen, vielgestaltigen und eleganten Kulturlebens. Nun endlich konnten sie es entdecken und durften es genießen. Und nur selten sollte es in der jüngeren Geschichte Frankreichs zu einer solchen Blüte hochkarätiger Aufführungen in allen Sparten kommen wie in diesen Kriegsjahren. Die französischen Künstler nahmen die kreative Herausforderung an und übertrafen sich gegenseitig mit Shows und Produktionen der Spitzenklasse. Das heimische Publikum strömte auch weiterhin in großen Scharen in die Stätten der Kunst; Konzertgänger und Theaterbesucher gaben sich selbstbewusst und zeigten den teutonischen Besatzern mit deutlichen, oftmals provokanten Gesten, wie viel ihnen an ihrer Kultur lag. Zwar wachte die Zensurbehörde im Großen und Ganzen mit strenger Hand über die Einhaltung von Gesetzen, Auflagen und Verboten, doch so manches subversive Detail, die eine oder andere defätistische Nuance entgingen den Kontrolleuren schon aufgrund mangelnder Sprachkenntnisse. Und im Süden, im Marionettenstaat jenseits der Demarkationslinie, ballten sich unterdessen Talente aus aller Herren Länder auf engstem Raum: An den Cafétischen der Riviera saß die Avantgarde Europas wie in einem überfüllten Wartesaal. Dort wurden die abenteuerlichsten Projekte erwogen, wieder verworfen und gelegentlich realisiert. Fürwahr eine seltsame, ja explosive Situation. Ganz Frankreich schien, trotz widrigster Bedingungen, trotz Engpässen bei Lebensmitteln und Energieversorgung, unter künstlerischer Hochspannung zu stehen.

Édith Piaf war die ganze Kriegszeit über in der *zone libre* ebenso zu Hause wie in Paris. Im Spätsommer 1940 begann ihre erste mehrmonatige Tournee durch die Provence und entlang der Küste, der während der *occupation allemande* noch einige folgen würden. Jacques Canetti organisierte die Gastspiele in Perpignan, Montpellier, Toulon, Nîmes, Béziers, Narbonne und Brives. Mit dabei war auch ihr neuer Pianist Louiguy. Im Oktober 1941 brach sie dann zu einer sehr viel umfangreicheren Konzertreise auf, die sie von Lyon über Marseille und Aix-en-Provence die ganze Mittelmeerküste ostwärts bis nach Nizza, Beausoleil und Monte Carlo führte. Diesmal kümmerte sich der korsische Impresario Daniel Marouani um Ablauf und Engagements. Er sorgte auch dafür, dass der jüdische Komponist und Pianist Norbert Glanzberg, der schon 1933 nach Paris geflohen und ein alter Bekannter Piafs aus Pigalle-Zeiten war, ihr ständiger Begleiter wurde und sich, fest integriert ins Ensemble, wenigstens eine Zeitlang in Sicherheit wiegen durfte. Von ihrer Basis in Nizza aus, wo sie regelmäßig im Perroquet und in den Casinos auftrat, ging es an ferne Stationen wie Genf und Algier und dann wieder monatelang zwischen Marseille, Lyon, Cannes, Pau und Limoges hin und her – kaum ein Ort im Süden oder der Mitte des Landes, den sie nicht beehrte. Erst im Herbst 1942, ein ganzes Jahr später, kehrte sie nach Paris zurück und ließ sich dort bei ihrem Comeback im ABC gebührend feiern. Im Winter 1943/44 und im Frühjahr 1945 schließlich suchte sie den Süden und Südosten erneut mit Gastspielen auf, so dass aufgrund der Kriegssituation ganze Landesteile, flächendeckend und regelmäßig, in den Genuss von Piafs Darbietungen kommen sollten.

»Wenn der ›Spatz von Paris‹ ausflog, dann umkreiste ihn ein ganzer Schwarm. Édiths Tross für die Tournee war nicht eben klein. Da waren die Vertreter des zwielichtigen Korsen [Marouani] im Management, da war eine Sekretärin namens Andrée Bigard, die für Piaf mehr eine Freundin als eine Arbeitskraft war und die sie Dédée nannte.« Außer dem kleinen Orchester von acht, neun Musikern, Leuten, die sich um den Transport der Instrumente und des ganzen übrigen Gepäcks kümmerten, reisten auch noch Küchenpersonal und ein Chauffeur mit, »der den Schwarm bei kürzeren Distanzen mit dem Auto transportierte. Lagen die Auftrittsorte weiter auseinander, reiste man mit der Bahn, dem Schiff oder gar dem Flugzeug.«[60]

Kontrapunktiert wurde die intensive Reisetätigkeit von großen Pariser Konzerten an geweihter Stätte – Kraftakte, die sie sich noch wenige Jahre zuvor nie zugetraut hätte. Bereits im September 1940 gab sie ein Solorécital im Klassiktempel der Salle Pleyel und wusste vor lauter Lampenfieber nicht, vor wem sie sich mehr fürchten sollte – vor den anspruchsvollen *connaisseurs*, die an diesem Ort sonst erlesenen Symphoniekonzerten oder Kammermusiksoireen beiwohnten, oder vor den Deutschen in Uniformen, die alle vorderen Ränge besetzt hatten und gespannt des »Wunders Piaf« harrten. Höhepunkt des Abends, an dem Édith gleich sechzehn Titel präsentierte, war ihr Lied vom mythischen Banner, *Le Fanion de la Légion*, das unter den gegebenen Umständen besonders aufrüttelnd und trotzig wirken musste. Der Auftritt endete mit Standing Ovations: Ihre neuen Pariser Fans feierten Piaf als Garantin herausragender, genuin französischer musikalischer Qualitäten sowie als Patriotin; die Besatzer akklamierten den Star. Allen hatte sie den Kopf verdreht. Piaf in der Salle Pleyel – die Konsekration.

Im Frühjahr 1943 durfte sie dann sogar im Casino de Paris, dem glamourösen Revuetheater und Stammhaus einer Mistinguett, ihr Können zeigen – und bewies dabei, dass man auch ohne Strass, Pailletten und Federboas Hunderte von Zuhörern in den Bann ziehen konnte. Dazwischen lagen umjubelte Revival-Konzerte im ABC und im Bobino sowie triumphale Vorstellungen im Européen und in den Folies Belleville. Zu Beginn der Besatzungszeit war Piaf als Pariser Star in die *zone libre* gereist und hatte sich in sämtlichen Provinzen einen Namen gemacht; als Superstar kannten und liebten sie alle Franzosen, als die Landung der Alliierten in der Normandie und die Befreiung von Paris unmittelbar bevorstanden. Die eigentümlichen Umstände des *drôle de guerre* sowie Piafs nicht nachlassende Bereitschaft, sich auch in Krisenzeiten nie auf ihren Lorbeeren auszuruhen, sondern sich im Gegenteil stets das Äußerste an Einsatz und künstlerischer Konsequenz abzuverlangen, hatten diesen entscheidenden Karriereschub ermöglicht. Zeitgleich mit dem historischen Neuanfang im Jahre 1945 war ihr Ruhm fest zementiert, ihr Bekanntheitsgrad kaum noch zu steigern. »Édith Piaf hält noch viele weitere Überraschungen für uns bereit«, urteilte schon 1940 ein begeisterter Rezensent nach ihrem Pleyel-Konzert. »Verfügt sie doch über die schönste aller Qualitäten, die ein Interpret und Künstler besitzen kann: Aufrichtigkeit.«[61]

Eine weitere Etappe auf dem Weg zur Popularität war der Film. Auf den Plakaten von Georges Lacombes Lichtspiel *Montmartre-sur-Seine*, in der zweiten Jahreshälfte 1941 gedreht und sogleich in die Kinos gelangt, stand Piafs Name bereits an erster Stelle, direkt neben dem des männlichen Stars, des bedeutenden Theatermannes Jean-Louis Barrault, der es mit seiner Verkörperung des Baptiste Deburau in Marcel Carnés *Kinder des Olymp* zur Kinolegende bringen würde. Nochliebhaber Paul Meurisse wurde in der sentimentalen Geschichte von der Blumenverkäuferin Lily mit einer Nebenrolle bedacht.

Klar, dass Piaf auch an der Filmmusik beteiligt war: Gleich fünf Chansons verfasste sie zusammen mit Marguerite Monnot, von denen vier Eingang in den fertigen Film fanden. Darunter der bluesig-laszive Titel *J'ai dansé avec l'amour*, dessen modernistische Untertöne die Zensur problemlos unterlaufen hatten. Nicht aufgenommen wurde dagegen das rebellische Bekenntnis *Je ne veux plus laver la vaisselle* – »Nie mehr will ich abwaschen«. *Montmartre-sur-Seine* ist ein halbherzig inszeniertes Großstadtidyll mit pseudo-chaplinesker Gossenromantik vor tristen Pappmaché-Kulissen. Das bescheidene Blumenmädchen, verschmäht vom Helden des Films (Henri Vidal), dafür bewundert und vergeblich umworben von einem anderen Mann (Barrault), wird zum Chansonstar. Alles andere als ein *chef-d'œuvre*, gewiss. An der Kinokasse war Lacombes mediokre »Milieustudie« denn auch nur ein mäßiger Erfolg. Aber Piafs Darstellung des einfachen, vom Schicksal nicht begünstigten Mädchens, das den Weg nach oben schafft, ihre Lieder, besonders *Un coin tout bleu* sowie *Tu es partout*, und ihr Gesang blieben in den Köpfen der Menschen haften. Ihr Mitstreiter Barrault bescheinigte ihr das Zeug zur Vollblutschauspielerin, rühmte ihren »unfehlbaren Instinkt«, ihre »Empfindsamkeit« und urteilte, »alles, was sie [in diesem Film] tat oder sang, berührte die Herzen. Sie war äußerst sensibel, was für mich besonders nachvollziehbar war, da wir beide aus bescheidenen Verhältnissen stammten.«[62] Und der Dichter Jacques Audiberti, seinerzeit Filmexperte für *Comœdia*, schrieb voller Ehrfurcht: »Der satanische Kinokritiker tritt zartfühlend zurück, um das Stimmwunder vorbeizulassen … Die an Villon gemahnenden Kadenzen dieser Austeilerin orphischer Hostien, dieser Kräuterfrau, dieser Hausfrau bezaubern. Édith Piaf, eine der herzzerreißendsten stimmlichen Interpretinnen der Größe und des Elends des Lebens, verbrennt das Dunkel um die Menschen.«[63] Weiteres Lob spendete der tüchtige, talentierte *Paris-Midi*-Journalist Henri Contet, der im Herbst 1941 gleich mehrere Hymnen auf Édith publizierte. Der großgewachsene blonde Enddreißiger erwarb sich damit die Aufmerksamkeit und die Gunst der Lily-Darstellerin. Nun war es nur noch eine Frage der Zeit, dass sich Contet, eigentlich schon fest vergeben, in die stattliche Reihe von Piafs *amants* und Textdichtern einreihen würde.

»Édith war ein Orkan. Manchmal hinreißend spontan, manchmal launenhaft, oft jedoch auch zutiefst verzweifelt. Eine Persönlichkeit, die Ängste und Selbsthass schon heillos zerrüttet hatten. Dies beschäftigte aber weder mich noch sie selbst noch die übrigen Gefährten jener Abende, denn jeder von uns hatte Gründe – die Zeit wollte es so –, vor allem Vergessen zu suchen.«[64] Der Verfasser dieser Reminiszenzen war Norbert Glanzberg, in Galizien geboren, polnischer Herkunft und in Würzburg zum klassischen Klaviervirtuosen und Tonsetzer ausgebildet. Aufgrund seiner Abstammung befand er sich seit der Machtübernahme der Nationalsozialisten auf der Flucht, was seiner vielversprechenden

Musikerkarriere ein jähes Ende bereitete. In Berlin hatte er im Admiralspalast dirigiert und bei der UFA erste Filmmusiken für Billy Wilder, die Comedian Harmonists und Max Ophüls geschrieben. Nach seiner Ankunft in Paris hatte er buchstäblich vor dem Nichts gestanden. Erst die Zusammenarbeit mit dem *manouche*-Jazzer Django Reinhardt, die Komposition eines Chansons für Lys Gauty – *Le Bonheur est entré dans mon cœur* –, Gelegenheitsengagements für Modeschauen und regelmäßige Begleitertätigkeit halfen ihm, wieder Fuß zu fassen.

Als ihn der Zufall im Oktober 1940 ein zweites Mal mit Édith zusammenführte, diesmal in einem Exilantencafé in Marseille, hatte der Dreißigjährige bereits eine Odyssee hinter sich: eine Stationierung als polnischer Soldat in der Bretagne, eine erneute Flucht vor den Deutschen in die *zone libre* und schlimme, entbehrungsreiche Aufenthalte in südfranzösischen Flüchtlingsbaracken. Er befand sich in einer bedrohlichen Lage: Seinen Dokumenten zufolge war er Pole, sein entlarvender Akzent machte ihn zum Deutschen, sein Judentum würde ihm zum Verhängnis werden. Aber nun schien sich das Blatt zu wenden – Piafs Impresario Marouani nahm ihn noch am Cafétisch als ihr neuer Pianist unter Vertrag. Vorsichtiger Optimismus bemächtigte sich Glanzbergs – fürs Erste schien er gerettet; und ehe er es sich versah, erklärte ihn die inzwischen ungleich berühmtere Sängerin, in deren Tross er nun durch die Lande zog, zu ihrem neuen Liebhaber. Andrée Bigard, Édiths Sekretärin und Mädchen für alles, überbrachte ihm, ganz offiziell, die überraschende Botschaft. Die Entscheidung für dieses Verhältnis war augenscheinlich schon gefallen. Einseitig. Nun hatte er nur noch Ja und Amen zu der neuen, absurden Situation zu sagen. Glanzberg zierte sich. Doch bei der nächsten Sperrstunde, nach dem auf die Vorstellungen stets folgenden Gelage und ein wenig zu spät für den diskreten Rückzug in sein Hotel, war es auch um seine emotionale Unabhängigkeit geschehen. Édith nahm Besitz von ihrer amourösen Neuerwerbung, duldete keinen Widerspruch und lud ihn auf ein weiteres Glas Champagner ein, um die Liaison zu besiegeln. Er fügte sich: »Welche Wahl hatte ich denn? Édith Piaf oder Adolf Hitler!«[65] War Norbert Glanzberg denn kein bisschen verliebt gewesen in die damals von allen Seiten umworbene Interpretin oder wenigstens erotisch angezogen? »Sie gef[iel] mir als Frau überhaupt nicht. Was hätte ich auch sagen sollen? Édith war ja nicht schön. Sie war klein.«[66] Hatte nicht schon Audiberti ihre »Austerngabel-Anatomie« bemängelt? Von nun an war Glanzberg jedenfalls ihr »Nono« – eine Anspielung auf die nicht besetzte Zone, in der sich beide tummelten? –, ihr »Nono chéri«, ihr »Mamichou« und sie seine »Fifi«.

Glanzberg, seit Jahren auf Goebbels' schwarzer Liste und auch in Frankreich seines Lebens nicht länger sicher, hatte vermutlich wirklich keine Wahl. Die Sacem, die französische Verwertungsrechtegesellschaft mit Sitz in Paris, bei der Komponisten und Textdichter ihre Werke wie bei der deutschen GEMA auch heute noch eintragen lassen, verweigerte die Auszahlung der ihm zustehenden Tantiemen. Damit war seine wichtigste Einkommensquelle versiegt. Es hieß also in den sauren Apfel beißen, Édiths Galan mimen und als begabter Musiker alle Register ziehen, um sich auf der lukrativen Piaf-Tournee unentbehrlich zu machen. Seine Kompromissfähigkeit begann sich rasch auszuzahlen – auch Tino Rossi und Charles Trenet wurden auf sein Talent aufmerksam und nahmen ihn unter Vertrag. Ein Engagement reihte sich ans nächste. Glanzberg konnte aufatmen. Sein Lebensunterhalt war vorerst gesichert. Durch Rossis Verbindungen verschaffte er sich auch eine falsche Identität sowie einen neuen Pass und trat nunmehr unter den Namen Pierre Minet oder Norbert Girard auf. Er hütete sich aber vor längeren Gesprächen in der Öffentlichkeit und beschränkte sich auf einsilbige Antworten, um nicht als deutscher Flüchtling erkannt zu werden.

Wenn Édith wieder einmal den Norden des Landes bereiste, Ausflüge, die ihm verwehrt blieben, bekam Glanzberg glühende Liebesbriefe. Ausführlich, redselig, voller Überschwang. »Toller Empfang«, berichtete sie ihm im Oktober 1942 aus der Hauptstadt: »Ganz Paris hat mich erwartet, Blumen, Presseleute, also: Alles!« Nach einjähriger Abwesenheit war sie schon am Bahnhof wie eine Volksheldin empfangen und gefeiert worden: »Niemals ist [für mich] so ein Tamtam gemacht worden. Es war wirklich phantastisch. Ich musste einem Mittagessen der [Kritiker] vorsitzen. Man hätte meinen können, ich sei eine echte Prinzessin.

Morgen schreibe ich Dir mehr darüber, denn jetzt habe ich nur Platz, Dir zu sagen, dass Du mein ganzes Leben bist. Deine Dir gehörende Frau Édith.«[67]

An manchen Tagen erhielt Glanzberg sogar mehrere Nachrichten von ihr, Postkarten voller Liebesbeteuerungen, Schilderungen ihrer Pariser Abenteuer und Erfolge oder Botschaften von Marguerite Monnot, die er bisher noch nicht kennengelernt hatte. An der Aufrichtigkeit ihrer Gefühle für ihn bestand nach dieser langen, vertrauensvollen Zusammenarbeit kein Zweifel mehr für Norbert, wohl aber an der Ernsthaftigkeit und Verlässlichkeit ihrer Liebesschwüre: »Sie *beschloss* einfach, verliebt zu sein!«[68] Und an der Dauerhaftigkeit ihrer Treue und der Belastbarkeit ihres Gefühlshaushaltes haperte es gehörig. Im März 1942 hatte er ja bereits einen Vorgeschmack darauf bekommen, wie Édith mit ihren Liebhabern umsprang und was irgendwann wohl auch ihm bevorstehen würde. Sie gastierten gerade in Monte Carlo, im May Fair, und vergnügten sich zwischen zwei Konzerten in ihrem feudalen Hotelzimmer, als aus heiterem Himmel Meurisse vor der Tür stand, die beiden in flagranti ertappte und sich die wohlbekannte schäbige Szene aufs Neue abspielte. Nur dass Paul diesmal die Rolle des ausgedienten Liebhabers zu übernehmen hatte und Ersatz schon im bequemen Hotelbett bereitlag. Wann, fragte sich Glanzberg immer mal wieder, würde sein eigener Nachfolger an die Tür klopfen? Ungeachtet aller Depeschen, Schwärmereien und schönen Worte war jeden Tag mit der Aufkündigung ihres Liebesvertrages zu rechnen.

Wie sollte man ihre Verbindung nennen? Affäre, Abenteuer, Episode, Liebe auf Abruf? Nie wusste Glanzberg genau, woran er war; ihr Verhalten blieb sprunghaft, impulsiv und unberechenbar. Ihr exzessives Wesen faszinierte ihn und brachte ihn doch wieder dazu, mit seinen Gefühlen für sie zu hadern. Mochte er auch beschließen, nicht verliebt zu sein – anderntags entdeckte er wieder eine neue, rührende und liebenswerte Eigenschaft an ihr. Ihre Spendierlaunen, ihr Hang zur Verschwendung, ihr Leben in Saus und Braus etwa widerten ihn an und beeindruckten ihn gleichzeitig. Gleichwohl hatte er eine Erklärung dafür, dass Édith inzwischen nur noch auf großem Fuß reisen, aus jedem Tag eine Party machen wollte. »Sie wusste, dass ihr bei der Rücksichtslosigkeit, mit der sie ihre Gesundheit den Anforderungen ihrer Karriere opferte, später nicht viel Zeit zum Genießen all dieses Geldes bleiben würde. So gab sie es mit beiden Händen aus.«[69] Zum emsigen Füllen eines Sparstrumpfes war eine Édith Piaf gewiss nicht gemacht, sie genoss ihr Dasein in vollen Zügen, lebte einzig für den Augenblick. »Aber was ist schon Geld; ich habe es aus dem Fenster geschmissen. Warum? Weil es mir Spaß machte, verschwenderisch zu sein. Und aus Rache. Ich rächte mich dafür, dass ich als Kind auf der Straße schlafen musste. An den Abenden meines Triumphes schüttle ich mich vor Lachen. Weil ich dann an meine Jugend denke.«

Und sie konnte Glanzberg um den Verstand bringen. Während einer gemeinsamen Zugfahrt, mitten in einem feuchtfröhlichen Gelage im Speisewagen, konnte Édith ihre Zunge nicht mehr im Zaum halten und kehrte ihre sadistische Seite hervor. Ihre Mitzecher verdonnerte sie zum Schweigen, zeigte mit dem Finger auf ihn und verkündete, unter gehässigem Lachen und mit triumphalem Geschrei, allen Anwesenden, Nono, ihr treuer, exzellenter Pianist, sei in Wahrheit ein Jude. Perfide Denunziation oder Entgleisung einer Angetrunkenen? Minuten später lag Édith winselnd vor Norbert auf den Knien, flehte um Verzeihung, hatte ihre bodenlose Dummheit selbst begriffen.

Dann wieder geschah es, an besonders geglückten Tourneeabenden, dass Glanzberg mitten im Spiel der magnetischen Ausstrahlungskraft seiner so dominierenden Geliebten erlag. Im Augenblick des Vortrags, mit Piaf an seiner Seite, offenbarte sich ihm die ganze Magie der Chansonkunst aufs Neue. Auf einmal wieder verstand er, warum sich das Musikmachen selbst, diese intime, so schwer greifbare Kommunikation zwischen Interpreten und Zuhörern, ganz besonders in bösen Zeiten wie diesen, in denen sich Mutlosigkeit und Zukunftsangst seiner bemächtigten, lohnte und auf alle Ewigkeit auch lohnen würde: »Wann immer ich dem Rampenlicht nahekam, von ihm gestreift wurde, wenn Édith Piaf sich ans Klavier lehnte, um ihre Intimität mit der Musik, die sie vortrug, zu demonstrieren, verfiel ich hoffnungslos einer unverwechselbaren, betörenden Macht. So, wie ich auf der Bühne zu sehen war, erschien ich mir dann auch selbst, als Inhaber geheimnisvoller Kräfte, mit denen sich das Publikum nicht nur widerstandslos, sondern sogar begeistert, hingebungsvoll bannen ließ.«[70] Beide Künstler, dies sei dazugesagt, profitierten auch voneinander. Durch die kontinuierliche, stimulierende Komplizenschaft in langen Monaten traten sie in ein bislang ungeahntes Stadium musikalischer Reife ein. Beide vermochten, befeuert durch das Können ihres Gegenübers, ihr künstlerisches Niveau beträchtlich zu steigern.

Es gab sehr wohl auch beglückende Phasen bei diesen Tourneen. Augenblicke der Lebensfreude und der Ausgelassenheit. Etwa, wenn die elegant gewandete Musikertruppe am Nachmittag vor der Vorstellung über die Croisette in Cannes, die Canebière in Marseille oder die Promenade des Anglais in Nizza spazierte. Zu zehnt, Seite an Seite – untergehakt, scherzend und unbekümmert. Ein paar Fotos von solchen Stunden der Leichtigkeit haben sich erhalten. Woanders rissen die Kriegsereignisse gerade tiefe Wunden in die Schicksale der Menschen, hier, zur selben Zeit, konnten sich alle vorgaukeln, sie seien im Urlaub. Für einige sorgenfreie Stunden zumindest. Künstlerkollegen, Freunde vor Ort und Zufallsbekanntschaften mischten sich dann unter die Flaneure, zogen mit ihnen die Boulevards entlang, und mittendrin die »zwergenhafte, bucklige« Hauptdarstellerin, eine junge, unbeschwerte Frau unter vielen. Keine Ausnahmegestalt – für einen Feriengast, für eine Sekretärin oder die Verlobte eines Musikers hätte man sie halten können. Das einzig Auffallende an ihr, was auch Passanten stets frappierte, war weiterhin ihre sonderbare Gestalt. »Und wirklich«, so beschrieb Glanzbergs Biographin Astrid Freyeisen eines dieser Bilddokumente, »war Édith Piaf atemberaubend winzig. Sie hatte eine ungewöhnlich hohe, eiförmig runde Stirn, die damals von einer irritierenden, wie angeklebten Lockenfrisur umrahmt wurde.« Sie ähnelte einer lebendig gewordenen Puppe. »Wenn sie mit den Kollegen bestens gelaunt Arm in Arm unter der gleißenden südfranzösischen Sonne schlenderte, dann fiel das besonders auf.« Ihre Kollegen trugen schwarze Melonen oder »einen hellen, sommerlichen Borsalino im Stil eines Gangsters aus Chicago. Zwischen ihnen eine lachende Frau mit langem, lockigen Haar«, vielleicht Dédée Bigard, vielleicht auch die Partnerin eines Instrumentalisten, »daneben Édith Piaf im hellen kurzen Sommermantel und knielangen Kostüm mit kleiner Fliege auf weißem Kragen – sie wirkte wie eine Klosterschülerin auf Ausflug in die große weite Welt, nicht wie ein gefeierter Bühnenstar. Sie lachte und ließ sich von einem Mann im Arm halten.«[71]

Wie viel »Fifi« tatsächlich für ihren »Nono« übrighatte, stellte sie gleich zweimal unter Beweis – indem sie ihm das Leben rettete. Andrée Bigard besaß ein kleines Anwesen bei Valescure. Weit genug entfernt von Marseille, das sich inzwischen zu einem denkbar unsicheren Pflaster für Juden und für andere von der Gestapo Verfolgte entwickelt hatte. Hier, *à la campagne*, im Hinterland der Côte d'Azur, kamen Glanzberg und der junge Filmemacher Marcel Blistène, der Ende des Jahres 1963, unmittelbar nach Édiths Tod, die erste Monographie über seinen Schutzengel publizieren würde, eine Zeitlang provisorisch unter. Doch genauso wie eine weitere Interimsadresse, die leerstehende Wohnung einer bereits verschleppten Familie Benyoumov in Marseille, erwies sich dieser Unterschlupf als ungeeignet für ein dauerhaftes Untertauchen. Piaf nahm deshalb wieder Kontakt zur Comtesse Lily Pastré auf, in deren luxuriöser Residenz sie im Frühsommer 1940 eine Ruhepause eingelegt hatte. Das Schloss der Gräfin, Montredon genannt, befand sich gleichfalls unweit von Marseille, aber isoliert und in unmittelbarer Nähe der wildromantischen *calanques*, jener engen, kalkweißen und vom Mistral geformten Felsbuchten, von denen manche nur vom Meer aus zugänglich sind. Montredon, im 19. Jahrhundert von einem Megalomanen erbaut, thronte an der schroffen, steil abfallenden Küste, umgeben von einem immensen Park mit dazugehöriger provenzalischer Villa. Wie ein *land's end* wirkte es auf jeden Besucher. Was kaum jemand wusste: Es gab auch eine künstlich geschaffene Grotte auf dem Anwesen – ein ideales Versteck. Die kunstsinnige und belesene Comtesse, Mäzenin, Intellektuelle und später unter den Gründern des Festivals von Aix-en-Provence, war eine furchtlose Person, sie hatte sich dem Schutz künstlerischer Werte verschrieben, ein ihr teures Gut, und maßgeblich an der Gründung eines hochrangig besetzten Komitees »für Nothilfe« mitgewirkt, dem auch André Gide, Henri Matisse, Jean Giraudoux und Pablo Casals angehörten. Noch zu

Kriegszeiten organisierte sie Privatinszenierungen auf ihrem Anwesen und versammelte die Crème europäischer Künstler und Theaterleute für spektakuläre szenische Experimente. Mehreren Dutzend jüdischer Musiker half sie mit ihrem riskanten Engagement. Der Choreograph Boris Kochno residierte zeitweilig bei der Gräfin, und auch die große Pianistin und Mozart-Interpretin Clara Haskil zählte zu ihren prominenten Schützlingen. Für sie ging Lily Pastré sogar das Wagnis ein, eine Operation in ihrem Schloss durchführen zu lassen.

Um den Schein zu wahren und kein Misstrauen von Nachbarn und Behörden aufkommen zu lassen, besorgte sich die Comtesse Lebensmittelkarten für etwaige »offizielle« Untermieter. Und sie präparierte ihre Gäste mit regelmäßigem Probealarm: Auf das Schlagen eines Gongs hin eilten die Schlossinsassen über Schleichwege durch dichtes Gebüsch in die geheime Grotte. Binnen weniger Wochen hatten Glanzberg und seine Leidensgefährten ihr »planmäßiges Verschwinden« perfekt eingeübt. Während die Hausherrin auf den Gong schlug, probte Piaf, die keine Gelegenheit ungenutzt ließ, Nono einen Besuch in Montredon abzustatten, ihre neuesten Chansons in den Kinderzimmern des Obergeschosses. Ihre Stimme übertönte mühelos verdächtige Geräusche. Die Comtesse warf einen prüfenden Blick auf ihre Uhr, nickte befriedigt und beendete die Übung. Alle durften in ihre Gemächer zurückkehren.

Bis ans Ende seiner Tage würde Norbert Glanzberg seine Gastgeberin als leuchtendes Beispiel von Toleranz und Hilfsbereitschaft in bester Erinnerung behalten – die Verkörperung von Freigiebigkeit, Souveränität und menschlicher Größe. Gerade noch rechtzeitig konnte er in Richtung Nizza verschwinden und sich in die Obhut von Tino Rossi und seinem korsischen Netzwerk begeben. Denn im November 1942, als sie Marseille besetzte, nahm die Wehrmacht auch Schloss Montredon in Beschlag. Édith wusste aber auch weiterhin genau, wo ihr Pianist, ihre *seul amour* steckte, dank der Bemühungen Bigards, die sie als Vertrauensperson von Zeit zu Zeit an die Riviera entsandte, die stets die richtigen Leute am richtigen Ort kannte und die ein außergewöhnliches Geschick in der Meisterung vertrackter und brisanter Situationen entfaltete.

»Man arrangierte sich« – auf diesen Nenner ließ sich die Haltung der meisten Akteure des Pariser Showbusiness zwischen 1940 und 1944 bringen. Einige aber engagierten sich. Auch wenn sie nicht in den Untergrund gingen, Attentate planten und wehrkraftzersetzende Aktionen durchführten. Auch wenn sie keine Sabotageakte verübten oder die Zwangsarbeit im straff organisierten STO verweigerten, dem Service de Travail Obligatoire, Frankreichs »freiwilligem« Beitrag als Zulieferer für Kriegsgerät. Sondern sich mit kleinen, nichtsdestoweniger bedeutungsschweren Gesten einsetzten. Sänger, Schauspieler, Musiker und Variétékünstler beteiligten sich, wie Édith, an Benefizgalas für Kriegsgefangene, nahmen, wie Édith, temporäre Auftrittsverbote in Kauf, weil sie zensierte Lieder in ihrem Repertoire behielten und weiterhin zu Gehör brachten; sie bewiesen Solidarität mit verfemten oder »verschwundenen« Komponisten und *paroliers*; sie änderten Textzeilen und ersetzten sie durch Verse mit aufrührerischem Inhalt. Sie leisteten Widerstand im Detail.

Édiths Stunde schlug im August 1943, als sie zusammen mit Charles Trenet, dem Orchester von Fred Adison und Dédée Bigard, die wie so oft im Hintergrund die Fäden zog, für gleich sieben Wochen durch französische Kriegsgefangenenlager auf deutschem Boden tourte und damit eine Reise voller Hindernisse und Widrigkeiten auf sich nahm. Piaf, die über Monate bei verschiedenen karitativen Pariser Galas aufgetreten war und damit schon einen gewichtigen Beitrag zur Moral ihrer Landsleute geleistet sowie zum Spenden aufgerufen hatte, hatte sich darüber hinaus bereit erklärt, die Patenschaft für das Stalag III D, das Stammlager in Berlin-Lichterfelde, zu übernehmen und gab daher eine ganze Reihe von Konzerten in der deutschen Hauptstadt und in Braunschweig.

Es stand außer Frage, dass die Beteiligung an solchen Solidaritätsaktionen im Feindesland als Akt der Kollaboration oder zumindest als Geste des Einvernehmens mit der deutschen Besatzungsmacht missinterpretiert werden konnte. Maurice Chevalier etwa hatte gerade die Erfahrung machen müssen, dass sein Gastspiel in einem deutschen Lager ihm, einem einstigen Sympathisanten des Vichy-Regimes, zum Nachteil gereichte – er wurde von unabhängigen französischen Medien, die aus dem Ausland Beiträge in die Heimat funkten, des Verrats bezichtigt. Dabei hatte Chevalier sich nur deshalb zu der Tour bereit erklärt, weil ihm zuvor fest zugesichert worden war, dass eine Reihe von Pariser Gefangenen direkt im Anschluss an sein Konzert freigelassen werden würde.

Es galt also abzuwägen, was einem wichtiger erschien: die menschliche Geste oder die untadelige weiße Weste. Viele Showstars verspürten zudem wenig Lust, sich wochenlang in Deutschland, in ungeheizten Kriegsgefangenenlagern und unkomfortablen Hotels herumzutreiben, nur um für gute Laune unter den demoralisierten, ausgezehrten Männern zu sorgen und sich hinterher in der Heimat noch nachsagen lassen zu müssen, sie hätten mit ihren Konzerten dem Feind in die Hände gespielt. Für Piaf stellte sich diese Frage nicht; für sie war es selbstverständlich, Hilfe zu leisten, wo immer diese gebraucht wurde. Politisches Engagement und Parteinahme waren ihr zwar fremd, doch zeigte sie sich zutiefst empört von den grauenvollen Bedingungen, unter denen Tausende, viele schon seit Jahren, ihr Dasein fristeten. Für die Internierten und ihre zu Hause bangenden Familien empfand sie aufrichtiges Mitleid. Und auch Dédée wollte sie keinesfalls enttäuschen. Die Presse ließ sie vorab wissen, sie bevorzuge für ihr Gastspiel in den Stalags die Präsentation brandneuer Lieder, auch für den wahrscheinlichen Fall, dass die Gefangenen sich eher nach vertrauten Melodien sehnen würden. Sie wolle nämlich keine alten Erinnerungen wecken, sondern die Männer ermutigen, an das zu denken, was »sie eines Tages erwarten wird. Ich bin nicht darauf aus, ihnen auf allzu leichte Weise Tränen zu entlocken, aber möchte sie ablenken und ihnen den Eindruck vermitteln, dass sie mich hier in einer echten Music Hall erleben, so wie es ihnen in nicht allzu ferner Zukunft möglich sein wird.«[72] Nicht unbedingt Siegesgewissheit spricht aus dieser Stellungnahme, allenfalls verhaltene Zuversicht.

Was sie in Berlin sah, in jenem Spätsommer 1943, waren Fabriken, Fabriken und nochmals Fabriken. Qualmende Schornsteine. Industrieanlagen, grau in grau. Improvisierte Bühnen, armselige Kantinen, abweisende Gefängnishöfe. Und dürre, abgearbeitete Männer aller Altersklassen in zerschlissenen Uniformhosen und mit nacktem Oberkörper. Geschundene Häftlinge, die große Augen machten, als Piaf in ihrem schlichten, geblümten Sommerkleid loslegte und ihre gerade erst einstudierten Lieder von Henri Contet und Michel Emer mit Verve für sie sang – Lieder, die von blonden und brünetten, großen und starken, verwegenen und begehrenswerten Männern handelten. Und von einer stolzen kleinen Frau, die nicht genug von ihnen bekommen konnte. Ihre Zuhörer lauschten gebannt und fast ehrfürchtig. Dankbar sogen sie Édiths unwiderstehliche *joie de vivre* auf, vergaßen für ein paar Stunden, wo sie waren, und ließen sich ein ums andere Mal mit ihr fotografieren. Sogar einen alten Bekannten aus Belleville traf Édith und konnte mit ihm ein paar Worte wechseln.

Konservative wie deutschfreundliche Zeitschriften in Frankreich schlachteten die Stalag-Tournee nach Kräften aus. Ihre Reportagen zeigten eine Patriotin. Piaf im Lazarett, am Krankenbett eines lächelnden Soldaten stehend, Piaf mit einem Kaffeebecher aus Blech in der Hand, Piaf mit ihren Künstlerkollegen beim Vortragen eines Sketches, Piaf, die sich vor lauter Männern in kurzen Hosen die Haare kämmt und hübsch macht, Piaf, von strahlenden Lagerinsassen umringt, im Gras lagernd und, mit dem Gesichtsausdruck eines verliebten jungen Mädchens, sich in die Arme eines x-beliebigen Gefangenen zurücklehnend. Wüsste man nicht, wann und wo diese Aufnahmen entstanden sind, würde man sie für Schnappschüsse aus dem Fotoalbum einer glücklichen Frau halten. »Im Krieg ging es der Piaf gut«, so brachte Monique Lange das Paradoxon auf den Punkt. »Sie war nie drolliger, erfolgssicherer und in besserer körperlicher Form.«[73] Letztere bescheinigte Édith auch den internierten Landsleuten, nach ihrer Rückkehr ins herbstliche Paris von Presseleuten nach deren Verfassung befragt. »Sie strotzen nur so vor Energie.« Piafs Daumen zeigte nach oben. Und sie beschloss ihr Kurzinterview, die günstige Gelegenheit nutzend, mit dem Schlüsselwort ihrer neuen Freunde aus Berlin und Braunschweig: *solidarité*.

Wovon die Presse nichts erfuhr, waren ihre ebenso »drolligen« Liebschaften während dieser Mission, die schon während der 36 Stunden langen Bahnfahrt von Paris nach Berlin ihren Anfang nahmen – die gesamte Fahrzeit verbrachte Édith mit dem Orchesterleiter Fred Adison *en tête-à-tête* im Schlafwagen. Adison, stolz auf seine Eroberung, aber auch sichtlich mitgenommen, schlug schließlich vor, per Losverfahren den Glücklichen unter seinen Ensemblemitgliedern zu bestimmen, der Édith nunmehr in den Armen würde halten dürfen. Zur Auslosung stellte er seinen Hut zur Verfügung. Die Wahl fiel auf den Sänger des Orchesters, Jacques Josselin. Ihm oblag es nun, in Hotelzimmern im Feindesland Piafs enormes Bedürfnis nach erotischer Zuneigung zu stillen. Doch hatte es sich bei der Kandidatenkür von vornherein um ein abgekartetes Spiel gehandelt – auf allen gefalteten Zetteln, die in Adisons Hut gelandet waren, hatte, offenbar nach Absprache unter den Musikern, sowieso nur ein einziger Name gestanden: Josselin. Ob der Vokalist seinen Auftrag zufriedenstellend erledigte, ist nicht bekannt.

Im Februar 1944 brach Piaf zu einer zweiten musikalischen Reise durch deutsche Gefangenenlager auf, diesmal, allem Anschein nach, auf eigene Initiative und um den riskanten Plan von Andrée Bigard und deren Gefährten aus der Résistance in die Tat umzusetzen, einigen der Internierten durch das Einschmuggeln gefälschter Passdokumente zur Freiheit zu verhelfen. Zusätzlich motiviert hatten sie auch Hunderte Briefe von den Gefangenen selbst, von deren Ehefrauen, Freundinnen und Müttern, die in der Zwischenzeit bei ihr eingegangen waren. Alle Schreiben enthielten ein und dieselbe Bitte: ihre *copains* nicht im Stich zu lassen, sie erneut aufzusuchen und ihnen als *marraine*, als Patin, mit ihrer Musik Mut zuzusprechen.

Elf Lager suchten Piaf und ihre Begleiter diesmal auf; bis nach Nürnberg sollen sie bei ihrer zweiten Tour gelangt sein. Warnungen vor den Bombenangriffen der Alliierten, wie sie inzwischen an der Tagesordnung waren, schienen ihnen keine Furcht eingeflößt zu haben. Die Bedingungen waren allerdings deutlich schlechter als im Jahr zuvor. Heftige Schneefälle begleiteten die gesamte Reise, die Unterkünfte waren unbeheizt, und Lebensmittel ließen sich nur selten auftreiben. Zu einigen Auftritten mussten die Musiker sich durch Schneemassen kämpfen. Einmal verlor Édith dabei einen Schuh, ein anderes Mal erlitt sie einen Schwächeanfall. Mit einer improvisierten Sänfte wurde sie zu den Baracken getragen. Zu allem Überfluss wurden *les musiciens* auch noch von Goebbels höchstpersönlich zum Kaffee gebeten. Weil der Propagandaminister schließlich doch keine Zeit hatte, empfing sie in der Berliner Behörde ein gewisser General Wechter – der frühere Oberzensor aus Paris. Mit ihm hatten sie leichtes Spiel. Er gab sich als großer Verehrer von Édith zu erkennen und bedauerte noch immer, dass er das umstrittene *Fanion*-Chanson aus ihrem Repertoire hatte streichen müssen. Dafür sollten es die französischen Gäste nun so angenehm wie möglich haben. Seine Zerknirschung war echt! Ab sofort bekamen sie warme, bequeme Zimmer, und auch für reichhaltiges Essen war gesorgt. Édith und Andrée rieben sich die Hände. Es lief sogar noch besser als nach Plan.

Und während General Wechter sich mit Freuden zum Erfüllungsgehilfen der Pariser Entertainer machte, während die Gefangenen Édith und ihren Mitstreitern zujubelten und ihr Glück kaum fassen konnten, dass sie Wort gehalten hatte und sie tatsächlich ein weiteres Mal mit ihren Liedern beschenkte, becirzten einige Ensemblemitglieder das Wachpersonal, verteilten großzügig Seidenstrümpfe und Cognac. Und sorgten dafür, dass Édith und niemand sonst den Internierten die mitgebrachten Konservendosen überreichte. Einige davon sollen nämlich – so erzählen es einige andere Piaf-Biographen – nicht mit Nahrungsmitteln, sondern mit Kompassen, Landkarten und falschen Papieren gefüllt gewesen sein. Die Erinnerungsfotos vom Vorjahr waren in Paris vergrößert und bearbeitet worden, um aus den Gesichtern Vorlagen für Passbilder herzustellen. Einige Glückliche seien auf diese Weise befreit worden; die einen hätten, in Windeseile umgezogen und zurechtgemacht, als Orchestermusiker das Lager verlassen, andere ihr Glück auf eigene Faust versucht. Habe ein Lagerkommandant mal Verdacht geschöpft, hätte Piaf Unwohlsein vorgetäuscht und sich medizinisch behandeln lassen, um ihren Mitstreitern Zeit und einen Vorsprung zu verschaffen.

Zweifel an der Wahrscheinlichkeit solch spektakulärer Aktionen dürfen erlaubt sein. Zumal die abenteuerlichen Unternehmungen lediglich aufgrund von Aussagen Bigards kolportiert wurden – unüberprüft geistern sie seitdem durch zahlreiche Lebensbilder Piafs –, wohingegen die Protagonistin selbst sich aber nicht ein einziges Mal mit diesem großangelegten Rettungsplan brüsten sollte.

Dass einigen Gefangenen das Entkommen als falsche Musiker gelungen sein soll, mag noch durchgehen, aber gleich mehreren Dutzend? Bei der überschaubaren Anzahl von Musikern, die Piaf begleiteten, wären schon vereinzelte »Neuzugänge« aufgefallen. Mehr als unwahrscheinlich erscheint auch die Übergabe der präparierten Konservendosen – wie hätte Piaf in der Menge, die sich um sie drängte, so schnell die richtigen Empfänger entdecken können? Wie verhindern, dass doch mal eine Dose in die falschen Hände geriet? Von dem großen Risiko der ein oder anderen Stichprobe gar nicht zu reden. Genauso wenig wäre auszuschließen gewesen, dass das Wachpersonal mit den französischen Gaben den eigenen Tisch deckte. Und hätte Piaf die ausgedehnte Tournee, die sie mit ihrem ganzen Tross kreuz und quer durchs Land führte, tatsächlich aus eigener Tasche bezahlen können? Ein solches Unterfangen hätte selbst eine Großverdienerin wie sie ruiniert.

Einmal mehr lassen sich Legendenbildung und historische Fakten kaum noch voneinander trennen. Henri Contet, Piafs damaliger *amant*, berichtete später von allerlei geheimnisvollem Treiben der Sängerin und ihrer Sekretärin, die immer wieder davon gesprochen hätten, den verhassten Deutschen »eins auswischen« zu wollen; er sei aber nie eingeweiht worden. Nur Gerüchte seien ihm zu Ohren gekommen. Und wieweit der Anekdote Glauben zu schenken ist, nach der Édith einmal einen ruppigen deutschen Leutnant geohrfeigt haben soll – General Wechter soll sie im letzten Moment vor der Ahndung dieses unerhörten Akts bewahrt haben –, steht in den Sternen. Doch auch Langes böses Diktum »Die Piaf war gänzlich apolitisch und reagierte auf die deutsche Besetzung ganz als Pariser Flittchen«[74] ist – Édiths mutige Reisen in die deutschen Stalags sind Beweis genug – inzwischen deutlich ad absurdum geführt worden. Denn wenn Andrée Bigard und sie auch nur einen einzigen Soldaten retten konnten, wenn Édith mit ihren Gastspielen Hunderte Gefangene glücklich machte und, auch weiterhin, sich über alle Verbote der Besatzer hinwegsetzend, in Paris die Chansons des Juden Emer vortrug und an der despektierlichen Zeile »Moi, Hitler, j'l ai dans l'blair / et je ne peux pas l'renifler« (»Hitler kann ich nicht riechen«) aus ihrem Vorkriegslied *Il n'est pas distingué* von 1936 festhielt, steckten in all dem mehr politisches Bewusstsein und Zivilcourage, als ein Großteil ihrer Landsleute in jenem unseligen Jahrfünft aufzubringen vermochte.

Dass Édith Ende 1942 von ihren Pariser Fans im ABC nicht weniger begeistert empfangen wurde als von den Kriegsgefangenen in Deutschland und dass ihr ganz Südfrankreich bei ihren Marathontourneen zu Füßen lag – gut und schön. Was ihr aber fehlte, war eine geräumige, möglichst komfortable Unterkunft, mit der sich das Dasein in den raren Erholungspausen möglichst angenehm gestalten ließ. Paris hatte in den vergangenen zwei Jahren sehr gelitten, wirkte, obschon es von Bomben verschont geblieben war, heruntergekommen und arg verwahrlost. Manche Viertel sahen aus wie Geisterstädte, in anderen *quartiers* drängten sich die Menschen. Hotels waren unbezahlbar oder starrten vor Dreck. Repräsentativer Wohnraum, noch dazu mit Zentralheizung, war kaum zu haben. Als sich für Édith die Gelegenheit auftat, in der Rue Villejust, der heutigen Rue Paul Valéry, im 16. Arrondissement gleich eine ganze dritte Etage zu mieten, die die genannten Vorzüge bot, sich in exzellentem Zustand befand und in die sie mitsamt ihrem asiatischen Koch Tchang, einem Flügel, mit Dédée und natürlich auch mit Momone sofort einziehen konnte, griff sie zu. Obwohl die Hausherrin, Madame Billy, ausgerechnet Jacques Josselins Gattin war! Und, allmählich entwickelte sich der Triumphbogen zum Magnet für Piaf, wieder einmal war sie im Einzugsbereich des Étoile. Leplée, der Night-Club, das L'Amiral, Meurisse … Die Geister der Vergangenheit liefen ihr bei jedem Spaziergang, bei jeder kurzen Erledigung unweigerlich über den Weg.

Madame Billys Etablissement[75] mit seinem unablässigen Kommen und Gehen von Uniformierten und Leichtgeschürzten war ganz nach Édiths Geschmack: Es handelte sich um ein Freudenhaus der Sonderklasse. *La patronne* bewies diplomatisches Geschick, indem sie die Entscheidungsträger unter den deutschen Besatzern mit bevorzugter Behandlung und kleinen Extras zu Stammkunden machte und sich damit deren Gunst sicherte. Die Herren Wehrmachtsoffiziere ließen sich nicht lumpen und sorgten dafür, dass immer ausreichend Champagner im Haus war und die Heizung funktionierte. Die vorzügliche Küche war rund um die Uhr geöffnet, so dass Édith oft auf Tchangs treue Dienste verzichten und sich noch mitten in der Nacht ihr Lieblingsgericht, ein mit reichlich Knoblauch zubereitetes Steak, servieren lassen konnte. Aber auch vornehme Damen und Herren wurden in Billys Speisesaal und in ihren Separees gesichtet; sie profitierten von der Wärme, einem gutgefüllten Weinkeller und der Möglichkeit, bei einem sättigenden Mahl ungestört Unterhaltungen und geschäftlichen Besprechungen nachgehen zu können. Nach außen hin war dieses Edelbordell, ein Geheimtipp für Eingeweihte und eine Enklave für »horizontale« Völkerverständigung, nichts als eine gepflegte Stadtvilla; hinter verschlossenen Türen begegnete man den *boches*, grüßte sie und führte gar Konversation mit ihnen. Man »arrangierte« sich auch hier. Édith delektierte sich an der gemütlichen und zugleich frivolen Atmosphäre, die sie, wenn auch auf ganz anderem Niveau, an die Zeiten mit Maman Tine und ihrem Harem erinnerte. Wieder in einer *maison close* mit ihrer so eigenartigen Mischung von käuflicher Lust und echter Herzenswärme zu hausen, noch dazu so schick und gepflegt, machte sie glücklich. Ihr zweiter Krieg, ihr zweites Bordell. Leben im Ausnahmezustand. »Drollig« und »ulkig«, aber auch intensiv und ungemein spannend.

Anders als in Bernay war sie hier am Étoile ein zahlender Gast, dessen Wünschen und Bestellungen widerspruchslos Folge geleistet wurde, und konnte nach Belieben zwischen ihrer Wohnung und den »öffentlichen« Gemächern Billys hin- und herpendeln. Édith stand nachmittags auf, verzichtete auf ein korrektes *petit déjeuner* und sprach ihr Tagesprogramm mit Andrée Bigard durch. Am späten Abend oder mitten in der Nacht, nach den Vorstellungen, erschien Guite Monnot auf ihrem Motorrad und stand ihr, wenn es sein musste, bis zum Umfallen, für Probenarbeit am Klavier zur Verfügung. Bis zum Morgengrauen zogen sich die lärmintensiven Überstunden hin. Oft genug wurde eine Party improvisiert, gingen ungebetene Gäste ein und aus, ließen den einen oder anderen Geldschein mitgehen oder, animiert von Momone, auch mal ein Paar von Édiths teuren Schuhen. Protestierende Nachbarn, um ihren Schlaf gebracht, wurden durch ein energisches Machtwort irgendeines gerade anwesenden deutschen Offiziers rasch zum Schweigen gebracht. Henri Contet als aktueller *amoureux* versüßte ihr die einsamen Stunden zwischendurch, eilte aber, sehr zum Verdruss seiner Geliebten, allabendlich zu seiner festen Partnerin zurück. So widerspenstig hatte sich noch keiner ihrer Lover gezeigt! Er weigerte sich rundheraus, mit ihr zusammenzuziehen. Piaf strafte sich selbst für diesen Liebesentzug ihres »Riri« und stellte sich mit Momone stundenlang nackt auf den Fenstersims – idealer Blickfang für Passanten und Nachbarn! Madame Billy schlug die Hände über dem Kopf zusammen und setzte dem Spektakel ein Ende. Solche Aufmerksamkeit konnte sie überhaupt nicht gebrauchen. »Die gerechte Strafe für eine Frau wie mich, die sich mit einem fest liierten Mann eingelassen hat«, murmelte Édith nur, zuckte die Achseln und setzte ihre Selbstzüchtigung hinter den Jalousien fort. Die ganze Nacht über blieb sie fröstelnd und wie angewurzelt unbekleidet im Zimmer stehen.

Turbulent ging es fast immer zu *chez Madame Billy*. Dédée Bigard verehrte Édith den ersten Büstenhalter ihres Lebens und brachte ihr bei, wie man ihn mit wenigen Handgriffen anlegt und wieder öffnet. Die Beschenkte empfand die Gabe indessen als störendes Korsett und hakte ihn stets bei der nächstbesten Gelegenheit wieder auf. Am liebsten noch auf der Bühne und unter dem Kleid, kurz bevor sich der Schlussvorhang senkte und ihre Arme beim Entgegennehmen des Applauses sich schon auf dem Rücken, in der »richtigen Höhe«, befanden.

Cocteau, ihr platonischer Freund und Seelenverwandter, war ein häufiger und gerngesehener Gast in der Rue Villejust. Seinen Anregungen, geistreichen Monologen und der liebevollen Einfühlung in ihre Belange verdankte Édith auch weiterhin viel. Nicht minder häufig, aber ungebeten, fand sich Line Marsa, bereits im fortgeschrittenen Stadium alkoholabhängig, unter den Fenstern ihrer Tochter ein, sobald sie deren neue Adresse in Erfahrung gebracht hatte. Mitten in der Nacht setzte sie zu entwürdigendem Klagegeheul und obszönen Bettelrufen an, bis Piaf oder einer ihrer Gäste dem Spuk ein Ende bereiteten, indem sie der Clocharde Banknoten zuwarfen. Line deutete mit drastischer Gestik an, sie würde sich mit dem Geldschein den Allerwertesten abwischen, stieß Verwünschungen aus und trollte sich, zumeist jedenfalls. Vierundzwanzig Stunden später war sie wieder zur Stelle, ging das Spektakel von neuem los. Besonders unerträglich war es für Édith, wenn Line ihre soeben geprobten Chansons unten auf der Straße, ihre erfolgreiche Tochter boshaft imitierend, vor sich hin lallte. Sogar die Presse bemächtigte sich dieses dramatischen Generationenkonflikts und weidete die Szenen genüsslich aus.[76] Piaf, beschämt über die Maßlosigkeit ihrer Mutter, ließ ihr dennoch jeden Monat über diskrete Kanäle Unterhalt zukommen. Genau wie Louis Gassion, dem sie inzwischen – zusätzlich zu seiner »Rente« – einen *valet*, einen Kammerdiener, finanzierte.

Auf der einen Seite erlebten Freunde und Zeitgenossen die reife, verantwortungsbewusste Tochter Édith, die alles dafür tat, ihren Eltern den armseligen Lebensabend zu erleichtern und Line wiederholt aus der Patsche half – sie bezahlte Gefängniskautionen und Anwaltskosten, erhöhte die Pension auf Drängen der Bedürftigen, sorgte gelegentlich für die Anschaffung anständiger Garderobe. Auf der anderen Seite hatten Madame Billys zahlende Besucher was zu sehen, wenn Édith, alle drei Treppen wie eine Akrobatin auf den Händen herabstolzierend, ihnen kichernd und mit umgestülptem Rock entgegenkam. Ein Kunststück. Momone lachte sich scheckig, wenn sie ihre Freundin zu solchen Streichen verleiten konnte. Dann wieder packte Édith das Mitgefühl mit irgendeiner schlimm zugerichteten Hure, der sie, ohne lange nachzudenken, auf der Straße ihren nagelneuen Pelzmantel umhängte. »Sie hat ihn nötiger als ich.«

Mit Momone, ihrem diabolischen Zwilling, entbrannte ein erbitterter Streit darüber, ob man das Trinken ganz aufgeben oder doch zur Sicherheit eine Flasche Cognac im Badezimmer verstauen sollte – als eiserne Reserve. Oder sie ließ sich von ihrem geliebten »Riri« nach Strich und Faden verprügeln, um nachzuholen, was Meurisse und Glanzberg versäumt hatten: regelmäßige, heftige Züchtigung. Das freiwillige Erleiden physischer Gewalt hob ihre Laune stets beträchtlich und machte sie ausgeglichen. Blaue Flecken am ganzen Körper versetzten sie in die Lage, sich abends noch ein wenig mehr in ihre Darbietung hineinzusteigern. Piaf sang über seelische Verwundungen am schönsten, wenn sie sich selbst auch verwundet fühlen und bestraft wissen konnte. Dédée und Billy fragten sich nicht nur einmal, was Édith in Gefühlsdingen eigentlich am nötigsten hatte: einen ernstzunehmenden, gleichrangigen Lebenspartner – die bürgerliche Variante – oder einen jederzeit ersetzbaren Gelegenheitsliebhaber, der sie auf Wunsch »durchmöbelte« – offenkundig ebenfalls eine Möglichkeit, »Freiheit« zu erleben. Das Pendel schlug immer zugunsten der Erniedrigung aus – für Piaf auch eine Spielart von Glück.

»Y'a pas à dire, j'aime bien la vie / et un peu trop les beaux garçons«: Contet, den Piaf im Übrigen bald mit dem nicht minder attraktiven Sänger Yvon Jeanclaude betrog, verstand sich nicht allein auf ausgefallene Zärtlichkeiten und derbe Hiebe. Er war während des Krieges auch der Lieferant ihrer schönsten Liedtexte. Darunter viele regelrecht programmatische: *C'était une histoire d'amour* handelt von der Vergänglichkeit aller Liebesgeschichten und davon, dass zwei Liebende unweigerlich einem weiteren Beteiligten Schmerz zufügen. »Il faut toujours que quelqu'un pleure«: Einer muss immer weinen. Die männliche Stimme von Piafs Schallplattenaufnahme, die mit ihren Echos diese sprichwörtliche Weisheit der Chansonsängerin gleich mehrfach bekräftigte, gehörte niemand anderem als Contets Rivalen Jeanclaude. Direkt auf Henri und seinen Nebenbuhler lässt sich auch das Lied von den zwei um die Gunst einer Frau streitenden Männern beziehen. Im musikalischen Tauziehen von *Le Brun et le blond* – der dunkelhaarige Yvon war nicht nur in dieser Hinsicht sein Gegenpart – trägt selbstredend der Blonde, Contets Alter Ego, den moralischen Sieg davon und behält das letzte Wort – mit der Ankündigung seines Fortgangs in einem Abschiedsbrief. *Monsieur Saint-Pierre*, reichlich rührselig und pathetisch, ist die Anrufung des heiligen Petrus durch eine Sünderin. Sie fleht den Wächter der Himmelspforte an, bitte noch einmal beide Augen zuzudrücken, ihre irdischen Verfehlungen zu ignorieren und sie ins Paradies einziehen zu lassen. Ungleich realistischer kam da schon das aufrüttelnde *Coup de grisou* daher, Contets makabre Ballade über einen Minenarbeiter, der sich im Kohleabbau in Nordfrankreich fast zu Tode schuftet und für eine schöne Rothaarige entflammt ist, die seine Gefühle nicht erwidert. Ein tragisches Minenunglück macht mit ihm und seiner Verliebtheit kurzen Prozess – unter Tage hat er sich »mit der Nacht vermählt«.

Die zweite tragende Säule von Piafs erneuertem Repertoire waren die Titel, die Michel Emer für sie verfasste. Perlen wie *De l'autre côté de la rue* oder *J'm'en fous pas mal*, beide jeweils dreiteilig und vortrefflich auf Édiths Bühnencharakter zugeschnitten. Durch ihre packende Darbietung von Emers *L'Accordéoniste* hatte Piaf überdies einen echten Hit im Programm, den als Zugabe einzufordern das Publikum nicht müde wurde. Ausgerechnet dieses Chanson bereitete ihr auch die größten Scherereien und ein temporäres Auftrittsverbot – zum einen, weil das Singen von Chansons eines Juden verboten war, zum anderen, weil dieses Lied, obschon gänzlich apolitisch, das Potential besaß, die Zuhörer in Raserei zu versetzen. Umso unverständlicher, dass Emers *Le Disque usé*, das vom heroischen Stolz einer zum Warten verurteilten Liebenden erzählt, bis es mit leierndem Gesang als Imitation einer kaputten Platte ausklingt – beides ließ sich durchaus als Allegorie auf die Situation jener Tage beziehen –, den deutschen Zensoren kein Dorn im Auge war. Wie ja auch der Hitler veräppelnde Textabschnitt von *Il n'est pas distingué*, Piafs altem Lied, das noch manchmal im Radio zu hören war, keinerlei Reaktionen der deutschen Kontrollbehörde auslöste. Hatten die Besatzer einfach vor dem schwer verständlichen Argot oder der Doppeldeutigkeit und dem literarischen Anspruch einiger Chansons kapituliert? Piaf wusste, was sie an ihren beiden großartigen *paroliers* hatte. Contet, in ihren Augen »ein Ronsard unserer Epoche«, verstand sich auf die subtilen Töne und war ein echter Literat, Emer traf wie kein Zweiter den Nerv der Leute, zog ihre Hörer mit seiner Unmittelbarkeit »über den Tisch«.

Édith schrieb inzwischen auch selbst Liedtexte. Auch wenn sie, zu ihrer großen Enttäuschung, erst im zweiten Anlauf als »echte«, respektable *parolière* bei der Sacem angenommen wurde. Beim ersten Versuch war sie bei der Prüfung zum Thema »Bahnhof« gescheitert, den zweiten Test hatte sie mühelos bestanden – Prüfungsthema war diesmal ihre persönliche Devise schlechthin: »Meine Lieder sind mein Leben«. Inzwischen hatte sie einige bemerkenswerte Songvorlagen verfasst. *Le Vagabond* zum Beispiel, die Freiheitsvision eines einfachen Mädchens, das von seinem Troubadour träumt, sich von der grauen Gegenwart nicht kleinkriegen lässt und schon eine sachte Bereitschaft zur Auflehnung offenbart. *J'ai qu'à l'regarder* beschwört einmal mehr die Sehnsucht nach dem einzig wahren, zur Liebe bestimmten Mann herauf, wenngleich der abschließende Schwur »Ça sera ma dernière aventure / oh, mon Dieu! pourvu qu'elle dure« – »Das wird meine endgültig letzte Affäre sein / wenn sie, bei Gott! doch bloß halten möge …« – aus dem Munde dieser anarchisch Liebenden wirklich nur nach einem frommen Wunsch klingt. Auch ihr Fox *C'était si bon*[77], der mit einem uneingeschränkten »Oui!« ausklingt, dreht sich um ein früheres, nostalgisch betrachtetes Liebesidyll. Und es erstaunt auch an Monnots Vertonung, wie häufig und wie gern ein jazziges, swingendes Arrangement für diese in Kriegszeiten entstandenen Chansons gewählt wurde, wie oft synkopierte Rhythmen in Frage kamen – waren doch gerade solche »modernistischen« Stilmerkmale den deutschen Machthabern verhasst.

Bereits im Mai 1941 kam es zur Einspielung einer weiteren Zusammenarbeit aus der Werkstatt Piaf/Monnot, nämlich ihres unverblümt pazifistischen Titels *Où sont ils, tous mes [petits] copains?*[78] Édith stellt darin wieder und wieder die unbequeme, bange Frage nach dem Verbleiben ihrer alten Freunde, die in den Krieg gezogen sind. Ihre Kumpel aus Saint-Cloud und von La Villette – werden sie wiederkommen? Wird es ein Wiedersehen geben? Dann ist nur noch von einem einzigen Freund die Rede, dem »p'tit copain« oder »p'tit gars«, dem Liebsten der Interpretin. Wird wenigstens er zurückkehren? Wird das unerträgliche Warten jemals ein Ende nehmen? Zum Liedende hin ersetzt ein ermutigendes »Le voilà! Les voilà!« (»Da ist er ja! Da sind sie ja wieder!«) das über drei Refrains hinweg herausgezögerte, herbeigesehnte »Ja«. Zuversicht muss Gewissheit ersetzen. Dient als Provisorium. Denn niemand kann sagen, wann und ob alle Freunde oder »copains« am Ende des unheilvollen Feldzugs unversehrt wieder Pariser Boden betreten werden.

War dieses Chanson, eine von Piafs großen Erfolgsnummern während der Besatzungszeit, schon Provokation genug, so trieben Édith und die Veranstalter des ABC im Oktober 1942 die Herausforderung noch auf die Spitze, als sie während der Darbietung die Bühne in blau-weiß-rotes Scheinwerferlicht tauchten. Der Jubel der Zuschauer kannte beim Anblick der Trikolore keine Grenzen mehr, es kam zu Tumulten. Und Piaf hatte sich gleich am folgenden Tag vor Beamten der Propagandastaffel zu verantworten. Mit einer ernsten Verwarnung kam sie davon. Der Saal wurde von nun an nur noch »konventionell« beleuchtet. Die Kunde von ihrem Lied aber verbreitete sich wie ein Lauffeuer. Mit Édiths *Copains* konnten sich alle Wartenden, alle Kämpfenden, jeder Flüchtling und jeder Verfolgte identifizieren – seine universelle Wirkung und seine subversive Kraft ließen das Chanson hinter Lale Andersens *Lili Marleen* nicht zurückstehen.

Auch Piafs musikalische Souveränität hatte sich enorm gesteigert. Spielend konnte sie sich von einer intimen Soiree mit Klavierbegleitung auf eine abendfüllende Show mit Orchester oder auf eine kurze Einlage innerhalb einer Gala oder Revue umstellen, wo sie mit unbekannten Instrumentalisten und veränderten Arrangements zurechtkommen musste. Sie bestand vor dreißig Zuschauern in einem Kabarett, vor hundertfünfzig desillusionierten Kriegsgefangenen wie vor den tausend Besuchern einer Gala. Langwierige Proben mit den Musikern waren selten vonnöten, improvisieren musste sie so gut wie nie, Steigerungsfähigkeit und Intuition zählten zu ihren jederzeit abrufbaren Qualitäten. Woran Édith hingegen auch nach Jahren der Bühnenerfahrung ohne Unterlass feilte, war ihre hochkonzentrierte Gestaltung der Chansons – Nuancen, Akzentuierungen, Gestik, herausgezögerte Effekte, zurückgenommene oder abrupt eingesetzte Emphase, Textausdeutung und Sinnerfüllung buchstäblich jeder einzelnen Silbe. Was Asso ihr vermittelt hatte, wandte sie nun auf die Strophen von Contet und Emer an, kostete sie anhand von Monnots neuen Refrains aus. Selbst ihre leidgeprüften *paroliers*, mit denen sie Zeile für Zeile durchging, bis jedem Füllsel seine genaue Funktion zugewiesen worden war, stellten neidlos fest, es sei schlechterdings phänomenal, was Piaf aus ihren bescheidenen Ergüssen mache. Contet gestand ein, dass ihm die Transformation seiner Einfälle durch Édiths Genie nie geheuer gewesen sei, als er bekannte: »Wir Textautoren, wer sind wir schon groß? Wir stammeln und stottern, ringen uns die Worte bloß ab. Sie aber macht Schreie daraus, Anrufungen, Gebete. Und wenn wir endlich einmal ein Wort gefunden haben, das ihr gerecht zu werden scheint, dann stehen wir selbst staunend und ungläubig davor, wenn wir genau dieses Wort später von ihr gesungen hören. Sie hat aus ihm einen Riesen werden lassen.«[79]

Fachpresse wie populäre Blätter registrierten diesen Zuwachs an Präzision, Originalität und künstlerischer Ausdruckskraft sehr wohl. Sie beobachteten mit Staunen und Respekt, wie Édith unbeirrt ihren Weg ging und sich ihre ureigene Aura schuf. Ein angehendes Talent wie Léo Ferré, der selbst einmal zu den ganz Großen des französischen Chansons zählen sollte, verdiente sich im Mai 1942 noch als junger Reporter an der heimischen Riviera seine Sporen, wo er Piaf in Monte Carlo erleben durfte. Sie sei »fraglos eine Tragödin, deren zutiefst humane Kunst aus den Tiefen ihres Herzens und ihrer Seele herrührt«, schrieb er. »Ihrer Stimme – dunkel und absichtlich ›gebrochen‹ in der Mittellage, sublim und von seltsamer Traurigkeit im hohen Register – fügt sie die Exaktheit und Einzigartigkeit ihrer Gesten hinzu.«[80] Im letzten Kriegsjahr dann, als nahezu jede Piaf-Rezension in eine mehr oder weniger differenzierte Lobeshymne mündete, kam im Februar 1945 der Rezensent von *L'Aurore* nach ihrem Gastspiel im L'Étoile zu folgendem Urteil: »Sie ist unsere neue Yvonne George und unsere zweite Damia. Und sie ist auch … Édith Piaf. Von der ersten besitzt sie die unmerkliche, hinterhältige Kraft, die Gabe der Betörung. Sie trifft uns mitten ins Mark mit einer gebieterischen Sanftheit. Ihre warme und zugleich herbe Stimme, ein Ort, an dem die Nostalgie nach den Vorstädten herumstreunt und die Verzweiflung unserer unsinnigen Liebesgeschichten schluchzt, bringt unsere geheimsten Fibern zum Vibrieren. Volkstümlich und zugleich raffiniert.« Auch wenn sie mit der Stimmgewalt einer Damia betöre, deren Sicherheit zeige, »die Nüchternheit der Mittellage, die tiefe Lage, die plötzliche Aufschwünge erlaubt, das Auflodern der Flammen, das die Zuhörer überwältigt«, so sei sie dennoch ganz sie selbst. »Und wird bewundernswert unterstützt von ihrem Textautor Henri Contet: Er zeichnet sich als echter Dichter aus, meidet die Fallen dieser heiklen, gefahrvollsten aller Gattungen.«[81]

Eine emphatische Würdigung, die sich wie die Fortschreibung einer Konzertbesprechung vom Juni 1943 liest, in der Piaf, seinerzeit im ABC gastierend, gleich in den Eingangszeilen, als »gefragteste, ruhmreichste und am meisten mit Beifall bedachte Interpretin des Chansons« sowie als »mächtigste Persönlichkeit des französischen Liedes« gepriesen wurde. »Refrains, in denen die ganze Verzweiflung des Lebens schluchzt, in denen aber auch das Zittern der so seltenen Glücksmomente anklingt«, seien der Spiegel der zeitgenössischen Seele. »Diese Refrains riechen nach der Gosse, dem Bürgersteig, den Straßenecken, nach dem sechsten Stock der Armen und deren vorherbestimmtem Schicksal, sie riechen nach den Versen eines Baudelaire.« Für jedes einzelne Chanson, für »jede Interpretation findet sie die aussagekräftige, vollständige Einheit von Gesten und innerer Einstellung«[82].

Neun Zehntel aller Stellungnahmen in der französischen Presse zwischen 1941 und 1945 wiesen einen ähnlich schmeichelhaften und euphorischen Wortlaut auf. Daher konnten Édith die isolierten Attacken in der NS-Presse und in französischen Zeitungen, die mit den Nazis sympathisierten, nur wenig anhaben. Zumal sie sich vor allem ihrer Physiognomie widmeten, die unter Zugrundelegung der nationalsozialistischen Rassentheorie begutachtet wurde: »Wenn auch ihre Trivialität den Vorzug hat, nicht aus dem Ghetto zu stammen«, lautete eine perfide Anfeindung in einem vielgelesenen Propagandablatt, »so ist es doch unerklärlich, dass dem Publikum das kümmerliche Äußere dieser kleinen Person mit ihren tiefliegenden Augen, dem makabren großen Kopf zwischen den runden Schultern vorgeführt wird.« Andere »Rezensenten« diffamierten sie als »perfekte Verkörperung unserer von Grund auf dekadenten Epoche«. Oder sie hetzten: »Piaf hätte besser eine Sängerin der Arbeiterklasse bleiben und mit ihren Liedern an Straßenecken hausieren gehen sollen. Es grenzt an ein Wunder, dass ihr dieses Schicksal erspart geblieben ist. Sie kann es nur den Snobs zu verdanken haben, die sie groß rausbrachten und sie in Mode kommen ließen.«[83] Über Édiths musikalische Tugenden oder darstellerische Leistungen, über die außerordentliche Wirkung, die sie auf Zuhörer aller Altersgruppen ausübte, wurde natürlich kein Wort verloren.

Ihren wichtigsten und wortmächtigsten Fürsprecher hatte sie zu allen Zeiten in Jean Cocteau. Ihre Partei zu ergreifen hatten weder er noch die von ihm verehrte Untermieterin der Madame Billy nötig. Doch wo demagogische Schreiberlinge versuchten, Piaf als minderwertig und grotesk herabzusetzen, wo primitive Gesinnung und politisch gefärbte Unterstellungen Urteilsvermögen und kompetente ästhetische Klassifizierung ersetzten, rückte er seine Favoritin unter den populären Sängerinnen Frankreichs mit rhetorischer Brillanz ins rechte Licht. Und er postulierte:»Von der ersten Minute an«, da sie zu singen anhub,»wird das ganze Genie von Madame Édith Piaf sichtbar, und ein jeder konstatiert diese Offenbarung. Sie übertrifft sich selbst. Sie übertrifft ihre Chansons, sie übertrifft noch die Musik und die Liedtexte. Sie übertrifft uns alle, transzendiert uns. Die Seele der Straße dringt noch in den letzten Winkel aller Zimmer der Stadt ein.« War das aber überhaupt Piaf, die hier sang?»Nein, wir haben den Regen vor uns, der fällt, den Wind, der weht, den Mondschein, der seine Decke [seinen Umhang] auswirft.«[84]

Cocteau und all die hingerissenen Rezensenten fraßen ihr nicht nur aus der Hand, sie vermittelten ihr auch das beruhigende Gefühl, sich selbst, der Musikwelt und ihren Fans etwas bewiesen zu haben. Als Sängerin befand sie sich auf der Höhe der Zeit; ihr Repertoire besaß die richtige Mischung aus bewährten, attraktiven, im Trend liegenden und zukunftsweisenden Nummern. Ihre Autoren lieferten, fast auf Zuruf, einen »Hit« nach dem anderen, lasen ihr die Wünsche von den Augen ab. Oder beugten sich ihren teuflisch präzisen Anweisungen. »Am Ende schrieb man ja dann doch immer genau das, was sie wollte«,[85] wusste Contet nur allzu gut. Der allseitige Zuspruch war ihrem Selbstbewusstsein zugutegekommen. Im Sommer 1943 fühlte sich eine in Paris omnipräsente Édith Piaf, die abwechselnd im Casino de Paris und in einem Kabarett namens La Vie en Rose – eine Vorankündigung ihres künftigen Welterfolgs? – zu hören war, deshalb zum ersten Mal dazu veranlasst, öffentlich eine künstlerische Positionierung vorzunehmen und einen Schlussstrich unter gewisse Merkmale der Leplée-Asso-Ära zu ziehen.

Sie verzichtete nunmehr auf den Großteil ihrer Vorkriegslieder, auch auf die vielen beliebten Oldies ihrer Debütphase, und wollte nicht länger als eine Interpretin wahrgenommen werden, deren szenisches Charisma einzig in der Tradition wurzelte. In einem dezidiert kämpferischen Artikel definierte sie ihren neuen Standpunkt, verabschiedete gleichsam ein Manifest: »Ich bin keine *chanteuse réaliste* [mehr]! Ich verabscheue diese Gattung. Ich bin jemand, der populäre Chansons kreiert.« Zum Teufel mit den immergleichen »vulgären Refrains, rauen Jungs in Schiebermützen und Huren, die auf dem Bürgersteig herumlungern. Davor graut es mir inzwischen. Ich liebe Blumen, einfache Liebesgeschichten, alles Gesunde, Aufbauende, die Lebensfreude. Die Sonne und auch Paris bete ich an. Im Übrigen hat man das ›Milieu‹ nie richtig in Chanson-Form präsentieren können.« Erschien es nicht immer vulgär? Davon wollte sie nun nichts mehr wissen. »Heutzutage sind wir aufgefordert, Refrains zu schreiben, die die Herzen der Zuhörer aufs Tiefste bewegen: Leute wie der Laufbursche, der Arbeiter, die Verkäuferin, Männer und Frauen, die sich ihre Schlichtheit und Reinheit bewahrt haben, um sich von schönen Liebesgeschichten anrühren zu lassen. Liebe als Liedthema, das altert nie.« Nach nichts anderem verlange das Publikum. »Das Herz ist noch immer der gesündeste, unversehrteste Teil von uns allen.«[86] Piaf hatte es anscheinend eilig, ihren Blick auf bessere Zeiten zu richten, aller Melancholie und jeglicher Weinerlichkeit zu entsagen, sich auf die »ewigen Werte« zu konzentrieren. Nicht das Heraufbeschwören der guten alten Zeit, die in Wirklichkeit miserabel gewesen war, zählte jetzt, sondern die Besinnung auf positive, unverfängliche Werte.

Eine ästhetische Kehrtwende? Nur zum Teil. Gewiss war Édith ihren »realistischen« Kinderschuhen entwachsen. Mit dem Repertoire ihrer Mutter, das auf Klagegesängen und Milieuschilderungen basierte, mochte sie nicht mehr in Verbindung gebracht werden. Dass die meisten Kritiker noch immer gerade ihre dunkle, »authentische« Seite lobend hervorhoben, missfiel ihr. Widerstand zu leisten, das hatte sie bei ihren Reisen durch das gebeutelte Land und ihren Exkursionen in deutsche Lager begriffen, beschränkte sich nicht allein auf die monotone Wiederholung alter Lieder, die Glorifizierung von Hurenschicksalen oder die Idealisierung eines längst versunkenen Paris. Durchschlagende Wirkungskraft versprach sie sich zurzeit vielmehr davon, ihren Zuhörern den Glauben an den Alltag wiederzugeben, an banale, gleichwohl Lebenskraft spendende Erlebnisse. Waren nicht Liebesgeschichten die Quintessenz des Daseins, der Antrieb für alles Zukünftige? Mit einem neuen Liebespartner in den Armen, so begriff sie die unausgesprochenen Sehnsüchte der Menschen, die in ihre Konzerte kamen, war man gedanklich bereits in einer anderen Zeitrechnung angekommen. Jenseits des Krieges, der doch irgendwann einmal zu Ende gehen musste. Gestärkt und beflügelt durch eine neue Liebe würden sich auch die quälenden Fragen nach dem Verbleib der Freunde beantworten lassen, würden die nicht akzeptable Besetzung und Teilung des Landes, die Schikanen durch den Feind, die Verluste und Entbehrungen für Augenblicke vergessen sein. Herzensangelegenheiten als musikalische Résistance, Schlagerseligkeit als Allheilmittel? Das mochte naiv klingen – aber nicht, wenn Édith Piaf davon sang. Da ließen sich auf einmal, wie in ihrem von Contet 1944 getexteten Lied von *Les deux rengaines*, zwei konkurrierende Melodien vernehmen – eine traurige, trauernde und eine tanzende, optimistische, die allmählich die Oberhand gewinnt. In Édiths Vortrag war die zweite von beiden bereits in die Zukunft vorausgeeilt, winkte von weitem, weckte Vorfreude. Die Utopie eines Lebensglücks, das einem niemand, auch die Zeitumstände nicht, streitig machen kann, wurde in diesem Chanson, verfasst an der Schwelle zum Frieden und zur Befreiung, mit Händen greifbar, wenn es hieß: »Car le bonheur, ça existe.« Und all jenen, die daran zu glauben bereit waren oder denen dieses Glück widerfuhr, war unversehens wieder zum Lachen zumute. *Il riait*, »Er lachte«, hieß folgerichtig einer von Piafs und Contets nächsten Titeln.

Neues Glück zu erleben oder wenigstens das Ende des Krieges und die Vertreibung der deutschen Besatzer war Louis Gassion nicht mehr vergönnt. Zwei Tage bevor Édith von ihrer zweiten, riskanteren Tournee durch die Kriegsgefangenenlager in Deutschland nach Paris zurückkehrte, war er im Alter von 62 Jahren am 3. März 1944 gestorben. Die Trauerfeier in der Kirche Saint-Jean-Baptiste de Belleville am 8. März war der traurige Anlass für eine der raren Zusammenkünfte der Gassions. Piaf sah ihre Halbschwester Denise wieder und flüchtig auch ihren Bruder Herbert. Selbst die Akrobaten-Tanten hatten den weiten Weg aus Falaise auf sich genommen, um sich von dem Schlangenmenschen zu verabschieden. Contet erinnerte sich an einen von Krankheit und Alkoholismus gezeichneten, aber – dank Édiths liebevoller, kontinuierlicher Unterstützung – gepflegten, ja aristokratisch wirkenden Alten, der selbst auf dem Totenbett noch große Würde verströmte. Seine Bestattung auf dem Père-Lachaise sollte nur vorläufig sein – Édith würde seine sterblichen Überreste später in ein dortiges Familiengrab überführen lassen. Jetzt aber, wo eine große Konzertreise durch Belgien bevorstand, war Eile geboten.

Am Ende des Monats, vier Wochen nach Louis' Ableben, brachte sie einen Brief an Norbert Glanzberg auf den Weg: »Ich habe Dir [in letzter Zeit] nicht geschrieben, um keinen Fehler zu machen.« Ihr ehemaliger Geliebter war inzwischen in Varilhes bei Toulouse untergetaucht, nachdem er sich in der Zwischenzeit mit der vereinten Unterstützung von Tino Rossi, der Schauspielerin Marie Bell, des Komponisten Georges Auric und des Dichters René Laporte in Antibes hatte verstecken können. »Du musst wissen, dass ich sehr in Trauer bin. Mein Vater ist gestorben. Ich habe ihn geliebt, er war der einzige Mensch, der mir geblieben ist. Ich fühle eine so schreckliche Traurigkeit, es ist sehr schmerzlich, der Wahrheit ins Gesicht zu sehen.« Glanzberg hatte offenbar einen neuerlichen Ortswechsel geplant. Sie warnte ihn eindringlich davor, nach Paris zu kommen: Dort werde »alles immer schrecklicher, so schlimm, dass Du es nicht glauben würdest. Ich erinnere mich, wie Du immer gesagt hast, dass Du schlechter behandelt wirst als wir. Aber wenn Du sehen würdest, was sie jetzt mit uns machen: Es gibt keinen Grund, uns zu beneiden! Ich hoffe, dass all dieser Schrecken so schnell wie möglich aufhört, es ist unerträglich.«

Fifi erhoffte sich neue Chansonideen von ihrem Nono und erwähnte auch Contet und dessen stetige, verlässliche Produktion: »Im Moment ekelt mich das Leben an. Aber trotzdem: Lass' mich nicht ohne Nachricht von Dir sitzen, speziell nicht in diesem Moment. Ich warte ungeduldig auf [Neuigkeiten] von Dir.«[87] Doch noch waren Glanzbergs Ängste nicht ausgestanden, der von wilden

Gerüchten umrankte D-Day wurde landauf, landab herbeigesehnt, und von der Befreiung ließ sich einstweilen nur träumen.

Im Mai 1944 wurde Édith zu Denise' Kommunion als Gast erwartet, aber sie empfand keine echte familiäre Verbundenheit mit den Gassions und blieb der Zeremonie fern, gleichwohl übernahm sie die Kosten und hatte auch das Kleid ihrer Halbschwester ausgewählt. Ihre Arbeit nahm sie voll in Anspruch: Gastspiele im Nordwesten Frankreichs, ein Starauftritt im Moulin de la Galette, Plattenaufnahmen, ein Engagement im Luxuskabarett Beaulieu an den Champs-Élysées. Wie nebenbei eine Gala nach der anderen für gute Zwecke. Am 11. Juli brachte ein von ihr und Sacha Guitry bestrittenes Benefizkonzert zugunsten der Kriegsgefangenen zwei Millionen Francs ein. Eine Verschnaufpause ließ sie nicht zu. Ließ sich im Hochsommer im Moulin Rouge von neuen Zuhörerscharen bestaunen. Und am 26. August eilte sie von der Avenue Marceau, wo sie gerade ihre neue Wohnung bezogen hatte, an die Champs-Élysées, um mit Abertausenden anderer Pariser dabei zu sein, als General Charles de Gaulle in Siegerpose die Prachtavenue hinabschritt und seinen Landsleuten die *libération* verkündete.

Y'a pas d'printemps war Piafs jüngste Einspielung gewesen, ein Contet-Monnot-Titel natürlich. »Es gibt keinen Frühling.« An diesem sommerlichen Freudentag, als die Jubelrufe, die improvisierten Straßenfeste und die Ausgelassenheit der Hauptstädter kein Ende nahmen, stellte Édith verwundert fest, dass auch sie selbst in jenem Jahr um ihr Frühjahr gebracht worden war. »Jamais d'repos / toujours courir.« Nie eine Ruhepause, immer nur rennen. »Y'a pas d'printemps le long d'ma vie.« Schlimmer noch: Ihr ganzes Leben lang hatte es keinen richtigen Frühling für sie gegeben.

Padam, padam

Ein Lied, das einen nicht mehr loslässt. Eine Melodie, die zur Obsession wird. Die hinter einem herrennt, einen einholt und schließlich überholt. Ein Chanson, das bei jedem Wettlauf stets zuerst am Ziel ist und einem spöttisch die Zunge herausstreckt. Das seiner Sängerin das Wort abschneidet, ihr beim Sprechen, Singen, Lachen, Weinen immer zuvorkommt und ihre Stimme zudeckt. Ein Song, vor dem es kein Entweichen gibt, der fast so alt ist wie sie selbst, bereits von »hunderttausend« Musikern bis zur Erschöpfung gespielt wurde. Ein Song, der sie erstickt. Der sie bremst und der sie hinter sich herschleift. Der keine Erklärung zulässt und der feixt. Der mit dem Finger auf sie zeigt und alles besser weiß. Schlimmer, genauer, unbarmherziger als ihr schlechtes Gewissen oder ihr Erinnerungsvermögen. Anhänglicher als ihr eigener Schatten. Im Jahre 1951 schleppt Piaf ihn schon neun Jahre lang mit sich herum und schafft es immer noch nicht, ihn loszuwerden. Wie Blei liegt er in ihrem Reisegepäck, lähmt sie und bringt ihren Kopf zum Dröhnen. Sie ist seiner überdrüssig, will ihn freilassen, wieder sie selbst werden. Doch muss irgendjemand erst die richtigen Worte für ihn finden, damit sie unbeschwert aufs Neue singen, lieben und leben kann.

Mitten im Krieg führten »Fifi« Piaf und ihr Pianist »Nono« Glanzberg eine Abendgesellschaft gern einmal hinters Licht und präsentierten einen neuen Titel ganz »spontan«, als hätten sie ihn soeben aus dem Ärmel geschüttelt. Besonders Édith gefiel es, mit gespielter Unschuld am Klavier zu lehnen, angestrengt nachzudenken, ihren Partner zum »Suchen« auf den Tasten zu animieren, die Anwesenden mit einem überraschenden »Einfall« zu blenden und die Stars unter ihnen am besten noch ein wenig neidisch werden zu lassen. In Wahrheit hatten sie und Glanzberg diese »aus dem Stegreif« hingezauberten Geniestreiche schon sorgfältig geprobt und ihre Partyeinlagen keineswegs dem Zufall überlassen. Melodie und Ausdruck standen seit Monaten fest, die passenden Worte würden sich später noch auftreiben lassen.

Pech nur für die beiden Schlaumeier, dass diesmal Frankreichs aufstrebender junger Star Charles Trenet unter den Gästen weilte und die Ohren spitzte. Der fou chantant Trenet, charmant, begabt, beliebt, eroberte gerade mit heller Stimme, Ehrgeiz und einer ziemlich dreist zur Schau gestellten, geradezu entwaffnenden Harmlosigkeit die beiden Hälften des geteilten Frankreichs. Bei jener Soiree warf er, von den Qualitäten dieses raschen Walzers in c-Moll animiert, unversehens und tatsächlich spontan für seine berühmte Kollegin eine Textskizze aufs Papier. Für den temperamentvollen Refrain des Liedes und sein scharf punktiertes, skandiertes Motiv fiel dem jungen Vokalisten ein lautmalerischer Titel ein: »Ça tour-

ne / ça tourne / ça tourne« oder auch »Tournons, tournons, tournons!«
Sinngemäß eine literarisch nicht gerade hochrangige, eher lapidare Aufforderung: »Alles dreht sich im Kreise, drehen wir uns mit!« Ohnehin kam
ja nur ein eingängiger Zweisilber für diese extrem kurze, jeweils dreimal
wie ein Signal herausgestoßene Tonfolge in Frage. Piaf und Glanzberg
zeigten sich entzückt, lächelten scheinheilig, schmeichelten Trenet und
verdrehten hinterher vielsagend die Augen. Viel besser als ihr bislang
einfach nur so dahingeplappertes »Tadá / tadá / tadá« war das nun auch
nicht! Trenets Zeilen, so befanden sie, taugten rein gar nichts.

Das Nachspiel zu ihrer kleinen Posse hatte es freilich in sich: Erst
wenige Wochen waren seit dem launigen Abend ins Land gegangen,
als »Nono« und »Fifi« über Nizzas Vorzeigeboulevard Promenade des
Anglais flanierten und einem Vertreter des Pariser Musikverlagshauses
Salabert begegneten. Und von ihm erfahren mussten, dass Trenet – der
zwar über keinerlei Notenkenntnis, aber ein phänomenales Gedächtnis
verfügte – ohne mit der Wimper zu zucken »ihr« Chanson notengetreu
im Kopf behalten und mit »seinem« Text gewinnbringend an Salabert verkauft hatte! An ihnen vorbei und als alleiniger Urheber, versteht sich. In
Paris witterte man einen sensationellen Verkaufsschlager, der Vertreter
rieb sich schon die Hände. Piaf war außer sich über diesen Verrat und
stellte Trenet bei der nächstbesten Gelegenheit, in einer Hotelhalle in
Lyon, zur Rede. Vor Dutzenden von Zeugen machte sie dem frechen
Chansondieb eine Szene, die es in sich hatte. Ihr Wutausbruch fiel so
heftig aus, dass er, zerknirscht und peinlich berührt, von seinen unrecht-
mäßigen Ansprüchen zurücktrat und dem Gespann Piaf/Glanzberg sein
Lied wiedergab.

Fast ein Jahrzehnt schmorte es nunmehr aber in den Schubladen von
Verlag, Komponist und Sängerin. Ein Fluch schien darauf zu liegen. Der
Krieg war längst vorbei, Glanzberg strich regelmäßig Vorschüsse für seinen noch immer untextierten java triste ein, und Trenet hatte inzwischen
auch ohne die gestohlene Melodie ein Millionenpublikum für sich einnehmen können. Sollte man das Lied nicht besser einfach vergessen?

Piaf ließ die alte, leidige Begebenheit keine Ruhe, und sie bemühte
Raymond Asso als parolier. Der ersann die anrührende Geschichte einer
kleinen Telefonistin, die beim Vermitteln in der Zentrale anonyme Ge-
sprächsteilnehmer an die aufregendsten Orte der Welt verbindet und
selbst von Städten wie »New York, Paris, Berlin« nur träumen kann. Wie

angegossen passten die Namen der drei Metropolen zum charakteristischen dreifachen »Peitschenhieb«, mit dem Glanzberg seine Melodie einst versehen hatte. Vergebens! Piaf konnte sich mit Assos Vorschlag ebenso wenig anfreunden wie mit den Ideen seiner Vorgänger.

Der Retter in der Not hieß dann Henri Contet. Piaf, am Ende ihres Lateins und der Verzweiflung nahe, nahm ihren erfahrenen Texter in die Pflicht. Ohne die geringsten Skrupel setzte sie ihm die Pistole auf die Brust und stellte klar, dass sie binnen Stunden von ihm die idealen, die passenden, kurz: die einzig wahren Worte für Glanzbergs Chanson erwartete. Ausflüchte oder Widerrede kamen nicht in Frage! Contet zermarterte sich das Hirn und kam schließlich darauf, die Metaphern, mit denen Piaf ihm ihre Unzufriedenheit und Bedenken geschildert hatte, einfach selbst zum Thema des Liedes zu machen. Ihre Seelenqual verwandelte er in schlichte, eindringliche Bilder und baute daraus den Strophentext. (Siehe erster Absatz.) Und aus Piafs ungeduldigem, zornigem Ballen und Schlagen der Hände, mit dem sie die Tonfolge des vermaledeiten Zweisilbers unterstrichen und kommentiert hatte, machte er kurzerhand das ihre Bewegungen unterstützende, sinnfreie »Padam«. Als sei der Sängerin immer an jener Stelle gerade einfach der Text entfallen, als suche sie nach einem »Dingsbums«, das sie ohne nachzudenken mit diesem Verlegenheitswort ersetzte. Als würde hier ihr Herzschlag benannt, über dessen Regelmäßigkeit sie keine Kontrolle hat und der sie auf ewig zum Weitersingen und Weiterleben verdammt. Wie ein Uhrwerk, das man nicht abstellen kann. »Qui bat, qui bat / comme un cœur de bois.«

Contet hatte Piafs Anliegen und Unbehagen einfach nur wörtlich genommen. Ein bestechender Einfall! Im weiteren Verlauf des Liedes lieferte er dann den Grund für die Hartnäckigkeit der Melodie und für die Obsession der gepeinigten Interpretin: Es weckt all die unliebsamen Erinnerungen an über Bord geworfene Romanzen, an verflossene Lieben, an vergossene Tränen, an gedankenlos dahingesagte Treueschwüre, an das bedeutungslose Je t'aime in den Armen eines Unbekannten, irgendwo, irgendwann bei einem lange zurückliegenden Volksfest. An nie gehaltene Versprechen. Dieses Lied ist die personifizierte Reue selbst. Das Alter Ego der Sängerin, die gesammelten Gewissensbisse einer unverantwortlich Liebenden. Nichts aus ihrem Leben lässt sich für immer unter den Teppich kehren. Kein Wunder also, dass es sie ständig dazu bringt, sich die Ohren zuzuhalten!

Auf der Bühne schlug sich Piaf mit großer Wucht gegen die Stirn und auf die Brust – eine symbolische Selbstanklage. Die Liebe hätte sie ernster nehmen sollen, nun war es zu spät für Einsicht und Selbstvorwürfe, schien diese drastische Gestik zu sagen. Ihre Zuhörer beobachteten sie dabei fasziniert, aber auch mit wachsendem Entsetzen. Und das Orchesterarrangement für Padam klang eindeutig nach Corrida und Gladiatorenkampf, diese Musik spielte auf zum letzten Gefecht. Allen war klar: Hier geht eine alternde Frau, die mit Gefühlen nie gegeizt hat und dennoch rücksichtslos durchs Leben geschritten ist, mit sich selbst hart ins Gericht. Sie macht kurzen Prozess mit ihrer Vergangenheit.

Im Oktober 1951 nahm Piaf den vermeintlichen Ladenhüter auf Schallplatte auf, wenige Monate später erkannte man ihr, in Anwesenheit der großen Colette, für Padam den Grand Prix de l'Académie du Disque Français zu. Frankreichs Präsident Charles de Gaulle wurde bei seinem Staatsbesuch in Russland gegen Mitte der fünfziger Jahre im Kreml zu den Klängen dieses Liedes empfangen, und Glanzbergs »verfluchter« Walzer ging in Zukunft gleich mehrfach um die Welt.

Richtig los wird man ihn wohl nie mehr: Erinnert er einen doch für alle Zeiten daran, was man am liebsten gleich verdrängt hätte.

Zwei Sterne, die
leuchten: Yves
Montand an der Seite
seiner Entdeckerin,
1945/46.

Ich will 'nen Cowboy als Mann!
Versailles in der Neuen Welt · 1944–1948

Ihr Lachen – das war noch viel gewaltiger als ihre Stimme.
Es brach aus, es erschallte,
ohne dass man es vorhergesehen hätte.
Sie amüsierte sich gern, machte sich gern lustig.
Die Schwächen anderer, Belanglosigkeiten
lösten dieses enorme Gelächter aus,
und manchmal konnte es auch erbarmungslos wirken.
So erbarmungslos,
wie vielleicht nur noch das Lachen eines Kindes
im Kasperltheater sein kann.
HENRI SPADE

Nur eine Woche lang waren die Pariser Theater geschlossen, und
schon nahmen die Amüsierstätten der soeben befreiten Hauptstadt
wieder den Betrieb auf. Die Euphorie über den wiedererlangten
Frieden wandelte sich zu einer tiefen Erleichterung über das Ende
der *occupation*. Deutsche Sniper zielten noch vereinzelt aus dem
Hinterhalt auf Passanten, hie und da flackerten Straßenkämpfe
auf, kam es noch zu Vergeltungsaktionen. Lebensmittel und Energie waren weiterhin rationiert, die Menschen litten Hunger, doch
eine gewisse Normalität stellte sich wieder ein und ging einher mit

177

der Beseitigung der Schäden und der Neuorganisation des öffentlichen Lebens, während die Schrecken des Krieges im größten Teil Europas noch allgegenwärtig waren.

Auch Édith empfand die sich überstürzenden Ereignisse rund um den Siegeszug des Generals Leclerc als sensationell und teilte die freudetrunkene Stimmung ihrer Landsleute; eine echte Zäsur stellten die Augustwochen des Jahres 1944 und der nachfolgende Herbst für sie aber nicht dar. Im Gegenteil: Vor lauter Auftritten und Konzerten kam sie kaum zum Luftholen. Eine Gala jagte die nächste. Gemeinsam mit Damia und Mistinguett sang sie bis in den Dezember hinein für Kriegsopfer und *fifis*, die Angehörigen der *Forces Françaises de l'Intérieur*, der FFI, für Senioren und Deportierte, für NS-Opfer und die amerikanischen Streitkräfte. So leistete auch sie ihren Beitrag zum moralischen wie materiellen Wiederaufbau.

Auch nach ihrem Umzug trennten sie lediglich wenige Dutzend Meter Luftlinie von Madame Billy. Ihr hatte sie nur ungern Adieu gesagt. Stürmische, konfliktreiche Monate, aber auch unvergessliche Erlebnisse lagen hinter den beiden Frauen. Ihre Wirtin, die oft nicht gewusst hatte, ob sie lachen, weinen oder toben sollte angesichts der Vorfälle in der dritten Etage ihres Hauses, durfte aufatmen, zugleich aber bedauerte sie den Auszug ihrer prominenten Mieterin ein wenig. »Wir schieden als Freunde. Mit ihr zusammenzuleben war wahrlich nicht einfach, aber ein Star ihrer Größenordnung besitzt das Recht, sich so zu benehmen, wie es ihm gefällt.«[88] Piaf sollte es nicht lange in der Avenue Marceau halten; in den Folgejahren probierte sie eine neue Unterkunft in der Rue de Berri aus, gleich oberhalb der Champs, oder zog sich ins altbewährte Alsina am Montmartre zurück.

Ein Nachspiel hatten ihre Aktivitäten aus der Zeit vor der *libération* noch. Ihr wurde aber nicht etwa der dauerhafte Aufenthalt in einem germanophilen Freudenhaus zur Last gelegt, sie musste sich vielmehr vor dem *Comité d'épuration des professions d'artistes dramatiques, lyriques et des musiciens exécutants* verantworten, vor einer Untersuchungskommission, die das Verhalten der darstellenden Künstler und Musiker während des deutschen Interregnums penibelst unter die Lupe nahm. Auch Piaf stand, wie viele ihrer Kollegen, anfangs auf einer Verbotsliste der Radioanstalten – ihre beiden Reisen nach Deutschland waren den Kommissionsmitgliedern suspekt. Und nicht zuletzt ihre eifrige Gastspieltätigkeit in beiden Zonen erregte Misstrauen. Hatte Piafs Laufbahn nicht in genau diesem Zeitraum deutlich an Schwung gewonnen, hatte sie die Gunst der Stunde nicht ein wenig zu dreist genutzt? Um die schwerwiegenden Vorwürfe zu entkräften und bösen Gerüchten die Grundlage zu entziehen, schilderten Édith und Andrée Bigard, die Résistance-Aktivistin, was sie in den Kriegsgefangenenlagern unternommen, unter welchen Gefahren sie die Pässe eingeschmuggelt hatten. Es gelang ihnen, Dokumente vorzulegen, aus denen hervorging, wie vielen Gefangenen sie zur Flucht verholfen hätten. Sie verwiesen darauf, dass die erste Reise zwar auf leichten Druck »von oben« stattgefunden hatte, aber schon für die Vorbereitungen zur Passbeschaffung genutzt worden war, die zweite habe Édith aus eigenen Mitteln bestritten. Dédée konnte allerlei Details über ihre Hilfsaktion liefern und eine ganze Reihe derjenigen nennen, die dank ihrer Initiativen überlebt hatten, darunter auch Juden wie Norbert Glanzberg, Michel Emer und Marcel Blistène.

Insgesamt also eine Bilanz, die sich sehen lassen konnte. Das *comité* war beeindruckt und sprach den Damen seine Hochachtung aus. Sanktionen wurden nicht verhängt; sie verließen die Kommission mit ausdrücklichen Glückwünschen. Und Piaf standen von Stund an wieder alle Rundfunksender und Spielstätten Frankreichs offen. Andere wurden nun von der jüngsten Vergangenheit eingeholt: Mistinguett wurde öffentlich getadelt, Arletty erhielt eine Gefängnisstrafe, Trenet blieb fast ein Jahr auf der schwarzen Liste und Chevalier wurden Vergeltungsmaßnahmen angedroht. Édith hatte sich nichts vorzuwerfen und konnte sogar ein wenig Stolz empfinden. Die begeisterten Zuschauer, die in ihre Galavorstellungen strömten, und diejenigen, die von ihrem Engagement profitierten, dankten es ihr.

Sie zog einen Schlussstrich unter die Vorkommnisse der Kriegszeit. Selbst Momone, von der sie zwischenzeitlich einmal aus purem Übermut ans Messer geliefert worden war, durfte wieder auf Édiths Langmut hoffen. In der Zeit bei Madame Billy hatte diese

Teufelsschwester in der gemeinsamen Wohnung herumgeschnüffelt, kompromittierende Unterlagen zutage gefördert und gleich den Deutschen ausgehändigt. Piaf war von der Gestapo verhaftet worden, aber glücklicherweise hatte Andrée ihr beim Verhör zu Hilfe kommen können, und mit viel Charme und Chuzpe, mit Geplänkel, Ablenkungsmanövern und Freikarten für die Abendvorstellung hatten sie es geschafft, Momones »Beweisstücke« ins Lächerliche zu ziehen. Die bezauberten *messieurs* hatten die Angelegenheit auf sich beruhen lassen und Édith auf freien Fuß gesetzt. Und Momone war, kaum dass die Verdächtigte mit dem Schrecken davongekommen war, gehörig der Kopf gewaschen worden. Jetzt, nachdem die *occupation* glücklicherweise überstanden und Gras über die Sache gewachsen war, wollte keine der Beteiligten mehr an den »dummen Streich«, erinnert werden. Und nachtragend war Piaf schon gar nicht! Schwamm drüber – Momone konnte sich, solange sie nur eine reumütige Miene zur Schau stellte, ihrer Freundschaft sicher sein.

Das Bannen böser Geister: eine Lebensaufgabe, an der Piaf sich abarbeiten musste. Am 6. Februar 1945, mit dem Tod von Line Marsa, endete auch der stumme Konflikt zwischen zwei Frauen, die einander nie geheuer gewesen, die füreinander Unbekannte geblieben waren. Ihre Blutsverwandtschaft schien nur auf dem Papier zu bestehen, war für Édith mehr und mehr zum Fluch geworden. Sie hatte es vorgezogen, zu zahlen, zu schweigen und sich abzuwenden – verstört und beschämt. Die Neunundvierzigjährige beendete ihr vermaledeites Dasein im Elend. Mit einer Überdosis, so stand es im polizeilichen Untersuchungsbericht. Zu viel Alkohol, zu viele Drogen, zu viel von allem, was nicht gut war. Kaputtgegangen. Ihr damaliger Lebensgefährte, ein verkrachter Opernsänger, soll sie, zu einem Bündel verschnürt, aus dem Haus auf die Straße getragen haben. Von dort aus transportierte man sie ins Leichenschauhaus.

Édith erhielt die Nachricht während einer Generalprobe im L'Étoile. Die rührende Darstellung in ihren Memoiren, nach der sie Mutter und Vater im Familiengrab auf dem Père-Lachaise wiedervereinigt hatte, entspricht nicht der Wahrheit. Annetta Gassion wurde in Thiais bestattet, dort, wo auch schon die kleine

Cécelle ihre letzte Ruhestätte gefunden hatte. Contet kümmerte sich um die Formalitäten; Édith brachte es nicht über sich, bei der Beerdigung zu erscheinen. Eine Fremde wurde dort in Thiais in der Erde versenkt, eine Frau, mit der sie zeitlebens kein richtiges Gespräch geführt hatte. Was blieb, war eine ungute Erinnerung an etwas Vages, für das Édith sich verantwortlich fühlte, ohne genau zu wissen, warum eigentlich. *De l'autre côté de la rue*, von einem hübschen Mädchen, das alles hat, was es braucht, sang sie zurzeit besonders gern, und sie heimste Beifall dafür ein. Da genau stand sie jetzt. »Auf der anderen Seite der Straße«.

Aus Piafs Sicht waren die beiden wichtigsten Ereignisse in den ersten beiden Friedensjahren ein neuer Film, und, wie sollte es auch anders sein, ein neuer Mann. Beide hingen natürlich direkt miteinander zusammen; beide katapultierten sie noch ein wenig mehr ins Rampenlicht. Die neue Romanze und der neue Ruhm nahmen noch in den letzten Kriegstagen ihren Anfang. Roger Dann, der das Vorprogramm im Moulin Rouge, Édiths Spielstätte im Sommer 1944, bestreiten sollte, war überraschend abgesprungen, nun musste dringend ein Ersatz gefunden werden. Yves Montand, ein schlaksiger Jüngling, 23 Jahre jung, groß, talentiert und ehrgeizig, wurde von den Veranstaltern ins Spiel gebracht. Er war kein Unbekannter in Music-Hall-Kreisen, auch Édith hatte ihn bereits in anderen Theatern agieren sehen – und sogleich ein vernichtendes Urteil gefällt: »Am Anfang konnte ich ihn einfach nicht ausstehen. Er war für mich einer dieser vielen kleinen Künstler ohne Zukunft, die im Paris von 1944 auftauchten. Er sang Cowboy-Lieder und imitierte Charles Trenet. Ich fand, dass er wie ein Angeber aussah.« Montands Selbstgefälligkeit reizte sie, und sie pflegte über ihn zu sagen: »›Ich weiß einfach nicht, was ihr an ihm findet. Er singt schlecht, er tanzt schlecht, er hat keinen Rhythmus. Dieser Kerl ist eine Null.‹«

Yves Montand war der Künstlername von Ivo Livi, dem 1921 geborenen Sohn italienischer Einwanderer. Anfangs schrieb er sich noch »Montant«: »aufsteigend«. Da hatte er sich in Marseille, wohin es die kommunistische Familie auf der Flucht vor Mussolini verschlagen hatte, schon in den verschiedensten Jobs vom Dockarbeiter bis zum Friseur ausprobiert und die ersten Vorstöße ins Showbusiness unternommen. Bereits 1939 konnte man ihn im Pariser Alcazar mit kurzen Einlagen wie Disney-Sketchen und Fernandel-Imitationen erleben, bevor er sich wieder in seiner Heimat als *ouvrier* auf den Chantiers de Provence verdingen musste. Nun, im Sommer 1944, versuchte der musicalbegeisterte Ivo, im ABC mit einem Programm aus Yankee-Nummern zu landen, trug einen albernen Anzug mit großen Karos, was eher auf einen Clown schließen ließ, und gab, mit ungelenken Bewegungen und breitem Verführergrinsen, den Großkotz. Seinen Amerika-Enthusiasmus, der damals durchaus *en vogue* war, unterstrich er durch Texas-Songs, Westernschnulzen mit »Yippie yippie yeah«-Rufen und Stepptanz, den er sich von seinem Vorbild Fred Astaire abgeschaut hatte. *Dans les plaines du Far-West* war sein Vorzeige-Hit, Lichtjahre entfernt von einem herben, schwermütigen Piaf-Chanson. Für seinen Geschmack blies Édith viel zu viel Trübsal mit ihren Klageliedern postrealistischer Provenienz; sie wiederum fand sein Macho-Gehabe, seine Ticks und seine »exzessive« Gestik unausstehlich. Bis der *fantaisiste* auf der Probebühne ganz allein vor ihr stand und in schlichter Alltagskleidung mit geschmeidigen Bewegungen seine Titel präsentierte. Augenblicklich war sie hingerissen und witterte Potential. Ein völlig anderer Künstler gab sich an jenem Tag zu erkennen. Er besaß »eine ungeheure Persönlichkeit, vermittelte den Eindruck von Kraft und Solidität, besaß eloquente, mächtige, zupackende Hände, die ich nur bewundern konnte, eine tiefe Stimme und, oh Wunder, fast gar keine Spur des Marseiller Akzentes mehr. Das Einzige, was ihm noch fehlte, waren ... Lieder!«[89] Die Transformation konnte beginnen; Édith brauchte den Newcomer jetzt nur noch um den Finger zu wickeln: »›Hören Sie mir gut zu‹, sagte ich zu ihm. ›Ich gebe es immer zu, wenn ich unrecht habe. Und ich hatte unrecht, Sie herunterzumachen. Wenn Sie wirklich arbeiten, wenn Sie meinen Rat befolgen, wenn Sie bereit sind, mir blind zu gehorchen, wenn Sie das Genre wechseln und aufhören, vom Wilden Westen zu singen, werden Sie innerhalb eines Jahres die große Entdeckung der Nachkriegszeit sein. Das verspreche ich Ihnen.‹«

Édith ahnte, dass die proamerikanische Stimmung in musikalischer Hinsicht nicht von langer Dauer sein würde. Noch waren die *black musicians*, wie sie in Pariser Kellern jazzten, und die freundlichen Siegertypen, Verbündeten und Nazivertreiber, wie sie Kaugummis und Zigaretten verschenkten, die Helden der Stunde. Noch swingten alle zu Glenn-Miller-Klängen, gaben den glamourösen Big Bands den Vorzug vor einer einfachen, nur klavier- oder gitarrenbegleiteten Melodie aus heimischer Produktion. Ein Zeitphänomen. Kultur aus zweiter Hand, nicht auf ewig zur Identifikation tauglich. Dem wiederbelebten französischen Chanson gehörte jedoch die Zukunft, mit neuen, zeitgemäßen Inhalten und Arrangements. Mit Jacques Prévert und Joseph Kosma standen erstklassige Poeten und Musiker schon bereit, die dem anspruchsvoll-literarischen Lied die passende Form geben würden, bald sollte Montand ihren Welthit *Les Feuilles mortes* einspielen, und eine Juliette Gréco würde ab den 1950er Jahren existentialistisches Gedankengut mit Esprit und Können in die Welt hinaustragen. Piaf bewegte sich auf wieder anderen Pfaden, würde sich, mit der Unterstützung junger *paroliers* und Komponisten, gleichfalls ein neues Terrain erobern müssen. Für die jungen Männer aber, die fortan bei ihr in die Lehre gehen wollten und denen sie ihre Berufsgeheimnisse anvertraute, galt es zuallererst, sich über ihre individuellen Begabungen, Stärken und Eigenheiten klarzuwerden, einen unverwechselbaren Ausdruck und einen Chansontypus zu entwickeln, mit dem man nur sie in Verbindung bringen würde. Um auf diese Weise ihr Publikum an sich zu binden.

Genau das stand Montand gerade bevor. An ihm wollte sie ein Exempel statuieren; ihm wollte sie als Schutzpatronin dienen. Sie verlangte seine totale Unterordnung, ihn würde sie bearbeiten, formen und gestalten wie ein Bildhauer eine Skulptur. Nur dass dieser *rital*[90], ausgestattet mit mediterranem Temperament und ausgeprägter Virilität, sich von einer Despotin wie der sechs Jahre älteren Édith nicht so leicht in die Knie zwingen ließ, und wenn es sich bei ihr um eine noch so große *vedette*, um einen echten Pariser Star handelte. Zwei Dickköpfe gerieten bei ihren ausdauernden Probensitzungen aneinander, zwei Kämpfernaturen, die nicht so rasch klein beigaben. Herrschsucht, Angriffslust und Zähigkeit verband sie ebenso wie der Unwille, sich einem Lehrmeister zu unterwerfen. Montand streckte schließlich doch die Waffen, als ihm aufging, welche Fortschritte er innerhalb weniger Tage gemacht hatte und dass er an Piafs Seite eine große Bühnensicherheit entwickeln konnte. Er war bereit, mit einem Bleistift zwischen den Zähnen seine Liedtexte aufzusagen, um die Artikulation zu verbessern. Er ließ sich bevormunden, weil er ihre Ernsthaftigkeit, ihre Ausdauer und ihren Glauben an ihn bewunderte. Ihm imponierte die Tigerin in ihr; er ergriff die Chance, die sich ihm bot. Und obwohl es beide wohl in jenen Tagen des Kennenlernens und der gegenseitigen Herausforderung noch heftig bestritten hätten, verliebten sie sich ineinander. Ohne es so richtig zu merken. »Ich hatte mich in sie verguckt, ohne dass es mir klar wurde«, erinnerte sich ein berühmter Montand Jahrzehnte später. »Frisch und unverbraucht war sie, flirtete gern, war lustig und grausam zugleich, gab sich leidenschaftlich ihrem Metier hin, wollte hoch hinaus. ... Sie war loyal, wenn sie liebte. Sie gehörte zu jenen [seltenen] Menschen, die einem das Gefühl vermitteln, gottgleich zu sein, einmalig und unersetzlich.«[91]

Keine zwei Wochen später waren die beiden ein Paar und der Name Montand in Paris in aller Munde. Contet wurde als Erster von Édith in die Pflicht genommen und hatte genau die Texte zu schreiben, die aus Yves einen ernstzunehmenden Interpreten machen würden. Lange bitten ließ Henri sich nicht und verfasste bereits Erfolgstitel für Montand, perfekt auf den *marseillais* zugeschnitten, als ihm noch nicht einmal aufgegangen war, dass Piaf ihn zwar noch als zuverlässigen *parolier* brauchte, seiner Liebesdienste jedoch nicht länger bedurfte – die wurden inzwischen von dem Excowboy versehen. Montands Schwester Lydia, auf Besuch in Paris, überraschte die Turtelnden am frühen Morgen im Hotelbett, als sie gerade einen Molière-Text mit verteilten Rollen rezitierten. Auf jede Liebesnacht folgte eine Lektion: heute Molière, morgen Bergson, übermorgen Verlaine. Lernen, Wissen weitergeben und Begehren bildeten wieder einmal eine untrennbare Einheit für die ehemalige Asso-Schülerin. Auch sie griff zur Feder und textete eifrig für ihren *amant*; hochmotiviert und inspiriert fand sie die passenden Worte für Yves' Debüt. Binnen kurzem beherrschte er eine ganze Reihe zugkräftiger Nummern, die sich der kompetenten Autorschaft Contets, Piafs und Monnots verdankten – darunter *Le Balayeur* und *La grande cité, Battling Joe,* die Geschichte eines Boxers, *Luna Park,* das vom Freizeitglück eines naiven Arbeiters erzählt, *Sophie,* ein lakonisch-jazziges Abschiedslied, *Mais qu'est-ce que j'ai,* die Gefühlsverwirrungen eines Verliebten, *Il fait des ...,* eine Kaskade witziger Wortspiele, und vor allem Piafs *Elle a ...,* in dem sich unschwer ein nicht ganz uneitles Selbstporträt erblicken lässt: »Un petit bout de femme pas plus grand que ça« (»ein Dreikäsehoch von einer Frau«). Die Sängerin zeichnete sich in diesem Songtext exakt so, wie sie sich von ihrem Liebhaber begehrt wissen wollte – sie oder er pries ihre »wunderbaren« Augen, ihr »verführerisches« Lachen, ihre Hände. »Sie ist einzig und allein für mich da, nur für mich«, also: für ihn. Oder doch nicht? Das Chanson endet mit leisem Zweifel: »Jedenfalls kommt mir das so vor.« So erging es, früher oder später, jedem Mann, der sich mit ihr und auf sie einließ. Auch sich selbst konnte Édith in diesem Punkt nichts vormachen – sie wusste um ihre Unverbesserlichkeit und gestand sie hier mit entwaffnender Ehrlichkeit.

Ihre gesamte Energie war auf ein einziges Ziel gerichtet: Montand zu einer Showgröße von ihren Gnaden heranreifen und ihre künstlerischen Investitionen vom Publikum belohnt zu sehen. In seinem Glanz würde sie sich sonnen können; anders noch als Meurisse, der nicht halb so viel Talent besessen hatte, wäre Yves zu weiten Teilen ihr »Geschöpf«. Keine Gelegenheit wurde ausgelassen, um dem geplanten Triumph den Weg zu bereiten. Hatte Contet etwa ein neues Chanson für Chevalier zu Papier gebracht, luchste sie es ihm mit großer Überredungskunst ab – *Ma gosse, ma petite môme* wurde Montands Repertoire einverleibt und sollte selbstverständlich glänzend ankommen. Bereits die ersten Tests ließen sich gut an. Kaum ein Engagement, wo Piaf ihren *amant* nicht unterbrachte und ihm die Gelegenheit verschaffte, sich mit seinem neuen Programm zu bewähren und Routine zu erwerben. Zum Jahresende 1944 hin gastierten sie in Yves' Heimatstadt – hier in Marseille irritierten seine ungewohnten Posen noch, verlangte man lautstark nach den alten Cowboyliedern. Montand hielt den Protesten aber stand und beharrte auf dem von Piaf für ihn ersonnenen Programm. Und nahm sie anderntags mit zu Eltern und Geschwistern, um sich und seine Pariser Freundin feiern zu lassen. Ein Antrittsbesuch voller Lebensfreude und *italianità*: Die Livis bereiteten Édith einen so herzlichen und überwältigenden Empfang, dass ihr – nicht zum ersten Mal – die fehlende Existenz einer »normalen« Familie, in der sich alle liebten, in der alle einander aushielten oder ausschimpften und miteinander lachten und weinten, deutlich vor Augen geführt wurde.

Ebenfalls in Marseille ernteten die beiden Kritiken, die zu berechtigten Hoffnungen Anlass gaben. Dass die Dompteuse darin den Löwenanteil beanspruchte, erschien nur gerecht. »Jeden Tag fügt sie ihrer Kunst und ihrer Persönlichkeit etwas hinzu«, hieß es dort, als gelte es, schon jetzt eine Bilanz über Édiths Karriere vorzulegen, »und das ist im Bereich der Music Hall etwas höchst Seltenes. Ich weiß, dass ›Perfektion‹ ein Wort ist, dem es an Eleganz und Poesie mangelt. Ich benutze es wirklich nur höchst ungern, aber Édith Piaf wird mir vielleicht gestatten, es zu gebrauchen.« Yves Montand habe sie zu einer ganz neuen Bühnenfigur verholfen, er habe damit begonnen, »Cowboys und Prärie hinter sich zu lassen, und weder seinen Qualitäten noch seinem Erfolg wird dieser Verzicht Schaden zufügen«.[92]

Im Januar 1945 hielt Piaf deshalb den Moment für gekommen, mit Montand vor die Presse zu treten, und verkündete im Mayfair am Boulevard Saint-Michel den anwesenden Journalisten die Zweiteilung ihrer künftigen Programme: je eine Hälfte für Yves, den sie nun auch »offiziell« als ihren Partner ausgab, und die andere für sich selbst. Erst im Mai desselben Jahres würde sie endlich einmal wieder im Aufnahmestudio stehen und eigene Titel einspielen, nachdem 1944 die Ausbeute eher mager gewesen war: schöne und subtile Kompositionen wie Contets *Celui qui ne savait pas pleurer* und Emers *De l'autre côté de la rue*.

Im Februar, als das beliebte, luxuriöse L'Étoile beiden als Plattform diente, konnten sich die Pariser einen ersten Eindruck vom Tandem Piaf-Montand verschaffen, und das Echo, das ihr *double act* bei Rezensenten und Publikum hervorrief, übertraf noch die kühnsten Erwartungen. Yves hinterließ mit seinem konzentrierten, unerwartet intensiven »Vorprogramm« einen so starken Eindruck, dass Édith, der Lines Tod noch zu schaffen machte, kämpfen musste, um hinsichtlich der Intensität des Beifalls und der geforderten Zugaben gleichzuziehen. Noch immer taten sich einige Zuschauer mit ihren Contet-Nummern schwer, während Montands neue Titel auf einhellige Zustimmung stießen. Leitartikler stritten sich in offenen Briefen an die einstige Môme um ihre ästhetische Ausrichtung – für die einen hatte sie sich zu stark von ihrem Vorkriegsimage entfernt, die anderen hatte sie gerade mit ihrer Wandlung und Öffnung überzeugen können.

Im Casino Montparnasse, wo *les amants de Paris* im März vor eine einfachere, aber umso dankbarere Zuhörerschaft traten, zeichnete sich dann zum ersten Mal ab, womit niemand, am allerwenigsten Édith selbst, gerechnet hatte: Yves stahl ihr allmählich die Schau. Und während der gesamten Frühjahrstournee, die sie wieder einmal in die Mitte und den Süden Frankreichs führte, mit Abstechern an die Riviera, verfestigte sich beim Publikum die Überzeugung, dass Montand ihr absolut ebenbürtig war, und sie akklamierten an solchen Abenden zwei gleichwertige Künstler. Hatte Édith vor lauter Übereifer sämtliche kreative Energie für ihren Schützling aufgewandt und dabei ihr eigenes neues Programm, dem offenkundig markante Hits fehlten, ein wenig vernachlässigt? Der Siegeszug von *La Vie en rose* war zu jenem Zeitpunkt ja noch Zukunftsmusik. »Er erntete die Ovationen, ein Triumph reihte sich für ihn an den nächsten, und ich musste jeden Abend mein Kreuz tragen. Bis zum Ende.«[93] Im Chez Carrère, einem teuren, ganz in Weiß gehaltenen Nachtlokal, wo sich Édith und Yves im Juli die Ehre gaben, schlug das Pendel wieder zugunsten der Tragödin aus. Manche in ihrer Umgebung fragten sich allerdings, ob es klug war, Montand buchstäblich in jedes ihrer Gastspiele zu integrieren – man konnte es schließlich auch übertreiben mit der liebevollen Förderung eines Begabten. Irgendwann würde man die Notbremse ziehen müssen; in absehbarer Zukunft stünde der »aufsteigende« Jüngling, schon jetzt der »Liebling der Saison«, ohnehin auf eigenen Füßen.

Bedenken, dass der gelehrige Protégé über seinen weiblichen Pygmalion hinauswachsen könnte, zerstreuten die Handlung, die Rollenverteilung und die öffentliche Wahrnehmung von Piafs nächstem Kinoabenteuer: *Étoile sans lumière*, »Stern ohne Licht«, mit dem nichtssagenden deutschen Verleihtitel *Chanson der Liebe*. Regie führte Édiths alter Bekannter Blistène. Marcel griff mit dem Stoff eine Idee auf, die er und seine Beschützerin noch in Kriegstagen skizziert hatten; das Drehbuch hatte bereits während der Monate Gestalt angenommen, in denen er sich, von Bigard und Piaf unterstützt, versteckt gehalten hatte. Im Mittelpunkt des Geschehens – während der schwierigen Übergangszeit vom Stumm- zum Tonfilm in den ausgehenden zwanziger Jahren – steht das unbedarfte, aber mit einer grandiosen Stimme gesegnete Zimmermädchen Madeleine, von Édith verkörpert, das von einem Filmregisseur entdeckt wird. Für seinen Star, die schöne, hochnäsige Dora Stella, die leider eine sehr unvorteilhafte Stimme hat, sucht er ein akustisches Double. Madeleine springt ein, übernimmt die erforderlichen Chansons und den Sprechpart – doch den Erfolg erntet die berühmte Schauspielerin, die ihre Laufbahn nun wieder ungefährdet fortsetzen kann. Das junge Stimmwunder – der »Stern«, der nicht leuchten darf, von dessen Existenz niemand etwas ahnt und auf den kein Glanz abfällt – versucht sich nun seinerseits im Filmgeschäft. Es ist dem unbarmherzigen Konkurrenzkampf, all den Intrigen und Bosheiten aber nicht gewachsen und entzieht sich schließlich, mit einem Trick, der kalten, heuchlerischen Filmwelt. Als Madeleine darüber hinaus erkennen muss, dass ihr so eleganter wie undurchsichtiger Liebhaber Gaston keine wirklichen Gefühle für sie aufzubringen bereit ist, kehrt sie zurück in ihr altes kleinbürgerliches Leben, begräbt ihre Ambitionen und bleibt auf dem »Teppich«. Bescheidenes Glück beschert ihr die bedingungslose Liebe ihres früheren Freundes Pierre – gespielt von Montand –, ein Automechaniker, der sie mit offenen Armen empfängt. Stellas Fans durchschauen – freilich zu spät für Madeleine – das doppelte Spiel der Filmleute. Am Ende stehen geplatzte Träume, und in der letzten Einstellung schlendert eine geläuterte Édith-Madeleine eine dunkle Pariser Straße entlang.

Unverhohlene Kritik am Showbusiness und das Sezieren seiner Gepflogenheiten, wie das Ausstreuen von Gerüchten, gegenseitiges Ausbooten und Erpressung, waren eine ungewöhnliche Thematik für das Frankreich der Nachkriegszeit. Die Reaktionen auf den Film fielen sehr unterschiedlich aus, aber Piafs Natürlichkeit und ihre anrührende Darstellung wurden gelobt. Ihre schauspielerischen Leistungen reichten erstmals an ihre sängerischen Qualitäten heran. Niemand schien sich daran zu stören, dass Kostüme und Ausstattung mitnichten die späten Zwanziger, sondern das Frankreich von 1945 abbildeten. Im Handlungskern von *Étoile* – die brutale ästhetische Schockwirkung, die vom Tonfilm auf Zuschauer und Schauspielerzunft ausging – waren im Übrigen schon Motive enthalten, die das spätere amerikanische Erfolgsmusical *Singin' In The Rain* und die oscargekrönte französische *Silent-movie*-Hommage *The Artist* aus dem Jahre 2011 aufnehmen und weiterentwickeln sollten.

Gleich fünf Lieder hatte Édith in Blistènes Streifen unterbringen können, und ihrem Wunsch, die Rolle des Jugendfreundes Pierre mit Montand zu besetzen, wurde selbstverständlich entsprochen. Leinwandliebe und die Liebe im wirklichen Leben überlagerten einander; wer Yves und Édith im Kino zuschaute, gewann vermeintlich intime Einblicke ins Privatleben der beiden Music-Hall-Sänger. Auch hier also – wie schon im *Bel indifférent* – wurde ein doppeltes Spiel betrieben: Piaf liebte diese Fiktionalisierungen ihrer »echten« Gefühle.

Ein bekanntes Standfoto aus *Étoile sans lumière* fixiert das Liebesglück des jungen Paares, als gewähre es einen Blick in sein Fotoalbum: Ein blendend aussehender, verwegen und selbstbewusst in die Kamera schauender Yves-Pierre sitzt am Steuer eines Automobils; eine anschmiegsame Édith-Madeleine, die soeben ein Liebeslied geträllert hat, während sie beide über eine Landstraße ihrer Zukunft entgegengleiten, lehnt zahm und zärtlich ihren Lockenkopf an seine Schulter. Selten war Piaf so hübsch wie auf den Bildern aus diesem Film und in den Monaten mit Montand; selten nur verströmte sie eine so ungekünstelte Weiblichkeit und so viel Anmut. Jeder Schnappschuss ein Glücksmoment. Ihre Verliebtheit schien man ihr an der Nasenspitze ansehen zu können, und doch war sie bereits dabei, sich aus Yves' Armen zu lösen, stand ein Aufbruch zu neuen Ufern bevor. »Du bist noch ganz schön jung, du musst erst einmal erwachsen werden!«, sind die Worte, mit denen Madeleine einen Heiratsantrag ihres Pierre als verfrüht ausschlägt. Sie ließen sich nicht nur auf das Verhältnis von Blis-

tènes Kinoverlobten beziehen, mit ihnen ließ sich auch ein vor-
wärtsstürmender Montand, dessen künstlerische Überholmanöver
Édith mittlerweile unheimlich wurden, in die Schranken weisen.

Im September 1945, kaum dass die Dreharbeiten vorbei waren,
bekam Piaf anlässlich einer Serie von Solokonzerten im L'Étoile
sofort Gelegenheit, die Wirkung der neuen Filmsongs zu testen.
Publikum und Kritik zeigten sich von *Adieu, mon cœur* und insbesondere vom *Chant du pirate* regelrecht entzückt, nur das ver-
gleichsweise schwierige Chanson mit dem vielsagenden Titel
Mariage, mit dem sich die Piaf-Fans lange Zeit schwertaten, an
dem Édith aber in der Folgezeit unbeirrt festhielt, würde sich
auch später kaum bewähren können. Maurice Chevalier machte
ihr an einem der Abende seine Aufwartung, und Édith, ergriffen
von dieser außergewöhnlichen künstlerischen Solidaritätsbezeu-
gung, ließ die Zuhörer wissen, welche Ehre es für sie darstellte, erneut für ihren alten Gerny's-Freund singen zu dürfen. An
solchen Abenden, an denen sie nur ihrer eigenen Überzeugungskraft vertrauen musste, wurde sie sich des Ungleichgewichts ihrer
Doppelkonzerte mit Montand bewusst, des Missverhältnisses, das
sich aus der Kombination von *vedette* und *shooting star* zwangsläufig ergeben musste. Pressereaktionen im Oktober bestätigten
ihr wachsendes Unbehagen: Yves wurde, sobald er allein auf der
Bühne stand – sie selbst tourte gerade durch Belgien und Nordfrankreich –, von einem Pariser Rezensenten als die »stärkste Persönlichkeit auf dem Music-Hall-Sektor seit Charles Trenets inzwischen lange zurückliegenden Anfängen« bezeichnet; und kurz
zuvor hatte ausgerechnet der »Groupe des Six«-Stammpianist
Jean Wiéner sich öffentlich wieder die »alte, reale Édith« zurück-
gewünscht und sie angefleht, sich ihrer Wurzeln zu besinnen und
den neuen, viel zu »künstlichen« Ausflügen auf fremdes Terrain
schleunigst zu entsagen.[94] Dass Montand dann auch noch eine
Rolle in Marcel Carnés neuem Filmprojekt *Les Portes de la nuit*
angeboten bekam – später von Verächtern gern verulkend »Les
Portes de l'ennui«, »Die Tore der Langeweile«, betitelt –, brachte das Fass zum Überlaufen. Yves und Édith waren privat und in
aller Öffentlichkeit zu Konkurrenten geworden – und riskierten
damit sogar, jene Praktiken anzuwenden, die Blistène in *Étoile* an-

geprangert hatte. Die Spannungen schlugen immer höhere Wellen in ihrer Beziehung, das Zusammenleben wurde unerträglich.

Im Nachhinein widersprachen sich die Deutungsversuche beider Stars, wer wen wann und warum verlassen hatte. »Nach und nach entstand eine eigenartige Beziehung zwischen uns«, behauptete Édith. »Wie ein kleiner Junge auf seine Lehrerin eifersüchtig ist, so wurde Yves eifersüchtig, schrecklich eifersüchtig auf mich, wenn ich mich nicht ausschließlich mit ihm beschäftigte.« In die private Eifersucht, so suggerierte Piaf, habe sich noch zusätzlich die professionelle gemischt. Aber war es nicht sie selbst, die keine weiteren Götter neben sich duldete? Montand wartete mit einer völlig anderen Sichtweise auf. Er trennte die Bühnen-Édith von der schönen, jungen Frau, die sich ihm hingab und die ihn glücklich machte: »Sie brauchte Liebe.« Der ehemalige Stepptänzer wusste nur Gutes von seiner Mentorin zu berichten, stilisierte sie zu keiner Zeit zur Femme fatale. Stattdessen erkannte er den unmittelbaren Zusammenhang von Kunst und Kummer, von Religion und Eros. »Sie sang nur dann gut, wenn sie in Ekstase oder innerlich gebrochen war. In der Liebe war sie das reinste und einfachste Mädchen. Bevor sie sich niederlegte, betete sie.«[95]

Das entscheidende Telegramm – Édith bewahrte es auf und fügte es sogar einem Brief an ihren Vertrauten Jacques Bourgeat bei – schrieb dann aber der neue Publikumsliebling. Und wiederholte darin fast den Wortlaut seiner Filmverlobten Madeleine, als er kabelte: »Vielleicht hast Du doch recht damit, dass ich viel zu jung für Dich bin. Aus ganzem Herzen wünsche ich Dir das Glück, das Du so sehr verdienst.« Die Replik auf eine frühere Auseinandersetzung, bei der Piaf mit dem Abbruch ihres Verhältnisses gedroht oder ihn sogar schon vollzogen hatte? Der Kommentar eines Zurückgewiesenen, den Andrée Bigard in Édiths Auftrag wiederholte Male abwimmelte? Nur dem väterlichen Freund Bourgeat vertraute die Empfängerin der Botschaft an, wie nahe ihr die Trennung von Yves trotz allem ging. Sie bekundete ihren Stolz und schilderte ihre Verzagtheit, sie formulierte bittere Anschuldigungen und redete sich ein, allein besser dazustehen. Und sie wusste insgeheim ganz genau, dass es nicht entschuldbar war, so mit einem Menschen umzugehen, der ihr kurz zuvor noch alles bedeutet hatte.

Von Bourgeat erhoffte sie sich – aus der Ferne – Vergebung, als sei er der heiligen Thérèse Stellvertreter auf Erden, sie erging sich in Selbstbezichtigungen und auch in Selbstmitleid: »Ich hoffe, dass es Dir gelingt, mich nicht länger als ein seltsames kleines Phänomen zu betrachten. Wisse, dass ich eine Frau bin, die starkem Schmerz ausgesetzt ist und die sich äußerst allein fühlt!«[96]

Montand, schenkt man seinen späteren Aussagen Glauben, fiel aus allen Wolken, als Édith mit ihm Schluss machte. »Mit einer Härte, wie nur sie sie« kannte, habe sie ihm »die Tür vor der Nase zugeschlagen«[97], ihn fallen lassen. Ihm war sehr daran gelegen, vor der Nachwelt nicht den Schwarzen Peter des Emporkömmlings zugeschoben zu bekommen, der seiner älteren Freundin in dem Moment den Laufpass gab, als er seine, von ihr angeschobene und in Schwung gekommene Karriere auch ohne ihre Hilfe fortsetzen konnte. Im Gegenteil, so erzählte er 1969, in einem Interview nach Piafs Tod – er habe zwei geschlagene Jahre gebraucht, um über die Trennung hinwegzukommen. »Nicht ich bin gegangen, sie war es, die mich fallen ließ. Es handelte sich nämlich um die erste wirkliche, ernste Liebesgeschichte, die mir in meinem Leben widerfahren war. Und ich glaube nicht, dass man solche Geschichten gleich kiloweise erlebt. Hinzu kam, dass Piaf nun einmal so beschaffen war. Sie hatte diese wunderbare, zarte, hingebungsvolle, ausschließliche Seite, aber sie konnte auch schrecklich grausam sein – von der Minute an, da sie beschlossen hatte, jemanden fallen zu lassen.« Und das habe sie oft getan: »Aus zweierlei Gründen. Der erste: Sie hatte den Eindruck, dass es intelligenter war, etwas zu zerbrechen, als sich selbst zu zerstören. Und der zweite: Unbewusst bestand darin für sie die einzige Weise, so großartig singen zu können.« Denn sie habe Schmerz dabei empfunden, ein Verhältnis zu beenden, und »anfangs war sie sehr strikt und grausam. Aber da sang sie ja schon wieder, und das war fabelhaft.«[98]

Vorsätzlich oder intuitiv Liebesleid als Stimulans für künstlerische Hochleistungen herbeizuführen zählte sicherlich zu Piafs charakterlichen Besonderheiten. Eine weitere war die unwillkürliche Verquickung von Musik, Macht und Männern. Montand stellte für sie gewissermaßen den Prototyp dar, an dem sie die Behandlung, die fast all ihren künftigen Partnern widerfahren sollte, durchexer-

zierte, an dem sie die »Funktionsweisen« des Liebes-»Objekts« –
Aufbegehren, Widerstand, Unterwerfung, Zuneigung, Trennungsbereitschaft – testen konnte. Dennoch kam Yves – begabt,
attraktiv, jung, formbar – wie nur wenige ihrer späteren Liebhaber
Édiths Jugendideal des »richtigen« Mannes am nächsten. In seiner
Persönlichkeit paarten sich italienische Maskulinität, natürliche
Bühnenpräsenz und rasch erworbenes Charisma; zugleich fühlte
sie sich in seiner Gegenwart geborgen, beschützt und begehrt, ließ
sich die wechselseitige Dominanz in den Bereichen Sexualität und
künstlerischer Unterweisung – wenigstens für einen gewissen
Zeitraum – erleben, genießen und aufrechterhalten. Länger als
ein Jahr währten ihre Liebe und ihre Bühnenpartnerschaft – für
Édiths Verhältnisse war das schon ein Rekord. Einem unerfahrenen Cowboy hatte sie in den Sattel geholfen, aus einem Greenhorn
einen Routinier, einen »Rodeo-Veteranen« werden lassen. Und sie
hatte nach Kräften dazu beigetragen, dass aus dem Vorstadtclown
Ivo Livi der beliebte französische Filmschauspieler Yves Montand,
der Sänger und Entertainer, der spätere Ehemann von Simone
Signoret, der Magnet der Colombe d'Or in Saint-Paul-de-Vence
und der Co-Star von Marilyn Monroe werden konnte. Auf dem
Zenit seiner Popularität hatte Yves deswegen auch nur aufrichtige
und keine bitteren Worte für Édith übrig – in seiner Hommage
verbinden sich Anerkennung und Respekt: »Sie hat mich nicht erschaffen, sie hat mir geholfen. Danke, Édith! Und vor allen Dingen
hat sie mich geliebt. Sie hat sich für mich eingesetzt und sie hat
mich tief verletzt, mit so viel Aufrichtigkeit, so viel Gelächter und
so viel Anmut, dass es mich mehrere Jahre gekostet hat, bis ich
davon geheilt war.«[99]

Das nächste Liebesabenteuer von Belang fiel in den Spätsommer
des Jahres 1946. Für etwas mehr als zwei Wochen gastierte Piaf
erstmals in Griechenland, wo sie ein Engagement im Miami Club
wahrnahm. Athen, die Wiege der abendländischen Kultur, war
eine Enttäuschung: eine unattraktive, unruhige, hektische Hauptstadt – schwierige Wahlen standen bevor, politische Umbrüche bestimmten das Tagesgespräch. Édith war von allem angewidert: von
der Hitze, vom Klima, von den Menschen, »von deren fettiger Kü-

che und von den schmutzigen [Hotel-]Fluren. [Leider] besitze ich weder Deine Weisheit noch diejenige eines Plato oder Sokrates«[100], erfuhr der daheimgebliebene Bourgeat. Unruhig und düster gestimmt war auch die Interpretin selbst, deren neue »Langzeit«-Beziehung zu dem Sänger Jean-Louis Jaubert bereits am seidenen Faden hing. Doch dann entdeckte sie, dass sie im Miami Club einen unbekannten Verehrer hatte. »Jeden Abend, wenn ich die Bühne verließ, überreichte man mir einen Blumenstrauß, immer den gleichen. Natürlich war ich neugierig, wer ihn mir geschickt haben könnte.« Ein galanter Grieche stellte sich schließlich als Dimitris Horn vor, er war Schauspieler, »groß, mit braunem Kraushaar, stolz und romantisch«. Und er machte Édith auf eine Weise den Hof, wie es nur die Südländer vermögen. Sinnlich, höflich, insistierend. Ihr wurde ganz schwindelig. Horn bat sie, ihn Takis zu nennen, und brachte ihr ein paar Brocken Griechisch bei. Das Einzige, was sie behielt, war eine kurze Phrase, die wie *sarapo* klang und »Ich liebe dich« heißen sollte. Damit konnte man auskommen; der Dreisilber gefiel ihr. Und plötzlich gewannen auch Athen und die Plaka unerwarteten Charme. »Er führte mich bis zur Akropolis und schüttete mir sein Herz aus. Der Mond schien, von der Stadt her wehte Gesang herauf, und neben mir flüsterte Takis' warme, bebende Stimme. Da fühlte ich mich wie ein junges Mädchen, das seiner ersten Liebeserklärung lauscht.«

In einer lauen Septembernacht gestand ihr Takis seine Liebe, verschwieg nicht, dass er noch gebunden war, doch er werde sich scheiden lassen. Im selben Atemzug machte er Édith einen leidenschaftlichen Heiratsantrag. »Aber ich traute ihm nicht, denn ich selbst hatte die Liebe schon so oft verhöhnt, dass ich an nichts mehr glaubte, außer vielleicht noch an die Lust.« Anstelle eines Jas überließ sie Takis ihr Sainte-Thérèse-Medaillon, den Glücksbringer aus Kindertagen, als Unterpfand. Noch nie hatte sie sich von ihm getrennt. Sie selbst aber trat kurz darauf die Heimreise an. Auf dem Rückflug heulte sie Rotz und Wasser. Untröstlich war Édith über ihre eigene Dummheit und ihre schreckliche Unfähigkeit zu lieben. Kaum dass sie zurück in Paris war, ging im fernen Athen ein Brief- und Telegrammregen auf den verschmähten *greek lover* nieder. »Ich liebe Dich, wie ich noch nie jemanden geliebt habe«, ließ sie Horn wissen. »Ich glaube, dass ich Dich wirklich glücklich machen könnte und dass ich Dich sehr gut verstehe. Ich bin mir sicher, dass ich alles für Dich aufgeben könnte.«[101] *Non, je ne regrette rien?* Von wegen – sie bedauerte ihre übereilte Entscheidung, nicht ja gesagt und sich fallen gelassen zu haben, schwer. Den Talisman schickte ihr Horn, aus dem noch ein beliebter Filmschauspieler wurde, eine Ewigkeit später zurück; ob sich die Verliebten von der Akropolis noch einmal wiedergesehen haben, wissen nur die Götter. Wieder in Frankreich auf Tournee und an der Seite von Jaubert, Abend für Abend mit einem anderen Publikum konfrontiert und abgelenkt von der Premiere von Blistènes neuestem Film *Macadam*, ging Piaf notgedrungen wieder zur Tagesordnung über. Die Erinnerung an das griechische Intermezzo verblasste.

Asso, Meurisse, Contet, Montand, Horn, Jaubert … Von außen betrachtet, konnte man Piaf für eine unersättliche Nymphomanin halten. Contet durchschaute als Erster, wem ihre wahre Leidenschaft galt. An erster Stelle rangierten nicht etwa Männer – bei ihnen handelte es sich im Grunde um austauschbare Begleiter, die sie sich gefügig machte, die ihr nützlich waren und nach kurzer, intensiver Zweisamkeit stets zur Last fielen. Männern haftete etwas Fiktives an. Sie wandelten sich zu Protagonisten ihrer Lieder, Gestalten, von denen man nicht viel erfuhr, aber von deren »Grausamkeit« und »Herzlosigkeit« sie sang. Gestalten, denen sie ihren eigenen Umgang mit ihnen anlastete. Denen sie nachtrauerte, denen sie Vorwürfe machte. Männer machten alles verkehrt, brachten kein Verständnis für ihre Geliebten auf und blieben doch unersetzlich: Sie wurden zur Metapher für eine Sehnsucht, an der man zwar oftmals zu leiden und zu verzweifeln hatte, aber die sich auch instrumentalisieren ließ: Quelle und Wurzel aller Chansons. Zu Letzteren entwickelte sie einen viel stärkeren erotischen Bezug; auf sie konzentrierte sie ihre Libido. Contet enthüllte das Wesen von Piafs wahrer Sexualität: »Worte und Musik sind ihre geliebten Sklaven. Wie durch ein Wunder unterwerfen sie sich ihr – aufgrund ihrer immensen Leidenschaft. Sie liebt beide mit derselben Intensität, wie die Erde den Regen liebt. Sie geht mit ihren Liedern ins Bett und schläft mit ihnen. Sie wärmt sie, sie schmiegt sich an sie, umfängt sie. Und dann wird sie von ihnen in Besitz genommen.«[102]

Nach und nach bildete sich in Édiths engstem Umfeld ein Trio von Persönlichkeiten heraus, die bis an ihr Lebensende nicht mehr von ihrer Seite weichen würden und sich als wahre Erfolgsgaranten erwiesen. Auch das waren natürlich wieder Männer: zwei Musiker und ein Manager! Platonische Geliebte sozusagen, denen sie nicht untreu zu werden brauchte. Ihre drei Musketiere. Louis Barrier, genannt »Loulou«, wurde im November 1945 während Piafs Belgientournee wider Willen zu ihrem brillanten Impresario und verlässlichsten Freund. Damals arbeitete er noch für das *Office Parisien du Spectacle*, in engem Kontakt mit Édiths tüchtigen Vorkriegsagenten Fernand Lumbroso und Yves Bizos. Mehr denn je benötigte sie ein kompetentes Faktotum – jemand, der sich um ihre Engagements und Gastspielreisen kümmerte, jemand, der über ein organisatorisches Netzwerk verfügte, jemand, der ihre Einnahmen und Ausgaben verwaltete und ihr Geld unter Verschluss hielt, wenn sie mal wieder Gefahr lief, alles zu verjubeln, jemand, der vierundzwanzig Stunden am Tag für sie da war, sie trösten und aufmuntern, zurechtstauchen und zur Räson rufen konnte. Louis wuchs, obwohl er sich sträubte, in diese undankbare Rolle hinein und leistete für Édith doppelte Dienste, als *homme de confiance* und Exklusivberater. Schon ihr vierter wichtiger Louis: »Alle diese Louis sind die Angelpunkte meines Lebens«, notierte sie einmal. Loulou opferte sich achtzehn Jahre lang für seine Auftraggeberin auf. Er diente ihr als Überbringer guter wie katastrophaler Nachrichten, zog im Hintergrund die Fäden, damit ihre Amerikatourneen und New-York-Aufenthalte durchschlagende Wirkung entfalten konnten, er sorgte für Stabilität im allzu oft chaotischen Alltag seiner »Kundin«, trug sie in ihrem letzten Lebensabschnitt auf die Bühne, wenn ihre Beine den Dienst versagten, und von der Bühne in die Garderobe, wenn ihre Stimme aussetzte und sie, am Ende ihrer Kräfte und schmerzgekrümmt, verzweifelt nach einer weiteren Spritze verlangte. Louis Barrier: Engel und Verhandlungsgenie, guter Geist und knallharter Geschäftsmann. Genau der Typ Mann, den sie als Lebenspartner nie für sich hätte gewinnen können. Und nie gewollt hätte.

Auch Robert Chauvigny, ehemaliges Wunderkind und Allroundmusiker, stand ihr exklusiv zur Verfügung: als Begleiter. Als begnadeter Instrumentalist, versierter Pianist und Arrangeur – er beherrschte fünf Instrumente perfekt – zeichnete er für die markante Orchestration vieler Piaf-Chansons verantwortlich, dirigierte ihre Begleitensembles mit Einfühlungsvermögen und Souveränität, befand sich auf den Bühnen der Welt stets nur wenige Meter von ihr entfernt und hatte das harmonische Zusammenspiel von Sängerin und Combo (oder Big Band) immer sicher im Griff. Chauvigny kannte Piafs interpretatorische Eigenarten im Schlaf, setzte dramatische Akzente oder Kunstpausen, um ihre Stimme noch besser zur Geltung zu bringen, stützte sie gekonnt und kontrollierte Spannungsbögen, Crescendi und Rubati – Chauvigny, Autor von nachdenklich-romantischen Titeln wie *C'est d'la faute à tes yeux* und *Un refrain courait dans la rue*, wurde zu Édiths musikalischem Gewissen. Er war es auch, der Marc Bonel einschleuste, Piafs künftigen Leib-und-Magen-Akkordeonisten.

Dem Virtuosen mit dem langen, schmalen Gesicht, der großen Nase und der traurigen Miene, seiner Fingerfertigkeit und seiner Fähigkeit zu Variation und Nuancierung verdankten sich der »typische« Piaf-Sound und die Valse-Musette-Atmosphäre unzähliger Lieder Édiths: zärtlich, einschmeichelnd, wirbelnd, ekstatisch. Bonel, der zunächst als Ersatz für einen Kollegen eingesprungen war und den Anruf, der sein Leben verändern sollte, beinahe nicht entgegengenommen hätte, weil er im Begriff war, seine Wohnung zu verlassen, musste erst die Skepsis der Interpretin überwinden. »Zu Beginn konnte sich Édith gar nicht dafür erwärmen, mich in ihr Orchester zu integrieren. Stellen Sie sich nur vor, ich konnte nicht einmal Noten lesen, ich spielte alles nach dem Gehör. Aber Robert hat mich mit viel diplomatischem Geschick durchgesetzt und mir alle Chansons von Édith [in kürzester Zeit] beigebracht.«[103] Nach wenigen Wochen nur mochte sie das vertraute Spiel seiner flinken Finger auf der Cavagnolo, der Stradivari unter den Akkordeons, nicht mehr missen. Und auch seine bedächtige und zurückhaltende Art nahm sie für ihn ein. Marc und seine spätere Frau Danielle, eine Schauspielerin und Tänzerin, wurden zum Ruhepol in Piafs turbulentem Dasein, zumal in dessen nervenaufreibender Schlussphase. Ein bescheidenes, fast selbstloses Paar, das ihr jahraus, jahrein die Wünsche von den Augen ablas, sich von ihr herumkommandieren ließ, ihren Launen standhielt und im Verborgenen Großartiges für sie leistete – Danielle fungierte als Sekretärin, Köchin und Zugehfrau, als »Schwester« und nicht zuletzt als Blitzableiter: daheim und hinter der Bühne. Und Marc, den nur selten ein Scheinwerfer streifte und der erst beim Schlussapplaus oder bei der Vorstellung der Orchestermusiker kurz ins Rampenlicht trat, schenkte ihr sein außerordentliches Talent auf jeder Bühne, in Schallplatten- und Rundfunkstudios, bei Presseterminen und nächtlichen Proben. Immer dort, wo Édith ihn gerade benötigte.

Schon während der Montand-Ära bewährte sich das Trio Barrier-Chauvigny-Bonel, und kurz nach ihrem dreißigsten Geburtstag holte Édith sich dann sogar noch ein gleichfalls exklusiv maskulines Nonett zur Verstärkung. Zweieinhalb Jahre lang, vom Frühjahr 1946 bis in den Herbst 1948, tourte sie mit den Compagnons de la Chanson. Die neun jungen Männer begleiteten sie durch Frankreich und Europa und schließlich sogar in die USA. Ein Ausflug in die französische Folklore – und ein Imagewechsel: weg von der frivolen Montand-Geliebten hin zu der »reinen«, unschuldigen Volksliedsängerin. Umringt von anständigen Jünglingen, die sie wie eine Schar jüngerer Brüder beschützten und verehrten. »Um mit ihnen singen zu können, verwandelt sich Édith zum ersten Mal in ihrer Laufbahn in ihrer äußeren Erscheinungsform und tritt in einem langen hellblauen Kleid« mit großem aufgestelltem Kragen auf. »Sie gleicht einer Erstkommunikantin, die sich in einen Männerclub verirrt hat, und sie gewinnt die Partie. Und wieder einmal hat sie ein Stück Kindheit nachgeholt.«[104]

Initialzündung für diese ungewöhnliche wie erfolgreiche künstlerische Zusammenarbeit waren ihr persönliches Interesse an Jean-Louis Jaubert, dem Kopf des Vokalensembles, und der Wunsch, aus dem volkstümlich-pathetischen Chanson *Les trois cloches*, dem ein Kapitel auf S. 213 gewidmet ist, etwas Besonderes zu machen. Ansonsten verlief ihre Kooperation mit den *neuf garçons* nach einem ähnlichen Schema wie ihr Verhältnis mit Montand: künstlerische Förderung, intensive »Pygmalionisierung«, gemeinsame Auftritte und ästhetische Neuausrichtung, eine erotische Komponente im Hintergrund und, zum guten Schluss, auf dem Höhepunkt des geteilten Bühnenglücks, das Abspringen vom fahrenden Zug – genau dann, als die Kritiken für sie selbst unerfreulich wurden und der Ruf des Männerensembles ihren eigenen zu überlagern drohte. Mit dem Unterschied, dass kein einzelner Junge aus dieser Riege jemals ihr Rivale werden würde.

Mit den »Kumpanen des Liedes« setzte eine noch intensivere Reisetätigkeit ein: Ostfrankreich, Deutschland, Belgien, Wintersportorte, die Riviera, die Schweiz und sogar Schweden waren nur einige der zahllosen Stationen, daneben absolvierte sie Galas in Paris und weitere Shows im Palais du Chaillot oder im seinerzeit sehr »angesagten« Club des Cinq. Ihre Fans hatte Édith gerade erst mit ihrer Interpretation von *La Vie en rose* betört, da wurden sie schon mit ihrer Darbietung von Emers aufrüttelndem Titel *Qu'as-tu fait, John?* konfrontiert – der unverhohlenen Kritik an Rassismus und Lynchjustiz –, in dem es um einen Schwarzen geht, der wegen »Rassenschande« verfolgt wird. Nun aber erlebten sie auf einmal die Wiedergeburt des Piaf-Chansons aus dem Geist der französischen Tradition. *Le Roi fait battre tambour*, eine andere beliebte »Folk«-Nummer der Compagnons, begleitete Édith mit elegischen Einwürfen, und im Verlauf des Liedes *Céline* gab sie den Engel aus dem Jenseits, in den sich die Geliebte eines tapferen Soldaten verwandelt hatte: *la plus jolie fille*. Nicht alle gingen der Metamorphose der Music-Hall-Diva zum treuherzigen Schwesterlein, das inmitten seiner Brüderschar am glücklichsten zu sein vorgab, auf den Leim; *Le Journal du Dimanche*, dem unverändert sprunghaften Privatleben Piafs auf den Fersen, brachte gar die maliziöse Wendung von einer Messalina der Gegenwart mit gleich neun Liebhabern in Umlauf.

Aber im Großen und Ganzen ging das Konzept der neuen Volksverbundenheit auf: Natürlichkeit statt plumper Nostalgie war das Gebot der Stunde. Mit reizvollen, überzeugenden Arrangements statt aufgewärmter Melodienseligkeit von anno dazumal. Asso, Jacques Bourgeat und sogar Literaten wie Blaise Cendrars schrieben für den inzwischen in ganz Frankreich beliebten, Zuversicht und »gesunden« Nationalismus ausstrahlenden Männerchor und seine Pasionaria; Cocteau lieferte zum wiederholten Male die mediale Anerkennung und verfasste poetische Lobeshymnen, adelte

Édith gar zur »Nachtigall« der Nation. Einer »unsichtbaren Nachtigall«, die es sich auf dem Zweig bequem gemacht habe. Cocteau brachte auch die Formulierung von einer »seltsamen Hochzeit zwischen Madame Édith Piaf und dem jungen Team« ins Spiel. Und regte an, die Orthographie des Chors, des *chœur*, zu ändern, »... da sie alle zusammen ja doch nur ein einziges Herz [*cœur*] bilden. Und dann geschieht auf einmal dieses Wunder, dass nämlich unsere ›Einsamkeiten‹«, die der Madame Piaf und jene des Chors, »sich miteinander vermählen und sich zu einem einzigen Klangobjekt zusammenfügen.« Piaf und die Compagnons, ihre musikalischen Pfadfinder, waren in Cocteaus Wahrnehmung miteinander verschmolzen und besaßen Nationalstatus: »Ein Objekt, durch das sich Frankreich auszudrücken vermag. Bis es uns die Tränen in die Augen treibt.«[105] Höchste Weihen für die Compagnons, und Édiths Repertoire war um eine wichtige Facette reicher geworden – Musikliebhaber nahmen sie jetzt auch als Interpretin des Volkslieds wahr und ernst. Verankert in einem Genre, das nach mehreren Jahrhunderten noch keine Verschleißerscheinungen zeigte – wenn man es denn so geschickt und bewegend mit neuem Leben zu erfüllen verstand wie sie.

Zu zehnt mit dem üblichen Tross durch die Weltgeschichte zu reisen war selbst für die umtriebige Édith und ihren personalintensiven Tourneestil etwas Neues. Standen sie nicht auf der Bühne, ging es zu wie in der Jugendherberge; die stets zu Schabernack aufgelegte Piaf unterhielt die ganze *boy group*. Fred Mella, der Tenor der Truppe, Hubert Lancelot, ihr Chronist, und die übrigen Männer – die meisten davon ohne Anhang – amüsierten sich königlich. Ausgelassen picknickten sie in schwedischen Wäldern, kultivierten den Nonsens und machten ihre Späße über die Liebesnöte eines der jungen Compagnons: Guy Bourguignon. Der hatte sich in eine hübsche Sechzehnjährige verliebt, die heimlich mitreiste. Édith passte das zuerst gar nicht, aber Ginette Richer, so der Name der Auserwählten, gewann ihr Vertrauen und durfte bleiben. Zwischen der spitzbübischen »Ginou«, die sich scherzhaft als Piafs Coiffeuse ausgab, und dem Star entstand so, zwischen Göteborg, Biarritz und Aix-les-Bains eine schöne, von jugendlicher Lebensfreude und pubertärer Albernheit getragene Frauenfreundschaft – ausnahmsweise einmal ohne die Momone-typischen Schattenseiten. In Stockholm geschah es auch, dass Piaf bewusst wurde, in welchem Maße sie selbst im Ausland inzwischen Frankreich verkörperte. Nach dem nicht enden wollenden Applaus überreichte man ihr, zu den Klängen der *Marseillaise*, eine blühende Trikolore: einen prächtigen Blumenstrauß in Herzform und in den Farben der Nationalflagge.

Augenblicke körperlicher Schwäche häuften sich dennoch in jenen lustigen, aber harten Monaten zu zehnt. Kleine Warnsignale, nichts Besorgniserregendes. Schon im Oktober 1946 hatte, nicht zum ersten Mal, mitten im Konzert Édiths Stimme versagt und war auch nicht wiedergekommen; ausgerechnet Montand wurde in aller Eile herbeigerufen und musste einspringen. Unersetzlich war auch sie nicht: eine beunruhigende neue Erfahrung.

Der harmlose, belanglose Film, den Regisseur Georges Freedland dann im Frühherbst 1947 mit Édith und den Compagnons über ihr neues Bühnenexperiment drehte und der im darauffolgenden Frühjahr in die französischen Kinos kam, erfüllte zwar seinen (Werbe-)Zweck und brachte Konzert- wie Kinokassen zum Klingeln. Auch Piafs Humor kam zur Geltung. Neue schauspielerische Impulse gingen freilich nicht von *Neuf garçons et un cœur* aus.[106] Manchmal empfand sie sogar Momente künstlerischer Stagnation. Und ihre exzentrischen Anwandlungen verursachten bei Loulou Übelkeit: »Eines Tages«, so Piaf, »wurde ich in Stockholm krank. Mir war schlecht und schwindlig zumute; in panischer Angst, fern von Paris zu sterben, mietete ich eine DC-4-Maschine ganz für mich allein. Es war ein Riesenflugzeug für 45 Personen! Eine Wahnsinnsidee natürlich, die mich die kleine Summe von zweieinhalb Millionen [alter Francs] kostete.« Louis Barrier war außer sich, hatte er doch Einnahmen und Ausgaben genauestens im Blick. »›Reg dich nicht auf!‹«, versuchte Édith ihn zu beruhigen. »Es geschehen auch noch Zeichen und Wunder. Und wirklich, ich verdiente das Geld einfach zu leicht.«

In einer anderen Version der DC-4-Eskapade soll Piaf in Schweden, frustriert vom ewigen Räucherfisch und anderer ungewohnter Kost, einen nicht zu bändigenden Heißhunger auf *choucroute*, elsässisches Sauerkraut, verspürt und daraufhin die Maschine gechartert haben, um sich, den Compagnons und dem ganzen Team an der Pariser Gare de l'Est dieses kulinarische Glück zu verschaffen. Aber ob sie nun krank oder heißhungrig, allein, mit der ganzen Gesellschaft oder nur in Begleitung Jauberts, eines kultivierten, durchtrainierten Jünglings, den Luxusflug angetreten hat, es war nicht von der Hand zu weisen, dass derlei Starallüren und Tollheiten noch die üppigsten Gagen auffraßen. Édith griff öfter zu solch extremen Mitteln, wenn es um die Befriedigung einer Laune oder die Erfüllung eines exotischen Wunsches ging. So dass sie am Ende einer strapaziösen Vierteljahrestournee, bei der sie sich manchmal zweimal täglich für ihr Publikum verausgabte, nicht selten buchstäblich mittellos nach Paris zurückkehrte. Dabei war sie eine der bestbezahlten europäischen Interpretinnen ihrer Generation. Schnell musste dann eine Gastspielserie in einem beliebigen Kurort, Kino oder Provinzort »nachgeschoben« werden, um wenigstens die ärgsten finanziellen Sorgen loszuwerden, um ein paar Gläubiger ausbezahlen und die nächste Hotelrechnung für mehrere Dutzend Mitarbeiter und »Groupies« begleichen zu können.

In der zweiten Hälfte des Jahres 1947 konkretisierten sich endlich ihre Pläne für eine längere Gastspielserie in Amerika. Möglich, dass Piaf die positiven Erfahrungen ihrer Tourneen ins europäische Ausland dazu stimuliert hatten. Möglich auch, dass sie in der französischen Öffentlichkeit nicht länger für den »zehnten Compagnon« gehalten werden wollte. In den jüngsten Kritiken häuften sich die neunmalklugen Ratschläge, wie sie in Zukunft ihre Programme oder ihren Vortragsstil gestalten solle, und es ließ sich ärgerlich oft eine Bevorzugung ihrer neun »Ehemänner« seitens der Rezensenten herauslesen. Die Klatschpresse ergötzte sich währenddessen an ihren Männergeschichten abseits des Theaterlebens. Die Mehrzahl ihrer Beziehungen in jenen Monaten war tatsächlich unbefriedigend verlaufen: die Trennung von Montand, das religiös motivierte Zaudern Jauberts ihr gegenüber und seine Weigerung, in eine Heirat einzuwilligen, woraus ein nervenaufreibendes Hin und Her resultierte, sowie eine flüchtige Episode mit einem *fantaisiste*, dem Unterhaltungskünstler Luc Barney.

Außerdem wurde sie der vielen neuen Herausforderungen kaum noch Herr: Gerade erst war der junge Charles Aznavour in ihr Leben getreten, ein weiteres talentiertes Pflänzchen, das dringend ihrer Pflege bedurfte. Und der Impuls, als französischer Musiker und Schauspieler temporär in die USA »auszuwandern« und dort sein Glück zu suchen, entsprach schließlich einem Zeittrend: Chevalier und Lucienne Boyer war es bereits vor dem Krieg gelungen; Trenet, Rossi, Bourvil und Georges Ulmer sollten wie sie demnächst über den großen Teich reisen und auch in Kanada, Mittel- und Südamerika auf Konzerttournee gehen, sich dem transatlantischen Publikum als talentierte Exoten präsentieren. Wem es gelang, in Manhattan, in Hollywood oder in Las Vegas mehrere Wochen am Stück das zwar kritische, andererseits rasch aus der Reserve zu lockende, begeisterungsfähige und auf Alte-Welt-Stars neugierige Publikum für sich einzunehmen, dem winkten attraktive Gagen. Die kämen nicht nur Édiths immer aufwendigerem, verschwenderischem Lebensstil zugute; sie könnte sich auf wenige, gutbezahlte Gigs konzentrieren und müsste sich nicht mehr, wie in Frankreich, von Auftritt zu Auftritt hangeln und jede Einladung zu einer Provinzgala annehmen. Mit Anfang dreißig verspürte sie daher große Lust auf neue Bühnenabenteuer – Loulou Barrier kam ihrem Wunsch nach und streckte seine Fühler Richtung New York aus.

Sein Kollege vor Ort, der Impresario Clifford Fischer, hatte Piaf im L'Étoile erlebt und sich beeindruckt gezeigt. Trotz einer gewissen Skepsis, ob sich ihr Bühnenstil, voller Ernst, Tiefgang und Schwermut, auch wirklich in ein Land importieren ließ, wo beschwingte Titel, flottes Entertainment und glamouröse Shows dominierten, schloss er mit Barrier einen Vertrag ab. Ganz auf sich gestellt wollte Édith das Wagnis aber nicht eingehen und weihte die Compagnons in ihre Pläne ein. Gemeinsam, so verkündete sie ihnen, würden sie im Herbst 1947 mehrere Wochen lang im Playhouse am Broadway gastieren. Wie sich im Nachhinein herausstellen sollte, war die Entscheidung, New York zu zehnt zu erobern, taktisch unklug gewesen. Und während die neun noch Freudentänze aufführten, begann Piaf schon einmal mit dem Englischlernen – eine von Fischers zentralen Bedingungen für die Vertragsunterzeichnung.

Als die *Queen Mary* am 16. Oktober in die Hudsonmündung ein-
bog und sich der Skyline von Manhattan näherte, erblickte Édith
die ersten Wolkenkratzer ihres Lebens. Eine Woche waren sie und
ihre Jungs unterwegs gewesen und hatten »dem alten Europa für
eine Weile *goodbye* gesagt«. Édith hatte dort nicht einmal mehr
ihr damaliges Appartement in der Rue de Berri behalten. Die
»Theaterdirektoren wussten, dass ich fortging, zumindest für einige Monate, und auch, dass sie für ihre Programme vorläufig nicht
auf mich zählen konnten«.[107] Eine solche Trennung auf Zeit verstand sie als Herausforderung: »In Frankreich Karriere machen,
wo die Leute meine Sprache sprechen und mich verstehen, das ist
nichts Besonderes; ich [aber] peile eine internationale Karriere an!
Selbst wenn die Menschen mich überhaupt nicht verstehen, muss
ich sie dennoch dazu bringen können, zu weinen.«[108] Ein hehrer
Vorsatz, den sie in den ersten Wochen im Playhouse leider auch
nicht annähernd verwirklichen konnte.

Die Journalisten, die ihr Gastspiel ankündigten und sie den Ost-
küstenlesern vorstellen wollten, hatten einen kessen GI-Liebling
erwartet und sich wohl einen Vamp erhofft; nun urteilten sie, nach
eingehender Betrachtung von Mademoiselle Piaf: »Von *sophis-
tication* keine Spur ...« Die *New York Times* drückte sich noch
despektierlicher aus, als sie spöttelte, dass Édiths Aussehen mit
Hollywood-Vorstellungen von *good looks* wohl kaum in Einklang
zu bringen sei.[109] Nichtsdestoweniger waren alle gespannt auf das
importierte Chansonwunder, das, nichtsahnend, zehn Tage lang
mit Lou Formans Orchester auf den Premierenabend am 30. Oktober hinarbeitete und sich an den Vormittagen mit der strengen
Sprachlehrerin Miss Davidson und dem Büchlein *L'Anglais sans
peine* herumquälte. Clifford Fischer und Lou Barrier rührten
kräftig die Werbetrommel, um die Elite des Showbusiness zu den
Ehrengästen der *opening night* zählen zu können.

Auf ihren ersten Erkundungsspaziergängen in *midtown* konnte
sich Piaf – oder Iiii-diss, wie man sie hier ansprach – in den prächtigen Auslagen der Geschäfte zwischen Times Square, Theatre District, Fifth Avenue und Empire State Building davon überzeugen,
dass hier so ziemlich alles zu haben war, wovon man auf Erden nur
träumen konnte. Im Vergleich zum noch immer schäbigen, grauen

Nachkriegs-Paris war die Stadt um ein Vielfaches betriebsamer, moderner und farbenfroher. Die Sauberkeit der Straßen, die Höflichkeit und Pünktlichkeit der Menschen, der Luxus, die riesigen Autos, aber auch der ohrenbetäubende Verkehrslärm waren neu für sie. Und alles erschien ihr riesig groß.

Selbst Édiths Lampenfieber war ungleich größer als sonst. Wie einst im Gerny's spürte sie, dass es heute wieder einmal »drauf ankam«, hier aber in noch gesteigertem Maße. Von ihrer Nervosität und Anspannung vor dem amerikanischen Debüt erfuhr indessen nur Bourgeat. Ihm verriet sie in einem Brief, dass sie die Amerikaner, für die sie große Sympathien hegte, auf keinen Fall verprellen oder enttäuschen wolle. Ihr Liedblock war spät am Abend als Höhepunkt einer Revue konzipiert, deren erste Hälfte von griechischen, italienischen und schwedischen Künstlern, darunter Tänzer und Akrobaten, bestritten und von den Compagnons als *vedettes américaines* – der Vorgruppe, die dem Star des Abends unmittelbar vorausgeht – beschlossen wurde. Die ausverkaufte Soiree verlief zunächst nach Wunsch. Chauvigny und Forman, *musical directors* von zwei verschiedenen Kontinenten, arbeiteten hervorragend zusammen, auch die Compagnons kamen bestens an, hinterließen sogar einen tadellosen Eindruck, und im artig applaudierenden Publikum wurden Prominente wie Noël Coward, Gene Kelly und Lena Horne erspäht. Selbst Marlene Dietrich und Greta Garbo sollen an diesem oder einem der Folgeabende unter den Zuhörern gewesen sein, um ihre europäische »Kollegin« mit ihrer Anwesenheit zu beehren und zugleich deren Marktwert einschätzen zu können. Acht Lieder brachte »Iiii-diss« zu Gehör, anspruchsvolle Nummern wie Emers *Le Disque usé* ebenso wie *La Vie en rose*, ihr künftiger – dann aber englisch gesungener! – Welterfolg. Ein *master of ceremony* überbrückte – typisch amerikanisch – die Pausen zwischen den Chansons und lieferte verständnisfördernde Zusammenfassungen der Liedtexte. Der Beifall war höflich, und die Kasse des Playhouse klingelte. Die berühmten Premierengäste und der Star des Abends saßen nach der Vorstellung bei Champagner und Cocktails noch lange beisammen. Édith und ihre *boys* konnten sich über einen Mangel an Zuspruch oder Komplimenten nicht beklagen. Aber der Funke war nicht übergesprungen.

Zum Highlight, ja zur Attraktion für die New Yorker entwickelten sich in den kommenden sechs Wochen wider Erwarten die Compagnons. Diese Naturburschen in ihrer jugendlichen Frische waren ganz nach dem Geschmack der amerikanischen Zuhörer, ihr Optimismus und ihr kultivierter A-cappella-Gesang hielten die Leute bei der Stange – das war *country music à la française*! Und *handsome* waren die neun jungen Männer allemal. Im Gegensatz zu Édith. Eine echte *parisienne* hatten sich die New Yorker anders vorgestellt. Was sie hier sahen, war weder anmutig noch graziös, weder sexy noch verrucht, weder aufreizend noch verführerisch, nicht männermordend, elegant oder glamourös wirkte sie. Weit entfernt von jedem Moulin-Rouge- oder Josephine-Baker-Klischee. Fischer sah sich bestätigt: in seinen anfänglichen Bedenken. Mit einer Verzweiflungstat – Piaf strich nach zehn Tagen ausgerechnet die beliebten *Trois Cloches*, um ihren eigenen Programmteil aufzuwerten, brachte sich damit aber um die schlüssige Verbindung beider Showabschnitte, wie sie diese effektvolle Zugnummer stets hervorrief – versuchten die Organisatoren, dem unseligen Trend entgegenzuwirken. Und schließlich war es vornehmlich dem *success* der unverwüstlichen Compagnons geschuldet, dass sich die Revue überhaupt anderthalb Monate lang im Playhouse halten konnte. Sie lieferten einige der bewährten »Träume«, nach denen der Broadway verlangte.

Piafs Performance wurde, im direkten Vergleich, als trübsinnig, lustlos und deprimierend empfunden. Ihre Chansons wirkten monoton, ihr Vortragsstil leiernd; ihr Repertoire schien aus den immergleichen Moritaten, Schreckensgeschichten in Moll und spannungsarmen Litaneien zu bestehen. Was noch schwerer wog: Ihm fehlten Abwechslungsreichtum, Fröhlichkeit und vor allem Humor. Tanzen ließ sich zu ihren Songs auch nicht; *happy ends* wurden den Zuschauern vorenthalten. Wenn sie die Texte überhaupt verstanden hatten. Alle anderen fühlten sich durch die Erläuterungen des Conférenciers mehr belehrt als unterhalten. Beim Hören ihrer Lieder stellte sich kein Überraschungsmoment mehr ein, Pointen wurden antizipiert. Und welche verwöhnten Konzertgänger in Manhattan wollten schon, wenn sie in Abendkleid und Smoking zu einer *night on the town* aufbrachen, Nachhilfestunden in Französisch erteilt bekommen, in Grabesstimmung versetzt oder mit den Problemen unterprivilegierter Leute im fernen Paris konfrontiert werden?

Namhafte Kritiker nahmen kein Blatt vor den Mund. Sie störten sich vornehmlich an Piafs trostloser Erscheinung, ihrer Kleinwüchsigkeit, ihrem »wirren roten Haar«, ihren »zu kräftig geschminkten Augen« und ihrem bitteren Gesichtsausdruck. Ihre unzulängliche Aussprache – einige Songs sang sie auf Englisch –, ihr Stimmklang, »andauernd den Tonfall der Verzweiflung kultivierend«, und ihre Liedauswahl fanden ebenso wenig Gnade: sämtlich gleichförmige »Boulevard-Standards über Ehefrauen, die das Freud und Leid ihres tragischen Lebens rekapitulieren«, oder »über verlassene Prostituierte«. Nur Brooks Atkinson, der einfühlsamere und erfahrenere Rezensent, bescheinigte ihr in der *New York Times* Authentizität, Kompromisslosigkeit und »genuines Künstlertum«. Er hatte ein offenes Ohr für ihre »veristischen« Texte und deren soziale Brisanz; er erkannte auf Anhieb, dass sie, höchst eigenständig, eine große, ruhmreiche Tradition französischer Lied- und literarischer Vortragskunst fortsetzte, ohne auch nur das geringste »Zugeständnis« an eine »achtlose Metropole im Ausland zu machen«.[110]

Den einzigen handgreiflichen Trost in schwerer Zeit spendete Édith der Leinwandgott John Garfield. Der umschwärmte Schauspieler, der gerade als Liebhaber von Lana Turner in dem erotischen Thriller *The Postman Always Rings Twice* das Filmpublikum monatelang in Atem gehalten hatte, verfehlte auch auf Piaf seine Wirkung nicht. Bereits auf Pariser Kinoleinwänden war sie Garfields nahezu brutaler Virilität erlegen und hatte sich gewünscht, ihn kennenzulernen; und hier in Manhattan flirtete sie nun mit diesem Mann, der wie sie aus der Gosse kam und eine schwierige Jugend hinter sich hatte. Aber ihre stürmische Affäre endete rasch, denn der verheiratete »Gabin aus der Bronx« erwartete, dass Édith sich ganz unkompliziert mit seiner ahnungslosen Frau arrangieren würde, während er selbst sich an seinem amourösen Doppelleben delektierte. Und auch Jauberts Sinneswandel kam zu spät: Der Compagnon war inzwischen bereit, sich über den energischen Widerstand seiner Mutter gegen eine katholisch-jüdische Verbindung hinwegzusetzen, und hegte nun ernsthafte Hochzeitspläne. Piaf aber hatte längst die Lust an ihm verloren. Und eine Ehe mit dem Chefsänger der *boy group*, die gerade im Begriff war, sie in den Schatten zu stellen – undenkbar. Auch kamen ihr Gerüchte zu Ohren, dass einige ihrer »Pfadfinder«-Kollegen, denen der Jubel im Playhouse ein wenig zu Kopf gestiegen war, gar nicht so unglücklich seien über das schlechte Presseecho für sie. Auch wenn das nicht hundertprozentig der Wahrheit entsprach, der Prozess der Entfremdung von den *garçons* setzte sich fort.

Selbst unter französischen Intellektuellen hatte sich die Kunde von Piafs künstlerischem Desaster auf amerikanischem Boden längst wie ein Lauffeuer verbreitet. Simone de Beauvoir schrieb in jenen Herbstwochen an ihren Liebhaber, den US-Schriftsteller Nelson Algren, einen ausführlichen Brief über die Ereignisse in Manhattan: »Sie haben mich nach Édith Piaf gefragt. Genau in diesem Moment erhalte ich einen Brief einer französischen Freundin aus New York, die gerade einem ihrer Konzerte beigewohnt hat; nun, ihre Begleitsänger, die nicht einmal über die Hälfte ihres Talentes verfügen, haben unendlich viel mehr Erfolg als sie selbst verbuchen können.« Piaf dagegen habe mit ihrer äußeren Erscheinung, aber auch mit ihrer Stimme für Irritation gesorgt und »unfranzösisch« gewirkt. Die »Amerikaner wissen einfach nicht, was sie an ihr finden sollen, sie bleiben kalt. Uns hier gefällt sie natürlich, wir finden, dass sie außergewöhnlich und befremdlich ist, von einer Fremdheit, die immer dann entsteht, wenn Schönheit und Hässlichkeit sich begegnen.« Oder befremdete die Zuschauer in Manhattan die Geste, mit der Piaf ihren Hals berührt? So »seltsam sinnlich« und »angsterfüllt«? »Denn genau hier befindet sich der Ort, wo die Männer am Morgen nach durchzechter Nacht an ihrem Kater leiden, genau hier befindet sich die Stelle, wo die frustrierten Frauen die Lippen eines Mannes zu spüren wünschen – und sie dann doch nicht spüren. Am Ende fühlen sich alle unwohl und sind peinlich berührt.«[111]

Als sich das Ende ihres Engagements im Playhouse näherte und noch immer kein Stimmungswandel zu ihren Gunsten zu erkennen war, spielten Édith und ihre Entourage mit dem Gedanken, die künstlerische Niederlage einzugestehen, den Compagnons das Feld zu überlassen und die Heimreise anzutreten. Mit offenen Armen war Piaf in den USA empfangen worden; jetzt fühlte sie sich zum ersten Mal in ihrer Laufbahn gebremst, abgelehnt, unerwünscht und besiegt. Kein Rückschlag, sondern eine Katastrophe. Sie saß nicht nur bildlich gesprochen auf gepackten Koffern, als ein Artikel in der *Herald Tribune,* mit dem niemand mehr gerechnet hatte, ihre Manager aufhorchen ließ. Kein Geringerer als Virgil Thomson hatte ihn verfasst. Thomson, der landesweit gefürchtete, scharfzüngige Konzertkritiker. Thomson, der angesehene, aber unbequeme und experimentierfreudige Avantgardekomponist. Thomson, dem die Freundin Gertrude Stein zwei Libretti geschrieben hatte. Thomson, der Frankophile. Thomson, der Pariskenner und Theaterfachmann. Thomson, eine Autorität, wenn es um die Beurteilung klassischer Musik und progressiver Dramen ging. Zwei Spalten aus seiner Feder genügten, um die New Yorker aufzurütteln und ihnen ihre Ignoranz um die Ohren zu hauen. Thomson, der sonst eigentlich nie über Variété- und Chansonkünstler schrieb, las ihnen die Leviten. »Zwei Spalten«, so Piaf, »die für mich das *doping* darstellten, dessen ich so dringend benötigte. [Sein] ›Papier‹ gab mir wieder das Vertrauen in mich zurück.«[112] Es rühmte Édith als Inkarnation klassischen Liedvortrags und bezeichnete sie als »große Künstlerin, weil sie einem eine klare Sicht auf die Szenen oder Themen eröffnet, die sie in ihren Liedern abbildet, und in ihre Darbietung nur ein Minimum von ›Persönlichkeit‹ injiziert. Eine solche Verdichtung von professioneller Autorität und zugleich von persönlicher Bescheidenheit ist sowohl entzückend als auch grenzenlos beeindruckend.« In seiner Eloge klassifizierte Thomson sie als Bühnendarstellerin und Melancholikerin, nicht bloß als Sängerin. Sein entscheidender Satz lautete: »Wenn man sie jetzt unter dem Eindruck dieses unverdienten Misserfolges ziehen lässt, wird das amerikanische Publikum [einmal mehr] seine mangelnde Kompetenz und seine Dummheit unter Beweis gestellt haben.«[113] Fast schon eine Drohung.

Zur selben Zeit erreichte Barrier und Fischer die Kunde von einer anderen Spielstätte am Broadway. Das Versailles in der 50. Straße, geführt von Nicholas Prounis und Arnold Rossfield, war schon seit langem auf französische Kultur spezialisiert und hatte in der Vergangenheit Trenet, Boyer und Ulmer ein Forum geboten. Der Maître d'Hôtel des Versailles, ein enthusiastischer Piaf-Bewunderer, ließ durchblicken, dass sein Etablissement schon bessere Zeiten gesehen habe und eine anspruchsvolle Konzertserie mit einem großen Star gut gebrauchen könne. Und da das Versailles, ein intimer Club, der stets auf ein hohes Niveau gesetzt hatte, bei den New Yorker *connaisseurs* einen exzellenten Ruf genoss, sei eine glänzend präparierte *one woman show* mit Édith Piaf genau das Richtige, um Spielort wie Sängerin wieder ins Gespräch zu bringen. Diesmal aber richtig! Eine weitere positive Rezension im Intellektuellenblatt *New Yorker*, die Mitte November veröffentlicht wurde und sich wie eine ironisch gefärbte, aber ebenso kenntnisreiche Ergänzung von Thomsons Plädoyer las – sie endete mit den Zeilen »*I haven't had such a good time in years*«[114] –, war ein weiterer unverhoffter Lichtblick für die demoralisierte Interpretin und ihre Impresarios. Letztere schlossen mit Prounis und Rossfield einen Vertrag für ein achtwöchiges Sologastspiel ab, das im Januar 1948 beginnen und der geschmähten Französin nicht weniger als dreitausend Dollar wöchentlich einbringen sollte. Was Loulou und Clifford ihr nicht erzählten: Die Versailles-Direktoren hatten darauf bestanden, dass im Falle ausbleibenden Publikums und vorzeitiger Beendigung der Konzertserie die Vorschüsse zurückgezahlt werden müssten. Beide Seiten gingen also ein gehöriges Risiko ein mit dem zweiten Startversuch des *frenchie* in Manhattan. Besonders aber die Franzosen.

Am 6. Dezember fand im Playhouse die Schlussvorstellung für Édith und die Compagnons statt, zum letzten Mal brandete Applaus auf für das gemeinsame *C'est pour ça* aus ihrem Film; und am 7. traten ihre neun Mitstreiter dann schon allein im Latin Quarter gegenüber auf. Piaf und ihre beiden Produzenten kamen zur Premiere. Auch für die *garçons* hatte sich also ein neuer Spielort in New York finden lassen. Kurz darauf zogen sie, ohne ihre große Schwester, aber mit deren Billigung, weiter zu einer Gastspielreise nach Miami. Man trennte sich, »vorerst« und »in gegenseitigem Einvernehmen«, hieß es, und überhäufte einander, als Zeichen allseitiger ungetrübter Zuneigung, mit Geschenken.

Édith erhielt damit gleich neun Gaben zu ihrem 32. Geburtstag, angeblich sogar einen Pelzmantel. Sie zog in ein Apartment in der feudalen Park Avenue, gab französischen Zeitschriften eine Reihe von Interviews, die vor Selbstbewusstsein und Optimismus nur so strotzten, las den Pariser Journalisten ermutigende Telegramme vor, die amerikanische Kollegen ihr geschickt hatten, und ließ einen neuerlichen Intensivkurs über sich ergehen, um ihr dürftiges Englisch in Zukunft so amerikanisch wie möglich werden zu lassen. Bis zu vier Stunden täglich! Währenddessen ließ Fischer weitere ihrer besonders zugkräftigen Chansons in die Sprache des Gastgeberlandes übertragen, um den Anteil der »verständlichen« Songs auszubauen.

Piafs Skrupel, in einem Lokal namens Versailles aufzutreten, was sie an unschöne Vorfälle und an eine lange zurückliegende Gefängnisnacht erinnerte, erwiesen sich als unbegründet: Am 14. Januar 1948 gelang ihr im zweiten Anlauf der Durchbruch in den USA. Das Versailles, exklusive Heimstätte der *sophisticated few*, bot ihr mit seinem etwas kitschigen Pseudorokoko – Spiegel, Statuen, kleine Bäume, Wände in Weiß und Rosa – und der Intimität eines Kammermusiksaales – nicht zu klein, nicht zu groß – den idealen Rahmen. Ein erhöhtes Podest hatte man für sie anfertigen lassen, eine Theaterbühne *en miniature*. Hier stand sie nun im Zentrum, von hier aus konnte sie ihre Zuschauer verhexen. Ihr neues, elitäres, an Gegenwartskultur brennend interessiertes Publikum befand, während es sich ein Glas Veuve Clicquot genehmigte und sich von Édith gefangen nehmen ließ, Thomson und sein Kollege hätten nicht über-, sondern eher noch untertrieben mit ihren Dithyramben. »Jeden Abend geschieht etwas Merkwürdiges: Die Gäste hören auf zu essen, bestellen keine Getränke mehr und stellen sogar ihre Gespräche ein, sobald sie [erscheint und ihre Stimme erhebt].«[115]

Diese ganz spezielle Hörerschar adoptierte sie, bot ihr *a second home*. Ein *sex appeal* ging noch immer nicht von ihr aus, einige amerikanische Wendungen kamen ihr noch immer nicht locker von den Lippen, aber die Aura war da. Édiths aufregend anrüchige Vergangenheit teilte sich in jeder Strophe mit und schlug die Zu-

Drei Glocken, neun Männer, eine Frau: mit ihrer *boy group* »Les Compagnons de la Chanson«, um 1947.

hörenden in ihren Bann, und wenn es gar zu traurig und dramatisch wurde, wenn die Tragödin sie in den Abgrund mitzureißen drohte, brachte ein lebensweiser, euphorischer Song wie *La Vie en rose*, an dessen träumerischer, liebesseliger Melodik sie sich nicht satthören konnten, sie wieder zum Jubeln und versetzte sie in eine glückverheißende Gegenwart. Der Triumph war total. Die Presse spielte mit; alle wollten nun auf einmal das Leben durch Édiths rosarote Brille sehen. Wieder eilte die Prominenz an den Broadway, um Piaf zu erleben. Allen voran Marlene Dietrich. Orson Welles und Charles Boyer, Dorothy Lamour und Henry Fonda bevölkerten die Tischchen. Mit Superlativen wurde nicht gegeizt. Charlie Chaplin, das Idol ihrer Jugend, setzte sich in die erste Reihe und wurde von Édiths Vortrag zu Tränen gerührt. Gregory Peck, Hollywoods derzeitiger Lieblingsschauspieler, kam eigens ihretwegen nach Manhattan und feierte sie; Ingrid Bergman ließ sich mit ihr im September 1948 bei der Wiederaufnahme ihres Gastspiels fotografieren. Und im gut geheizten Waldorf Astoria trafen sich an manch eisigem Februarnachmittag Josephine Baker, Lucienne Boyer, Coco Chanel und die Dietrich mit Piaf: *tea time* in Starbesetzung. Fünf einflussreiche Frauen unter sich.

Sieben Jahre lang hielt sie, nunmehr *talk of the town*, dem Versailles die Treue. Hier gewann sie die Herzen der Menschen von der *east coast*, hier ließ sie sich zur Königin krönen. Erst 1955 sollte die Liebesheirat zwischen dem Broadwaylokal und seiner Hauptattraktion ein Ende nehmen.

An einem dieser bitterkalten Winterabende aber, an denen sie sich trotz des spektakulären Zuspruchs mutterseelenallein fühlte[116] im *big apple,* ließ sie sich von einem französischen Boxer aus dem Maghreb zum Abendessen ausführen. Sein Name: Marcel Cerdan.

Les trois cloches

Die wenigen Aufnahmen und Auftritte, die Piaf gemeinsam mit einem anderen Sänger oder einer Gruppe bestritt, lassen sich an einer Hand abzählen. Der halb anrührende, halb peinliche Wechselgesang mit ihrem letzten Ehemann Théo Sarapo, Duette mit dessen Vorgänger Jacques Pills, Chansons, bei denen ihre bevorzugten Komponisten und Arrangeure Charles Dumont und Robert Chauvigny hie und da ein wenig mitsingen oder mitsummen durften – das war es auch schon. Undenkbar für diese Einzelkämpferin und »diva assoluta«, für einen ganzen Abend oder auch nur für eine Reihe von Liedern mit Kollegen oder Künstlern anderer Sparten die Bühne zu teilen; nicht einmal für einen guten Zweck. Die einzige Ausnahme bildete, unmittelbar nach Kriegsende, die Zusammenarbeit mit dem Männerchor Les Compagnons de la Chanson, die sie sogar selbst initiiert hatte. Noch während der Besatzungszeit waren sich Piaf und das mal acht-, dann wieder neunstimmige Vokalensemble anlässlich einer Benefizgala über den Weg gelaufen und hatten sich angefreundet; Monate später teilten sie sich zuweilen dieselben Konzerte, aber jeder für sich, mit den Compagnons als Opener und Piaf als Hauptattraktion.

Beider Repertoire hätte nicht gegensätzlicher ausfallen können. Waren diese tadellos ausgebildeten und rasch populären »Kameraden des Liedes« doch auf traditionelle französische Volkslieder spezialisiert, die sie in schmucklosen, aber umso ergreifenderen Arrangements darboten – mehrstimmig und häufig unbegleitet. Les Compagnons, Verkörperung »authentischen« Franzosentums und eines verklärten, vermeintlich unverfälschten

Landlebens, das noch nicht von urbaner Dekadenz infiziert schien, waren Folksänger avant la lettre. Ihr makelloser, unprätentiöser Vortragsstil, ihr bescheidenes Auftreten in schlichter Kleidung trafen in den Nachkriegsjahren einen Nerv. Man sehnte sich nach Naivität und Unschuld. Man hatte für eine Weile genug vom Image des rauen Soldaten oder des großstädtischen Snobs und zynischen Existentialisten. Man hatte wieder Lust auf Musik, die nicht nach Jazz, Swing, Music Hall oder Charleston klang und frei von erotischen Anspielungen war. Man fand Gefallen an harmloser, gewaltloser Kumpelhaftigkeit, am Zusammengehörigkeitsgefühl einer Gruppe »guter« Jungs.

Betrachtet man heutzutage Filmaufnahmen der Compagnons, so wirken Inszenierung wie Gesangskunst der Jungmännertruppe einerseits seltsam altmodisch, keusch und übertrieben artig. Andererseits beeindrucken die große Ernsthaftigkeit und Glaubwürdigkeit, die zurückgenommene Expressivität und die konsequente Lauterkeit ihres Vortrags. Piaf erging es seinerzeit ähnlich: Das blitzsaubere Pfadfindertum der Compagnons fand sie unzeitgemäß, ihre Lieder kaum hitverdächtig, dennoch war sie von ihrem künstlerischen Potential überzeugt und mischte sich konstruktiv ein. Gemeinsam zu musizieren zog sie anfangs nicht in Erwägung. Das ergab sich dann wie von allein, als Piaf dem Männerchor das Chanson von »den drei Glocken« vorschlug. Einige Zeitlang trug sie es bereits mit sich herum, war etwas ratlos, was sie damit anfangen sollte. Ein Vorkriegskollege, Jean Villard, unter dem Künstlernamen Gilles bekannt, hatte es geschrieben und ihr zugeeignet, als sie Anfang 1946 in seinem Kabarett in Lausanne, dem Coup de Soleil, gastierte. Bei den Jünglingen stieß diese religiöse Parabel allerdings auf wenig Begeisterung. Singen wollten sie sie nur, wenn sich Piaf zu ihnen gesellte und den Solopart des Refrains übernahm.

Piaf wusste, dass sich Gilles' frommes Lied stilistisch und thematisch wie ein Fremdkörper in ihrem musikalischen Portfolio ausnahm. Doch sie erkannte zugleich, dass sich hier die einmalige Chance bot, dem Image der Môme, der Pariser Göre, dauerhaft den Rücken zu kehren. Die Chance, plötzlich mit einem Titel identifiziert zu werden, der nicht von Laster, Liebesleid und Prostitution handelte, sondern althergebrachte französische Tugenden und tiefe Religiosität wiederbelebte. Und die Chance, sich musikalisch weiterzuentwickeln und als Vokalistin eine neue Qualitätsstufe zu erreichen. Zugleich gefiel ihr die Vorstellung, als einzige Frau von gleich neun jüngeren, attraktiven Männern umringt zu sein. Sosehr ihr die Gegenwart einer Frau an ihrer Seite auf der Bühne verhasst war, als Henne im Korb war sie in ihrem Element!

Die vorhandenen Gegensätze wurden bei Gastspielen inszenatorisch noch gezielt verstärkt: Als zierliche Frau, umgeben von geballter, gleichwohl entsexualisierter Maskulinität, stach sie ganz besonders heraus. Ihre dunkle Stimme entfaltete sich vor dem hellen Timbre der polyphonen Männersolisten auf ideale Weise: Ein sonorer, ambivalenter Alt dominierte einen sanften, kaum erwachsen gewordenen Knabenchor. Ausdrucksstarke Gesten gingen einzig von ihr aus. Vor den aufgereihten, ihre Hände auf dem Rücken verschränkten Sängern in weißen Hemden stand sie, etwas erhöht, im Zentrum, sorgte dafür, dass alle Blicke ihr galten. Eine Kontrastwirkung auf mehreren Ebenen also, die funktionierte und gleich für ihren gemeinsamen Film über »Neun Jungen und ein Herz« sowie eine ganze Reihe von Auftritten im Nachkriegsfrankreich genutzt wurde. Natürlich hatte sich schon gleich der eine oder andere der Compagnons ein wenig in sie verguckt, und es sollte nicht lange dauern, bis der Leadsänger, Jean-Louis Jaubert, und Édith ein Paar wurden.

In Les trois cloches, ihrem ersten und auch einzigen gemeinsamen Erfolgstitel a cappella, bestreitet Piaf als Solistin den dramatischen Gesangsvortrag der drei Refrains mit ihren großen Intervallsprüngen und charakteristischen Akkordzerlegungen vor dem herrlich ausdifferenzierten Hintergrund aus Summchor und vielstimmigem lautmalerischem Glockengebimmel, der den Männern vorbehalten bleibt. In den drei Strophen hingegen deklamiert einer der Compagnons, stets einen einzelnen Ton umtänzelnd, als handle es sich um eine Gebetsformel, mit beschwörender Stimme die von »Dieu«, von Gott, gelenkten Vorgänge. Piaf greift jedes Mal seine Schlusstöne auf und leitet sie über wenige Vokalisen in den Refrain über.

Jede der »Männerstrophen« beginnt unweigerlich mit derselben Ortsangabe, einem kernig-klagenden und auch vagen »Village au fond de la vallée ...«, »ein Dorf in der Tiefe des Tals«, das von der übrigen Menschheit abgeschottet wirkt. »Dorf« und »Gott«, Schauplatz und spiritueller Erdenlenker sind die Zentralfiguren in Gilles' allegorischem Dreiakter in Miniaturformat; die Kreatur erscheint lediglich als Spielball – passiv, ohne Einfluss auf Naturgewalten und einer autoritären, einfach nur hinzunehmenden Gesetzlichkeit unterworfen. Was sich hier, fernab der Welt, zuträgt, ist eine banale Begebenheit. So alt wie die Menschheit selbst: der ewige Kreislauf von Werden und Vergehen. Ein Kind wird geboren und getauft, wächst heran, heiratet mit neunzehn und stirbt Jahrzehnte später, nach einem erfüllten Erdendasein. Hier ist es ein gewisser Jean-François Nicot, dessen reiner, unbescholtener Seele die Glocke den Empfang unter den Erdenbürgern bereitet. Seine Seele gleicht einem zarten Blümchen, aber auch einer schwachen Flamme. Mit Zärtlichkeit und Liebe muss das Menschlein beschützt werden, um nicht vorzeitig ausgelöscht zu werden. Keine zwanzig Jahre später ehelicht das zum Manne herangereifte Kind die ebenso unschuldige, unverdorbene Elise. Ein ganzer Glockenchor kündigt die Hochzeit an und krönt die heilige Verbindung, bei der Seelen und Herzen zu einer starken, stolzen Flamme verschmelzen. Einer Flamme, die sich immer weiter aufrichtet und die Großartigkeit zwischenmenschlicher Liebe proklamiert. Jean-François' letzte Station auf Erden ist dann der Tod: Die Zeit zieht am Dorf wie unbemerkt vorüber. Der Zyklus eines Lebens, von Blüte über Reife und Ernte, neigt sich dem Ende zu, das Herz des alten Mannes schläft ein. Nur noch eine Glocke ertönt, der Refrain wird langsamer, gemessener, aber jetzt singt die Glocke und erzählt von der Vergänglichkeit des Fleisches. Sie stemmt sich gegen den Wind, mit monotoner Hartnäckigkeit, und ermuntert die Lebenden zum zuversichtlichen Weitermachen. In der Gewissheit, dass auch für sie eines Tages die von Gott befohlene Stunde schlagen wird, in der ewiges Leben und ewige Liebe zusammenfallen. In diesem dritten Glockengeläut wird irdisches Schicksal besiegelt. Wir alle sind mit dieser »frohen Botschaft« gemeint.

Purer Kitsch? Das Publikum beiderseits des Atlantiks, dem in den späten 1940ern Kriegsgräuel und Entbehrungen noch deutlich vor Augen standen, verfiel der Aura dieses pathetischen, idealisierenden Liedes mit seinem russisch anmutenden Klangbild im Handumdrehen. Und nicht umsonst trat Piaf ihre Eroberung fremden Terrains, ihre erste Konzertserie in den USA, gemeinsam mit ihren neun treuherzigen Compagnons an. Die frömmelnde Schilderung vom ewigen Kreislauf, von Werden und Vergehen schien in Hinblick auf die fatalistische Aussage Pete Seegers ungleich eindringlicheres Strophenlied Where Have All the Flowers Gone? schon vorwegzunehmen. Als das Country-Terzett The Three Bells wurde Piafs Titel in Amerika ab 1959 zu einem Triumph des adretten Geschwistertrios The Browns, und Jean-François Nicot hieß dort nun Jimmy Brown. Zehn Wochen lang führte er die Countrycharts an.

Undenkbar wohl, dass Les trois cloches in Piafs Solorepertoire überzeugt hätte, undenkbar, dass die Compagnons damit ohne ihre Verstärkung in den USA hätten reüssieren können. Im kongenialen Zusammenspiel von Frauensolo und Männerstimmen aber wirkte der seltsam säkularisierte Glockengesang plausibel, brachte bei den Zuhörern verborgene Saiten zum Schwingen. Und dank »göttlicher Lenkung« war auf diese Weise, ganz nebenbei, nicht nur Jean-François Nicot, sondern auch eine neue Piaf geboren. Eine kleine, schutzlose Frau, die sich bei ihren großen Brüdern zur Linken und zur Rechten unterhakte, wenn sie vor ihre Zuschauer trat. Eine Sängerin, der man fortan unschuldige Liebeslieder und gesungene Gebete zutraute. Die ihre ganze Inbrunst, wie sie sonst nur der heiligen Thérèse von Lisieux zuteilwurde, in dieses Lied von den drei Glocken legte – und damit eine neue Karrierephase einläutete.

Kein Marketingstratege hätte das besser ersinnen können: eine ehrbare Interpretin im Faltenrock, die nunmehr unbesorgt in Fernsehshows »für die ganze Familie« eingeladen werden konnte, ohne dass ihre dubiose Vergangenheit aufzuschimmern drohte.

La Vie en rose

Unzweifelhaft Piafs berühmtester, »sonnigster« Titel, zumal im Ausland. Ihr signature song in England und Amerika, außerdem un succès planétaire, ihr erster Welthit. Und, zusammen mit Milord und Non, je ne regrette rien, ihr bei weitem bekanntestes Chanson. Die Gründe für diesen durchschlagenden Erfolg liegen auf der Hand: eine unvergessliche, optimistische Melodie, ausnahmsweise ausschließlich in Dur, ein so trivialer wie allgemeingültiger Text und, von seiner Struktur und Anlage her, ein Lied, das nicht länger im französischen Chanson-Idiom befangen ist. Hier schafft es Piaf erstmals, weit von ihrem Pigalle-, Straßenkind- und Môme-Image abzurücken. Kreiert wurde ein Song, den zwar sie in die Welt trug, der sich aber auch wie kein Zweiter zur Interpretation, zum Covern anbot.

Legionen von Fremdversionen existieren davon, und jedes Jahr – bis auf den heutigen Tag – kommen noch neue hinzu.

Die allerersten Aufnahmen mit ihren an den Glenn-Miller-Sound angelehnten Arrangements unterstreichen schon den Schmachtfetzencharakter, lassen die Amerika-»Tauglichkeit« von La Vie en rose erkennen, dessen Titelzeile im Englischen übrigens nicht immer übersetzt wurde, mithin als allgemeinverständlich galt. Wann immer Piaf diese ihre tube im amerikanischen Fernsehen zum Besten gab, etwa in der beliebten »Ed Sullivan Show«, entledigte sie sich zuvor ihres schlichten schwarzen Kleidchens, das sie gegen ein schickes Kostüm eintauschte, gab die mondäne Songdiva mit hochgestecktem, dauergewelltem Haar und versank förmlich in üppigen Rosenbouquets, die noch dazu um ihr engelsgleich scheinendes Antlitz kreisten.

Von Paris und Frankreich, vom Strichmädchen-Elend und von sitzengelassenen Legionärsliebchen ist hier einmal nicht die Rede. Kein Klagegesang, kein inszeniertes Selbstmitleid. Der ausgeprägte Wille, das Leben einzig und allein »durch die rosarote Brille« zu sehen, im siebten Himmel zu schweben, es sich auf cloud nine dauerhaft gemütlich zu machen, steht bei diesem Song im Vordergrund. Pure Glückseligkeit. Wie geschaffen für die Eroberung Amerikas – und ihre US-Fans sollten es ihr danken. Die deutsche Titelzeile des auch hierzulande außerordentlich beliebten Schlagers, »Schau' mich bitte nicht so an«, zielt im Grunde an der Kernaussage des Liedtextes vorbei, demzufolge die bei der Sängerin ausgelöste Liebestrunkenheit ja aus den geradezu magischen Berührungen, Worten und Gesten eines Traummannes resultiert. Gar nicht genug kann und will diese hoffnungslos Verliebte angeschaut, bewundert, mit Komplimenten und Schwüren überschüttet, kurz: geliebt werden!

Hier haben wir einmal mehr ein Chanson vor uns, in dem sich Piaf beinahe ungeduldig der ohnehin schon extrem kurzen Strophe entledigt, um schnurstracks den auskomponierten Doppelpunkt anzusteuern und den sich prachtvoll entfaltenden, gravitätisch vorwärtsschreitenden Refrain mit seiner punktierten Melodik vorzubereiten. Die Strophe ist eigentlich nicht viel mehr als ein hastig heruntergeleiertes Rezitativ, eine Reihung schwärmerischer Beschreibungen des Mannes, dem das lyrische Ich für alle Ewigkeit »angehört«: die bezaubernden, fast beschämenden Augen des Liebhabers, sein bezwingendes, überwältigendes Lachen. Und schon ist sein »unretuschiertes« Porträt fertig. Es kann losgehen!

Der Refrain selbst – ein slow chanté – besticht durch eine sich von Zeile zu Zeile steigernde Kette von fallenden Sekundschritten, womit dem Wort, auf das es am meisten ankommt, stets ein Ausrufecharakter zugeordnet wird: »Immer dann, wenn er! mich in seine Arme nimmt« / »Er! flüstert mir Liebesworte zu« / »Er! hat von meinem Herzen Besitz genommen« / »Er! ist der Mann für mich« / »Er! hat es mir selbst gesagt: fürs ganze Leben«. Die Fixierung auf das männliche Gegenüber als Glücksquelle und -spender ist total. Nur die vier Schlusssilben verzichten auf die fallenden, weit ausschwingenden Linien aus punktierten Vierteln und Achteln – eine sanft ansteigende, gleichmäßige Phrase aus Einzelnoten fasst dort noch einmal den Effekt zusammen, der sich bei der Liebenden einstellt: »mon cœur qui bat« – »mein Herz, das schlägt«. Man ergänze: »nur für ihn«. Die zentrale Botschaft des Songs lautet freilich, »et ça me fait quelque chose«: All das zusammengenommen löst »etwas« bei ihr aus. Etwas Unerklärliches, etwas Wunderbares: das nicht weiter zu analysierende, nur dankbar zu akzeptierende Verliebtsein. Der Verstand darf ruhig einmal aussetzen.

Kurioserweise deutet wenig an der Entstehungsgeschichte des Titels, die wieder einmal von Legenden umrankt ist, auf dessen Erfolgsfähigkeit hin. Piaf selbst soll erste Skizzen beiläufig auf die Tischdecke gekritzelt haben, als sie im Mai 1945 mit ihrer Kollegin Marianne Michel auf einer Caféterrasse an den Champs-Élysées saß. Der hilfsbereiten und liebenswürdigen Michel habe sie einen Gefallen tun und auch einmal zu einem zündenden Chanson verhelfen wollen. Binnen Minuten sei das gesamte Tischtuch mit Textvorschlägen und wieder verworfenen Einfällen bedeckt gewesen. Unklar ist allerdings, ob es sich lediglich um den Text des Refrains handelte oder ob Piaf auch bereits der Kern der späteren Melodie im Kopf herumspukte. Denn dass sie ganze Chansons »komponierte«, war eher ungewöhnlich. Des Notenlesens war sie zeitlebens nicht mächtig. Und da sie seinerzeit nur als Textautorin, nicht als Tonsetzerin bei der französischen Verwertungsrechtegesellschaft Sacem eingetragen war, konnte sie den Titel ohnehin nur als parolière anmelden lassen. Sie benötigte also einen »Paten« für die Musik, jemanden, der sich als Komponist für den Song ausgab.

Womit sie anfangs nicht gerechnet hatte: Der Reihe nach gaben ihr nun alle, die sie mit diesem Ansinnen überraschte, einen Korb. Ihre langjährige Partnerin Marguerite Monnot wies ihre Bitte entrüstet zurück. Sie wollte mit diesem »schwachen« Liedchen nichts zu tun haben; andere Musiker, deren Vorschläge Piaf selbst wieder und wieder abgelehnt hatte, zahlten es ihr nun heim und kosteten den seltenen Umstand genüsslich aus, dass Piaf diesmal auf ihre Gunst angewiesen war. Zudem waren sich alle einig, ihre Idee sei viel zu schlagerhaft. Erst der Chansonkomponist Louiguy alias Louis oder Marcel Guglielmi gab schließlich nach und ließ sich von Piaf »breitschlagen«, indem er die Autorschaft akzeptierte. Bis heute sind somit Louiguy und Piaf als Koautoren auf der Partitur von La Vie en rose verewigt.

Louiguys Erinnerung zufolge soll die Geburtsstunde des Chansons aber bereits im Oktober 1944 geschlagen haben, anlässlich der Taufe seiner Tochter. Der Song verdanke sich einem gemeinsamen Brainstorming am Ende der Festmahlzeit. Löwenanteil an Text und Musik: selbstverständlich der stolze Vater. Und, damit nicht genug, beanspruchten später auch Piafs versierter Arrangeur und Orchesterleiter Robert Chauvigny sowie ihr bewährter Textautor und Liebhaber Henri Contet die Urheberschaft: Chauvigny für die Vollendung der Musik, Contet für die Revision und das Umstellen einzelner Textpassagen. So ziemlich jeder Einzelaspekt der Liedgenese ist damit umstritten. Als gesichert gilt lediglich, dass die Erstinterpretin Marianne Michel – in deren Originalversion das Chanson übrigens gehörig floppte – aus der unschönen Wendung »les choses en rose« (rosa Dinge) das heute weltbekannte »la vie en rose« (rosa Leben) gemacht hat.

Doch bei diesem Lied erwies sich die multiple Autorschaft als absoluter Glücksfall. Es hatte sogar das Zeug zum Standard: Auf der ganzen Welt sind Lokale und Nachtclubs nach dem Titel benannt, in vielen Sprachen ist die Formulierung vom rosa Leben zum geflügelten Wort geworden, und nachdem Piaf selbst, fast anderthalb Jahre nach Michel, ihr »Baby« 1947 zum ersten Mal auf Schelllack bannte und bald auch auf Englisch einspielte, durfte der Song endlich seinen Siegeszug antreten. Unsterblich machte ihn Louis Armstrong. Marlene Dietrich trug ihn im Hitchcock-Klassiker Stage Fright (Die rote Lola) vor, und so unterschiedliche Stars wie Lale Andersen und Peter Kraus, Dean Martin und Caterina Valente, Josephine Baker und Connie Francis, Hildegard Knef, Milva und Nana Mouskouri liehen ihm ihre Stimmen. Die vorerst letzten Versionen von Rang haben Donna Summer, Madeleine Peyroux und Dee Dee Bridgewater eingespielt. Und 1977, auf dem

Höhepunkt der Disco-Welle, tanzte die halbe Welt zu Grace Jones' schier endloser, suggestiver und nachgerade hypnotischer Interpretation vom »rosa Leben«.

Triumphale Heimkehr:
das Liebespaar des
Jahrzehnts, im März 1948.

Marcel und Marlene
Die Karussells von Coney Island · 1948–1950

> Doch unser Leben gehört uns nicht.
> Und Mut ist nichts anderes,
> als bis ans Ende zu gehen.

Es gibt ihn also doch, den »richtigen« Mann, von dem sie seit ihrer Jugend träumt und der in ihren Chansons und in ihrem bisherigen Leben stets nur kurzzeitig Gestalt annahm, um sie dann wieder zu enttäuschen, sie zu verlassen oder von ihr verlassen zu werden. Sie muss erst nach New York kommen, um diese Fata Morgana durch ein reales Mannsbild ersetzen zu dürfen. Sie muss erst restlos desillusioniert sein, um sich für ihn öffnen zu können. Sie muss erst zweiunddreißig werden und ein Star in Manhattan, um die große Liebe zu erfahren. Paris, die Lichterstadt und sprichwörtliche *ville d'amour*, hat ihn ihr vorenthalten. »Du ahnst gar nicht«, schreibt sie Bourgeat, kurz bevor sie das verwaiste Versailles in einen Musentempel zurückverwandelt, »wie sehr ich mich nach einem ruhigen, freundlicheren Leben sehne. Was ich möchte, ist eine einzige, wahre, gesunde, bekömmliche Liebe.«[117] Und ihre Wünsche werden endlich erhört: in der Neuen Welt. Marcel Cerdan, Frankreichs charismatisches Sportidol und einer der besten Boxer seiner Ära, und Édith Piaf sind füreinander wie geschaffen. Zwei Menschenkinder, denen man nichts in die Wiege gelegt hat; zwei Publikumsmagneten, die sich freigestrampelt haben und jetzt dabei sind, auch in Amerika zu reüssieren.

Zum ersten Mal stehen sie sich 1946 in Frankreich im Club des Cinq gegenüber. Er gehört Freunden Cerdans; rasch hat er sich zur ersten Adresse der Pariser Nachtschwärmer entwickelt. Jo Longman, einer von Cerdans Managern, bittet Édith nach ihrer Show an den Tisch der Männer. Komplimente werden ausgetauscht, Tomatensaft bestellt: auf Geheiß der Sängerin. Man beäugt sich, findet Gefallen aneinander. Vorhang. Im Oktober 1947 hebt er sich erneut – für den zweiten Akt. Die Neuamerikanerin Piaf ist mit Irène de Trébert zu einem Lunch unter Franzosen eingeladen, außerhalb von New York. Ausgerechnet Jacques Pills, Édiths künftiger Gatte Nummer eins, der damals noch mit Lucienne Boyer verehelicht ist, macht die Honneurs. Und stellt Piaf und Cerdan, auf der Durchreise nach Chicago, einander noch einmal »richtig« vor. Man hat Spaß miteinander, man findet wieder Gefallen aneinander. Vorhang. Beim dritten Treffen, einige Tage später, schlägt das Schicksal endgültig zu. Eigentlich war ein Dinner zu dritt in Manhattan verabredet. Irène ist jedoch kurzfristig verhindert, sie hat eine der begehrten Karten für eine Vorstellung von *Annie, Get Your Gun* erwischen können. Nun sind sie zu zweit. Édith erscheint aufgedonnert zu dem Rendezvous. »Selig und stolz, schminkte ich mich peinlich genau und zog mein schönstes Kleid an. Als Marcel kam, sagte er ganz einfach: ›Kommen Sie schnell! Ich habe Hunger wie ein Wolf!‹ Und ich trippelte neben diesem Koloss von Mann einher, bis er unvermittelt eine Tür aufstieß und mich in eine ärmliche Schnellgaststätte eintreten ließ.« Den dritten Akt beginnen Piaf und Cerdan zünftig mit Pastrami, Bier und Eis, finden noch ein bisschen mehr Gefallen aneinander, und der Herr zahlt schließlich die Zeche. Vierzig Cents. Seine Begleitung kann sich die Bemerkung nicht verkneifen, dass er sich nicht gerade ruiniere, wenn er eine neue Bekanntschaft ausführe. Da besinnt sich Marcel eines Besseren, ruft ein Taxi und befördert Édith ins teuerste und beste französische Restaurant der Stadt, Au Gourmet. Wo sie noch einmal von vorne losschlemmen. Liebe geht durch den Magen. Und schon am 4. November 1947 weiht sie Bourgeat, dem sie Cerdan als neuen Schüler in Bildungsfragen zuzuführen beabsichtigt, in das neue Glück mit dem so schön ungehobelten und dann doch wieder galanten neuen Freund ein: »Hoffentlich wirst Du ihn einmal genauso mögen und lieben wie ich. Er liebt mich aufrichtig, ohne sich irgendeinen Vorteil davon zu versprechen. Ich hoffe, Du wirst ihm zeigen, wie er sich verbessern kann, denn das möchte er wirklich. Vor jedem Boxkampf bekreuzigt er sich.« Großer Respekt voreinander kennzeichne ihre bisherigen Gefühle, so Édith weiter. »Ich brauche ihn [mehr als er mich], bei ihm fühle ich mich beschützt.«[118]

Aus dem Kampf in Chicago, Anlass seiner Amerikareise, ist Cerdan zwar als Sieger hervorgegangen und hat Anton Raadik in der zehnten Runde geschlagen; demoralisiert und unsicher, wie es mit ihm weitergehen soll, ist er dennoch, als er im November wieder an den Hudson zurückkommt. Édith ergeht es ähnlich mit ihrem Fiasko im Playhouse; da ergeben sich Gemeinsamkeiten. Beide sind trotz eines riesigen Anhangs von Betreuern, Managern, Trainern, Musikern und Technikern allein mit ihren Sorgen und Ängsten, sprechen kaum englisch, sind irritiert von der ungewohnten Kultur und Lebensweise fern von Frankreich. Nach außen hin gibt er den Strahlemann, sie die Ulknudel. Zu zweit müssen sie einander nichts vormachen. »Wir waren zwei Franzosen in New York, hatten keine Bekannten und langweilten uns. Da musste es wohl so kommen.« Viel Zeit bleibt ihnen nicht: Marcel wird zu Hause in Casablanca erwartet, wo er mit seiner Frau Marinette und seinen beiden Söhnen Marcel junior und René lebt. Ein dritter Junge wird noch hinzukommen. Erst Ende Februar 1948 sehen sie sich wieder, im März steht nämlich ein großer Kampf im Madison Square Garden bevor, gegen den jungen Lavern Roach. Da findet Cerdan eine veränderte, ausgeglichene und weitaus selbstbewusstere Piaf vor, deren triumphales Engagement im Versailles sich bereits dem Ende zuneigt. Sie empfängt ihren Landsmann mit der Ungeduld aller Verliebten – jetzt stürzen sie sich erst recht in ihr junges

Glück. »Marcel lehrte mich wieder zu leben. Er nahm mir die Verbitterung und den Hang zur Verzweiflung, welche mir Leib und Seele vergifteten.«

Cerdan, Jahrgang 1916 und damit kaum jünger als seine Geliebte, ist gebürtiger Algerier und stammt aus Sidi-Bel-Abbès, dem *petit Paris* im Nordwesten des Landes. Als er sechs Jahre alt ist, zieht die Familie nach Marokko. Casablanca, wo er als Achtjähriger mit dem Boxen beginnt, ist seine eigentliche Heimat. Mit achtzehn wird er Profi und mit zweiundzwanzig bereits französischer Meister im Weltergewicht. 1939 ist er Europameister, 1943 heiratet er Marinette Lopez, eine Frau aus besseren Kreisen. Im Krieg dient er in der Marine und verliert auch nach 1945 keine Zeit: Ein Meistertitel folgt auf den anderen; 1946 streckt er in New York den Amerikaner Georgie Abrams nieder, im Februar 1947 besiegt er Léon Fouquet, und 1948 wird man ihn in Frankreich zum Sportler des Jahres, zum *champion des champions* krönen. Und er erwirbt sich auf dem Weg dorthin den Ruf eines unerschrockenen Kämpfers, der seine Spitznamen *le bombardier marocain* und *le Roi du K.o.* völlig zu Recht trägt. Seine Gegner können ein Lied von seinen wuchtigen Attacken singen. Von den knapp 120 Profikämpfen seiner Karriere hat der jetzige Mittelgewichtler, der im In- und Ausland spielend die Boxarenen füllt, so gut wie alle gewonnen, über die Hälfte davon durch K.-o.-Siege. Als Piaf und er füreinander entflammen, zählt er längst zur Weltspitze und steht kurz davor, den Gipfel seiner Laufbahn zu erklimmen.

Édith erblickt in ihm nicht den erbarmungslosen Einzelkämpfer, sondern den Wesensverwandten. Einen Partner auf Augenhöhe. Wie sie hat er fast nordafrikanische Züge, entspricht nicht unbedingt abendländischen Schönheitsidealen. Wie sie umgibt ihn etwas Wildes, Ungezähmtes. Wie sie kommt er aus einfachsten Verhältnissen; wie sie hat er den steinigen Weg nach oben aus eigener Kraft geschafft. Mit Furchtlosigkeit und Ehrgeiz. Beide sind europäische Idole, denen nur noch der Ruhm in Amerika zur Vollendung ihres Mythos fehlt. Und Cerdan ist nicht in ihr Leben getreten, damit sie ihm hilft, ihm Unterricht gibt oder ihn protegiert. Er liebt sie nicht, damit etwas von ihrem Glanz auf ihn abfällt oder um von ihr zu profitieren. Marcel ist ihr erster Liebhaber seit langem, der nichts mit dem Showgeschäft zu tun hat, ein gestandener Mann, der keiner Perfektionierung bedarf. Wie sie steht er aber regelmäßig im Rampenlicht, weiß um die launenhafte Gunst des Publikums. Ihm wie ihr schreien die Massen jubelnd entgegen, ihn wie sie pfeifen sie aus, wenn einmal die Stimme versagt oder drei Lieder hintereinander nicht funktionieren wollen, wenn sie schon angezählt sind und in der nächsten Runde der Knock-out droht. Beide haben ihre Zuschauer in der Hand, können mit Emotionen spielen, Spannung aufbauen, Hoffnungen wecken, Dramen inszenieren. Beide sind Opfer ihres Erfolgszwangs – Niederlagen sind hässlich anzusehen und schaffen keine neuen Fans. Als Édith ihm ihr Herz schenkt, sieht sie in einen Spiegel. Erblickt die Kluft zwischen Bühnengestalt und verwundbarem, schutzlosem Ich. Entdeckt in den Zügen des kleinen, orientalisch wirkenden Jungen aus Sidi-Bel-Abbès die schmutzige Straßengöre von Belleville wieder. Cerdan und sie sind aus demselben Holz geschnitzt.

Ist damit ein Grund benannt, weshalb sie sich bei ihm endlich fallen lassen darf, einem Mann erstmals ihr ausschließliches Vertrauen schenken kann? »Bevor ich ihn kannte, war ich nichts. Oh Verzeihung, ich war eine berühmte Sängerin, eine sehr berühmte sogar, aber innerlich nichts als eine Frau ohne Hoffnung.« Marcel verleiht ihrem Dasein, obwohl sie um seine Verpflichtungen als Ehemann und Familienvater weiß, Zuversicht, vielleicht sogar Zukunft; seine Gefühle für sie stoßen Türen auf. Endlich ein Mann, für den sich das Singen und Geldverdienen, das Herumreisen und Verausgaben lohnt! »Ich glaubte, das Leben habe keinen Sinn, alle Männer seien Tiere, und das Beste, was man tun könne, sei Lachen, Trinken, Dummheiten machen und Sterben, je früher, desto besser.« Diese trüben Gedanken hat er verjagt. An ihre Stelle sind Spaziergänge durch den Central Park getreten, leidenschaftliche Hotelnächte. Und das Versteckspiel vor der Presse, die auf keinen Fall etwas von dieser Romanze erfahren darf.

Was Piaf endgültig für Marcel dahinschmelzen lässt, ist die Verbindung von Gewalt und Gemüt, seine Fähigkeit, erbarmungslos zuzuschlagen, um dann wieder grenzenlose Güte und Mitgefühl verströmen zu lassen. Nicht nur ihr gegenüber. In Paris erblickt sie Cerdan einmal von weitem, per Zufall. »Ohne dass [er] es ahnt, beobachtet sie, wie der athletische Boxer einen ausgemergelten, halbblinden Mann in arabischen Gewändern über einen der verkehrsreichsten Pariser Boulevards lotst – mit einer Zärtlichkeit und Behutsamkeit, die sie zwischen Männern bisher noch nie erlebt hat.« Kurz darauf erfährt sie, dass der Sehbehinderte ein Schulfreund ihres Geliebten war. »Cerdan hat ihn nach Paris eingeladen, um ihn von hochqualifizierten Fachärzten behandeln zu lassen und ihm so das erlöschende Augenlicht zu bewahren.« Édith fühlt sich unwillkürlich an ihre »wundersame« Heilung von Lisieux erinnert, sieht in Marcels Gefährten einen Wiedergänger ihrer selbst, der kleinen »Blinden« von Bernay. »Der wohlhabende Boxstar zahlt nicht nur sämtliche Arztrechnungen«, so wie auch Édith stets für Line Marsa, Louis Gassion und Camille Ribon gezahlt hat. »Er lässt es sich auch nicht nehmen, seinen kranken Freund liebevoll zu umsorgen und ihn jeden Morgen zur medizinischen Behandlung zu führen.«[119]

Selbst im Ring zeigt der *bombardier* Mitgefühl und Demut: Als er während eines Kampfes einem angeschlagenen älteren Boxer vor tobendem Publikum nicht mit einem fatalen Haken den Knock-out versetzt, sondern das fortgesetzte Flehen des Unterlegenen erhört, sich zurückhält und mit einem Punktsieg zufriedengibt. Auch wenn die rasenden Zuschauer es am liebsten gesehen hätten, dass er den Gegner kurz und klein schlägt. Derselbe Cerdan gibt der Piaf den Rat, niemals einen Autogrammwunsch mit Missachtung zu strafen, als er einmal mit ansehen muss, wie seine Freundin enttäuschte Fans, für die sie keine Zeit zu haben vorgibt, hochnäsig abblitzen lässt. Ob sie demnächst in leeren Räumen auftreten wolle, fragt er sie. Dass sie begreifen müsse, wie wichtig der direkte Austausch zwischen Verehrern und Verehrten sei und Autogramme dabei als »Spuren«, Huldigungen und Liebesbeweise dienten, hält er ihr vor. Édith staunt, gehorcht und nimmt solche Lektionen dankbar an. Als sie kurz darauf bei einem Besuch der Freiheitsstatue von Studenten der Columbia University gebeten wird, ein Ständchen zu geben, schlägt sie ihnen den Wunsch nicht ab und trägt *L'Accordéoniste* aus dem Stegreif vor. Selten hat sie Beifall so beglückt wie der dünne, aber enthusiastische Applaus dieser jungen Leute. Cerdan hat recht behalten: Nur darauf kommt es an. Jede Geste zählt, und sei sie noch so klein. Sie ist froh, einen starken Mann bei sich zu wissen, der etwas von Schwäche versteht. Froh auch, mit einem Kraftmenschen liiert zu sein, der es sich leisten kann, sie nicht zu prügeln, sondern ihr stattdessen die Verletzlichkeiten dieser Welt vor Augen führt. Marcel: ein wandelnder Widerspruch. Marcel: ein geradliniges Gemüt, dem Arroganz fremd ist. Ein Mensch, der niemanden verprellen möchte. Weich ist er, aber nicht weichlich. »Er war edler als alle anderen Männer. In seiner Nähe wurde selbst das Unglaubliche möglich.« Und der Erfolg hat ihn nicht verdorben.

Auch die Einladung ins Schnellrestaurant, erst jetzt wird ihr das klar, hat nichts mit Geiz zu tun gehabt; sie entsprach Cerdans Naturell. »Er wollte mir keinen Sand in die Augen streuen.« Piaf merkt schnell, dass sie ausnahmsweise einmal nicht die Mutterrolle einnehmen muss. Und dass sie ihn als einen »Bruder im Geiste« ansehen darf. Mit dem man auch oft und gerne ins Bett gehen kann. Gelegentlich passiert es noch, dass sie in alte Gewohnheiten zurückfällt und Marcel mit einem materiellen Unterpfand ihrer Zuneigung versorgt: der unvermeidlichen goldenen Uhr, dem maßgeschneiderten Anzug, einem der von ihr selbst gefertigten Strickpullover, die niemand tragen möchte. Impulse, sich seine Gunst zu erkaufen, denen auch etwas Rührendes anhaftet. So wie das unüberwindbare Bedürfnis, ihn beim Shopping völlig neu auszustatten oder kleine Überraschungen in seinem Reisegepäck zu verstecken. Erst als ihr bewusst wird, wie wenig Wert er auf solche Gesten legt, wie wenig er grundsätzlich von ihr erwartet und dass er sie in sein Herz geschlossen hat, weil ihm nur an ihr selbst gelegen ist, hält sie inne. Eine solche Reinheit der Gefühle hat sie bisher nicht erfahren. Cerdan lässt es aber geduldig über sich ergehen, dass Piaf sich seiner literarischen Bildung annimmt. Bis jetzt bestand seine Lektüre aus Comics, Krimis und Abenteuerbüchern. Édith, aus der Ferne unterstützt von Bourgeat, versucht nun, ihn mit Büchern von Jack London, André Gide – dessen offenkundige Homoerotik ihn überrascht und amüsiert – und John Steinbeck zu »kurieren«. Es ist ein mühsamer Lernprozess – mehr als einmal schläft Marcel über den schwierigen Texten ein oder greift doch lieber wieder nach einem Cowboyheftchen –, aber auch ein lohnender, denn nachdem er endlich Feuer gefangen hat, entwickelt er sich zum Büchernarren und streift in Paris die Seinequais entlang, um bei den Bouquinisten Nachschub zu besorgen: Nach und nach wird aus dem Lernwilligen eine echte Leseratte. »Mir ist aufgegangen, wie sehr mir Kultur fehlt. Fäuste sind nicht das Einzige, was im Leben zählt. Ich lese alle möglichen Bücher und verstehe kaum etwas; ich höre Musik, die mich zum Gähnen bringt. Ich bin ein Bauer, und ich will nicht, dass meine Söhne so werden wie ich …«[120]

Bei so viel Begeisterung füreinander fällt es beiden schwer, sich nach außen hin unbeteiligt zu geben und den Schein zu wahren. Ihrem »Ex« Jaubert kommt dabei die undankbare Aufgabe zu, Édith noch einige Male als Alibi zu dienen. Als er mit den Compagnons von einer Konzertreise aus Boston nach New York zurückkehrt, besteht Piaf darauf, dass er sich gemeinsam mit ihr Cerdans Kampf gegen Roach anschaut, während die übrigen acht Sänger sich schon mit dem Schiff in Richtung Heimat aufmachen. Vor lauter Aufregung kann Édith, die in merkwürdig altmodischer Aufmachung im Madison Square Garden erscheint, sich kaum noch beherrschen. »Früher hatte sie sich nie etwas aus Boxen gemacht; in Wirklichkeit verabscheute sie es sogar.«[121] Nun vermag sie nur noch »reine Schönheit« in den rohen Faustduellen zu erblicken und scheut sich nicht, vom Ringgeschehen völlig absorbiert, ihren Marcel lautstark anzufeuern oder den Schiedsrichter, der seine Entscheidungen nicht selten zu Cerdans Ungunsten trifft, zum Teufel zu wünschen. Anwesenden Pariser Journalisten setzt sie ihren Sinneswandel auseinander: Marcels Kampfästhetik allein habe sie zu einer Aficionada werden lassen.

Nach seinem Sieg über Roach fliegen Piaf, Cerdan und Jaubert nach Europa zurück und werden bei ihrer Ankunft auf dem Flughafen Orly bejubelt. Vor allem die beiden Ersteren – der Chef-Compagnon spielt nur eine Statistenrolle; auf der Gangway bleibt er im Hintergrund zurück. Im Blitzlichtgewitter der Fotografen aber stehen Frankreichs derzeit erfolgreichste Exportstars und strahlen miteinander um die Wette. Marcel verkündet ins Mikrophon: »Édith ist fabelhaft«; Piaf, die ihr schönstes Lächeln zur Schau trägt, ist die Freude selbst. Und bald sind auf den Titelseiten der heimischen Zeitschriften Doppelporträts von ihnen die Regel: zwei Franzosen, die es geschafft haben und auf die eine ganze Nation stolz sein kann. Zwei Publikumslieblinge, die perfekt zueinander passen. Ein Traumpaar, das es offiziell gar nicht gibt und an dessen Glanz sich die Öffentlichkeit längst berauscht. Doch das intensive, unverschämte, überwältigende Glück, das beide empfinden, lässt sich nicht länger verbergen. Die Freude aneinander guckt ihnen aus allen Knopflöchern. »In den Armen ihres gütigen Kolonialfranzosen berührt das kleine Mädchen von der Straße, das jetzt manchmal sogar auf Englisch träumt, mit ihren Händen, die immer noch Seesternen gleichen, den Himmel.«[122]

In New York, ihrer Stätte des *easy living*, konnten sie leicht in der anonymen Masse untertauchen und sich unerkannt in kleinen Lokalen einen schönen Abend machen. In Paris dagegen ist es ungleich schwerer, den Paparazzi zu entkommen. Cerdan, der Jahre zuvor schon mal mit einer *maîtresse* entdeckt wurde, muss Rücksicht auf seine Marinette nehmen und kann sich keinen Skandal leisten – die Gunst seines Publikums besitzt größte Wichtigkeit. Anfangs bewohnen Édith und er noch benachbarte Appartements im Claridge's an den Champs-Élysées, wo gegenseitige Kurzbesuche möglich sind, aber auch überall Presseleute auf der Lauer liegen und neugierigen Nachbarn kaum etwas verborgen bleibt. Um sich der Beobachtung zu entziehen, mietet Piaf eine Wohnung im ungleich ruhigeren, aber ebenso gediegenen Auteuil in der Rue Leconte de Lisle. Von dort ist es nur ein Katzensprung zum Bois de Boulogne, wohin ihr Liebhaber frühmorgens zum Joggen aufbricht. Momone kennt weitere Tricks, wie Marcel der Journaille einen Haken schlagen kann. Und bei gemeinsamen Ausflügen mit dem Auto in die Stadt muss sich der berühmte Boxer während der Fahrt so lange hinter den Vordersitzen ducken, bis das Ziel erreicht ist und er sich dort, einen Seiteneingang nutzend, vor neugierigen Blicken in Sicherheit bringt, während Édith die wartenden Reporter ablenkt. Zumeist gelingen solche Manöver. Ein Jahr später werden sie unter Wahrung völliger Geheimhaltung ein Haus in der Rue Gambetta im Vorort Boulogne beziehen.

Zum Auskosten ihrer Amour fou bleibt ihnen kaum Zeit, denn für die beiden Liebenden überschlagen sich 1948/49 die Ereignisse.

Marcel, der zwischenzeitlich gar als Filmpartner von Mae West gehandelt wird, entwickelt sich nun auch zum begehrten Kinoschauspieler und steht gleich zweimal vor der Kamera: für *L'Homme aux mains d'argile* von Léon Mathot und für Mario Monicellis *Al diavolo la celebrità*. Édith, nahezu täglich ausgebucht mit Auftritten, Radiosendungen und Plattenaufnahmen – von Léo Ferrés *Les Amants de Paris* etwa oder Aznavours *Il pleut* –, hat im Frühjahr 1948 mit einer Werbetour für den Compagnons-Film und neuen Galavorstellungen zusätzlichen Verpflichtungen nachzukommen. Sie nimmt als Gaststar an einer großen Veranstaltung von Charles de Gaulles politischer Sammlungsbewegung RPF, dem *Rassemblement du Peuple Français*, teil, was angesichts ihrer Herkunft und Identität nicht ganz naheliegend erscheint, um wenige Tage darauf der englischen Prinzessin und künftigen Queen Elizabeth bei deren Parisaufenthalt im Chez Carrère vorzusingen. Diese Begegnung schüchtert Piaf derart ein, dass sie im anschließenden Gespräch zu stammeln beginnt und nur floskelhafte Entschuldigungen für ihre vermeintlich schwache Leistung hervorbringt. Dabei haben sich die Monarchin in spe und ihr Gemahl Prinz Philip regelrecht entzückt gezeigt und ihr sogar Komplimente und Plattenwünsche von King George VI. übermittelt.

Cerdan braucht vorerst nicht zu erröten – er erringt einen gloriosen Sieg gegen Lucien Krawczyk im März 1948. Doch am 25. Mai folgt eine herbe, so unerwartete wie umstrittene Niederlage gegen seinen Herausforderer Cyrille Delannoit im Brüsseler Heysel-Stadion. Marcels Traum, seine phänomenale Laufbahn als ungeschlagener Champion beenden zu können, löst sich in Luft auf. Wochenlang ist er am Boden zerstört; es ist an Piaf, ihn moralisch wieder aufzubauen. Keine leichte Aufgabe – in Schlagzeilen und Leitartikeln wird sie, mehr oder weniger direkt, ja bereits für Cerdans Scheitern verantwortlich gemacht. Sie habe einen schlechten Einfluss auf ihn. Er verbringe viel zu viel Zeit mit ihr, die wohl um jeden Preis einen »Mann von Welt« aus ihm machen wolle, er besuche allabendlich ihre Konzerte, anstatt sich auf sein Training und die Wettkampfvorbereitungen zu konzentrieren. Oder ist sein neuer Talisman, ein Cronin-Roman, den er auf seinen Reisen stets bei sich führt, etwa der Grund für sein Unglück? Unbegründete

Anschuldigungen, gewiss, für die abergläubische Édith aber völlig unakzeptabel. Stellen sie doch den ersten Angriff auf den Bestand ihrer großen Liebe dar.

Im Juli, als es wiederum in Brüssel zur Revanche zwischen Delannoit und Marcel kommt, begleitet sie ihren *amant* zwar wie gewohnt, bleibt aber während des Matches im Hotelzimmer. Und tatsächlich gelingt es Cerdan, seinen Europameistertitel zurückzuerobern, obwohl er sich erst Tage zuvor beim Training die rechte Hand gebrochen hat. Piafs Erleichterung ist unbeschreiblich, noch größer aber ist die Freude bei Marcels anderem Manager und Vertrautem, Lucien Roupp. Ihm ist Édiths Dauerpräsenz im Leben des Boxers schon seit langem ein Dorn im Auge: Zu viel Kultur, Party und Entertainment, zu viel Sex führen zu nachlassender Kampfbereitschaft und zu schwindendem Ehrgeiz. Wenn es nach Roupp ginge, würde Piaf für immer und ewig verbannt.

Ihre Erfindungsgabe und ihre Hartnäckigkeit sind stärker. Im August 1948, als der Weltmeisterschaftskampf zwischen Cerdan und Tony Zale schon seine Schatten vorauswirft, schiebt sie in Begleitung von Ginou Richer einen Kurzurlaub im normannischen Anet ein, um Marcel in seinem Trainingslager zur Seite zu stehen, und auch auf amerikanischem Boden – der Kampf wird im Roosevelt Stadium von Jersey City ausgetragen – gelingt es ihr, Roupps strenge Sicherheitsvorkehrungen zu umgehen. Einen gemeinsamen Flug in die Staaten hat der Manager zwar verhindern können. Doch vor Ort schafft sie es, Anfang September zusammen mit Momone bis auf wenige Kilometer an Cerdans geheime Trainingsstätte in Loch Sheldrake in den Catskills, nördlich von New York, heranzukommen. In einem Motel in Hurleyville halten sie sich verborgen und unternehmen immer neue Vorstöße in Richtung Hotel Evans, wo Marcel sich nicht nur auf den *fight* des Jahres vorbereitet, sondern auch, in illustrem Rahmen, eine Art Publicity Show für die Belange Frankreichs in den USA absolviert. Der Vorzeigesportler, der seinen stark behaarten Oberkörper gern wie eine Trophäe präsentiert, empfängt dort mit dem Charme und der Professionalität eines Hollywoodschauspielers täglich blonde Starlets und Politiker. Ein Trubel, der in Roupps Augen das Gegenteil eines vernünftigen Sportlerdaseins darstellt. Mit Édiths Ankunft im Hotel Evans werden seine Pläne von einem disziplinierten Training nun vollends durchkreuzt. Jetzt ist sie es, die sich mit Momone auf dem Rücksitz ganz klein macht, wenn Jo Rizzo, Marcels Chauffeur, mit seiner Limousine täglich mehrfach zwischen Hurleyville und Loch Sheldrake hin- und herfährt. Schließlich wird Roupp dieser alberne Pendelverkehr zu bunt, und er fügt sich zähneknirschend. Die Frauen dürfen – als »kranke Schwester« seines Schützlings »samt Freundin« – einen Bungalow auf dem Gelände beziehen. Verlassen dürfen sie die Unterkunft nicht; reihum bringen die Männer ihnen Essen und Getränke in den »Hochsicherheitstrakt«. Piafs Anwesenheit wird mehr schlecht als recht geheim gehalten. Nur noch eine Bedingung kann Roupp durchsetzen: Cerdan muss, auch wenn er tagsüber häufig bei den *ladies* aufkreuzen darf, unbedingt in seiner eigenen Unterkunft übernachten.

Was sich in Loch Sheldrake tatsächlich abspielt, ist weniger ungehemmte Leidenschaft als der Versuch, wenigstens für einige Tage »Normalität« zu leben. Einen Alltag auszuprobieren, wie es ihn in New Yorker Hotelzimmern oder in Auteuil nicht gibt: Brav geht es zu im Sportreservat, bieder fast. Édith, Marcel und Momone spielen Rommé und Monopoly wie ein Vorstadtehepaar, das die Hausfreundin zu Gast hat. »Mit Marcel hatte ich mein seelisches Gleichgewicht gefunden. Er war ein einfacher, bescheidener, guter Mensch. Wir verbrachten unsere Abende wie Rentner. Er las Comics und lachte dabei schallend, und ich strickte Skimützen. In der Öffentlichkeit spielte er sich nie auf. Er hatte eine gleichsam chinesische Geduld mit allen Menschen.« Ein Leben wie in Quarantäne; flüchtige Glücksmomente, die dem Dasein im goldenen Käfig regelrecht abgetrotzt werden müssen. Und so gut wie keine Intimität. Den Rest des Septembers verschreibt sich jeder der beiden wieder seiner Karriere. Édith tourt mit den Compagnons durch Kanada, ein schlauchendes Intensivprogramm; Marcel beugt sich endlich dem Willen Roupps und macht ernst mit der mentalen und physischen Konzentration auf das Match mit Zale. Direkt vor dem großen Tag sind noch ein paar gemeinsame Stunden in der Park Avenue geplant. Doch genau da funken Charles Aznavour und sein Bühnenpartner Pierre Roche dazwischen. Jetzt aber kann Édith Überraschungsbesuch ganz und gar nicht gebrauchen. Sie steht den beiden hilfesuchenden Neuankömmlingen bei, organisiert für sie in aller Eile einen Gig in Montreal und komplimentiert sie wieder zur Tür hinaus. Nicht unfreundlich, aber bestimmt. Alles, was jetzt zählt, ist der 21. September. Cerdan versus Zale. Und der Tag darauf: Am 22. beginnt Piafs neue Gastspielserie im Versailles.

Noch in der Normandie hat Édith auch metaphysisch nichts unversucht gelassen, um Marcel zum entscheidenden Sieg zu verhelfen, zu jenem Triumph, der seine Laufbahn krönen sollte. In Lisieux hat sie ihn niederknien lassen. Die heilige Thérèse soll das Wunder von New Jersey geschehen lassen. Kurz bevor sie nach New York zurückkehrt, erhält sie das »himmlische« Signal: »Ich packte gerade meine Koffer, als wir [Ginou Richer und Édith] einander plötzlich verwundert ansahen: Im Zimmer hatte sich ein paar Sekunden lang kräftiger Rosenduft verbreitet.« Die Freundin denkt, Parfum sei ausgelaufen, aber für Édith steht fest, ihre Bitten wurden erhört: »Ich wusste, dass die Heilige [Thérèse] jedem, dem sie eine Gnade erwiesen hatte, Rosenduft zum Zeichen sandte. Von diesem Augenblick an wusste ich, dass Marcel Cerdan die Weltmeisterschaft sicher war.«

Sie instruiert Ginou Richer, im Falle von Marcels Sieg sofort vom Stadion nach Hause zu eilen, um Hunderte von frischen Rosenblättern vom Aufzug bis an das gemeinsame Bett auszustreuen. Bourgeat allein setzt sie auseinander, welche Bedeutung sie dem 21. September beimisst – sie betrachtet ihn als Barometer ihrer Chancen für eine gemeinsame Zukunft mit Cerdan. Sieg bedeutet Hoffnung, Niederlage das Ende aller Träume. Zwischenlösungen sind nicht vorgesehen. Glück hat sie immerhin schon erfahren dürfen, so viel erkennt sie an. Das verleiht ihr eine gewisse Gelassenheit. »Das Einzige, was mich beunruhigt, ist der Umstand, dass Marcel nicht frei ist. Aber man muss sich mit dem zufriedengeben, was man [bekommen] hat, und Du weißt ja sehr wohl, dass ich niemals einen Teil meines Lebens zerstören würde. Ich bin zu spät in das seinige eingetreten, deshalb bin ich jetzt auch diejenige, die Opfer bringen muss.« Wieder erhofft sie sich allerhöchsten Beistand. »Vielleicht wird Gott, wenn Er erkennt, dass mein einziges Bestreben doch darin liegt, Marcel glücklich zu machen, mir helfen, so wie Er es bisher getan hat?«[123]

234

Zwanzigtausend Menschen sind in das Roosevelt Stadium geströmt; das Match zwischen Anthony Zaleski alias Tony Zale, dem »Mann aus Stahl«, und seinem Herausforderer Cerdan ist ein Weltereignis. Auch im französischen Rundfunk wird es live übertragen. Auf das feierliche Abspielen der *Marseillaise* folgen die tausendfachen Schlachtrufe erregter Anhänger von Zale, die dem *frenchie* und *frog* den Tod wünschen. Édith erleidet Qualen. Jede Attacke, die Marcel über sich ergehen lassen muss, trifft auch sie körperlich. Die beiden Männer schenken sich nichts; der Kampf ist ausgewogen und von furchterregender Härte. Bald schon mag sie gar nicht mehr hinschauen. Barrier und Bonel, Ginou und Momone zittern mit ihr; auch der Komiker Fernandel hat sich bis an den Ring herangewagt. Erneut hält Piaf Zwiesprache mit Thérèse. »Mitten unter der tobenden Menge im Saal betete ich zu der Heiligen: ›Du hast ihm den Sieg versprochen, vergiss' es nicht!‹« Und ihre Gebete scheinen erhört zu werden. Bis in die zwölfte Runde hält Zale den Schlägen seines Widersachers noch stand, dann bricht er zusammen wie ein gefällter Baum. Jubel, Proteste, Pfiffe, Freudentränen, die Proklamation des Siegers und neuen Weltmeisters – die Menge tobt, die Gefühle sind in Aufruhr. Édiths völlige Identifikation mit Marcel an jenem Abend versetzte sie in Trance. Das Einzige, dessen sie sich nachher mit Bestimmtheit entsinnen kann, ist seltsamerweise der Hut eines Zuschauers in der Reihe vor ihr. Ihr Opfer. Ohne es zu bemerken hat sie ihm einen Hieb nach dem anderen versetzt. So lange, bis er lädiert war. »Am Ende des Kampfes, als Marcel, Sieger durch K. o., die Menge grüßte, drehte sich der Mann nach mir um und reichte mir seinen verbeulten Hut: ›Da, nehmen Sie ihn bitte! So wie er jetzt aussieht, kann ich ihn doch nicht mehr tragen. Aber Sie wird er gewiss immer an eine große Freude erinnern!‹« Mehr als eine Stunde lang hat Piaf unbewusst für Cerdan mitgeboxt.

Das überglückliche Paar feiert bis in die Morgenstunden. Und gleich am nächsten Abend noch mal: Édiths neue Gastspielserie im Versailles beginnt. Sie singt vor ausverkauftem Haus, eine Fernsehstation zeichnet ihre Show auf, und Marcel, der in seinem Smoking wie verwandelt wirkt, ist ihr größter Bewunderer. Noch nie zuvor hat Piaf so viele Titel auf Englisch dargeboten, das Publikum dankt es ihr mit frenetischem Applaus. Zwei Sternstunden, noch dazu im Tagesabstand. Ein doppelter Triumph, der sich wohl kaum noch steigern lässt. Gleichzeitig stehen sie im Scheinwerferlicht, und wenn sie sich umarmen und einander festhalten, schaut New York ihnen mit Wohlwollen dabei zu. »Ja, ich habe Cerdan geliebt. Mehr noch, ich verehrte ihn wie einen Gott. Für ihn hätte ich alles Menschenmögliche getan: Damit er am Leben bliebe, damit die Welt wüsste, wie edel und bewundernswert er war.«

Ob es Roupp nun schmeckt oder nicht, Marcel leistet seinem Befehl, sich sofort nach Paris zu begeben, um dort ein Bad in der Menge zu nehmen, nicht Folge. Er widersetzt sich – bald wird er sich von seinem Manager lossagen – und bleibt bei Édith. Eine Woche mehr ist ihnen damit vergönnt. Piaf veranstaltet einen kleinen Empfang für ihn, bei dem sie noch einen weiteren Anlass zum Feiern finden – inzwischen ist sie, wie man ihr aus Frankreich kabelt, auch als Komponistin bei der Sacem akzeptiert worden. Die Abende gehören ihren Konzerten im Versailles, die Tage nur ihnen allein. Promenaden durch die herbstliche Metropole, bei denen sie sich an den vorwitzigen Eichhörnchen erfreuen, zählen zu ihren Lieblingsbeschäftigungen. In den einfacheren *neighbourhoods* erntet Cerdan anerkennende Pfiffe und wird mit Zurufen und Begrüßungen geehrt, im *theatre district* verbeugt man sich vor dem *french sparrow* an seiner Seite. Immer aufs Neue sind sie aufeinander stolz.

Unvergesslich wird Édith ein nächtlicher Ausflug auf den Rummel von Coney Island bleiben, im Anschluss an ihre Vorstellung. Wie Teenager ziehen sie dort ausgelassen von einer Attraktion zur nächsten, gruseln sich in der Geisterbahn, schreien panisch, wenn sie im *rollercoaster* dem Sternenhimmel des südlichen Brooklyn entgegenfliegen, klettern ins Kettenkarussell, essen Hotdogs, ziehen untergehakt durch die Menge. Es dauert lange, bis sie von den amüsierwilligen Leuten erkannt werden. Zuerst entdecken sie Marcel, *the champ*, und lassen ihn hochleben. Eine johlende Menschentraube bildet sich, und Cerdan macht sich einen Spaß daraus, dass Piaf ignoriert wird. Die fühlt sich schon ein wenig im Abseits, bis sie jemand bittet, *La Vie en rose* zu singen. »Da wurden alle Karusselle angehalten, und es war mucksmäuschenstill, während ich sang. Nachher, als die Leute applaudierten, drehte ich mich um und sah in Marcels bewegtes Gesicht. ›Das, was du tust, Édith, ist besser als mein Sport‹, sagte er. ›Du gibst ihnen Freude und Glück.‹ Das war das schönste Kompliment, das mir ein Mann machen konnte.« Ein Kompliment, das sie damals noch als unverdient empfindet. Eines weiß sie aber schon in jener Nacht, umringt von russischen Einwanderern, Arbeitern aus Queens, Stenotypistinnen aus Staten Island und Pärchen von der Lower East Side: Soeben hat Cerdan ihr »die größte Freude meines Lebens« verschafft. Die Anerkennung der einfachen Leute.

Schon ist es wieder vorbei mit den unbeschwerten Stunden. Édiths amerikanisches Engagement läuft noch bis Anfang Dezember weiter, und Paris, völlig aus dem Häuschen, bereitet dem Nationalhelden Cerdan in den ersten Oktobertagen einen triumphalen Empfang, wie ihn Frankreich lange nicht gesehen hat – mit Paraden auf den großen Boulevards, mit einer Audienz beim Staatspräsidenten und mit Tausenden von Händen, die sich ihm am Straßenrand entgegenstrecken und geschüttelt werden wollen. Marcel bahnt sich seinen Weg durch einen Ozean des Jubels. Und kehrt vorläufig heim nach Casablanca, in den Schoß seiner Familie. Marinette hat längst Wind von der Affäre ihres *champion du monde* bekommen und droht mit Scheidung; Cerdan ist bestrebt, die Wogen zu glätten. Heimlich schreiben sich die Achterbahnfahrer weiter; Telegramme und Briefe überqueren den Atlantik. Auch Bourgeat erhält wieder neuen Lesestoff. Édith konstatiert: »In meinem ganzen Leben habe ich nicht so geliebt wie diesmal. Ich liebe ihn so sehr, dass ich nicht mehr weiterzuleben wünsche, wenn er nicht in meiner Nähe ist. Gott hat ihn meinen Pfad beschreiten lassen, damit ich ihn glücklich machen soll. Er hat mich mit dieser Mission beauftragt, und Du kannst sicher sein, dass ich sie erfüllen und zu Ende führen werde.«[124]

Cerdan hält sein Versprechen und eilt zurück zu ihr nach Manhattan. Dort wartet aber auch die missgünstige Momone, um die Euphorie der *lovers* mit infamen Anschuldigungen zu zerstören. Beinahe gelingt es ihr auch. Sie startet einen Erpressungsversuch, mit dem sie die beiden der Presse ans Messer liefern will. Kaum nach Paris zurückgekehrt, erstattet sie Anzeige gegen die Freundin und deren Traummann und bezichtigt sie der Körperverletzung. Behauptet gar, sie sei gefangen gehalten worden. Als Édith all diese Lügen mit Zeugenaussagen widerlegen kann, klammert sich die Intrigantin an den enttäuschten Roupp, in der Hoffnung, ihn aufstacheln zu können. Doch dessen Loyalität erweist sich als unerschütterlich. Momone beißt auf Granit. Umso erstaunlicher, dass ihr Piaf auch diesmal nicht die Freundschaft aufkündigt. Unbeirrbar ist sie in ihrem Glauben an die Gabe der Menschen zur Besserung und zur Überwindung ihrer sozialen Konditionierung. Wie Cerdan, der dank ihrer Anstrengungen zu einem kultivierten Mann ohne Minderwertigkeitskomplexe geworden ist und der mittlerweile lange Racine-Monologe auswendig rezitieren kann, würde auch Momone das schwierige psychologische Erbe ihrer bescheidenen Herkunft und vielleicht sogar ihren schwesterlichen Neid eines Tages abschütteln können.

So oft es geht, arrangiert sie Gastspiele, die sie in die unmittelbare Nähe Cerdans führen – Barrier stellt ihr kleine Tourneen in die nordafrikanischen Kolonien zusammen. Schon über die Weihnachtstage 1948 ist sie in Casablanca aufgetreten, im Sommer 1949 gibt sie dort erneut Konzerte und reist nach Oran und Algier weiter. Marcel nimmt jede Gelegenheit wahr, sich ihr dort für ein paar Tage oder auch nur ein paar Stunden anzuschließen.

Kairo, Alexandria und Beirut besucht Piaf im Februar und März 1949. Ihr Akkordeonist Bonel ist seit neuestem leidenschaftlicher Amateurfilmer. In Giseh hält er fest, wie die Touristin Piaf auf einem Kamel an den Pyramiden entlangreitet und sich dabei zu einem wenig freundlichen Vergleich hinreißen lässt: Die mächtigen Kiefer und die Zahnstellung ihres Wüstenschiffs erinnerten sie doch sehr an das Gebiss und die markanten Züge der Kollegin Mistinguett. Das Kamel hat seinen Namen weg.

Manchmal, wie im August 1949 an der Côte d'Azur, gelingt Marcel und Édith wieder eine längere Eskapade zu zweit. Und im September werden sie ihre Romanze vom Vorjahr in Loch Sheldrake und in der New Yorker Lexington Avenue wiederholen – mit dem Unterschied, dass unterdessen so ziemlich die ganze Welt eingeweiht ist. Ihr Liebeskarussell ist in Schwung gekommen und dreht sich jetzt auf gleich drei Kontinenten, in immer kürzeren Abständen. In Amerika erscheinen ihre ersten LPs. In Frankreich, wo sie Lieder mit Tanzthematik wie *Bal dans ma rue* und *Fais-moi valser* oder auch *Paris* für Cerdans *Argile*-Film einspielt, ist sie weiterhin präsent geblieben: mit umjubelten Konzerten in der Salle Pleyel im Januar 1949 und Tourneen durch die Provinz. Piaf schont sich nicht – die Aussicht auf das nächste Zusammensein mit Marcel beschwingt sie immer wieder –, doch manchmal lassen die Kräfte nach oder sie legt Ungeduld an den Tag. Gleich mehrfach in diesem Schicksalsjahr muss sie sich in letzter Minute von Lys Gauty oder Montand vertreten lassen, manchmal kürzt sie ihre Auftritte ab, dann wieder muss sie eine Performance abbrechen. Mal ist die Stimme weg, mal fühlt sie sich zu schwach. Oder sie geht, wie bei einem Engagement im März 1949 in Reims, einfach mit dem Kopf durch die Wand. Die Compagnons hatte sie aufgrund ihrer großen Müdigkeit darum gebeten, ausnahmsweise selbst den ersten Teil des Programms bestreiten zu dürfen. Da sie nicht erschien, begannen ihre Troubadoure allein mit dem Konzert. Kaum ist Édith angetreten, unterbricht sie kommentarlos den Vortrag ihrer Kollegen, spult ihre Nummern ab, macht sich auf den Heimweg und überlässt es den »Kumpels«, die jetzt gnädigerweise wieder weitermachen »dürfen«, mit den empörten Zuschauern klarzukommen. Piaf handelt immer öfter rücksichtslos und schert sich nicht um die Folgen. Es ist, als hätte sie keine kostbare Zeit zu verlieren.

In Sportlerkreisen ist nicht unbemerkt geblieben, dass Marcel sich ganz in die Obhut von Jo Longman begeben hat und dennoch keine schlechtere Leistung zeigt. Wenn er auch nach Piafs Pfeife tanzen und der eisernen Disziplin Roupps entsagt haben mag, die Bilanz der letzten Monate kann sich für den Weltmeister sehen lassen: Ende März 1949 hängt der britische Champion Dick Turpin am Ende der siebten Runde besiegt in den Seilen, im Mai gelingt Cerdan ein weiterer K.-o.-Sieg gegen Krawczyk. Doch dann, Mitte Juni, wendet sich das Blatt. Der berüchtigte Amerikaner Jake LaMotta fordert ihn in Detroit heraus. Édith, die gerade ein mehrwöchiges Gastspiel im Pariser Copacabana gibt, kann diesmal nicht als Glücksbringerin an der Seite ihres *amant* präsent sein. Dafür feuert sie ihn brieflich umso leidenschaftlicher an. »Mittwoch werde ich in Deinen Boxhandschuhen sein, in Deinem Atem, in Deinen Augen, in Deinem Herzen, überall; ich werde versuchen, LaMotta in die Hinterbacken zu beißen. Dass dieser Schweinehund es ja nicht wagt, Dich anzurühren! Sonst bekommt er es mit mir zu tun. Auf Wiedersehen, mein Kleiner, mein hübscher Bengel, mein Leben, meine Liebe, mein Herz, mein Du.«[125] Ihre knapp dreißig Briefe, die zwischen Mai und Juli 1949 fast im Zweitagesabstand zwischen ihnen hin- und hergehen, unterzeichnen die beiden Liebenden mit *moi*, »ich«. Sie sind voller *moi pour toi, toi pour moi* oder fusionierender *toietmoi*: »ich für Dich«, »Du für mich«, »ichundDu« – Wendungen einer Verschmelzung. Auch Ton und Wortwahl beider Briefeschreiber wirken so ähnlich, als schriebe eine Person.

In Detroit verhallen Piafs Ermutigungen freilich ungehört, Europa ist weit weg, und LaMotta tut weder ihr noch Cerdan den Gefallen, klein beizugeben. Die Amerikaner tricksen ein wenig – Marcel wird nicht die nötige Zeit zum Aufwärmen gewährt; man konfrontiert ihn mit ungewohnten Materialien, drängt ihm nagelneue Schuhe und Handschuhe auf. Verunsichert und nervös bestreitet er die ersten Runden. Zu einem harten Schlagabtausch kommt es erst gar nicht: Mitten im Kampf gleitet er auf der Matte aus und verletzt sich an der Schulter; an Weitermachen ist nicht zu denken. Auf Anraten seines Teams gibt er auf, der Titel ist futsch. Gleich wird ein Termin für die Revanche anberaumt: Ende September 1949. Und Édith, zu der sich Cerdan flüchtet, gibt sich die Schuld an der Niederlage. Hatte man ihr nicht geweissagt, dass ihre Anwesenheit bei jedem Match Marcels unverzichtbar sei? Zerknirscht kauft sie ihm weitere Kleidergarnituren, die er nicht braucht, und richtet ihre Energie auf die Gestaltung des Hauses in Boulogne. Wenigstens steht den Liebenden der ganze weitere Sommer offen: Sie sind unzertrennlich. Édith schreibt den Text für ihre *Hymne à l'amour* und verwendet damit eine Skizze, die eigentlich für ihre Kollegin Yvette Giraud bestimmt war.

Im August und September, gleich nach ihrer Rückkehr aus Nizza und Bandol, gelingt es *toietmoi*, weitere kostbare Wochen *en tête-à-tête* herauszuschinden. An den Paparazzi vorbei schlüpft Piaf zu Cerdan an Bord der *Île de France*. Während der Atlantiküberquerung in Richtung New York bereiten sich beide auf ihre jeweiligen Saisonhöhepunkte vor – Édith hat ihre nun schon dritte Saison im Versailles vor sich, »der klitzekleine Bengel« seine Verabredung mit LaMotta, um ihm die Boxkrone gleich wieder abzujagen. Und nach den Tagen im Trainingslager in Loch Sheldrake bringt Édith am Premierenabend im Versailles ihre *Hymne* zur Uraufführung, stellt sie als einen Titel vor, der ganz allgemein verstanden werden könne, aber auch mit ihr und Cerdan zu tun habe. Ihre Zuhörer – wieder hat sich jede Menge Prominenz eingefunden – lauschen gebannt dem neuen Song, den noch kein Franzose kennt, und bereiten ihr am Ende Ovationen. Piaf ist zu einer Ikone des New Yorker Showbusiness geworden, ihr Name landesweit bekannt. Die US-Presse erklärt sie zum Star des Jahres, zur charmantesten Kabarettsängerin ihrer Ära und für großartiger als Sarah Bernhardt. Barbara Stanwyck, Rex Harrison, Jane Wyman und Cary Grant beehren sie mit ihrer Anwesenheit. Der Pariser Journalist Félix Lévitan erklärt seinen Landsleuten, Piaf habe die Amerikaner 1947 verwirrt, 1948 fasziniert und nunmehr, 1949, hingerissen und buchstäblich »eingewickelt«.[126] Zweimal am Abend, um zehn und um eins, tritt sie für jeweils acht Chansons vor den Vorhang des Versailles. Viertausend Dollar beträgt ihre Wochengage, nicht weniger als fünf Millionen alte Francs kommen im Monat zusammen. Ein sensationell hoher Verdienst, von dem aber nicht viel bleibt, denn der US-Fiskus sowie die Kosten für die Wohnung und ihr großes Team verschlingen den Löwenanteil. Gleichwohl – Édith schwimmt auf einer Welle der Zustimmung. Das Versailles hat seit anderthalb Jahrzehnten nicht mehr so erfolgreich gewirtschaftet, die Leute reißen sich um Tickets und müssen wochenlang vorher reservieren, bis ins Folgejahr hinein sind die meisten Vorstellungen ausverkauft. Cerdans bevorstehender *fight* gegen LaMotta wird die Stimmung noch ordentlich anheizen und die Schlangen an den Vorverkaufskassen beträchtlich verlängern.

Vielleicht wäre alles anders gekommen, wenn Jake LaMotta nun nicht seinerseits eine noch nicht auskurierte Schulterverletzung geltend gemacht hätte, so dass die Revanche kurzfristig auf den

2. Dezember verschoben wird; Austragungsort soll wieder der Madison Square Garden sein. Édith kann ihr Glück kaum fassen: zwei weitere »sturmfreie« Monate mit Marcel in Manhattan. Umso größer ist ihre Enttäuschung, dass Cerdan sich zu einem längeren Aufenthalt bei seiner Familie in Marokko entschließt. Und sich auch nicht von ihr umstimmen lässt. »Wahrscheinlich war diese Liebe zu schön für mich«, wird sie als alternde Frau einmal mutmaßen. »Die Stunden ohne Dich ziehen sich so sehr in die Länge, und das Leben ist ohne Sinn und Zweck«,[127] lässt sie ihn in ihrem letzten Brief wissen. Bourgeat, der die Entscheidung des Boxers nachvollziehen kann und Édith nahelegt, sich doch einmal in die Familienmitglieder Cerdans hineinzuversetzen, erkennt das ganze Ausmaß ihrer Verletzung erst, als sie ihm antwortet: »Ich bin schrecklich enttäuscht. Ich hatte geglaubt, dass Marcel mich mehr als alles andere auf der Welt liebt, und jetzt muss ich feststellen, dass ich nur seine Geliebte bin. Unsere Zeit zusammen war ein Geschenk des Himmels, und er hat es [ungenutzt] vorbeiziehen lassen.« Bourgeat hat einige Rüffel einzustecken, weil er diesmal nicht die Partei seiner Brieffreundin ergriffen hat. »Ich werde wahnsinnig, ich habe Lust zu schreien und zu heulen. ... ich weiß ganz genau, dass Marcel diesmal aus freien Stücken weggegangen ist. Idiotisch wie ich war, glaubte ich, er würde leiden, wenn er fern von mir ist, und dann singt er doch, ausgerechnet an seinem Abreisetag, beim Duschen vergnügt und aus vollem Halse!«[128] Sie wolle sich aus seinem Leben zurückziehen, klagt Piaf verbittert, was sie natürlich selbst nicht glaubt. Dabei beginnt sie gerade erst, richtig um ihn zu kämpfen. »Jetzt bin ich davon überzeugt, dass ich an einer Herzenskrankheit leide«,[129] gestand sie, als sie ihn zum ersten Mal boxen sah. Eine Heilung von dieser *maladie de cœur* ist längst nicht mehr in Sicht.

Ende Oktober unterbricht Cerdan seinen Familienurlaub in Casablanca mit einem Probematch gegen Valère Benedetto in Troyes. Von Paris aus telefoniert er lange mit Édith, die er noch nie so entschieden und fordernd und zugleich so verzweifelt und resigniert erlebt hat. Sei es, dass es mit seiner Frau zu Streit gekommen ist und er nun selbst eine Scheidung erwägt, sei es, dass auch er Sehnsucht hat, er lässt sich jedenfalls umstimmen und verspricht ihr seine baldige Rückkehr nach New York. Nicht mit dem Dampfer, fleht sie ihn an, und durchkreuzt abermals seine Pläne, treibt ihn zu noch größerer Eile an. Mit dem Flugzeug also, willigt er schließlich ein. Obwohl er, wie sie weiß, das Fliegen hasst.

Achtundvierzig Personen sind an Bord der Lockhead Constellation, die am 27. Oktober 1949 um 21 Uhr vom Flughafen Orly abhebt, elf Besatzungsmitglieder und siebenunddreißig Passagiere. Unter ihnen viele Celebrities, Ginette Neveu zum Beispiel, eine der berühmtesten Violinistinnen ihrer Zeit. Drei weitere Reisende, die bereits lange zuvor gebucht hatten, müssen zurückbleiben, damit Marcel, Jo Longman und ein Pariser Freund an Bord gehen können. Die Journalisten, schon dem bevorstehenden LaMotta-Match entgegenfiebernd, stürzen sich auf Cerdan. Er verspricht ihnen, wie ein Tiger gegen den »Bronx Bull« zu kämpfen, posiert in blauem Anzug und Tweedmantel, schultert lässig einen seiner schweren Reisekoffer und lässt sich mit der androgynen Geigerin fotografieren. »Für die Nachwelt.« Strahlend hält Neveu ihre Stradivari in die Höhe – Marcel darf das wertvolle Stück auch mal kurz halten –, und sie lässt sich sogar zu einem kleinen Ständchen hinreißen. Noch ein Gläschen Champagner am Terminal, und schon rollt die Maschine auf die Startbahn. Zur selben Zeit empfängt Édith den baskischen Tenor Luis Mariano in New York.

Auf zweitausend unfallfreie Atlantiküberquerungen kann die Fluggesellschaft Air France verweisen. Wie immer sind zwei Zwischenlandungen vorgesehen: die erste auf den Azoren, die zweite in Neufundland. Piaf bestreitet gerade ihren ersten Liederblock im Versailles, als beim Landeanflug auf den portugiesischen Archipel der Funkkontakt zur Crew abbricht. Mitten in der Nacht prallt die Maschine gegen den Monte Redondo[130] auf der Insel São Miguel. Planmäßig ist sie neunzig Meilen von hier, auf dem Flughafen von Santa Maria, erwartet worden. Zu übereilten Manövern hat kein Grund bestanden: Es herrschten ideale Wetterbedingungen. Der Pilot hat das Flugfeld einer Nachbarinsel mit seinem Ziel Santa Maria verwechselt und die Constellation im Sichtflug irrtümlich gegen den Gipfel gesteuert.

Am Ende ihrer Vorstellung eilt Édith, deren Vorfreude sich stündlich gesteigert hat, nach Hause und gibt ihren Freunden die Anweisung, sie ausschlafen zu lassen und kurz vor Marcels Ankunft zu wecken. Marc Bonel und Loulou Barrier, zur Abholung des Boxers abkommandiert, stehen in einem Drugstore, als sie Fetzen einer Radiomeldung über das Flugzeugunglück auf den Azoren aufschnappen; nach Stunden am LaGuardia Airport haben sie traurige Gewissheit. Schweren Herzens kehren sie nach Manhattan zurück, niemand will Édith die Nachricht überbringen. Es herrscht Grabesstille, als sie am frühen Nachmittag endlich aufsteht, verärgert, dass niemand sie geweckt hat. Noch im Morgenmantel und mit verrutschter Schlafmaske ruft sie nach Marcel. Hat er sich versteckt? Erst das beständige Schweigen aller Anwesenden, die nervös auf- und abwandern und es vermeiden, ihrem Blick zu begegnen, versetzt sie in Unruhe. Barrier ist es schließlich, der sie in seine Arme schließt und ihr erzählt, was geschehen ist. Und sie auffordert, Courage zu zeigen. Die schreckliche Wahrheit ist völlig inakzeptabel und dennoch endgültig. Nur dreiunddreißig Jahre alt ist Cerdan geworden.

Der Nachmittag erscheint endlos. In ihrer Trauer verausgabt sich Piaf bis zur völligen Erschöpfung. Unartikulierte Schreie, Weinkrämpfe, Schluchzer und auch Wutgeheul entringen sich ihr. Sie ist untröstlich. Erst als der Abend naht, findet sie in eine unerwartete Ruhe. Und verkündet zum Entsetzen ihrer besorgten Helfer, ihrem Geliebten musikalisch die letzte Ehre erweisen zu wollen. Sie wird auftreten! Was ihr Impresario als Wahnsinn ansieht, erscheint ihr als das Vernünftigste: Singen im Angesicht des Todes. Singen, um das Unglück wenigstens für die Dauer eines Konzertabends ungeschehen zu machen. Singen, um Marcel in ihrer Nähe zu wissen. Wie immer löffelt sie ihre Gemüsebouillon, die ihr der Versailles-Manager jeden Abend höchstpersönlich vorbeibringt, und macht sich auf den Weg an den Broadway. Unterwegs entzündet sie eine Kerze in einer nahe gelegenen Kirche, vielleicht weniger zu Cerdans Gedenken, denn als Symbol für ihre schwache Hoffnung, er möge doch überlebt haben. Als sie die Bühne betritt, stehen den Musikern Tränen in den Augen. Halten die Zuschauer den Atem an. Édith aber wirkt gefasst. Und jede einzelne Zeile der *Hymne à l'amour*, ihres Geschenks an Marcel, klingt, als wäre sie eigens für diese Stunde der Trauer und des Abschiednehmens geschrieben worden. Piaf singt für zwei, quält sich für zwei. Was sich Édith während der *late night show* des 28. Oktober abverlangt, grenzt ans Übermenschliche. »Ich stand Höllenqualen durch, vor denen Worte versagen. Ich war nur noch Fleisch um ein todwundes Herz. Doch ich hielt durch, [fast] bis zum Schluss.« Darf man applaudieren, soll man mitweinen, sollte man sich abwenden, wenn sie später mitten in einem Lied die Kräfte verlassen und sie, einsam wie nie zuvor, zusammenbricht? Ein Abgrund tut sich vor ihr auf, der Anfang vom Ende. Und auch das Weitersingen hindert sie nicht daran, sehenden Auges in ihn hinabzustürzen. »Vierzehn Jahre hatte sie noch zu leben – sie hatte ein Leben zu führen, das eigentlich kein Leben mehr sein würde.«[131]

Der Tod, so Piaf in ihren Memoiren, sei objektiv betrachtet nur der Anfang von etwas Neuem, er versetze die Seele in die Lage, wieder ihre Freiheit zu erlangen. Der Tod Cerdans aber »ist zweifellos das Schlimmste, was [ihr] zustoßen konnte: der Beginn einer tiefgreifenden Störung. Es ist, als seien alle Schicksalsschläge, von denen sie je sang, plötzlich schonungslose Wirklichkeit geworden, als ob sich ihre Gesänge von [Los] und Liebe bis an ihr Ende über sie stürzten.«[132] Einem Freund vertraut sie noch Wochen nach dem Desaster an, dass alle ihre Versuche, das Geschehene zu verstehen, fehlgeschlagen seien, dass ihr Schmerz jeden Tag schlimmer werde. Niemals zuvor habe sie sich ausmalen können, dass sie ihren eigenen Tod als Freude und Erlösung herbeisehnen würde. Sie bezeichnet sich als einen Menschen, der das Leben geliebt habe und es jetzt hassen müsse. Hat Édith ernsthaft einen Selbstmord erwogen? In den schlimmen Minuten, als Barrier ihr die Todesnachricht überbrachte, haben die Freunde, einem Impuls folgend, sie daran gehindert, sich den Fenstern zu nähern und sich womöglich in die Straßenschlucht zu stürzen. Als sie in einer Radiosendung bekennt, lebensmüde zu sein, wird sie von ihren Fans bestürmt, nicht aufzugeben. Und an Bourgeat schreibt sie, wenige Tage nach der Katastrophe: »Ich habe eigentlich nur noch eine Idee im Kopf: mich ihm anzuschließen. Ich sehe überhaupt keinen Sinn im Leben mehr. Singen? Für ihn allein habe ich ja gesungen. Jedes meiner Lieder erinnert mich an eine seiner Gesten, an eines seiner

Worte, alles erinnert mich an ihn.« Zum ersten Mal sei sie wirklich glücklich gewesen. Sie kann sich nicht vorstellen weiterzuleben. »Das Leben, das ist doch die Hölle, und Sterben heißt sich davon auszuruhen. Bete, Jacquot, dass ich sterbe, dass ich nicht mehr leiden muss. Erbarme Dich meiner.«[133]

Cerdan hat man lediglich anhand seines Uhrarmbands identifizieren können – die Uhr war ein Geschenk von Édith. Nur Neveus Stradivari hat den Crash wie durch ein Wunder überlebt. Nicht unversehrt zwar, sondern zerbrochen – aber nicht in Flammen aufgegangen. In Frankreich und in Casablanca gedenkt man des Boxers wie eines Heiligen, Tausende pilgern an Cerdans Sarg und erweisen ihm die letzte Ehre. Die Trauerzeremonien stehen einem Staatsbegräbnis in nichts nach; die Anteilnahme am Tod des Idols ist grenzenlos, in Marokko lässt sie gar die innenpolitischen Auseinandersetzungen ruhen. Édith ist von allen offiziellen Feierlichkeiten ausgeschlossen, aus Rücksicht auf Marinette darf sie nicht einmal einen Kranz schicken. Ihr New York ist die einsamste Stadt der Welt, und so ist es nur natürlich, dass die »Witwe« sich nach Gesellschaft sehnt: Die treue Andrée Bigard wird nach Manhattan beordert und steht Édith wieder zu Diensten, auch Momone darf wieder kommen. Und selbst der gebrechliche, reiseunerfahrene Bourgeat erscheint nun auf der Bildfläche, um seiner Piafou in Manhattan unter die Arme zu greifen. Gemeinsam versenken sie sich in die Lektüre antiker philosophischer Texte, und Jacquot führt sie behutsam an die Lehre der Rosenkreuzer heran. Alles, was Trost zu spenden verspricht, wird in Erwägung gezogen. Auch Alkohol und Medikamente.

Vier Abende lang sah sie sich außerstande, im Versailles aufzutreten. Danach hilft die Routine über den ärgsten Schmerz hinweg. Auf eine Rückkehr nach Paris verspürt Piaf keine Lust, und ihren lukrativen Vertrag möchte sie sowieso nicht lösen. New York macht es ihr sogar ein wenig leichter, die Trauer zu bewältigen: Hier kann sie sich abschirmen und in ihrem kleinen Kreis von Verschworenen Cerdan täglich wiederauferstehen lassen und seine Mythisierung beschleunigen. Fast vier Monate währt das diesjährige Engagement als *Mademoiselle Heartbreak*, und auch an ihrem vierunddreißigsten Geburtstag schmettert Édith ihre

Hymne für Marcel unverdrossen ihren gerührten Zuhörern entgegen – den Ohrenzeugen einer schrittweisen Sublimierung. Das Lied von der Wiedervereinigung zweier liebender Seelen im Himmel besitzt nicht länger nur utopische Qualitäten oder erzählt von einer individuellen Erfahrung, Piaf erhöht es mit jeder weiteren Darbietung zu einer universellen Geschichte. So konkret es auch auf Cerdan gemünzt sein mag, es ist inzwischen zu einem weltumspannenden Chanson der Sehnsucht geworden, in dem sich jeder, dem die große Liebe entrissen worden ist, wiederfinden kann. Von jenem Winter 1949/50 an wird die Glückserfahrung mit ihrem *bel amour adoré* auch für Édith selbst zu einem Stück Literatur. Wenn sie fortan von sich und dem Boxer erzählt, rückt sie die tatsächlichen Geschehnisse ein wenig von sich weg und gesteht ihnen fiktive Züge zu: »Jetzt will ich Ihnen unseren wahren Roman erzählen«, heißt es dann in ihren Lebenserinnerungen. Dass diese Formulierung ein Paradoxon enthält, scheint sie nicht zu stören. Nur im Zusammenspiel von Gelebtem und Hinzugedichtetem kann sie glaubhaft und wahrhaftig von ihrer exemplarischen *histoire d'amour* Zeugnis ablegen und zugleich ihre ewige Hommage an Cerdan weiterzelebrieren.

Sie wird von Gewissensbissen und sinnlosen Hypothesen geplagt. Was wäre wenn? Wie würde ihr Leben jetzt ausschauen, wenn sie Marcel nicht genötigt hätte, nach New York zu kommen? Was, wenn LaMotta das Match nicht hinausgezögert hätte? Was, wenn sich nicht drei großzügige Passagiere gefunden hätten, die ihre Sitzplätze dem Trio überließen? Auch wenn sich Piaf konkrete Schuldzuweisungen am verheerenden Irrflug vom Monte Redondo erspart: Eine Mitverantwortlichkeit am Tod des Geliebten kann sie sich nicht absprechen. Sie und niemand sonst hat Marcel dazu gebracht, gegen seinen Willen in dieser Unglücksmaschine Platz zu nehmen. Ihr Lebtag wird sie diese Belastung nicht loswerden, die Selbstvorwürfe nicht abschütteln können.

Ihre Entourage steht hilflos daneben, wenn Verzweiflung, Schwarzseherei und Selbstbezichtigungen überhandnehmen und Édith sich in Wutanfälle hineinsteigert, bis sie zu rasen beginnt. Selbst Momone fürchtet sich dann vor ihrer *frangine*. »Stundenlang hat sie geheult und geschrien. Ihre tierischen Schreie haben sich in meinem Kopf festgesetzt, [ich höre sie noch heute].«[134] Nach einem Trinkgelage kriecht sie auf allen vieren herum: *I'm a dog, I'm a dog.* Schnappt nach den Beinen der Umstehenden, bellt und sabbert. Lustig findet das niemand. Peinlich berührt wenden sich auch die engsten Freunde ab. Sie bekommen schon einen Vorgeschmack auf die Exzesse und erniedrigenden Schwächemomente des Folgejahrzehnts. Und nicht nur in psychologischer Hinsicht setzen Piaf der Verlust des geliebten Mannes und ihr neuerliches Alleinsein stark zu: Fast gleichzeitig mit Gram und seelischer Ohnmacht bemächtigt sich ein schmerzhafter Rheumatismus ihrer Gelenke. Die Arthritisattacken folgen in immer kürzeren Intervallen aufeinander. Beängstigend. Nur mit Betäubungsmitteln, deren Dosis ständig erhöht werden muss, kann sie der Schübe Herr werden.

Im Februar 1950 traut sie sich endlich zurück nach Frankreich. In Auteuil lässt sie regelmäßig Messen für Marcel lesen, in denen bald ihr neuer, selbstverfasster Lieblingstitel erklingen wird: *Chanson bleue.* Am 13. März ist sie im Fernsehen zu erleben, danach huldigt man ihr drei Abende lang in der ausverkauften Salle Pleyel. Ihre Pariser Anhänger sind wie hypnotisiert von ihrem »gottgleichen« Vortrag; die Kritiker liegen einem »gefallenen Engel« zu Füßen. Édith wünscht sich indessen bei jedem Konzert, es möge ihr letztes sein. Noch aber wacht Cerdan über sie. Als Schutzengel. Mag der Himmel, in den er sich für immer von ihr zurückgezogen hat, auch für sie auf ewig verschlossen bleiben, so wie in Contets traurigem Lied *Le Ciel est fermé.*

Zwei Engel, deren Koexistenz auf Erden nicht geduldet wird, bieten Stoff für unzählige Songs. Piaf aber ist nach Stille zumute. Ihr derzeitiges Refugium ist ein Hotel in Saint-Lambert, in der Vallée de Chevreuse im Pariser Südwesten. Die wenigen Journalisten, die sie vorlässt, erschrecken, wenn sie sehen, wie sehr Édith sich verändert hat in den vergangenen sechs Monaten. Ihnen begegnet eine verhärmte, des Lebens überdrüssige Frau, die Haare kurz geschoren, verweint, lustlos und gealtert. In den Zeitungen steht später zwar überwiegend Aufmunterndes, und der Unfalltod Cerdans, so ist festgelegt worden, findet keine konkrete Erwähnung. Aber so manch ein Besucher macht sich seine Gedanken und hält sie in seinen Aufzeichnungen fest. »Da drüben [in Amerika] hat sie ihr Lachen und Glück gelassen, ihre Lebensfreude und ihren Spaß daran, eine große Künstlerin zu sein, ihre Koketterie, das Rosa ihrer Wangen, den Glanz ihrer Augen. Da drüben hat sie ihre Zuversicht gelassen und unendlich viele vergossene Tränen, um hier zu uns ganz blass, abgemagert, wehklagend, unendlich traurig und untröstlich zurückzukehren.«[135] Erst die Versöhnung mit Marinette Cerdan wird sie in die Realität zurückholen und für den nötigen Lebensmut sorgen.

»Übrigens hat mich Marcel seitdem nie wieder verlassen«, wird Piaf ein ums andere Mal beteuern. So aberwitzig es scheinen mag: Sein Tod zur Unzeit hat ihn auf alle Ewigkeit fest in ihrem Herzen verankert. Als Liebesmärtyrer lässt er sich nunmehr nach Belieben von ihr stilisieren und idealisieren. Er ist nicht mehr von dieser Welt, sondern eine absolute Größe. Die plötzliche Unerreichbarkeit verwandelt sich in eine Unangreifbarkeit – Cerdan, dem perfekten *amant*, werden Züge eines Heiligen zugeeignet. Vollkommenheit, Unfehlbarkeit, Verzicht und Vergebung. Jeder Vergleich zwischen ihm und einem seiner Nachfolger kann nur zuungunsten des Letzteren ausfallen. Wer nicht mehr kritisiert, beschimpft oder verändert werden kann, bleibt zwangsläufig der Überlegene. Himmlische Liebe übertrifft irdische Liebe um ein Leichtes.

Die Spekulationen, was aus der Beziehung Cerdan–Piaf wohl geworden wäre, wenn das Azorenunglück sich nicht zugetragen hätte, sind nüchtern. Momone erklärte als Erste, dass Édith sich seiner entledigt haben würde, wenn das Verhältnis noch ein Jahr länger angedauert hätte; sie wäre mit ihm nicht anders umgesprungen als mit all seinen Vorgängern. Monique Lange teilt diese Einschätzung und meint: »Diese Geschichte muss von Anfang an entmythisiert werden, damit sie ihr wahres Gewicht, das das eines Traumes ist, behält, damit sie das perfekte Klischee im Leben der Piaf bleibt, das Andachtsbildchen ihrer schwarzen Legende.« Sie versteht das ungehemmte Fortschreiben der Liebe zwischen Boxer und Sängerin in pathetischen Chansons und Bekenntnissen der Zurückgelassenen als eine Art Abhängigkeitsverhältnis zweier Menschen, die, durch die Unmöglichkeit, direkt miteinander zu kommunizieren, einander auf Gedeih und Verderb ausgeliefert sind: »Der Tod hat die Piaf darin gehindert, Cerdan abzuhalftern, und so sind sie dann einer an die andere für alle Ewigkeit aneinander geheftet.«[136]

So katastrophal sich diese Idealisierung, diese Vergötterung Marcels auf ihr künftiges Liebesleben und ihren Gesundheitszustand auswirken mögen – keiner ihrer späteren Partner wird ihm auch nur annähernd das Wasser reichen können, und die Trauer um ihn lässt ihren physischen Niedergang seinen Lauf nehmen –, in künstlerischer Hinsicht setzen sie Kräfte frei. Erotische Empfindungen, die ihres Adressaten beraubt sind, werden kanalisiert und bereichern den Gesangsvortrag um die Glaubwürdigkeit des realen Trauererlebnisses, der abstrakte Begriff *amour* wird mittels des Schlüsselerlebnisses Cerdan zu einer wahrhaftigen emotionalen Erfahrung für Interpretin und Publikum: durchlebt, durchlitten, verloren und unwiederholbar. Nie ist die Bühnenperson Piaf authentischer, als wenn sie ihre Haut zu Markte trägt und ihre Verzweiflung über den Mann herausschreit, den sie vermisst und den sie nie wiedersehen wird; nie waren ihre Zuhörer bewegter als nun, da sie an diesem Trennungsschmerz und der selig machenden Erinnerung teilhaben dürfen. Fast alle Konzerte Piafs sind Messen gewesen, in denen sie ihren Zuhörern Läuterung und Hoffnung schenkte. Wenn sie nunmehr von Liebe erzählt und damit immer nur Marcel meint, feiert sie einen Gottesdienst.

New York schenkte Édith aber nicht nur die Liebe als Himmelsmacht, sondern beschert ihr auch ihre kostbarste Frauenfreundschaft. Marlene Dietrich gehört zu den ganz wenigen großen Stars, die in schwerer Stunde für sie da sind und dazu beitragen, dass es wieder aufwärts geht mit ihr. Seit ihrem problematischen Start im Playhouse kann Piaf sich auf die tatkräftige Unterstützung und die Treue ihrer deutschen Kollegin verlassen; aus Sympathie, Respekt und gegenseitiger Wertschätzung erwächst Vertrauen. Nichts benötigt Édith am Ende dieses Jahrzehnts mehr als ein paar einfache Gesten von Menschen, die bereit sind, Zeit für sie zu opfern, Menschen, bei denen sie sich aussprechen kann, Menschen, die sie in ihrer ganzen Komplexität akzeptieren und nicht geringschätzen, wenn sie sich einmal »danebenbenimmt«. Dass ausgerechnet die preußische Offizierstochter zu dieser Treue fähig ist, sich ihrer annimmt, sogar gelegentlich für sie kocht und ihr in dunklen Stunden Beistand leistet, mag erstaunen. Ist ein größerer Gegensatz denkbar als zwischen diesen beiden Frauen, dem »Vamp und dem kleinen verirrten Mädchen, Eis und Feuer, Rot und Schwarz«[137]? Zwischen der Verführerin, dem »von Männern umschwirrten« Weltstar aus dem *Blauen Engel,* und der unscheinbaren Bardin vom Montmartre? Zwischen der Dame im Nerz und Marcels volkstümlicher Karussellfahrerin?

»Die eine ist langbeinig und schön und blond und gilt als eine der erotischsten Frauen ihrer Zeit. Die andere ist klein, trägt einen mächtigen Kopf auf ihrem Körperchen, empfindet sich als hässlich. Die eine wirkt distanziert und kühl und diszipliniert. Die andere ist leidenschaftlich, chaotisch, hemmungslos.«[138] Doch gibt es Gemeinsamkeiten: Marlene wie Édith sind Geschöpfe eines Vorkriegseuropas, das die Amerikaner verehren. Exotinnen aus zwei großen Nationen des Abendlandes, zu deren Kultur und Geistestradition man in Manhattan aufblickt. Die eine ist Sängerin mit Filmerfahrung, die andere eine Schauspielerin, die sich auch als Sängerin bewährt hat. Sie haben sich in Kriegszeiten auf die Seite der Freiheit geschlagen und bei Gastspielen an der Front respektive in den Gefangenenlagern Mut bewiesen; beide sind in den USA als Entertainerinnen anerkannt. Beide sind auf eigenwillige Weise für Religiosität empfänglich. Noch wichtiger aber ist, dass Piaf sich nie von Dietrichs majestätischer Aura einschüchtern lässt und Marlene, anderthalb Jahrzehnte älter als ihre spatzenhafte *amie,* in Édiths Wesen und Sprache den Flair von Jean Gabins Paris wiederfindet, nach dem sie sich sehnt. »Dietrich erscheint der Piaf wie ein Wesen aus einer anderen Welt, das man wegen seiner Schönheit und Intelligenz und Aufrichtigkeit bewundern muss. Umgekehrt bewundert die Deutschamerikanerin ihre französische Kollegin, weil sie eine elementare Natur ist und eine archaische Kraft besitzt, [weil sie] wie eine Asphaltblume fest im Boden [von Paris] wurzelt.«[139] Édiths Unverfälschtheit rührt sie an.[140]

Von Beginn an sind sie sich in großer Herzlichkeit zugetan. Und »als die Tragödie sie wie ein Peitschenschlag traf« und es andere

Kollegen vorziehen, sich von der strauchelnden kleinen Französin vorsichtshalber schnell zurückzuziehen,»nahm ich die praktischen Probleme ihres Alltagslebens in die Hand«, so Dietrich. Schon als es darum ging, mit tollkühnen Tricks etwa John Garfield vor einem anderen Liebhaber Édiths zu verbergen und dabei bisweilen burleske Situationen zu meistern, ist auf Marlene Verlass gewesen. »Mir wurde richtig schwindlig von der Vielzahl von *lovers*, die ich in ihren Unterkünften von einem Versteck zum nächsten zu befördern hatte. Ich erwies ihr die Dienste, die sie sich von mir erbat. Ohne dass ich jemals ihr schreckliches Liebesbedürfnis in vollem Umfang verstanden habe. ...« Was ihre Freundschaft Piaf bedeutet haben mochte? Schwer zu sagen:»Sie schätzte mich sehr, vielleicht liebte sie mich sogar. Obwohl ich eigentlich glaube, dass sie nur Männer lieben konnte. Freundschaft, das war ein unbestimmtes Gefühl, dessen Schatten gelegentlich in ihrem Esprit und in ihrem Herzen zurückbleibt.«[141] Und Édith gefällt es sehr, dass Marlene nicht auf den Mund gefallen ist: Vor aufdringlichen Konzertbesuchern, die Piaf noch bis an die Garderobentür verfolgen, gibt sich Dietrich als ihre Sekretärin aus und schlägt ihnen die Tür vor der Nase zu.

Eine berührende Frauenfreundschaft: die Akrobatentochter und der Vamp.

Piaf verfährt in ihrem Porträt der Dietrich weitaus großzügiger; ihre Charakterisierungen lesen sich streckenweise wie eine Liebeserklärung. Sie spart nicht mit Lob und Anerkennung, auch für deren Haltung »in den finstersten Stunden des Krieges«. »Marlene liebt Frankreich. … Sie ist die Vorsehung gewesen und die gute Fee einiger französischer Künstler, die in den Vereinigten Staaten an Land gingen.« Ihr gegenüber habe sie sich als selbstlose Freundin erwiesen und »darüber gewacht, dass ich keinen Augenblick allein bleibe mit meinen düsteren Gedanken, sie hat mich für neue Schlachten gewappnet und, wenn ich sie dann durchgefochten und gewonnen habe, dann nur deshalb, weil sie sie für mich gewollt hat, zu einem Zeitpunkt, als ich selbst schon keinen Wunsch mehr dazu verspürte. Dafür bin ich ihr zutiefst dankbar …« Nie wieder hat sich Édith in ihren schriftlichen Aufzeichnungen derart euphorisch und ausführlich über bedeutende Kollegen oder Freunde geäußert. »Von ihrem fulminanten Talent, von ihrer strahlenden Schönheit brauche ich hier gar nicht zu reden. Sie ist die große Dame des Kinos, Marlene die Unersetzliche. Aber wovon ich sprechen will, das ist ihre außergewöhnliche Intelligenz. Und davon, dass sie vielleicht die pflichtbewussteste, gewissenhafteste Künstlerin ist, die es mir kennenzulernen vergönnt war.« In ihrem Streben nach Perfektion sei sie dennoch immer gelassen und geduldig geblieben und »von einer exquisiten Schlichtheit«. Und sie besitze darüber hinaus »einen Sinn für Humor, der mit Charme gepaart ist«.[142]

In den nächsten Jahren werden sich die Fotos häufen, auf denen die beiden Diven gemeinsam zu sehen sind und die von einer Freundschaft zeugen, die weit über Kollegialität hinausgeht. Die physiognomische Diskrepanz lässt sich auch weiterhin nicht leugnen, aber die Blicke, die sie tauschen, sind von einer entwaffnenden Ehrlichkeit und Zuneigung. Zwei Frauen, die sich umarmen und küssen. Zwei europäische Schwestern, deren unterschiedliche Versionen von *La Vie en rose* die Welt verzaubern und mit dessen Interpretation jede von beiden wohl etwas ganz anderes meint. Marlene, die Édith nach Marcels Tod wieder Hoffnung gibt. Marlene, die auch bei einer missglückten Performance ihrer Freundin in der ersten Reihe sitzt und sich zu ihr bekennt. Marlene, die Édith

1952 in Amerika verheiratet. Marlene, die letzte Hand anlegt an Piafs Hochzeitskleid. Und sich dabei auch zum Niederknien nicht zu schade ist. Marlene, Piafs stolze, freudestrahlende Trauzeugin in der Kirche Saint Vincent de Paul zu New York.

Und Édith, die bei Hunderten von Konzerten ein kleines Kreuz aus sieben Smaragden um den Hals trägt. Das Geschenk der Dietrich. Ihr neuer Talisman.

Hymne à l'amour

Man musste nicht abergläubisch sein in jenem Herbst 1949 in New York und Paris, um anzuerkennen, dass diesem nagelneuen Piaf-Titel etwas geradezu Unheimliches, Prophetisches anhaftete. Wie sonst sollte man sich erklären können, dass eine Interpretin den Tod der Liebe ihres Lebens in einem Chansontext sechs Wochen zuvor vorausgeahnt hatte, wenn nicht mit der Überzeugung, dass übernatürliche Kräfte walteten? Was sonst konnte man als Begründung anführen? Erstmals Mitte September 1949 bot eine glückliche Frau ihre »Hymne an die Liebe« dem Publikum des New Yorker Versailles dar, und keine anderthalb Monate später hatte sich »die Schrift erfüllt«, war aus den orakelhaften Zeilen »si un jour la vie t'arrache à moi, si tu meurs, que tu sois loin de moi« / »wenn dich eines Tages das Leben von mir fortreißt, wenn du stirbst und weit weg von mir bist« bittere Wirklichkeit geworden, trat eine Witwe vor ihre Zuhörer.

Piaf bestand darauf, mit dem Lied ihres Lebens noch am Abend desselben Tages, als sie von Cerdans Flugzeugabsturz erfahren hatte, im Versailles aufzutreten. Das gesamte Récital, so ließ sie ihre erschütterten Fans wissen, widme sie dem Mann, den sie Stunden vorher verloren hatte. Allen wohlmeinenden Ratschlägen, den Auftritt lieber abzusagen, zum Trotz. Irgendwie gelang es ihr, sich an diesem Oktoberabend durch die Hymne zu kämpfen. Erst bei einem der Folgetitel, Escale, war Schluss mit der Beherrschung und der fast übermenschlichen, ihren echten Gefühlen abgerungenen Selbstdisziplin: Ihre Hand verkrallte sich im Vorhang, sie brach zusammen, das Konzert blieb unvollendet. Etwas in ihr war zerstört worden, als man ihr am Nachmittag das Unglück beizubringen versucht hatte, doch erst jetzt, kurz vor Mitternacht, nachdem die Hymne verklungen war, gestattete sich der Körper eine Generalpause. Jetzt erst kam der Kollaps, erlosch der Wille zum Weitermachen. Den Gästen kam es vor, als hätte ein Blitz die kleine, trauernde Französin niedergestreckt. Als hätten sie einer Selbsttötung beigewohnt, die Gram und zur Schau gestellte Unbesiegbarkeit zu gleichen Teilen herbeigeführt hatten.

Man geht nicht zu weit, wenn man die Hymne, ein weiterer genialer Wurf Marguerite Monnots, als Summe von Piafs Schaffen bezeichnet. Und als ihr Credo. Denn alles, was Édith Gassion in ihrem Leben jemals wichtig schien, ist in diesem kurzen Liedtext enthalten: die Unbedingtheit exklusiver Liebe, die Gleichgültigkeit gegenüber irdischen Sorgen und Problemen, die Nichtigkeit des Urteils Dritter, die Fokussierung aller Gefühle auf ein einziges Liebesobjekt. Selbst Erdbeben und das Einstürzen des »blauen Himmels« vermögen den Liebenden nichts anzuhaben, am Ende steht die Wiedervereinigung im Jenseits, die gemeinsame Ewigkeit. Eine religiöse Vision, so unerfüllbar wie wünschenswert. Eine Verabsolutierung.

Die hier so zuversichtlich Liebende geht einen Pakt mit dem Schicksal ein, erklärt sich zu allen möglichen Mutproben und Heldentaten bereit: Sie verspricht, für ihn bis ans Ende der Welt zu gehen, dem Firmament den Mond zu entwenden, ihr Vaterland aufzugeben, ihre Freunde zu verleugnen, zum Gespött zu werden, ein Vermögen zu stehlen. Ja, selbst das Blondieren ihrer Haare – ein humoristischer Schlenker in einem durchweg pathetischen Chanson – würde sie für ihn über sich ergehen lassen. Die einzige Voraussetzung ist, dass ihr Geliebter sie ihr auch wirklich abverlangt: »Du brauchst mich nur zu fragen, mich nur darum zu bitten.«

Was zählt eigentlich überhaupt im Leben?, fragt dieser Liedtext mit unerbittlicher Radikalität. Piaf liefert die Antwort gleich mit: Einzig die Gewissheit, wirklich geliebt, von Liebe »überschwemmt« zu werden. Der hier poetisch in Betracht gezogene Tod Cerdans würde, so verheißt sie es, unweigerlich auch ihr Ende sein (»car moi, je mourrai aussi«); alles Weitere spielt sich dann im Paradies ab – einem »ciel«, dem das englische »heaven« sehr viel näher steht. Ewige Hoffnung in der Formel »Dieu réunit ceux qui s'aiment« – »Gott führt jene, die sich wirklich lieben, am Ende wieder zusammen« – beherrscht die Schlusstakte, von Piaf mit Inbrunst geschmettert.

Vor ihrem schlichten Pariser Grabstein auf dem Père-Lachaise, den keine Inschrift, kein Epitaph, kein Liedzitat schmückt – womöglich, weil zu viele »passende« Zeilen in Frage gekommen und die Beschränkung auf einen einzigen, repräsentativen Vers schwergefallen wäre –, hat irgendein Verehrer ein Gedenktäfelchen mit genau dieser Schlusszeile aufgestellt. Was klingt wie ein trivialer Trostspruch, wird in der Vertonung Monnots zum bombastischen, mit Bedeutung aufgeladenen Liebestod einer Oper.

Die Anweisung »Im Bluestempo« ist der Partitur vorangestellt, doch was wir zu hören bekommen, ist tatsächlich eine Hymne. Der Prototyp einer Hymne sogar! Pathos in Reinkultur. Großes Orchester, Holzbläsersoli, dick aufgetragene Streicherpassagen, mal jauchzende, dann wieder dramatische Chorbegleitung, von der sich Piafs Stimme wie eine alttestamentarische Himmelsmacht abhebt – zornig, glückselig, verzweifelt, am Boden zerstört. Und von einer »ewigen« Wahrheit förmlich durchdrungen. Piafs längster Tag. Eine geballte Ladung Hollywood, ein wenig Wagner. In den beiden Refrains dreht sich immer erneut die Bewegungsrichtung der Stimmführung, wird die Gesangslinie aus tiefer Lage mehrfach, über zerlegten Septimakkorden, nach oben geführt. Um auf zwei Spitzentöne zuzusteuern: »wenn du mich wirklich liebst / dann ist mir die ganze Welt egal«. Piaf und ihre Arrangeure beweisen Mut zum Kitsch, schrecken weder vor Überinstrumentierung noch vor Dauerfortissimo zurück. Erlebt die Interpretin doch bei jeder neuerlichen Darbietung, bei jeder Einspielung – deren erste im Mai 1950 erfolgte – ein weiteres Mal den Tod Cerdans mit und durchleidet ihren Zusammenbruch in jenem unseligen amerikanischen Herbst, so als wolle dieser grausame 28. Oktober 1949 nie zu Ende gehen. Obwohl die zeittypisch üppige Instrumentation aus heutiger Perspektive Unbehagen hervorruft, als »des Guten zu viel« erscheint, stellt sich unwillkürlich auch beim fünften, zehnten, zwanzigsten Hören wieder der Gänsehauteffekt ein. Das eher zurückgenommene Absingen des rezitativischen Couplets ist demgegenüber eine reine Formsache.

Fast versteht sich die Unsterblichkeit dieses Liedes vom Sterben von selbst – die Hymne ertönt weltweit auf Beerdigungen und Hochzeiten. So schön und so tragisch sind Liebesbekundungen mit Ewigkeitsanspruch, sind Liebesschwüre, die über den Tod hinaus gelten, selten in eine populäre musikalische Form gebracht worden. Die Zahl der Interpretationen geht mittlerweile in die Hunderte. Aber nur wenn Piaf diese Hymne auf ihren Marcel anstimmt, läuft einem der berühmte Schauer über den Rücken. Denn man hört ihrer Stimme, die den Tod des Geliebten in den

Schlusstakten immer wieder durchleidet, deutlich an, dass aus ihr vom Winter 1949/50 an eine andere, einsamere Frau geworden war. Dass sie ihr eigenes Ableben in diesem so persönlichen Bekenntnis zum Liebesjenseits antizipiert.

I do: Ihrem ersten Ehemann Jacques Pills gab Piaf 1952 in Manhattan das Jawort.

Wer wird denn weinen, wenn man auseinandergeht?
Séancen und Sechstagerennen · 1950–1956

> Den Willen eines Mannes vertrage ich sehr schwer;
> ich versuche eher, ihm meinen eigenen aufzuzwingen.
> Ich bin von Natur aus störrisch,
> und wenn man mich zum Äußersten treibt,
> widerspreche ich immer.

Eine Mischung aus eigenwilligem Katholizismus und kindlichem Aberglauben half Piaf nicht nur wichtige Entscheidungen zu treffen – die Auswahl eines Musikers, die Annahme einer Einladung, die Zusage für ein Engagement, die Wahl eines Termins –, sondern auch die großen Krisen ihres Lebens zu meistern. Zahlen-, Namens- oder Buchstabensymbolik maß sie gesteigerte Bedeutung zu. Die Initialen C und M ließen sie sofort aufhorchen, denn wie viele, deren Vor- oder Zuname so begann, hatten schon eine wichtige Rolle in ihrem Leben gespielt? Mit dem Buchstaben C »gab es Charles Aznavour, Charles Dumont, Eddie Constantine, Claude Léveillée, Marcel Cerdan, Maurice Chevalier, der meinen Erfolg

258

vorausgesagt hatte, und Henri Cont[et]. Mit M begannen meine Tochter Marcelle, Paul Meurisse, Yves Montand, Félix Marten, Marguerite Mo[nnot], Michel Rivgauche und sogar Moustaki …« Der Name Marlene Dietrichs, die in dieser Aufzählung von Weggefährten und Liebenden fehlt, fängt ebenfalls mit M an. Von Momone ist gleichfalls keine Rede. Line Marsa müsste man ergänzen oder deren Mädchennamen Maillard; Édith wird sie mit Bedacht ausgespart haben.

Ihre Empfänglichkeit für Übersinnliches und Unerklärliches verleitete sie in den Wochen und Monaten nach Cerdans Tod dazu, nach jedem Strohhalm zu greifen. Als ihr die Mutter von Ginette Neveu allen Ernstes am Telefon berichtete, dass sie mit ihrer verunglückten Tochter regelmäßig kommuniziere, kannte Piaf nur einen Wunsch: Auch sie wollte mit Marcel Kontakt aufnehmen. Ein rundes Tischlein, dem man magische Kräfte zuschrieb, wurde auf der Stelle angeschafft und bei spiritistischen Sitzungen das Jenseits angerufen. Mal »tanzte« das Tischlein, vibrierte unter den Händen der Anwesenden, begann auf ihre Beschwörungsformeln zu reagieren, zu ruckeln und zu ihnen zu »sprechen«; mal blieb es stumm und verweigerte den Dialog mit dem verschwundenen Geliebten. Wer als Medium fungierte, war nicht so ganz klar. Eine profitierte aber fast immer von den weisen und oftmals unverständlichen Mitteilungen des geheimnisvollen Möbels: Momone. Ihr sprach das Tischlein großzügige materielle Zuwendungen zu, für deren sofortige Aushändigung Édith, ohne mit der Wimper zu zucken, sorgte. Solange nur Marcel, oder sein Geist, sich mit ihr »unterhielt«, nahm sie alle »Ermahnungen« und Einbußen in Kauf. Wer sie darauf hinwies, dass sie sich an der Nase herumführen ließ, fiel in Ungnade, wurde von den Séancen ausgeschlossen oder mit Nichtbeachtung gestraft. Wer von Gesprächen mit dem Jenseits nichts hielt, wer Momone offen kritisierte, wer sich von der Zeremonie abgestoßen zeigte oder sich über die Willkür eines Beistelltischleins lustig machte, musste um seine Zugehörigkeit im Clan bangen.

Für Piaf waren die kurzen Momente, in denen Marcel zu ihr »sprach«, Teil ihrer Überlebenshilfe; ungeduldig sehnte sie das Ende ihrer Konzerte herbei, um erneut die Botschaften des Tischleins zu empfangen. Waren sie auf Tournee, wurde es an jeder Station aufgebaut, und Édith begab sich mit ihrem engsten Kreis in ein abgedunkeltes Zimmer, wo Tisch und Medium schon auf sie warteten. Als Andrée Bigard, des faulen Zaubers überdrüssig, das magische Objekt mal inmitten von Reisevorbereitungen »verschwinden« lassen wollte, zog sie den maßlosen Zorn ihrer Chefin auf sich. Sie wurde in New York unter Hausarrest gestellt und von Piaf wie eine Aussätzige behandelt. Barrier brachte ihr heimlich etwas zu essen; anderntags fand sich Dédée, von Aznavour begleitet, in einem Flugzeug Richtung Frankreich wieder. Verbannt. Édith verstand keinen Spaß, wenn es um die »Zwiesprache« mit ihrem Geliebten ging. Insgeheim mochte sie ahnen, dass man ihr einen Bären aufband, aber die Séancen taten ihr gut. Und wenn sie der unverschämten Momone mal wieder eine größere Geldsumme aushändigte, erschien ihr das wie eine Buße für Marcels vorzeitiges, durch ihre Ungeduld herbeigeführtes Ende.

Eine Vergebung stand ihr bevor, als sie am 17. Februar 1950 ein Telegramm von Marinette Cerdan erhielt. Die lang ersehnte Antwort auf zahlreiche Schreiben bestand in der Einwilligung der »offiziellen« Witwe, ihre einstige Nebenbuhlerin in Marokko zu empfangen. Nur wenige Tage später reiste Piaf nach Casablanca und stand mitten in der Nacht vor Marinettes Haus in Sidi Maârouf. Aus dem Blitzbesuch entwickelte sich wechselseitige, tiefe Zuneigung. Marcels Frau – auch ihre Namen begannen schließlich mit M und C! – war vom Charme und der Natürlichkeit der Sängerin entwaffnet und bekannte, eine Édith Piaf entdeckt zu haben, die wenig Ähnlichkeit mit ihren Erwartungen aufwies. Und waren sie nicht so etwas wie Schicksalsverwandte? »Derselbe Mann hat uns beide grundlegend verändert.« Gemeinsam fiel ihnen die Bewältigung der Trauer leichter. Marinette nahm Piafs Gegeneinladung an und traf mit ihren drei Söhnen im darauffolgenden Sommer in Paris ein. Édith überschüttete ihre neue Ersatzfamilie mit kostbaren Geschenken, darunter Schmuck und ein Pelzmantel für die Mutter. Marcel junior, René und Paul wurden von Couturiers ausstaffiert, als gelte es, sie in die Pariser Gesellschaft einzuführen. Über Jahre hinweg sorgte Piaf dafür, dass es den Jungen materiell an nichts mangelte und sie eine gute Ausbildung erhielten. Als der kleine Paul operiert werden musste, kümmerte sich seine »Tante« um alle Einzelheiten. Für ihr Wohlergehen übernahm sie die volle Verantwortung. Noch in späteren Jahren sollten sie regelmäßig bei Feiern und Jubiläen zusammenkommen. »Das Leben hatte wieder einen Sinn für mich. Ich war gerettet.«

In ihrem großen Haus am Bois de Boulogne, eigentlich als Rückzugsort und Liebesnest für Marcel und sie konzipiert, ging es bald zu wie in einem Taubenschlag. Sie selbst bewohnte die Räume der Concierge; Dédée Bigard, deren »Amtszeit« sich dem Ende zuneigte, hatte das Büro unter Kontrolle; Aznavour, der ihr als Beleuchter, Hausmeister, Fahrer und Chansonlieferant zur Verfügung stand, belegte eine Dienstmädchenkammer, und im Wohnzimmer nächtigte die Kinderschar. Und der merkwürdige Haushalt bekam noch Zuwachs: Édith Marcelle, Momones Tochter. Ein hineinschneiender Journalist kam aus dem Staunen nicht mehr heraus, als er nicht etwa eine Stätte düsterer Trauer, sondern diese fidele, bunt zusammengewürfelte Lebensgemeinschaft im Hause Piaf vorfand – herumtobende Knaben, die auf Geheiß der *tata*, des »Tantchens«, beim Aufhängen eines ihrer Porträtgemälde artig zu Hilfe eilten, ein krähender Säugling, Baulärm von Handwerkern, die eine Etage bezugsfertig machten, Aznavour, der gerade etwas reparierte, ein Pianist, der ein neues Lied einstudierte. Und mittendrin drei Frauen, die einträchtig und emsig um die Wette strickten: Marinette, Momone und Édith.

Glückliche Babyaugen, das gute Gefühl, nützlich zu sein, helfen zu können und gleich vier Kinder heranwachsen zu sehen sowie die Aussöhnung mit Marcels Gattin verschafften der Wohltäterin seelisches Gleichgewicht. Die Anwesenheit eines Mannes, ein Bedürfnis, das sich nach nur wenigen Monaten wieder Bahn brach, konnte all das gleichwohl nicht ersetzen. Piaf stürzte sich in der ersten Hälfte der fünfziger Jahre in Abenteuer und Liebschaften, als gälte es, verlorene Zeit aufzuholen. Bereits im ersten Trauerjahr lief ihr Liebesleben auf Hochtouren. Im März 1950 lernte sie bei einer Gastspielserie im Théâtre des Variétés in Marseille dessen Geschäftsführer Tony Frank kennen. Ihn plagten finanzielle Sorgen; sie brauchte eine Schulter zum Anlehnen und intensive männliche Zuwendung. Ihre Affäre war stürmisch und leidenschaftlich.«Wenn ein Mann, ein richtiger Mann, in Gegenwart der Frau, die er liebt, wieder zu einem kleinen Jungen wird«, schrieb sie ihm im Mai, »so ist das das schönste Geschenk für sie.«[143] In ihren Briefen an Frank huldigte sie Eros und Liebe mit religiöser Inbrunst wie selten zuvor; jeden Kirchenbesuch auf ihren Konzertreisen nutzte sie zum »Auftanken«, schöpfte spirituelle Kräfte aus diesen kurzen Gebeten. In ihrer Einspielung von *Hymne à l'amour*, im selben Zeitraum erfolgt, kommt denn auch nicht nur der unsagbare, auf ewig unbegreifliche Verlust Marcels zum Ausdruck, sondern genauso ihre wieder entfachte Glut, ihr existentieller Lebens- und Liebeshunger, die als göttlich empfundene Verschmelzung zweier Liebender.

Während Tony Frank weder ein C noch ein M im Namen führte und auch gezögert hatte, aus seinem Verhältnis mit ihr Kapital zu schlagen, hatte sie mit Eddie Constantine, dem nächsten Kandidaten, endlich wieder den typischen »nouveau Monsieur Piaf« neben sich, wie Spötter ihre männlichen Neuerwerbungen nannten – einen bislang eher erfolglosen, leicht naiven Jüngling mit ansprechender Physis, der als Künstler nach oben wollte und sich entsprechende Unterstützung erhoffte. Einen Schützling, der sich widerspruchslos die bewährte »Ausrüstung« – blauer maßgeschneiderter Anzug, Schuhe aus Krokodilleder, goldene Uhr und Manschettenknöpfe – verpassen ließ und den sie erziehen, ausbilden und in neue Bühnenprojekte einbinden konnte. Der vielseitige Constantine, der in Deutschland als Schlagersänger, draufgängerischer Kinoraufbold und FBI-Agent Lemmy Caution bekannt geworden war, bevor er vom neuen deutschen Film entdeckt wurde, war ein stämmiger, muskulöser Amerikaner russisch-polnischer Herkunft. Natürlich hatte er Frau und Kind, so dass sich auch die stimulierende Konkurrenz einer abwesenden Rivalin wieder einstellte.

Dem zwei Jahre jüngeren Chansonnier mit dem breitknochigen, pockennarbigen Gesicht begegnete sie im Juni 1950 anlässlich eines Engagements im Baccara und fand alsbald Gefallen an ihm. Auf zwei Kontinenten war Edward Constantinowsky aufgewachsen und gerade dabei, sich das damalige Faible der Franzosen für US-Kultur und Gangsterfilme zunutze zu machen. In seinem Heimatland hatte er nicht so richtig landen können. Als Erstes half er Piaf bei einer überzeugenden englischen Textversion für die *Hymne à l'amour*. Unter dem Titel *If You Love Me, Really Love Me* sorgte der Song jenseits des Atlantiks bald auch in Coverversionen für Furore. Sein liebenswert-grauenvoller Akzent brachte Piaf zum Lachen und weckte ihre altbekannten pädagogischen Impulse. Als Nächstes wurde er in ihre Truppe eingereiht; ab Juli bereits stand er mit ihr und Aznavour alle paar Tage gemeinsam auf Bühnen in Nîmes, Genf, Deauville, Biarritz und an weiteren Stationen, im September flog er für Édiths nächsten amerikanischen Winter gleich mit nach New York.

Lover, Schüler, Co-Star, Reisebegleiter und Nachwuchsinterpret – Eddie, ein weiterer Vertreter vom Typ rauer Bursche mit unwiderstehlichem, unbeholfenem Charme, durchlief die charakteristischen Stationen eines »nouveau Monsieur Piaf« mit bewundernswerter Anpassungsfähigkeit in nur wenigen Monaten. Sogar Gerüchte über eine bevorstehende Eheschließung, völlig aus der Luft gegriffen, machten zwischenzeitlich die Runde. Dem treuen und überdies vielseitig verwendbaren Aznavour, an dem der Kelch des Interim-Liebhabers im Übrigen offenbar vorüberging, oblag es ab sofort, nicht nur für Édith, sondern nun auch für Constantine die passenden Chansons mit Jazz-Einschlag zu schreiben. War der Dank dafür die neue Nase, die Édith ihm in Amerika verpassen ließ? Eine Operation mit zweifelhaftem Erfolg, war das einhellige Urteil aller, die Charles vor und nach seiner »Wandlung« zu sehen bekamen.

Aznavour verscherzte es sich beinahe mit Piaf, als er beim wiederholten Anschauen von Carol Reeds Wien-Thriller *Der dritte Mann*, seinerzeit der »angesagte« Film schlechthin und von Édith und ihrer Entourage bis zum Überdruss konsumiert, vor lauter Langeweile einschlief. Eddie als Neuling der Piaf-Familie machte es noch nicht so viel aus, von seiner *maîtresse* in die ewig gleichen Kinovorstellungen oder Konzerte geschleppt zu werden, aus einer Laune heraus von Manhattan nach Brooklyn zu fahren oder, weil es ihr so passte, mehrere Tage hintereinander zu allen Mahlzeiten das gleiche Gericht serviert zu bekommen. Um ihren immer deutlicher zutage tretenden Despotismus auszuleben, fehlte Édith in

Amerika sowieso die Zeit: hier eine Aufnahmesession für Columbia, mit *Autumn Leaves, Don't cry* und *I shouldn't care*, zwischendurch ein Arztbesuch wegen ihrer Schwächeanfälle – Diagnose: Blutarmut –, dort eine beeindruckende persönliche Begegnung mit General Eisenhower, dem künftigen Präsidenten der USA. Eisenhowers Maxime »*Better live than vegetate*«, »Lieber das Leben in vollen Zügen genießen als dahinvegetieren«, konnte sie sofort unterschreiben. Im nächsten Jahrzehnt sollte sie sie stärker beherzigen, als es ihrer Gesundheit und ihrem Wohlbefinden zuträglich war.

Einstweilen las sie, auf Anraten Bourgeats, Homers *Odyssee*, machte Eddie eine Szene, wenn er einmal zu viel Frau und Tochter erwähnte, und steigerte ihren Konsum von Tranquilizern, schmerzstillenden Tabletten und Alkohol jede Woche ein wenig mehr. »Nach Cerdans Tod ließ ich mich bis auf den Boden des Abgrunds gleiten. Vergeblich redete ich mir ein, dass Marcel mich nicht verlassen hätte, dass er mich von der anderen Welt aus beschützte. Vergeblich wiederholte ich mir, dass ich tapfer sein wollte, wie ich es ihm versprochen hatte. Aber ich hielt nicht durch: Ich wurde süchtig.« Am 6. Januar 1951 war sie wieder zurück in Frankreich. Und bei ihrer Ankunft am Flughafen Orly lief ihr ausgerechnet Orson Welles über den Weg. Er schritt ihr entgegen, begrüßte und umarmte sie, als seien sie am Set des *Third Man*. Zufall? Vorherbestimmung? Einen Moment lang dachte Édith noch nicht mal an Cerdan, Constantine oder Frank. Das magische Tischlein würde ihr die passende Antwort liefern.

In Orly wurde sie von dem Dramatiker Marcel Achard erwartet. Mit ihm, einem Spezialisten für romantische Musicals und heitere Liebeskomödien, plante sie ihren nächsten Theater-Coup: *La p'tite Lili*[144] in Mitty Goldins Théâtre de l'ABC. Um sich des Erfolgs dieser *comédie musicale*, angesiedelt im Montmartre-Milieu, gewiss sein zu können, suchte sich Édith ausnahmslos erfahrene Leute, auf deren Loyalität und Kompetenz sie zählen konnte – den Regisseur Raymond Rouleau, die Ausstatterin Lila de Nobili und, selbstverständlich, Monnot als Komponistin. Dennoch ließen sich die Vorbereitungen zäh an. Keiner der Beteiligten war mit seinen Kollegen zufrieden; Achard lieferte sein Textbuch nur häppchenweise ab; die von Piaf angeordnete Besetzung einer kleinen Gangster-Rolle mit Constantine stieß auf wenig Gegenliebe, und Goldins notorische Skepsis machte die Zusammenarbeit zwischen den widerspenstigen Mitwirkenden nicht eben leichter. Édith, die in diesem Schwank als Angestellte in einem Hutgeschäft einmal mehr auch ihr komisches Talent entfalten konnte, setzte sich mit gewohnter Dickköpfigkeit über alle Zwistigkeiten und Intrigen hinweg und brillierte in der Titelrolle. Liebeswirren wie aus ihrem Leben gegriffen dominierten hier wieder die Handlung des seichten, aber vergnüglichen Stücks. Die Pariser Zuschauer waren es zufrieden und delektierten sich an Lilis Eskapaden mit Halunken und Apothekern. Eddie machte seine mangelnde Bühnenerfahrung durch Tanzeinlagen wett. Piaf wartete ihrerseits mit einem Strauß neuer Lieder auf. *Demain il fera jour*, »Morgen bricht wieder ein neuer Tag an«, besaß beinahe programmatischen Charakter, und der Chauvigny-Titel *Du matin jusqu'au soir* bestach mit einer amüsanten Durchkonjugation des Verbs *aimer* (»lieben«). Darin kannte sich »la p'tite Édith« aus wie keine zweite.

Nur wenige Tage nach der Premiere im März mussten die Vorstellungen ausgesetzt werden. Piaf wurde wegen einer Darmkomplikation in der privaten Franklin-Klinik behandelt. Doch danach stand sie, unverwüstlich wie eh und je, bis in den Juli 1951 hinein auf Goldins beliebter Bühne, an der Seite Constantines, den sie so als ihren derzeitigen Lebensabschnittsgefährten und aufstrebenden Künstler präsentierte. Was nicht ausschloss, dass auch für ihn bald die Abschiedsglocken läuten sollten.

Kurz darauf brach sie mit Aznavour und der jungen Komödiantin Micheline Dax zu einer Tournee durch die Provinz auf. Ungefähr zur selben Zeit gelang es Roland Avelys, der es als maskentragender *chanteur sans nom* zu einer gewissen Bekanntheit gebracht hatte, sich Zugang zu ihrem engsten Freundeskreis zu verschaffen. Als Possenreißer und Hofnarr sicherte sich der »Sänger ohne Namen« ihre Gunst, erwies sich als idealer Tourbegleiter und brachte Édith auf den langen Fahrten zwischen ihren Gastspielorten und während endloser Hotelnachmittage zum Lachen. Genau die Art Gesellschaft, derer sie bedurfte, als Constantine begann sie anzuöden. Es dauerte eine Weile, bis Édith durchschaute, dass sie sich mit Avelys eine männliche Momone eingehandelt hatte – stets auf den eigenen Vorteil bedacht, mit einem Hang zur Erpressung und ohne Hemmungen, wenn es darum ging, Piaf eine größere Summe Bargeld abzuknöpfen. Gleichwohl ließ sie ihn gewähren. Geistreiche Privatentertainer, ihr ans Herz gewachsen, waren ihr allemal lieber als nichtssagende Langweiler. Von ihnen ausgenommen zu werden machte ihr nichts aus, erinnerte sie vielmehr an eigene Jugendsünden und wurde als verzeihlich angesehen. In ihrem Hofstaat kam es auf einen Schranzen mehr oder weniger auch nicht mehr an. Noch mehrere Jahre sollten ins Land gehen, bis Édith des Maskenträgers überdrüssig wurde, denn Avelys war durchaus sein Geld wert.

Im Sommer 1951, als ihr überall in Frankreich, Belgien und der Schweiz ein überwältigendes »Merci, Édith!« entgegenschallte, hatte Constantine als Begleiter ausgedient, und zur selben Zeit entdeckte Piaf urplötzlich ihr Herz für den Radsport. Genauer gesagt, für die Fahrer, die Helden der Piste. Und dies gleich zweimal nacheinander. Den Anfang machte André Pousse, ehemaliger Boxer und künftiger Bösewicht in Film und Fernsehen, der von 1942 bis 1949 auf Siege bei den kräftezehrenden Sechstagerennen im Pariser Radzirkus Vél'd'Hiv' abonniert gewesen war. Der junge Alain Delon hatte einst darum gekämpft, ihm sein Rad hinterhertragen zu dürfen; Pousse bewies ebenfalls Ausdauer, als er später ins Showgeschäft einstieg und sich nicht nur als Gangster-Darsteller, sondern auch als Direktor des Moulin Rouge, als Parodist und als Agent anderer Schauspieler bewährte. Durch Édiths bewegtes Liebesleben radelte er freilich nur ein knappes Jahr, nachdem sie ihn, kurz nach dem Kennenlernen, zu einem amourösen Wochenende eingeladen und, als Belohnung für erotischen Einsatz, der obligatorischen Ausstattung für wert befunden hatte. Pousse, der daraufhin eine Weile in Piafs Krawatten, Anzügen und halbfertigen Strickpullovern umherstolzierte und damit für Eingeweihte augenblicklich als neuer »Monsieur Piaf« identifizierbar war, zeigte sich allerdings nicht als Gentleman, als er vier Jahre nach Piafs Tod der französischen Regenbogenpresse Auskunft über die Liebespraktiken seiner ehemaligen Geliebten erteilte – nämlich überraschenderweise die einer Frau, die all-zu abenteuerlichen Formen der Sexualität gegenüber zurück-haltend eingestellt war. Im erotischen Bereich hätte er sie sich offenbar etwas freizügiger gewünscht: »In dieser Hinsicht war sie sehr ›klassisch‹. Es gibt Spielarten des Liebemachens, die sie dem Mann, dem sie gerade ihre Liebe schenkte, niemals gestattet hätte. Das war für sie eine Form von Respekt: ihn daran zu hindern, sich [ihr zuliebe] zu entwürdigen.«[145] Sprach's und ward nicht mehr gesehen.

Radfahrer Nummer zwei, mit dem Édith eine ungleich intensi-vere Liebesaffäre verband, war der 1912 geborene Sprinter Louis Gérardin – allein sein Vorname reihte ihn schon ein in die Katego-rie »wichtige Männer in ihrem Leben«, dabei nannte ihn alle Welt nur »Toto«. Zwei Jahrzehnte lang, zwischen 1930 und den frühen Fünfzigern, dominierte Gérardin seine Disziplin, gewann zahlrei-che Grand Prix und französische Meisterschaften. Und für immer-hin zwei Jahre war der gefeierte »Aristokrat des Radsports« auch der Sieger in Piafs Herzen, ihr »schöner blauäugiger Engel«. Dass sie ihm seiner Frau ausspannen konnte, machte den berühmten Toto noch eine Spur attraktiver. Die Pariser Journaille, kaum dass sie von der Liaison Wind bekommen hatte, apostrophierte Édith prompt als »George Sand des 20. Jahrhunderts«, schien sie es doch darauf anzulegen, Ehemänner zu »stehlen«. So einfach gab aber Gérardins betrogene Gattin Alice nicht auf: Sie schaltete einen Pri-vatdetektiv ein, ließ Mann und Rivalin rund um die Uhr beschat-ten und veranlasste schließlich eine Hausdurchsuchung bei Piaf. Neben Wertgegenständen, Trophäen und Pokalen aus Totos Besitz fanden sich dort auch Pelze und Goldbarren aus dem Hause Gér-ardin, und Totos *petit bout* – als sein »Knirps« unterzeichnete sie ihre Liebesdepeschen an ihn – kam in Erklärungsnot, auch öffent-lich. Anderntags fand sich die des »Diebstahls« Überführte erneut in Artikeln von *Détective* wieder, anderthalb Jahrzehnte nach der »Sache« Leplée. Ihrem Leumund förderlich waren solche Skandale nun wirklich nicht. Und dann übte auch noch Tunichtgut Momone Hochverrat: Sie vergriff sich am Allerheiligsten, an Objekten und Dokumenten aus Cerdans Nachlass, die sie teils verschenkte, teils verhökerte. So wurde die »Diebin« Piaf selbst zur Bestohlenen.

Alice und Momone hatten sie in der Hand, weil sie von Toto nicht lassen konnte.

Von Gérardin selbst, der doch immerhin seit Jahren an Schinderei und die Pfiffe eines erbarmungslosen Publikums gewohnt war, stammt das lakonische Bonmot: »Zwei Tage und zwei Nächte mit der Piaf sind anstrengender als eine Etappe der Tour de France.« Dafür hielt er erstaunlich lange durch. Ein Grund dafür mag in seiner sinnlichen Anziehung gelegen haben. Nie zuvor und nie danach offenbarte Piaf eine solche sexuelle Leidenschaft wie in den rund sechzig Briefen und Telegrammen an ihn.[146] Offenbar vermochte Gérardin an seiner Geliebten andere Saiten zum Klingen zu bringen als Pousse. »Niemals zuvor hat mich ein Mann so oft genommen [besessen] wie Du, und es kommt mir vor, als würde ich zum allerersten Mal überhaupt Liebe machen.« Wann immer sie nicht zusammenkommen konnten, litt sie fast körperlich und sehnte Toto herbei: »Wie sehr Dein Körper mir fehlen wird, Deine schönen Oberschenkel und die Sanftheit Deiner Haut, Deine geliebten, goldigen, hübschen Hinterbacken … Du kannst Dir nicht vorstellen, bis zu welchem Grad Deine Stimme mein Innerstes aufwühlt, wenn Du zu mir während des Liebemachens sprichst.« Bevor sie ihn kannte, sei sie noch wie eine Jungfrau gewesen, habe die Liebe eigentlich gar nicht gekannt. »Gegenwärtig fühle ich mich wie eine [echte] Frau, und ich danke Dir dafür. All das hat mir so sehr gefehlt. Ich schließe erneut die Augen, damit Du mich wieder auf die zärtlichste Weise nimmst … Ist es möglich, noch stärker, noch intensiver zu lieben!!!!!« Einer ihrer nächsten Briefe bestand aus lauter ungeduldigen Fragen, die mit *Pourquoi?* beginnen. »Warum dominierst Du mich mit Deinem ganzen Wesen? Warum brauche ich Deinen Geruch so sehr? Warum habe ich nachts solche Lust zu schreien, wenn sich meine Haut so sehr nach der Deinen verzehrt?« In ihren ekstatischen Anreden – aus Vorsicht nannte sie ihren Geliebten nicht bei seinem Namen – steigerte sie den Grad ihrer Liebesbekundungen bis zum Äußersten: »Mein angebeteter Meister und Gebieter« hieß es dort oder gar »Mein König«, am häufigsten jedoch »Mein schöner blauer (oder blonder) Engel« und vor allem »*Mon amour bleu*«. Ihre Nachrichten endeten oft mit dem bis zum letzten Buchstaben ausgekosteten Bekenntnis

»*Je t'aimmmmmmmmmmmmmmmmmmmmmmmmmmme*« und enthielten neben konkreten Plänen für eine gemeinsame Bleibe und deren Ausgestaltung freimütige Bekundungen von »Mein Leben gehört Dir« bis zu »Ich will ein Kind von Dir«; von der schmeichelhaften Erklärung, Aznavours Chanson *Plus bleu que tes yeux* stets für den geliebten Toto allein zu intonieren, weil damit nur er und seine unübertrefflich blauen Augen gemeint sein könnten, bis zu hemmungslosen Offenbarungen wie: »Ich möchte Dir dienen, Dich liebkosen, Dir zu Füßen liegen und Liebe machen, bis ich fast tot davon bin, von Dir ausgelöscht, nochmals und noch besser Liebe machen, überhaupt keine Scham mehr verspüren, mich völlig gehen lassen und mich der Lust ausliefern. Ich möchte Dir aufs Neue gehören wie eine Hündin!«

Piaf empfand keine Scheu mehr, ihre Begierde zu formulieren: »Zieh' die Vorhänge zu und mach' das Licht aus ...! So ... Ich möchte Dich gern völlig nackt auf mein Bett legen, zunächst auf den Rücken und Dich überall küssen, danach leg' Dich auf den Bauch, und ich werde dieselbe Arbeit [an Dir verrichten].« Sie warnte ihn – nicht eine einzige Stelle würde ausgespart bleiben. Und stellt noch mal klar: »... wenn ich hier schreibe, dass ich Dich *überall* küssen werde, ja, dann *meine* ich damit auch ›überall‹, Du wirst also nicht sagen können, dass ich Dich heimtückisch überrumpelt habe!«[147] Hier trat sie ihm als Gebieterin entgegen, doch meistens bevorzugte sie die Pose der Unterwerfung. Sie ließ Toto an ihren Träumen teilhaben, er möge sie wegsperren, vor dem Rest der Welt verborgen halten und den einzigen Schlüssel zu ihrem Verlies behalten. Nach Gutdünken dürfe er dann zu ihr kommen und entscheiden, ob er sie freilassen oder einfach nur lieben wolle. Und sie prophezeite ihrem »fünften Louis«, sobald sich ihnen Hindernisse in den Weg stellten oder seine energische Frau wieder einmal ein Stelldichein vereitelt hatte: »Je schwieriger unsere Liebe jetzt ist, desto schöner wird sie einmal sein!« Wie ein hoffnungslos verliebtes Schulmädchen adressierte sie ihren Brief an »*Monsieur Ma Merveille* (›An Herrn Mein Wunderwerk‹), Straße des Glücks, Zur Ewigen Liebe, Paradies« und zog alle Register amouröser Prosa: »Du wirst schon sehen, zu was allem ich fähig bin, selbst zu Wundern! Du ahnst es ja nicht. Es hat ja schließlich auch eine

Jeanne d'Arc gegeben! Wer hätte schon ernsthaft glauben können, dass so eine einfache Frau solch große Dinge vollbringen könnte? Sie tat es aus Liebe zum Krieg, ich hingegen tue es aus Liebe zu Dir.« Als Toto sie beide vor dieser Flut von Superlativen mal in Schutz nehmen wollte, wandte sie kurz und bündig ein: »Wenn es sich um Liebe handelt, ist nichts übertrieben.«[148]

Bis ihre Briefe und Telegramme an Gérardin auftauchten, die 2011 publiziert wurden, galt als ausgemacht, dass Cerdan der bedeutendste Mann in Piafs Leben gewesen war, nach dessen Tod sie geschrieben hatte: »Jeder Tag, den ich weiterzuleben verurteilt bin, ist mir ein Greuel. Ich möchte schnell altern. Ich glaube nicht, dass es noch einmal einen Mann in meinem Leben geben wird. [Marcel] hat mich für immer geprägt. Ich brauche ihn. Was ich momentan durchmache, ist einfach grauenhaft.«[149] Nunmehr hat es indessen den Anschein, als sei im Jahr drei nach Cerdan mit Gérardin ein Partner von ähnlicher Wichtigkeit in ihr Leben getreten. Einem Liebhaber, den sie sich nebenbei »hielt«, hätte sie wohl kaum mehrere Dutzend solcher Briefe zukommen lassen – eine Energieleistung, ein Buhlen und Kämpfen sondergleichen. Gérardin war ferner, wenn auch im physischen Erscheinungsbild grundverschieden von Marcel, in der öffentlichen Wahrnehmung ein Mann ähnlichen Zuschnitts – bei den Massen, die ihn verehrten wie einen Volkshelden, ungemein beliebt, ein Star sui generis und in seinem »Fach« genauso erfolgreich wie zuvor der Boxer – und wie Piaf schon seit langem. Weder Konkurrent noch Schüler. Ein nur selten verfügbarer Partner, dessen Abwesenheit ihr Schmerz und Stimulation verschaffte. Ein Gefährte, von dessen gewaltiger körperlicher Stärke sie sich »transformiert« fühlte – im intimen Zusammensein teilte sie sich ihr als besondere Ausprägung von Zärtlichkeit und Sensualität mit. Dass Édith aufrichtig in Toto verliebt war, darf demnach wohl außer Frage stehen; dass sie sich nach Cerdans Tod ein dickeres Fell zugelegt hatte und vor der eigenen Überschwänglichkeit auf der Hut blieb, aber auch. Schließlich hatte sie Gérardin gegenüber beteuert: »Nie wieder, in meinem ganzen Leben nicht, werde ich ein Glas Alkohol anrühren. Blind werde ich Dir gehorchen, auf Dich hören und Dir vor Gott angehören.«[150] Und dieses Versprechen dann doch nicht gehalten. Es blieb, zu Totos großem Bedauern und zu ihrem eigenen Unglück, bei einem Lippenbekenntnis.

Nur mit Charles Aznavour kam es eigentlich nie zu Turbulenzen. Auf ihn war Verlass im Alltag, auf Tourneen, beim Chansonschreiben und zur Organisation ihrer diversen Haushalte; es war gut, ihn in der Nähe zu haben. Mit dem Standardsatz »Du wirst dich nützlich machen« wies sie ihm regelmäßig neue Aufgaben zu, die er ohne großes Aufhebens zu ihrer größten Zufriedenheit erledigte. Es kam somit nie zu einer Romanze zwischen ihnen, und nie machte Édith Anstalten, ihn wie ihre anderen »Entdeckungen« zu erziehen und zu manipulieren. Stattdessen verband sie eine geschwisterliche Kameradschaft. Fast wie nebenbei machte Aznavour als Solist und als Piaf-Partner Karriere; dass er wie sie einmal zu einem Weltstar des französischen Chansons heranreifen sollte, zeichnete sich damals noch nicht ab. Aber was er auf der Bühne zeigte und als *parolier* niederschrieb, war vielversprechend und ließ aufhorchen.

Charles wurde früh deutlich, dass Édith eine besondere, »unschuldige« Nähe zu ihm verspürte. Ohne es groß zu erwähnen, hatte sie begriffen, dass er noch als junger Mann unter seiner Kleinwüchsigkeit und seiner mangelnden Kultiviertheit gelitten hatte und jetzt alles daransetzte, Defizite zu überwinden. Dabei hatten ihm andere Experten dringend vom Singen abgeraten! Schon zu Beginn ihrer Freundschaft sah sie in ihm, der sich in den Variétés hochgedient hatte und seinen mühsamen, steinigen Weg gegangen war, mehr einen Bruder als einen Kollegen oder Rivalen. Diese Innigkeit konnte sich in ruppigen Kommandos äußern oder in der plötzlichen Anwandlung, mit ihm eine kesse Sohle aufs Parkett zu legen und einen Walzer rückwärts zu tanzen. An einem solchen Abend habe alles »seinen Anfang« genommen: »Ihr ist klargeworden, dass wir beide, von einem bestimmten Moment unseres Lebens an, die gleiche Entwicklung durchlaufen haben. Das hat uns einander näher gebracht. Auf einmal waren wir wie eine kleine Insel inmitten von Leuten, die dieses Leben, diese Art aufzuwachsen nicht kennengelernt hatten.«[151]

Jézébel, ein ekstatisches, dämonisches Lied über Liebe und Obsession mit Gitarrengrundierung und Flamenco-Anklängen verfasste er 1951 für seine Freundin und Brotgeberin, aber auch *Je hais les dimanches,* »Ich hasse Sonntage«, das ihr nicht gefiel. Bis die blutjunge, in Existentialistenkreisen bekannte Juliette Gréco noch im selben Jahr mit dem Titel ausgerechnet den nach Piaf benannten *Grand Prix* für Interpretation in Deauville gewann. Édith war außer sich, dass eine andere mit »ihrem« Aznavour-Chanson aus dem Stand reüssierte und beeilte sich, es selbst einzuspielen. »Ich werde dieser Sängerin schon noch zeigen, wie man dieses Lied zu singen hat!«

Aznavour saß auch am Steuer, als Piafs Citroën mit ihr als Beifahrerin am 21. Juli 1951 auf dem Weg nach Deauville von der Fahrbahn abkam. Sie kam mit dem Schrecken und einer Armprellung davon, so dass sie in den Folgetagen mit einer Schlinge auftreten musste. Gut drei Wochen später, am 14. August, hatte sie bei einem weiteren Autounfall weniger Glück. Diesmal lenkte Pousse den Citroën. In der Provence, bei Tarascon, kam er in einer Kurve ins Schleudern. Édith flog durch die Luft und landete unsanft im Straßengraben. Ein komplizierter Oberarmbruch, den sie erst eine Woche später in Paris operieren ließ, und mehrere Rippenbrüche waren die Folge. Viel Zeit zum Auskurieren blieb ihr nicht, auch wenn sich ihr Clan im Boulogne-Haus rund um die Uhr um sie kümmerte. Mit Morphium sollte der Heilungsprozess beschleunigt und erträglicher gemacht werden. Die Dosis wurde beständig erhöht, aber immer öfter drängte die Rekonvaleszente auf eine Injektion. »Mein verseuchter Körper verlangte danach. Ich wurde süchtig.« Bald schon ließ sie sich Morphium verabreichen, wann immer es galt, Formschwächen, Folgen des Alkoholmissbrauchs, Liebeskummer oder den mörderischen Stress von zwei, manchmal drei Auftritten pro Tag zu überstehen.

Nach dem Crash von Tarascon, einer Zäsur für die Interpretin mit dem Gipsarm, war Édith ins Trudeln geraten, Medikamente und Drogen ersetzten fortan nicht selten die Mahlzeiten. »Ja, vier Jahre lang lebte ich fast wie ein Tier oder wie eine Irre, für die es nichts mehr gibt außer dem Augenblick, da sie nach der Spritze die schmerzlindernde Wirkung der Droge verspürt.« Ihre Seele und ihr Herz betäubte sie mit einer wahllosen Jagd nach Liebe und immer neuen Protagonisten, auf die sie ihre geheimsten Wünsche projizierte und die sie damit heillos überforderte – »bei ihr wurden selbst Athleten in sechs Monaten zu Skeletten«[152]; ihren Körper betäubte sie mit einer Selbstzerstörungswut, die groteske, ja manische Züge annahm. Von nun an ging's bergab.

Musste man die so unwahrscheinliche wie medientaugliche Hochzeit mit Jacques Pills, die sie im September 1952 in Manhattan, fernab der gefährlichen französischen Landstraßen, inszenierte, in diesem Kontext als Verzweiflungstat werten, oder flüchtete Piaf in »ruhige Gewässer«, als sie die konventionelle Verbindung mit einem Mann einging, für den sie weder bedingungslose Liebe – wie für Cerdan – noch sexuelle Leidenschaft – wie für Gérardin – empfand? In die Banalität? In das Arrangement »Hafen der Ehe«, aus dem sie selbst doch, mit gesetzten Segeln, gleich bei der erstbesten Gelegenheit ausbüchsen würde? Das Jahr hatte mit gemischten Gefühlen begonnen. Der Gips war wieder ab, das Haus in Boulogne verkauft und durch eine Mietwohnung am Boulevard Péreire ersetzt, die Affäre mit Toto ein ständiges Auf und Ab: »Er wagte seine Frau nicht zu kränken, mich aber wollte er auch nicht opfern. Von da an nahm unsere Geschichte eine klägliche Wendung. Wir konnten einander nur noch heimlich treffen: mit hochgeschlagenem Mantelkragen auf Hintertreppen nach ebenso entsetzlichen wie lächerlichen Verfolgungsjagden im Auto. Einem solch elenden Spektakel hält keine Liebe stand. Unsere erkaltete nach und nach.« Im Juni erhielt Gérardin Piafs letztes datiertes Schreiben, im Herbst – aus Fairness ihrem künftigen Gatten Pills gegenüber – den klärenden Abschiedsbrief. Sie war es leid geworden, sich mit seiner Ehefrau herumzuärgern, die ihnen mit List und Tücke zusetzte, und sie hatte es satt, seine Stoppuhr zu halten, während er im Bois de Boulogne seine Trainingsrunden drehte.

»Immer habe ich fieberhaft die große, wahre Liebe gesucht, und vielleicht hatte ich in meinem Leben deshalb so viele Männer, weil ich mich nie mit der Lüge und Mittelmäßigkeit der meisten meiner Abenteuer abfinden wollte.« Die Suche nach Liebe: in ihren Worten ein »Blindekuh-Spiel«. Zugleich ließ sie die Presse wissen, ein neuer Mann in ihrem Leben könne sie dazu bringen, ganz auf das Bühnenleben zu verzichten. Dabei war sie selten künstlerisch aktiver gewesen als in diesen Monaten. Im Frühjahr tourte sie mit Roland Avelys, der Männerformation Les Garçons de la Rue und Aznavour im Süden des Landes; im Mai gastierte sie allabendlich in Kinos und im Moulin de la Galette, und sie wohnte außerdem noch Lena Hornes Paris-Premiere im Lido bei. In Marseille, im Théâtre des Variétés, kam es wahrscheinlich zu einer Wiederbegegnung mit Tony Frank, und im Juli machte Édith Piaf, womöglich zum ersten Mal in ihrem Leben, Ferien in einer Villa bei Cassis. Ferien? Ja – denn da war sie bereits verlobt. Und ihr Verlobter hatte ihr, um sie zu ködern, bei seinem Antrittsbesuch ein selbstgetextetes Lied mitgebracht: offenherzig, lässig und ungemein modern. Mit einem amerikanisch-jazzigen Touch. Sein junger Pianist, der noch recht unbekannte Gilbert Bécaud, hatte es komponiert. »Er kam aus den Vereinigten Staaten und verkündete mir: ›Ich habe ein Chanson für dich geschrieben. Hör' dir's mal an!‹« Sein Titel: *Je t'ai dans la peau* – »Du gehst mir unter die Haut«. Schon im Juni stand Édith damit im Aufnahmestudio.

Es versteht sich, dass auch die Umstände dieser neuen Liaison von der Braut in mehreren Versionen erzählt wurden. Im ersten Teil ihrer Memoiren behauptete Édith noch: »Eines Tages sagte Jacques mir, dass er mich liebte. Und etwas später hielt er um meine Hand an und bat mich, ihn zu heiraten. ›Und wenn ich dich bitten würde, meine Frau zu werden?‹«[153] Im zweiten Teil der Erinnerungen heißt es dann triumphierend und selbstbewusst, dass sie ihm den Antrag machen musste, und »das passt genau zu meinem Liebesleben! Jacques war schüchtern. Ich sah wohl, dass er mit mir nur zu gerne von der Liebe gesprochen hätte. Jedes Mal, wenn sich seine Lippen öffneten, dachte ich: ›Jetzt wird er sich erklären!‹ Aber nein, sein Adamsapfel hüpfte auf und ab, er schluckte den Speichel hinunter und schwieg weiter. So ging es fast vierzehn Tage.« Wer nun auch immer die Initiative zur Eheschließung ergriffen haben mochte, die Reaktion der beiden Hochzeitswilligen wird übereinstimmend wiedergegeben: »Da schloss er mich in die Arme und lachte wie ein Junge: ›Wann du willst und wo du willst!‹ Ach, wie fand ich ihn da himmlisch!«

Édith wollte im September und in New York. Pills' und Bécauds Lied war ihr tatsächlich unter die Haut gegangen und auch die freundliche, verständnisvolle und warmherzige Persönlichkeit des fast zehn Jahre älteren Exehemannes von Lucienne Boyer. Des Mannes immerhin, der sie und Cerdan »richtig« miteinander bekannt gemacht hatte. Pills hieß eigentlich René Ducos, war Vater einer Tochter namens Jacqueline und im amerikanischen Showbusiness, mit dem er bestens vertraut war, unter dem Namen »Monsieur Charm« bekannt. Auf Plakaten schrieb man ihn dort »Peals«, denn Pills wie Tabletten kam in den USA nicht in Frage. Zu seiner Gattin passte der Name allerdings schon besser … Doch wenn er auch keine Medikamente nahm, Édith hatte von Anfang an die Hosen an und traf, ihrer körperlichen Angeschlagenheit zum Trotz, alle Entscheidungen von Belang: »Pills ist ein zarter, ein schwacher Mensch. Für die Piaf ist er nur ein Happen.«[154]

Zuvor, noch während der Pariser Sommermonate, hatten sie im Drap d'Or erstmals gemeinsam auf der Bühne gestanden und ihre auch künstlerische Verlobung bekanntgegeben. Édith hatte den Grand Prix du Disque für ihren derzeitigen Glanzberg-Hit *Padam, padam* aus den Händen von Édouard Herriot, des Präsidenten der Nationalversammlung, entgegengenommen und sich bei der Verleihung von der Schriftstellerin Colette applaudieren lassen. Und kurz vor der Abreise nach Amerika waren die Eheleute in eine geräumige Erdgeschosswohnung am stark befahrenen Boulevard Lannes gezogen. In neun Zimmern, am westlichen Stadtrand der Metropole, konnten sie sich ausbreiten; der Dichter-Diplomat Paul Claudel residierte nur wenige Blocks von hier, und gegenüber luden die baumbestandenen Spazierwege des Bois de Boulogne zur Promenade ein. Bis an ihr Lebensende sollte die Nummer 67bis Édiths Pariser Adresse bleiben. Die großbürgerliche Fassade täuschte über das bohemehafte Interieur hinweg: Die Zimmerflucht war spärlich eingerichtet, unordentlich, liebenswert, so wie sie sich am wohlsten fühlte.[155] Ob sie in New Yorker Hotelzimmern oder im 16. Arrondissement Quartier nahm, was ihren Lebensstil anbelangte, blieb Piaf auf ewig ein Kind von Belleville.

Am 20. September 1952 sah sie aus wie auf dem Weg zur Kommunion, in ihrem schlichten blassblauen Brautkleid, das sie bei Saks an der Fifth Avenue erstanden hatte, mit dem dazu passenden Hütchen, als sie zu den Klängen von Mendelssohns *Hochzeits-*

marsch und Schuberts *Ave Maria* an der Seite von Pills und sekundiert von Marlene Dietrich durch die Kirche Saint Vincent de Paul schritt. Knapp siebenunddreißig musste sie werden, bevor sie vor den Altar treten und ihr Jawort geben konnte. Der Priester, der sie verheiratete, hatte ihr nach Cerdans Tod oft Trost gespendet. Neben Dietrich und Jacques' Trauzeugen, Versailles-Direktor Nicholas »*papa*« Prounis, war zur kirchlichen Zeremonie außer dem französischen Konsul, dem Piaf-Clan und den Compagnons de la Chanson kaum jemand zugelassen; die Presse musste draußen bleiben. Etwas Ausgefallenes hatten sich Piaf und Pills für ihr doppeltes *I do* ausgedacht: mit zwei Dutzend Franzosen, einer Deutschen und nur wenigen Amerikanern mitten in Manhattan das Wagnis der Vermählung einzugehen. Die standesamtliche Trauung hatte fünf Tage zuvor im New Yorker Rathaus stattgefunden, am 27. September wurde sie im französischen Konsulat zivilrechtlich bestätigt. Im noblen Le Pavillon wurde noch ein wenig gefeiert, und schon abends trug das frischvermählte Paar im Versailles – in weiser Voraussicht über die Realität künftigen Zusammenlebens – ein witziges Duett über einen Ehestreit vor, das bald zum Markenzeichen ihrer gemeinsamen Auftritte werden sollte: *Et ça gueule, ça, Madame.* Eigentlich war es eher der Monolog eines geforderten Gatten, der schildert, wie es bei ihm zu Hause zugeht – die Ehefrau entscheidet, befiehlt, kommandiert, schnauzt ihn an. Der Leidgeprüfte stöhnt, verzweifelt und resigniert. Nur beim Küssen darf dann »er« wieder dominieren. Der Text des von Bécaud komponierten Minieinakters stammte von Piaf selbst, die darin, hörbar genervt, auch das letzte Wort hatte – ein gerufener Einwurf: »Alors Jacques!!! Tu viens, oui?!« (»Also, Jacques – kommst du jetzt endlich, oder …?«) Eine Neckerei, in der sich viele Paare wiedererkennen konnten. »Ja, ich war glücklich mit Jacques. Trotz allem, was mich damals heimsuchte, erfuhr ich auch das stille Glück junger Ehepaare. Und Jacques war großartig! Er versuchte mir nicht die Flügel zu stutzen, sondern begriff, dass ich nicht im Käfig leben konnte, dass ich sofort davonlief und alles zerschlug, wenn ich mich eingesperrt fühlte. Er ließ mich auf meine Art leben und denken.«

Danach holte sie der New Yorker Alltag schnell wieder ein:

mit ihren Gastspielen im Versailles und seinen, wie passend, im La Vie en Rose, mit Kurzauftritten in Ed Sullivans beliebter TV-Show »Toast of the Town«, einer UNESCO-Gala, Interviews für amerikanische Hochglanzzeitschriften und französische Gazetten. Show rund um die Uhr; von Honeymoon war keine Rede. Bei kurzen gemeinsamen Taxifahrten wurde der Terminkalender gecheckt und das Make-up überprüft, wurden hastige Küsschen getauscht. War Jacques glücklich mit ihr, fanden die beiden überhaupt Zeit füreinander? Wusste er wirklich, worauf er sich eingelassen hatte? »Die Piaf nimmt seinen Antrag an. Aber sie geht nicht als souveräne Frau in die Ehe. Nicht als eine Partnerin, die stabil genug ist, nein zu sagen. Sie ist ein an Leib und Seele schwer geschädigter Mensch, für den die Hochzeit den Griff nach dem [Rettungsanker] bedeutet.«[156] Piafs Halbschwester Denise fand bei einem Wiedersehen eine völlig veränderte, gealterte Frau vor, aufgedunsen vom Cortison, dickleibig vom Alkohol, mit verkrümmten, schmerzenden Händen und Füßen. Édith wurde eine Diät verordnet, um im Scheinwerferlicht wieder eine gute Figur zu machen – darauf legte das amerikanische Publikum großen Wert.

Von ihrem Hochzeitstag an wurden die USA mehr und mehr zum Dreh- und Angelpunkt ihrer Karriere und ihrer künstlerischen Aktivitäten und mindestens ebenso wichtig wie ihre Tourneen und Fernsehperformances im heimischen Frankreich. Auch wenn Piaf bislang kaum etwas vom Land kennengelernt hatte. Das änderte sich ab Dezember 1952 mit ihrem Kalifornienaufenthalt. Hier musste sie erst mal damit klarkommen, nicht auf Anhieb von allen Kollegen unter den Hollywoodstars erkannt zu werden. Die Kulturszenen von Los Angeles, wo sie im eleganten Mocambo Club ihre eigene Show präsentierte, und in San Francisco, dort trat sie im Anschluss an eine Gastspielserie von Judy Garland auf, hatten wenig bis nichts mit dem Mikrokosmos an der Ostküste gemein. Eine Mitwirkung an der Gala für die Filmpremiere von John Hustons *Moulin Rouge* trug dazu bei, ihre Popularität zu steigern. Eine Wiederbegegnung mit Lena Horne, die sie jetzt zu ihren Freundinnen zählte, stand ebenso auf dem Programm wie Treffen mit Humphrey Bogart, Spencer Tracy und Joan Crawford. Noch waren ihr die Shows im nordischen Montreal, in der

Casino-Wüste von Las Vegas und im tropischen Südflorida eher fremd, das Heimweh überwog, und das Ehepaar kehrte im März 1953 zurück in die seit sechs Monaten leerstehende Wohnung am Boulevard Lannes.

Zwei Jahre später, im März 1955, war die Zeit reif für die Bereisung[157] des gesamten amerikanischen Kontinents. Diesmal blieb Piaf ganze vierzehn Monate, bis zum Mai 1956! Als Stammgast des Versailles und der Ed Sullivan Show – mit insgesamt acht *appearances* –, mit Gastspielen in Kalifornien und Kanada, in Quebec, Montreal und Toronto, einem langen Urlaub in Hollywood, wo sie von Marlon Brando empfangen wurde, und in Malibu, mit Galas in Dallas und Chicago, einem Abstecher nach Kuba und einer intensiven, faszinierenden Tournee nach Mexiko und Brasilien. In San Francisco feierte man sie als »Frankreichs größtes Geschenk an das Theater seit Sarah Bernhardt« oder titelte gleich »Piaf *ist* Frankreich«, im Romanoff in Hollywood sang sie für einen Milliardär gegen fünftausend Dollar Abendgage und flirtete mit Clark Gable, Ginger Rogers gab ihr Schwimmstunden in ihrem Pool in Beverly Hills, und ihre Platten verkauften sich wie warme Semmeln. Fototermine wurden anberaumt: mit Rita Hayworth, Dorothy Lamour und Claudette Colbert, mit Rock Hudson, Bette Davis und Charles Boyer. Piafs Weltruhm beruht eben auch auf ihren nachhaltigen Erfolgen jenseits des Atlantiks.

Wenn Pills gerade anderswo als Solist unterwegs war oder weit weg in London in einem Musical mitwirkte, ließ sie sich bereits wieder von anderen Männern trösten: in Chicago und Malibu vom *parolier* Jean Dréjac und in Havanna und Mexico City von dem jungen, schneidigen Jacques Liébrard, einem Gitarristen ihres Begleitorchesters. Bei der Lateinamerika-Visite war sie urplötzlich Feuer und Flamme für die Orte, die sie bereiste, insbesondere für die Schönheiten Mexikos. Eine Eintagsfliege. Mit einer Mariachi-Kapelle sang sie *La Vie en rose* sogar auf Spanisch und in New York einen englischsprachigen Hit der Elvis-Presley-Songschreiber Stoller und Leiber auf Französisch. Ausgiebiges Sightseeing betrieb sie auf ihren Tourneen ohnehin nur selten, lokale Folklore oder landestypische Eigenheiten interessierten sie genauso wenig wie die Einheimischen. Auf den langen Eisenbahnfahrten zwischen Atlantik und Pazifik oder im Flugzeug zwischen New York und Rio de Janeiro strickte sie und schaute so gut wie nie aus dem Fenster. Und selbst die mächtigen Redwoods in Kalifornien entlockten ihr, der Attraktion von *Édith Piaf and Her Continental Revue*, nur ein Achselzucken: »Nichts Besonderes, viele Bäume halt. Viel Holz.«[158]

Daheim in Frankreich sah ihr Leben anders aus. Mit Pills feierte sie ein biederes Glück auf den Titelseiten der Illustrierten für die Kleinbürger. Édith und Jacques in Pelzmänteln beim Einkaufsbummel auf der Marseiller Canebière, Jacques und Édith in Morgenmänteln und Pantoffeln beim Sonntagsfrühstück, Monsieur Pills und Madame Piaf beim Tischfußball in ihrem Wohnzimmer oder untergehakt vor ihrem Pariser Gartentor. Und immer wieder Kussposen, um Innigkeit und Ausgeglichenheit zu demonstrieren. Als Kosenamen füreinander hatten sie *mémère* und *pépère* gewählt, Oma und Opa, Inbegriff der Langeweile, des Anstands und der Harmlosigkeit. »Ich glaube nicht, dass sie mit Haut und Haaren in Pills verliebt war«, kommentierte ein Augenzeuge ihrer ersten Ehejahre, »aber sie mochte ihn gern und schätzte ihn. Er war charmant, gutaussehend, ein guter Kumpel. Sie konnte ihm vertrauen.« Keine ungestüme Leidenschaft, sondern eine *amitié amoureuse* verband die beiden: eine »verliebte Freundschaft«.[159] Simone Ducos, Pills Schwester, zog zu ihnen an den Boulevard Lannes; zuweilen erholten sie sich im Landhaus der Familie in den schönen, friedlichen Landes, einer baumreichen, menschenleeren Region im Südwesten Frankreichs. Es dauerte nicht lange, bis Édith ihre Umgebung wieder mit ihren schlechten Gewohnheiten terrorisierte – tagelang das gleiche Gericht zu allen Mahlzeiten, endlose Proben mitten in der Nacht, zwanghaftes Anschauen ein und desselben Films, das Verschenken großer Summen an Halsabschneider und falsche Freunde, das wahllose Verteilen »übriggebliebener«, aber noch ungeöffneter Champagnerflaschen an Gäste »für den Nachhauseweg« und, alle paar Monate, die übertriebene Neuausstattung der Cerdan-Kinder. Ging sie mit Fans und Mitstreitern nach getaner Arbeit in ein Luxusrestaurant, so stand von vornherein fest, dass sie allein die saftige Rechnung begleichen würde: »Das ist mein Geld«, fauchte sie, wenn Barrier, der schon mit Sorge an den fatalen Kontostand am Monatsende dachte, sie daran hindern wollte. »Niemand«, so ihre Schwägerin Simone, »wagte ihr zu widersprechen.« Tags darauf konnte sie sich wieder von ihrer Schokoladenseite zeigen und ihre »Familie« mit dem überzeugenden Vortrag von Fauré-Liedern oder Billie-Holiday-Songs erheitern. Ein schräges Potpourri. Oder sie plauderte unbekümmert mit »Lulute«, ihrer Vorgängerin Lucienne Boyer, von Frau zu Frau – ein entspanntes Gespräch unter Kolleginnen. Jacques, ein Musterbeispiel an Selbstlosigkeit, ertrug dies alles mit stoischem Gleichmut, passte sich an, schmunzelte oder zog sich frühzeitig zurück. So als beträfe ihn dieser ganze Zirkus gar nicht persönlich. Édith konnte manchmal kaum glauben, wie gut er zu ihr war, wie tolerant und friedfertig. »Doch ich glaube, dass ich ihm oft ungewollt weh tat, wenn er auch unerschütterlich war wie ein Fels.«

Wie es tatsächlich um ihre Gesundheit bestellt war, wird er vor der Eheschließung nicht geahnt haben. In drei aufeinanderfolgenden Jahren unterzog sie sich Entziehungskuren, die stets Höllentrips gleichkamen. Ihr Körper, der »kaum mehr eine [freie] Einstichstelle [aufwies] – Schenkel und Arme waren von Riesenödemen bedeckt« –, wurde dabei mehreren radikalen Therapien ausgesetzt: Der hochdosierten Aufnahme von Alkohol am ersten Behandlungstag folgten eine brachiale Brechtherapie und die Entschlackung. Am Ende stand die – zumindest partielle – Entwöhnung von Drogen, Medikamenten und Alkohol. Heilung und Entgiftung vollzogen sich quälend langsam. Ihnen gingen schlimme Halluzinationen, Phasen totaler Verzweiflung und beängstigender Aggressionsschübe voraus. Das Personal hatte Mühe, sie zu bändigen. Wutanfälle und Kontrollverlust machten aus ihr eine erbarmungswürdige Kreatur. »Ich fegte alle Gegenstände vom Nachttisch, fuhr aus dem Bett, und wie eine Furie zertrümmerte ich alles im Zimmer, bis die Schwestern hineinstürzten und mich bändigten. Es war grauenhaft! Ich benahm mich abscheulich, wie eine rasende Bestie, der man die Beute entrissen hat.«

Als Édith die Klinik Bellevue im Hochsommer 1954 für eine erneute *désintoxication* aufsuchte, hatte sie sich mit ihrer Teilnahme an einer fast dreimonatigen Mammuttournee, einem »Super-

Circus« unter Leitung des italienisch-tunesischen Clowns Achille Zavatta, völlig überfordert. Achtzig Gastspiele in fast ebenso vielen Städten in knapp neunzig Tagen, das war selbst für »die berühmteste Sängerin der Welt«, wie Zavattas Zirkusplakate sie ankündigten, zu viel des Guten. Dabei hatte das Herumziehen von Ort zu Ort sie an ihre Kindheit erinnert und, mit allem Komfort, durchaus seine Reize gezeigt; die Wiederbegegnung mit Schaustellern, Akrobaten und Musikern sowie ihre erhebliche künstlerische Übereinstimmung mit Zavatta hatten ihr großen Spaß gemacht.

Ende Mai war der »Super-Circus« sogar in ihrer alten »Heimat« Bernay zu Gast gewesen. Eine Dorfbewohnerin, die Piaf noch als kleines Mädchen erlebt hatte, war mit Blumen zu ihr gekommen, selbst die Lokalpresse hatte gerührt berichtet. Édith aber hatte nur noch das Ende dieser Show der Superlative herbeigesehnt. »Bei einer solchen Auftrittsdichte ist das Chansonsingen kein Metier mehr, sondern eine reine Abschlachterei.«[160] Am 11. Juli 1954 war endlich Schluss, und sie ließ sich gleich nach dem Ende der letzten Vorstellung direkt nach Meudon fahren, um sich dort den Torturen des Entzugs auszusetzen. »Niemals werde ich die [auf die Zavatta-Premiere] folgenden neunzig Tage vergessen, den Kreuzweg dieser neunzig Tage! Ich sah nichts von den Städten, die wir Tag für Tag durchfuhren; auch kein einziges Gesicht darin prägte sich meinem Gedächtnis ein. Denn ich war nur noch eine verwirrte Marionette.«

Was ihr hier als Zirkusreisende widerfahren war, sollte ihr bald zur bitteren Gewohnheit werden. »Ich war in einer solch [schlechten] Verfassung, dass ich an manchen Abenden die Worte meiner Chansons durcheinanderbrachte oder neue erfand. Meine Musiker mussten wahre Wunder vollbringen, um mich einzuholen.« Auf einen Konzertmarathon, den sie nur unter Aufbietung von Aufputschmitteln und durch die Dauerstimulation mit Alkohol bewältigen konnte, folgte unweigerlich die qualvolle Phase von mittelmäßigen, unkonzentrierten, dann schwachen und schließlich abgebrochenen Vorstellungen, begleitet von Pfiffen und Protesten eines enttäuschten Publikums. Édith benötigte Spritzen, um sich längere Zeit unter Kontrolle haben zu können und um überhaupt auf die Bühne zu gelangen, weitere Injektionen, um den Vortrag durchzuhalten, und medizinische Fürsorge, um sich von den Strapazen der Gastspiele wieder zu erholen. Singen und im Rampenlicht stehen waren aber ihre wichtigsten und gefährlichsten Drogen. Drogen, von denen sie nie wieder loskommen würde. Ein Teufelskreis war in Gang geraten, der nicht mehr gestoppt werden konnte. Denn die wenigen Genesungsphasen waren viel zu kurz, um den Raubbau an Leib und Seele noch aufhalten zu können. Als man am Ende ihrer dritten Entziehungskur erst spät eine Bauchfellentzündung bei Piaf diagnostizierte, konnte sie im September 1954 nur durch eine Notoperation gerettet werden. Ihr Jahr war endgültig verpfuscht. Aber schon im Oktober war sie wieder bei diversen Fernsehpräsentationen zu Gast. Bis zum nächsten Kollaps. Ein behandelnder Notarzt war hin- und hergerissen zwischen seiner Pflicht als Mediziner und seinem Impuls, diesem organisierten Wahnsinn ein Ende zu bereiten, indem er weitere Konzerte untersagte: »Sie hat dabei noch das große Glück, mit einer Phonographennadel geimpft worden zu sein. Das erlaubt ihr, das Herz der Leute[, die ihr zuhören,] zu erweichen, während man ihr bereits weitere Spritzen, von ganz anderer Natur, verpasst.«[161]

Auch wenn sie auf Fotos und in Mitschnitten von Liveauftritten aus den Mittfünfzigern schon sichtlich gezeichnet war mit ihrem immer dünner werdenden Haar, den angeschwollenen Wangen, den Ringen unter den Augen, dem erschöpften, verzerrten Gesichtsausdruck sogar unter dicker Schminke, so war sie noch immer in sämtlichen französischen Medien präsent. Ja, es grenzte an ein Wunder, mit welcher Ausdauer sie ihre Popularität immer weiter steigerte und mit welchem Durchhaltewillen sie Termin an Termin reihte. In gleich vier Filmen war sie zwischen 1951 und 1954 zu sehen. Auch bei dem mit vielen Variétéstars besetzten Musikstreifen *Paris chante toujours* zur Zweitausendjahrfeier ihrer Heimatstadt durfte sie nicht fehlen und gab ihre *Hymne à l'amour* bei einem Kurzauftritt vor Notre-Dame zum Besten. Dass sie nicht gerade in Topform und wenig inspiriert war, belegt ein Radiointerview: »Man hat mich ein Lied singen lassen. Ich bewege mich auf die Kathedrale zu und wieder von ihr fort, und ich habe absolut keine Ahnung, worum es dabei eigentlich geht.«[162]

1954 war sie in *Boum sur Paris*, einem Musikfilm ähnlichen

Zuschnitts, zu sehen, eine »Party«, in der alle Musikgrößen und Humoristen ihrer Ära, von Gréco bis Mouloudji, von Trenet bis zu Annie Cordy, vertreten waren. Gemeinsam mit Pills sang Édith darin ihr »Verlobungsgeschenk« *Je t'ai dans la peau*, den Song, den man auf immer mit ihnen beiden verband, sowie ihr eigenes Chanson *Pour qu'elle soit jolie, ma chanson*, in dem Piaf treuherzig feststellte, dass zum Gelingen eines »hübschen Liedes« stets zwei Menschen beitragen: *un garçon et une fille*. Wer wollte ihr da schon widersprechen?

Sacha Guitry ließ sie im selben Jahr für sein Revolutionsepos *Si Versailles m'était conté* vor den Toren des Schlosses das aufstachelnde, einem Schlachtruf gleichende *Ça ira* schmettern. Mit der Energie einer echten Revoluzzerin rief sie damit zum Sturm auf die königliche Bastion auf. Ihre Darbietung der aufrührerischen Volksheldin begeisterte die Kinozuschauer derart, dass sie Szenenapplaus spendeten und Piaf sogar mal erwog, den Titel in ihre Bühnenshow aufzunehmen. Er fiel jedoch zu stark aus ihrem Repertoire heraus. Und hätte sie dafür nicht die Garderobe wechseln müssen? Guitrys Film konnte mit einer beeindruckenden Starbesetzung aufwarten – Bardot, Barrault, Bourvil und Marais waren unter den Mitwirkenden –, und dass auch Orson Welles mit von der Partie war, versetzte Édith in Hochstimmung.

Eine weitere Kinolegende, Jean Renoir, engagierte sie im Winter 1954/55 für ein gerade einmal dreiminütiges Erscheinen in seinem nostalgischen Film *French Cancan*, dem Geiste der damaligen Moulin-Rouge-Mode verpflichtet, der im historischen Montmartre spielt. Piaf verkörperte darin die Music-Hall-Sängerin Eugénie Buffet, seinerzeit als »Zikade der Nation« verehrt, trug deren beliebtes Chanson *La Sérénade du pavé*, »Das Ständchen vom Kopfsteinpflaster«, vor und strich dafür die sensationelle Gage von siebenhunderttausend alten Francs ein. Keiner anderen Interpretin der Epoche wurden solche Summen gezahlt.

Dem Theater blieb sie ebenfalls treu. Mit Ehemann Jacques stand sie im April und im Mai 1953 bei der Wiederaufnahme von Cocteaus *Le bel indifférent* im eleganten Marigny, am unteren Teil der Champs, auf der Bühne; auch diesmal vertraute sie wieder auf das bewährte Regie- und Ausstattungsteam von *La p'tite Lili*. Ihr kaum zu bezähmender Drang, ohne Scham oder Zurückhaltung vermeintliche Einblicke in ihr Liebes- und Eheleben zu geben, hatte über Bedenken, ob die Besetzung mit Pills als Meurisse-Nachfolger angebracht war, triumphiert. Die Reanimation des fast anderthalb Jahrzehnte alten Monodrams stieß auf wohlwollende Reaktionen, obschon Édith mit Textlücken zu kämpfen hatte, Pills' Bühnenpräsenz als schweigender Macho manchmal zu wünschen übrig ließ und keineswegs alle Vorstellungen ausverkauft waren. Nicht allen Zuschauern und Kritikern sagte die Omnipräsenz des Liebesglücks von Piaf und Pills zu, gleich ob in Theater, Show, Gala, im Fernsehen oder in Zeitungen; aus manchen Besprechungen lässt sich zwischen den Zeilen herauslesen, dass man einstweilen von Auftritten des Paares »im Doppelpack« mehr als genug hatte und auch ihres demonstrativen Geturtels auf Plakaten und Titelseiten überdrüssig war. Die beiden Publikumslieblinge beherzigten die verhaltene Warnung, man könne ihrer, zu zweit jedenfalls, demnächst rasch überdrüssig werden, und gingen, was Bühnenperformances betraf, bald wieder eigene Wege: Piaf im Alhambra, Pills im Moulin Rouge.

Dagegen war es eine rührende Geste, dass es Jacques zukam, am 4. Januar 1954, bei der öffentlichen Feier des Plattenkonzerns Pathé-Marconi, seiner Frau einen Bronzeabguss ihrer ausdrucksstarken Hände zu überreichen. Anlass der Feier war, dass Piaf soeben eine Million Tonträger verkauft hatte, was zum damaligen Zeitpunkt selbst international etwas ganz Besonderes war: Die meisten ihrer Zuhörer kannten ihre Lieder aus dem Radio, aus Konzerten, durch Interpretationen Dritter oder vom Nachspielen; dass man quasi automatisch eine Schallplatte von seinen Lieblingsinterpreten erwarb, war zu dieser Zeit noch ungewöhnlich. Und Verkäufe in zweistelliger Millionenhöhe waren Zukunftsmusik. Jacques Pills fand schöne Worte für die feierliche Übergabe der Bronzehände: »Das letzte Mal habe ich um deine Hand angehalten, heute nun eigne ich dir gleich zwei davon zu.« Dabei mochte Piaf deren Vorbilder kaum noch vorzeigen, so verkrümmt, wie sie waren. Gleichwohl war die ausdrucksstarke Gestik aus ihrem Gesangsvortrag nicht wegzudenken.

Live ausgestrahlte Fernsehshows, damals ein neuartiges, beliebtes Format, veränderten die französische Medienlandschaft nachhaltig. Am 3. April 1954, genau ein Vierteljahr nach der Pathé-Marconi-Ehrung und dem symbolischen »Händedruck«, wurde Piaf die Ehre zuteil, in eine eigens für sie konzipierte Sondersendung der Serie *La Joie de vivre* Gäste und Begleiter ihres bisherigen künstlerischen Parcours einladen zu dürfen. Henri Spade führte Regie bei dem direkt aus dem Alhambra übertragenen Spektakel, und nutzte Édiths Spontaneität, ihren ansteckenden Humor und ihr liebenswertes Geplauder, um nicht nur ihre Freunde, Komponisten und Textdichter angemessen in Szene zu setzen, sondern auch ihre Chansons wie Kabinettstückchen zu inszenieren. Roland Avelys durfte eine Anekdote erzählen, Suzanne Flon aus dem Nähkästchen plaudern und Bourgeat dann eine belesene und spirituelle Piaf vorstellen, mit der wohl kaum ein Fernsehzuschauer gerechnet hätte. Mit Contet und Emer spielte die Gastgeberin sich in witzigen, geistreichen Dialogen die Bälle zu, und auch Marguerite Monnot wurde gebührend gewürdigt. Die Sendung war gelungen und ausgelassen wie keine zweite dieser Serie, machte dem Titel der Reihe, »Lebensfreude«, alle Ehre und ging in die Annalen des öffentlich-rechtlichen Fernsehens ein. Noch im selben Jahr war Édith dann ihrerseits zu Gast bei weiteren Folgen von Kollegen und von da an alle paar Monate auf dem Bildschirm zu sehen. Spätestens ab 1955 war sie eine feste Größe auch im französischen Fernsehentertainment[163], damit war ein Äquivalent zu ihrer regelmäßigen amerikanischen TV-Präsenz entstanden. Ihre Solosendung brachte sie einem Millionenpublikum nahe, das in seiner Mehrheit Piaf noch nie zu Gesicht bekommen hatte und erstmals einen Eindruck ihres Vortragsstils, ihrer Präsenz, ihrer Souveränität, ihrer aus dem Stand abrufbaren Stimmgewalt sowie ihrer Gestik und Mimik gewann, die durch Großaufnahmen und eine dramatische Kameraführung ungewohnt effektvoll waren. Ganz Frankreich studierte nunmehr ihr mal seliges und beseeltes, mal aufgewühltes und schmerzverzerrtes Gesicht.

Aus ihren prägenden Chansons der frühen Fünfziger stach, neben dem immens populären *Padam, padam*, Contets *Bravo pour le clown!* heraus: eine sarkastische Zirkusnummer mit immer höhnischeren Zwischenrufen, eine Parabel über Untreue, beginnenden Wahnsinn und die Häme eines undankbaren, auf Sensationen versessenen Publikums. Wie *Pour qu'elle soit jolie, ma chanson* ist es eine Louiguy-Komposition. Aus Glanzbergs Feder stammte der zärtliche, stimmungsvolle Walzer *Il fait bon t'aimer*; in Emers *La Fête continue* erwachte das Milieu, in dem Piaf ihre Kindheit verbracht hatte, wieder zum Leben, mit Rummel und billigem Jahrmarktsvergnügen, kontrapunktiert von Elend und Sorgen. In *Johnny, tu n'es pas un ange* (»Johnny, du bist kein Engel«) geht es um einen Burschen, der ähnlich draufgängerisch und rau ist wie sein Namensvetter bei Friedrich Hollaender oder der *Surabaya-Johnny* von Brecht und Weill. Und in Emers *N'y vas pas, Manuel* steht ein nicht minder rauflustiger Junge im Mittelpunkt, den man vor sich selbst warnen und ermahnen muss, sich besser nicht mit Stärkeren anzulegen. In *C'est à Hambourg* mit seinen Aufzählungen der Häfen dieser Welt und lockenden Zurufen in allerlei Sprachen kam das enttäuschte Matrosenliebchen wieder zu Ehren, nach dem Motto: »in jedem Hafen eine Braut«. Piafs Zuhörern gefiel's. Doch Édiths Herz schlug womöglich am meisten für den lebensklugen, leicht pathetischen Monnot-Titel *Heureuse*, in dem die Licht- und Schattenseiten der Liebe als notwendig heraufbeschworen und alsdann gepriesen werden, bevor sich alle Sehnsucht auf die »eine« große Liebe richtet und in immer intensiveren Beschwörungsformeln Bahn bricht.

Mit diesem bunten Repertoire aus Schlagern wie *Sous le ciel de Paris* und Nachdenklichem, Frivolem, Bewährtem wie *La Goualante du Pauvre Jean* und Überraschendem wie *L'Homme à la moto* konnte die bald Vierzigjährige neben den amerikanischen Croonern, dem aufkommenden Rock 'n' Roll und den intellektuellen, hintergründigen Interpreten wie Boris Vian, Jacques Brel, Georges Brassens, Léo Ferré und Juliette Gréco – der »neuen Piaf«? – genauso bestehen wie neben den von ihr selbst geförderten Chansonstars: Bécaud, Montand, Aznavour und Constantine. Mit ihm stemmte sie sich gegen den Zeittrend. Was man ihr auch vorlegte, sie anverwandelte es sich in langer, zäher Probenarbeit, bis es in Atmosphäre, Arrangement und Interpretation zu einem »typischen« Piaf-Lied herangereift war. Schnell wechselnde Moden in Hinblick auf Orchestration und Sound ließ sie an sich vorüberziehen. Noch immer kam sie mit einem hinter dem Vorhang agierenden Kammerorchester aus, mit überwiegend akustisch spielenden Instrumentalisten oder zur Not eben nur mit einem Pianisten und einem Akkordeonisten. Die üppigen Besetzungen und die Big Bands behielt sie sich noch für die amerikanischen Fassungen ihrer Chansons vor oder für die eine oder andere Plattenaufnahme. Sie wurden erst Anfang der Sechziger, als ihr körperlicher Verfall durch größeren instrumentalen Einsatz kompensiert werden musste, zum Standard.

Vier Jahre, von 1952 bis 1956, hielt die Ehe mit Pills – für Piaf war das eine halbe Ewigkeit. Auf allen Ebenen war ihr Arrangement brüchig geworden. Das nervenaufreibende, chaotische Tourneeleben forderte seinen Tribut, aber die ereignislosen, spießigen Sonntagnachmittage daheim und auf dem Land ermüdeten Édith mehr als jeder Konzertmarathon, und in der gemeinsamen Wohnung kam sich Pills nur noch wie ein Komparse vor. Andere, brillantere und vor allem jüngere Alleinunterhalter stahlen ihm die Schau; wenn zwanzig, dreißig Leute in seinem Wohnzimmer tranken, lachten und ausgelassen feierten, kam es auf ihn, den *pépère*, schon gar nicht mehr an. Die Wiederaufnahme der vermaledeiten spiritistischen Sitzungen, die inzwischen tiefgründige Glaubensfragen der Rosenkreuzer zum Gegenstand hatten, ging ihm gehörig gegen den Strich, und auf die undankbare Rolle des abgehalfterten »nouveau Monsieur Piaf« mochte er nicht reduziert werden. Édith hatte nicht etwa Mühe, sich zwischen ihm und einem anderen zu entscheiden, sondern längst die Qual der Wahl zwischen zwei Galanen, zwischen Dréjac und Liébrard. Ganz Kavalier der alten Schule, stellte sich Pills der Einsturzgefahr ihres Ehegebäudes und offerierte seinen freiwilligen Rückzug. »Als Jacques erfuhr, dass mir jemand aus meiner Umgebung den Hof machte und dass mir der Betreffende auch gefiel, sagte er derart traurig, dass ich vor Scham errötete: ›Didou, lass' uns lieber auseinandergehen, bevor uns die Katastrophe überwältigt.‹« *Chapeau!*
Pills' eigene Karriere hatte es oft erfordert, dass der Piaf-Tross ohne ihn weitergezogen war, und eine Trennung auf Raten einsetzen lassen. Als er ein Angebot in Montreal angenommen hatte

und Édith, noch unwissentlich, damit der Obhut Dréjacs überließ, hatte sie ihn eindringlich gewarnt: »Weißt Du, Jacques, es ist gefährlich, jemanden wie mich ganz allein zu lassen.« So war dann Dréjac derjenige, der für Abwechslung in New York sorgte, wenn Strohwitwe Piaf bei ihrer bereits sechsten Vorstellungsserie im Versailles – mit Marilyn Monroe unter ihren Zuhörern – der Sinn nach Unterhaltung stand: indem er beim abendlichen Kochen die Spaghetti an die Zimmerdecke katapultierte, um festzustellen, ob sie auch wirklich *al dente* waren. Oder indem er einen amerikanischen Hit, das kitschig-optimistische *Suddenly There's a Valley*, für sie in *Soudain une vallée* umtextete, eine rührselig-verklärende Rosenkreuzer-Ballade. Liébrard wiederum war zwar in Frankreich so gut wie verheiratet, jedenfalls in festen Händen, fühlte sich in der Ferne aber ganz ungebunden und stand Piaf, wann immer sie nach ihm verlangte, zur Verfügung. Mit ihm besuchte sie im kalifornischen San José den Tempel der Rosenkreuzer, deren Glaubensgemeinschaft sie kürzlich beigetreten war. Liébrards unkomplizierte Liebesbereitschaft, in der er dem Matrosen aus *C'est à Hambourg* in nichts nachstand, kam Édith entgegen.

»Wenn sie gerade niemanden hatte«, erinnerte sich Manager Barrier, »war Édith nicht gut aufgelegt. Sie benötigte immer jemanden, den sie lieben konnte, aber auf ihre Weise. Sie war weder das, was man eine *femme de lit*, eine Frau fürs Bett, nennt, noch die große Verliebte, als die sie ja gemeinhin galt – sie schuf nur gerne die Illusion, eine zu sein.«[164] Bourgeat wurde natürlich eingeweiht, als sie zwischen ihren beiden jungen Lovern schwankte; wobei sie aber keinerlei Reue ihrem Gatten gegenüber an den Tag legte. »Ich bin in einen schweren Gewissenskonflikt verwickelt«, schrieb sie ihrem treuen Briefpartner. Sollte sie Dréjac den Laufpass geben oder sich von Liébrard trennen? »Alles, was ich weiß, ist, dass es von Mal zu Mal schwieriger wird, wahres Glück zu finden. Vielleicht erwarte ich einfach zu viel vom Leben. Das, was mir immer gefehlt hat, war die Fähigkeit, den Mann, den ich gerade liebte, wirklich bewundern zu können. (Marcel war die einzige Ausnahme.)«[165]

Galant bot Pills ihr die Möglichkeit, eine würdevolle Trennung herbeizuführen, so dass sie ihr Gesicht wahren konnte und vor allem keine schmutzige Wäsche in der Öffentlichkeit gewaschen werden musste.»Er sah mich lange an, küsste mir die Hand und fügte hinzu: ›Du wirst immer mit der Liebe spielen, das ist stärker als du.‹ Er hatte nicht ganz unrecht. Aber dieses Spiel habe ich teuer bezahlt.« Am 6. Juni 1956 gaben sie in einer gemeinsamen Presseerklärung ihre Scheidungsabsicht bekannt. »Wir haben diese Entscheidung einvernehmlich getroffen«, ließen sie die Journalisten wissen. »Unsere jeweiligen Engagements haben dazu geführt, dass wir kaum noch Zeit miteinander verbringen können.« Was nicht ausschloss, dass beide weiterhin zusammen auftraten. Und Jacques kurz zuvor nicht davon abgehalten hatte, sie in Orly mit einem riesigen Blumenstrauß zu begrüßen, als sie nach vierzehn Monaten Amerika endlich wieder französischen Boden unter den Füßen verspürte. Nicht aus Heuchelei, sondern aus echter Sympathie. Sie blieben einander herzlich verbunden und bewahrten eine stabile Freundschaft; sie hatten sich nur in zwei grundverschiedene Leben entlassen. »Wenn sich zwei Eheleute nicht jeden Abend sehen, können sie ihre Liebe nicht mehr am Leben erhalten.« Édiths vierzigsten Geburtstag hatten sie noch gemeinsam in Manhattan in Gesellschaft befreundeter Paare verbracht, um dann in Saint Vincent de Paul, der Stätte ihrer Hochzeit, 1955 ihr letztes New Yorker Weihnachten zu feiern.

Gefühlstreue, die die Zeitläufte überdauerte und auch erwidert wurde, fand sie im Grunde nur bei Männern, die reine Geistesmenschen waren und mit denen eine sexuelle Verbindung von vornherein ausgeschlossen war: Bourgeat und Cocteau. Sie allein ließ sie jene »Bewunderung« spüren, die sie für Liebhaber und »richtige« Männer, trotz verzweifelter Anstrengungen, offenbar nie aufbringen konnte. In ihrer Korrespondenz wenigstens gelang es Édith, rein und unschuldig zu lieben. An Cocteau, den vielseitigen Poeten, der es nie nötig hatte, seine homoerotischen Neigungen zu verleugnen, hatte sie bereits 1953 ein inniges, bemerkenswertes Schreiben abgesandt: »*Mon Jean chéri!* Was für eine Freude [es ist], Deinen Brief zu lesen und wieder aufs Neue zu lesen. Ich weiß ja, wie viele Menschen Dich lieben, aber wenn *Du* nur wüsstest, wie sehr *ich* Dich erst liebe, obwohl wir uns nur so selten sehen.« Mit ihm vertauscht sie die Rollen: Nicht er soll sie beschützen – sie will ihn »vor der Bösartigkeit der Welt« beschützen. Gleichwohl weiß sie, »dass Du es bist, der mich wieder aufbaut und mir den Mut gibt, dieser so harten Welt die Stirn zu bieten! Findest Du nicht, dass es wunderbar ist, jemanden zu lieben, ohne ihn zu brauchen, ihn einfach nur um seinetwillen zu lieben? Na, genau das ist meine Art, Dich zu lieben.«[166] Ihre so besondere, exklusive Intimität resultierte nicht allein aus dem Schutz, den ihnen die räumliche Distanz verschaffte, und beider Zugehörigkeit zur künstlerischen Sphäre des Theaters, der Darstellung. Sie resultierte vielmehr aus dem Wissen, dass beide stets ihr Bestes gaben, keinen Tag verstreichen ließen, ohne Außerordentliches zu leisten, und dass Cocteau ebenso virtuos mit Worten und dramatischen Effekten zu jonglieren vermochte wie Piaf mit den Strophen, Kunstpausen und Inhalten ihrer Chansons.

Cocteau fand seinerseits bestechende Metaphern, um das Phänomen Piaf in seiner ganzen Komplexität und Einzigartigkeit auf den Punkt zu bringen. In einer rasch berühmt gewordenen Hommage an *mon Édith* formulierte er: »Madame Édith Piaf ist ein Genie. Sie ist unnachahmlich. Es hat nie vorher eine Édith Piaf gegeben, und es wird auch nach ihr nie wieder eine geben. Wie Yvette Guilbert ist sie ein Stern am nächtlichen Firmament Frankreichs, der sich verzehrt. Sie ist es, die von all jenen sich umarmenden Paaren betrachtet wird, die es noch verstehen zu lieben, zu leiden und zu sterben.« Cocteau zog seinen Hut vor ihr: »Schauen Sie sich doch nur diese erstaunliche kleine Person an, deren Hände der Eidechse in den Ruinen gleichen! Betrachten Sie ihre Stirn, die Stirn Bonapartes, ihre Augen einer Blinden, die soeben das Sehen wiedererlangt hat. Nichts wird von ihr übrig bleiben als ihr Blick, ihre blassen Hände, diese wächserne Stirn, an der sich das Licht festklammert.« Und natürlich ihre Stimme. Ihre vokale Verführungskraft riss den Freund hin zu einer Liebeserklärung, die wohl jeden Durchschnittsjournalisten erblassen ließ: »... ihre Stimme, die sich aufbläht, die anschwillt und ansteigt, die, Schritt für Schritt, an ihre Stelle tritt und die schließlich, während sie wie ein Schatten an der Wand wächst und wächst, glorreich dieses kleine schüchterne Mädchen ersetzen wird.« Eine Eloge, wie sie *la petite fille timide* noch nicht über sich gelesen hatte, und Cocteau

war noch gar nicht fertig: »Ich lasse hiermit diesem schönen, orakelhaften Mund den Vortritt, überlasse meinen Platz dieser sensationellen, schrecklichen kleinen Schlafwandlerin, die, am Rande
der Dächer, die Träume singend in die Luft wirft.«[167]

Am 4. Januar 1956 erreichte Cocteaus Schlafwandlerin mit ihrer
Stimmgewalt den Gipfel ihrer Laufbahn. Die legendäre Carnegie
Hall öffnete die Pforten für sie, eine der klassischen Musik oder
großen nationalen Showstars wie Frank Sinatra und Bing Crosby
vorbehaltene heilige Stätte des Entertainments. Dreitausend Dollar, so viel, wie keine andere weibliche Interpretin hier je erhalten
hatte, kassierte sie für ein Récital, das aus zweiundzwanzig Songs
in zwei Sprachen bestand – darunter gleich zwei von Dréjac. Das
New Yorker Publikum feierte sie wie nie zuvor, forderte Zugaben
und ließ die »Hohepriesterin der Agonie« nur ungern ziehen. Die
Nachfrage nach Karten war so groß gewesen, dass noch links und
rechts auf der Bühne Zuschauer platziert werden mussten. Da
stand sie nun, auf drei Seiten von ihren Fans umrahmt, auf dem
riesigen Podium, vor sich ein Mikrophon, hinter sich zwei giganti-
sche Lautsprecher, stemmte wie stets ihre Arme in die Hüften, um
mit Inbrunst ihre musikalische Conditio sine qua non anzustim-
men: *If You Love Me, Really Love Me.* An jenem denkwürdigen
Abend, den sie mit »Unter dem Himmel von Paris« eröffnete, waren alle ihre Zuhörer an der Seventh Avenue in Édith Piaf verliebt.
Mehr noch: Sie waren »wirklich« in tiefer Liebe zu ihr ergriffen.
Unter dem Himmel von Manhattan.

»Man befindet sich nicht länger in der Carnegie Hall«, wenn
man ihr zujubelte, »sondern in einem Bistro in einer Seitenstraße
am linken Seine-Ufer«, schrieb ein enthusiastischer Musikkritiker.
Sie sei »von einer solchen Natürlichkeit und Richtigkeit, dass der
gesamte Körper der Darstellerin eins wird mit der Quintessenz
ihres Liedes«.[168] Mrs Pills wartete das Ende der Standing Ovations
ab und gab ein Zeichen, damit sich der Vorhang hinter ihr öffnete und endlich den Blick auf ihr Begleitorchester freigab, das
an diesem Abend einmal wieder ganze Arbeit geleistet hatte. Ein
Ritual stand nämlich noch aus. Édith Piaf näherte sich lächelnd
ihrem getreuen Bandleader Robert Chauvigny und empfing von
ihm einen Handkuss. Kurze Stille. Dann tobten die Leute im Saal

erneut, trampelten die Menschen auf dem hölzernen Podium mit den Füßen, und Piaf verbeugte sich ein letztes Mal, bevor sie den Musiktempel verließ. Am nächsten Tag reiste sie vom *big apple* nach Kuba weiter, wo schon ein Engagement im Sans Souci in Havanna auf sie wartete.

Sans souci? Solange der tosende Applaus der Carnegie Hall noch in ihren Ohren widerhallte, war Édith sorgenfrei.

Les Mots d'amour

»Die Worte der Liebe« – Koseworte, Tändeleien, Belangloses, Erinnernswertes, Unvergessliches. Gibt es auf Erden etwas Beliebigeres, etwas Banaleres zwischen zwei Menschen? Und zugleich: Gibt es irgendetwas, das auch nur annähernd an die Wichtigkeit der zwischen zwei Menschen ausgetauschten Worte herankommt, an diese paar Silben, die derart mit Bedeutung aufgeladen sein können? Solche und ähnliche Fragen stellt Michel Vaucaires und Charles Dumonts Chanson, womöglich Piafs schönstes überhaupt – und unumwunden gebe ich zu: mein persönlicher Favorit.

1960 entstanden und noch im Herbst desselben Jahres aufgenommen, gehört dieser leichte und doch tiefsinnige Walzer, in dem keine Geschichte mehr erzählt zu werden braucht, zu der Handvoll neuer Erfolgstitel, mit denen Piaf sich, nach langer Durststrecke, wieder nach oben kämpfte und ihr triumphales Comeback im Olympia am Jahreswechsel 1960/61 einleitete. Ihm haftet nichts Dramatisches an; er ist vielmehr eine Summe: die Lehre aus unzähligen Liebesverhältnissen. Heiter, unbeschwert, nostalgisch, altersweise, zuversichtlich. Piafs Stimme hat sich gottlob wieder durchgeboxt. Es ist ihr anzuhören, wie sehr sie sich selbst darüber freut. Ihr unverwechselbares Timbre schwebt gleichsam über dem instrumentalen Geschehen und geht doch zuweilen, an einzelnen pointierten Stellen, in dessen Mischklängen auf. Eine zeitlose Piaf befindet sich hier auf der Höhe ihrer Gestaltungskunst, kostet mit großer Souveränität kraftvoll den Klang jeder Einzelsilbe aus, lässt die R's rollen, formt die M's mit Sorgfalt, als sänge sie sie zum allerersten Mal. Ihr legendäres Vibrato setzt sie sparsam, aber effizient ein.

Mit »Tempo di Java« ist das Lied von den Liebesfloskeln überschrieben. Ein schlichtes, aber bezwingendes Arrangement wurde hierfür ersonnen: Federnd schwingt anfangs ein E-Gitarren-Einzelton zum nächsten und fordert walzerselig zum Tanz auf. Jede Gesangsphrase aus Achtelketten wird von einem vollstimmigen, an- und wieder abschwellenden Akkordeon-Echo beantwortet, zum Strophenende treten Streicher hinzu, und beschlossen wird jede Einheit mit einer verlangsamten Phrase aus Viertelnoten, von Mandolinen unterlegt. Les Mots d'amour verströmen Glück und Gewissheit. Trübsal wird hier ausnahmsweise einmal nicht geblasen. Ein Freudenfest!

Wer zunächst nicht so genau hinhört, könnte an ein ausgedehntes Wortspiel, einen kunstvollen Monolog ohne eigentlichen »Sinn« glauben. Tatsächlich liegt dem Chanson aber eine raffinierte Reihung von Wortwiederholungen und unmerklichen Verschiebungen zugrunde: Die Schlussworte jeder Aussage werden zu Beginn der nächsten wieder aufgegriffen, wiederholt und anders gewendet. »Si jamais tu partais / partais et me quittais / me quittais pour toujours« ist nur ein Beispiel unter vielen. Die im Französischen strukturelle Klangähnlichkeit so unterschiedlicher Begriffe wie Liebe, Lieben, Sterben, Worte, Ich, mich, niemals (»aimer, amour, mourir, mots, moi / me, jamais«), ein wahres Fest aus »m-dominierten« Silben, führt dazu, dass in vielen Wortaneinanderreihungen der Sinn »verschwimmt«, aber, paradoxerweise, die Bedeutung gewahrt wird. Als ob ein Liebender einer Liebenden eigentlich Unverständliches ins Ohr flüstert, Gebrabbel, wobei es auf Intention und Gefühlsintensität dennoch sehr wohl ankommt.

Ein Lied also, das sich gern und ausgiebig im Kreis dreht, sich an seiner ganz spezifischen Klanglichkeit ergötzt. Trotz alledem lässt sich sehr wohl eine Aussage herausfiltern: Das weibliche Ich des Chansons sucht in den drei schnellen Strophen, vom Gefühlsrausch ergriffen, förmlich nach Worten, um der Intensität seiner Liebe gerecht zu werden, einer bis dahin unbekannten, starken Liebe. Die Empfindung des »noch nie zuvor« dominiert alles, stammelnd sehnt sie sich nach Verlängerung, ja nach »Ewigkeit« dieses unerhörten Glückszustandes. Und vermag sich kaum auszumalen, was bei Liebesentzug geschehen würde – augenblicklicher Tod? Liebestod? In den nur halb so schnellen Refrains – die gefürchtete Trennung hat inzwischen stattgefunden – bricht sich dann allmählich eine Erkenntnis Bahn, die auf die Wesenhaftigkeit der Liebesworte selbst zielt: Handelte es sich anfangs noch um die unwiderstehliche Magie der mots des Geliebten und um die anschließende Unerträglichkeit seines Verstummens, so ist es nun die Sängerin selbst, die sich derselben Worte bedient und sie auf eine neue, größeres Glück verheißende Liebessituation anwenden kann. Und ganz am Ende sind es die Stimmen aller – meine Stimme, deine Stimme, unsere Stimmen –, mit denen die immer gleichen Liebesbegriffe auf immer andere Menschen und Geschichten bezogen werden. Die Worte sind universell geworden. Die Worte selbst verleihen uns Liebesfähigkeit. Sie bilden einen Erfahrungsschatz, der gerade aufgrund seiner »Austauschbarkeit« jeden Tag aufs Neue wieder sinnstiftend werden kann. Das Vokabular »dieser« oder »irgendeiner« Liebe.

Jetzt könnte es demnach wieder von vorne beginnen: Irgendwo auf diesem Erdball entsteht schon wieder eine »einmalige« Verliebtheit und bedarf eines verbalen Repertoires – zurück zur Strophe eins? Gilt es, erneut die Sprache der Liebe zu erlernen? Doch das Chanson hält inne, ein paar versöhnliche Bläserakkorde bringen den Silbenfluss zum Versiegen. Einfach deshalb, weil irgendwann ein Punkt erreicht ist, an dem die Liebesworte nicht mehr ausreichen und sich erübrigt haben. Und weil dann Handlungen, Empfindungen, Glückszustände an ihre Stelle treten.

Für die große französische Romanschriftstellerin und Dramatikerin Marguerite Duras waren Les Mots d'amour und ihr hypnotisierender Singsang Piafs Schlüsselwerk schlechthin. An prominenter Stelle setzte sie das Lied, auch als Hommage an die Piaf, in ihrem Theaterstück Savannah Bay von 1982 ein: in einem zarten, tastenden Dialog zweier Frauen, die sich via Erinnerung, durch das Heraufbeschwören einer »unbeschreiblichen« Liebe und mit Hilfe dieses Liedes behutsam wieder einander anzunähern versuchen.

Henne im Korb:
Piaf mit Georges »Jo«
Moustaki, Marguerite
Monnot »La Guite«
und Michel Rivgau-
che, in den späten
1950ern.

Immer wieder von vorn anfangen
Triumphe, Unfälle, Operationen · 1956–1959

Was für eine Hexe ich doch war!

Schon geraume Zeit vor der Trennung von Pills und dem Car-
negie-Triumph hatte Édith einen bemerkenswerten Liedtext zu
Papier gebracht, der sich mit seiner leicht surrealen Bildwelt und
erstaunlichen Ehrlichkeit von ihren bisherigen Chansons deutlich
abhebt: *Tu n'as pas besoin de mes rêves* – »Du brauchst meine
Träume nicht«. Guite Monnot sollte ihn für sie vertonen. Er liest
sich wie eine Allegorie auf ihr Liebestreiben. Ihr Kopf sei wie eine
Traumkiste, in deren Mitte sich eine Leiter befinde, erzählt Piaf
darin. Auf ihr lasse sie, gleich einer Puppenspielerin, die Männer,
die ihr gefallen, nach oben klettern. Im Vertrauen darauf, dass sie
die Leiter festhält, wagen sie sich hoch hinaus und steigen auf die
oberste Sprosse. Für einen kurzen Moment verschaffen sie sich

einen Überblick. Doch dann lässt ihre Geliebte die Leiter plötzlich los, und sie stürzen kopfüber in die Tiefe. Sie legt ihre Liebhaber herein und bringt sie zu Fall: Wackelkandidaten. Doch »die Dinge haben sich geändert«. Nun gibt es einen Mann, das »Du« des Liedes, der von diesem launenhaften Spiel ausgenommen ist. Er benötigt die Träume der Sängerin nicht, er kann auch »einfach so« geliebt werden. Ein Mann, der schon beim Sonnenaufgang singt, aus vollem Halse und sogar falsch, den »sie« aber noch nie hat weinen sehen. Und sein Gesang rührt sie, geht ihr zu Herzen, obwohl sie weiß, dass sie sich von einem »dummen« Gefühl einwickeln lässt. Aber sie konstatiert auch: »Du hast mich noch nie zum Weinen gebracht.« So weit der Refrain. In der zweiten Strophe ist es die Ich-Erzählerin selbst, die auf ihrer eigenen Leiter nach oben klettern muss. Jetzt wird sie von ihrem *chéri*, den sie anfleht, die Leiter nicht loszulassen, beobachtet. Nunmehr ist sie die Ausgelieferte, deren Schicksal von ihm abhängt. Sie hat die Orientierung verloren und riskiert, sollte er den Griff auch nur ein wenig lockern, den Sturz aus großer Höhe. Was aus ihr werden soll, weiß sie nicht mehr. »Er« hat die Kontrolle übernommen, tritt ihre Ambitionen mit Füßen und schickt ihre Phantasie zum Teufel. Sein Lachen macht ihr fortan Angst. Er lacht selbst, wenn sie schmollt, und er amüsiert sich, wenn sie störrisch oder trotzig ist. Sein Lachen entwaffnet sie schließlich, und ihr »dummes Herz« öffnet sich ihm erneut. »Du lachst, und dann richtest du mich auf, gegen dich, und ich verliere meine ganze Würde.« Einen solchen Mann, der ohne ihre Träume auskommt und sich lachend über sie hinwegsetzt, gibt es den überhaupt? Einen Mann, der sich nicht in ihre Kiste sperren und manipulieren lässt und dennoch ihr Herz erweicht? Einen Mann, der ihr nie Kummer bereitet, der sich nicht um die »Richtigkeit« und Schönheit seines Gesangs schert und mit seiner ansteckenden Fröhlichkeit selbst die gemeinsame Marschrichtung vorgibt?

Nein, sprach die »echte« Édith in der zweiten Hälfte der fünfziger Jahre und klappte ihre Traumkiste einfach wieder zu. Ihr machte es auch weiterhin Spaß, sie nach Belieben zu öffnen, mit einem weiteren Opfer zu spielen und ihm zum Aufstieg zu verhelfen, bis es in die Falle ging. Die Existenz eines Mannes, der seine und ihre Gefühle aus eigener Kraft zu steuern in der Lage war, schloss sie kategorisch aus. Bedeutete es doch für sie, ihre Würde zu verlieren, wenn sie nicht mehr über ihre eigenen Emotionen herrschen konnte und die »Macht« über ihr Glück aus der Hand gab.

Cerdan hätte sie diese Macht zugestanden, sein Gelächter ertragen und ihn sogar »falsch« singen lassen, Pills vermochte sie nicht dauerhaft in die Kiste zu zwängen, und alle übrigen Begleiter ereilte das Schicksal der »Kletterer«. Fünf neue Bezwinger der Leiter, fünf ahnungslose, aber ehrgeizige junge Männer standen ab 1956 schon bereit – ein Sänger und ein Galerist, ein Maler, ein Fotograf und ein komponierender *parolier*. Sie hätten Édiths Chanson einfach nur genau zuhören müssen, bevor sie sich für Kurzweil und Amüsement einspannen ließen. Einstweilen hauste Piaf am Boulevard Lannes jedoch in einer gähnend leeren, männerlosen Wohnung, die wie ein Sinnbild ihrer Einsamkeit und der bevorstehenden Scheidung auf sie wirken musste. Eine Zeitlang kamen Marcels Kinder bei ihr in Paris unter, weil Marinette in Marokko seit einem versuchten Attentat auf ihr Auto um ihre Sicherheit fürchtete. Dort wüteten schon seit längerem die Kämpfe um die Unabhängigkeit. Édith erwies sich einmal mehr als großherzige Gastgeberin. Auf Zeit. Umsorgt wurden die Amerika-Heimkehrerin und die Kinderschar von zwei neuen Hausangestellten namens Suzanne und Christiane Guizo, die als Köchin und Hausmädchen schalteten und walteten. Doch die Abende daheim wurden Édith lang, und zwischen den Proben ließ sich kaum jemand bei ihr blicken: Alle glaubten, sie sei noch bei Jacques gut aufgehoben.

Der Mangel an Gesellschaft verstärkte ihr Lampenfieber, denn ab Ende Mai stand ihr eine Gastspielserie im Pariser Olympia bevor. Den Reportern von *France-Dimanche* vertraute sie an: »Ich fürchtete mich davor, viel mehr als vor meinem Konzert in der Carnegie Hall. Schließlich war es Paris, das zählte, Paris, das es zu besiegen galt. Und ich hatte den Eindruck, dass sich [dort unterdessen] ziemlich viel verändert hatte.« Mistinguett hatte soeben das Zeitliche gesegnet, und damit war ein historisches Kontinuum von Fin de Siècle und *années folles* über die Kriegsjahre bis in die Gegenwart an sein Ende gelangt. Die Leute strömten mittlerweile in die Jazzclubs der *rive gauche*, wer machte sich noch in Richtung Pigalle auf, um sich an Variété, Music Hall und Revuen zu ergötzen? »Es gab neue Chansons«, fuhr Piaf fort, »und neue Stars. Würde ich in diese neue Situation überhaupt noch hineinpassen? Würden mich alle diese Chansonbomben nicht auf bloßen Staub reduzieren«, auf den Staub der Vergangenheit? »Und das Publikum, das solche Bomben zum Explodieren brachte, würde ich es noch verstehen, wäre ich noch in der Lage, seinen Wünschen zu antworten, seinem Willen zu genügen?«

Édith, soeben zur Chansonkönigin von New York gekrönt, ängstigte sich vor der Wiederbegegnung mit den kapriziösen, kritischen *parisiens*. »Ich hatte ein paar Pillen genommen«, um Ruhe zu gewinnen, »aber sie richteten nichts bei mir aus. Als ich auf die Bühne trat, als ich mein Olympia so schwarz und schrecklich vor mir sah, glaubte ich einen Moment lang wirklich, ich würde sterben.« Ihr bisheriger Parcours zog wie in einer Sterbeminute an ihrem inneren Auge vorüber. »Ich habe mich an das kleine Mädchen erinnert, das ich einmal war, an die Straße, auf der ich gesungen habe, an das Leid von früher, an den armen Legionär, den ich geliebt habe, an die Klapse und Schläge, die mein Papa mir verpasst hat, an die Schmerzen und das Unglück meines Lebens.«[169] Ihre Sorgen erwiesen sich als unbegründet. Die Pariser Zuhörer hießen sie willkommen wie eine lang entbehrte Freundin und ließen sich von ihr gefangen nehmen wie in alten Zeiten. Dass sie neue Lieder im Gepäck hatte, wie das mitreißende, rockige *L'Homme à la moto* und das traurig-schöne, zutiefst pariserische *Les Amants d'un jour*, registrierten sie mit Begeisterung. Piaf musste es vorkommen, als sei sie gar nicht fort gewesen. Olympia-Direktor Coquatrix sah mit Freuden, dass die alte Piaf-Magie noch immer wirkte, und fühlte sich selbst wie in Trance. Sogleich unterbreitete er Édith eine Verlängerung ihres Vertrages vom 14. Juni bis zum 12. Juli. Selbstverständlich unterschrieb sie und genoss allabendlich den stürmischen Empfang durch ihre Landsleute. Für die nachwachsende Generation gehörte sie mit Chevalier, Trenet, Fernandel und Bernhardt längst zu den Fixsternen am nationalen Firmament; ihr jetziger Siegeszug bestätigte ihren Nimbus nur.

Schon im Vorjahr, am Vorabend ihres vierzigsten Geburtstages, hatte sich ein Kritiker anlässlich ihrer Show im El Morocco in Montreal von der vollkommenen Identität der Interpretin und ihrer lyrischen Ichs, ihrer Bühnenfiguren, berühren lassen: »Was ist dies gewisse Etwas, worin besteht dieses ›mehr‹, das sie vor anderen Sängerinnen auszeichnet? Warum fühlen wir uns von gerade dieser Künstlerin so gefangen genommen? Liegt es daran, dass wir, sobald wir sie sehen, an all die Gestalten denken, mit denen sie uns in ihren Chansons vertraut macht? Liegt es daran, dass sie dem Bild des Straßenmädchens so sehr entspricht, des kleinen Mädchens, das leidet, weil es zu sehr geliebt hat? Von dem Moment an«, wo sie *Sous le ciel de Paris* anstimmt, »werden Sie weit weg getragen von dem Tisch, an dem Sie soeben Platz genommen haben. Der schwarze Vorhang verwandelt sich augenblicklich in eine Pariser Szene. Sie brauchen jetzt eigentlich nur noch Ihrer Phantasie freien Lauf lassen.«[170] Ob im Morocco oder im Olympia, im Kopf ihrer Zuhörer setzte Édith einen Film in Gang. Mit wenigen, souveränen Gesten führte sie Regie, den Rest besorgte ihre Stimme. Ihre Zuschauer hatte sie für die Dauer eines Abends, im Verlauf von zwanzig Chansons, in eine andere Welt versetzt – eine Welt, die glaubwürdig, kohärent und stimmig auf sie wirkte.

Von 1955 an, als sie zum Jahresbeginn nähere Bekanntschaft mit Coquatrix' Tempel der leichten Muse geschlossen hatte, bis 1962 wurde das Olympia zu ihrer bevorzugten Spielstätte in Paris. Nicht zuletzt deshalb, weil man ihr hier Gagen zahlte wie nirgends sonst. Édith war im Wesentlichen dafür verantwortlich, dass es sich für Künstler ihrer Zunft zu einem mythischen Ort entwickelte. 1892 gegründet, wurde es in den Zwanzigern bekannt für seine Music-Hall-Spektakel. 1929 musste es mit der Zeit gehen und sich in einen Kinopalast verwandeln. Erst 1952, als das Olympia in Coquatrix' Hände überging, wurde es wieder zum Konzertsaal. Stimuliert von ihrer erfolgreichen Heimkehr nach Paris im Frühjahr und Sommer 1956, beschloss Piaf, alle künftigen Frankreichtourneen mit neuen Programmen hier, am Boulevard des Capucines, starten zu lassen. So hielt sie es zwischen Februar und April 1958, als sie sich mit dem begabten Nachwuchssänger Félix Marten im Olympia präsentierte, und vor allem zum Jahreswechsel 1960/61, als sie dem kriselnden Haus mit einem Paukenschlag einen enthusiastischen Neuanfang ermöglichte und auch selbst, als schon Totgeglaubte, wie ein Phönix aus der Asche stieg. Olympia und Piaf, so schien es, waren aufeinander angewiesen und brachten einander Glück; wann immer Édith sich hier die Ehre gab, waren sämtliche Vorstellungen ausverkauft, und die Zuschauerzahlen brachen alle Rekorde. Jede ihrer Gastspielserien wurde weit über die geplante Dauer hinaus verlängert. Das Olympia war somit das Äquivalent des New Yorker Versailles, wenngleich von einer ganz anderen Atmosphäre – hier weiträumiger Konzertsaal mit breiter Guckkastenbühne, eine veritable Arena des Chansons, dort eleganter, intimer Club mit Tischen für die Gäste, die mit Miss »Iiii-diss« auf Tuchfühlung gehen konnten.

Der Sommer 1956 gehörte einer Tournee im Süden Frankreichs von Cannes bis nach Biarritz, ein letztes Mal an der Seite von Pills, und führte sie an die Côte d'Azur, aber auch in Glücksspielhäuser im Norden und Osten. Dabei kam es in Saint-Raphaël zu einem unangenehmen Zwischenfall, als Jacques Liébrards aufgebrachte Verlobte ihr am Kasinoausgang auflauerte und eine Szene machte, sie beschimpfte und ohrfeigte und schließlich als »mangeuse d'hommes«, als »dérangeuse de ménage« bezeichnete: als Männerfresserin und als Beziehungszerstörerin. Zwei neue Prädikate für Édith, die sich bereits des Öfteren gefallen lassen musste, als »voleuse« (Diebin) etikettiert zu werden. Die Yellow Press freute sich, während Piaf und Liébrard sich nicht davon abhalten ließen, ihre Affäre in den USA in aller Ruhe fortzusetzen. Anfang September war es nämlich wieder so weit, und Édith begab sich für eine weitere Konzertreise nach Amerika, diesmal für ein knappes Jahr. Mit einem großen englischsprachigen Repertoire und den üblichen Stationen Versailles – zum siebten Mal! –, Ed Sullivan Show und Carnegie Hall – zweiter Streich –, mit Gastspielen in Kanada und Texas, auf Kuba, in Buenos Aires und in Brasilien und mit Shows an der Ostküste. Ausflüge zu Kultstätten, auf den Spuren der Rosenkreuzer, standen genauso auf der Agenda wie ein längerer Kalifornienaufenthalt im Dezember. Am 15. Mai, als die Ehe Ducos/Gassion auch offiziell beendet wurde, stand Édith gerade auf der Bühne des Copacabana Palace von Rio de Janeiro. Ihr Arbeitspensum war wie immer schwindelerregend und führte nicht selten dazu, dass der eine oder andere Begleiter ihrer Crew erschöpft das Handtuch warf. Piaf selbst fühlte sich öfter verwirrt und klagte über Gleichgewichtsstörungen, wie sie Bourgeat mitteilte. Fieber, Bronchitis und Schlafmangel setzten ihr zu, ihr täglicher Medikamentencocktail tat ein Übriges, doch wollte ein gewissenhafter Theaterarzt einmal nicht spuren und verweigerte ihr die geforderte Aufputschspritze kurz vor Konzertbeginn, handelte er sich unflätige Kommentare und üble Beleidigungen ein. Jeder Quacksalber wäre ihr dann lieber gewesen, solange er sich nur als willfährig erwiesen hätte.

Im Februar 1957 probierte sie einen neuen Auftrittsort in Manhattan aus: den Empire Room im Waldorf Astoria. Dort wurde sie als *Queen of Hearts* angekündigt. Noch ein Konzertsaal, in dem man sie in Zukunft regelmäßig erleben würde! Und wenn es ausnahmsweise einmal einen spielfreien Tag gab für die Unermüdliche, dann hieß es: ausschlafen, Allan Kardecs spiritistische Bücher studieren, grüblerische Briefe an Bourgeat aufs Papier werfen, über den Broadway spazieren und shoppen sowie anderen Sängerlegenden in den Nightclubs der Stadt ihre Aufwartung machen. Zum Beispiel Billie Holiday und Judy Garland. Stress bekämpfte sie mit zusätzlicher Überforderung, denn auch die Aufenthalte in fremdsprachiger Umgebung kosteten sie ungeheure Anstrengung. Förderte sie bei ihren Reisen selbst etwas Kostbares zutage wie *Que nadie sepa mi sufrir*, einen Walzer von Ángel Cabral, aus dem sie einen Welterfolg europäischen Zuschnitts machen sollte – siehe die ausführliche Beschreibung von *La Foule* ab Seite 136 –, siegten Stolz und Pioniergeist aber wieder über die konstante Müdigkeit.

Im August 1957, gerade erst lagen Galas in San Francisco und eine zweiwöchige Showserie im Mocambo in L. A. hinter ihr, unterzeichnete die begehrte »Herzdame« einen Vertrag für drei vielversprechende Saisons in Folge im Empire Room. Immer atemloser gestaltete sich ihr Leben. Innehalten kam nicht in Frage. Reiseunterbrechungen und Warten waren ihr verhasst; regelmäßige Nacht- oder Bettruhe gab es nicht: »Schlafen heißt Zeit verlieren. Schlafen macht mir Angst. Der Schlaf ist eine Form des Todes. Ich verabscheue den Schlaf.«[171]

Länger als eine halbe Woche am Stück ohne Auftrag, Termin,

Probe oder Einladung hielt es sie nirgends. Louis Barrier gelang es zwischen August und Oktober 1957 immerhin mehrmals, Édith zur Erholung in sein Landhaus in Richebourg, südwestlich von Paris zu locken. Liébrard begleitete sie auch dorthin. Und im selben Herbst entschloss sie sich tatsächlich, Barriers »Nachbarin« zu werden und ein Anwesen in Condé-sur-Vesgre, in der Nähe von Dreux und Rambouillet zu erwerben. Allzuweit von Paris war das nicht, wohin sie jeden zweiten Tag zu einem Empfang bei Pathé-Marconi oder einer Anprobe in den großen Modehäusern wie Yves Saint Laurent oder Ted Lapidus aufbrechen würde. Le Hallier hieß der Weiler, in den sie sich in Zukunft gelegentlich zurückziehen wollte. Doch was geplagten Parisern als Inbegriff der Wochenenderholung galt, war so gar nicht nach Piafs Geschmack. »Abschalten« mochte sie nicht. Im Gegenteil: War sie von muhenden Kühen, krähenden Hähnen, läutenden Kirchenglocken und dem Gesumm von Insekten umgeben, wurde sie erst so richtig unruhig. Dann ließ sie ihren Coiffeur kommen oder telefonierte mit der Hauptstadt, gierte bereits wieder danach, ihr nächstes Spektakel vorzubereiten – eine Tournee mit Germaine Ricord –, und bereitete sich auf ihren nächsten Film vor: *Les Amants de demain* (»Die Geliebten von morgen«). Regisseur Blistène hatte wieder bei ihr angefragt, und diesmal handelte es sich um ein Projekt, für das der Schauspieler Pierre Brasseur das Drehbuch angefertigt hatte. Schon im Dezember 1957 sollten die Dreharbeiten beginnen, und Monnot machte sich bereits an die Komposition des Soundtracks sowie einiger neuer Lieder für den inzwischen zehnten Piaf-Streifen. Sieben Millionen Francs brachte er seiner Hauptdarstellerin ein. Es sollte ihre letzte Mitarbeit für die Kinoleinwand werden.

»Die Geliebten von morgen«, das war auch das Stichwort für die nächste Einstellung in ihrem jetzigen Dasein. Zwar sollte Édith noch im November aller Welt und dem *France-Dimanche* verkünden: »Ich habe in Jacques Liébrard den Mann meines Lebens gefunden. Er begleitet mich auf der Bühne und verlässt mich nie«, was bereits nicht mehr dem Stand der Dinge entsprach. Zwar erschien am 19. Dezember, ihrem zweiundvierzigsten Geburtstag, überraschend ihr geschiedener Mann auf dem Set von *Les Amants de demain*, ein hübsches Geschenk für sie unter dem Arm. Aber

wonach es Piaf wirklich verlangte, war natürlich ein Mann, mit
dem sie wieder von vorn anfangen konnte. Immer jüngere, immer
schönere, immer begabtere Gespielen sollte sie in den nächsten
Monaten ködern. Und sich immer größere Probleme mit deren Unabhängigkeitsdrang und Freiheitswillen einhandeln. »Als Jacques
gegangen war«, bekannte sie zu ihrem Lebensende hin, habe es
sie wieder auf ihre »endlose Jagd« getrieben. »Einen Augenblick
glaubte ich, jetzt hätte ich die Liebe erhascht, aber dann war sie
es doch nicht. Ich riss mich los, lebte wieder auf und streckte die
Arme nach einem anderen aus; ich könnte berühmte Namen auf-
zählen und andere, die unbekannt geblieben sind. Aber wozu? Es ist
immer oder fast immer die gleiche Geschichte.« Sichtlich war sie
darum bemüht, herunterzuspielen, was ihr in Wahrheit die größte Freude bereitete – als Jägerin der Liebe ihre Beute einzukreisen
und sich im Scheinwerferlicht mit ihren neuen Trophäen feiern zu
lassen. Wer aber bei diesen Jagdvergnügen auf der Strecke blieb, sie
selbst, weil ihr dabei die Puste ausging oder weil man ihr bei der
Verfolgung einen Haken schlug, oder der prächtige junge Mann,
an dem sie allmählich die Lust verlieren würde, war anfangs noch
lange nicht ausgemacht. Genau darin bestand der Reiz.

Die immer gleiche Geschichte, gewiss, doch kam es auf die Nuancen an. An Félix Marten, einem hochgewachsenen Sänger mit
blasiertem Gesichtsausdruck, der in ihrem Vorprogramm zum
Einsatz kommen sollte, faszinierten sie sein zynisches Gehabe und
sein Yves-Montand-Potential. Liebeslieder waren ihm zuwider –
also verdonnerte sie ihn zum Einstudieren und Singen selbiger.
Ihr Texter Rivgauche schrieb sofort ein weichliches Chanson für
den harten Burschen mit der herausfordernden Miene. Piaf ließ
ihn zappeln, mäkelte an ihm herum. »Genug! Stopp!«, rief sie
ihm aus dem leeren Zuschauerraum zu, während er auf der Probebühne eine unglückliche Figur abgab. »Du siehst aus wie ein auf-
geblasener Ballon. Beweg' deine Arme! Hab' keine Angst, deine
Buxe wird schon nicht 'runterrutschen. Sonst zahle ich dir eben
Hosenträger.« Es war demütigend, wie sehr sie ihn umzukrempeln
vermochte. Und es war auch beschämend, wieder als Debütant behandelt zu werden. Er fand es unverständlich, warum sie auf Titel
bestand, die gar nicht zu seinem Typ passten. Aber am 6. Februar

1958, als er ihr im Olympia den Boden bereitete und, mit gespielter Sinnlichkeit, *Je t'aime, je t'aime, mon amour* ins Mikrophon hauchte, war ihm der Erfolg beim Premierenpublikum sicher. Gréco, Brasseur, Michèle Morgan und Françoise Sagan, das literarische Fräuleinwunder des Jahrzehnts, klatschten wie wild. Édith hatte ihr Instinkt nicht getrogen. Wochenlang hatte sie Marten trainiert, bis er ihrem Wunschbild entsprach.

Auch Hochzeitsgerüchte wurden wieder einmal gestreut. Sie sah in ihm einen Wiedergänger von Cary Grant, prophezeite ihm eine glänzende Filmkarriere und rühmte öffentlich seine »zärtliche, charmante Ironie«: »Ich glaube, dass er eine ausgeprägte Persönlichkeit besitzt«, tat sie kund, nur um sich gleich zu korrigieren und noch eins draufzusetzen: »Ich glaube das nicht nur, ich bin mir dessen sogar sicher.«[172] Das Verächtliche und Bösartige wollte sie ihm austreiben, das spöttische Grinsen, das um seine Mundwinkel spielte, allmählich verschwinden lassen. Marten ließ sich bearbeiten, solange es für seine Karriere von Nutzen war und sein Name in großen Lettern die Plakate zierte. Piaf selbst hatte ebenfalls bald genug von ihm. Sobald er seinen Widerstand aufgab, verblasste seine Verführungskraft. Am 8. April 1958, als im Olympia ihre zweite Gastspielserie als Bühnenpaar abgelaufen war, hatte sich ihr Interesse am frechen Félix bereits verflüchtigt. Ein halbes Jahr später schrieb er ihr noch: »Wie oft denke ich an die wunderbaren Augenblicke, die wir zusammen verbracht haben. Auf alle Zeiten werden sie die schönsten meines Lebens sein. Und es gibt immer noch einen kleinen Platz in meinem Herzen für uns zwei – es wird ihn immer geben. Teure, sehr teure Édith, glaube an meine Liebe für Dich. Ehrlich und beständig. Dein Félix.«[173] Danielle Bonel hingegen wusste von Anfang an, dass Piaf nur eine Nebenrolle für Marten reserviert hatte. Auch wenn die Werbeposter auf den Litfaßsäulen an den Champs-Élysées noch eine traute Zweisamkeit suggerierten. »Wie so viele andere auch, zog er einfach nur an ihr vorbei. Wie ein Komet.«[174]

Als Piaf noch mit Marten herumturtelte, betrog sie ihn schon mit dem Kunsthändler André Schoeller, kurz »Dédé«, dem sie gleich einige Bilder abkaufte und damit ihre spärlich möblierte Wohnung dekorierte. Der Neunundzwanzigjährige – selbstverständlich verheiratet! – führte sie in die Geheimnisse der modernen Kunst ein, für die seine Geliebte »Éditou«, inzwischen zweiundvierzig, auf einmal großes Interesse bekundete. Ob Boxen, Radsport oder abstrakte Malerei, ihre Hobbys und Passionen hielten so lange vor, wie sie Geschmack an den Männern fand, die sie ihr nahebrachten. »Die Liebe interessierte sie nur im Anfangsstadium. Danach war immer alles gleich.«[175] Als Nächstes bandelte sie mit Hugues Vassal an; der vierundzwanzigjährige Fotoreporter des *France-Dimanche* war gerade erst ihr Komplize gewesen und hatte in Dijon ein unliebsames Zusammentreffen von Liébrard und Marten zu verhindern geholfen. Für erwiesene Dienste wurde er in den engsten Kreis am Boulevard Lannes aufgenommen, wo er, sehr zum Missfallen seiner jungen Ehefrau, als Mitglied des Piaf-Hofstaates ganze Nächte verbrachte und Édith ihre Lieblingsrolle des verwöhnten, ungezogenen Kindes spielen ließ. Vassal durchschaute rasch, dass die Sängerin weniger von den körperlichen Vorzügen der wechselnden, im Grunde austauschbaren Männer profitierte als von ihrem noch unverbrauchten Lebenshunger und ihrer ungebändigten Energie. Sie spendierte ihnen ausgelassene Stunden und freie Kost in Hülle und Fülle, sie erlaubte ihnen, sich in ihrem Glanz zu sonnen; im Gegenzug ließ sie sich von ihnen in Partystimmung versetzen und zu närrischen Streichen anstacheln, huldigte dem Blödsinn und machte die Nacht zum Tag. Wie die vorlaute Chefin einer Teenager-Clique kommandierte sie ihre *garçons* herum und verteilte Geschenke und Geld, damit sie noch ein weiteres Stündchen blieben oder mit ihr das Wochenende verbrachten. War sie zu einer Theaterpremiere eingeladen, konnte sie sich dort mit einem feschen, von ihr ausstaffierten Jüngling zeigen: ihrer jüngsten Eroberung.

Wie stark ihre eigene sexuelle Anziehungskraft auf die Auserwählten war, lässt sich schwer beurteilen. Fast jede Woche schlief ein anderer Mann in ihrem Bett. »Wir waren [eher] dazu da, um ihr zu helfen und sie in aller Stille zu unterstützen«, resümierte Vassal, der sich laut eigener Aussage nie auf eine »richtige« Affäre mit seiner neuen Freundin einließ, »das war eigentlich unser einziges Verdienst. Viel kostete uns das nicht, da doch der bloße Umstand, dass Édith sich auf uns verließ [und auch verlassen konnte!],

Belohnung genug war.«[176] Anders als viele andere Weggefährten, denen die Launen Piafs zugesetzt hatten oder die immer dann verschwanden, wenn es brenzlig wurde und es ihrer Gönnerin wirklich schlecht ging, blieb Hugues Vassal bis an ihr Lebensende ein enger Vertrauter. Ihm gelangen die besten Schnappschüsse der schwierigen und doch verwundbaren Diva, die gelungensten Bühnensequenzen und die anrührendsten Porträts; zusammen mit ihm entwickelte Édith auch eine geschickte Strategie, was man der Presse anvertrauen konnte und wie viel Intimität man preisgeben sollte: mal ein Foto am Krankenbett, mal eine Aufnahme aus der Garderobe; hier eine Serie von prominenten Besuchern in der Klinik, dort eine Reihe von Studien, die sie, in höchster Konzentration, als Bühnenwunder und als Perfektionistin präsentierten.

In den ersten Januartagen des Jahres 1958 gingen die Dreharbeiten von Blistènes *Les Amants de demain* zu Ende, im Februar nahm sie die dazugehörigen Lieder auf. Der düstere, freudlose Film in der Nachfolge eines Marcel Carné oder Yves Allégret, stilistisch noch einem *réalisme poétique* älteren Datums verpflichtet, legte Piaf ein weiteres Mal auf die Zugehörigkeit zum proletarischen Milieu fest. Obwohl das Sozialdrama über weite Strecken wirkt wie abgefilmtes Theater, schenkte es Piaf in der Rolle der resignierten, unglücklich verheirateten Kellnerin Simone aber wieder die Gelegenheit zu einer Reihe von eindrucksvollen Gesangseinlagen: darunter, neben dem pathetischen und nicht ganz kitschfreien Titellied, die ergreifenden Chansons *Fais comme si* und *Les Neiges de Finlande*, ein Wiegenlied. »Es macht mir schon Spaß, von Zeit zu Zeit einen Film zu drehen«, erklärte sie dem Journalisten Pierre Tchernia, um Diplomatie bemüht, als der im März fürs Fernsehen eine Livesendung aus ihrer Wohnung moderierte, »aber das Metier des Filmemachens schätze ich eigentlich nicht so sehr.« Um diese zwiespältige Erfahrung reicher, konzentrierte sie sich wieder auf ihre eigentliche Domäne. Und riss im selben Monat ihre Zuhörer[177] im Olympia förmlich von den Stühlen.

Was das Publikum hier im Winter 1958 erleben konnte, sobald Marten ihr den Vortritt gelassen hatte, kam einer Offenbarung gleich. »Ein veritables Delirium! Kaum dass sie erschienen war als winziger Licht- und Schattenpunkt, völlig verloren auf der riesigen, verlassenen Bühne, nagelte sie ein ohrenbetäubender Lärm, eine lange Salve des Beifalls förmlich an ihr Mikrophon. Einmal mehr verfing [ihr] Charme. Was immer sie auch sagt, was immer sie auch singt, Édith Piaf entfesselt Begeisterungsstürme. Handelt es sich um Kunst, Wissenschaft oder Genie? Jeglicher Versuch, sie in Worte zu fassen, sie zu beschreiben oder einzuordnen wird im Nu ausgelöscht angesichts dieses ewigen Wunders gesteuerter Effizienz.«[178] Den Elogen der Kritiker entsprach der überwältigende Zuspruch ihrer Pariser Fans, die sich an ihren Interpretationen, insbesondere von *La Foule* und *Mon manège à moi*, nicht sattsehen und nicht satthören konnten. Coquatrix, der dem Andrang an seiner Theaterkasse kaum noch Herr wurde und die Leute mit der Aussicht auf Zusatzvorstellungen vertrösten musste, überredete Édith zu einer fünfwöchigen Verlängerung ihrer Show zwischen Ende Februar und Anfang April und zu einer weiteren, dreiwöchigen gleich danach. An manchen Sonntagen spulte sie gleich drei Serien nacheinander ab, um Menschen »wie Sie und ich«, die die ganze Woche über arbeiten mussten und einem Höhepunkt an ihrem einzigen freien Tag entgegenfieberten, nicht zu enttäuschen. Das war Ehrensache für sie. Piaf vollbrachte ein Wunder nach dem anderen. »Selbst wenn sie die Seiten des Telefonbuchs vortrüge, würde sie sie zum Weinen bringen«, konzedierte mit ehrlicher Bewunderung ihr Kollege Boris Vian. Schön formuliert! Mit starkem Kaffee, Bier, Wein, Tabletten und der Aussicht auf eine jubelnde Menge, die sie um fünf, sieben und neun Uhr erwartete, bewältigte sie die strapaziösen Sonntage. Zuweilen mehr schlecht als recht: Im April kollabierte sie während eines Récitals, ließ sich nur kurz behandeln und zeigte sich ihren erschreckten Verehrern wenige Minuten später wieder, winkte ihnen vom Bühnenrand aus tapfer zu und wurde stürmisch gefeiert. »Falls ich eines Tages nicht mehr in der Lage sein sollte zu singen, erschieße ich mich einfach, glaube ich«, diese typische Piaf-Devise verbreitete *France-Dimanche*. So schnell würde sie sich schon nicht unterkriegen lassen. Eine Viertelmillion Zuschauer hatten sie im Olympia erlebt in dieser Ausnahmesaison 1958, am 10. April stellte sie mit ihrer hundertsten Vorstellung einen neuen Rekord auf, und als sich am 29. April der Vorhang senkte, hatte sie sage und schreibe 128 Konzerte in weniger als drei Monaten bestritten. Tags darauf erschien mit *Au bal de la chance* – das gleichnamige Chanson hatte sie bereits im Juni 1952 eingespielt – der erste Band ihrer von fremder Hand verfassten Memoiren. Und nach einer Verschnaufpause von fünf Tagen brach sie zu ihrer nächsten Tournee nach Schweden auf.

Georges Moustaki, der sich damals noch »Jo« nannte, war der nächste Vierundzwanzigjährige in ihrer stattlichen Sammlung inspirierender Jünglinge. Giuseppe oder Youssef Mustacchi, so sein richtiger Name, war 1934 als Sohn griechischer Eltern im ägyptischen Alexandria geboren und tummelte sich bereits seit einigen Jahren in Paris. Der Kosmopolit hatte sich als Barmann und als Gelegenheitsjournalist betätigt, sich mit Brassens und Henri Salvador angefreundet, war sowohl Textautor als auch Liedkomponist, sowohl Instrumentalist als auch Sänger. Er trat im Port du Salut und in La Colombe auf und wurde Édith durch Vermittlung von Henri Crolla, Montands genialem Gitarristen, in diesem ereignisreichen Frühjahr 1958 vorgestellt. Beim ersten Treffen am Boulevard Lannes wirkte Moustaki noch ziemlich schüchtern. Sein zaghafter Gesang ging im Gelächter und Gejohle der schon stark angeheiterten Piaf-Jünger unter; die Gastgeberin zeigte sich skeptisch, sah auf Anhieb keine Basis für eine künstlerische Zukunft *à deux*. Ein Besuch in ihrer Olympia-Garderobe, ein Abendessen in kleinerem Kreis, die gemeinsame Begeisterung für amerikanischen Jazz und ein Ausflug quer durch Paris, *en tête-à-tête*, ließen die beiden einander näherkommen. Seine zarten und gefühlvollen Balladen trug er inzwischen im College Inn am Montparnasse vor, wohin er Piaf eines Abends in seinem alten Auto mitnahm: einem klapprigen Fiat 500. Sie war tief beeindruckt von diesen eigenwilligen Liedern, die er mit der Gitarre begleitete und die »von Sonne und *farniente* erzählten, von fernen Inseln und von leidenschaftlicher Liebe«. Literarischer, poetischer und auch eine Spur exotischer als ihr eigenes Repertoire. Bald schon schrieb der mehrsprachige Georges seine ersten Titel für sie, *Le Gitan et la fille* und *Éden blues*. Im Sommer 1958 trug Édith sie öffentlich vor, im September nahm sie sie auf. Und Jo wich nicht mehr von ihrer Seite. Schoeller rangierte zwar noch ganz oben in ihrer Gunst, Marten befand sich auf dem absteigenden Ast, aber Moustaki, diesen großen Jungen mit seinen griechisch-ägyptischen Augen, die so schön und sehnsuchtsvoll blicken konnten, nahm sie mit nach Stockholm.

Knappe vier Wochen gastierte Piaf im dortigen Berns-Theater, einer Mischung aus Restaurant und Kabarett und darin dem Moulin Rouge nicht unähnlich. Einer Anekdote zufolge soll man sie dort eines Abends für die Putzfrau gehalten und ihr den Zugang zu Garderobe und Probenräumen verwehrt haben. Gerade als sie in Schweden war, geriet Frankreich in eine schwere innenpolitische Krise. Der seit Jahren schwelende Algerienkonflikt schien unlösbar, die Vierte Republik lag am Boden, und die politischen Kräfteverhältnisse erlaubten es nicht, eine stabile Regierung zu bilden. Jede neue Konstellation brachte nur ein weiteres provisorisches Bündnis hervor. Am 28. Mai, als ein weiterer Anlauf zu einer handlungsfähigen Regierung unter Pierre Pflimlin gescheitert war, erlitt Piaf auf der Bühne des ausverkauften Berns einen Zusammenbruch, und der frühere Staatschef General de Gaulle bereitete sich auf eine erneute Machtübernahme vor. Und am 29. Mai, als Frankreichs größte Sängerin des Jahrhunderts wieder auf dem Heimweg nach Paris war, gelang Frankreichs wichtigstem Politiker des Jahrhunderts die Rückkehr an die Regierungsspitze.

Fast bis zum Schluss ihres Engagements hatte Piaf durchgehalten. Erst bei *Mon manège à moi* und vierzig Grad Fieber hatten die Karussells in ihrem Kopf begonnen, sich zu drehen. *Tu me fais tourner la tête.* Ihr schwindelte, sie stürzte, und das Konzert wurde abgebrochen. Ein schwedischer Arzt hatte von einer dringend notwendigen Gallenblasenoperation gesprochen, und Barrier zögerte nicht lange. Er charterte eine DC-4, verfrachtete Piaf samt Anhang Richtung Heimat und ließ seinen geschwächten Star, den diese nicht geplante Ausgabe beinahe in den Ruin trieb, in die Franklin-Klinik einweisen. »Ist Édith Piaf schwer krank?«, titelte das Wochenblatt *Noir et Blanc* und hoffte doch zu früh auf Schlagzeilen: Bereits nach achtundvierzig Stunden war sie wieder draußen und von einer Operation keine Rede mehr. Im Juni sollte sie eigentlich in ihrem Landhaus ausspannen und Kraft schöpfen. Stattdessen fiel sie dort vor lauter Langeweile in eine Depression, trank noch mehr als sonst und verlangte lautstark, nach Paris kutschiert zu werden. Die besorgten Mienen von Moustaki und Ginou Richer fielen ihr auf die Nerven. Viel zu zart besaitet waren die beiden. Schoeller dagegen schrieb sie, wie sehr sie sich nach seinem Lachen sehnte.

Erst im Hochsommer, als es ihr wieder besser ging und sie an der Riviera mit Jo ihre Flitterwochen genoss – dass der verheiratete Moustaki bereits Vater einer kleinen Tochter war, fiel nicht ins Gewicht –, konnte sie wieder ihr gewohntes Tempo aufnehmen. Allabendliche Konzerte in wechselnden Städten, bei denen sie ihren jungen Griechen auf die Bühne drängte, ein Aufnahmemarathon Anfang September – zwölf Titel in drei Tagen! – und die Geburtsstunde ihres Welterfolges *Milord*, den sie gemeinsam mit Moustaki ausgeheckt hatte, siehe Seite 369, zwängte sie in einen einzigen Monat. Einen Restaurantbesitzer am Strand von Cannes brachte sie mit ihrer Forderung zur Weißglut, er möge ihr den Frischkäse gefälligst so servieren, wie er auf der Karte beschrieben war: über und über mit Kräutern und Schnittlauch bedeckt, so dass kein Fleckchen Weiß mehr zu sehen war. Bestellte sie Melone in Portwein, so hatte die Frucht im Alkohol zu schwimmen. Beschwichtigende Einwände wies sie barsch zurück – solange sie zahlte, bestimmte sie. An solchen Tagen kannten ihr Exhibitionismus und ihr Starrsinn keine Grenzen, und der kluge junge Chansonnier an ihrer Seite, den schon die Gelage am Boulevard Lannes angewidert hatten, ging bereits jetzt, im Zustand größter Verliebtheit und wechselseitiger Bewunderung, auf Distanz zu ihr und ihrem ganzen Zirkus. »Ein Universum«, befand er, »das einen entweder mitriss oder erniedrigte.« Er selbst wollte um keinen Preis dazugehören.

Je weiter das Jahr 1958 voranschritt, desto kürzer wurden die Abstände zwischen den Schicksalsschlägen. Im September bereitete sich Édith auf ihr zweites Engagement im New Yorker Empire Room vor, als ein schwerer Unfall auf regennasser Fahrbahn in der Nähe von Rambouillet alle Amerika-Pläne zunichtemachte. Piafs Wagen war voll besetzt: Moustaki saß am Steuer, sie neben ihm, auf der Rückbank Marcel Cerdan junior, der von Orly aus zurück nach Casablanca fliegen sollte, und Haushälterin Christiane Guizo. Jo fuhr mit voller Geschwindigkeit auf einen vor ihnen befindlichen Lastwagen auf, der abrupt angehalten hatte, um nach links abzubiegen – der vordere Teil ihres Autos verkeilte sich unter dem Chassis des Lasters. Christiane und Jo kamen mit ein paar Kratzern und Verstauchungen glimpflich davon, Marcel war aus dem Wagen geschleudert worden und musste seine geschwollene Nase behandeln lassen. Édith aber hatte es böse erwischt: mit tiefen Schnitten an Arm und Lippen, einem Schock mit partiellem Gedächtnisverlust und zwei durchtrennten Sehnen. Aus der Traum von den USA in diesem Herbst. Die Wunden mussten genäht werden, der Arm verschwand unter einem Gipsverband. Bevor sie unter Vollnarkose behandelt wurde, beschimpfte Piaf die Umstehenden noch als »Wilde«. Die Kreuzung aber, an der sich das Unglück zugetragen hatte, trug mit »À la grâce de Dieu« einen lebensrettenden Namen: »zur Gnade Gottes«. Thérèse hatte womöglich ihre Hände wieder im Spiel gehabt.

Auch diesmal galt: Ein Unfall kommt selten allein. Am 5. Oktober, dem Tag ihrer Entlassung aus der Klinik, Piaf und ihr Chauffeur Moustaki waren in der Gegenrichtung auf der Unglücksstraße unterwegs, krachte es erneut. An fast derselben Stelle wie einen Monat zuvor. »Ein Reifen ist geplatzt«, erinnerte sich Jo. Der Wagen brach aus, sie drehten sich im Kreis und kamen schließlich mitten auf der Fahrbahn zum Stehen. »Grün im Gesicht und außer Fassung treten wir in dieselbe Kneipe ein, in die wir einige [Wochen] vorher blutüberströmt hineingetragen wurden. Die haben geglaubt, sie sehen Gespenster.«[179] Ihnen war gleichzeitig zum Lachen und zum Heulen zumute. Mit kleineren Schürf- und Schnittwunden hatte es diesmal sein Bewenden, kein Hindernis hatte sich ihnen in den Weg gestellt. Piaf glaubte mehr denn je an ein Zeichen des Himmels. Sie deutete den doppelten Zwischenfall als göttlichen Fingerzeig, das Landleben aufzugeben: »Ich darf einfach nicht mehr diese Landstraße entlangfahren. Ich darf mich einfach nicht mehr in meinen Landsitz in Condé-sur-Vesgre begeben.«

Die Schwellung an ihrer Lippe klang nur langsam ab – konnte sie sich so vor ihrem Publikum zeigen? Und wie stand es um ihre Artikulationsfähigkeit? »Mein Leben ist vorbei«, klagte sie gegenüber Reportern von *France-Dimanche*. »Ich kann einfach nicht mehr richtig singen, es gelingt mir nicht mehr, mich in die Worte zu verbeißen.«[180] Doch schon drei Tage später applaudierte sie Aznavour bei seiner Alhambra-Premiere in Paris und wenig später Montand, der im Étoile gastierte, den Frères Jacques an den Champs-Élysées, Dalida im Bobino sowie Brassens im Olympia. Sie zeigte ihren Kollegen, dass mit ihr immer noch zu rechnen war – selbst wenn sie nur im Zuschauerraum saß. Und ging gleich wieder auf Tournee. In Rouen gerieten ihre Fans in Ekstase, kaum dass *Milord* verklungen war. Im November gastierte sie in nordafrikanischen Großstädten, im Dezember im Osten Frankreichs und in der Schweiz. Ihren Geburtstag beging sie in Nancy, Weihnachten feierte sie mit Marinette und den Kindern in Casablanca. »Gelernt« hatte sie aus den Unfällen nichts, die Warnung hatte sie ignoriert. Stattdessen riskierte sie eine dicke Lippe.

Gleich zu Beginn des neuen Jahres ließ sie sich von Annie Girardot in deren Fernsehshow einladen, bevor sie endlich nach New York flog und sofort wieder auf dem Gastsessel von Ed Sullivan Platz nahm – vom jovialen Showmaster als »die erstaunlichsten *97 pounds* [44 Kilo] im gesamten Unterhaltungsbereich« begrüßt. In Frankreich hatte sie Moustakis Titel *Faut pas qu'il se figure* (»Der soll sich bloß nichts einbilden«) einem Millionenpublikum vorgestellt, in den USA mit *The Gypsy and the Lady* dann die englischsprachige Version seines Gitan-Liedes. Als Stehaufmännchen trat sie für eine neue Saison im Empire Room des Waldorf Astoria vor ihre gespannten Zuhörer – Barrier hatte einen Aufschub erwirken können. Es ging wieder voran. Der rauschende Beifall trieb sie zu noch perfekteren Performances an, Abend für Abend verausgabte sie sich. Und Jo? Missmutig schlich er hinter ihr her bei ihren Spaziergängen durch Manhattan, wo er nichts Besonderes zu tun hatte und auch nicht auf der Bühne gebraucht wurde. Édith stand im Rampenlicht, schüttelte Hände auf der Park Avenue und gab Autogramme, sobald beide das Hotel verließen; er fühlte sich überflüssig und war es auch. Nach Amerika war er ohnehin nur mitgereist, weil sie nicht lockergelassen und Barrier ihn mit Engelszungen überredet hatte – er wollte seinen Star bei Laune halten. Als Chansonlieferant im Hintergrund – Édith brachte im Waldorf auch seine einfühlsame Nummer *T'es beau, tu sais* zur Premiere – war er sich zu schade und sich ihrer Clique anzuschließen hatte er kein Verlangen. Moustaki war zu sehr Individualist, um noch länger mit den Wölfen zu heulen. Das tägliche Piaf-Doping hinter den Kulissen ekelte ihn an, und Édith ertrug es ihrerseits nicht länger, dass er mit finsterer Miene in ihrem Hotelzimmer herumsaß. Einen Trauerkloß konnte sie nicht gebrauchen, und unentbehrlich war Moustaki, trotz seiner aparten, »schrägen Katzenaugen«[181], auch nicht – der sollte sich bloß nichts einbilden! War sie in schlechter Verfassung, schob sie ihm die Schuld in die Schuhe, zeterte und überhäufte ihn mit Vorwürfen. Ende Januar 1959 war das Maß für beide voll. Jo und Piaf schieden im Streit. Die Gegensätze zwischen diesen beiden starken Persönlichkeiten waren zu groß. Sie empfahl ihm eine Florida-Reise, aber dass er das Angebot dann auch annahm und abreiste, damit hatte sie nicht gerechnet.

»Na dann, voilà …«, ließ sie sich in einem Brief an Schoeller vernehmen, »es ist aus und vorbei. Unsere Affäre ist vorüber und Griechenland wieder frei. Natürlich fügt mir [die Trennung] großen Schmerz zu, aber eines Tages musste es zu Ende gehen. Du hast Dich nicht geirrt, Du hast die Geschichte gleich richtig beurteilt. … Da bin ich nun. Ganz ohne Mann! Ich glaube, das ist wirklich das erste Mal, dass mir das passiert ist.« Deshalb wurde gleich André aufgefordert, wieder zu ihr zurückzukehren, aber den Gefallen tat er ihr nicht. »Versuch' doch vorbeizukommen, solange ich hier bin, das würde mir ein solches Vergnügen bereiten, Dich zu sehen.« Der Galerist als Lückenbüßer? Édith gab sich sogar Mühe und räumte ein, dass sie voreilig mit ihm Schluss gemacht hatte. »Ausnahmsweise habe ich wirklich einmal Unrecht gehabt.«[182] Dabei hielt sie doch eigentlich nichts davon, alte Geschichten aufzuwärmen. Schoeller offenbar auch nicht, er blieb in Paris. Als die Einsamkeit andauerte und Jo wider Erwarten nicht aus Florida zurückkam, bat sie resigniert ihren Manager: »Loulou, besorg' mir jemand Nettes.«

Der »Nette« wartete bereits seit langem vor ihrer Zimmertür. Douglas Davis hieß er: ein sympathischer Südstaatler vom Typ *pretty boy*, sehr jungenhaft und sehr groß. *And extremely handsome.* »Doug«, wie Édith ihn bald nur noch nannte, war ein talentierter Maler und überaus frankophil. Er war als GI in Europa stationiert gewesen und hatte dank eines Stipendiums später in Paris studieren können. An der Sorbonne, der Kunstakademie Grande Chaumière am Montparnasse und an der École des Beaux-Arts hatte er Kurse belegt, und nun brannte er darauf, ein Porträt von Édith anzufertigen, das eine Reihe von Gemälden berühmter Pariser Persönlichkeiten eröffnen sollte. Davis hatte Loulou Barrier schon eine ganze Weile mit seinem Vorhaben in den Ohren gelegen; nun erschien der Zeitpunkt günstig, Doug mit Piaf bekannt zu machen. Anfang Februar saß sie ihm zum ersten Mal Modell. Édith war von Davis' tadellosen Manieren und seinem ebenso tadellosen Französisch entzückt. Bald schon kamen sie regelmäßig zusammen und plauderten über seine ersten künstlerischen Gehversuche im heimischen Georgia. Sein Porträt von ihr, das erste von mehreren, die er anfertigen würde, fiel zu beider Zufriedenheit aus – originell, gelungen, aber nicht beschönigend. Während der langen Sitzungen entspann sich eine charmante Romanze zwischen ihnen; der »Nette« aus Atlanta war augenscheinlich der ideale Moustaki-Ersatz. Mit dem dreizehn Jahre jüngeren Davis ergab sich sogar eine gleich dreifache Premiere: Er stellte den ersten Maler in ihrem Liebesleben dar, mit ihm ging sie die erste längere Liaison mit einem Amerikaner ein – John Garfield war nur ein kleines Intermezzo gewesen –, und ebenfalls zum ersten Mal geriet sie an einen Mann, der sich gemeinhin nicht für Frauen, sondern für Männer interessierte. Mit einem Homosexuellen liiert zu sein schien sie nicht zu stören. Édith schätzte seine Höflichkeit und die vielen kleinen und großen Aufmerksamkeiten, die er ihr zuteilwerden ließ: Kaum ein Tag verging, an dem er ihr nicht einen Blumenstrauß, ein Plüschtier oder irgendein anderes Geschenk überreichte. Der »Nette« war ein vollendeter Kavalier, und Piaf ging gerne mit ihm aus, lud ihn zum Dinner ein. Bis sie am 16. Februar von ihrem Körper daran gehindert wurde, ihr Récital im Empire Room zu einem guten Abschluss zu bringen.

Schon neigte es sich dem Ende zu, als ein grässliches Unwohlsein sie mitten im Vortrag zwang, von der Bühne bis ins nächstgelegene Badezimmer zu laufen. Zu einer kurzen Erklärung fehlte ihr die Kraft, und kaum hatte sie sich über das Waschbecken gebeugt, spuckte sie bereits Mengen Blut, brach zusammen und wurde ohnmächtig. Ihre ratlosen Zuschauer mochten zunächst noch an einen besonders effektvollen, spektakulären Bühnenabgang geglaubt haben, aber Édith kam nicht mehr wieder. Der Hotelarzt diagnostizierte ein blutendes Magengeschwür – Ursache waren vermutlich die starken Medikamente, die sie gegen ihre Arthritis einnahm. Bluttests, Röntgenaufnahmen und Bettruhe wurden angeordnet, Piaf nickte bloß. Noch fühlte sie sich nicht krankenhausreif, noch verdrängte sie. Wider besseres Wissen stand sie zwei Tage später wieder vor ihren Zuhörern, nur um erneut zu kollabieren. Diesmal blieb sie bewusstlos auf der Bühne liegen. Spezialisten entdeckten einen dramatischen Mangel an roten Blutkörperchen. Auf der Stelle erhielt sie eine Transfusion, am 20. Februar eine weitere, und am 24. lieferte man sie ins Presbyterian Hospital ein, weil die Blutungen an ihrem Magengeschwür immer noch nicht gestoppt werden konnten. Die Ärzte zögerten nicht länger und führten eine Operation durch, bei der nicht nur ein Teil des Magens mitsamt dem Geschwür, sondern auch gleich der Blinddarm entfernt wurde.

Ein besorgter Jo eilte von Florida zurück zu Édith nach Manhattan, und Maurice Chevalier war einer ihrer ersten Besucher am Krankenbett. »Unsere kleine Riesin macht eine finstere Zeit durch«, notierte der Show-Veteran in seinem Tagebuch und nahm sich sogleich Moustaki zur Brust, den er anherrschte, sofort etwas zu unternehmen. Hätte denn eine Versöhnung ihre Genesung beschleunigt? Piaf behauptete später, Jo habe sie mit der vernichtenden Antwort »Du existiert nicht mehr für mich« endgültig zur Strecke gebracht, als sie ihn kleinlaut gefragt habe, ob er sie denn »noch ein klein bisschen lieb« hätte. In Moustakis Sicht der Dinge war seine Exfreundin nicht minder erbarmungslos mit ihm umgegangen: »Mit ihr«, so rekapitulierte er die *ups and downs* dieser Romanze, »konnte man die Liebe erleben, die Zuneigung und auch die Bewunderung. Mit Édith konnte man auch den Hass erleben. Ja, ich spreche von Hass. Sie war sehr gewalttätig, und wenn sie jemand angriff, löste sie ebenso gewalttätige Reaktionen aus. Ich habe Szenen miterlebt, die der Apokalypse gleichkamen.«[183]

Bei seinem nächsten Besuch im Presbyterian Hospital fand er, zu seiner Verwunderung, eine sichtlich gutgelaunte Piaf vor,

315

umgeben von Kinderspielzeug und üppigen Blumensträußen. An das Gestänge am Fußende ihres Bettes waren bunte Luftballons geknüpft worden, die, angetrieben von der Heizungsluft, lustig auf und ab tanzten. Neben der fröhlichen Todkranken saß der »Nette«, sein Nachfolger, der ihm freundlich die Hand schüttelte und ihm mit seiner Herzlichkeit den Entschluss zu einer baldigen Heimreise nach Frankreich deutlich leichter machte. Jo Moustaki hatte sich wenig vorzuwerfen, als er Doug und Édith bei ihren Späßen und Kunstgesprächen einander überließ.

Fast vier Wochen lang musste Piaf das Krankenbett hüten, und als sie am 21. März entlassen wurde, zog sie sich für einige Tage ins Hotel Cambridge zurück. Ihr ursprünglicher Plan, bereits am 25. wieder im Waldorf auftreten zu können, wurde durch einen Rückfall am Tag vorher vereitelt. Gleich zwei langwierige Operationen waren nunmehr notwendig geworden, nachdem sich auch noch Komplikationen im Darmbereich ergeben hatten. Die Rekonvaleszenz nahm einen weiteren Monat in Anspruch, und erst am 21. April konnte der »großartige kleine Soldat«, so ihr behandelnder Arzt, das Presbyterian Hospital zum zweiten Mal verlassen. Ihr Récital in der Carnegie Hall hatte sie in der Zwischenzeit ebenso absagen müssen, und an eine Wiederaufnahme im Empire Room war nicht mehr zu denken; alle verfügbaren Termine waren verstrichen und anderen Interpreten überlassen worden. Die kostspieligen Behandlungen hatten sie an den Rand einer finanziellen Katastrophe befördert. Piaf nahm es philosophisch. »Je mehr man leidet, desto größer fällt danach die Freude aus«, ließ sie die Journalisten von *Libération* wissen, »irgendwo wartet immer ein Stück blauer Himmel auf einen.« Barrier teilte ihre Gemütsruhe keineswegs. In aller Eile kümmerte er sich, unterstützt vom US-amerikanischen Impresario Eddie Elkort, um neue Gastspiele: in Washington, im Shoreham Hotel, und im Bellevue Casino in Montreal, um wenigstens ein Bruchteil der Ausgaben zu decken, die in den vergangenen Monaten für ihr beschäftigungsloses Team, für Hotel- und Krankenhauskosten aufgelaufen waren. Gleichwohl: Mit einem Fernsehauftritt bei *The Voice of Firestone* (*Padam*) und einem Wiederauferstehungsbesuch bei Sullivan, mit Plattenaufnahmen, unter anderem von *Milord*, und der Teilnahme an einem Benefiz-

Jazz-Konzert für die Sidney-Bechet-Krebsstiftung meldete sich Édith quicklebendig bei ihren amerikanischen Verehrern zurück, die aus dem Staunen nicht mehr herauskamen, dass sie gerade drei Operationen und zwei Monate Krankenhaus hinter sich hatte!

Dabei war Piaf in Wirklichkeit weit geschwächter, als es in der Öffentlichkeit den Anschein hatte. Am 16. Juni flog sie mit Davis nach Atlanta und verbrachte dort einige Tage mit der Familie des Malers. Sie probierte Georgias legendäre Pfirsiche, ließ sich von Dougs Schwester Darlene verwöhnen und genoss so etwas wie familiäre Geborgenheit. Als sie dann vier Tage später als »Miss Courage« am Pariser Flughafen Orly ihrer Maschine entstieg, waren die französischen Journalisten bereits auf dem Laufenden: »Was haben Sie aus Amerika mitgebracht?«, riefen sie ihr zu und bekamen ein schlagfertiges »Einen Amerikaner!« zur Antwort. Gegenüber ihrer Vertrauten Marguerite Monnot, die soeben auf einen Großteil ihrer Tantiemen für *Milord* verzichtet hatte, um Piaf finanziell wieder auf die Beine zu helfen, schwärmte sie von Davis: »In seinen Augen lag so viel Liebe. Diese Art von Liebe, die einen dazu bringt, dass man sie gewinnen will, dass man sie lebt, dass man für sie stirbt. Es handelt sich um eine reine, unaussprechliche, ja fast irreelle Liebe.«[184] In der Pariser Presse stellte man prosaisch fest: »Piaf mag entweder die sehr Großen oder die sehr Starken«. Der Schlagzeile folgte die glasklare Analyse: »Um sie herum hat sie stets das Glück und den Erfolg gesät; alle, die bis in ihren engsten Kreis vorgedrungen sind, sind daraus gereift und berühmt hervorgegangen. Das ist bei Montand, Constantine, Marten, Pills oder Moustaki der Fall gewesen. Und morgen wird das auch auf Douglas zutreffen, diesen Maler, den sie uns aus Amerika mitgebracht hat und der 1 Meter 99 misst. Es ist schon ulkig, dass Édith, die nicht einmal an die 1 Meter 50-Schwelle herankommt, ihre Gefährten immer nach dem Gesichtspunkt ihrer Größe ausgewählt hat. Diese winzige Frau mag sich offenbar gern beschützt fühlen.« Aber der Berichterstatter wusste auch, warum die Menschen so begierig die Höhen und Tiefen ihres Lebens verfolgten: »Ein permanenter Flirt mit dem Triumph und dem Tod: das ist der Grund, warum wir Édith Piaf lieben.«[185]

Doug, »genau die Art von Mann, die ich brauche und liebe«,

und Édith wirkten heiter und gelöst beim Empfang auf dem Flughafengelände, wo sie sich ausgiebig fotografieren und anhimmeln ließen. »Was ich jetzt benötige, ist ein sehr ruhiges, geordnetes Leben, was ja zu Dir jedenfalls nicht gepasst hätte«, lautete ihr sarkastischer, an Moustaki gerichteter Kommentar, den der Gitarrist, von ihr inzwischen als »Misthaufen« apostrophiert, Jahre später in einem Film mit dem Titel *Die Männer der Piaf* verlas. Dougs strahlendes Lächeln und die zärtlichen Blicke, mit denen er sein Modell bedachte, zeigten, dass ihm die Reifeprüfung noch bevorstand. Noch besorgte er jeden Tag Veilchen für sie. Er hatte weder die leeren Bierdosen unter ihrem Krankenhausbett wahrgenommen, die Barrier stets diskret beseitigt hatte, noch hatte er verstanden, dass er von Loulou in die Löwengrube geschickt worden war und derzeit als ihr männlicher Groupie fungierte.[186] Genauso wenig war *le doux Dougy* klar, dass Édith es mit ihren Rezepten nicht so genau nahm, sondern unbekümmert die zwei-, fünf-, ja zehnfache Dosis einnahm. Noch konnte er nicht ahnen, dass Piaf, wenn sie behauptete, Ruhe zu brauchen, das genaue Gegenteil meinte: Am Abend ihrer Landung bekam er bereits einen Vorgeschmack davon, wie sie ihre Ruhebedürftigkeit zum Teufel schickte. Bis spät in die Nacht feierte sie, mit Davis als Tischherrn, in einer großen Runde in einem Restaurant an den Champs. So hatte Doug seine Édith noch nicht erlebt! Vom 26. Juni an zog sie sich aber für fast zwei Wochen mit ihrem Amerikaner in ihr Landhaus zurück. So vernünftig hatte sie sich schon lange nicht mehr betragen.

Erst am 10. Juli zeigte sie sich wieder in der Öffentlichkeit. Keine sechsunddreißig Kilo wog sie mehr. Mit einer noch kraftlosen Stimme intonierte sie acht Lieder, darunter das umjubelte *Milord*, im Sporting-Club von Monte Carlo vor illustren Zuhörern wie Aristoteles Onassis, Elizabeth Taylor und Gary Cooper. Ein *Figaro*-Journalist beobachtete, wie sie an diesem Abend die Aufmerksamkeit der Prominenten genoss und sich dennoch zurückhielt, um kein Risiko einzugehen; er hielt auch fest, wie sie sich nach ihrer Einlage vor allen Leuten in die Arme von Davis fallen ließ, ihn dankbar anschaute und ihrem Publikum mitteilte: »Ohne ihn wäre ich schon längst tot.« Ihre rasche Heilung führte sie ausnahmslos auf seinen guten Einfluss, seine Fürsorge und auf die Energie zurück, die sie aus der Lektüre ihrer spirituellen Schriften und den Lehren der Rosenkreuzer gewonnen hatte. Dann startete sie in ihre alljährliche Sommertournee – diesmal ging es unter anderm nach Belgien, an die Côte d'Azur und nach Italien, allerdings ohne ihre neuen Moustaki-Chansons. Die waren aus dem Repertoire gestrichen, mit Ausnahme von *Milord*, versteht sich. Ohne auch nur einen Anflug schlechten Gewissens. Auf Geheiß von Doug nahm sie in Cannes Schwimmunterricht. Ein Foto zeigt die lernwillige »Mina«, Davis' Spitzname für sie, beim Versuch, über Wasser zu bleiben, angetan mit Badekappe und Schwimmreifen. Die Zähne hat sie zusammengebissen und ringt sich ein Lächeln ab. Auf einem anderen Schnappschuss flaniert das verliebte Paar wie stets Hand in Hand. Davis trägt Jeans, Édith ist braungebrannt.

Dann plötzlich, gleich am Anfang der Tour in den Vogesen, fiel das Stimmungsbarometer in den Keller: Piaf wollte auf der Stelle für eine einzige Übernachtung nach Condé, auf ihren Landsitz, gefahren werden. Vierhundert Kilometer pro Strecke, mitten in der Nacht. Die anfängliche Weigerung ihres Geliebten beschied sie mit einem demütigenden Anzweifeln seiner Männlichkeit. Sie setzte sich durch. Kurz vor dem Ziel landete das Auto im Straßengraben. Dougy war eingenickt. Das Ergebnis waren das blutüberströmte Gesicht des Fahrers und zwei gebrochene Rippen der Beifahrerin, die den Chauffeur auch noch wüst beschimpfte. Der war natürlich schuld! Einen Monat lang hielt Davis, dem der Sinneswandel seiner Mina völlig unverständlich blieb, es noch an ihrer Seite aus, während sie ihre Récitals mit Bandagen unter ihrem schwarzen Kleid bestritt. Dann, in der letzten Augustwoche, platzte selbst ihm, der Gutmütigkeit in Person, der Kragen: Nach einer weiteren fürchterlichen Szene suchte Davis das Weite. »Es war kaum zu glauben und unerträglich«, befand er. »Sie bringt jeden mit ihrem unmöglichen, völlig ungeordneten Leben um. Alle sind am Boden. Sogar ihr Arzt.«[187] Dass sie ihm damit drohte, sich umzubringen, falls er sie wirklich verließe, beeindruckte ihn nicht. Doug verschwand in Richtung Paris. Am Folgeabend gastierte Édith in Biarritz. Da fiel ihr ein, dass Jacques Pills' Landhaus ja ganz in der Nähe war. Ihre Bitte, ihn für ein paar Tage dort besuchen zu dürfen, schlug ihr Exmann aus. Er zog es vor, die alten Geschichten ruhen zu lassen und keine neuen mehr erleben zu müssen.

Im Gegensatz zu vielen Vorgängern hinterließ Davis unübersehbare Spuren: eine ganze Reihe von Bildern, oft in zarten Rosa- und Lilatönen, als sollten die vielen Veilchensträuße evoziert werden, die Dougy und Édith so sehr liebten. Davis' Porträts von Piaf fangen die vielen Facetten der geliebten Sängerin ein – Verwundbarkeit und Sensibilität, Strenge, Energie und Autorität, ihre Singularität und ihren künstlerischen Willen, ihre Einsamkeit und ihre Zerbrechlichkeit. Wie schon zuvor die Gemälde von Charles Kiffer, des zweiten großen Piaf-Malers, fanden die Bilder des Amerikaners auf Plakate und Plattencover. Beider Werke trugen in erheblichem Maße zur Piaf-Ikonographie bei. Noch heute prägen ihre Studien, Silhouetten und Posen das Bild von Édith, eindringlicher, als es die meisten Studiofotos und Hochglanzaufnahmen vermögen. Sie offenbaren weniger die männerverschlingende Zwergin oder das archetypische Pariser Spätzchen als vielmehr die isolierte, sich nach echter Zuwendung sehnende Frau, ihren geschundenen, versehrten Körper. So gespenstisch wie aufrichtig blickt sie uns von diesen Bildern entgegen, traurig und geheimnisvoll, aber nicht deprimiert.

Im Herbst 1959, nachdem sie auch den letzten gutwilligen männlichen Gefährten aufgrund einer Lappalie und fortgesetzt kapriziösen Benehmens in die Flucht geschlagen hatte, wurde es einsam um sie. Weder in Le Hallier noch am Bois de Boulogne hielt sie es allein länger als ein paar Stunden aus, rastlos eilte sie zwischen beiden Wohnorten hin und her, obwohl sie ihren Landsitz längst verabscheute. Magenschmerzen setzten wieder ein und rätselhafte Anfälle von Gedächtnisverlust. Am 21. September wurde sie in die Notaufnahme des American Hospital von Neuilly eingeliefert, eine Prominentenklinik im eleganten Pariser Nordwesten. Eine akute Entzündung der Bauchspeicheldrüse war die Diagnose. Diesmal war die Lage wirklich ernst; bis zum 14. Oktober durfte sie das Krankenhaus nicht verlassen. Pills und Barrier waren unter ihren ersten Besuchern, Montand schickte ein aufmunterndes Telegramm. Davis ließ nichts von sich hören, erst im Februar 1960 würde er einen ausführlichen und keineswegs feindseligen Brief an seine »Mina« auf den Weg bringen. Privatarzt und Klinikleitung unterstrichen in einer gemeinsamen Presseveröffentlichung, dass keine Hinweise auf eine Krebserkrankung vorlägen. Wieder zirkulierten Bilder in den Zeitungen, die sie als Madonna mit verklärtem Blick zeigten. »Sie ist schließlich nicht dafür verantwortlich, wenn sie eine Aura von Elend umgibt, wenn man sie sich leichter auf einem Krankenhausbett vorstellen kann als in Bettzeug aus geflockter Seide, und wenn sie mit den Stigmata des Elends gezeichnet ist.«[188] Piaf wusste selbst am besten, dass solche mitleiderregenden Fotos, in Windeseile von den Abendgazetten verbreitet, das öffentliche Interesse an ihr wachhielten und die Sensationslust der Leute schürten; ihre Gebrechen und Leidensphasen auszustellen bereitete ihr keinerlei Probleme. Vassal, ihr getreuer Fotograf, musste gar nicht viel inszenieren, Édith besaß ein sicheres Gespür dafür, was »ankam« und für Gesprächsstoff sorgte. Sie hatte die Situation im Griff, machte schon längst wieder derbe Witze, zog die Ärzte auf und schmiedete Pläne für die Einstudierung neuer Chansons. Darunter waren Monnots *C'est l'amour* und Chauvignys *Je sais comment* sowie *Ouragan*, eine Zusammenarbeit ihres bald favorisierten *paroliers* Rivgauche mit dem kanadischen Komponisten Claude Léveillée, einem neuen Gast am Boulevard Lannes. Falls sie an starken Schmerzen litt, ließ sie davon nichts nach außen dringen. Wieder daheim, bestellte sie Cocteau zu sich, der sie emotional und intellektuell wieder aufzurichten verstand wie kein anderer, und dann widmete sie sich wochenlang der Probenarbeit mit einer Hingabe, als habe sie ihre allererste Tournee vor sich.

Am 20. November 1959 brach sie zu einer Gastspielreise durch ein Dutzend Städte im Norden Frankreichs auf, die als »Selbstmordtour« Eingang in die Piaf-Legende finden sollte. Diesmal überspannte sie den Bogen. Dabei drückte ihr in Melun, am Premierenabend, Marlene Dietrich höchstpersönlich die Daumen. Der Besuch der Freundin und Kollegin an diesem doch eher unbedeutenden Aufführungsort erfüllte sie mit Stolz und Zuversicht. *Ouragan* und *C'est l'amour*, ein sehr persönliches Lied mit ihrem eigenen Text, in dem sie auf ihrem Recht auf Liebe, *le droit d'aimer*, bestand, wurden zur Uraufführung gebracht. Kleinere Patzer und Textlücken ließen sich hier noch verschmerzen; sie stand den Abend durch. Auch in Calais verwechselte sie die Strophen und stützte sich am Flügel ab, irritierte aber ihre Begleitmusiker mehr als ihr Publikum. In Maubeuge jedoch hatte man ihr vor dem Récital so viel Schlafmittel verabreicht, dass sie geistesabwesend und mit glasigem Blick auf die Bühne torkelte. Jedes zweite Wort vernuschelte sie, verhaspelte sich, röchelte, um plötzlich aus dem Chanson auszusteigen und verwirrt um sich zu blicken. Sie bat ihre Zuhörer um Entschuldigung und kündigte eine zehnminütige Pause an. Zeit genug für eine Spritze. Ein Aufputschmittel musste her, die Lethargie überwunden werden. In ihrer Garderobe stritten Befürworter und Gegner um die Fortsetzung des Konzerts. Édith selbst, unter Tränen, traf die Entscheidung: »Wenn ich jetzt nicht weitersinge, nicht wenigstens ein kleines Lied, dann werde ich nie mehr in der Lage sein, an mich zu glauben.« Kaum zurück an der Rampe, strauchelte sie abermals und verpfuschte ihre Darbietung von *Milord*. Wieder ließ man den Vorhang fallen; wieder gab es erregte Diskussionen. Einige Musiker begannen zu weinen, andere waren wütend, die meisten weigerten sich weiterzuspielen. Barrier gab schließlich das Zeichen zu einem dritten Anlauf. Aber erst am Folgeabend, in Saint-Quentin. Dort ging alles glatt, als habe es nie einen Ausfall gegeben. In Béthune beteuerte sie während eines Interviews, sie sei in glänzender Form; doch am Abend ging bereits ihr erstes Chanson daneben. Von Durst geplagt, verließ sie die Bühne, stürzte mehrere Gläser Wasser hinunter und rang um Atem. Die Ärzte schlugen Alarm, und selbst Barrier bekam es mit der Angst zu tun. Coquatrix, in dessen Olympia sie im kommenden Februar wieder auftreten sollte, nein, musste, schaltete sich ein: Édith trank noch ein Glas und machte weiter.

Anfang Dezember jagte ein Gerücht das andere, Piaf wurde für tot erklärt. In Évreux, Reims, Rouen, Dieppe und Laval standen die Leute Schlange, um sich davon zu überzeugen, dass es sie doch noch gab. Kaum jemand achtete noch auf die Darbietung selbst, auf die gelungenen Phrasierungen oder die Interpretation der Texte; was jetzt zählte, war, bis zu welchem Lied sie es »schaffen« würde. Überstand sie den Abend oder nicht? Nur darauf kam es an. Russisches Roulette wurde gespielt – ein tödlicher Zeitvertreib. Aber ein Spektakel, nach dem die Massen lechzten. »Kurz vor den Konzerten erhält sie die erste [Morphium-]Spritze, in den Pausen die zweite. Denn sobald sich ihre Lungen mit Luft füllen, sobald sich der Brustkorb ausdehnt, könnte sie vor Schmerz schreien. Dank ihres schier unerschöpflichen Lebenswillens hält sie [einige] Tage ohne das Betäubungsmittel durch.«[189] Alle wollten dabei gewesen sein, wenn sie endgültig zusammenklappte und vom Bühnenboden nicht mehr aufstand. Den Klatschreportern freilich schleuderte die Geschundene so zornig wie publicitywirksam entgegen: »Wenn Sie gekommen sind, um mich stürzen zu sehen, dann kommen Sie zur falschen Zeit, ich befinde mich in bester Form!«

Am 11. Dezember kam der Fernsehjournalist Pierre Desgraupes nach Dieppe, um für seine beliebte Sendereihe *Cinq colonnes à la une* eine Reportage über den Drahtseilakt der Diva zu drehen, er begleitete Piaf auf ihrem Leidensweg durch die Vorstadtkinos. »Singen oder sterben«, *Chanter ou mourir*, war die Folge betitelt. »Die Tragödie von Édith Piaf findet nicht auf der Bühne, sondern hinter den Kulissen statt«, urteilte der Journalist. Der Mitschnitt ihrer fast dämonischen Präsentation von *Milord* aus diesen schlimmen Tagen zeigt die Volksheldin mit verzerrten, schmerzgepeinigten Zügen. Das kurze, erschreckende Interview, das Desgraupes wenige Stunden vor ihrem definitiven Zusammenbruch in Dreux mit ihr führte, nannte er »die Stunde der Wahrheit«. Er zeigte den Fernsehzuschauern eine mitgenommene, gealterte Piaf mit aufgedunsenem Gesicht, die ihre Antworten mehr lallte als artikulierte und ihre Hände rang. »Außerdem nimmt sie in beträchtlichen Dosierungen Cortison, um ihr Rheuma zu besiegen. Gelegentlich plagt es sie so sehr, dass sie ihre Hände nicht mehr gebrauchen kann, dass sie kaum in der Lage ist, ein Glas zu halten, und ihr das Fleisch auf dem Teller geschnitten werden muss.«[190] Desgraupes legte kein übertriebenes Mitleid in seine Stimme, doch merkte man ihm an, dass er darauf brannte, Édith von ihrer Qual zu erlösen und sie zum Abbrechen ihrer Tournee zu bewegen.[191] Sagen durfte er das nicht, aber sein Wunsch, einzugreifen und sie zu befreien, stand unausgesprochen hinter jeder Frage nach ihrem Befinden.

Nur noch Haut und Knochen war diese unheimliche Gestalt, die, im Halbdunkel sitzend, mühsam die Worte über die Lippen brachte. »Wenn ich nicht mehr singen könnte, würde ich mich umbringen«, sagte sie seelenruhig, und zum Thema Disziplin: »Meinem Arzt gehorche ich oft nicht. Ich tue nichts anderes als ungehorsam sein. *Allen* gegenüber.« Als die Rede auf ihre derzeitige Einsamkeit kam, gab sie preis: »Ich umgebe mich mit Menschen, da ich Angst vor den Gespenstern habe, vor der Nacht.« Und auf die Frage, ob sie glücklich sei, erwiderte sie ohne nachzudenken: »Man ist nie glücklich. Und wenn überhaupt, dann nur zehn Minuten pro Tag.« Um am Ende eine Präzisierung hinzuzufügen, die wieder aufhorchen ließ: »Glücklich bin ich vor allem, wenn ich singe. Dann bin ich sogar *sehr* glücklich.«[192]

Zwei Tage später aber, in Dreux, empfand sie kein Glück mehr. Rheumaschübe, eine versagende Stimme und völlige Entkräftung hätten Gründe genug geliefert, um ihr Récital abzusagen. Édith schleppte sich trotzdem in den Saal, ein Arzt hatte gerade noch dringend vom Auftritt abgeraten. Vergebens klammerte sie sich an ihr Mikrophon, das ihr immer wieder aus den Händen glitt, wie einer Schiffbrüchigen der Rettungsring, der nur wenige Wellen vor ihr im Wasser treibt und den sie stets um eine Armlänge verfehlt, wenn sie nach ihm greift. Sechs Lieder brachte sie hinter sich, in denen kaum ein Wort, kaum ein Ton, kaum ein Refrain stimmte. Chauvigny sandte flehende Blicke an sie aus. Auf ein Zeichen von ihr hätte er den Taktstock sinken lassen. Es kam nicht. Der Vorhang fiel erst, als sie im siebten Lied keinen Ton mehr herausbrachte, die Zuschauer hörten jedoch nicht auf, »É-dith! É-dith!« zu skandieren. Die Rufe ihrer Fans erwiesen sich als stärker als alle Vernunft. Sie trat wieder vor den Vorhang, brach mit *L'Homme à la moto* zu einer Fahrt in die Hölle auf, brachte das Lied irgendwie zu Ende und sank, nach dem letzten Schlussakkord des Klavieres, wie leblos in sich zusammen. Auf einer Bahre trug man sie aus dem Festsaal von Dreux. Die meisten Zuhörer waren sich sicher, ihre Abschiedsvorstellung miterlebt zu haben.[193]

An ihrem vierundvierzigsten Geburtstag waren keine Besucher zugelassen; das Einzige, was Édith an diesem 19. Dezember zu Gesicht bekam, waren Vitaminpräparate und das Personal der ihr wohlbekannten Bellevue-Klinik in Meudon. Diesmal machte sie hier keinen Entzug, sondern eine Schlaftherapie. Die letzte Tourneewoche hatte ausfallen müssen. Ein verfrühter Weihnachtsausflug ins Lido einige Tage später bekam ihr schlecht, sie erkrankte an Gelbsucht und wurde wieder ins American Hospital eingeliefert. Barrier sagte sämtliche Verpflichtungen für die kommenden Monate ab. Kein Olympia, kein Empire Room, keine Tourneen, weder Radio noch Fernsehen.

Im Sommer hatte sie noch selbstbewusst von ihren Selbstheilungskräften tönen können: Ihr Leben sei eine Folge von Toden und Wiederauferstehungen. »Da gibt es Dinge, die sie einfach nicht verstanden haben, diese Ärzte, nämlich, dass ich immer wieder in der Lage bin zu genesen, weil ich eine große moralische Stärke besitze, eine enorme Gewissheit. An Krankheiten stirbt man nur, wenn man Angst hat, wenn man in Gedanken schon tot ist.«[194] Édith hätte sich gewiss für tot erklärt, wenn sie am Silvesterabend gewusst hätte, dass sie 1960 – zwölf Monate, die sich wie eine Zwangsjacke anfühlen sollten – für nahezu ein ganzes Jahr nicht in der Lage sein würde, sich vor ihrem Publikum zu verbeugen. Piaf, die Unsterbliche. Piaf, die Todgeweihte. Piaf, die Mittvierzigerin, die unterdessen aussah wie Anfang siebzig. Ein Häufchen Elend.

L'Homme à la moto

Piaf, eine heimliche Schwester Elvis Presleys? So unwahrscheinlich es auch klingen mag: Außer den Initialen gab es noch eine Verbindung zwischen der französischen Chansondiva und dem hüftenschwingenden »King of Rock 'n' Roll«, der sich bislang »schwarze« Musikströmungen aneignete, mit brandneuem Sound, Schmelz in der Stimme und suggestiver Gestik bald die Welt erobern würde. Und der dabei so viel Energie und Sex verströmte, dass hysterische Teenager seinetwegen scharenweise in Ohnmacht fielen und die bloße Erwähnung seines Namen besorgte Eltern zur Verzweiflung brachte. Piaf war 1955/56, als sich die Rock-'n'-Roll-Euphorie im ganzen Land auszubreiten begann, mehrere Monate lang durch die Vereinigten Staaten getourt, ihr Lover Jean Dréjac begleitete sie: eine schlauchende, aber auch faszinierende Konzertreise. In Los Angeles hatte sie im prestigereichen Nobelhotel Château Marmont eine mondäne Verschnaufpause eingelegt, alsdann eine Villa in Malibu gemietet und sich in Hollywood und Beverly Hills herumreichen lassen. Dort war ihr, durch Vermittlung eines New Yorker Verlegerduos, der aufrüttelnde Song Black Denim Trousers and Motorcycle Boots zu Ohren gekommen. Das Autorengespann Jerry Leiber und Mike Stoller, Experten für Rhythm & Blues, die in den Folgejahrzehnten zu den Giganten unter den Rock-'n'-Roll-Schreibern gehören und allein für Presley knapp 25 Millionenseller schaffen würden, hatten den Titel komponiert und getextet; The Cheers, drei freche Knaben aus der kalifornischen Megalopolis, brachten ihn im August 1955 heraus. Ohne große Anlaufzeit eroberte er die Billboard-Charts und hielt sich dort fast drei Monate lang. Zwei Minuten Rock, die es in sich hatten.

Piaf und ihre Ratgeber verfügten über einen guten Riecher, als sie die Rechte an diesem ungestümen Song erwarben. Sie werden gespürt haben, dass sich in den USA in Sachen Musikgeschmack der Wind gedreht hatte. Während Dréjac, offiziell Piafs »Privatarzt«, im Herbst 1955 einen adäquaten französischen Text verfasste und seine Geliebte das Chanson im New Yorker Versailles einstudierte, schnellten die Verkaufszahlen des Cheers-Hits in die Höhe. Er wurde, obwohl er mit dem Unfalltod eines tempobesessenen Motorradrockers endete, zu einer Art Hymne der freiheitsverliebten amerikanischen Jugendlichen, deren aufmüpfige Gangs die Großstädte unsicher machten und die Highways in selbstmörderischer Geschwindigkeit entlangrasten. Marlon Brando und seine Black Rebels aus The Wild One waren noch in aller Munde, Leonard Bernsteins visionäre West Side Story schuf kurz darauf das Bild von einem Manhattan, in dem Rebellentum, Rassenhass und Aufruhr herrschten, die tödlichen Verfolgungsjagden in den Filmen mit James Dean hielten die Youngsters der ganzen westlichen Welt in Atem. Und Leiber und Stoller hatten gerade einen weiteren Hit mit Jailhouse Rock gelandet – ein fetziger Presley-Standard, der Gefängnismauern zum Erzittern brachte. Wo man auch hinschaute und hinhörte in den USA: Raue Jungs, bereit, ihr Leben aufs Spiel zu setzen, prägten das Bild der Jugend Amerikas, die bereit war, die Gesellschaft aus den Angeln zu heben. James Deans Unfalltod in genau diesem Herbst 1955 erlangte Symbolwert und besaß hohes identifikatorisches Potential. Black Denim Trousers traf also den Zeitgeist.

In den ersten Januartagen des Jahres 1956 spielte Piaf die französische Fassung noch in New York, in einem Studio in der 46. Straße ein, was für sie ungewöhnlich war. Und nur Stunden später probierte sie die Wirkung ihrer Interpretation des amerikanischen Hits, den alle Konzertgänger damals im Ohr hatten, gleich live aus, in der Carnegie Hall. Eine zweite Besonderheit: Noch vor dem Erscheinen der Schallplatte und vor einer »Uraufführung« in französischen Clubs hörte ein ausländisches Publikum das Chanson. Piafs Arrangeur Robert Chauvigny hatte das Originalinstrumentarium – aufheulende, manchmal dissonante Bläser, Klangimitationen des herannahenden Zuges, federnde Trommelwirbel – weitgehend beibehalten, wenngleich die harten Drums der Cheers-Fassung durch etwas zahmere Percussion ersetzt worden waren. Auch Dréjac hielt sich erstaunlich eng an die amerikanische Vorlage. Lediglich aus den schwarzen Jeans des Halbstarken, den »denim trousers«, wurden im Französischen, etwas befremdlich, »culottes«: Schlüpfer, Unterhosen, Shorts, und aus der spöttischen Schlusszeile des Refrains, »that fool was the terror of Highway 101«, war ein lahmes, vages »sa moto semait la terreur dans toute la région« geworden – überall »in der Gegend« löste das Erscheinen des wilden Motorradmachos mitsamt seinem fahrbaren Untersatz Angst und Schrecken aus.

Stand bei Leiber und Stoller, die Jahre später Peggy Lee den unvergesslichen, nostalgischen Song Is That All There Is? anvertrauen sollten, schon im Titel das Outfit des unvernünftigen Helden im Zentrum, seine Jeans und seine Stiefel, seine Lederjacke mit dem Emblem des Adlers, so ist es bei Dréjac und Piaf der »Motorradmann« selbst. Ungepflegt und ungewaschen, mit Dreck unter den Fingernägeln und einer sentimentalen Tätowierung auf dem Bizeps – »Maman, je t'aime« –, rückt er als einsamer Wolf und unnahbarer Mädchenschwarm zu seinen Spritztouren aus. Seiner zartbesaiteten Freundin Mary-Lou zieht er natürlich sein Gefährt, »seine Hündin«, bei weitem vor. Mary-Lous warnende Worte, an jenem schicksalhaften Tag lieber zu Hause zu bleiben, schlägt der Unbelehrbare in den Wind und startet durch, schnell wie eine Kanonenkugel, vom Dämon geritten, mit Feuer in den Augen und ausgeschaltetem Verstand. Die mahnenden Bitten seines Mädchens gehen im Röhren des Motors unter. Ihre düsteren Vorahnungen bewahrheiten sich jedoch: In einer Kollision mit einer Lokomotive an einem unbeschrankten Bahnübergang endet seine Höllenfahrt. Alles, was von ihm überbleibt, sind seine Jeans, seine Stiefel und seine Lederjacke. Der Rocker und sein Motorrad sind wie vom Erdboden verschluckt. Nicht einmal ein Stück Blech wird gefunden. Hat es ihn überhaupt gegeben, oder handelte es sich bei ihm nur um eine böse Vision?

Piaf riss ihre Zuhörer nicht nur gleich in der Carnegie Hall zu Begeisterungsstürmen hin, auch in Südamerika im Frühjahr 1956 und danach im Pariser Olympia, wo sie bereits sehnsüchtig erwartet wurde, lagen ihr als burschikoser Motorradbraut die Fans zu Füßen. Mit ungewöhnlich kurzem Haar, kaum geschminkt und fast androgyn, den Blick in die Ferne gerichtet und die Worte barsch herausschleudernd, so stand sie angespannt und etwas breitbeinig da, als wolle sie im nächsten Moment selbst auf eine Harley steigen und davonbrausen. Während des Vortrags hielt sie ihre Hände nach vorne gestreckt, als umklammerten sie das Lenkrad. Auf am Boden liegende Stofffetzen, auf das, was vom Opfer übrig geblieben war, deutete sie zornig mit ausgestrecktem Zeigefinger: Das hat er nun davon!

Nur der brave, seltsam unvorteilhafte Faltenrock will so gar nicht zu der Rock-Attitüde des Titels passen; der Vierzigjährigen würde ohnehin niemand die verzweifelte Rockerbraut abnehmen. Piaf macht sich zur ungerührten Erzählerin; eine Rolle verkörpert sie nicht. Sie legt Dramatik und Strenge in ihre Stimme, während The Cheers unbekümmert vom finalen Crash berichten. Bei Piaf dominiert wie immer ihre kraftvolle Stimme und lässt das Orchester in den Hintergrund treten, bei den kalifornischen Boys ist der Vokalpart Teil des Band-Sounds, geht im Mischklang der Rock-Nummer auf. Hier enden offenbar die Gemeinsamkeiten zwischen den beiden unversöhnlichen Genres Rocksong und Chanson. Und, wie zum Beweis: Kaum ist bei Piaf der letzte martialische Ton, schmerzhaft in die Länge gezogen, verklungen, ist der Zusammenstoß von Zug und Motorrad, das Ende des Schreckens der Landstraße, auch schon wieder »Geschichte« – und man befindet sich in einem biederen französischen Fernsehstudio der Mittfünfziger, gefüllt mit wohlerzogenen Zuschauern in makelloser Garderobe. Meilenweit entfernt von den Tanzböden und Kinosälen Nordamerikas, wo sich die Jugend bei den feurigen Auftritten eines Elvis, eines Chuck Berry oder eines Bill Haley in Rage rockte und auch mal alles kurz und klein schlug.

Piaf bewahrte dessen ungeachtet ihre Neugier für den Rock'n' Roll und interessierte sich auch für die französische Rockszene. 1961 unterbrach sie sogar ihre eigene Auftrittsserie im Olympia und machte dem heimischen Rock-'n'-Roll-Star und Teenager-Idol Vince Taylor, der eigentlich Engländer war, bei dessen umjubeltem Pariser Konzert ihre Aufwartung. Eine Sensation! Und ein gefundenes Fressen für die Boulevardpresse: Die Straßensängerin ehrte den »amerikanischen Lümmel« mit ihrer Anwesenheit ...

L'Homme à la moto aber ging als Kuriosum in ihr Repertoire ein. Als Vorgeschmack auf die Sixties der Easy Rider, als »Nicht-mehr«-Chanson und »Fast«-Rocksong, als Beleg für das Genie des Songwriter-Tandems Leiber/Stoller und als geglückter Versuch einer Grenzüberschreitung. Vor allem aber als Beispiel für einen Titel, der in zwei völlig unterschiedlichen Kulturen und Sprachen »funktionierte«, wenn auch auf ganz andere Weise.

Nur eine Fußnote im Schaffen Piafs? Die Black Denim Trousers wurden in Frankreich zu einem erstaunlich langlebigen Titel mit einigen schrägen Coverversionen. Der Musikjournalist Stan Cuesta widmete dem Song und seiner ersten französischen Interpretin ein ganzes Buch. Und 1992 nahm eine Reihe Rock-, Underground- und Popstars, als Hommage an »Rock-Oma« Édith, eine bunte Auswahl von Piaf-Titeln in ungewöhnlichen Arrangements unter dem Titel Ma grand-mère est une rockeuse auf. Diese »Erben« erklärten Piaf damit unumwunden zur »Ahnherrin« des Rocks in Frankreich. Nun ist es eigentlich nur noch an uns zu entscheiden, ob Édith Piaf und Elvis Presley mehr als nur »E. P.« verbindet!

Wofür Liebe gut ist: Piaf
erläuterte es ihrem zweiten
Gatten, Théo Sarapo, in den
frühen 1960ern.

Erdgeist, Heuschrecke, Nachtigall
Die Despotin vom Boulevard Lannes · 1960–1963

Man hält mich für stark und zynisch,
für ein Wesen, das mit den Menschen spielt und sie wegwirft,
wenn sie es nicht mehr interessieren,
während ich doch im Innersten, trotz meines Alters,
so etwas wie ein armes, allzu leichtgläubiges Mädchen geblieben bin,
das unermüdlich immer demselben Traum nachjagt:
Glücklichsein und Geliebtwerden.

Die behandelnden Ärzte in Meudon, Neuilly und Paris waren sich
einig – diese winzige Frau, der sie wieder Leben einflößen sollten,
glich weniger einem menschlichen Wesen als einem Bündel frei-
liegender Nerven. Eingesperrt in Kliniken, zum Warten verdammt
in Le Hallier und dann wieder nächtelang in ihrem abgewetzten
blauen Bademantel mit Trippelschritten durch ihre Stadtwohnung
tigernd, war sie der Figur in einem ihrer neueren Chansons, *Les*

Blouses blanches, täuschend ähnlich geworden: kaputt, verzweifelt und dem Wahnsinn nahe, in einem weißen Kittel steckend. Die Medien waren bereits damit beschäftigt, sie abzuschreiben, und kamen dem Verfassen nüchterner Nachrufe mit idealisierenden Schilderungen ihres Werdegangs zuvor. In *Paris-Match* erschien schon mal eine ausführliche, bebilderte Serie über den »Roman ihres Lebens«; die einen bezeichneten sie als eine Gestalt Goyas, die anderen als eine Heldin Victor Hugos. Als Archetyp einer Protagonistin des Leidens. War sie selbst schon nicht davor zurückgeschreckt, ihre Liebe, ihr Elend und ihr Scheitern auf der Bühne auszustellen und zu zelebrieren, zeigten die Journalisten nun auch keine Skrupel, mit sensationslüsternen Reportagen und erschütternden Fotos den Niedergang Édith Piafs zu begleiten. Die schlimmen Nachrichten vom sich quälend in die Länge ziehenden Algerienkrieg und die Kunde vom schleichenden Niedergang Édith Piafs bestimmten, in einer bedrückenden Parallelität, die öffentliche Diskussion in Frankreich.

Wie schlecht es auch privat um sie stand, zeichnete sich erst ab, als sie nach dem langen Krankenhausaufenthalt in ihr Landhaus entlassen wurde: Die meisten Angehörigen ihres Hofstaates voller Parasiten hatten längst das Weite gesucht und ihr Krankenzimmer verlassen wie Ratten das sinkende Schiff. Nur ein Dutzend treuer Freunde und Mitarbeiter leistete ihr Beistand während der Wochen und Monate langsamer Rekonvaleszenz; nur eine Handvoll war anwesend, wenn sie sich neuerdings für ein paar Minuten aufraffte, gute Vorsätze in ihre Notizhefte einzutragen. Von dieser Therapie versprach sie sich mentale Gesundung: »Sich von ungutem Einfluss lossagen. Sich selbst wiederentdecken. Schädlichen Leidenschaften entsagen. Die Gesellschaft von Menschen suchen, die einen trösten und bereichern können. Keine Spritzen mehr!« Vorsätze, an deren Umsetzung eigentlich niemand mehr glaubte. Barrier, Rivgauche und den Bonels aber konnte sie die ungeschminkte Realität zumuten: »Meine Freunde werden gesehen haben, wie ich mich mit Schaum vor dem Mund an das Gestänge meines Bettes klammerte und meine Dosis Morphium forderte, ... wie ich mir hinter den Kulissen in fliegender Hast durch Rock und Strumpf hindurch die Spritze in den Schenkel jagte, ohne die ich nicht hätte auftreten, nicht hätte singen können.« Aber trotzdem halte sie nichts auf der Welt vom Singen ab, nicht einmal ihre tiefste Verzweiflung.

Derzeit freilich war an Singen oder gar Auftreten nicht einmal zu denken. Stattdessen plante die bettlägerige Édith ein aufwendiges Tanzspektakel in Form einer Hommage an sich und ihre Lieder. Claude Léveillée arbeitete mit ihrer Hilfe an einer Art Libretto für *La Voix*, eine Collage alter und neuer Piaf-Chansons, die er als *comédie-ballet* bezeichnete und für die der Choreograph Pierre Lacotte kongeniale Tanzsequenzen ersann. Édith würde als »Die Stimme« aus dem Off allgegenwärtig sein, Pariser »Urszenen« würden mit Einlagen wie *Kiosque à journaux* oder *Le Métro de Paris* als Bestandteile der Piaf-Saga heraufbeschworen, gefeiert und besungen werden. Eine Liebesszene in Form eines Pas de deux wurde skizziert; Léveillée komponierte weitere schöne Titel wie *Non, la vie n'est pas triste* oder *Le vieux piano*. Die große Interpretin, die schon Dutzende Balletttänzer zu ihren Ehren über die Tanzbühne schweben sah, blühte auf. Ein Lichtstreif am Horizont. Aber dann wurde doch nichts aus *La Voix* – dabei hätte sie sich so gern einmal für ein anderes Genre eingesetzt! Das Projekt zerschlug sich, nicht zuletzt deshalb, weil Édith, die schon die meisten dazugehörigen Chansons im Tonstudio eingespielt hatte, Anfang Juni 1960 wieder im Krankenhaus landete: Vermeintliche Verdauungsbeschwerden erwiesen sich als neuerlicher Leberschaden, und die Gelbsucht löste ein Koma aus. Ferner mussten Darmpolypen entfernt werden. Erst 1965, nach Piafs Tod, konnte *La Voix* schließlich inszeniert und im französischen Fernsehen gezeigt werden.

Während sie noch im American Hospital lag, aus dem sie erst gegen Ende August wieder entlassen wurde, veräußerte Barrier ihr Landhaus, um all die Rechnungen der inzwischen chronisch Kranken bezahlen zu können. Die Pariserin weinte dem verschlafenen Condé keine Träne nach. Loulou holte Piaf wieder zu sich nach Richebourg, wo sie, jetzt auch noch von Dysenterie geplagt, erstmals ihren im Frühling produzierten Aufnahmen der Léveillée-Songs, darunter auch *Ouragan*, sowie ihrer Interpretation von Jacques Préverts *Cri du cœur* lauschen konnte: Ein »Vögelchen« sang darin mit ihr um die Wette. Ihr eigenes Herz, dem sich schon so viele Schreie entrungen hatten, klopfte tapfer und unverdrossen weiter. In Richebourg wurde für Europe 1 dann eine langlebige, wöchentlich ausgestrahlte Sendereihe mit dem Titel *Édith et ses amis* aufgezeichnet. Die Ehre, darin als erster Gast über Piaf plaudern zu dürfen, kam selbstredend Guite Monnot zu.

Ansonsten kümmerten sich, von illustren Besuchern wie Annie Girardot und dem Schauspieler-Urgestein Michel Simon abgesehen, vor allem medizinische Fachkräfte um Édith: die tüchtige Krankenschwester »Mamy« Bordenave, Professor Mercadier, der sich besonders um den heiklen Zustand von Piafs Leber sorgte, und der Chiropraktiker Lucien Vaimber, dessen Behandlungen Wunder wirkten und mit dessen Unterstützung sie das Laufen, das Stehen und schließlich eine gewisse Bühnenagilität wiedererlangte. Vaimber sollte fortan zum engeren Piaf-Kreis zählen und mit auf Tournee gehen, wo er mit wenigen Handgriffen ihre verrenkten Glieder wieder befreite. Mit dem Chanson *Mon vieux Lucien* bekam er sogar ein musikalisches Denkmal gesetzt.

Die zentrale Figur in Piafs letzten Lebensjahren aber war ein noch sehr junger Mann namens Claude Figus. Schon als Dreizehnjähriger war der Lockenkopf – laut Barrier »einer dieser Typen, die nie etwas aus ihrem Leben machen«, also »von geringem Interesse«, aber mit großem Talent zum Parasitentum – von fern der Persönlichkeit und der Stimme Piafs verfallen. Über Kontakte, die ihn mit Aznavour, Marais und dem Schauspieler Jean-Claude Brialy zusammentreffen ließen, und mit Informationen, die er in der Pariser Prominentenszene erworben hatte, verschaffte er sich, mit Ausdauer und Hartnäckigkeit, Zugang zum Haushalt Édiths. Er verehrte sie hingebungsvoll, mit einer Unterwürfigkeit, die an Selbstverleugnung grenzte. Irgendwann war er vierundzwanzig Stunden am Tag in ihrer Wohnung, regierte wie ein Alleinherrscher am Boulevard Lannes. Niemand wusste so genau, warum eigentlich. Er besaß dort sein eigenes Schlafzimmer und agierte mit einer Selbstverständlichkeit und Chuzpe, als sei er hier schon immer zu Hause gewesen. Mit viel Geschick machte Figus sich unentbehrlich. Seine »Chefin« verteidigte er mit Haut und Haaren und legte dabei einen Einsatz an den Tag, der selbst Skeptiker, die in ihm anfangs nichts als einen Trittbrettfahrer,

Hofnarr oder Schmarotzer erblicken mochten, beeindruckte. Figus gab sich selbstbewusst als ihr »Sekretär« aus, erledigte aber auch die niedersten Dienste. Von Demütigungen und launischen Beschimpfungen ließ er sich nicht aus der Ruhe bringen. An seinem Arm drehte sie ihre ersten, unbeholfenen Spazierrunden im Park von Neuilly. Er half ihr fürsorglich aus dem Bett, versah rund um die Uhr den Telefondienst, öffnete ihre Post, intrigierte, wo er nur konnte, wimmelte unerwünschte Besucher ab und kontrollierte, wer – und vor allem: wer nicht – zur kranken, vereinsamten Diva vorgelassen wurde. Am frechen, stets etwas vorlauten und geschwätzigen Claude[195] kam so schnell niemand vorbei.

Dass er sich vortrefflich als Organisator für spontane Gelage eignete und mühelos jedwede Substanz besorgte, machte ihn für Édith erst recht unersetzlich. Licht in Figus' dubiose Vergangenheit zu bringen blieb dagegen ein schwieriges Unterfangen. Ein Vorfall aus seiner Jugend illustriert jedoch Claudes Hang zu bizarren Aktionen: Noch als Gymnasiast hatte er über der ewigen Flamme, die am Arc de Triomphe am Grab des Unbekannten Soldaten flackert, ein Ei zum Kochen gebracht, bevor die Ordnungshüter einschritten. Eine alberne Provokation, mit der er sich einen Gefängnisaufenthalt und eine Geldstrafe einhandelte. Aber auch ein Indiz dafür, dass Claude vor nichts zurückschreckte, um aufzufallen und seine Ziele durchzusetzen. Piafs Vertrauen hatte er sich im Handumdrehen erworben, sie auszunutzen war ihm ein Leichtes, und dass er auch gewisse sängerische Ambitionen hegte, weckte zweifellos ihren Drang, ihn in ihre Obhut zu nehmen. Nur auf ein Liebesverhältnis mit ihm bestand wenig Aussicht – Figus war homosexuell. Teil eines schwulen Netzwerks in der französischen Metropole und im Nachtleben zu Hause, kam er dafür ihrem unverbesserlichen Bedürfnis nach möglichst vielfältiger männlicher Zerstreuung nach, indem er Abend für Abend junge Musiker und Partyboys in ihre Wohnung am Bois de Boulogne einlud, sobald es ihr wieder besserging. Die Übersicht verlor er dabei nie, und seinen Rang in Piafs Gunst konnten ihm auch Veteranen wie Barrier, Chauvigny, Contet oder die Bonels nicht streitig machen.

Im Oktober 1960 waren ihre Lebensgeister langsam, aber sicher wieder zurückgekehrt; es hatte sich ausgezahlt, dass sie sich geschont, Vaimbers Übungen befolgt und eine strenge Diät eingehalten hatte. Alkohol war mittlerweile völlig tabu, auch den Gästen wurden zum Dîner nur Wasser und Tee gereicht. Eingeweihte wussten allerdings, dass in der Bibliothek, einem Zimmer, das Piaf so gut wie nie betrat, stets ein guter Tropfen bereitgehalten wurde. Diskret verschwanden die Gäste reihum für ein kleines Päuschen zum »Auftanken« nebenan. Kehrten sie ein paar Minuten später beschwingt an den Esstisch zurück, wurden sie allenfalls mit einem kurzen strafenden Blick gerügt – ihre Gastgeberin erwähnte die Trickserei zwar mit keinem Wort, wusste aber, was gespielt wurde.

Édith hielt sich ausnahmsweise an die Vorschriften; auf einen weiteren Rückfall verspürte sie nicht die geringste Lust. Man hatte ihr eingeschärft, dass jede weitere Verschlechterung ihres Zustandes fatale Folgen haben würde, jede erneute Operation einem sicheren Todesurteil gleichkäme. Dennoch litt sie darunter, in ihrer Wohnung festzusitzen und nicht mehr um die Häuser ziehen zu können, dass Flugreisen und Konzerte im Ausland wohl für immer der Vergangenheit angehörten und dass kein »richtiger« Mann in ihrer Nähe war. Sie fand aber Zeit, sich den ersten Spielfilm eines jungen Regisseurs anzuschauen, Jean-Luc Godards *À bout de souffle (Außer Atem)*, und gaukelte ihren Freunden vor, ernsthaft an eine Wiedereroberung des Olympia zu glauben. Am besten noch vor Jahresende.

Der Piaf-Clan durchlebte in diesen Monaten eine Periode der Tyrannei. Édith waren weder ihr eiserner Wille noch ihre Schadenfreude oder ihre Lust an sadistischen Späßen abhandengekommen. Womöglich hatten sich ihre despotischen Züge noch verstärkt. In Ermangelung einer echten Bühne machte sie sich den Umstand zunutze, dass jeder in ihrer Clique Publikum und Opfer zugleich sein konnte. Jederzeit. Und genoss es, wenn es ihr gelang, einen von ihnen in die Ecke zu treiben. Wann immer sie in ihrem Salon erschien, wo schon ein banges Häuflein Vertrauter ihrer harrte, zelebrierte sie ihre Auftritte. Schon nach wenigen Sekunden wussten die Freunde, ob ihnen ein fröhlicher oder ein deprimierender Tag bevorstand. Fraglich war nur noch, wen sie aufs Korn nehmen und auf wessen Kosten man sich amüsieren würde. »Édith hatte sehr gute, aber auch sehr schlechte Seiten«, so erklärte Aznavour diese Berg- und Talfahrt der Gefühle, der alle fortwährend ausgesetzt waren. »Die Leute, die zu Édith kamen, stellten sie auf eine Art Podest, das gefiel ihr überhaupt nicht. Sie mochte es, wenn man sich schnell mit ihr verbündete. In jeder Hinsicht, beim Essen, beim Trinken, beim Lachen, und wenn man Späße machte. Sie war witzig, sie war fröhlich.«[196]

Aber nicht nur. Der Journalist, spätere Piaf-Vertraute und -Ghostwriter Jean Noli erinnerte sich mit großem Unbehagen an sein erstes »Rendezvous« am Boulevard Lannes. Er erschien zur verabredeten Zeit, wurde aber vom Dienstpersonal dafür gerügt, zu früh dran zu sein, und in ihr stickiges, abgedunkeltes Wohnzimmer geleitet. Hier saßen bereits jede Menge Leute, die lange vor ihm einen Termin hatten und noch immer nicht empfangen worden waren. Einige rauchten, die meisten schwiegen und blickten nervös zu Boden. Nur dann und wann wurde geflüstert. Alle hofften, dass Piaf sich endlich erheben und ihnen ihre Aufmerksamkeit schenken würde. Nachdem sich seine Augen an die Düsternis gewöhnt hatten, erkannte Noli seinen Fotografenkollegen Vassal, Olympia-Chef Coquatrix, Stammkomponistin Monnot sowie Manager Barrier und auch eine Handvoll Musiker und Texter, die Édith ihre neuen Elaborate zu unterbreiten wünschten. Als es bereits weit nach sechs Uhr abends war und weitere Theaterleute und Bittsteller erschienen waren, öffnete sich endlich eine Tür. Doch von Piaf war auch weiterhin keine Spur: Danielle Bonel erschien, sie reichte Erfrischungen und kleine Sandwiches; Figus vertröstete die Wartenden mit ein paar vagen Erläuterungen. In halbstündigen Abständen wurden nun die Aschenbecher geleert und Getränke nachgeschenkt; außer ein paar resignierten Seufzern und einem zornigen Gemurmel hier und da herrschte Grabesstille. Dann, nach einer halben Ewigkeit, war es endlich so weit, und die Hausherrin erschien auf der Bildfläche. Sie sagte nichts, blieb im Türrahmen stehen, nippte an ihrer Teetasse und ließ ihren ausdruckslosen, fast feindseligen Blick von einem zum anderen gleiten. Figus drückte ihr drei Küsschen auf die Wange und geleitete sie zu ihrem Lieblingssessel. »Édith blieb still, wie abwesend, ihr Atem ging stoßweise, ihre Augen waren halb geschlossen. Niemand wagte zu sprechen. Eine peinliche Stille bedrückte uns.«

Noli war entsetzt – vor allem von der Passivität und Willenlosigkeit ihrer Gäste. Devot warteten sie, allesamt gestandene Bühnenprofis, auf ein erlösendes Zeichen. Wie Abhängige eines Gurus. Wie Verblendete, die nicht mehr die nackte Wahrheit hinter des Kaisers neuen Kleidern sahen. Der junge Reporter ging in seinen Aufzeichnungen hart ins Gericht mit dem äußeren Erscheinungsbild Piafs und der morbiden Atmosphäre, die sie verbreitete: »Ihr Morgenrock war befleckt, ihre Pantoffeln waren ausgetreten, verformt und schief, ihr Gesicht ramponiert, ausgemergelt, welk, und ihr pockennarbiger, verbrauchter, gebrochener Körper riefen bei mir starken Ekel und Widerwillen hervor. Das hier war ein besiegtes Wesen, verwahrlost von Exzessen, Feiern, Schlamperei und Chaos.«[197]

Minuten später aber erlebte er mit, wie auf einen Fingerzeig der müden, kranken Sängerin hin die versammelte Menge plötzlich zu Leben erwachte. Sie grüßte lustlos, und alle stürzten herbei, um sie zu umarmen und mit Komplimenten zu überhäufen. Sie machte einen geschmacklosen Witz, und alle lachten dankbar auf – endlich war das tödliche Schweigen gebrochen. Sie bedachte einen der Anwesenden mit einer spöttischen, demütigenden Bemerkung oder verwies ihn des Raumes, und das Kollektiv hielt die Luft an. Dann erklärte Piaf, sie wolle proben, und kommandierte einen Musiker an den Flügel. Über Stunden wurde an den immer gleichen Wendungen gefeilt, bis sie mitten in der Nacht die Essenszeit verkündete. Alle eilten ins Speisezimmer. Niemand wagte zu gähnen, niemand protestierte, niemand verhielt sich solidarisch mit der Person, der sie den Schwarzen Peter zugeschoben hatte. Jeder schien vergessen zu haben, warum er eigentlich gekommen war. Die Uhrzeit spielte keine Rolle mehr, und von der Welt drang nichts hinter die dicken, nach abgestandenem Rauch stinkenden Vorhänge dieses finsteren Reiches.[198]

Trotzdem verfiel auch Noli binnen weniger Tage der magnetischen Anziehungskraft Édiths und wurde rasch zu einem Dauergast in dieser schaurigen Wohnung. Wie all die anderen jungen

Männer fühlte er sich privilegiert und initiiert. Er war stolz darauf, an Ritualen teilzunehmen, von denen ihre gewöhnlichen Fans ausgeschlossen waren, glücklich, wenn sie ihn beim Namen nannte und mit einer Reportage beauftragte, gespannt, welches Lied sie als Nächstes einstudieren würde, und gierig danach, als auserwählter Zeuge ihrer Existenz auch in der Folgewoche wiederkommen und mit ihr an derselben Tafel speisen zu dürfen. Schon bald wusste er, in welchem Regal die Bordeauxflaschen standen und wo sich der Korkenzieher befand. Ihre Sorgen und Nöte wurden zu den seinen; eine persönliche Existenzberechtigung besaß er nicht länger. Einen Ausschluss aus ihrem intimen Zirkel hätte er nicht verwunden. Ganz selten muckte einmal jemand auf. Weil er keine Lust mehr auf das dritte Hackfleischragout oder die vierte Projektion desselben Films in einer Woche hatte oder nicht einsehen konnte, warum man um zwei Uhr in der Frühe dabei zusehen musste, wie Édith und ihr Pianist sich an einer besonders vertrackten Passage eines Léveillée-Chansons abmühten. »Die Mitglieder ihres ›Hofes‹ warfen sich verstohlene, diskrete Blicke zu. Es war unmöglich, ja undenkbar, seine Stelle oder sein Revier aufzugeben. Für Piaf wäre ein solches Verhalten Verrat gleichgekommen. Keiner von uns besaß noch ein Privatleben, Familienleben oder Liebesleben. Sie hatte um uns herum eine völlige Leere geschaffen, hatte uns«[199] ihrem Einflussbereich einverleibt und wie willenlosen Jüngern jegliche Eigeninitiative ausgetrieben.

Noli verglich sein Dasein mit dem eines Frontkämpfers im Krieg, dem man seine Waffe abgenommen hatte: Eingepfercht und heftigem Schusswechsel ausgesetzt, waren ihm alle Fluchtwege versperrt. Im Kugelhagel der Emotionen duckte er sich und hoffte inständig, verschont zu bleiben. Und war am Ende des Gefechts beinahe glücklich, wieder in die »Kaserne« zurückkehren zu dürfen. Nur hier fühlte er sich geborgen, so paradox es klingen mochte. Schon seit einiger Zeit stand für ihn eine Schlafstätte am Boulevard Lannes bereit – sein Feldbett gewissermaßen –, und der Journalist konnte sich kaum noch erinnern, wann er das letzte Mal Tageslicht gesehen hatte. Persönliche Entscheidungen traf er nicht mehr. Er lebte, arbeitete, lachte, aß im selben Rhythmus wie seine Gönnerin. Wenn ihr Daumen nach unten zeigte, hielt er still und unterwarf sich ihrem Regiment. Wenn sie einen guten Tag hatte, war für ihn die Welt in Ordnung.

»Sie war eine geniale Kranke«, analysierte ihr Texter und Vertrauter Rivgauche die für alle Beteiligten pathologische Situation. Auch für ihn hatte, mehr als einmal, die grausame Abhängigkeitsfalle zugeschnappt. »Und zwar war sie krank wegen ihrer Einsamkeit. Deshalb umgab sie sich mit einem Hofstaat aus Clowns, die sie belustigten und zerstreuten. Um bei ihr anzukommen, musste man sie [zum] Lachen [bringen] oder sie interessieren oder sie für etwas begeistern, was sie noch nicht kannte. Deshalb waren Einladungen bei ihr so bemerkenswert: Da gab es etwa einen Gangster, zwei Boxer, einen Clochard und Jean Cocteau.«[200]

So wie Wedekinds von kultivierten Männern vergeblich umschwärmter »Erdgeist« Lulu sich nur in der Halbwelt mit traumwandlerischer Sicherheit bewegte und Schigolch, einen heruntergekommenen Strolch und angeblichen Vater, bei sich zu Hause wie einen König empfing, so »hielt« sich auch Édith einen weiteren Hofstaat aus Bettlern. Einige von ihnen hausten draußen im Bois auf der gegenüberliegenden Straßenseite, andere kannte sie noch aus ihrer Zeit in Pigalle oder war ihnen irgendwo mal begegnet. Von Zeit zu Zeit ließ sie diese Stadtstreicher und Trunkenbolde, freundliche, zahnlose Gesellen, zu sich kommen und händigte ihnen Geld, Geschenke oder Spirituosen aus, erkundigte sich nach ihrem Wohlbefinden oder schickte Untergebene wie Figus zu ihnen ins »Revier«, um sicherzugehen, dass es ihnen gut ging und an nichts mangelte. Schon früher hatte es während einer Tournee geschehen können, dass Piaf sich ans Telefon hängte und einen Vertrauten damit beauftragte, einem Monsieur X auf dem Trottoir in Paris seine monatliche Rate auszuzahlen oder ihm Grüße von ihr auszurichten. Bei diesen kurzen Treffen war sie die Freundlichkeit selbst. Der barsche und zuweilen auch gehässige Ton, mit dem sie Blutsauger und Günstlinge abkanzelte, war wie weggeblasen; sie behandelte ihre Freunde von der Straße, die sie meist nicht einmal dem Namen nach kannte, mit liebevoller Nachsicht wie engste Familienmitglieder oder vornehme Honoratioren. Auf diese Weise brauchte sie kein schlechtes Gewissen zu haben, dass sie mit ihren Liedern und Konzertreisen so viel Geld verdiente, und es war ihr allemal lieber, wenn ein »anständiger« Clochard ihre Spende auf den Kopf haute, als dass sie selbst ihre Reichtümer mit Speichelleckern verprasste.

Das Aufrechterhalten beider Zirkel war gleichwohl extrem kostspielig. In einer Anwandlung von Rührung drückte sie einem Bettler auf den Grands Boulevards 15 000 Francs in die Hand, daheim fraßen sich zwei Dutzend hungriger Jünglinge bei ihr durch. »Wo blieb ihr [vieles] Geld?«, fragte sich Noli und lieferte die Antwort gleich selbst: »Im Schlund und in den Taschen ihrer Freunde. Bei ihr zu Hause konnte jeder sich bedienen: Plattenspieler, Magnetophone, Schallplatten, Bücher, Handtaschen, Bettzeug, Decken – und sogar einmal eine Kaffeemaschine –, alles verschwand.« Besonders das »Heer von ›Freunden‹, die borgten, ohne je etwas zurückzuzahlen, ruinierte sie«.[201] Denn nie forderte sie etwas zurück. In der Boulevardpresse verkündete sie großspurig, als handle es sich um einen Scherz: »Ich habe eine Milliarde zum Fenster hinausgeworfen. Den New Yorkern war ich Abend für Abend eine Million wert. In meinem Privathaus in Boulogne habe ich bis zu acht Personen gleichzeitig zu Gast gehabt. Allein durch meine Schallplattenverkäufe nehme ich mehr als dreißig Millionen alter Francs jährlich ein.« Was sollten die Leser von *France-Dimanche* von ihr und ihrem Hang zum Verschwenden halten? Wollte sie dafür bewundert werden, dass ihr der Reichtum so wenig bedeutete? Hatte sie Angst, dass man sie für knauserig hielt? Oder fühlte sie noch immer diesen Druck wie in ihren Jugendjahren, dass man Gewonnenes und Verdientes möglichst schnell unter Gleichgesinnten und Bedürftigen zu teilen hatte, damit es einem nicht wie Blei in den Taschen lag? Ihre Großzügigkeit hatte aber auch eine autoritäre und herabsetzende Seite. Denn nur selten nahm sie einmal eine finanzielle Gegenleistung an. Wollte sie früher jemand zum Essen ausführen, der selbst nicht viel besaß, telefonierte sie zuvor mit dem Lokalinhaber und wies ihn an, zum Schein möglichst wenig auf der Speisekarte anzubieten, damit ihr Bekannter sich mit seiner Einladung nicht »verhob«. Inzwischen aber, in den Wochen bevor Charles Dumont und Michel Vaucaire ihr das Wiederauferstehungs-Chanson *Non, je ne regrette rien* zu Füßen legten, vorgestellt auf Seite 372, waren Piafs Kassen so leer wie nur selten zuvor. Nicht nur das Olympia bedurfte einer raschen, sensationellen Rettung, um wieder aus den roten Zahlen zu kommen, auch ihr selbst standen die Schulden bis zum Hals.

Im Herbst 1960 gewährte Édith *Paris-Jour* ein Interview, in dem sie sich von ihrer besten Seite zeigte. Zu neunzig Prozent sei sie wiederhergestellt und bereit für weitere Bühnenabenteuer. »Mehr denn je glaube ich an Wunder.« Geldsorgen bestritt sie. »Man sagt mir nach, ich sei ruiniert. Nichts wäre falscher. Geld interessiert mich ganz gewiss nicht, ich habe nie viel auf dem Konto gehabt. Aber deswegen bin ich noch lange nicht zum Betteln verurteilt. Zum Essen bleibt mir genug«, ironisierte sie ihre prekäre Lage. Und, bohrten die Fragensteller weiter, gab es nicht doch irgendetwas, was sie bereute? »Nein, alles ist prima, alles ist zum Besten bestellt. Wenn ich mein Leben noch einmal durchleben müsste, dann würde ich alles genauso machen, Sekunde für Sekunde.« Im Prinzip. Eine kleine Einschränkung macht sie dann aber doch noch, im Oktober, gegenüber derselben Zeitung: »Das meiste, was man über mich erzählt hat, trifft zu. Ja ... ich habe mit meiner Gesundheit gespielt. Nächte, die zum Tag wurden, Aufputsch- und Beruhigungsmittel, die ich wie Lakritzbonbons geschluckt habe, all das ist wahr. Ich habe keine Lust, oh! auch nicht die geringste Lust, noch einmal von vorne zu beginnen mit ... na ja, mit meinen Fehlern und Irrtümern.«[202] Ließ sich ihr Bedauern, das sie noch Wochen zuvor vom Tisch fegte und in ihrem Jahrhundertsong partout nicht wahrhaben wollte, noch nachdrücklicher formulieren?

Ob Originalbekenntnis oder gelungene, plausible Pose, *Non, je ne regrette rien* war das richtige Lied zum idealen Zeitpunkt. Dumonts und Vaucaires Geschenk an sie, mit dem sie vor ihr erst ungläubiges, dann vor Begeisterung rasendes Publikum trat wie eine eigensinnige, unverwundbare Heilige, die ihre Himmelfahrt noch ein wenig herauszögerte, stand ihr im Winter 1960/61 bestens zu Gesicht. Dem Lied haftete etwas Magisches an: Es veränderte das Leben aller, die damit in Berührung kamen. Die Fans konnten ihrem Spatz endlich wieder den roten Teppich ausrollen. Coquatrix brauchte seinen Laden nicht dichtzumachen und wurde reich mit seinem Superstar Piaf, der ihm monatelang wieder ausverkaufte Vorstellungen und Ruhm, sehr viel Ruhm, bescherte. Komponist

Dumont, für den Édith zuvor kaum ein gutes Wort übrighatte und den sie nicht in ihrer Nähe duldete, war über Nacht ein gemachter Mann. Einen neuen, bezwingenden Titel nach dem anderen schrieb er jetzt für sie und musste sich ihrer unerwarteten, stürmischen Zuneigung erwehren. Marguerite Monnot blieb auf der Strecke. Zuerst bat Piaf sie um Verständnis, dass sie einige ihrer alten Erfolgsnummern gegen Dumont-Chansons eintauschen müsse, damit sich Charles einen Namen machen könne. Außerdem, das müsse Guite doch einsehen, verdanke sie ihre musikalisch-künstlerische Wiederauferstehung einzig und allein dieser neuen Glückssträhne, die mit seinen Liedern verknüpft sei. Im Olympia waren dann aber nur noch zwei, drei Monnot-Melodien präsent; Piaf hatte ihre alte Weggefährtin schlicht und ergreifend durch den Newcomer ersetzt. Und bemerkte nicht einmal, dass Marguerite sich verletzt, enttäuscht und am Boden zerstört von ihr zurückzog. Bald machte die feinfühlige Komponistin sich rar bei den nächtlichen Gelagen in Édiths Wohnung, bevor sie ganz aus dem Dasein ihrer Freundin verschwand. Ein Vierteljahrhundert guter, ja idealer Zusammenarbeit löste sich in Schall und Rauch auf. Monnot nahm ihren Hut, schweren Herzens. Und Piaf zeigte keine Reue.

Non, je ne regrette rien (deutsche Titelzeile später: *Nein, es tut mir nicht leid)* ging um die Welt, sobald Édith es auf Platte gebannt, im Fernsehen präsentiert, im Olympia verkündet und sich als Maxime angeeignet hatte. Es half ihr, sich mit einem Schlag aus der Gruft ihrer Wohnung zu befreien und wieder das Rampenlicht zu suchen; es befähigte sie, sich ein letztes Mal neu zu erfinden. Pierre Desgraupes, dem sie genau ein Jahr zuvor mehr tot als lebendig gegenübergesessen hatte, hörte nun ganz andere Töne von ihr. Zuversichtliche und erfreuliche. »Ich gehe meinen Weg immer ganz bis zum Ende«, erklärte sie ihm, auf den Irrsinn ihrer Tournee im Vorjahr angesprochen. »Ich war mir sicher, sterben zu müssen, aber hatte keine Angst davor. Ich war sogar fast erleichtert, denn ich glaubte, nie wieder singen zu können. Das Leben besaß kein Interesse mehr für mich. Natürlich gibt es die Liebe, vielleicht jedenfalls. Aber Liebe ohne Gesang, das ist nichts wert. Singen ohne Liebe übrigens auch nicht.« Sie vertraute Desgraupes an, dass sie sich nicht mehr selbst gehöre, sobald sie ein Lied gestalte, sie sei dann in einem »anderen Zustand«. Und Jean Cocteau, der ihre Botschaft verstanden hatte und in ihrer Wiedergeburt auf der Bühne einen symbolischen Hoffnungsschimmer in schlimmen politischen Zeiten erblickte, rief ihr über den Äther aus Lausanne zu: »Dein starkes Herz rettet Dich jedes Mal, wenn der Tod Dich begehrt und nach Dir greift. Dein treues Herz nährt Deine Stimme und verzaubert die jungen Paare, die, Hand in Hand, Dir lauschen. Und es verzaubert auch die einsamen Seelen wie mich, die [dadurch] trotz der schrecklichen [aktuellen] Ereignisse weitersingen [können].« Aus ihrer Zerbrechlichkeit, wusste der Freund, entsteige ihr großes, mächtiges Organ, das nie aufhöre, seine Zuhörer zu überraschen.[203]

Der Verzicht auf die alten Piaf-Standards und die Monnot-Dauerbrenner hatte auch etwas für sich. Er verschaffte Édith Spielraum für die Ausprägung eines kohärenten und dennoch vielseitigen Altersstils – mit Themen, Texten und Arrangements, die man mit ihrer jetzigen Lebensphase in Verbindung brachte: Vergänglichkeit, Bilanz und Liebe als ewiger Wert. Michel Vaucaire, der bewährte Rivgauche und insbesondere Dumont besaßen ein sicheres Gespür für solche Sujets und ihre stilsichere musikalische Umsetzung: Das insistierende *Mon Dieu*, das der Selbstvergewisserung dienende *La belle histoire d'amour*, das auf einem Text Édiths in Erinnerung an Marcel beruhte, das prächtige, universelle *Les Mots d'amour* und das in die Zukunft weisende, kühne wie melancholisch-abgeklärte *La Ville inconnue* waren darunter. Im Dezember 1960, nach zwei weiteren, äußerst befriedigenden Sessions im Plattenstudio, wagte sich Édith wieder in die Theater und erprobte diese neuen Nummern, die einer geläuterten, schicksalserprobten Sängerin alle Ehre machten. Insgesamt dreizehn Titel hatte sie vorbereitet, zehn davon stammten von Dumont. Kein leichtes Unterfangen.

Zunächst ging es wieder in die Provinz, nach Nancy, Thionville und Reims. Lucien Vaimber und Mamy Bordenave hielten ihr die Treue und passten auf, dass Édith nicht doch noch im letzten Moment ihr neu aufflammendes Lampenfieber mit Tabletten bekämpfte. Doch alles ging gut. Erklärliche Textlücken – in ihrem Zustand bedeutete das Auswendiglernen zahlreicher Strophen eine besondere Herausforderung – parierte sie mit entwaffnender

Ehrlichkeit: Sie brachte einfach das Orchester zum Stoppen und thematisierte diese Schwierigkeit. Schon hatte sie die Zuhörer für sich eingenommen, schon legte sie von vorne los. Von den Tests beflügelt, spielte sie kurz vor Weihnachten weitere Chansons ein und lud Jacques Prévert in ihre nächste Folge von *Édith et ses amis* ein. Und während *la grande nation* am Heiligabend zu einem von großen Sorgen überschatteten *réveillon de Noël* zusammenkam und um ihre Söhne bangte, die im erbarmungslosen Algerienkrieg um ein fernes Land kämpften, das längst in die Unabhängigkeit entlassen werden wollte, war Piaf nicht mehr von der Probebühne des Olympia wegzudenken. Bis zur Premiere am 29. Dezember überwachte und durchdachte sie jedes Detail – vom dramaturgischen Aufbau bis zu Nuancen der Beleuchtung, von der Platzierung der Musiker bis zu den wenigen Gesten, mit denen sie sich ihr brandneues Repertoire anverwandelt hatte.

Theaterleiter Coquatrix vervollständigte das Programm mit einer Dankadresse an seine einmalige Interpretin, indem er schrieb: »In diesen traurigen Zeiten, in denen Leidenschaft, Enthusiasmus und Großartigkeit eine Seltenheit darstellen, fühlt es sich besonders gut an, bei dieser triumphalen Wiederauferstehung anwesend zu sein, die vor allem anderen der Triumph des Individuums ist.« Eine ungewöhnliche, bewegende Geste; ein Zeichen, dass Piafs Rückkehr auf die Bühne auch als nationaler Akt verstanden wurde. Und dass ihre Sonderstellung weniger etwas mit Musik zu tun hatte als vielmehr mit »Mut, Glaube, Gottesliebe, Liebe zum Leben und zum Publikum«. Dafür wollte er Édith geehrt wissen. Die Schriftstellerin Michèle Manceaux stellte Piaf gar in eine Reihe mit Jeanne d'Arc und Maria Magdalena, ausgezogen, um einen »langen«, schwierigen »Kreuzzug« durchzufechten. Das Pathos all dieser Vorschusslorbeeren entsprach der ins Extreme gesteigerten, ja überdimensionalen Erwartungshaltung: Eine Künstlerin sollte noch einmal zeigen, was in ihr steckte, und alles, wirklich alles geben – zugleich sollte Frankreich vom Kriegsjoch befreit werden und die verlustreiche gewalttätige Auseinandersetzung mit Algerien, in deren Verlauf schon viel zu viele Menschenleben vernichtet worden waren, zu einem raschen Ende gebracht werden. Dieser Jahreswechsel 1960/61 bot, im Bewusstsein der Menschen, die an

344

den Boulevard des Capucines pilgerten, um eine Frau singen zu hören, die nichts bereute und verhieß: »Das Leben und die Freude beginnen jetzt erst, mit Dir!«, den geeigneten Moment für eine geistig-moralische Kehrtwende.

Tout ça m'est bien égal, »all das ist mir völlig egal« – von wegen! Piaf hatte zwei Premieren auf einmal durchzustehen. Ganz kurz vor Jahresende meisterte sie die erste und versetzte zweitausend Zuschauer in Ekstase. Schon als sie auf der Bühne erschien, empfing sie eine Viertelstunde lang Applaus. Minutenlang wurde skandiert: »Édith, wir lieben dich!« Alle neuen Dumont-Titel begeisterten das Publikum, und ihre energische Absage an Bedauern und Reue, Höhepunkt ihrer Performance, wurde erwartungsgemäß zum Hit des Abends. Coquatrix und seine »Retterin« waren sprachlos. Sie wurden von den Wogen des Beifalls und der Zuneigung überrollt. Mehr als zwanzig Vorhänge gab es für die Wiederauferstandene, und alle Anwesenden waren sich einig, das Konzertereignis des Jahrzehnts miterlebt zu haben. Die stupende Leistung einer künstlerisch Schizophrenen. »Die Leute müssen ihr eigenes Unglück wiedererkennen, aber auch die Hoffnung. Wie ich das dem Publikum vermittle, kann ich nicht erklären. Es ist, als ob ich mich zweiteilen würde.«[204]

Drei Abende später, am 2. Januar 1961, kam es zur zweiten Premiere – der Bewährungsprobe mit der Prominenz. Die Filmwelt Frankreichs hatte sich eingefunden mit Brialy, Morgan, Arletty sowie Claude Chabrol, Roger Vadim und dem umschwärmten Delon. Jean-Paul Belmondo war gekommen und auch Johnny Hallyday, der künftige »gallische Elvis«. Félix Marten forderte alle Männer im Publikum auf, sich zu erheben, als Édith ihren *Milord* zum Tanzen anspornte, Duke Ellington überschüttete Piaf mit Komplimenten und Louis Armstrong, völlig übermannt von der Achterbahnfahrt der Emotionen, zu der ihn die kleine Französin soeben mitgenommen hatte, griff in seiner Bewunderung auf die Formel zurück, von der immer dann Gebrauch gemacht wurde, wenn jemandem angesichts von Piafs Wirkung die Worte fehlten: »Sie hat mir das Herz herausgerissen.« Édith hatte sich darüber hinaus als künstlerische Brückenbauerin erwiesen – zwischen den Anhängern des traditionellen Chansons und den Fans amerikanisch geprägter Stilrichtungen wie Swing, Twist, Beat oder Boogie-Woogie, die ihre singuläre Stellung trotz unterschiedlicher Vorlieben nicht ignorierten, sondern respektierten. Die aufkommende *yéyé*-Generation mit ihren leichten, melodischen und lebensbejahenden Popsongs anglophonen Zuschnitts schien meilenwert von der Ästhetik und den Anliegen einer Piaf entfernt, doch erkannten deren Vertreter wie Anhänger die Verdienste und das Erbe dieser Künstlerin, die vom *chanson réaliste* bis zu *Non, je ne regrette rien* einen weiten Weg zurückgelegt hatte, neidlos an. Hallyday, dem Coquatrix bald im Olympia eine ähnlich große Chance bieten sollte, sich vor dem Pariser Publikum zu bewähren, war von der Energie, Ausstrahlungskraft und Lebensleistung Édiths schier hingerissen. In Piaf erkannte sich in diesem Winter eine ganze Nation wieder:[205] die aufmüpfige Jugend, die Oppositionellen und Kriegskritiker, die alten Leute und die Chansonliebhaber.

Die Kritiker billigten ihr zu, eine gelungene musikalische Verjüngungskur durchgemacht zu haben und erblickten in ihr nicht die Totgeglaubte früherer Monate, sondern die Piaf von vor zehn Jahren. Für die *New York Times* verkündete Milton Bracker, dass der Mythos Piaf bereits jetzt größer sei als die Frau selbst und nannte ihre Sangeskunst »eine öffentliche Beichte«. Édith hatte nun damit klarzukommen, dass man ihr jetzt auch noch all die Tugenden zuschrieb und aufbürdete, wie sie das »gute Frankreich«, das Land der Bürgerrechte und der Französischen Revolution, auszeichneten. Es war schon schwer genug für sie, monatelang das Publikum zu erlösen, nun hatte sie auch noch den Ruf ihres Vaterlandes zu verteidigen. Cocteaus »Nachtigall« schlug sich wacker: Bis Anfang April 1961 verwandelte sie das Olympia in ein Tollhaus. Ihre Konten füllten sich wieder, und Coquatrix durfte seine ungeduldigen Gläubiger endlich zufriedenstellen.

Charles Dumonts Leben war durch die rasante Entwicklung der vergangenen Monate auf den Kopf gestellt worden. Er war inzwischen berühmt und wohlhabend, er studierte Duette mit Piaf ein und erschien mit ihr bei ihren ersten Gastspielen außerhalb von Paris, in Lyon und in Brüssel. Für die Zeitungsleute bestand kein Zweifel, dass er auch der neue Mann in ihrem Leben war. Wie sonst waren ihre wundersame Heilung zu erklären, ihre phänomenale Leistungsbereitschaft und ihre erstaunliche Expressivität? Beide beeilten sich, derartige Gerüchte zu zerstreuen. Édith ließ verbreiten, Charles sei gar nicht ihr Typ. Außerdem habe sie, nach zahlreichen Enttäuschungen, die Lust an der Liebe verloren. Doch ein vielsagendes Dumont-Chanson, das *T'es l'homme qu'il me faut* hieß (»Du bist der Mann, den ich brauche. / Ich habe gesucht, so gut ich konnte / und doch nicht einen einzigen Fehler an Dir gefunden«), schien ihre Beteuerungen Lügen zu strafen. Dumont, der auch in späteren Jahren abstreiten sollte, jemals ihr Liebhaber gewesen zu sein, sah sich dennoch, genau wie alle anderen in Piafs Tross, mit dem Problem konfrontiert, dass sie von ihm erwartete, ihr rund um die Uhr zur Verfügung zu stehen. Dass seine Frau und seine Kinder einen mindestens ebenso großen Anspruch auf ihn hatten, war Édith gleichgültig. Eine Zeitlang rang Charles aber erfolgreich mit Figus um die Vorrangstellung in ihrem Haushalt. Er hielt sie von einem Rückfall in alte Trinkgewohnheiten ab und gestattete ihr nur in seltenen Ausnahmefällen mal ein Bier. Dass sie wieder Tabletten konsumierte, die Figus ihr besorgte, konnte auch er nicht verhindern. Aber dann wurde Claude zur Persona non grata und von Piaf verbannt – in seiner Tratschsucht hatte er besonders reißerische Episoden vom Boulevard Lannes an *Ici-Paris* verhökert. Dadurch wurde Dumont als nunmehr einziger Begleiter allerdings noch mehr beansprucht.

Gegen Mitte des Jahres wurden hochfliegende Pläne – eine Tournee durch die Sowjetunion, die sie bislang noch nie bereist oder mit ihren Liedern beglückt hatte; eine Gastspielserie in Beirut, eine Rückkehr in die USA, für die sie fast zwanzig englischsprachige Chansons einspielte, darunter ihre neuen Hits *My God* und *No Regrets* – mit einem Schlag wieder zunichtegemacht, als ihr ihre Gesundheit abermals Streiche zu spielen begann. Über drei Monate nonstop im Olympia aufzutreten war wohl des Guten zu viel gewesen. Mit Coraminspritzen als Muntermacher stand sie nun wieder ihre Auftritte durch, mit Dolosal, einem morphiumartigen, suchterzeugenden Schmerzmittel, behandelte sie ihre Rheumaanfälle, und von Cortison war sie schon seit langem abhängig. Die Therapien von Dr. Vaimber kamen immer seltener zur Anwendung, auf der Bühne setzten ihr wieder Schwindelanfälle und Gedächtnispannen zu, das Laufen fiel ihr immer schwerer. Von Dumont ließ sie sich aus ihrem Hotelzimmer in den Mercedes tragen, vom Auto in die Garderobe und aus den Kulissen bis hinter den Vorhang. Dort entfaltete dann eine weitere stimulierende Injektion ihre Wirkung. An Abenden, an denen sie nicht mehr singen konnte, flüsterte sie die Worte oder gab ihren Zuhörern eine Zusammenfassung der Liedinhalte, während ihre Band weiterspielte. Noch murrten die Leute nicht, doch wie lange würden sie sich das bieten lassen? Barrier legte ihr nahe, die Tournee, die sie im Mai durch Le Mans und Mantes führte, abzubrechen, um nicht schon wieder Gefahr zu laufen, einen Suizid auf der Bühne herbeizuführen. Piaf beschwor ihn, weitermachen zu dürfen – zu viele Menschen in ihrer Umgebung mussten doch bezahlt, versorgt, verpflegt werden. Sie fand, sie könne keinen von ihnen im Stich lassen und einfach das Handtuch werfen.

Ende Mai entschied ihr Körper, dass einstweilen Schluss war mit Reisen und Singen. Über Wochen hatte sie die in immer kürzeren Abständen auftretenden Bauchschmerzen ignoriert. Es kam beinahe zu einem Darmverschluss; sie musste sofort operiert werden. Neue Polypen hatten sich gebildet, und die ganze Prozedur wiederholte sich wenig später. In weniger als zweieinhalb Jahren hatte sie acht schwere Eingriffe über sich ergehen lassen müssen. Die altbekannte Odyssee vom American Hospital zu Loulou Barrier nach Richebourg, zur Erholung, und erst dann zurück in ihre eigene Wohnung, wo sie als Unbelehrbare und Herrschsüchtige erneut ihrer Männerschar präsidieren würde, nahm ihren Lauf. Den zusehends zermürbten Dumont bat sie vom Krankenbett aus, er möge eine ihrer neuesten Schallplatten auflegen: *Les Amants*, eine Art Duo der beiden. Sie war sich sicher, es zum letzten Mal zu hören. Und lehnte sich augenblicklich gegen ihren eigenen Fatalismus auf: »Ich will noch nicht sterben, ich habe noch so viel zu tun.« Professor Mercadier gab ihr recht und bescheinigte ihr, nachdem das Schlimmste überstanden war, sie verfüge über das Herz eines Zátopek.[206] Dumont aber, den die anstrengenden Monate mit Édith in eine Sackgasse manövriert hatten, aus der er nicht mehr herausfand, war einem Nervenzusammenbruch nahe und rebellierte. Entweder die Drogen oder er. Mehr Zeit für sich und seine Familie

348

oder Ende der Zusammenarbeit. Piaf fügte sich und ließ sich Mitte August, gleich im Anschluss an ihre beiden Darmoperationen, zum Entzug in eine Klinik in Ville-d'Avray einweisen. Dort litt sie anfangs unter Halluzinationen. Line Marsa erschien ihr in ihren Wahnzuständen. Dann wieder redete sie unablässig davon, dass der unbekannte Dieb, der ihr Marlene Dietrichs Smaragdkreuz entwendet hatte, an ihrem Niedergang, ihren Schmerzen und Torturen schuld sei. Wann und wie ihr der Glücksbringer abhandengekommen war, blieb jedoch unklar. »Nur der Lärm des Beifalls« konnte jetzt noch »die erschreckende Stille durchbrechen, die um ihr Herz«[207] lag.

Im Spätsommer und Herbst 1961 war von Édith Piaf nicht viel zu hören. Vernehmlich ruhig war es um sie geworden. Für das Auskurieren ihrer verschiedenen Gebrechen benötigte sie jede Menge Zeit. Noli diktierte sie ihre Jugenderinnerungen oder das, was sie gerne dafür halten wollte. Im fernen Amerika plante man unterdessen ein Biopic über sie, Warner Brothers hatte die Rechte an ihrer Lebensgeschichte erworben und wollte Leslie Caron für die Titelrolle gewinnen. Doch das Vorhaben ließ sich nicht realisieren; erst ab Mitte der 1970er Jahre würde man sich in Frankreich an die Verfilmung ihrer Vita wagen. Am 12. Oktober, nur wenige Tage bevor der Pariser Polizeipräfekt Maurice Papon bei einer Demonstration, zu der die algerische Befreiungsfront FLN aufgerufen hatte, gezielt in die Menge schießen ließ und etwa zweihundert Algerier getötet und Dutzende Leichen in die Seine geworfen wurden, war es an Barrier, der Genesenden die Nachricht von Marguerite Monnots plötzlichem Tod zu überbringen. Die von Piaf seinerzeit kurz und schmerzlos exkommunizierte Komponistin war an einer verschleppten Blinddarmentzündung mit anschließender Peritonitis im Alter von erst achtundfünfzig Jahren verstorben.

Édith war untröstlich und schlug sich mit ihrem Gewissen herum – hätte sie sich doch nur mit Guite noch einmal aussprechen oder gar versöhnen können! Fast ein Jahr lang hatten sich die beiden Frauen nicht mehr gesehen, und dafür verantwortlich war allein Piaf, die glaubte, ohne die Lieder und die Gesellschaft ihrer alten, gütigen Freundin auskommen zu können, die meinte, die geniale Tonsetzerin einfach so abservieren zu dürfen. Jetzt war es zu spät für Zerknirschung und Reue. Zum Jahresende hin dämmerte ihr, dass sie, zu Solidarität und zum Aufrechterhalten echter Beziehungen immer weniger fähig, ganz allein dastand – ohne Figus, ohne Monnot und bald wohl auch ohne Dumont. *Non, je ne regrette rien?* Nur in den Zeitungen waren gelegentlich noch Fotos vom beliebtesten Duo des Jahres 1961 abgebildet: Charles lächelnd am Flügel, in Anzug und Krawatte, und Édith, schmaler und winziger als je zuvor, mit gekräuseltem und stark gelichtetem Haar, geschminkt wie ein Clown, die Arme verschränkt, in Strickjacke, Faltenrock und weißen Puschen. Traumpaare sehen anders aus.

Anfang 1962 war sie aus dem Gröbsten heraus. Dass sie in weniger als drei Jahren acht Monate in Krankenhäusern und Kliniken verbracht hatte, ließ sich nicht länger verbergen. Doch sie zuckte nur mit den Schultern, wenn sie sich im Spiegel betrachtete. Sie war einfach nicht totzukriegen. Am Boulevard Lannes jubelten ihre Höflinge, als sie wieder zur Stelle war und zu alter Form auflief. Endlich konnten sie wieder ihren Masochismus ausleben, sobald sie Befehle erteilte, Todesurteile aussprach und das Zepter schwang. Die Lust am Lachen und Strafen war wiedergekehrt, auch wenn Édith jetzt im Körper einer Greisin steckte, und wertvolle, aufmunternde Briefe hatten dazu beigetragen, dass sie ihren wenigen alten Freunden erhalten blieb. Nein, viele waren es nicht mehr. Coquatrix hatte sie wissen lassen: »Neulich habe ich einen ganzen Abend mit Ihnen verbracht, so als hätten wir beide zusammengesessen, nur Sie und ich. Allein bei mir zu Hause habe ich ohne Unterlass Ihre alten Platten aufgelegt, die Sie gleich nach dem Krieg aufgenommen hatten, und das war wundervoll. Und dann habe ich Ihre neuesten Lieder gehört, und das war noch großartiger. Jetzt aber warte ich auf die nächsten, und auf die übernächsten! Wir brauchen diese Chansons so sehr, wir alle brauchen vor allem Sie so sehr! Wenn Sie wüssten, wie grau, wie farblos der ›Beruf‹ (unser Beruf) ohne Sie geworden ist! Ich küsse Sie von ganzem Herzen. Bruno.«[208]
Auch Cocteau stand unerschütterlich an ihrer Seite, zumindest in Gedanken: »Meine Édith, in dieser unkultivierten und verwor-

renen Epoche tröstet mich nur eine einzige Sache: Dich singen und Dich dabei den Schatz Deines Herzens verprassen zu hören. Als ich meine Weltreise mit Charlie Chaplin beendete, befand ich mich auf dem Meer und in meiner Kabine. Da begann eine grüne Heuschrecke, die die Japaner mir geschenkt hatten, auf einmal zu singen, als wäre sie dabei, ihre Seele zu leeren. Diese überwältigende Stimme erfüllte den die Nacht durchkreuzenden Passagierdampfer, und Chaplin kam, um mit eigenen Augen zu sehen, was an Geheimnisvollem da vor sich ging. Da dachte ich an Dich und daran, dass diese grüne Heuschrecke Deinem Bild entsprach. Du verkörperst für mich all das, was mir dieses Frankreich noch gültig und wertvoll macht, einem Land, aus dem die Anmut und die Freundlichkeit leider verschwunden sind. Meine besten Erinnerungen, das sind das große Wunder Deiner Chansons und auch diejenigen von Charles [Trenet?]. Alles andre ist nichts als Staub und Pfeffer, den man uns in die Augen streut. Ich liebe Dich und ich küsse Dich, Jean Cocteau. Achte auf Deine Gesundheit – Du bist die Stärkste [von allen], und das Feuer Deines Herzens wird die Schlangen fernhalten und die Raubtiere daran hindern, Dir näher zu kommen.«[209]

Von Schlangen und Raubtieren war sie längst umgeben, und auch die andere Warnung, die Cocteaus veritabler Liebesbrief enthielt, ignorierte sie. Alles in allem aber hatte sich wenig geändert *chez Édith* seit dem Besuch der aufmerksamen Journalistin und Schriftstellerin Françoise Giroud einige Jahre zuvor – nur den Koch hatte die Porträtierte gegen eine Köchin eingetauscht: »Sie tut, was immer sie kann, um aus den schwarzen Schatten, die um sie herum liegen, herauszukommen. Sie kleidet sich bei Fath ein, sie trägt Nerz, sie lässt sich eine Dauerwelle in ihre straffen Haare legen, sie wohnt im Bois, sie hat einen chinesischen Koch und liest Homer. Aber der Nerz sieht an ihr wie ein Kaninchenfell aus. Ihre Locken [verleihen] ihr ein erschütterndes [Antlitz], sie sieht wie ein kleiner, verkommener Junge aus. Ihr Privat[haus] wirkt wie eine Requisite, die flüchtig auf der Bühne aufgebaut ist und die … nur auf das Zeichen eines Maschinisten wartet«,[210] um wieder verschwinden zu können.

Das Zeichen zum Verschwinden gab Piaf selbst. In den ersten Januartagen des Jahres 1962 nahm sie eine Rochade vor. Denn

Dumont hatte es tatsächlich gewagt, ohne Piaf zum Winterurlaub in die Alpen zu reisen, um zu entspannen; sein Angebot, sie möge ihn doch begleiten, es würde ihr guttun, schlug sie aus. Dass er dem spießigen Familienleben im Schnee den Vorzug gab, und sei es auch nur für wenige Wochen, war der Anfang vom Ende ihrer Freundschaft und Zusammenarbeit. Das Personal wurde von ihr angewiesen, Strenge walten zu lassen. Charles bekam Hausverbot. Claude Figus hatte auf diesen vorhersehbaren Liebesentzug, das Aus für seinen Rivalen, wie auf ein Stichwort gelauert. Er wusste nur zu gut, was Dumont blühte – klangen ihm doch Édiths unversöhnliche Sätze noch in den Ohren: »Ich verbiete dir, mir zu schreiben, ich verbiete dir, mich anzurufen, ich verbiete dir, Leuten aus meiner Entourage guten Tag zu sagen.« Nun aber stand Figus sein Bühnendebüt im Patachou bevor. Piaf war neugierig, wie er sich dort schlagen würde. Und wenige Wochen zuvor hatte sie Claudes erste Single zugeschickt bekommen: *À t'aimer comme j'ai fait* (»Dich so zu lieben, wie ich es tat«). Die Liedzeilen »Ich liebe dich, wie nur ein Hund sein Herrchen lieben kann«, ein Kniefall vor seinem Frauchen, verfehlten ihre Wirkung nicht. Édith war gerührt von dieser Manifestation bedingungsloser Zuneigung und ließ sich umstimmen. Dumont war passé, Figus kehrte wieder auf seinen alten Posten zurück. Als Sänger war er gar nicht so übel; als eifriger »Sekretär«, routinierter Dealer und widerspruchsloser Hofdiener war er einfach unersetzlich.

In der Zwischenzeit hatte Claude neue Freundschaften geschlossen und war die eine oder andere Liebschaft eingegangen. Ende Januar brachte er einen jungen Mann ins Haus, groß, dunkelhaarig und mysteriös. Sein Lover oder nur ein *copain*? Sechsundzwanzig war er und griechischer Abstammung, ziemlich schweigsam und lammfromm. Eine gutmütige Aura umgab ihn, er wirkte unbeholfen, traurig und etwas fehl am Platz. Theophánis Lamboukas, so sein Name, setzte sich in eine Ecke und sagte nichts. Mit seinen expressiven Augen sog er die seltsamen Vorgänge am Boulevard Lannes als stiller Beobachter auf, seinen vollen Lippen waren nur wenige Auskünfte zu entlocken. Sichtlich eingeschüchtert vom Ruhm seiner Gastgeberin, gestand er nur, selbst auch einmal singen zu wollen. Einstweilen arbeitete er als Friseur in La-Frettesur-Seine, außerhalb von Paris. Über seinen langen Kriegsdienst in Algerien verlor er kein Wort. Am Abend danach kam er wieder, und auch in der darauffolgenden Woche. Eines Nachts öffnete er endlich den Mund und sagte, es sei ihm peinlich, aber er habe soeben seinen letzten Zug verpasst. Es sei zu spät, um noch zurück in den Vorort zu gelangen. Piaf wies ihm ein Gästezimmer an. Und kurz darauf war er als »zweiter« Sekretär in ihrem Haushalt »angestellt«. Er kümmerte sich fortan um ihre Korrespondenz. Dann schenkte er ihr eine Puppe, die in seinem Heimatland angefertigt worden war. »Wissen Sie, dass ich noch nie in meinem Leben eine Puppe bekommen habe?«, fragte Édith überrascht. Noch nie? Die unvergessliche Gabe ihres Vaters Louis, damals in Lens, blieb unerwähnt. Doch Piaf log nicht, sie wollte sich nur gerade jetzt nicht daran erinnern. Sie hatte bereits ein Auge auf den melancholischen, effeminierten Griechen geworfen, der mit seinen langen Armen immer etwas hilflos im Raum herumstand. Nur ein kleiner Fettansatz an den Hüften störte sie an ihm, und das sagte sie ihm auch.

Am 17. Februar waren Édith und Theophánis, kurz Théo, unter Figus' Premierengästen im Patachou und die Proben bei Piaf zu Hause bereits in vollem Gange. Théo wurde nach Strich und Faden von ihr pygmalionisiert, und seine Fortschritte, so ließ Édith jeden wissen, waren einfach bemerkenswert. Das alte Lied. Piaf war in ihrem Element: Endlich durfte sie wieder gestalten und einen jungen Menschen bearbeiten und umkrempeln. Sein Name? Lamboukas? Viel zu lang und zu schwierig. Ihr Abenteuer in Athen kam ihr in den Sinn und ihr Medaillon, das Takis ihr später nach Paris zurückgesandt hatte. Das alles musste etwas zu bedeuten haben, die Dinge fügten sich. »Sarapo« würde Théo von nun an heißen. Genau so, wie Horn es ihr beigebracht hatte. Das war kurz, einprägsam und klang gut. Ich liebe dich, *je t'aime*. Das würden alle verstehen und gutheißen. Die Namensgebung war also beschlossene Sache.

Francis Lai, ein weiterer talentierter Jüngling, den Figus bei ihr eingeschleust hatte, begleitete die Übungsstunden mit seinem Akkordeon und schrieb viele Lieder für Édith. Lieder mit einem ganz neuen Ton, modern, ungewöhnlich und verführerisch. Ärgerlich nur, dass sie gerade jetzt von einer schweren Bronchitis und einer beginnenden Lungenentzündung außer Gefecht gesetzt wurde! In der Hartmann-Klinik in Neuilly verfrachtete man sie unter ein Sauerstoffzelt. Und kaum dass sie wieder nach Luft schnappen konnte, saßen Figus, Sarapo und Lai schon am Bettrand, scherzten lauthals, feierten und machten Musik. Vassal und Noli fanden die geheimgehaltene Adresse heraus und trafen gerade rechtzeitig ein, als im Krankenzimmer die Champagnerflaschen geöffnet wurden. Als es der Klinikleitung zu bunt wurde mit dem Radau, den die sechs vergnügten Krakeeler veranstalteten, warf sie Piaf mit ihrem Anhang kurzerhand hinaus. Der Patientin war es einerlei, solange sie sich mit dem attraktiven Männerquintett amüsieren konnte. Schnell musste Vassal noch ein paar Schnappschüsse von der Patientin und ihrem Sauerstoffzelt machen. Publicity um jeden Preis: Die Leser und Herausgeber von *France-Dimanche* würden es ihr danken. Solange Édith sie in Atem hielt, war die Auflage des Blattes um ein Drei- bis Vierfaches höher als an normalen Tagen. »Sie war ein Monster«, urteilte Aznavour einmal, »aber wenn ich Monster sage, meine ich das positiv. Dann möchte ich damit das Außergewöhnliche dieses Menschen beschreiben. Sie sang wie ein Monster, lebte wie ein Monster, aß, trank, liebte und hatte Freundschaften wie ein Monster.«[211]

Piaf konnte es gar nicht abwarten, weiterzuproben und wieder ins Plattenstudio zu kommen. Ihre Lust auf neue, interessante Chansons siegte sogar über ihren Stolz: Dumont wurde deshalb gnädig wieder ins Allerheiligste aufgenommen, denn sie brauchte ihn für Titel wie *Toi, tu l'entends pas* und *Inconnu excepté de Dieu*. Lais aparte Lieder, darunter *Sale petit brouillard*, die stimmungsvolle Ballade vom »Nebel« einer verlorenen Liebe, wurden ebenfalls eingespielt und zwei Kompositionen eines anderen, ungleich faszinierenderen Griechen: *Quatorze juillet* und *Les Amants de Teruel* von Mikis Theodorakis. Édith schien zu wittern, dass Protestsongs derzeit in der Luft lagen, denn in Lais *Roulez tambours* prangerte sie die in jüngeren Völkerschlachten verübten Kriegsgräuel an, unter denen die Zivilbevölkerung am meisten zu leiden hatte: wie in Hiroshima und Pearl Harbor. Nur Musik und Liebe seien imstande, Vernichtung, Zerstörung und Mord etwas Bleibendes entgegenzusetzen, verkündete Piaf in ihren selbstgetexteten Strophen. Chansons, Akkordeons und Trommeln als Symbole pazifistischer Gesinnung läuteten das Ende noch eines jeden Krieges ein. Piaf als Friedensstifterin? Das passte hervorragend zum letzten Kapitel des blutigen Algerienkonfliktes im März 1962 mit dem Abkommen von Évian und der Unterzeichnung eines Waffenstillstandes. In Frankreich und Algerien sah man endlich Licht am Ende des Tunnels, und im Juli wurde die Unabhängigkeit der Kolonie besiegelt. In den USA sangen Joan Baez und Bob Dylan für Toleranz und Gewaltverzicht, auf den Plattentellern der Franzosen drehte sich Édiths Lied »pour la fin des guerres«. Das waren ganz neue Töne von ihr.

Hatte die wieder erwachte Liebe sie so versöhnlich und friedfertig gestimmt? Hatte Théo ihr von seinen traumatischen Kriegserfahrungen berichtet und sie dadurch aufmerksamer und toleranter gegenüber den Nöten und Bedürfnissen anderer werden lassen? Im März bereits hatte sie mit ungewohnter Großzügigkeit die Empfangsräume ihrer Wohnung dem Dienstmädchen für dessen Hochzeitsfeierlichkeiten zur Verfügung gestellt. Und wenn auch Noli von Sarapos Dauerpräsenz etwas irritiert sein mochte – er beurteilte den jungen, stummen Griechen als zu freundlich, zu weich und viel zu aufmerksam, um zu Piaf passen zu können –, er hatte sich damit abzufinden. Musste anerkennen, dass Théo wieder die Lebenslust in ihr wachrief. »Selbst für den Fall, dass Figus und Sarapo noch immer ein Liebespaar sein sollten, war auch Théos Zuneigung für Édith für alle«, die sie umgaben, »offenkundig«[212] und bewundernswert.

Ein Gästezimmer stand noch frei: Es schien auf Douglas Davis zu warten. Auch mit ihm hatte Édith noch eine Rechnung offen. Der Amerikaner, dessen Kunst sich immer größerer Wertschätzung erfreute und der während eines neuerlichen Paris-Aufenthaltes soeben Gertrude Steins Lebensgefährtin Alice B. Toklas porträtiert hatte, bereitete gerade Ausstellungen in Frankreich und im heimischen Atlanta vor. Ihre Aussprache tat beiden gut; Piaf nahm ihn mit offenen Armen wieder auf und beauftragte ihn sogleich damit, die Konterfeis ihrer beiden Sekretäre auf die Leinwand zu bannen. Binnen weniger Tage entstanden Gemälde, die auf Dritte wie Zeugnisse ihres neuen Lebensglücks mit gleich drei Homosexuellen wirken mussten. Gegenüber *Paris-Jour* brüstete sie sich Ende März mit ihrem eigenwilligen Männerharem: »Habe ich nicht ein unverschämtes Glück, von so vielen *beaux* umgeben zu sein!? Sie sind alle jung, gutaussehend und, Sie kennen mich ja, nur so vor Talent strotzend. Immer wird geklagt, es gäbe nicht genug Stars. Na, ich jedenfalls weiß, wie man welche produziert.« Noch galt Théo, der am Boulevard Lannes mit Vorliebe barfuß durch die Wohnung streifte, nur als ihr »Begleiter«, nicht als ihr Liebhaber, aber schon Ende Mai wurde er von ihr auf den Laufsteg geschickt und hatte sich im Patachou vor Publikum zu bewähren.

Gegen Ende seines Chansonvortrags, der zu beider Erleichterung wohlwollend aufgenommen wurde, gesellte sich Édith zu ihm und bekam Szenenapplaus: Die Überraschung war gelungen. Gemeinsam trugen sie als Zugabe ein Frage- und Antwortspiel im Wechselgesang vor, das schnell zu einem Emblem ihrer sonderbaren Beziehung werden sollte: *À quoi ça sert, l'amour?* »Wozu ist die Liebe gut?« Wem nützt sie, was bewirkt sie? Emer hatte dieses launige Duett verfasst, dem in Anlage und Syntax ein immergleiches Schema zugrunde liegt und dessen Strophen jeweils einen Halbton höher angestimmt werden. Sarapo kam die Rolle des ahnungslos Fragenden zu, der von Liebe noch keinen blassen Schimmer hatte. Ist sie nicht oftmals enttäuschend? Lässt sie die Menschen nicht leiden? Und was, wenn sie plötzlich aufhört? Édith lieferte die altersweisen und eher trivialen Repliken. »C'est une chose comme ça«, das ist nun einmal so: Liebe überwältigt einen, bringt einem Freude und Tränen. Liebe gehört der Ewigkeit an und besitzt ein Honigaroma. »C'est triste et merveilleux«: Sie ist traurig und wunderbar zugleich. In der Coda, die einzig Piaf vorbehalten blieb – bezeichnenderweise sangen die beiden nicht zweistimmig oder gleichzeitig –, forderte sie ihn auf: »Schau mich doch an! Ich glaube immer daran! Jedes Mal wieder aufs Neue!« Ergreifend wurde ihr Fazit erst in den Schlusszeilen. Da sah sie Théo in die Augen, um in aller Öffentlichkeit ihre Gefühle für ihn einzugestehen. Ihn zeichnete sie aus, ihm kam das Privileg ewiger Liebe zu: »Aber du, du bist der Allerletzte!« in ihrer Reihe von Liebhabern. »Du bist [sogar] der Allererste! Vor dir war gar nichts, mit dir fühle ich mich wohl! Du bist es, den ich immer wollte, du bist es, den ich immer nötig hatte! Dich werde ich als Einzigen immer lieben! Ja, dafür ist die Liebe gut!« Eine ganze Kaskade von musikalischen Ausrufezeichen ging auf den schüchternen, verwundbaren Mann an ihrer Seite nieder.

In Filmaufzeichnungen dieses Duetts, das eigentlich keines war, bebte Piafs Gesicht vor innerer Erregung. Ihre Konzentration auf Théo ließ nicht für die Dauer eines Wimpernschlags nach, ihr Kinn zuckte, ihre Mimik war entschlossen und triumphierend. Zugleich wirkt es, als könne sie jeden Moment von ihren Emotionen überwältigt werden. Sarapo hingegen konnte einem leidtun. Er machte keine gute Figur und wirkte unsicher. Mit hängenden Schultern stand er da, musste sich zu ihr herunterbeugen, verzog beim Singen seinen Mund zu einem schiefen Schnabel und punktete auch nicht mit vokaler Intensität. Wann immer er mit seinen kurzen Passagen an der Reihe war, murmelte Édith seinen Text mit, als wäre er nicht in der Lage, die wenigen Zeilen ohne ihre Unterstützung auswendig vorzutragen. Die Leute im Publikum achteten nicht auf solche Details. Sie jubelten und waren gerührt von diesem einseitigen Liebesbekenntnis. Aber es gab auch andere Stimmen: Kritiker, die sich nicht scheuten zu sagen, wie gering Sarapos Talent war und dass seine mittelmäßige Darbietung dem Vergleich mit seiner Lehrerin auf offener Bühne nicht standhielt. Menschen, die sich an dem gewaltigen Altersunterschied störten – in La Frette wurde getuschelt, wenn Piafs Limousine vor dem Friseursalon auf ihn wartete – oder daran, dass Théo bei vielen Konzerten seinen nackten, vor Gesundheit strotzenden Oberkörper darbot. Der Kontrast zwischen der kranken, gealterten Frau, der die Haare ausgingen, und dem jungen Griechen, trotz seiner schlechten Körperhaltung ein Inbegriff der Vitalität, war einfach zu groß. »Dieser kleine Hampelmann mit dem vorsichtigen Gang, den ungelenken Bewegungen, dem vorzeitig gealterten Gesicht«, von dem sie in ihren Memoiren sprach, war sie selbst. Eine groteske Gestalt, grotesker noch als Geliebte eines Jünglings. »Unauslöschlich trage ich die Spuren.«

Mitten in den euphorischen Vorbereitungen für ihre Sommertournee mit Figus und Sarapo traf Piaf ein weiteres Unglück. Un-

ter den Opfern der Flugzeugkatastrophe, die in den ersten Junitagen 1962 Paris erschütterte, war Douglas Davis. Ihr Maler, mit
dem sie sich wieder ausgesöhnt hatte, war direkt vom Bois zum
Flughafen gefahren. Die Boeing, mit der er nach Atlanta hatte zu-
rückfliegen wollen, war noch in Orly explodiert, kurz nach dem
Abheben. Édith war fassungslos. Nach Cerdan hatte nun auch
Dougy ein verfrühter Tod in der Luft ereilt[213], und wieder schien
sie, als Ziel und Ausgangspunkt solcher Reisen mit mörderischem
Ende, ohne es zu wollen, ihre Hände im Spiel zu haben. Lange
konnte sie sich diesmal nicht der Trauer hingeben, denn schon am
15. Juni wurden sie und ihre beiden Sekretäre in Reims zu ihrem
ersten Récital zu dritt erwartet, um dann in der Normandie und an
der Riviera weiterzutouren. Pierre Desgraupes, der sie nun bereits
im dritten Jahr in Folge interviewte, erlebte eine deutlich gestärkte,
zuversichtliche Édith, die, trotz des Schlags von Davis' Unfalltod,
unbeirrt auf der Notwendigkeit neuer Konzerte bestand und ihre
Gabe zum Entdecken und Fördern neuer Talente herausstrich: Sie
verfüge über das zweite Gesicht und könne wie eine Hellseherin
vorausahnen, was aus einem jungen Sänger werden würde. Und
mit Sarapo prahlte sie sogar: »Er hat alle meine Erwartungen
übertroffen und mit einer bemerkenswerten Geschwindigkeit
Fortschritte beim Lernen erzielt.« In einer Pause zwischen zwei
Konzerten war sie im Pariser Club Saint-Hilaire mit Théo beim
Tangotanzen zu erleben, mit dem »Mann, der wirklich nett zu mir
ist … sanft, zärtlich und treu«.

Am 24. Juli bestaunte man beide im Publikum des Théâtre de
Verdure in Nizza. Piaf ließ sich dort von den Compagnons de la
Chanson für *Les trois cloches* auf die Bühne holen und sang eine
Strophe mit. Der Abend, bei dem es sich um eine Wiedersehensfei-
er mit ihren alten Kumpanen, aber auch mit ihrer Halbschwester
Denise handelte, die jetzt an der Côte lebte, kulminierte mit einer
öffentlichen Bekanntgabe. Man hielt ihr ein Mikrophon hin, und
les bonnes nouvelles platzten aus ihr heraus: Sie habe sich verlobt, Théo sei ihr *fiancé*. Ohne verliebt zu sein, könne man einfach
nicht singen, erklärte sie noch. »Ja, es kostet mich viel Mut, über
Théo Sarapo zu reden«, stand dann, wenig später, in ihrer Autobiographie. »Über denjenigen, der mein Sohn, den ich nie gehabt

habe, sein könnte, der jedoch der Mann ist, den ich liebe. Noch einer mehr? Nein, der letzte, wenn er mich nicht verlässt.« Sie wusste offenbar sehr genau, worauf sie sich einließ: auf »das letzte Kapitel meines Lebens«.

Oder war es ein neues Kapitel Publicity? Vassal und Noli, ihre Journalistenfreunde von *France-Dimanche*, beanspruchten, die Väter dieses Gedankens gewesen zu sein und ihn alsdann mit Édith strategisch entfaltet zu haben, um die Neuigkeit pressewirksam zu lancieren. »Die Piaf war ein charismatischer Mensch. Von ihrem Todeskampf haben wir drei Jahre lang gelebt«, bekannte freimütig ihr Chef. Auch aus der Ehe *numéro deux* würde sich viel Kapital schlagen lassen. Ihren persönlichen Erinnerungen zufolge hatte sich natürlich alles angemessen romantisch zugetragen. Théos Heiratsantrag wollte sie zunächst mit einem Lachen quittiert haben, um ihn dann doch anzunehmen. Wochenlang habe sie sich mit den Folgen dieser Entscheidung herumgequält. Konnte sie einem so viel Jüngeren ihre Krankheiten und ihre Pflegebedürftigkeit zumuten, ihre Gebrechlichkeit und Versehrtheit? Musste sie sich nicht genieren, wenn sie sich mit ihm zeigte, als zukünftige Madame Lamboukas? Was würde seine Familie sagen? Und wie würde er in den Augen der eifersüchtigen Kollegen dastehen, ein Sechsundzwanzigjähriger, der noch ganz andere, weitreichende Ansprüche ans Leben hatte, als Partner einer Sechsundvierzigjährigen? Musste man ihn nicht für einen Gigolo halten oder für einen potentiellen Erbschleicher? »Ich wusste nur zu gut, was uns erwartete: ein Skandal. Und das [mit dem Alter] war eben das Skandalöse, was all den Klatsch, die Anzüglichkeiten, ja sogar die Beleidigungen bewirken würde.« Angst machten ihr die zu erwartenden Anfeindungen nicht, auf Provokationen verstand sie sich ja. »Dagegen war ich gefeit.« Geschämt hatte sie sich noch nie für die Wahl ihrer Begleiter. Und überhaupt, »nur diejenigen, die überall Böses sehen, werden daran Anstoß nehmen«. Unbehagen bereitete ihr etwas ganz anderes: »Die Ehe [selbst] machte mir Angst. Ich hatte das Gefühl, nicht für sie geschaffen zu sein, ein Gefühl, dass mir die nötigen Fähigkeiten fehlten, um eine gute Ehefrau abzugeben. Ich habe es nie verstanden, mich um den Haushalt oder das Kochen zu kümmern. Möbel, Teppiche, Nippsachen … das alles interessierte mich nicht. Schon meine erste Ehe, die immerhin ›normaler‹ war, zerbrach trotz unserer gegenseitigen Liebe.« In der Konvention, im täglichen Einerlei lag also die größte Bedrohung.

Im September 1962, zehn Tage vor der Eheschließung, schrieb Alain Spira in *La Presse* mit einer Mischung aus Bewunderung und Skepsis, noch nie sei ihm ein »so ungleiches, erstaunliches, berührendes, lächerliches, irritierendes, sympathisches und unmoralisches Paar« untergekommen. Andere Kritiker ließen weniger Gnade walten. Von der Abwertung ihrer Beziehung bis zum Abqualifizieren von Édiths künstlerischer Leistung war es dann nur noch ein kleiner Schritt. Zu den moralischen Vorbehalten gesellten sich die ästhetischen. Schon wurden Stimmen laut, ihre Gestaltungskraft und vokale Energie hätten nachgelassen, ihr Glanz verblasse. Dumont, gewiss erleichtert, nicht mehr die erste Geige in Piafs Leben spielen zu müssen, resümierte indessen: »Ihre Heirat mit diesem jungen Mann schockte die Presse und die Kommentatoren, aber nicht die [einfachen] Leute, die Édith und Théo anbeteten. Sie wollte etwas Mythisches tun. Sie wollte zeigen, dass sie, ganz am Ende angekommen, Liebe, Schönheit und Jugend umarmte. Es war außerordentlich romantisch.«[214] Charles zog auch einen Schlussstrich unter die Spekulationen, ob Erotik zwischen Piaf und Sarapo eine Rolle gespielt habe. Für ihn war die Sache klar: »Das war keine sexuelle Affäre mit Théo, dafür war sie viel zu müde. Und sie hätte das auch nie gewollt. Weil sie viel zu schamhaft war. Weil sie zu krank war. Sie befand sich in einem Zustand, wo eine Frau keine Lust auf Sexualität mit einem jungen Burschen hat. Sie war in ihrer weiblichen Würde zu sehr gemindert.«[215]

Édith, die noch am Tag der Hochzeit ihre Zweifel gehabt haben soll, ob sie nicht doch einen riesengroßen Fehler beging, schilderte ihre Gewissensnöte freimütig: »Trotz meines zynischen Betragens, trotz eines Lebens, das man Kindern nicht erzählen kann, habe ich mir im Grund das Herz eines kleinen Mädchens bewahrt. Aber an dem Tag, als ich diesem Mann begegnete und er mich bat, seine Frau zu werden, brauchte ich für mein Jawort sehr viel mehr Mut als für alles Übrige: für meine Armut, die Krankheit und vor allem die unermüdliche, unnütze Gemeinheit der Neider.«

Mut benötigte sie auch am 25. September 1962, als sie zur

Frankreich-Premiere des monumentalen Kriegsfilmes *The Longest Day* (*Der längste Tag*) von einer der höheren Etagen des Eiffelturms aus auf Paris hinabsang. Sie litt an Höhenangst und geriet in Panik, als beim Betreten der Plattform ein starker Wind an ihr zerrte. Unter sich nahm sie Abertausende winzige Pünktchen wahr, Menschen, die ihr zuwinkten. Sie lehnte sich an einen Pfeiler und schloss die Augen, damit ihre Stimme nicht zitterte. Am liebsten hätte sie sich anbinden lassen. Vertragsgemäß intonierte sie *Le Droit d'aimer*, präsentierte angeblich auch den Titelsong des Filmes und schloss natürlich mit *Non, je ne regrette rien*. Sie war heilfroh, als ihr luftiges Engagement vorüber war. Joseph Kessel, der schon ihr Debüt im Gerny's miterlebt hatte, führte durch die Zeremonie und fasste en passant auch noch die Lebensleistung der »Patin« von Darryl Zanucks Film mit einer schönen Formulierung zusammen: »Um diese Höhe zu erklimmen, hat Piaf einen hohen Preis bezahlt, einen Preis auf gleich mehreren Ebenen: Überwindung der Armut, Bewältigung von Hinfälligkeit und Furcht, Erreichen eines gnadenlos hohen künstlerischen Niveaus, unglaublicher Mut.«[216] Nie zuvor hatte Édith sich so weit über ihre Heimatstadt und ihr Land erhoben, nie zuvor hatten sich solche Menschenmassen versammelt, um sie zu erleben. Vom Eiffelturm aus ganz Frankreich umarmen zu dürfen war die Krönung ihres Lebens. Sie hatte den Olymp erklommen; höher hinauf ging es beim besten Willen nicht mehr.

Vom Olymp ins Olympia. Vier Wochen lang, von Ende September bis Oktober. Mit Théo. Auch hier riss der Publikumszuspruch nicht ab. Alle Vorstellungen waren restlos ausverkauft, Hunderte drängten sich allabendlich schon an den Metroausgängen und vor den längst geschlossenen Kassen und gaben die Hoffnung nicht auf, doch noch eine Karte zu ergattern. Mit Hallyday, Sacha Distel und Serge Gainsbourg waren die wichtigsten Vertreter einer jungen Generation erschienen und kamen aus dem Staunen nicht mehr heraus. Der Ballettstar Serge Lifar wurde gesichtet, und Montand kämpfte sich mit Simone Signoret zur belagerten Garderobe durch, um Édith mit einem kräftigen *merde!* (»toi, toi, toi«) Glück zu wünschen, später im Saal feuerte er sie lautstark an. Das größere Lampenfieber aber hatte Sarapo, der sich noch acht Monate zuvor, in La Frette mit Kamm und Schere hantierend, nicht hätte träumen lassen, ausgerechnet hier seine künstlerische Bewährungsprobe überzustehen zu müssen. Er gab sein Bestes, und Édith war stolz auf ihn wie eine Mutter auf ihren Ältesten. Noch nie hatte man sie so strahlen sehen. »Dieses Glück – unter anderem die wunderbare Gegenwart eines jungen, schönen und starken Mannes, der ungewöhnlich lieb zu mir war – hatte ich nicht mehr verdient. Ich hatte nicht mehr daran geglaubt.« Und auch Dumont ergriff für Théo Partei, damit er nicht zum Gespött von beckmesserischen Journalisten und blasierten Kollegen wurde: »Er war ein hübscher Junge, das kann man ihm nicht nehmen, er war nett und kein Idiot. Absolut nicht blöd. Er war ja immerhin nur ein kleiner Vorstadtfriseur, gewiss, aber was er [für sie und mit ihr] getan hat, war fabelhaft: Es ist ihm gelungen, mit ihr auf der Bühne zu singen, ohne sich lächerlich zu machen. Édith und Théo, das ist wie die Blinde und der Lahme. Er besaß alles, was sie nicht hatte, und sie besaß umgekehrt alles, was er nicht hatte. [Eine solche Konstellation] führt oft zu ungewöhnlichen, interessanten Begegnungen, und hier war genau das der Fall. Sie ist aus dem Leben geschieden mit dieser phantastischen Liebesgeschichte, die ihr gestattet hat, aus ihrem Ende ein Kindermärchen zu machen. Einen Liebesroman. Einen Roman, der auch weiterhin zu Träumen anregen wird.«[217] Genauso sah es auch die frenetisch applaudierende Zuhörerschar. Ihr Idol war unantastbar. Nur die Journalisten mäkelten. Wenn sie nicht gerade mit giftiger Feder Sarapos magere vokale Leistungen und mangelnde Bühnenpräsenz auseinandernahmen, knöpften sie sich erstmals auch seine mütterliche Freundin vor. Sie vermissten ihr raues Timbre, ihre sonore Urgewalt, das Wüten in ihren Eingeweiden, die Präzision der Gestik. André Ransan in *L'Aurore* wurde zu einem einsamen Rufer in der Wüste, als er auch weiterhin zu Piaf hielt. Er pries die enorme, unverändert phänomenale Wucht ihrer unverwechselbaren, so klassischen wie ewigen Stimme, die sich aus archaischen Gesteinsschichten, ja aus einem »Liliputaner-Marmor«, ihren Weg in die Welt gebahnt habe.

Mitten in ihrem Olympia-Abenteuer – Flitterwochen hätten nicht schöner sein können – bahnten sich nun Théo und Édith ihren Weg zum Traualtar. In der griechisch-orthodoxen Kirche des 16. Arrondissements in der Rue Georges Bizet drängten sich am 9. Oktober mehr Reporter und Neugierige als Hochzeitsgäste. Zehn Jahre nach ihrer New Yorker Trauung gab die von Jacques Pills-Ducos geschiedene Édith Giovanna Gassion ihrem Theophánis, der in schwarzem Anzug und schwarzem Schlips erschienen war, das Jawort und trug fortan seinen Nachnamen Lamboukas. Wenige Minuten zuvor hatte man sie im Standesamt an der Avenue Henri-Martin als »große Künstlerin und große Französin« gewürdigt. Auch Édith, in Pullover und Samtrock und mit einem großen goldenen Kreuz um den Hals, trug Schwarz. Die Häupter des Brautpaares krönte traditioneller orthodoxer Kopfschmuck. Als Trauzeugen fungierten Barrier für Édith und Figus für Théo. Mit der Unterzeichnung der Dokumente ging für Claude, den »Kuppler«, eine lange Periode der Privilegien und der Intimität zu Ende; er würde in den Hintergrund treten und seinem Freund Sarapo die Alleinherrschaft über Édith einräumen müssen.

Piaf ist auf den Dutzenden Fotos, die in Kirche und *mairie* geschossen wurden, anzusehen, dass sie noch bis zuletzt mit ihrer Entscheidung gehadert hatte, Théo hingegen lächelte selig. Ein Pope gab ihnen den Segen. Auf der Straße duckten sich beide lachend unter dem Reisregen, der auf sie niederging, ignorierten vereinzelte »Gigolo!«- und »Schande!«-Rufe, verbeugten sich vor dem hundertfachen »Bravo!«, das ihnen entgegenschallte, und genossen dann endlich ihr Bad in der Menge. Tausende waren erschienen. Édith bewies einmal mehr, dass sie nichts von ihrem Humor eingebüßt hatte, und machte sich über sich selbst lustig: »Na hören Sie mal, man hat mir immer meine schlechte Frisur vorgeworfen. Und jetzt verliebe ich mich ausnahmsweise einmal in einen Frisör! Eine solche Gelegenheit lässt man doch nicht ungenutzt verstreichen ...«[218] Das war die Édith, die die Leute liebten, die schlagfertige Frau, der man gerne nachsah, dass sie den Bund der Ehe mit einem Jüngling einging, mit dem sie noch dazu weder Konfession noch Herkunft verbanden.

Die Verächter und Moralapostel würden so schnell keine Ruhe geben. Man nannte Théo eine »männliche Lolita« und Édith eine Besessene und Nymphomanin, die einmal mehr ihrem obszönen Drang nach Zurschaustellung ihrer Bettgeschichten nachgegeben habe. Man empfahl, lieber Piafs alte Platten zu hören und rasch zu vergessen, wie schlecht und falsch sie mittlerweile sang, wie sehr ihre Stimme inzwischen leierte. Man konstatierte den »schamlosen Exhibitionismus einer Schwerkranken«. Wer ihr noch gewogen war, versuchte eine veränderte ästhetische Disposition ins Spiel zu bringen. So billigte André Brink ihr zu, die herkömmliche Wirkungskraft von Musik erweitert und ihr eine »völlig andere Richtung« zugewiesen zu haben. Aus Édith sei eine »sterbende Motte« geworden, die sich im Scheinwerferlicht verbrennen ließ und sich am Mikrophon wie an einem Rettungsanker festhielt. Ihr Gesang gleiche einem »Schrei aus dem Grab«, und ihre Stimme sei zur Inkarnation des »Lebens an sich« geworden: »zur Weigerung zu sterben, zur Weigerung, mundtot gemacht zu werden« – Brink hörte in ihrem Schwanengesang die Stimme der ganzen Menschheit.[219]

Am Boulevard Lannes scherte man sich herzlich wenig um solche Debatten. Bei der Hochzeitsparty ließen Édith und Théo die Korken knallen und bauten sich für Familienfotos auf – Théo knipste, die Eltern Lamboukas umrahmten Édith, die älter wirkte als sie selbst, und Sarapos Schwestern Cathy und Christie mit ihren modisch toupierten Haartürmen, schienen sich für ihren Bruder und dessen Frau unbändig zu freuen. Geschenke wurden ausgepackt. Dumont hatte dem jungen Glück edle Gläser verehrt, die Édith freilich so schäbig und hässlich fand, dass sie dem armen Charles wenige Tage später diesbezüglich einen niederträchtigen Streich spielte – selbstverständlich vor Publikum. Théo überreichte seiner Gattin einen überdimensionalen Plüschbären, und er bekam von ihr eine elektrische Eisenbahn: Geschenke für kleine Kinder! Auch wenn Édith dafür gesorgt hatte, dass Sarapos Züge durch die liebevoll nachgebaute Miniaturlandschaft seines Heimatsortes La Frette zuckelten. Dort, in Théos Vorstadt, traten die beiden Frischvermählten im Januar 1963 an einem Wohltätigkeitsabend auf. Alle fühlten sich geehrt, dass die große Piaf in so bescheidenem Rahmen für sie sang, und hielten mit ihrem Stolz auf Théo, den Sohn der Stadt, nicht hinter dem Berg.

Von Anfang an, schon seit dem heiklen Antrittsbesuch bei den Lamboukas, war Édiths Verhältnis zu ihrer Schwiegerfamilie ungetrübt gewesen; auch die Einwilligung in die Ehe hatten Théos Eltern gegeben, ohne zu zögern. Piaf erinnerte sich:»Während der Fahrt [nach La Frette] sprachen wir kein Wort. Théo hielt meine Hand in der seinen und lächelte mir zu. Aber er schien besorgt. Endlich langten wir an. Seine Mutter, sein Vater und seine beiden jüngeren Schwestern Christie und Cathy waren im Wohnzimmer versammelt. Alle lächelten mich an. Dennoch waren wir alle schrecklich gehemmt. Dann aber brach Cathy das Eis. Sie erhob sich plötzlich und legte eine Twistplatte auf. Christie fragte mich, ob ich twisten könne. Ich verneinte.« Die Mädchen brachten ihr den Modetanz im Handumdrehen bei. Piaf fand sich »mitten im [*salon*] wieder, wo ich mich mit den beiden kleinen Mädchen wie ein Backfisch drehte und wand. Die Platte hörte nicht auf zu plärren:›Yeah! Yeah! Yeah!‹. Durch das Fenster sah ich Théo mit seinen Eltern diskutieren; ich hatte den Eindruck, dass die Zeit stillstände.« Vater Lamboukas hieß Édith in seiner Familie willkommen, alle ihre Sorgen waren unbegründet gewesen. »Mit ganzer Kraft hielt ich die Tränen zurück. Aber als Théos Mutter, die acht Monate jünger war als ich, mir sagte: ›Édith, sagen Sie *maman* zu mir‹«, wurden alle von Rührung übermannt. Mit einer fröhlichen Mahlzeit wurde der Antrag besiegelt und Piaf in den Schoß der griechischen Familie aufgenommen. »Ob diese Menschen, für die eine Familie ein alltägliches Erlebnis ist, wohl begriffen haben, wie groß meine Freude war? Zum ersten Mal in meinem Leben saß ich zwischen Vater, Mutter, Schwestern … und meinem zukünftigen Mann. [Da] vergaß ich, wie alt ich [wirklich] war. Ich wurde wieder zu dem Kind, das Tag für Tag von einem einfachen Glück geträumt hatte.«

Ein einfaches und doch so kompliziertes Glück. Im Oktober und November gingen »das Kind« und sein kindlicher Mann auf Tournee durch Belgien und die Niederlande. Édiths Stimme wurde immer heiserer, die Tonhöhen wackelten, Théo lavierte sich mehr schlecht als recht durch ihr Programm. Den Zuhörern schien es nichts auszumachen – wichtiger als die Qualität der Darbietung war inzwischen die Chance geworden, Piaf noch einmal live genießen zu können. Ihren Récitals haftete etwas Gespenstisches an. Ihre Fans kamen nicht mehr zu ihr, um sich von ihrer Musik beglücken zu lassen, sondern um ein Ritual zu erleben und noch einmal Kontakt aufzunehmen mit einer Vergangenheit, die schon im Begriff war zu verblassen. Édiths Konzerte waren wie ein verschwenderisches, in die Länge gezogenes *fade-out*, wie ein Abschiednehmen mit einem Dutzend Chansons. Dabei kamen auch ihre neuesten Lieder an, davon konnte sie sich überzeugen. Egal, ob sie nun *Roulez tambours* schmetterte, *Emporte-moi!* flehte oder vom *Chant d'amour* raunte. In Scheveningen ehrte man sie mit einer goldenen Schallplatte, an manchen Tagen meisterte sie gar zwei Auftritte.

Neben Édiths körperlichen Unpässlichkeiten stellten sich immer wieder dramatische Stimmungswechsel ein. Als Vertraute, Krankenschwester und Mädchen für alles war unterdessen Simone Margantin an die Stelle von Mamy Bordenave getreten. Margantin wie Barrier wurden hinter den Kulissen damit konfrontiert, dass Édith neuerdings von einer Minute auf die nächste verzagte, nicht mehr an ihre Liebe zu Théo glauben wollte und behauptete, zwischen ihnen beiden sei es aus. Loulou musste Piaf dann nachdrücklich daran erinnern, dass sie ihrem treuen Publikum eine solche Kehrtwende nicht zumuten könne. Sie sei es ihren Verehrern, der Presse, aber vor allem Sarapo schuldig, den sie in den ganzen Heirats- und Karriereschlamassel mit hineingezogen hatte, Haltung zu bewahren und nicht ein weiteres Mal umzukippen. Am Silvesterabend, im Palais de la Méditerranée in Nizza, verströmte Édith bereits wieder echte Zufriedenheit. Théo hatte ihr soeben einen kleinen schwarzen Pudel geschenkt, der auf den Namen »Sophie« hören würde. Ein Kindersatz für die beiden großen Kinder.

Würde ihr überhaupt noch genug Zeit bleiben, um Sophie wachsen und Théo heranreifen zu sehen? In *Le Droit d'aimer*, ihrem und Lais Lied vom »Recht auf Liebe«, klang schon Piafs Bereitschaft an, den Gnadenstoß zu empfangen und ihr Schicksal anzunehmen. Sie würde so lange weitermachen und ihre letzten Reserven mobilisieren, bis sie dem Gottessohn auf seinem Kreuzweg glich: »Solange mein Herz schlägt, und unabhängig davon, was andere sagen und tun werden«, würde sie weiterstolpern, straucheln und sich immer wieder aufrichten. »Egal, mit was für einer Krone, mit welchen Dornen und mit welchem Kreuz.« Eine Märtyrerin auf dem Weg nach Golgatha. Wenn alle Kräfte versagten, blieb nur noch der Glaube, zu dem die heilige Thérèse sie ermutigt hatte. Und die Liebe selbst. Am Ende lief für sie alles auf diese einzige lebenswerte Größe hinaus: »Liebe für die Menschheit, für die Arbeit, für die Dinge. Liebe zwischen zwei Wesen. Die einzige Emotion, die man nicht mit Geld erwerben kann«,[220] die einzige Gewissheit über den Tod hinaus. Jetzt, erfüllt von beidem – Liebe und Glaube –, suchte sie die ultimative spirituelle Kontaktaufnahme mit ihren Zuhörern, um, ruhigen Gewissens und im Frieden mit der Welt, die Absolution empfangen zu können.

Nichtsdestoweniger verlängerte sie mit dem Beginn des Jahres 1963[221] ihren Plattenvertrag mit Pathé-Marconi um weitere sechzig Monate: eine mutige, gewagte Entscheidung für beide Seiten. Pünktlich zu Théos siebenundzwanzigstem Geburtstag änderte sie ihr Testament zu seinen Gunsten[222] – und hatte dabei Mühe, den Stift zu führen, so sehr schmerzten sie ihre verkrümmten Finger. Sarapos Schwester Christie, eine künftige *yéyé*-Interpretin mit dem Künstlernamen Christie Laume, die nunmehr auch von Édith ausgebildet und für das raue Geschäft des Entertainments präpariert wurde, zog zu ihnen. Das junge Mädchen nahm die Gesangsstunden dankbar an und wähnte sich bereits von hysterisch kreischenden Teenagern belagert – so wie die Beatles in England oder France Gall und Françoise Hardy in Frankreich. Piaf nahm sie bald in ihr Vorprogramm auf, so dass gleich drei »Familienmitglieder« gemeinsam Konzerte bestritten – eine Lachnummer für die zusehends unbarmherzigere Presse. Einem dreiwöchigen Gastspiel im volkstümlichen Bobino, gemeinsam mit ihren »beiden Griechen«, ging eine Testserie in Vorstadtkinos und Provinzstädten voraus. Selbst das Pudelfräulein Sophie wurde den Zuschauern präsentiert, bevor Édith sich anschickte, nach Théos neun Chansons gleich fünfzehn Titel in Folge zu bewältigen: Dumont-Lieder, neue Songs mit alten Sujets – Matrosen, Huren, Liebe – und ihr bewegendes Lebensresümee *J'en ai tant vu*, eine Emer-Komposition über eine gealterte Frau, die ihr reiches Leben Revue passieren lässt, waren darunter. Die Berichterstatter von *Le Monde* und der *New York Times* waren sich einig, dass ihre Stimme schon lange nicht mehr so kräftig und überzeugend geklungen hatte.

Am 13. März, bei der Schlussvorstellung im Bobino, berichtete Édith ihrem Publikum von ihren Plänen – einer Broadwayshow über ihre Laufbahn, die *Piaf!* heißen und in der auch Sarapo auftreten sollte, sowie einem Comeback überall in den USA, denn »von allen französischen Stars haben es letztlich nur Maurice Chevalier und ich dort zu etwas gebracht«. Zwanzig Minuten lang brandete der Applaus in Montparnasse, immer wieder skandierte die Menge, bevor sie das Ehepaar ziehen ließ, ekstatisch: »Édith – Théo!« Doch hinter der Bühne schüttelten Dr. Vaimber, dessen Dienste mittlerweile wieder willkommen waren, Simone Margantin und Danielle Bonel traurig den Kopf. Alle drei wurden immer wieder Zeugen neuer Schwächeanfälle und Erkältungen, gegen die weder Verrenkungen noch Diäten, weder Kräutertees noch Entspannungsübungen halfen. Édith war wie ausgebrannt. Ihre Müdigkeit und eine neue Bronchitis hinderten sie nicht daran, am 24. März gemeinsam mit Théo im Patachou spontan zehn Lieder abzuspulen.[223] Zur Feier des ersten Jahrestages ihrer Liebe, hieß es. Francis Lai spielte Akkordeon, Noël Commaret saß am Klavier. Auch am Montmartre standen die Leute also Kopf, sobald sie aus der Versenkung auftauchte.

Noch ein paar Kinoauftritte und Provinzgalas folgten. Auch erklärte Piaf ihre Bereitschaft, gemeinsam mit anderen Stars, aber ohne Honorar an einer Aufnahme zugunsten der Flüchtlingskommission für die Vereinten Nationen teilzunehmen – ein Fund-Raising, an dem neben Ella Fitzgerald, Mahalia Jackson auch Nat King Cole, Armstrong und Chevalier beteiligt waren. Am 7. April begab sie sich noch einmal ins Aufnahmestudio und spielte ihr letztes Lied ein: *L'Homme de Berlin*. Ursprünglich sollte das Chanson von einem Mann in Bilbao handeln, aber Édith befand, dass Berlin und die deutschen Männer weitaus interessanter seien. Ein letztes Mal machte sie sich darin auf die Suche nach dem »Richtigen«. Ein schmutziger Himmel und Nieselregen waren die triste Szenerie für eine merkwürdig unkonkrete Begegnung zwischen »ihm« und »ihr«, einer Fremden. »Um sein Leben aufzubrauchen«, sang sie, »gibt es ja nicht nur Berlin.« Aber »in jedem Gesicht erblicke ich nur ihn, und jede Nacht schlafe ich mit ihm«. Endgültig zu fassen bekam sie ihn nicht, wie sollte es auch anders sein. Sie versuchte sich selbst zu trösten: »Es gibt doch, hier oder woanders, nicht nur ihn!« Um mit dem fatalistischen Zweisilber »que lui« zu enden. »Nur er« war der Mann, nach dem sie sich ihr Leben lang gesehnt hatte. Ob aus Spanien oder aus Deutschland, ob aus Frankreich oder aus Griechenland: »Nur er.« Und wieder war er ihr im letzten Moment entwischt.

Am 30. und 31. März 1963 stand Édith Piaf Lamboukas auf der Bühne des Opernhauses von Lille. So einsam wie noch nie. Ihren Husten war sie noch immer nicht losgeworden, aber niemand schien es zu bemerken. Am zweiten Abend war der Saal nicht einmal zur Hälfte gefüllt. Überall klafften leere Sitzreihen. Ein Streik der Transportarbeiter hatte die Provinzstadt im Nordosten lahmgelegt, und die wenigen Leute, die es dennoch bis ins Theater geschafft hatten, klatschten lustlos. Sie ließen das Konzert über sich ergehen,[224] als handele es sich um eine Pflichtübung.

Als sich in Lille der Vorhang senkte, hatte Piaf, ohne es zu wissen, ihrem Publikum Adieu gesagt.

Milord

Von dem knappen Dutzend Chansons, die Georges Moustaki für Piaf schrieb, hat es Milord zur größten Berühmtheit gebracht. Vor allem in Deutschland geriet es, zur Jahresmitte 1960 hin, zum Bestseller und eroberte den ersten Platz der Hitparade. War es seinerzeit der tollkühne Charleston-Rhythmus des Refrains, der verfing? War es die traurige, nachdenkliche Melancholie der Strophen, war es Piafs tändelnd-lasziives Parlando, mit dem sie ihren britischen Gentleman umgarnte oder ihr provozierendes, derbes Accelerando, mit dem sie das Orchester in einer Art Schlussspurt anheizte, das den deutschen Plattenkäufern nicht mehr aus dem Ohr gehen mochte?

Im Sommer 1958 lagen ein unerfreuliches und auch besorgniserregendes Gastspiel in Stockholm sowie eine Tournee durch Belgien hinter Piaf, als sie und Moustaki in Cannes Station machten, ein paar Stunden am Strand verbummelten und, bestens aufgelegt, schließlich in einem Restaurant einkehrten. Auch bei solch seltenen »Freizeit«-Unternehmungen verließ Piaf nie ihre unersättliche Lust auf neue Lieder. Wie immer wollte sie einen talentierten Begleiter, der ihr Herz bereits erobert hatte, nun auch künstlerisch auf die Probe stellen. Moustakis Herausforderin schwebte eine Liebesgeschichte in einem düsteren London vor, wozu ihm spontan das Wort »Milord« einfiel. Er notierte es auf einer Papierserviette, Piaf griff nach dem Stift und kreiste es ein – dies sei der Ausgangspunkt für seinen Liedtext, befahl sie scherzhaft. Moustaki nahm den Auftrag ernst. Den in kürzester Zeit entstandenen Entwurf ließ er Marguerite Monnot zukommen. Die getreue Guite stellte einmal mehr ihre Gewissenhaftigkeit unter Beweis, indem sie den beiden Turteltauben von der Côte d'Azur, die sich inzwischen wieder in Piafs Landhaus aufhielten, auf der Basis von Georges' Skizzen gleich zwei verschiedene Vorschläge unterbreitete. Zwei Partituren, weil sie selbst sich nicht so recht entscheiden konnte. Obwohl Marguerite und Édith für die eine Fassung votierten, war Jo von der anderen eingenommen und setzte sich gegen die beiden Frauen durch. Er sollte recht behalten mit seiner Entscheidung. Was Monnot hier vorgeschlagen hatte, klang überraschend deutlich nach der Musik seiner Jugendjahre im ägyptischen Alexandria. Entfesselte Musik, zu der man herrlich tanzen konnte!

Dass auch die Mittvierzigerin Piaf noch immer nicht von den tristen Balladen über unverstandene, einsame Straßenmädchen lassen konnte, mochte dem einen oder anderen ihrer Anhänger Verdruss bereiten. Aber in einer solch ungewöhnlichen Form, mit sarkastischem Unterton und einem »berlinerischen« Sound wie in den Songs des Musicals Cabaret hatte Moustakis Begleiterin das Los der Dirnen bislang noch nie angeprangert: Die Ich-Erzählerin, eine unscheinbare Hafenhure und auch bei Tag nicht mehr als ein Schatten auf der Straße, hat diesmal nicht ihre persönliche Misere im Blick, sondern verguckt sich in einen eleganten, mit königlicher Attitüde an ihr vorbeischreitenden Mann. Einen feinen Herrn. Ein potentieller Kunde vielleicht, aber mindestens eine Nummer zu groß für sie. »Wie ein Sieger« flaniert er regelmäßig durch ihr Viertel. Sie bewundert seine exquisiten Umgangsformen, seinen Seidenschal, die Schönheit und Reinheit des Fräuleins, das er an seinem Arm spazieren führt. Wenig später zeigt er sich allerdings als ein Mann mit gebrochenem Herzen. Seine vornehme Begleiterin ist mit dem Schiff abgereist und hat ihn zurückgelassen. Ziellos und verloren streunt er umher, und der Anblick seines Liebeskummers löst wiederum bei der Hafendirne, die er bislang noch nicht einmal bemerkt hatte, eine Welle von Mitleid aus.

Dass ihr Milord jemals eine Träne vergießen könnte, hatte sie zuvor für ausgeschlossen gehalten. Jetzt hat ihre Stunde geschlagen: Sie fordert ihn – natürlich nur in ihrer Phantasie – auf, zu ihr ins Warme zu kommen, es sich bequem zu machen. Sie bittet ihn, sich an ihren Tisch zu setzen, zeigt ihm ihr bescheidenes Königreich und offenbart ihm ihre Tugenden. Die Mittel, um Trübsal und Leid vergessen zu machen, kennt sie schließlich nur allzu gut. Ihren Milord fordert sie zum Tanz auf, bringt ihn dazu, wieder verstohlen zu lächeln, spornt ihn an – »das können Sie doch viel besser«, klatscht vergnügt in die Hände, »strengen Sie sich noch ein bisschen mehr an!«, spendet ihm Applaus. Unter Bravorufen treibt sie ihn in einen diabolischen Strudel, bringt ihn um Willen und Verstand, bis sie ihn am Ende für sich gewonnen hat. Aus dem unbefriedigten »Milord« ist »ihr Lord« geworden. Mit den Waffen einer Frau – Fürsorge und Erotik – hat sie seine Aufmerksamkeit auf sich gezogen und seine Gedanken an die edle Nebenbuhlerin vertrieben. Pralles, zupackendes Leben, Schinderei und handfeste Gefühle statt Hirngespinste von »reiner Liebe«.

Eine kleine, aber feine Charakterstudie, eine Parabel, in der Luftschlösser, Allmachtsphantasien und ein Quäntchen Sadismus wie selbstverständlich nebeneinander Platz finden, hatten Moustaki und Monnot hier vorgelegt und sie sowohl idiomatisch als auch musikalisch ganz in der Nähe von Weills Dreigroschen-Milieu verankert. Grobe Schunkelrhythmen, frivoles Augenzwinkern, Dur-/Moll-Kontraste, brüske Wechsel der Tempi und des Arrangements, Rubato und Ritardando gehören zu den Ingredienzien dieses ungemein abwechslungsreichen Chansons und sind effektvoll eingesetzt. Aus dem Charleston Milord, auch von Corry Brokken und Dalida erfolgreich zelebriert, lassen sich genauso ein Sirtaki, eine Hafenballade, Blues und Foxtrott heraushören. Die berüchtigten Fans des Fußballclubs Paris Saint-Germain haben seinen Refrain umgetextet, um mit seiner aufreizenden Melodie rivalisierende Clubs in die Knie zu zwingen.[225] Feinsinnigere Exegeten haben in der anrührenden Wendung »Vous pleurez Milord, ça ... j'l'aurais jamais cru ...« (»Aber Sie weinen ja, Milord – das hätte ich nie für möglich gehalten ...«) sogar eine Anspielung an Jean Racines Tragödie Bérénice mit ihrer berühmten Wendung »Vous êtes Empéreur, Seigneur, et vous pleurez!« erkennen wollen.

Piaf spielte Milord im Mai 1959 erstmals ein und konnte im letzten Jahrfünft ihrer Bühnenkarriere bei jedem Gastspiel auf die Wirkung dieses Songs zählen. Ihre Inkarnation des tröstenden Hafenmädchens – zärtlich, triumphierend, gehässig, anzüglich, lockend, anstachelnd – erwies sich als Garantie für allabendliche Huldigungen seitens ihres begeisterten Publikums.

Non, je ne regrette rien

Kein Lied: eine Hymne. Ein Geständnis, ein Bekenntnis. Eine Lebensbeichte. Ein Jahrhundertsong. So großartig und großspurig, dass er seine Interpretin schon von den ersten streicherunterlegten Takten nachgerade dazu einlädt, wie ein amerikanischer Showstar eine endlose Treppe herunterzudefilieren, auf jeder Stufe flankiert von smarten Boys in Fracks, von der Big Band Schritt für Schritt weiter nach vorne gelockt, von einem Spot begleitet, bis die Bühnenrampe erreicht ist. Jede andere Sängerin hätte sich ihrem Publikum als Diva genähert, das Anschwellen des Orchesters theatralisch ausgekostet, die Arme ausgebreitet, ein Bad in der Menge genommen. Sich huldigen lassen.

Nicht so Piaf. Mit diesem Chanson, das in dürren, nur skizzierten Andeutungen ihr gesamtes Dasein bündelt, steht sie wie festgenagelt hinter ihrem Mikrophon. Entschlossen, fast zornig fixiert sie ihre Zuhörerschaft. Lässt sich von keinem Wimpernschlag aus der Ruhe bringen, nicht von Gemurmel beirren. Sie ballt die Fäuste. Stemmt die Beine in die Erde. Ruckt unmerklich mit den Armen. Legt totale Konzentration an den Tag. Härte, Unversöhnlichkeit. Und schleudert ihren Fans dieses erste langgezogene »Noooooon« wie ein Geschoss entgegen. In der Gewissheit, dass es sein Ziel – die Herzen ihrer Mitmenschen, ihre Seelen und ihre Fähigkeit zum Mitleiden – in Sekundenschnelle treffen und durchbohren wird. Zwei Minuten lang wippen ihre Fäuste im Takt, steigern sich ihr Trotz, ihre Wut und ihr Überlebenswille.

Ihr Vortrag scheint nur aus Ns, aus Rs, aus Nasalen zu bestehen. Deren Klangeigenschaften treibt sie auf die Spitze. Ihre Stimme vibriert, droht zu bersten; Piaf legt Intensität und Dringlichkeit in jeden einzelnen Konsonanten, spürt allen Vokalen nach, schmeckt die Silben. Die innere Anspannung wird unerträglich. Erst in der Schlusszeile, im triumphierenden »Ça commence avec toi!«, öffnen sich ihre Hände, lässt Piaf für die Dauer von zwei, drei Takten los, verströmt sich. »Mit dir geht das alles wieder von vorne los!«, bricht es aus ihr heraus. »Das alles«, das sind Leben und Freude (»ma vie, mes joies«): Lebensfreude eben. Und dieses »toi«, dieses Du, von dem sie da singt und auf das sie im Fortissimo zugesteuert ist, das ist ihr nächster Mann, ihr nächster Liebhaber. Das sind du und ich. Wir alle. In einem einzigen Wort kulminiert Piafs einzigartige Gabe, jeden und jede unter ihren Zuschauern ins Zwiegespräch zu ziehen. Ein heiliger Akt. Wir willigen augenblicklich ein, wir folgen dem Aufruf zur Kommunion. Wir lassen uns von ihr segnen. Wir wollen dieser Nächste, diese Auserwählte sein. Mit diesem Du fühlen wir uns alle einzeln angesprochen. Nichts verbindet uns mit unserem Sitznachbarn, der Piafs Hymne zufällig auch gerade hört. Es existieren nur Piaf und wir: ihr Gegenüber.

Piaf zieht einen Schlussstrich unter ihre Vergangenheit und eröffnet neue Perspektiven. Alles, was jemals geschehen ist, wird bedeutungslos. Alles Gute und alles Böse, was man ihr jemals angetan hat: bezahlt, erledigt, vergessen, weggefegt. Alles landet auf dem Müll der Lebensbilanz. »Payé, balayé, oublié, passé«: eine Kaskade heftig herausgestoßener E's. Zu bedauern gibt es gar nichts. »Rien de rien.« Vollkommen gleichgültig. Punktum. So weit der Refrain. Das Hintergrundgeklimper der kurzen, winzigen Strophe, angestimmt vom Klavier, klingt wie von einer alten Spieluhr, deren Singsang man müde geworden ist. Piaf resümiert lapidar: »Mit meinen Erinnerungen habe ich ein Feuer angezündet.« Ein Autodafé. Kummer, Sorgen und Vergnügen lösen sich in Rauch auf. Piaf braucht sie nicht mehr. Nicht mal die Asche kümmert sie noch. Liebschaften, Plaisir, erregende Momente: für immer ad acta gelegt. Piaf fängt wieder ganz von vorn an. Bei null. »Je repars à zéro.«

Neu ist das alles nicht: Schon in zwei viel früheren Chansons, Rien de rien und J'm'en fous pas mal, hatte Piaf eine ähnliche Thematik entfaltet. Auch dort Tabula rasa: Schon damals war ihr alles schnurzpiepegal, um nicht zu sagen, scheißegal. Nur dass Charles Dumont, der Komponist, und Michel Vaucaire, der Songtexter, jetzt den richtigen Zeitpunkt erwischt haben für diese schnoddrig-unbekümmerte Grundhaltung, hinter der so viele Verletzungen und Selbstzweifel stehen. Genau jetzt, im Spätherbst 1960, direkt nach einem grausamen Sommer des Leidens, der Klinikaufenthalte und der Rekonvaleszenz, genau jetzt, als ihr Leben und ihre Karriere am seidenen Faden hingen, war der ideale Moment für diese brüske Geste des Vom-Tisch-Fegens. Genau mit diesem zwischen kleinpunktiertem Viertelrhythmus und schwingendem Zwölfachteltakt changierenden Triumphmarsch, dem sogar etwas Zackig-Militärisches anhaftet, trugen sie dazu bei, dass Piaf wieder auf die Beine kam. Und dass das französische Chanson insgesamt um eine Perle reicher wurde.

Jener Nachmittag im Oktober 1960 ist die vorletzte große Begebenheit in der Piaf-Saga, fast auf den Tag genau drei Jahre vor ihrem Tod trägt sie sich zu. Eine Kette von Missverständnissen begünstigt sie: ein Termin bei ihr zu Hause, der nie verabredet werden sollte. Anrufe, die nicht entgegengenommen werden; ein Telegramm, das erst eintrifft, als Dumont und Vaucaire schon unterwegs zu Piaf sind. Zuständigkeiten im Piaf-Clan, die verwechselt oder ignoriert worden sind. Eine zornige, müde Piaf, der es besonders schlecht geht an jenem Tag, die niemanden empfangen will, Vaucaire zwar schätzt, aber von Dumont keine hohe Meinung hat. Abgeblitzt ist er schon so manches Mal bei ihr mit neuen Songideen. Eine entnervte Piaf, die sich im letzten Moment dann doch noch zu einer Miniaudienz überreden lässt. »Macht schnell.« Und die aus dem miserablen Gesangsvortrag Dumonts und seinem zupackenden Klavierspiel unverzüglich den Geniestreich und die Ohrwurmqualitäten heraushört. Die begreift, dass dieses Chanson wie kein zweites mit ihr verwachsen wird.

Der Rest ist Geschichte: Dumont muss seinen Titel bis in die frühen Morgenstunden spielen, wieder und wieder. Alle Gefolgsleute aus der Piaf-»Familie« werden herbeizitiert, um es für gut zu befinden, um zu akklamieren und Piaf noch weiter anzufeuern. Als der Tag anbricht, steht als letzter und wichtigster Begutachter Olympia-Chef Bruno Coquatrix verschlafen vor einer aufgekratzten Sängerin und einem hundemüden Pianisten. »Mit dieser Nummer«, so wird Coquatrix von Piaf kurzerhand beschieden, »werde ich deinen Laden retten.« Denn das Olympia steht kurz vor der Pleite. Zu verlieren haben er und sein launischer Star nichts. No regrets. Die Prophezeiung soll sich bewahrheiten: Tage später nur, im ersten Novemberdrittel 1960, spielen Piaf und Dumont das Chanson auf Platte ein, und noch vor Weihnachten erproben sie es bei Testaufführungen in der Provinz. Ende Dezember liegt dem Song und der wiederauferstandenen Piaf das Pariser Premierenpublikum zu Füßen. Es wird zum Motto ihrer letzten dreißig Monate.

Das Olympia floriert wieder. Dumont wird von ihr in den Himmel gehoben, seine Lieder dominieren von nun an ihren Spielplan; Monnot und andere treue, altgediente Gefährten zählen von einem Tag auf den anderen nichts mehr, werden »entsorgt«, bekommen Besuchsverbot. Alte, fabelhafte Chansons werden über Bord geworfen, durch genauso gute, aber eben brandneue Dumont-Titel ersetzt. »Da gibt es nichts zu bedauern.« »Rien de rien.« Weg mit den ollen Kamellen. Sie pfeift darauf! Nach Piaf die Sintflut.

Im sich zuspitzenden Algerienkonflikt wird Piafs Lebensfazit in den Folgemonaten zum Hit, wird gar zur Parole umgedeutet. Seine Metaphorik lässt viele Interpretationen zu: Zuversicht, Weiterleben ohne zurückzublicken, »jetzt erst recht« zu sagen. Die Olympia-Retterin Piaf widmet ihre Aufnahme des Titels sogar der französischen Fremdenlegion. Ein konservativer britischer Politiker, Norman Lamont, zitiert Piafs Klassiker 1992 für ein Resümee seiner Laufbahn. Seither ist der Titel immer gut für Abschiede aller Art, die bitteren, die unrühmlichen, die stolzen und auch die unbekümmerten. Und im Jahre 2010 bestaunt weltweit ein Millionenpublikum Christopher Nolans Film Inception, für den der Komponist Hans Zimmer einen komplexen Soundtrack entwickelt hat, in den Piafs farewell als eine Art Warnruf eingearbeitet ist – über weite Strecken basiert Zimmers Harmoniegerüst auf Piafs musikalischem Kopfschütteln, auf ihrem Volksgut gewordenen Rumpelstilzchen-Chanson.

Kann man Non, je ne regrette rien covern? »Nooooon«, muss die unmissverständliche Antwort lauten. Viele haben sich daran versucht, alle sind kläglich gescheitert. Denn wohl nie zuvor in der Chansongeschichte war ein Einfall so ausschließlich auf eine Interpretin zugeschnitten wie hier. Die abgeschmackte Wendung vom Auf-den-Leib-Schreiben trifft hier einmal wirklich zu: Genau das hatten Dumont und Vaucaire getan. Von ihr vorgetragen, ließ sich das Lied nicht mehr von diesem Leib, von Piafs schmächtigem, verwundetem Körper trennen oder abstreifen. Es saß an ihr wie eine zweite Haut. Als hätte man ihr seine spärlichen Zeilen eintätowiert.

Non, je ne regrette rien ist für Piaf, was My Way für Frank Sinatra wurde. Wagen wir das Wort ruhig: ein Vermächtnis.

Den Chansonnier
Herman van Veen
erinnerte sie an eine
gehetzte Fledermaus:
Piaf in ihrem Todesjahr 1963.

Zweimal sterben
Autumn Leaves an der Côte d'Azur · 1963

Die Piaf war eine Frau, die immer das tat, was sie im Moment wollte.
Sie sagte das, was sie gerade dachte,
und sie liebte, wenn sie gerade Sehnsucht nach Zärtlichkeit hatte.
All diese überschäumenden Gefühle komprimierte sie in ihrem Gesang.
Aber als ihre Kraft zum Singen nachließ,
war dieser Moment der Anfang vom Ende.
BRUNO COQUATRIX

Édith und Théo hatten La Serena entdeckt, als sie im vorangegangenen Winter von Nizza aus auf Sommerhaussuche an der Riviera gegangen waren. Das Art-déco-Haus hatte über zwanzig Zimmer, auf dem riesigen Gelände gab es einen Pool und eine eigene Anlegestelle. Für zwei Monate hatten sie den Mietvertrag – über stolze 50 000 Francs – unterschrieben, aber nun sah es so aus, als würden sie in dem prächtigen Haus keinen Urlaub verbringen. Vielmehr würde es, nach einem siebenundvierzigtägigen Krankenhausaufenthalt, als Stätte der Genesung dienen. Denn am 10. April, zehn Tage nach dem Debakel von Lille, war Piaf Hals über Kopf in die Klinik Ambroise Paré in Neuilly eingeliefert worden, wo sie, nachdem sie beinahe ihr ganzes Repertoire in somnambulem Zustand vor sich hin gesungen hatte, nach kurzer Zeit vollends einem Delirium anheimfiel, Folge ihrer fortgeschrittenen Leberzirrhose. Wieder ließ ein hepatisches Koma das Schlimmste befürchten. Théo war zwar in der glücklichen Lage, seiner Frau Blut spenden zu können, doch richtete dieser Transfer in letzter Minute nicht mehr allzu viel aus. Für mehrere Tage lag sie auf der Intensivstation, musste künstlich ernährt werden und schwebte zwischen Leben und Tod. Barrier ließ offiziell verkünden, nicht Piaf, sondern Sarapo sei es, der medizinischer Betreuung bedürfe, um eine halbwegs plausible Begründung für die Absage sämtlicher Konzertverpflichtungen der nächsten Monate geben zu können. Dann, es grenzte an ein Wunder, schlug Édith doch wieder die Augen auf. Dreißig Kilo wog sie noch. Und summte – ansonsten war sie nicht ansprechbar – wieder ihre Chansons. Eines nach dem anderen. Der Kelch war noch einmal an ihr vorübergegangen, genau so, wie es Cocteau soeben widerfahren war. Noch am 28. Mai, kurz bevor sie am Cap Ferrat eintraf, hatte er ihr geschrieben: »Meine Édith, dem Tod gerade noch einmal entwischt, ich weiß nicht einmal genau, *wie* eigentlich (das scheint Deine und meine Spezialität zu sein!), küsse ich Dich. Weil Du eine von den sieben oder acht Personen bist, an die ich täglich mit Zärtlichkeit denke.«[226]

Einige Schwarzweißfotos nach erfolgter Landung am Aéroport de Nice haben sich erhalten. Sie zeigen einen müden, etwas aufgedunsenen Théo, ganz in Schwarz, der einen kleinen Bordkoffer in der einen Hand hält und an der anderen Édith, ein Schatten ihrer selbst, in einem halblangen weißen Mantel, begleitet von Simone Margantin. Piaf lächelt gequält und wirkt erschöpft; als sie auf dem Rollfeld von der kleinen Maschine gleich in ein Auto umsteigt, dreht sie sich noch einmal um und grinst wie ein kleiner alter Kobold in die Kamera. Ihr spärliches Haar scheint auf ihrem Kopf keinen Halt mehr zu finden, ihre Zähne wirken ungepflegt und schadhaft. Nur in ihrem Blick liegt noch etwas Schalk.

Wie nicht anders zu erwarten, gerieten die Dinge gleich nach der Ankunft in La Serena am 31. Mai außer Kontrolle. Statt Genesung und klösterlicher Stille war Betriebsamkeit angesagt. Die Bonels, das Pariser Hauspersonal und der Chauffeur sowie die Stammmusiker wie Lai und Commaret waren selbstredend mit von der Partie; doch mit fast zwei Dutzend unbewohnten, komfortabel eingerichteten Zimmern an der Riviera zu Beginn der schönen Jahreszeit brauchte Piaf nicht lange auf weitere Gäste zu warten. Die ungebetenen erschienen zahlreicher und schneller als die ersehnten. Rund um die Uhr wurde gekocht und bewirtet, alle paar Minuten wurden Flaschen entkorkt und telefonische Bestellungen an Feinkostläden in Nizza und Villefranche aufgegeben, und nach nur wenigen Tagen wimmelte es in Piafs herrlichem Park wie in einem Ameisenhaufen. Obwohl man der Gastgeberin Abgeschiedenheit und strengste Ruhe verordnet hatte, zogen sich die Partys bis in die späten Abendstunden hin. Sie selbst konnte nur Schonkost in winzigen Mengen zu sich nehmen; ihre Besucher tafelten wie im Schlaraffenland. Es ging zu wie am Boulevard Lannes, nur dass sich diesmal das Hofleben im Freien vollzog. Aus den Schränken verschwand Schmuck, aus den Portemonnaies so mancher Geldschein. Die Hausherrin ließ es geschehen.

Von leiblichen Freuden freilich bis auf weiteres ausgeschlossen, lief »Dilouche« bald zu gewohnter Form auf und schwang wieder ihr diktatorisches Zepter. Journalisten von *Paris-Match*, eigens angereist, dokumentierten den fröhlichen, so überaus angenehmen Alltag im Süden; Vassal fotografierte Édith so, wie seine Leser in Paris sie gerne sehen wollten: in Urlaubsposen am Pool. Auf dem Weg der Besserung, ausgelassen und zufrieden. Und den Reportern von *France-Soir* erläuterte sie eine Woche nach ihrer Ankunft das Besondere an diesem *dolce far niente* in einer für sie völlig ungewohnten Umgebung: »Ferien sind doch etwas Herrliches. Für mich sind es die ersten meines Lebens, da können Sie sich ja vorstellen, wie glücklich ich bin.« Ihr zärtlicher Blick folgte Théo, der gerade mit einem Kopfsprung ins Schwimmbecken hechtete. Baden im Meer, an den Felsen unten am Anleger, hatte sie ihm verboten. Das fand sie zu gefährlich. Außerdem ertrug sie es schwer, wenn er sich für längere Zeit von ihr entfernte, keinesfalls durfte er zu den Mahlzeiten zu spät kommen.

Sie gestattete sich einen kleinen Rückblick, bevor sie optimistisch in die Zukunft schaute: »Noch vor kurzem hatte ich große Angst um mich. Aber mit gutem Willen kommt man aus allem wieder heraus, selbst aus einem Koma. Ich habe allerdings versprechen müssen, hier zwei Monate lang nichts, aber auch gar nichts zu tun.« Sie fühlte sich gerettet. Beeilte sich aber auch hinzuzufügen, dass sie La Serena nur gemietet habe. »Wenn mein Théo und ich im nächsten Jahr fleißig arbeiten, können wir uns dann auch so ein [eigenes] Haus leisten.« Édith pflückte Blumen, ruhte auf einer Sonnenliege oder griff nach einem Tischtennisschläger, so lange, bis die Presseleute abgefahren waren. Danach hielt sie ganze Nachmittage lang Siesta, um dann wieder mit ihren Höflingen zu feiern oder die Mitglieder der Familie Lamboukas, gerade aus La Frette eingetroffen, willkommen zu heißen. »Sie stand schon mit einem Fuß im Grabe, aber immer noch wusste sie, was für ihr Gefolge gut und gesund wäre.«[227] Noch hielt sie sich zurück, was Alkohol und schweres Essen anbelangte. Margantin hatte ihr eingeschärft, die Kräfte ihres Körpers nicht zu überschätzen und ihre Diät unbedingt einzuhalten. Piaf wusste nur zu gut, dass sie mit jedem Regelverstoß den Tod riskierte.

Figus war die Gunst eines unbeschwerten Aufenthaltes am Cap Ferrat und an Édiths Seite nicht zuteilgeworden. Er nahm einen Pressekrieg gegen seine einstige Gönnerin auf, der jegliches Maß vermissen ließ. »Édith Piaf ist in großer Gefahr, und ich habe Angst um sie. Sie langweilt sich«, warnte Claude in einem reißerischen Artikel für *Ici-Paris*. Er behauptete, Apathie, erzwungener Müßiggang und die Gesellschaft falscher Freunde schadeten ihr mehr als ihre »echten« Krankheiten. Erneut bot er sich und einen neuen männlichen Gefährten, der Sarapo ersetzen würde, scheinheilig als »Geschenk« und Allheilmittel an. Dass ihm Eifersucht und Neid zusetzten, war unüberhörbar. Er fühlte sich ausgebootet. Édiths Empörung ließ nicht lange auf sich warten. Sie konterte, indem sie die Dinge zwischen ihr und Figus öffentlich zurechtrückte: »Er hatte Hunger, ich habe ihn ernährt. Er hatte kein Bett, ich habe ihm eins besorgt. Er war ohne Arbeit, ich habe ihm geholfen. Zwischen uns hat es nie etwas gegeben. Nur ganz einfache, schlichte Gefühle wie Zuneigung und Freundschaft. ... Dass sich

Liebe in Hass verwandeln kann, das kann ich ja noch verstehen! Aber doch nicht Zuneigung, doch nicht Freundschaft!« Als Claude nicht nachgab, wies sie ihn erzürnt in die Schranken: »Hör' endlich auf und schweig'! Im Namen dessen, was einmal unsere Freundschaft gewesen ist, bitte ich dich darum, hör' auf! Du willst mir Schaden zufügen, großen Schaden, ich weiß es. Aber bist du dazu fähig, sogar meinen Tod zu wollen?« Für eine Aussöhnung oder einen Neuanfang war es längst zu spät; beide hatten Verletzungen davongetragen, die ein Wiedersehen unmöglich machten. Piafs Schlusswort fiel vernichtend aus. Sie hatte ein für alle Mal genug von Figus' Perfidie und Intrigen. »Ich habe dieser Zeitschrift, diesem Verräter und all jenen, die meinen Théo als Gigolo bezeichnen, nur noch drei Worte zu sagen: ICH VERACHTE EUCH.«[228] Trotz aller Entrüstung – die effektheischende Berichterstattung der Sensationspresse machte sie sich zunutze und gestand dies auch freimütig ein, hieß sie sogar gut. Natürlich verdammte sie aber deren Praktiken, sobald sie selbst nicht gut dabei wegkam.[229]

Die letzte Juniwoche verbrachte Édith im Krankenhaus. Sie hatte sich zu fetten Speisen verführen lassen und fiel erneut ins Koma. Danach war es mit den Gelagen in La Serena vorbei. Alle ungebetenen Gäste hieß sie abzureisen. Erwünscht waren nur noch Wegbegleiter, mit denen sie Treue, echte Freundschaft und eine gemeinsame künstlerische Vergangenheit verband: Bourgeat und Emer, Contet und Asso ersetzten jetzt ihre oberflächlichen, unredlichen und undankbaren *garçons*, die sich jahrelang bei ihr durchgefuttert hatten. Aznavour, den man hinter vorgehaltener Hand darauf hinwies, wie prekär Piafs finanzielle Situation war, bot seine Unterstützung an, Denise Gassion dagegen erschien zur Unzeit als Bittstellerin und wurde abgewiesen. Félix Marten hatte ein neues Lied für sie im Gepäck, Cocteau erkundigte sich telefonisch aus Milly-la-Forêt nach ihrem Wohlergehen. Am Nationalfeiertag kam es zu einer improvisierten Feier, um sie ein wenig aufzuheitern. Die wenigen verbliebenen Freunde, das reduzierte Hauspersonal, Édiths Pfleger und die Sarapo-Geschwister marschierten am 14. Juli in Feststimmung durch das große, leere Haus und überraschten Piaf mit einer zünftigen *Marseillaise,* zu der sie auf Pfannen und Töpfen trommelten. Bonel und Lai spielten Akkordeon, Aznavour ließ sich zu einer russischen Tanzeinlage hinreißen, Édith selbst steuerte mit dünnem Stimmchen ihren alten Gassenhauer *Nini peau d'chien* bei.

Man verschwieg ihr indessen, dass inzwischen alle geplanten Auftritte annulliert worden waren. Das Broadway-Projekt wurde ebenfalls aufgegeben. Die gesamte Aufmerksamkeit konzentrierte sich auf das Überstehen der nächsten Tage und Wochen: Ein weiteres Koma wäre tödlich für Piaf; alle Serena-Bewohner lebten nunmehr von Stunde zu Stunde. Abends wurde einer von ihnen nach Nizza geschickt, um neue Filme auszuleihen, die man dann im Salon projizierte und nächtelang anschaute. Édiths Sorgen aber galten allein Théo: Er solle sich von den Verlockungen der Riviera fernhalten, ermahnte sie ihn. Weder Casinobesuche noch Spritztouren im Sportwagen oder Partys in Cannes seien gut für ihn. Sarapo stand womöglich der Sinn nach einer Affäre; Gelegenheiten zum Kennenlernen anderer Männer bot die Côte in Hülle und Fülle. Einstweilen ließ er sich anketten und saß geduldig in ihrem *home cinema* neben ihr auf dem Sofa. Doch Ende Juli ging das Geld zur Neige, und der Mietvertrag lief aus. La Serena musste geräumt werden.

Am 1. August zog die ganze Gesellschaft in die weit bescheidenere Villa La Gatounière um. Sie lag im Hinterland von Cannes und in der Nähe des Prominentendorfes Mougins. Die Ärzte hatten wegen der hohen Luftfeuchtigkeit von Meeresnähe abgeraten. Das Auftischen verschwenderischer Mahlzeiten gehörte endgültig der Vergangenheit an. Gäste machten sich rar, und um dem Pianisten Commaret und dem Akkordeonisten Lai auch weiterhin Unterkunft zu gewähren, reichten die Mittel nicht mehr. Es wurde still um Édith. Théo und Christie vertrieben ihr die Zeit und führten sie, wenn sie sich kräftig genug fühlte, vorsichtig für einen kleinen Spaziergang durch den Garten, boten ihre Arme als Stütze an. Den Fortgang ihrer Karriere erwähnte Piaf immer seltener. Sie sprach gelegentlich davon, wie sehr sie Weills und Brechts *Dreigroschenoper* fasziniere, in der sie sich eine Mitwirkung vorstellen könne; sie intonierte ihre alten Lieder, kam aber schon nach wenigen Takten ins Stocken. Wenn sie telefonierte oder eine Unterhaltung führte, verlor sie den Faden. Nur wenn von neuen Sarapo-Projekten die Rede war, kehrte ihr Interesse zurück. Lebhaft erkundigte sie sich nach dem Fortgang der Verhandlungen mit dem Filmregisseur Georges Franju, der Théo für die Rolle eines Bösewichts in einem Remake von *Judex*, einer Stummfilmserie aus dem Jahre 1917, gewinnen wollte. Als Théo zusagte, war Édith überglücklich. Vorsorglich wies sie Noli an, regelmäßig kleine Artikel über Sarapo zu lancieren. Sie spürte, dass das Publikum ihrem Mann Misstrauen entgegenbrachte und noch immer lediglich auf ihrer, nicht auf seiner Seite war. Würde er ohne sie seinen Weg machen und auf eigenen Füßen stehen können? Théo tat alles, um die in ihn gesetzten Erwartungen zu erfüllen. Jeden Tag rief er sie aus Paris an und erstattete artig Bericht über den Fortgang seiner Dreharbeiten; wann immer er Zeit fand, erschien er mit Barrier zu Wochenendbesuchen.

Am 14. August wurde Piaf von Schwindelanfällen heimgesucht. Man diagnostizierte eine akute Medikamentenunverträglichkeit. Das von einem Dorfarzt verschriebene Diuretikum war zu hoch dosiert worden – er war mit ihrem Fall nicht vertraut gewesen. Margantin aber hatte an eine Vergiftung geglaubt und ihre Patientin in die Klinik Le Méridien in Cannes einweisen lassen. Abermals stand Piaf dort ein Koma durch, wieder verstrich eine Woche auf Messers Schneide mit Behandlungen und Transfusionen, bevor sie am 23. August entlassen wurde. Von nun an musste sie zweimal wöchentlich eine Implantattherapie über sich ergehen lassen, die bis Ende September dauern sollte. Diese neue Strategie schien anzuschlagen. Vassals Fotos von Édith im Krankenbett, die mehr denn je einem Leichnam glich, zirkulierten unterdessen in den Abendzeitungen und schockierten selbst hartgesottene Fans und Freunde.

Am 31. August rief sich ein inzwischen ebenfalls todkranker Cocteau telefonisch bei ihr in Erinnerung. Als die Verbindung getrennt wurde, griff er zu Papier und Stift und schrieb: »Mon Édith, wir wurden unterbrochen, genau in der Minute, als ich Dich meiner treuen Zärtlichkeit versicherte. Von meinen Streitgesprächen mit dem Tod erhole ich mich nur mit großer Mühe. Aber das Herz bleibt standhaft. Und es liebt Dich. Jean.«[230]

Am selben Tag hob sich der Vorhang für den dritten und letzten Akt ihres unseligen, fluchbeladenen Riviera-Aufenthaltes. Piaf wurde nach Plascassier umquartiert, einen kleinen Vorort der Parfumstadt Grasse. Dort hatte man mit dem Enclos de la Rourée ein *mas*, ein provenzalisches Landhäuschen, angemietet, das nicht sehr hübsch, aber bezahlbar war. Das Küchenpersonal wurde nach Paris zurückgeschickt, um weitere Ausgaben zu sparen, und nur noch die Kranke – die ohnehin so gut wie nichts mehr zu sich nahm außer gelegentlich etwas gekochtem Fisch, Reis oder Kompott –, ihre Betreuerin Margantin und die Bonels teilten sich die Behausung. Das *mas* war von einem ungepflegten Garten umgeben, zu dem ein verwahrloster Pool gehörte. Meeresluft hatte Édith hier nicht zu fürchten, doch geriet dieser September 1963, mit starken Winden, frühem Laubfall und überraschend kühlen Temperaturen, zu einem durch und durch ungemütlichen Herbstmonat. Piaf fröstelte selbst in den Innenräumen. Die Ruhe hier hatte etwas Beängstigendes.

Zerstreut und gedankenverloren schlurfte Édith durch die wenigen Zimmer oder umrundete das Schwimmbecken, wenn sie überhaupt hinausging. Die einzigen Lichtblicke waren Théos Telefonate – sie bezeichnete ihn jetzt als den »Geldverdiener in der Familie« – und ihre Bekanntschaft mit einem jungen Mädchen, das täglich vorbeischaute. Clarine, die Tochter des Lebensmittelhändlers von Plascassier, war freundlich und ungebildet, wirkte aber aufgeschlossen und begabt. Piaf stellte sie offiziell als Hausmädchen ein, doch in Wirklichkeit gab sie ihr Englischstunden, weckte ihr Interesse für Literatur, insbesondere Poesie, und ermutigte sie, es Margantin gleichzutun und Gedichte zu schreiben. Mit Simone, die zu ihrer Vertrauten und Freundin wurde und die sie als Gesprächspartnerin schätzte, tauschte sich Édith mehrmals täglich aus. Clarine, Simone, Danielle – sie, die ein Lebtag die Gesellschaft von Männern gesucht hatte, sah sich nun auf einmal ausschließlich von Frauen umgeben. Fast so wie einst in Bernay …

Die Krankenschwester, mit der Piaf in lichten Momenten auch mal Detailfragen zur französischen Geschichte erörterte, hielt den Kontakt zu Noli und Vassal aufrecht; Danielle und Marc Bonel sahen es nur ungern. Keiner der beiden »Cliquen« gelang es jedoch, Édith in Gänze für sich zu vereinnahmen oder zu kontrollieren. Alle Berichte über die Umstände von Piafs Ende existieren deshalb in zwei, teils erheblich voneinander abweichenden Fassungen. Wie schon ihre Geburt umgibt auch ihren Tod ein Schleier von Vermutungen, Gerüchten und – man kann es nicht anders ausdrücken – von Hirngespinsten.

Wer jetzt noch in Plascassier anrief oder vorbeischaute, sagte, ohne es zu wissen, Lebewohl. Charles Dumont meldete sich aus Marseille und übergab den Telefonhörer an Jacques Brel, der ein neues Chanson für sie komponiert hatte: *Je m'en remets à toi*. Édith scheute sich vor einem Treffen mit den beiden Komponisten und ließ es sich stattdessen am Apparat vorsingen. Brels Lied und vor allem dessen Botschaft – »Ich verlasse mich auf dich, ich vertraue mich dir an« – gefielen ihr. Sie versprach, den Titel bald in Paris einzustudieren. Dumont machte sich später Vorwürfe, nicht doch auf einer letzten Begegnung bestanden zu haben. Anderntags, als Théo und Barrier zu Gast waren, beraumte sie eine Probe an »für die nächste Saison« – die Anwesenden, die sie im Glauben ließen, die Theater für die Wintertournee seien längst ausverkauft, gruselte es, als sie mit anhören mussten, was aus Édiths einstmals so kraftvollem Gesang geworden war. Nur noch ein heiseres, mattes Krächzen entrang sich ihrer Kehle, und in jeder zweiten Strophe versagte ihr Gedächtnis. Man ersparte ihr die Wahrheit. Und man ersparte ihr auch eine erschreckende Nachricht aus Saint-Tropez. In der Nacht vom 4. auf den 5. September hatte sich Claude Figus dort mit einer Überdosis Schlaftabletten das Leben genommen. Mittellos und ohne Engagement, verlassen und verachtet von »seiner« angebeteten Édith, war das Dasein für ihn unerträglich geworden.

Das Tandem Noli und Vassal, das von Zeit zu Zeit im Enclos anklopfte, ließ sich von den Bonels nicht abwimmeln. Piaf, sichtlich erfreut und aufgeblüht, empfing die beiden im Garten. Schönes Wetter hatte sich noch einmal zurückgemeldet. Die drei plauderten über Rosenkreuzer und Philosophie. Über die berühmten letzten Dinge. Édith weigerte sich hinzunehmen, dass nach dem Ableben eines Menschen nichts als Staub von ihm zurückbleibe. Sie bekräftigte ihren Glauben an die Wiedergeburt. »Nach meinem Tod käme ich gerne auf die Erde zurück«, hatte sie bereits an anderer Stelle verlauten lassen. Und auch: »Ich bin sicher, dass ich schon einmal gestorben bin.« Simone Margantin hatte sie Ähnliches prophezeit: »Du wirst schon sehen, wenn ich tot bin, komme ich wieder zurück.« Es klang fast wie eine Drohung. Simone geleitete die Journalisten zur Gartenpforte, denn Édith war eingenickt. Die Pflegerin vertraute den Männern an, dass Piaf zwischen Verzweiflung und Euphorie schwankte. Jeden Tag, so Margantin, zog sie Bilanz. Listete ihre Fehler und Versäumnisse auf, sprach von dem hohen Preis, den sie für ihre »Dummheit« zahlen müsse. Alles, was Édith jetzt, unter vier Augen, noch von sich gab, war das genaue Gegenteil von dem, was sie in *Non, je ne regrette rien* noch so triumphierend behauptet hatte. Piaf bereute viel. Sehr viel sogar.

Am 5. Oktober statteten Vassal und Noli, die gerade eine Reportage über Gilbert Bécaud auf dem Cap d'Antibes abgeschlossen hatten, ihr nochmals einen Besuch ab. Diesmal konnten sie ihr Entsetzen schwer verbergen. »Édith war kaum wiederzuerkennen – auf ihrem Sessel zusammengesunken, in eine Decke gewickelt. Die einfachste Geste wie das Heben einer Hand kostete sie unendliche Anstrengung. Zum ersten Mal reagierte sie nicht auf unsere Wangenküsse.«[231] Es fiel ihnen nicht leicht, zu scherzen und von Piafs angeblich bevorstehendem Olympia-Gastspiel im Februar 1964 zu sprechen. Ihre Freundin spielte die Komödie mit, flüsterte aber nur noch. Die Implantattherapie war ohne nennenswerte Fortschritte am Ende des Vormonats abgebrochen worden, und Simone wurde nach Genf geschickt, um Medikamente zu beschaffen, die es in Frankreich nicht gab. Man wollte nichts unversucht lassen und zog auch einen Magnetiseur zu Rate.

Kaum aus der Schweiz und vom Flughafen zurückgekehrt, fand sie Piaf in erbarmungswürdigem Zustand wieder. Édith war völlig aufgelöst. Während Margantins Abwesenheit hatte sie ihre alten Platten aufgelegt und beim Anhören erkannt, dass sie nie wieder singen und auftreten würde. Es hatte ihr das Herz gebrochen. Und sie teilte Simone ihren Entschluss mit, sich von Théo zu trennen. Es sei unmöglich, angesichts ihrer Situation noch weiter als Ehepaar zusammenzuleben. Sarapo sei inzwischen selbständig genug als Künstler, um allein weiterzukommen. Er solle am Boulevard Lannes sein eigenes Leben führen, sie wolle ihm die Freiheit wiedergeben. »Théo ist doch schon längst gar kein Gatte mehr, er ist nur ein armer kleiner Bengel, dessen Mutter immerzu krank ist.«[232] Der Rest ihrer Beteuerungen und wirren Äußerungen ging in Schluchzern unter. »Stets ist die Liebe vor mir geflohen«, hatte sie in ihren Memoiren geklagt. »Nie konnte ich den, den ich liebte, lang in den Armen halten. Jedes Mal, wenn ich glaubte, den Mann meines Lebens gefunden zu haben, wurde alles zunichte, und ich war wieder allein.« Aber ein einziges Mal, ein letztes Mal hatte sie sich darin getäuscht – Théo hielt bis zum Schluss zu ihr. Mochte sie sich auch einsam fühlen hier im Bergland von Grasse, allein war sie nicht.

Am Nachmittag des 7. Oktober, einem Montag, goss es in Strömen. Piaf, der Agonie nahe, lag schon im Bett. Es war trotz der frühen Stunde bereits nachtdunkel draußen, als eine Frau und ein Teenager im Enclos Einlass begehrten. Momone, mit ihrem unfehlbaren Instinkt für die entscheidenden, dramatischen Augenblicke im Leben ihrer »Schwester«, hatte nach langen Jahren der Entfremdung wieder den Weg zu ihr gefunden. Ihre Tochter, Édiths Namensvetterin, begleitete sie. Momone und die zweite Édith ließen sich von Piafs Weigerung, sie zu empfangen, nicht beirren und bahnten sich an Margantin und Bonel vorbei einen Weg ins Schlafzimmer. Die Unterhaltung zwischen den beiden Straßensängerinnen von der Rue Troyon war kurz und unangenehm. Momone und ihre Édith wurden nicht gebeten, zum Abendessen dazubleiben, und was immer sie von der Sterbenskranken gefordert haben mochten, es wurde ihnen nicht gewährt. Unverrichteter Dinge zogen sie wieder ab. Noch am Morgen hatte Piaf sich von Théo und Loulou verabschiedet. Ihrer *frangine* kam es somit zu, die letzte Besucherin in Plascassier gewesen zu sein.

Am Morgen des 8. Oktober war Édith überraschend wieder zu Kräften gekommen. Sie bat darum, geschminkt zu werden, spazierte im Garten umher und las draußen in einem Sessel bis in die Nachmittagsstunden hinein. Sarapo, ihr abendlicher Anrufer, war glücklich, sie in so guter Verfassung anzutreffen, und musste sich minutenlang gutgemeinte Ratschläge von ihr anhören. Die Ruhe vor dem Sturm. Tags darauf, am 9., gedachten beide ihres ersten Hochzeitstages. Édith ging es so schlecht wie selten zuvor. Schüttelfrost plagte sie, ihr war schwindlig, und sie verließ ihr

Schlafgemach nur für einen kurzen Imbiss. Cocteau meldete sich per Telefon. Er war der einzige Gratulant und kündigte seinen baldigen Besuch an. Danielle Bonel, die ihr Gesellschaft leistete, hörte von Piaf den seltsamen Satz: »Meine Liebe, wir werden gemeinsam noch viele schöne Reisen unternehmen.« Und Simone, die ihr eine Fußmassage verabreichte, wurde nach einer langen Diskussion über die Protagonisten der großen monotheistischen Religionen von ihr gefragt: »Findest du es nicht auch eigenartig, dass Jesus, der einer bitterarmen Familie entstammte, sie ausgerechnet in einem Alter verlassen hat, in dem er hätte arbeiten, ihr nützlich sein und ihr helfen können?«[233]

Über das, was sich in der Nacht zum 10. Oktober und in der ersten Tageshälfte zutrug, herrscht noch nach einem halben Jahrhundert Unklarheit. Sowohl Simone als auch Danielle beanspruchten die alleinige Zeugenschaft der Vorgänge in Édiths Zimmer. Aber es lässt sich eine Schnittmenge der beiden Versionen erstellen, derzufolge Margantin am Abend ungewöhnlich früh schlafen ging, nachdem sie Piaf, die merkwürdig erregt, ungeduldig und nervös auf sie wirkte, geholfen hatte, kniend ihr Gebet zu verrichten. Gegen zwei Uhr früh verließ sie ihr Nachbarzimmer, um nachzusehen, wie es um Édith stand. Sie schien zu schlafen. Das Licht brannte noch. Piafs Gesicht war strohfarben, gelblich. Simone schlug die Decke zurück und entdeckte einen riesigen braunen Fleck auf dem Laken – eine schwere Blutung musste erfolgt, ein großes Gefäß geplatzt sein, vielleicht die Milzarterie. Margantin legte ihr einen Tropf, um sie mit Vitaminen zu versorgen. Versuchte verzweifelt, weitere Blutungen in der Bauchhöhle zu stoppen. Dann verständigte sie einen Arzt in Valbonne, der lange auf sich warten ließ. Endlos lange. Simone, zur Untätigkeit verdammt, wusch die Stirn der Sterbenden und benetzte ihre Zunge und Lippen. Abwechselnd mit Danielle wachte sie bei ihr, hielt ihre Hand und redete ihr beruhigend zu. Bonels Anstrengungen, einen Priester zu erreichen, damit Édith die Letzte Ölung empfangen konnte, waren vergeblich. Als der Arzt schließlich erschien, konnte er nichts mehr für Piaf tun. Auch der Magnetiseur, der ihr behilflich sein wollte, friedlich zu entschlafen, vermochte nichts auszurichten. Gegen Mittag endlich rief Théo zurück, den die beiden Frauen bereits morgens verständigt hatten, doch die früheste Maschine ging erst gegen fünfzehn Uhr aus Paris ab. Er würde seine Frau nicht lebend wiedersehen.

Kurz nach dreizehn Uhr öffnete Édith Piaf für einen kurzen Moment die Augen, setzte sich ruckartig auf und sandte einen letzten, intensiven Blick auf einen unbestimmten Punkt in der Ferne. Dann sackte sie in sich zusammen, alles Leben wich aus ihr. Und nachdem die entsetzten Schreie der beiden Frauen in ihrer Nähe verebbt waren, wurde es totenstill im Enclos de la Rourée. »Noch kurz vor meinem Tode werde ich an ein Chanson denken«, hatte Édith einmal vorhergesagt. »Und wenn ich wählen könnte, würde ich gern mitten im Singen auf der Bühne zusammenbrechen, um nie mehr aufzustehen.« Diese Wahl hatte sie nicht. Das Schicksal hatte anders entschieden.

Obwohl, im Nachhinein betrachtet, das gesamte Jahr 1963 auf dieses Ende zugesteuert war, ein Ende, das in erster Linie wohl eine Erlösung darstellte, herrschte große Bestürzung in Plascassier. Und es schweißte die beiden einander misstrauisch gegenüberstehenden Lager bei der Frage, was als Nächstes zu tun sei, kurzzeitig wieder zusammen.[234] Es galt, sich abzustimmen und den Schein zu wahren. Vor dem Haus lauerten Dutzende von Journalisten wie die Aasgeier. Das Kommen und Gehen aller Beteiligten wurde überwacht, das Enclos befand sich im Belagerungszustand. Am Telefon, das möglicherweise angezapft war, beschränkte man sich auf Andeutungen, damit die Nachricht nicht durchsickern konnte. Nach dem Eintreffen von Sarapo und Barrier am späten Nachmittag wurde Kriegsrat gehalten. Am wichtigsten war jetzt, Piafs Tod in diesem unbedeutenden Bergdorf zu vertuschen und ihrem letzten Wunsch Genüge zu tun: »Ich möchte in Paris sterben und dort auch begraben werden, in meiner Grabstätte auf dem Père-Lachaise, zusammen mit meiner kleinen Tochter und meinem Vater.«[235] Undenkbar, Édith in Plascassier für tot zu erklären. Für sie als Pariser Kind kam nur ein Ort in Frage als ewige Ruhestätte – der Ort, der im Einklang mit ihrem Mythos stand. Schnelles Handeln war gefragt, und so wich die wochen-, ja monatelange Tatenlosigkeit einer erstaunlichen Aktivität. Wollte man die Legende vom Pariser

Ableben der großen Sängerin inszenieren und auch über ihr Begräbnis hinaus noch möglichst lange aufrechterhalten, musste als Erstes der Wettlauf gegen die Zeit gewonnen werden.

Danielle Bonel wurde daher beauftragt, in der Klinik, die Édith zuletzt betreut hatte, vorzusprechen und um die Bereitstellung eines Krankenwagens nachzusuchen. Zum Glück willigte die verantwortliche *mère supérieure* ein. Die Reporter sollten fürs Erste an eine neuerliche Einlieferung ins örtliche Krankenhaus glauben. Piafs Leichnam wurde am frühen Abend, bei Einbruch der Dämmerung, hinter dem Haus auf den Rücksitz gehievt, Margantin und Théo rahmten sie ein. Durch die abgedunkelten Scheiben konnte man die Tote für eine Schlafende halten, deren Kopf von Zeit zu Zeit auf die Schultern ihrer Sitznachbarn sank. Eine makabre Verfolgungsjagd begann. Zunächst fuhr der Krankenwagen mit halsbrecherischer Geschwindigkeit Richtung Cannes, bog dann aber ohne Vorwarnung auf eine westliche Nebenstrecke ab, Fréjus und die Küste von Saint-Raphaël im Visier. Die Presseleute wurden abgehängt und ahnten nicht, welches Ziel Édiths letzter Chauffeur in Wahrheit im Auge hatte. Die Journalisten waren ausgetrickst. Barrier und die Bonels räumten derweil das Landhaus[236] und eilten am nächsten Morgen zum Flughafen von Nizza. Von dort flogen sie nach Orly und trafen kurz nach dem Krankenwagen, der während der Nachtstunden mit seiner kostbaren Fracht ganz Frankreich im Eiltempo durchquert hatte, bis er tausend Kilometer weiter nördlich im Morgengrauen endlich Paris erreichte, am Boulevard Lannes ein. Was wohl Sarapo und Simone, Seite an Seite mit dem Leichnam, in dieser Nacht empfunden haben mögen? Sie konnten es kaum fassen, die abenteuerliche Überführung war geglückt. Und schließlich spielte auch Dr. Bernay de Laval – nomen est omen! – mit, einer von Édiths Vertrauensärzten, und erklärte seine Patientin erst am Morgen des 11. Oktober für tot. Ein gefälschter Totenschein, auf sieben Uhr Ortszeit ausgestellt, über dessen Zustandekommen alle Akteure Stillschweigen bewahrten, besiegelte den »guten Ausgang« des Märchens vom Pariser Ende der beliebten Interpretin. Piaf durfte zweimal sterben, und ihr erster Tod wurde unter den Teppich gekehrt.

Noch nicht achtundvierzig Jahre alt war sie geworden, und

schon tot – so verkündeten es die Schlagzeilen der Zeitungen, die bereits am späten Vormittag in Paris erschienen und den Verkäufern aus den Händen gerissen wurden. Niemand kam Flucht und Camouflage auf die Schliche; niemand unter den ersten Nachrufschreibern schöpfte Verdacht, warum eine schwer Kranke in ihrem Pariser Appartement ohne adäquate medizinische Versorgung friedlich entschlief, während sie tags zuvor noch in Südfrankreich auf dem Weg ins Krankenhaus gewesen war.

Niemanden aber traf die Nachricht mit größerer Wucht als ihren alten Freund Cocteau. Der Dichter und Autor von *Le bel indifférent*, dessen Stunden schon gezählt waren, skizzierte im französischen Rundfunk mit schwacher, versagender Stimme noch eine Ode an seine Nachtigall. Er sprach davon, dass »das Schiff im Sinken begriffen« sei und schloss sich selbst mit ein. Obschon seine Kräfte schwanden, fand er für sie noch einmal die richtigen, die bewegenden Worte: »Nie verteilte sie sparsam – sie gab alles her, was sie besaß. Wie all jene Menschen, deren Leben auf Mut basiert, dachte sie nicht an den Tod, sie forderte ihn heraus. Sie trotzte ihm. Nichts als ihre Stimme bleibt von ihr ... die alles in die Höhe hob, was sie sang. Aber selbst wenn ich jetzt auch im Besitz ihrer Stimme bin, habe ich leider doch zugleich eine großartige Freundin verloren.«[237] Nur wenige Stunden nach dem Verlust der Freundin starb auch er. Erstickungsanfälle setzten ihm zu, und ein Herzinfarkt raffte ihn dahin.

Édith und Jean – verbunden noch im Tode. Am Abend des 11. Oktober waren viele Franzosen fassungslos angesichts dieser doppelten Tragödie. Sie hatten Mühe zu begreifen, warum »der Zufall« ihnen am selben Tag die bedeutendste Vokalistin ihrer Zeit und einen der einflussreichsten Poeten, Maler und Filmemacher des Jahrhunderts entrissen hatte. Hinter diesem zweifachen Tod, der wie ein doppeltes Ausrufezeichen wirkte, vermuteten viele einen tieferen Sinn.

Für Édiths Freunde und Vertraute begannen erst jetzt die schweren Stunden. Sie wurden tagelang mit den Emotionen von Kollegen und unzähligen Unbekannten konfrontiert, noch bevor sie selbst Zeit fanden, das Ereignis zu verarbeiten; gleichzeitig hatten sie alle Hände voll zu tun. Piaf wurde einbalsamiert und in der Bibliothek ihrer Wohnung aufgebahrt wie in einer Kapelle. Sie trug eines ihrer schlichten schwarzen Bühnenkleider und hielt Blumen in den Händen: eine Orchidee und eine Rose. Théo hatte seine Frau ein letztes Mal frisiert und ihr die markanten, weit in die Stirn geschwungenen Augenbrauen nachgezogen, war dann aber mit dem Empfang der Besucher völlig überfordert und vergrub sich, übernächtigt und dem Zusammenbruch nahe, im Schlafzimmer. Bonel erwähnte später, dass von Édith eine Totenmaske angefertigt worden sei, von einem gewissen Minazzoli, der kurz zuvor auch Cocteaus Gesicht für die Nachwelt festgehalten hatte.

Noch am Freitag setzte sich dann in ihrem Appartement eine triste Prozession in Gang. Jacques Pills und Cerdans Sohn Marcel junior nahmen Abschied von Piaf; Marten, Meurisse, Montand und Aznavour defilierten an ihren sterblichen Überresten vorbei. Die Sekretärinnen und Freundinnen Dédée Bigard und Suzanne Flon erwiesen ihr die letzte Ehre, Tino Rossi sagte Adieu und auch Robert Chauvigny, dessen lange Krankheit ihn zuletzt daran gehindert hatte, für Édith zu dirigieren und zu arrangieren wie in all den früheren Jahren. Nicht bekannt ist, ob sich auch Momone unter den privaten Trauergästen befand. Es erscheint schwer vorstellbar.

Am Wochenende entschied Sarapo, dem bewusst war, wie wichtig Piaf eine letzte Zusammenkunft mit ihrem Publikum gewesen wäre, die Wohnung für die Leute auf der Straße zu öffnen. Abertausende von Bewunderern hatten sich in schweigender Andacht am Boulevard Lannes und auf den Wegen des angrenzenden Bois de Boulogne versammelt, viele von ihnen hatten sogar die Nacht draußen verbracht. Am 12. und 13. Oktober verschaffte Théo ihnen, la foule, die Gelegenheit, im Angesicht »ihrer« Édith noch einmal alles loszuwerden, was sie auf dem Herzen hatten. Oder sich bei ihr im Stillen zu bedanken, vor ihrem offenen Sarg. Stunde um Stunde spielten sich herzzerreißende Szenen in der Bibliothek ab. Frauen wurden von ihren Gefühlen übermannt, Männer hatten Mühe, nicht die Beherrschung zu verlieren, Alte bekreuzigten sich. Das gerade noch rechtzeitig eingesetzte Sicherheitspersonal wurde dem chaotischen Gedränge der Menge, die sich durch die Zimmer schob, den Hauseingang versperrte und die Straße blockierte, nicht mehr Herr und verlor den Überblick. Und selbstverständlich verschwanden zahllose Gegenstände. Bücher mit Widmungen wurden gestohlen, Nippesfiguren und dekorative Objekte. Édith, der Sentimentalität zeitlebens fremd war, hätte es amüsiert mit anzusehen, wie ihre Fans jede Menge Souvenirs mitgehen ließen. Schließlich waren Gläubige, sie wusste es aus eigener Erfahrung von ihren Wallfahrten, in Ermangelung eines direkten Kontaktes mit »ihrer« Heiligen, auf die Verehrung von Devotionalien angewiesen. Und dass ihre Freunde bei ihr zu Hause nach Herzenslust klauten, daran war sie gewöhnt.

Mit welchem Bild vor Augen schieden diese Menschen von Édith Piaf? Sahen sie sie auf der Bühne vor sich, als trotzige Interpretin von *Non, je ne regrette rien*, als Verkünderin der *Hymne à l'amour*, als sensible weibliche Tastatur des *Accordéoniste*, als verlassene Geliebte eines Legionärs, als im siebten Himmel schwebende, liebende Frau, ihr *Vie en rose* in vollen Zügen auskostend? Vergegenwärtigten sie sie sich als Teil eines unsterblichen Paares, Arm in Arm mit Cerdan? Dachten sie an eine der letzten Aufnahmen von ihr, die eine kleine Madame Lamboukas, in weißem Mantel und mit schwarzem Schal, auf einem laubbedeckten Waldweg zeigt, Hand in Hand mit einem riesenhaften Théo Sarapo, der sie zu ihrer letzten Ruhestätte zu geleiten scheint? Oder riefen sie sich eine Filmszene aus *Étoile sans lumière* in Erinnerung, in der eine noch junge, elegante Édith einem alten, traurigen und grell geschminkten Clown direkt gegenüberstand? Ihm, dem abgehalfterten Schausteller, kullerten drei aufgemalte Tränen über die Wange; sie, im Profil zu sehen, nahm ihn stumm, aufmerksam und konzentriert in Augenschein. So als läse sie in seinem müden Gesicht bereits die tragische, unausweichliche Zukunft aller Zirkusleute und Nomaden – den Tod in der Manege.

Oder pflichteten ihre Fans Bruno Coquatrix bei, der größte Hochachtung für Piaf empfand? Der einmal über sie sagen würde: »Es gab nichts an ihr, was aufgesetzt war. Sie war ein leidenschaftlicher Mensch, der gesungen hat. Ich glaube, dass sie das Größte war, was mir in künstlerischer Hinsicht je begegnet ist.« Stimmten diese Menschen aus vollem Herzen dem anonymen Redakteur von *Paris-Match* zu, der eine Woche nach ihrem Tode, unter der Überschrift *Adieu Piaf!*, ihre Gefühle in Worte fasste? Der sich, wie sie, nicht mit ihrem Verschwinden abfinden wollte. Und der, stellvertretend für sie alle, schrieb: »Édith Piaf grüßt. Der Vorhang ist gefallen. Diese winzige schwarze Gestalt, fast immateriell, das ist alles, was [Bühnenarbeiter und Beleuchter] von ihr sehen. Aber selbst das Publikum hat eigentlich nie mehr von ihr zu sehen bekommen: Ihr Leben lang ist Piaf … nichts als ein kleines Stück leidenden Fleisches gewesen, das man in das Kleid eines Waisenkindes gesteckt hatte. Man hörte Piaf zu, aber man sah sie nie wirklich. Verschwindend klein auf den gigantischen Bühnen von Paris und New York war sie. Weniger ein Spektakel als vielmehr eine Atmosphäre. Ein ganzes Volk, das von der Straße nämlich, erkannte sich in ihr wieder. Sie gehörte genauso zu den Pflastersteinen … von Paris wie das Ruckedigu der Tauben, der Heidenlärm der Müllmänner, die … Schritte der Arbeiter bei Tagesanbruch und die … unentschiedene Gehweise eines Passanten, der erst um zwei Uhr in der Frühe nach Hause geht.

Heute ist Piaf gestorben. Sie ist tot. Und in Paris fehlt jemand.« In Paris wird jemand vermisst.[238]

Mon Dieu

»Mein Gott!, mein Gott!!, mein Gott!!!« – nicht einfach so dahingesagt oder achtlos vor sich hin geflucht, sondern mit der allergrößten Inbrunst dargeboten. Piafs Zwiesprache mit einer übergeordneten Macht ist ein Stoßgebet voller Dramatik; mehr noch als Non, je ne regrette rien, aus dessen Entstehungszeit, Ende 1960, es stammt, stellt es ihr musikalisches und künstlerisches Testament dar. Wieder waren es Vaucaire und Dumont gewesen, das lange verschmähte Autorenteam und jetzige Erfolgsgespann, die den passenden Ton getroffen und die anrührenden, weil schlichten Worte gefunden hatten für diesen Schwanengesang. Wie beim berühmteren Titel vom fehlenden Bedauern verschmelzen auch hier Person und Persona zu einer einzigen Gestalt: Die hier singt, fleht, bittet und bettelt, vor Gott auf die Knie fällt, ist niemand anderes als Piaf selbst. Keine Geschichte ist mehr erforderlich, keine Anekdote, keine Pointe, keine Milieuschilderung – nur noch die nackte, unverblümte Wahrheit am Lebensende, gemäß ihrer oftmals geäußerten Überzeugung: »Echtes Glück muss man mit Tränen bezahlen.« Die Erkenntnis des Alleinseins. Die langen Gesangspassagen sind ersetzt durch einzelne, abgehackte Anrufungen – ein gestammelter Vortrag, bei dem jeder Zweisilber sich zu einem riesigen Ausrufezeichen steigert. Einmal noch lieben, einmal noch Glück verspüren, einmal noch einen namenlosen »Ihn« ihr Eigen nennen dürfen, nur darauf kommt es an. Dieses Zugeständnis des Allmächtigen wird zum höchsten aller Gefühle, zum ultimativen Wunsch erklärt.

Eine fast opernhafte, verklärte Orchestereinleitung gibt den hohen Ton an: Hier geht es um die letzten, die allerletzten Dinge. »Klassische« Klavierarpeggien und üppiger Streichereinsatz sorgen dafür, dass die Stimme in tiefer Lage, die sich in winzigen Schritten halbtonweise emporschraubt, getragen und unterstützt wird. In der ersten Strophe mit ihrem additiven Prinzip gestattet sich die um Liebe Bittende noch Hoffnung, fordert einen Tag, zwei Tage, ja eine Woche Gnadenfrist mit ihrem Geliebten von Gott ein – Zeit, die benötigt wird, um sich gegenseitig anzubeten, sich die Zuneigung einzugestehen, Erinnerungen überhaupt erst zu »fabrizieren«, das Leben »anfüllen« zu können. Das qualvolle Schluchzen, das Piaf dabei in das Silbenpaar »oh oui!« zu legen vermag, zitiert alle verflossenen Beziehungen, alle vertanen Möglichkeiten, aber auch das ewige Scheitern, den Tod Cerdans und die Trauer um seine endgültige Abwesenheit. Hier werden alle Masken abgelegt, tritt die singende Tragödin ungeschminkt vor ihr Publikum. In der zweiten Strophe mit ihrer rückläufigen Mechanik beginnt die Flehende zu verzagen: Darf sie noch hoffen, dass ihr die Zweisamkeit für sechs, drei oder wenigstens zwei Monate gewährt wird? Schließlich würde sie sich sogar mit einem Monat zufriedengeben – Zeit, um etwas anzufangen oder auch schon wieder abzubrechen; Zeit, sich gegenseitig das Leben zu »erhellen« oder sich mit dem Leiden abzufinden.

Der einsamen Frau aus der dritten Strophe ist die Zeit zwischen den Fingern verronnen, unwiderruflich abgelaufen. Fast hat sie kapituliert, bäumt sich nur noch ein letztes Mal auf: »Selbst wenn ich unrecht habe, selbst wenn ich es nicht verdiene, lasst mir ihn noch.« Nicht Mitleid verlangt sie. Um bloßen Aufschub wird gebettelt. Das in den Schlussakkord mündende »encore« (»noch«) wirkt herzzerreißend und beinahe dämonisch. Piaf entblößt sich. Wagt eine schonungslose Abrechnung. Mon Dieu, repetitiv und dennoch aufwühlend, wird zu einem einzigen auskomponierten Verzweiflungsschrei. Und trotz des pompösen, grotesk aufgeblasenen Arrangements – »himmlische« Chöre gesellen sich im fanal-artigen Schlussteil dazu – kommt er nicht peinlich und sentimental daher, sondern ergreifend, verstörend und überzeugend.

Kaum zu glauben, dass dieser parareligiöse Titel ursprünglich einmal »Toulon, Le Havre, Anvers« heißen sollte – ein weiteres Lied um See-leute und betrogene Matrosenliebchen, wobei die Aufzählung von Orten und Hafenstädten an die Stelle des dreifachen Heraufbeschwörens von Gott getreten wäre, hätte sich die Interpretin nach den Vorschlägen ihrer Autoren gerichtet. Piaf befand jedoch, dass sie der maritimen Larmoyanz in ihrem Repertoire längst Genüge getan hatte und wies Vaucaire an, bin-nen Stunden einen neuen Text zu verfassen. Eine schlaflose Nacht später hatte er ihr großes, letztes Gebet zu Papier gebracht. Und in den ihr ver-bleibenden zweieinhalb Jahren sollte Piaf bei jedem ihrer Récitals damit vor ihrem Publikum symbolisch auf die Knie sinken. Nicht mehr von der heiligen Thérèse von Lisieux, nein, von ihren Zuschauern, die sie somit zu ihren Richtern erklärte, erhoffte sie sich am Ende Abbitte, Verzeihen, Erlösung.

Emporte-moi

Das letzte große Lied der Piaf wurde im Herbst 1962 aufgenommen. »Nimm' mich mit« oder »Trag' mich von hier fort« ist eine weitere An-strengung, die Trauer zu überwinden, die Leerstellen ihrer Biographie auszublenden, verpfuschte Momente zu ignorieren und alles Unliebsame hinter sich zu lassen. In Piafs letzten Lebensjahren gehörte der junge, talentierte Komponist Francis Lai zu ihrem engeren Kreis. Ihm verdankte sie dieses traurige Lied vom Abschiednehmen, zugleich auch eine Ermun-terung an einen ungenannten Geliebten, sie zu erlösen. Und mit einem Schlag – durch die Entführung der melancholisch gestimmten Sängerin – alle ihre Probleme aus der Welt zu schaffen. Als handle es sich um ein Kinderspiel.

Lai, aus Nizza gebürtig, sollte nach Piafs Tod zu einem der wichtigsten Filmmusiker Frankreichs avancieren und die unvergessenen Titelsongs für Claude Lelouchs Un homme et une femme sowie für Eric Segals und Arthur Hillers Love Story schreiben – zwei internationale Erfolge.

Seine Markenzeichen: schwelgerische Modulationen, Klavierdominanz, schwärmerische Harmonik, eine Prise Sentimentalität. So auch hier. Emporte-moi dagegen zählte, genau wie ein anderer Lai-Beitrag, Sale petit brouillard, nie zu den neuen Chansons, die Piafs Publikum unbedingt ein zweites Mal hören wollte. Ihm haftete etwas irritierend Sprödes und Unbequemes an. Der Interpretin aber war Lais Komposition ebenso wichtig wie Mon Dieu. Davon zeugen schon die Dringlichkeit und Kompromisslosigkeit, die sie bei ihrem Vortrag an den Tag legte.

War bei Mon Dieu noch alle Energie auf Gott gerichtet, der ihr ihren letzten Wunsch erfüllen sollte, so erhofft sich das lyrische Ich hier Errettung von einem irdischen Beschützer – wohl von einem Mann. Piaf blickt anfangs noch einmal zurück auf eine der wichtigsten, unerfreulichsten Stationen ihres Daseins: Ihr altes Pigalle wird wieder heraufbeschworen, einem Fluch gleich, dem sie scheinbar nie entkommen kann. Ein abgewracktes Pigalle, in dem bei Einbruch der Dunkelheit zwar die Lampen angehen, die Mienen der Menschen sich aber schlagartig verfinstern. Die grellen Leuchtreklamen lassen die Grimassen der verlorenen Seelen nur umso fratzenhafter hervortreten. Deren Gefühle sind vorzeitig gealtert, lediglich die käufliche Liebe ist an den Straßenecken weiterhin billig zu haben. Ein Befund, der sich auch heute, bei einem Paris-Besuch, bestätigen ließe. Nur ein Liebespaar – die Sängerin und ihr Retter? – trotzt der trostlosen Szenerie: Mann und Frau, die einander anblicken und sich umarmen.

Alle Zeilenenden in den Strophen steuern auf eine quälend lange, überdehnte Silbe zu, wie um die Unerträglichkeit dieser Erinnerung an die erbärmlichen Jugendjahre zu unterstreichen; im Refrain wird dieses Gestaltungsmittel durch Fermatenbildung auf die Spitze getrieben, und zwar immer dann, wenn eine Aufforderung an den Geliebten ergeht: »Reiß' mich aus dieser Welt heraus, in der zu leben ich gezwungen bin. Trag' mich weit, weit, so weit wie möglich von hier fort. Bring' mich dorthin, in dein Land.« Fliegende Teppiche hat ihr freilich keiner ihrer Liebhaber bieten können. Die Reise in ein anderes Traumreich, in dem sie die Vergangenheit nicht mehr einholen kann, muss sie schon selbst antreten. Nur der Tod würde sie ihr ermöglichen.

In jedem »Loin d'ici!« steckt die Desillusionierung, die Enttäuschung, dass die Entführung noch nicht gelingen wollte. Dann aber bricht ein neuer Tag an, im Morgengrauen färbt sich der Himmel rosa. Zapfenstreich in den Lokalen, die Straßenreinigung macht sich ans Werk. Paris erwacht. Ein übellauniger Wirt, eine Barfrau, die summt – in Pigalle wird die Zeit ewig stehenbleiben, nichts wird sich jemals ändern. An der Interpretin Piaf, bei dieser Aufnahme ist es offenkundig, nagt indessen der Zahn der Zeit. Längst hat sie gravierende Probleme mit der Intonation, ist gezwungen zu forcieren. Müde und angestrengt klingt sie; ihre Stimme beginnt zu leiern, sackt ein ums andere Mal ab. Egal – eine Piaf darf sich das erlauben. Mit seiner Selbstanalyse trifft der Mensch Édith Piaf jedoch weiterhin ins Schwarze. Er glaubt an die Quintessenz dieses Chansons. Allmählich ist es wirklich an der Zeit, von einem Reich ins nächste hinüberzuwechseln. Sie ist bereit.

Noch ein kleines Akkordeonsolo, noch ein wenig weitersummen ... Fast erleichtert wartet sie darauf, dass jemand sie abholen kommt. Und sie mitnimmt in ein anderes, schöneres Land. »Trag' mich fort.«

EPILOG

»Piaf must go on!«
Das Erbe der Madame Lamboukas · 1963 – 2013

> Wenn ich tot bin, wird man schon so viel über mich geredet haben,
> dass schließlich niemand mehr weiß, wer ich wirklich war.

Der 14. Oktober 1963 war kein gewöhnlicher Montagmorgen in der französischen Hauptstadt. Hunderttausende Menschen ließen ihre Geschäfte ruhen, schwänzten Schule und Uni oder versäumten ihre Arzttermine, um Édith Piaf das letzte Geleit zu geben. Hunderttausende Menschen[239] säumten an diesem milden, sonnigen Herbstvormittag schweigend die Avenuen und Boulevards, um dabei zu sein, als das mit Blumengebinden und Kränzen turmhoch beladene schwarze Trauergefährt mit ihrem Sarg an Bord, flankiert von drei weiteren, ebenso geschmückten Fahrzeugen, Paris durchquerte. Zum ersten Mal nach Kriegsende

kam der Verkehr vollständig zum Erliegen; Staus und Auffahr-
unfälle rund um Start- und Zielort hatten die Metropole bereits
ab den frühen Morgenstunden gelähmt. An allen großen Plätzen
entlang der Route ballten sich die Massen. Mehr Gaffer als auf
den gesamten Champs-Élysées hatten sich schon am Boulevard
Lannes, am Ausgangspunkt des Trauerzugs, versammelt. Über der
Eingangstür von Piafs Wohnhaus hatte man einen dunklen Vorhang angebracht, auf dem ein Medaillon mit den Initialen EPS
zu sehen war. Édiths Prozession durch ihre Heimatstadt führte
noch einmal an den zentralen Stätten ihres Lebens vorüber – am
Triumphbogen mit Gerny's und Rue Troyon, an der Place Pigalle
mit Montmartre und Moulin Rouge, an den Kreuzungen von Belleville und Ménilmontant. Ein Kreis hatte sich geschlossen. Für
die Trauernden, die mit gezogenen Hüten, schluchzend, sich be-
kreuzigend, schweigend ihrer gedachten, war dieser Montag trotz
allem ein Wochenbeginn; für »die Stimme des Volkes«, das einstige *enfant de la balle*, handelte es sich um den letzten Auftritt.
Jedes Staatsbegräbnis, jede Bestattungsfeierlichkeit eines Monar-
chen verblasste angesichts dieses dramatischen »Abgangs«, der in
die Annalen der Landesgeschichte einging. Viel hätte nicht gefehlt,
und die Flaggen hätten auf halbmast geweht.

Als die Limousinen im Nordosten der Stadt, in Édiths alter
Heimat, in die Zentralallee des Père-Lachaise einbogen und in der
gigantischen Nekropolis Einzug hielten, drängten sich vierzig-
tausend Verehrer an den Pforten, liefen Haupt- und Seitenpfade
entlang, zertrampelten Grabschmuck, zerstörten Gedenktäfelchen
oder wurden von hysterischen Gefühlsausbrüchen überwältigt.
Intime Freunde der Sängerin, wusste ein amerikanischer Korre-
spondent, hatten sich gegen eine Teilnahme an dem Volksauflauf
entschlossen – sie wollten das Spektakel in der 97. Division des
Père-Lachaise nicht mit ansehen: »just a big show, a circus, a car-
nival«.[240]

Falsch lagen sie mit dieser Einschätzung nicht. Um besser sehen
zu können, kletterten Beherzte auf moosbewachsene Familien-
gruften und Bäume, andere belagerten zu Dutzenden benachbarte
Grabplatten; alte und schwächere Menschen wurden zur Seite
geschubst, strauchelten oder rutschten aus, Prominente wurden

belagert, um Autogramme und Stellungnahmen gebeten. Vom Dach eines Mausoleums aus wurde wie wild geknipst; manche verfolgten das Geschehen mit Feldstechern. Einige picknickten und leerten Bierflaschen. Ein Anwesender soll vor lauter Aufregung einen tödlichen Herzinfarkt erlitten haben; am Folgetag zählte die Friedhofsverwaltung mehr als zweihundert verlorene Schuhe. Am offenen Grab, wo Édiths Geschwister, Ehemänner, Lebensgefährten und Kollegen um Fassung rangen, erklang *Le Fanion de la Légion*. Die Familie Lamboukas war zur Stelle. Cerdans Sohn, Barrier und Coquatrix wurden gesichtet, die Bonels, Noli, Vassal und Simone Margantin. Den stärksten Eindruck hinterließ Marlene Dietrich, ganz in Schwarz, das Gesicht von einem Kopftuch umrahmt, mit einer einzelnen Rose in der Hand. Als sie gesenkten Kopfes, sichtlich bewegt und mit fast geschlossenen Augen, auf den engsten Kreis der Trauergemeinde zuschritt, traten die Schaulustigen zur Seite.

Zum Ende der kurzen Ansprachen hin hielten die Barrieren dem Ansturm der Leute nicht länger stand. Polizisten, die hilflos die Arme ausbreiteten, wurden umgerissen, der Olympia-Manager landete im offenen Grab. Unverletzt konnte er wieder herausklettern. *Emportée par la foule*, hinweggetragen und getrennt von einer unkontrollierbaren, unberechenbaren Menschenmenge wurden jetzt die Piaf-Begleiter wie einst die Interpretin des gleichnamigen Chansons, der man den Geliebten entriss. Frieden fand Édith an diesem Vormittag also noch lange nicht. Aber nicht allein ein Haufen wild gewordener Pariser, nein, das gesamte französische Volk, so schien es fast, kämpfte ohne Rücksicht auf Verluste darum, noch ein letztes Mal von ihr den Segen zu empfangen. Ihrer Stimme konnte es schon nicht mehr habhaft werden und auch nicht ihres unbändigen, befreienden und triumphierenden Lachens.[241] Aber um einen Blick auf ihren Sarg zu erhaschen, der mit Stofftieren, einer Matrosenmütze und einem Ehrenband der Fremdenlegion geschmückt war, gab es alles.

Um eine würdige religiöse Zeremonie war zuvor lange und vergeblich gerungen worden. Die Totenmesse, um die Danielle Bonel nachgesucht hatte, wurde Édith Gassion Lamboukas, einer Geschiedenen und nach orthodoxem Ritus Wiederverheirateten, verweigert. Selbst der Vatikan gab eine Stellungnahme ab. Im *Osservatore Romano* ließen die katholischen Autoritäten verlauten, die Dahingeschiedene habe ein »von öffentlich zur Schau gestellter Sünde bestimmtes Leben« geführt; sie wurde gar als »Idol eines vorfabrizierten«, durch und durch »falschen Glückes« abgeurteilt. Der Pariser Erzbischof mochte sich dieser unversöhnlichen Haltung nur zum Teil anschließen und schlug eine Lösung vor, mit der sich beide Seiten abfinden konnten. In einem Communiqué erklärte er: »Wenn die letzte Ehre, die die Kirche ihren Toten erweist, ihr wegen gewisser Unregelmäßigkeiten in ihrer persönlichen Situation auch nicht gewährt werden kann, so wird doch der Almosenier der katholischen Union [zuständig für Theater und Musik] am Montagmorgen auf dem Friedhof Père-Lachaise am Grab der verstorbenen Künstlerin Gebete sprechen.«[242] So geschah es auch – ein Kaplan erteilte ihr, nach einer knappen Ansprache, Segen und Absolution. Was nur die wenigsten wussten: Ein Prälat aus Nizza, Monseigneur Martin, hatte sich beherzt über das Verbot der Kirchenleitung hinweggesetzt und Piafs sterblichen Überresten, in den Nachtstunden vor der Beerdigung, heimlich in deren Pariser Domizil den Segen gespendet.

Als der Kaplan, Père Thouvenin de Villaret, geendet hatte und zahlreiche Blumen und Erde auf dem Sarg niedergegangen waren, ergriff zuletzt Jacques Enoch als Vertreter der Sacem das Wort. Er beschloss seine Rede mit dem schlichten Satz: »Eine bestimmte Form des französischen Chansons ist heute mit Édith Piaf für immer zu Ende gegangen und verschwunden.« Und auf Maurice Chevaliers Kranzbinde stand: »Schlaf' in Frieden, große, tapfere und kleine Piaf.« Mit ins Grab genommen hatte sie Souvenirs aus Lisieux.

Der Schlussakkord auf dem Père-Lachaise war verhallt. Die Leute zerstreuten sich und ließen ein Bild der Verwüstung zurück. Die Fans waren auf ihre Kosten gekommen, ebenso die populären Tageszeitungen, die dem Ereignis ein Extrablatt gewidmet hatten, das auf den Boulevards von Paris reißenden Absatz fand. Selbst die Taxifahrer, die eine bestürzte Marlene, einen versteinerten Théo und einen benommenen Vassal in den Westen der Stadt beförderten, dabei aber nur im Schritttempo vorankamen, schüttelten ungläubig die Köpfe: Solche Tumulte anlässlich einer Beerdigung hatten sie noch nicht erlebt. Bei Piafs Begräbnis brach sich möglicherweise erstmals in der westlichen Welt das Phänomen moderner Massenhysterie im Zusammenhang mit Showstars Bahn, wie es in den Folgejahren – man denke nur an die zeitgleich aufkommende, fanatische Beatles-Begeisterung – noch zunehmen sollte. Mehrere Millionen Menschen sollen in den Tagen nach der Bestattung an Édiths Grab gepilgert sein.

Der »geteilte Tod« von Cocteau und Piaf, der doppelte Verlust, den die Nation mit dem gleichzeitigen Verglühen dieser beiden Sterne erlitten hatte, gab auch weiterhin Rätsel auf und beschäftigte die Presse. Einig waren sich die Nachrufschreiber über Édiths perfektes Timing: »Sie hat den genau richtigen Zeitpunkt für ihren Tod gewählt. Es ist grauenhaft, so etwas zu sagen, aber nur allzu wahr. Und jetzt betritt sie das Königreich der Legenden. Ich konnte mir niemals eine Édith Piaf vorstellen, die mit achtzig in einem Seniorenheim stirbt und deren beste Jahre längst hinter ihr liegen. Indem sie uns mit siebenundvierzig verließ, bleibt sie unsterblich.«[243] Man brachte ihre Existenz auf die griffige Formel: »Sie hat gelebt, geliebt, gesungen – bis der Tod kam.« *Paris-Match* widmete Piaf gleich zwei Sonderbeilagen in Folge, die erste, in der ein letzter Cocteau-Brief an sie als Faksimile reproduziert wurde, immerhin mehr als zwanzig Seiten stark, die zweite konnte mit einem Bourgeat-Exklusivinterview aufwarten. »Nie wird ihre Stimme sterben«, war der Tenor aller dort vertretenen Experten, und einige ihrer Wegbegleiter riefen sich eine ihrer größten Tugenden ins Gedächtnis: ihren konsequenten Verzicht auf Selbstmitleid. »Wenn das Leben Piafs wirklich eine Legende ist, dann handelt es sich um eine schwarze Legende«, lautete das Fazit in dieser vielgelesenen Illustrierten. »Früher oder später widersetzte sich alles dieser Ungeliebten. Der Ruhm und die Popularität vermochten sie nicht immer für die Kälte der Kindheit zu entschädigen, für den Herzenskummer und die Martern ihres Körpers. Aber Piaf besaß ihr Gegengift: ihren Glauben, einen ganz schlichten, naiven Glauben, der ihrer Stimme den Akzent [und die Färbung] des Triumphes hinzufügte. Sie sang, um zu existieren. Sie existierte, um zu singen … noch, wenn ihr der

Atem versagte, das einzige Wort, das ihr zur Wiederauferstehung verhalf, und hämmerte es [uns allen] ein: Liebe.«[244]

Édiths Tod zerstreute ihre Freunde und Weggefährten in alle Winde; der Piaf-Boom aber begann jetzt erst richtig. Allein am Wochenende vor der Beerdigung rissen sich die Franzosen nicht weniger als 300 000 ihrer Schallplatten aus den Händen. Ihre Plattenfirmen kamen mit dem Neupressen kaum nach, Ende Oktober schnellten die Verkaufszahlen abermals in die Höhe, und in manchen Städten war tagelang nicht mehr eine einzige Aufnahme von ihr aufzutreiben. Das gesamte Jahrzehnt über – eine Dekade, in der ansonsten Beatles, Rolling Stones, die *yéyé*-Stars, Protestsongs oder Franco-Jazz à la Claude Nougaro den Ton angaben – hielt sich der Absatz von Piaf-Platten auf konstant hohem Niveau. Sie blieb die unangefochtene Königin des Chansons, so wie auch ihr überdimensionales Begräbnis, trotz seines unwürdigen Ablaufs, den *funérailles* gleich mehrerer Königinnen würdig gewesen war. Immer öfter wurde sie als »Madonna« und »Heilige« wahrgenommen und verehrt: »Weil diese Raserei, dieser Furor echt waren, weil diese kleine, hässliche und versehrte Frau tatsächlich besessen war, sind hunderttausend Menschen in religiöser Andacht an ihren sterblichen Überresten vorbeigeschritten, und seitdem ist sie zur Sainte Édith [zur heiligen Édith] geworden. Ich glaube nicht, dass so etwas Sylvie Vartan widerfahren wird.«[245] Man apostrophierte sie als »Stimme des Volkes«. Man zimmerte ihr ein Denkmal, man stellte sie in eine Reihe mit Meisterwerken der Kunst wie der Jungfrau von Velázquez oder den Mönchen von Zurbarán, man schwor ihr ewige Treue: »Niemals werden wir Édith Piaf vergessen, wie sie dort im blassen Licht steht und, zum Klang eines Akkordeons, schreiend, heulend, verzweifelt der Beklemmung eines kleinen Mädchens Ausdruck verleiht. Oft, so scheint es, hat sie von dieser Szene geträumt, sehr oft sogar: ein Mädchen, dem ein Mann auf der Straße folgt. Für immer und auf alle Ewigkeit.«[246]

Théo Sarapo war um die vor ihm liegenden Wochen und Monate nicht zu beneiden. Anfangs versuchte er noch, die Tradition der Abendeinladungen am Boulevard Lannes aufrechtzuerhalten: Jetzt fanden sie Édith zu Ehren statt. Ein gespenstischer Leichenschmaus. Doch ihre Abwesenheit war in dem inzwischen fast gänzlich leeren, nur noch von verwelkten Blumen bewohnten Appartement schwerer zu ertragen als ihre frühere, oftmals maliziöse Präsenz. Théos Gäste fühlten sich unwohl in dieser Gruft und blieben bald aus. Dann ging das Geld zur Neige, und das treue Personal musste entlassen werden. Gerichtsvollzieher erschienen am Heiligabend 1963 und pfändeten die wenigen verbliebenen Wertgegenstände sowie ein abstraktes Gemälde des russischen Künstlers André Lanskoy, das Piaf einst bei André Schoeller erworben hatte und um das nun ein heftiger Streit entbrannte. Auch mit der Plattenfirma Pathé kam es zu einem unerfreulichen Gerangel um Rechte und Tantiemen. Wie sich herausstellte, hatte Édiths Witwer nämlich einen riesigen Schuldenberg geerbt, der abgetragen werden wollte. Das war nur durch harte Theaterarbeit möglich. Sobald er jedoch Gastspiele absolvierte – einige, noch zu Piafs Lebzeiten geschlossene Verträge, wie etwa 1964 mit dem Bobino, wollten erfüllt werden –, hielt man ihn für pietätlos, und in der Folgezeit fanden sich leider nicht viele Interpreten, die zusammen mit ihm auf der Bühne stehen oder sich eine Show teilen wollten. Die Filme, in denen er auftrat, floppten, oder seine Mitwirkung blieb unbemerkt.

Francis Lai und Noël Commaret schrieben mit *La Maison qui ne chante plus* ein Lied für ihn, in dem er seine unglückliche Lage schilderte: »Ich werde das Haus verlassen, dieses Haus, das nicht mehr singt. Ich werde die Tür schließen hinter ihr und unserer Liebe.« Dennoch spielte er Jahr um Jahr ein paar Singles ein und ließ sich nicht unterkriegen. Erst gegen Ende der Sechziger schien sich das Blatt für ihn zu wenden. Rollenporträts anlässlich eines Films und eines Musicals ließen aufhorchen; Théo schien, als sanfter melancholischer Einzelgänger, auf einmal einem gefragten Sänger- und Darstellertyp zu entsprechen, und es winkten neue Angebote. Sein Titel *Oui, je veux vivre* wurde zu einem Achtungserfolg. Er kam zu spät: Im August 1970 fiel Sarapo, erst Mitte dreißig, einem schweren Autounfall in der Nähe von Limoges zum Opfer. Er war so übel zugerichtet, dass die Ärzte seinen Eltern nicht gestatteten, einen letzten Blick auf seinen Leichnam zu werfen. In derselben orthodoxen Kirche, in der er mit Édith getraut worden war, trauerte man nun um ihn. In den polizeilichen Ermittlungen wurde Selbstmord kategorisch ausgeschlossen, wie auch niemand in seinem Umkreis ihn für suizidgefährdet gehalten hatte. Sein musikalisches Bekenntnis »Ja, ich will leben« hatte trotzig und ungemein zuversichtlich geklungen. Eine tieftraurige Aura hatte ihn gleichwohl von Anfang an umgeben. Im Familiengrab Piafs auf dem Père-Lachaise, wieder vereint mit seiner Gattin, fand auch er seine letzte Ruhestätte.

Eine weitere Ironie des Schicksals: Sarapos Schwester Christie Laume, Édiths letzter Entdeckung, fiel das Piaf-Erbe durch den Unfalltod ihres Bruders förmlich in den Schoß. Auch sie war mit einer Reihe von harmlosen, fröhlichen Singles Bestandteil der unbekümmerten *yéyé*-Szene in den französischen Swinging Sixties gewesen, bevor sie einen Amerikaner heiratete, ihrer Berufung entsagte und in die USA übersiedelte. In ihrem Internet-Blog präsentiert sie sich heute als tiefgläubig und versucht, dem frühen Ableben Théos und dem bewegenden Ende ihrer Schwägerin in religiös gefärbten Kurz-«Biographien« auf den Grund zu gehen. Wenn man so will, eine weitere Spurensuche, die sich mit dem Phänomen des »geteilten Todes« auseinandersetzt.

Robert Chauvigny, der sie als Orchesterchef so souverän und zuverlässig durch Hunderte von Konzerten gelotst und die herrlichsten Arrangements für sie ersonnen hatte, segnete bereits Ende Dezember 1963 das Zeitliche; Jacques Pills verschied 1970 mit vierundsechzig Jahren, nicht lange nach dem Sarapo-Unglück. Marlene Dietrich aber, die in ihrer Pariser Wohnung Piaf gerne einmal deutschen Eintopf oder französischen *pot à feu* vorgesetzt hätte, überlebte ihre Freundin um fast drei Jahrzehnte. Die Eheleute Bonel pflegen das Andenken an Édith bis heute, nicht ohne dafür zu sorgen, selbst in zahllosen Piaf-Publikationen im Mittelpunkt stehen zu dürfen. Schon 1964, als sich Piafs doppeltes Adieu in Grasse und Paris zum ersten Mal jährte, ließen sie Desgraupes für eine Fernsehdokumentation mit dem Titel *La Mort d'Édith Piaf* unveröffentlichtes Filmmaterial zukommen. Marc Bonel hatte mit einer Schmalspurkamera heimlich Aufnahmen von seiner kränkelnden Chefin gemacht, die als voyeuristisch empfunden wurden und über die sich Piaf-Fans und Kritiker gleichermaßen empörten. Mit dem stattlichen Erlös aus ihren Memoiren, deren Publikationsrechte sie an *France-Dimanche* abtraten, konnten sie sich zur Ruhe setzen. Wie so viele Piaf-Satelliten scheinen auch die Bonels, deren bewunderungswürdige Loyalität gegenüber Édith außer Zweifel steht, die »Wahrheit« über sie gepachtet zu haben.

Nicht anders verhielt es sich mit den ersten Buchveröffentlichungen. Piafs Regisseur und Freund Marcel Blistène hatte gleich in den Tagen nach ihrem Tod ein dünnes, pathetisches Gedenkbüchlein verfertigt, auf dessen trauerflorschwarzer Titelseite er ihr wehmütig *Au revoir ..., Édith ...* zurief: biographischer Weihrauch. Den Vogel schoss freilich Momone ab, die sich mit einem Ghostwriter an die Verbrämung der Vita ihrer »Schwester« machte und dabei dick auftrug. Mit Erfolg: Ihr *Piaf*-Wälzer im »O-Ton« aus dem Jahre 1969, gespickt mit Anekdoten und frei erfundenen Passagen »aus erster Hand«, wurde europaweit zum Bestseller. Einmal mehr gelang es Berteaut, die Exklusivität ihrer Schicksalsgemeinschaft mit Édith in klingende Münze zu verwandeln und sich selbst gebührend in Szene zu setzen. *Piaf* machte aus ihr, die sich allen Ernstes als Gassion-Tochter ausgab, vorübergehend eine reiche Frau; auch die Filmrechte für ihr Elaborat brachte sie einträglich an den Mann. Tadel für das unbekümmerte kommerzielle Ausschlachten dieser stürmischen Langzeitbeziehung prallten an ihr ab, denn moralische Skrupel waren beiden *filles parisiennes* stets fremd gewesen. Momones dickleibiges und auch derbes Buch, voller Situationskomik und angereichert mit Pariser *gouaille*, bietet trotz Übertreibungen und Verzerrungen dennoch eine vergnügliche Lektüre: ein ausschweifender Flirt mit der *réalité*. Als Quelle problematisch, als Fundus für die Lebensbedingungen der jungen Édith unverzichtbar. 1972 ließ Berteaut ihm mit *Momone* ihre Autobiographie folgen, bevor sie im Mai 1975, längst wieder verschuldet und vom Leben ebenso gezeichnet wie ihre einstige Freundin und nachmalige Protagonistin, verstarb.

Schon 1964 wurden, in einer Art Filmvorschau, verschiedene persönliche Stellungnahmen von Piafs Vertrauten landauf, landab in den Gaumont-Kinos projiziert. *Ils parlent d'elle* nannte der Verleih solche biographischen Splitter im Gewand von »Zeugenaussagen« – »Sie sprechen über sie, sie erzählen von ihr«. Das taten sie in den Folgejahrzehnten auch, indem sie unzählige Neuerscheinungen auf den Markt warfen, die aber jeweils nur Ausschnitte der facettenreichen Persönlichkeit präsentierten. Ginou Richer schilderte ihre Jahre im Dunstkreis der Sängerin in einem schmalen Band, der Fotograf Hugues Vassal wartete gleich mit einem Erinnerungstriptychon auf, Jean Noli gewährte einen Blick durchs Schlüsselloch, als er die bittere Realität der Zustände am Hofe[247] seiner *Reine Édith* beschrieb. Und selbst Halbschwester Denise Gassion sowie Mutter und Sohn Cerdan sahen sich genötigt, ihre Sicht der Dinge aufschreiben zu lassen und zwischen zwei Buchdeckeln zu verbreiten. So entstand im Laufe der Zeit ein Dickicht aus verdienstvoller Aufarbeitung und wilden Gerüchten, aus dichterischer Freiheit, ernstzunehmender Chronik, belanglosen Notaten und berührenden Storys. Legt man nicht jedes Detail auf die Goldwaage, ergeben sie ein zwar heterogenes, aber doch auch lebensnahes Puzzle von Piafs Werdegang. Aus *Ma vie*, »meinem Leben«, war unterdessen »leur vie«, »ihr Leben« geworden.

»Dem Ausbreiten dieses Privatlebens haftet etwas Ungesundes an«, hatte Théo, angewidert von der Publikationsflut, noch kurz vor seinem Tod geäußert, »und ich wünsche mir, dass endlich Frieden einkehrt und man Édith in Ruhe lässt, so dass man ihrer gedenken kann.«[248] Sein Versuch, die Piaf-Manie zu stoppen, war verständlich gewesen, hatten ihn deren Auswüchse doch selbst daran gehindert, aus dem Schatten der Vergangenheit herauszutreten. Aber er hatte vergessen, wie sehr seiner Frau stets daran gelegen gewesen war, nicht nur als öffentliche Figur zu gelten, als Mensch ohne Hemmungen, sondern mit intimen Einzelheiten ihrer Privatsphäre regelrecht hausieren zu gehen beziehungsweise andere mit deren Ausschmückung zu beauftragen. »Sie dachte, dass ihr Leben dem Publikum gehörte und dass es das Recht hätte, alles über sie zu wissen.«[249] »Alles« – dazu gehörten auch Lügen, Nackenschläge, Klatsch und Verleumdungen sowie nachträgliche »Korrekturen« und Schönfärberei. Ihr Leben gab es nur komplett, *en gros*. Niemand durfte sich heraussuchen, was ihm oder ihr gefiel, oder sich ein kleines Stückchen »Wahrheit« herausschneiden.

Obwohl Piafs bildmächtige Vita opulente Verfilmungen geradezu herauszufordern schien, tat sich das Kino erstaunlich schwer mit La Môme. Judy Garland wäre hinsichtlich Stimmgewalt und Erscheinungsbild wohl so etwas wie die Idealbesetzung gewesen, wenn Hollywood europäischen Filmprojekten für ein Biopic zuvorgekommen wäre. Ihre Tochter Liza Minnelli war dann erste Wahl, um Édith zu verkörpern, als Warner Brothers 1973 ein entsprechendes Projekt erwog. Es verlief im Sande, angeblich wegen zu hoher Produktionskosten im Ausland. So machte ihr Heimatland das Rennen.

Guy Casarils *Piaf* mit Brigitte Ariel, einer bis dahin völlig unbekannten jungen Schauspielerin, in der Titelrolle eröffnete 1974 den kinematographischen Reigen. Casaril, der sich an Berteauts Monographie orientierte, konzentrierte sich auf die ersten fünfundzwanzig Jahre im Leben Piafs und fing dabei mit Einfühlungsvermögen die Atmosphäre der Arbeiterviertel, der *faubourgs* und der Welt der Artisten besonders gut ein. Piafs Chansons erklangen entweder im Original, von der Hauptdarstellerin »gemimt«, oder wurden von Betty Mars interpretiert: eine Entdeckung. Diesen Vorzügen zum Trotz geriet der Streifen, heftig kritisiert, rasch in Vergessenheit. Seine Ausgrabung würde sich allein der Milieustudien wegen lohnen.

Knapp ein Jahrzehnt später legte der in Frankreich teils umstrittene, teils heißgeliebte Kinovirtuose Claude Lelouch seine ausgedehnte, rauschhafte Piaf-Vision mit dem Titel *Édith et Marcel* vor. In seine kaleidoskopartige Annäherung an die Cerdan-Episode, im Zentrum seines Interesses, sind parallel verlaufende Erzählstränge eingewoben, etwa die Liebe eines Kriegsgefangenen zu seiner »Patin« und Brieffreundin, überschattet von politischen Wirren und unüberwindbaren Standesunterschieden. Ohne Vorkenntnis von Édiths Leben bleiben viele Andeutungen und Abschweifungen verwirrend. Evelyne Bouix als Piaf vermag nicht immer zu überzeugen. Aznavour spielt sich selbst und muss so tun, als wäre er fünfunddreißig Jahre jünger. Ergreifend ist hingegen die breit ausgemalte Eingangsszene, in der Édith in New York die Nachricht vom Tod Marcels hinnehmen muss: ein beklemmendes, beinahe quälendes *huis clos*, in dem die Ausweglosigkeit der verzweifelt

Trauernden physisch spürbar wird. Lelouch, der ursprünglich den in Frankreich beliebten Jungdarsteller Patrick Dewaere für die Rolle des Boxers vorgesehen hatte, dann aber wegen dessen Selbstmords noch während der Dreharbeiten gezwungen war umzudisponieren, konnte schließlich Cerdans Sohn als Ersatz gewinnen. Es hat etwas Unheimliches, wenn Cerdan junior, dessen Ähnlichkeit mit Marcel verblüffend ist, anstelle seines Vaters in den Boxring steigt und sich von einer »falschen« Édith zujubeln lässt.

Es verging ein weiteres Vierteljahrhundert, bis Olivier Dahan und Marion Cotillard, Letztere für ihre Leistung mit einem Oscar gekrönt, im Jahre 2007 die Piaf-Saga weltweit einem großen Publikum nahezubringen versuchten. Ihr teurer, visuell mitreißender und üppig ausgestatteter *La Môme*-Film (Verleihtitel außerhalb Frankreichs: *La Vie en rose*) akzentuiert beinahe ausnahmslos die düsteren Begebenheiten, das Elend und die Vulgarität. Piaf wird in Bernay eine Ersatzmutter angedichtet, dafür fallen ihre Ehe mit Sarapo sowie die Figus- und Boulevard-Lannes-Ära unter den Tisch. Dass Édith eine kleine Tochter hatte und sie schon im Kindesalter verlor, wird nur durch eine kurze Rückblende am Ende des Films angedeutet, wie überhaupt Dutzende von *flashblacks* die Chronologie ihres Lebens unnötig durcheinanderwirbeln. Restlos zustimmen kann man auch Dahans Bilderbogen nicht, da er, von Fatalismus durchdrungen, zu stark auf Piaf als erbarmungswürdige Kreatur fokussiert – manchmal wünscht man sich etwas mehr Sentimentalität und Humor; Cotillards Identifikation mit Édith aber imponiert. Für einen Mainstream-Film handelt es sich bei *La Môme* jedoch um ein ehrgeiziges Unterfangen, dem es gelang, die Piaf-Manie im neuen Jahrtausend erneut anzufachen.

Hätte man nicht eher die Leerstellen in Édiths Laufbahn aufzeigen sollen, die biographischen Brüche benennen, den Willen zur Selbststilisierung dokumentieren und den Nuancen ihrer Liedtexte nachspüren?[250] Das Sujet Piaf wartet heute noch auf einen Filmemacher, der es versteht, zwischen den Zeilen zu lesen.

Es schien unvermeidlich, schon Mitte der sechziger Jahre damit zu beginnen, eine würdige Nachfolgerin für Édith ausfindig zu machen und zu proklamieren. Die introvertierte Poetin Barbara, mit ihren subtilen Texten und ihrer fragilen Stimme, kam für den Ehrentitel einer »neuen Piaf« ebenso wenig in Frage wie Juliette Gréco, die längst ihr eigenes Publikum erobert hatte und trotz einer großen Gefolgschaft nicht darauf erpicht war, als volkstümlich im Piaf'schen Sinne zu gelten. Beide waren Literatinnen und nahmen sich auch vertonter Gedichte an; weit entfernt von einem schillernden Vorleben, setzten sie auf Diskretion und trennten ihr Privat- vom Bühnenleben. Catherine Sauvage pflegte ein wieder anderes Genre, sie interpretierte u. a. Brassens-Titel, gab sich gern ironisch und schied damit ebenfalls als »Kandidatin« aus. Georgette Lemaire, eine junge, talentierte Sängerin mit kräftiger Stimme und Bühnenerfahrung in Arbeitervierteln, kam als echtes Belleville-Geschöpf in die engere Wahl, bis sie von Mireille Mathieu verdrängt wurde. Wenn Lemaire auch, aufgrund ihrer vokalen Qualitäten und ihrer urwüchsigen Ausstrahlung, zur erfolgreichen Verkörperung einer »zweiten Piaf« prädestiniert schien, zogen Plattenindustrie und Verantwortliche im Entertainment ihr das Mädchen mit dem Pagenkopf, den »Spatz von Avignon«, vor. Mathieu, ohne Frage mit einer beachtlichen Stimme ausgestattet und geradezu eine Naturbegabung, wurde systematisch »aufgebaut«, hübsch, tugendhaft und blitzsauber eroberte sie die Fernsehsendungen und Plattenstudios, sang bei offiziellen Events und war kurz davor Nationalstatus zu erlangen und als »musikalische Botschafterin Frankreichs« zum Exportschlager schlechthin zu werden.

Eine solche »Piaffisierung« konnten die »echten« Liedermacher nicht lange dulden. Léo Ferré, Piaf-Verehrer der ersten Stunde, Querulant und Rebell schlechthin unter den führenden Chansonniers seiner Ära, sah sich genötigt, deren Andenken gegen die Verehrer ihrer »Doppelgängerin« in Schutz zu nehmen. Und er nahm dabei kein Blatt vor den Mund. In seinem wütenden, aber auch berührenden Chanson *À une chanteuse morte*, das er Édith, der »toten Sängerin« zueignete, trennte er die Spreu vom Weizen: Hier die inzwischen wehrlose, authentische Interpretin, die mit »einer Stimme von zehntausend Vögeln« die Massen zum Weinen bringen konnte, dort das Produkt von Plattenfirmen und Rundfunkanstalten. Hier eine glaubwürdige Frau aus dem Volke, der

Ferré als einem »Wagner der Kreuzungen« und »Bayreuth der Bürgersteige« huldigte, hier der Star aus der Retorte, mit Liedern versorgt, die nur »Scheißautoren« zustande bringen konnten. Hier eine Jahrhundertgestalt, die noch die Schlagzeilen der Abendzeitungen so eindrucksvoll darbot, als handle es sich um die hochrangige Lyrik Apollinaires, hier die Vertreterin einer Form von Unterhaltungskunst, die nur zum raschen Geldverdienen und Vergessen geschrieben wurde. Kurz: Hier das Monument, dort die Imitation. Ferré forderte die gesamte Branche auf, dieser unwürdigen Piaf-Maskerade ein Ende zu bereiten und zitierte dabei den effektvollen Schluss von Édiths *Accordéoniste*: »Arretez la musique! – Schluss mit einer solchen Musik!« Mit diesem mutigen Eintreten für die echten Belange Piafs verscherzte es sich Ferré mit so mancher einflussreichen Gestalt des Showgeschäftes; aber die Ehre Édiths war in seinen Augen wiederhergestellt. Mireille Mathieu hatte, auf lange Sicht, die Festlegung auf das Piaf-Erbe gar nicht nötig und vertraute, für den Ausbau ihrer Weltkarriere, anderen Facetten und Fähigkeiten.

Man hat Piaf gern mit Judy Garland verglichen und mit Billie Holiday.[251] Entweder waren Körpergröße und Statur als Kriterien ausschlaggebend für solche Vergleiche, die ja immer auch der Rubrizierung dienen, oder Expressivität, Charisma, Authentizität, *vocal power* und Leidensfähigkeit. Die Intensität eines kurzen Lebens, niedere Herkunft sowie die Fähigkeit, Millionen von Menschen, die sonst vielleicht keine ausgesprochenen Musikliebhaber sind, in den Bann zu ziehen, waren ebenso ausschlaggebend. Man könnte mit Fug und Recht auch noch die Argentinierin Mercedes Sosa nennen, die, ähnlich wie Piaf, ihre enorme stimmliche Durchschlagskraft einem Körper abrang, der für ein Bühnendasein überhaupt nicht geschaffen schien. Mercedes Sosa, die, ähnlich wie Piaf Frankreich, einem ganzen Kontinent das Gefühl von Identität vermittelte. Und die, wie Édith, über Landes- und Sprachgrenzen hinaus hypnotisch wirkte auf Zuhörer in der ganzen Welt.

Am meisten aber hatte Piaf mit Maria Callas gemein: In beider Konzerte strömten Menschen, die sich weniger für Kunst interessierten, für Oper oder Chanson, sondern für die Befindlichkeit einer einsamen, starken und zugleich schwachen Frau, die ihnen ans Herz gewachsen und so vertraut war wie eine Freundin, Schwester oder Seelenverwandte. Selbst musikalisch Ungeübte »erkannten« beider Stimmen binnen Sekunden – in ihnen schien alles Lebens- und Liebesglück dieser Erde aufgehoben und auch dessen Kehrseite: das Verlassensein, die Trauer und die Verzweiflung. Callas bot ihre Arien, Piaf ihre Lieder dar, als wären sie in Wahrheit Bluessängerinnen. Ihren Fans eröffneten sie damit die Möglichkeit zum aktiven Mit-Leiden. Callas' und Piafs unstetes, tragisches Liebesleben hielt die Zeitungsleser rund um den Globus im Atem. Was ihnen zustieß, das widerfuhr auch ihren Hörern. Beide starben jung, viel zu jung, und waren eine Zeitlang die einsamsten Frauen in Paris – in goldenen Käfigen hausend, in denen sie einfach nicht glücklich werden konnten. Und beide fügten der Musik, die sie interpretierten, eine ganz andere Dimension hinzu: Sie schenkten sie ihren Zuhörern. Sie verströmten dabei eine Großzügigkeit, die sie über ihre irdische Befindlichkeit hinauswachsen ließ. Sie transzendierten und sublimierten ihre persönlichen, trivialen Gefühle und ließen etwas Universelles daraus werden.

Piafs Faszinationskraft ist auch heute noch ungebrochen. Man könnte auch sagen: mehr denn je zuvor. Ihr Erbe und Vermächtnis werden wahrgenommen und gepflegt, die Anregungen, die von ihrem vielgestaltigen Œuvre ausgehen, dankbar aufgegriffen. Piaf lebt weiter in zahllosen Theaterstücken, von denen eines, *Piaf* von Pam Gems, im Titel nichts als ihren Namen trägt, der schon per se als Erfolgsgarant wirkt.[252] Sie lebt weiter in Musicals und Revuen, Kabarett-Spektakeln, One-Woman-Shows und Rock-Porträts, allesamt Zwischenformen, die der Variété- und Music-Hall-Vergangenheit Édiths viel eher gerecht werden als Oper oder Film. Gattungen, in denen oftmals experimentiert und improvisiert wird. Es liegen Punk- und Undergroundkompilationen von Piaf-Songs vor und auch eine berückende Zusammenstellung ihrer größten Erfolge in Coverversionen: Darin verneigten sich Stars von Aznavour bis Liane Foly, Benjamin Biolay bis Alain Bashung, Enrico Macias bis Étienne Daho vor ihrem großen Vorbild und nannten das Ganze: *L'Hymne à la Môme*. Bereits

1983, zum zwanzigsten Todestag, veranstaltete der Chansonnier Michael Heltau in der Berliner Philharmonie einen Liedercircus zu ihren Ehren, der sich zum Songfest auswuchs: Ingrid Caven und Moustaki, Milva, Herman van Veen und Charles Dumont wirkten daran mit.

Piaf hat auf der ganzen Welt ihre Botschafterinnen und Sachwalterinnen: Jil Aigrot, die schon der Film-Édith von Marion Cotillard ihre Stimme lieh, Caroline Nin, Nathalie Lhermitte, Patricia Kaas, Maurane etwa oder Ziaf, ein Musikerinnen-Quartett, um nur einige zu nennen. In Russland hat die Sängerin Pelageya mit dem Los fertigzuwerden, dass sie inzwischen als »sibirische Piaf« gilt. Céline Dion hat ihrer Ahnin schon vor zwanzig Jahren eine Rock-Karriere prophezeit, Elaine Paige verlieh ihrem Piaf-Album einen unerwarteten Musical-Touch: souverän und *sophisticated*, doch mit Mut zu Pathos und Kitsch. Auch einige Männer machen sich um Piaf verdient: Dem schwedischen Sänger Rikard Wolff verdanken wir eine exzentrische, fesselnde Fassung von *Padam, padam*. Francis Poulenc widmete ihr bereits 1959 seine letzte und schönste *Improvisation* für Soloklavier, die fünfzehnte.[253] Nach nur wenigen Takten befindet man sich bereits im Herzen von Paris, mitten in einer melancholischen Chansonpassage.

Und in Nordamerika hat sich Rufus Wainwrights Schwester Martha unlängst darangemacht, die unbekannteren Piaf-Chansons, verborgene Perlen ihres Katalogs, mal kammermusikalisch, mal schräg und punkig aufzubereiten und damit ein neues Publikum für Édiths Botschaften zu gewinnen. Der Kanadierin Wainwright gelingt dies, indem sie auf Imitation und Assimilation verzichtet und einen eigenständigen, selbstbewussten Piaf-Ton findet. Wenn Martha in kleinen New Yorker Clubs damit auftritt, stehen virtuell auch Bänkelsängerinnen der Moderne wie Lotte Lenya und Songwriterinnen wie Joni Mitchell mit auf der Bühne.

Eine »Schule« hat Édith Piaf nicht begründet. Ihr Stil lässt sich nicht »lehren«, ihre Stimme nicht kopieren, ihre Lebensführung hat wohl kaum Vorbildcharakter. Doch ein Planet wurde nach ihr benannt, und selbst ihr Grabstein in der 97. Division des Père-Lachaise ist schon in einem Chanson verewigt worden.[254] Man muss sich keine Sorgen machen, dass es still werden könnte um sie. Die unlängst einer spannenden Monographie aus Frankreich als Schlusszeile angehängte Aufforderung »Piaf *must go on!*«[255] braucht vorerst nicht beherzigt zu werden.

Piaf begegnet einem auch im heutigen Paris auf Schritt und Tritt. Nicht allein deshalb, weil ihre Chansons in vielen Bistros schablonenhaft als Soundkulisse eingesetzt werden oder weil die jüngere Generation natürlich auf Zaz schwört, eine freche Göre mit Straßenmusiker-Image, markanter »Röhre« und liebenswerter Schnoddrigkeit, die von den Medien, etwas voreilig, zu Édiths nächster Nachfolgerin und zur Pariser Môme der Jetztzeit ausgerufen worden ist. Andere Interpretinnen werden bald ihren Platz einnehmen. Sondern weil sich die Stadt im Grunde kaum verändert hat und sich treu geblieben ist. Wenn auch einige Häuser und Theater fehlen, die 1915, 1935 oder 1963 noch standen, ist das Flair der Metropole doch dasselbe. Piafs Paris ist noch lange nicht verschwunden.

Ich habe mich auf Spurensuche begeben. Im winzigen Privatmuseum, das der Piaf-Freundesverein in einer kleinen Zweizimmerwohnung mitten in Ménilmontant eingerichtet hat, habe ich den Reliquienschrein für Édith andächtig in Augenschein genommen. Dieses Minimuseum in der Rue Crespin du Gast platzt aus allen Nähten und stellt Kuriositäten zur Schau: Édiths gigantischen Teddybär, die Boxhandschuhe Cerdans, seltene Karikaturen, in denen Charles de Gaulles politisches Auf und Ab mit Liedtiteln Piafs kommentiert wird. Plakate, Fotos und die Kiffer-Porträts. Französische Schallplatten, ausländische Cover, Trophäen, Briefe und Devotionalien. Ihre Porzellansammlung, eines ihrer schwarzen Kleider und die Legende höchstpersönlich als lebensgroße – oder besser: lebenskleine – Pappkameradin. Wie einen Schatz hütet der Präsident der *association*, ein freundlicher älterer Herr, dem ein Hündchen auf Schritt und Tritt folgte und der dafür sorgte, dass meine Visite von einer Endlosschleife bekannter Piaf-Chansons vom Band untermalt wurde, seine beeindruckende *collection*. Édiths Seele habe ich in diesem Sammelsurium, in diesem Mausoleum aus Souvenirs, nicht gefunden, aber unten auf der Straße, in

»ihrem« angestammten Viertel, wo Punks und Studenten draußen in der Sonne an Cafétischen saßen und doch tatsächlich aus einem Innenhof eine Drehorgel ertönte, bin ich ihr wieder nähergekommen.

Auf dem Père-Lachaise habe ich Édith, Louis, Marcelle und Théo, friedlich vereint, am frühen Vormittag einen Besuch abgestattet. Nicht zum ersten Mal war ich hier. Wie stets kam ich mit Menschen aus verschiedenen Kontinenten ins Gespräch. Manche sangen, manche weinten, andere blieben stumm oder legten Handgeschriebenes ab. Ein Amerikaner mit Kapitänsmütze hatte Blumen dabei, nahm sie aber wieder mit, nachdem er mich gebeten hatte, ihn vor der imposanten schwarzen Vase mit der Aufschrift »EP« zu fotografieren. Dann wurde es stiller, und ich ließ den Blick wandern. Umrahmt von Paul Éluard, dem surrealistischen Poeten, von Gertrude Stein, der großen alten Dame unter den literarischen *expats*, von Simone Signoret samt Yves Montand und von Amedeo Modigliani, dem Maler langhalsiger schöner Frauen, kann Piaf, wie ich feststellen durfte, über Mangel an illustrer Gesellschaft nicht klagen. Von der sanft abfallenden Hügelflanke reicht der Blick nach Osten bis zum Hôpital Tenon, ihrem eigentlichen Geburtsort. Auf meinem Weg in das Herz des 20. Arrondissements bin ich auch am Eingang dieses Krankenhauses vorbeigekommen. Dass dort genau in diesem Moment ein junges, nervös wirkendes Paar einem Auto entstieg, mir den Weg abschnitt und durch das Tor auf die Entbindungsstation zueilte, nahm mich schon nicht mehr wunder.

Zuletzt stand ich der grauen, steinernen und ziemlich hässlichen Piaf-Statue am Nordrand des nach ihr benannten Platzes gegenüber. Ich erblickte in ihr eine zornige alte Frau, mehr Kind als Diva, mehr *chanteuse populaire* als *grande dame*, mit trotziger Gebärde und schmerzverzerrtem Mund. Triumphierend reckte sie, nur von ein paar Tauben umringt, ihre Ärmchen in den Pariser Morgenhimmel. Und wenn auch der Lichtkegel fehlte, ging mir ein Satz aus dem Anfangskapitel ihrer Memoiren nicht mehr aus dem Kopf: »Es ist wahr, dass ich ein schreckliches Leben geführt habe; aber es war zugleich herrlich, weil ich es geliebt habe – ja, das Leben vor allem.«

Zitatnachweise und Anmerkungen

Alle nicht nachgewiesenen Zitate entstammen der deutschen Übersetzung von *Ma vie*, dem zweiten Band von Édith Piafs Memoiren: *Mein Leben*, Reinbek 1966.
Sämtliche Übersetzungen und Paraphrasen aus dem Französischen und Englischen stammen vom Verfasser.
Autorennamen und Jahreszahlen oder Veröffentlichungsdaten, nur bei Erstnennung angegeben, verweisen auf das nachstehende Literaturverzeichnis.

EP = Édith Piaf

Motti
Guitry (S. 5): *Témoignages* 1984, 48; Cocteau (S. 17): Cocteau 2003 (*Cahiers Jean Cocteau*, nouvelle série, no. 2), 215; EP (S. 37): *Paris-Jour*, 27. März 1962/vgl. Vassal 2002, 141; EP (S. 61): laut Bernard Marchois in Armand Isnards Dokumentarfilm *EP – Un hymne à l'amour* (o. J./vermutl. 2003; DVD: Cat Productions/Doriane Films); Dietrich (S. 139): Beilage zur DVD mit Isnards o. g. Dokumentarfilm, o. S.; Spade (S. 177): *Témoignages*, 43; Coquatrix (S. 376): Piaf-Fernsehporträt *Ich bereue nichts* von Michael Houldey, ausgestrahlt am 19. Dezember 1975 auf SDR/SWF. Vgl. auch Rosenkranz 2006, 176 f.; alle übrigen: EP, *Ma vie*.

1 Noël 1950, in: Marchois 1985 (I), *Piaf – Emportée par la foule*, 56 [im Weiteren: *Emportée*]
2 Charles Aznavour im Piaf-Fernsehporträt *Ich bereue nichts* von Michael Houldey, ausgestrahlt am 19. Dezember 1975 auf SDR/SWF; vgl. auch Rosenkranz 2006, 171
3 Christine de Rivoyre in: *Le Monde*, o. J.; vgl. Lange 1985, 143 f.
4 vgl. Paoli 2011, 14
5 Berteaut 1993, 73
6 Lange, 34
7 EP, *Au bal de la chance*. Paris 2007, 47 f. [im Weiteren: *AB*]
8 *AB*, 48
9 Die sog. Piaffe zählt zu den Dressurübungen in der Reitkunst, und, als eine der Verzierungen der Gangart »Trab«, zu den Kunstgangarten. Bei Dressurprüfungen wird die Piaffe, die aus einer natürlichen Reaktion von Pferden bei Erregung oder Unruhe hervorgegangen ist, bewertet.
10 Vgl. die entsprechenden Aussagen von Michel Rivgauche in Isnards o. g. Dokumentarfilm.

11 *AB*, 37

12 Der vier Jahre jüngere Bruder des Schriftstellers und Literaturnobel-
preisträgers Elias Canetti.

13 *AB*, 49

14 Genau so viele, wie der Kreuzweg Stationen hat. Vgl. Duclos/Martin
1995, 53 [im Weiteren: DM].

15 *AB*, 94

16 In Olivier Dahans Piaf-Film von 2007 heißt eine dieser Bordellmütter
Édiths, die sich mit besonderer Fürsorge und Zärtlichkeit um sie kümmert, »Titine«.

17 EP in: Eyles, 8

18 Vgl. Hugues Vassals Ausführungen in Isnards o.g. Dokumentarfilm.

19 EP in: N.N. 1988 (*L'Éveil normand*); vgl. auch Burke 2011, 11

20 *AB*, 96

21 EP, zit. n. Lange, 21

22 Mit *zizi* und *zézette* werden in der französischen Kindersprache das
männliche und das weibliche Geschlechtsteil bezeichnet – nicht vulgär,
sondern eher zärtlich und lautmalerisch.

23 Lange, 28

24 Odette Laure in: Marchois 1985 (II), *Piaf – Opinions publiques*, 167

25 vgl. Maillet 1970, 40 f.

26 EP, zit. n. Lange, 25

27 Lange, 29 f.

28 ebda.

29 vgl. Cartier/Vassal 1999, bes. 163

30 Berteaut, 69 f.

31 Lange, 43

32 Lange, 48 & 42

33 In den Spahi-Regimentern der französischen Armee, die nach der Eroberung Algeriens in Nordafrika gegründet wurden, kämpften, neben
den besonders furchtlosen einheimischen Reitern, auch Nationalfran-
zosen mit, als Offiziere – in orientalischer Tracht.

34 Montarron 1936, 2

35 *AB*, 68

36 Raymond Asso laut DM, 120 & 125

37 *AB*, 75

38 Asso, zit. n. Lange, 49 & 52

39 Asso, Vorwort zu *Chansons sans musique* (1946), zit. n. Mazillier/Ber-
rot/Durieux 2010, 101 [im Weiteren: MBD]

40 Asso über EP, Lange, 49

41 Asso, zit. n. Brierre 2003, 43; vgl. auch DM, 151

42 EP, zit. n. MBD, 22

43 *AB*, 106

44 Marc Blanquet in: *Le Journal*, 26. November 1937; vgl. *Emportée*, 19

45 Zitate nach DM, 137 ff. und Burke, 61

46 Brief von EP an Asso, zit. n. DM, 142 f.

47 Lange, 56

48 Brief von EP an Asso, zit. n. Lange, 56 ff. und DM, 152

49 Asso, zit. n. Lange, 56

50 EP in: *Notre Cœur*, 28. Oktober 1940; vgl. DM, 174

51 Brief von EP an Asso, Anfang Dezember 1939, zit. n. DM, 156

55 Meurisse 1979, 106 f.

53 Maurice Verne, Rezension ihres Gastspiels im L'Amiral, Frühjahr 1940, in: *Emportée*, 25

54 Lange, 65 f.

55 Salvador Reyes in: *La Hora*, 5. November 1939; vgl. DM, 156 f.

56 EP in: *Notre Cœur*, 28. Oktober 1940

57 Mit Jeanne Allard in der Piaf-Rolle und mit Angelo Bellini als stummem Émile. Die Musik zu Demys Kurzfilm von 1957 stammt von Maurice Jarre.

58 Die Datierung von Niederschrift und Uraufführung des Cocteau-Monologes *Fantôme de Marseille* ist nicht gesichert: »am 10. Juni 1940« (MBD, 52) oder erst 1947 (Henke 1998, 92)? Weitere Quellen liefern ähnliche Andeutungen (»pendant la guerre«), legen sich aber ebenfalls nicht auf ein Datum fest (vgl. Bret 2007, 42 und Bonini 2008, 155).

59 zit. n. Lange, 66 f.

60 Freyeisen 2005, 90

61 Rabette in: *Paris-Soir*, 1. Oktober 1940; vgl. *Emportée*, 28

62 Jean-Louis Barrault in: Marchois 1985 (II), *Piaf – Opinions publiques*, 20

63 Jacques Audiberti, zit. n. Lange, 68

64 Norbert Glanzberg in: Freyeisen, 99 f.

65 Glanzberg in: Freyeisen, 99

66 Glanzberg in: Freyeisen, 92

67 EP an Glanzberg, in: Freyeisen, 100

68 Glanzberg in: Freyeisen, 102

69 Glanzberg in: Freyeisen, 98

70 Glanzberg in: Freyeisen, 91

71 Freyeisen, 92

72 EP: in Fauvet 1943; vgl. auch ähnliches Zitat in: *Passion EP* (Lévy 2003), 94 [im Weiteren: *Passion EP*]

73 Lange, 78

74 ebda.

75 Aline Soccodato, geb. Roblot, war Madame Billys bürgerlicher Name. Das L'Étoile de Kléber leitete sie ab ca. 1941, nachdem sie von 1938 an schon eine *maison close* in der Rue Cardinet geführt hatte. Soccodato setzte sich nach Kriegsende unbekümmert über das von der Stadtver-

ordneten Marthe Richard verhängte Schließungsverbot von französischen Bordellen (1946) hinweg.

76 Vgl. eine entsprechende, recht klatschsüchtige Reportage in *La Semaine* vom 9. Mai 1942.

77 Nicht zu verwechseln mit Eartha Kitts späterem *C'est si bon* (1952/54), geschrieben 1947 von Henri Betti und André Hornez.

78 Nicht weniger als drei Titelvarianten ein und desselben Chansons sind in Büchern, auf Plattenhüllen und in Notenausgaben im Umlauf: *Où sont-ils, tous mes copains?*, *Où sont-ils, mes petits copains?* und sogar *Où sont-ils, tous mes petits copains?*

79 Henri Contet, zit. n. *Passion EP,* 89

80 Léo Ferré, in: *L'Éclaireur de Nice,* März 1942; vgl. auch DM, 183

81 G. Joly in: *L'Aurore,* 13. Februar 1945; vgl. auch *Emportée,* 40 f.

82 Vittorio Guerriero in *Panorama,* 24. Juni 1943; vgl. auch *Emportée,* 35

83 Lucien Rebattet in: *Je suis partout,* o.D.; vgl. Brierre, 55 und Lange, 68; N.N. in: *La Révolution nationale,* 15. Juli 1944, in: Brierre (ebda.) und auch in Burke, 79 & 247

84 Cocteau, Préface, in: *AB,* 32 [Text vom 2. Januar 1947]; auch als Vorwort von *Emportée* verwendet (dort 5); vgl. auch die Piaf-Textsammlung in Cocteau 2003 (*Cahiers Jean Cocteau,* nouvelle série, no. 2), 216

85 Contet, zit. n. DM, 201

86 EP: Je n'aime pas les chansons réalistes, in: *Actu,* 20. Juni 1943; vgl. DM, 201 f.

87 EP an Glanzberg, 31. März 1944, in: Freyeisen, 179

88 Madame Billy 1980, 130

89 *AB,* 123

90 Rital: früher ein abwertender Ausdruck der Franzosen für einen Italiener.

91 Yves Montand in: Hamon/Rotman 1990; vgl. Burke, 97 f.

92 P.-F. C. in: *Midi Soir,* 10. November 1944 (zu EPs Gastspiel im Théâtre des Variétés in Marseille mit Montand); in: *Emportée,* 38

93 frei nach Lange, 90

94 Max Falavelli in: *La Dépêche de Paris,* 28. Oktober 1945; Jean Wiéner in: *Spectateur,* 3. Oktober 1945

95 Montand in: Lange, 85

96 EP an Jacques Bourgeat, 29. Oktober 1945 (dort auch Telegramm)

97 Lange, 90

98 Montand in der Sendung *Radioscopie* vom 20. Mai 1969 (mit Jacques Chancel); vgl. Bonini, 228 f.

99 Montand, zit. n. MBD, 103

100 EP an Bourgeat, 4. September 1946

101 EP laut Smith 2008, 17

102 Contet 1946; vgl. auch Burke, 109

103 Marc Bonel, in: *Passion EP,* 111

104 Lange, 94

105 Jean Cocteau, Les Compagnons de la Chanson. Hier zitiert nach dem Wiederabdruck: Cocteau 2003 (*Cahiers Jean Cocteau*, nouvelle série, no. 2), 217

106 Harmlosigkeit, flache Handlung und familienfreundliches Entertainment überwogen darin, aber der PR-Effekt war garantiert: ein wenig wie dann bei den Beatles-Filmen der Mittsechziger.

107 *AB*, 146

108 EP in: Lange, 96

109 Lester Bernstein, The Perils of Piaf, in: *New York Times*, 26. Oktober 1947

110 George Jean Nathan, Édith Piaf and Company, in: *Theatre Book of the Year, 1947/48*, 124 f.; Atkinson 1947. Vgl. auch: *AB*, 137 f.

111 Simone de Beauvoir an Nelson Algren; vgl. Bonini, 265 f.

112 *AB*, 138

113 Thomson 1947; vgl. auch DM, 270

114 N. N., Lugubrious Mama, in: *New Yorker*, 15. November 1947, 26 f.

115 J. E., Édith Piaf triomphe aux États-Unis avec *La Vie en rose*, in: *Regard*, 22. Februar 1948; vgl. *Emportée*, 49

116 Marc Bonel schilderte Ende Januar 1948 in einem Brief an seine Eltern, wie sehr Piaf von Selbstzweifeln, Verlustängsten und Einsamkeit geplagt wurde: »Sie machte eine Nervenkrise durch und verlangte, uns zu sehen. Das ist nun alles das Resultat von viel zu viel Arbeit. Sie lernt Englisch, sie lernt Klavierspielen, sie probt den ganzen Tag, abends steht sie auf der Bühne, sie stellt sich allem, und dennoch ist sie ohne Liebe, seit Jean-Louis sie mitsamt den Compagnons verlassen hat.« In der Nacht ihres Anrufes ging Bonel auf, dass da noch eine zweite Frau in ihr existierte: »Eine Frau, die die Orientierung verloren hat durch den Erfolg und das Geld, einerseits eine Frau, die sich aufgrund ihres Talentes durchsetzt, und andererseits eine arme Unglückliche, ein armer kleiner Vogel, ein Kind, dem es an Zärtlichkeit mangelt. Unsere Gegenwart beruhigte sie, und am Ende gelang es ihr, einzuschlafen.« (Bonel/Bonel 1993, 234 f.) In Briefen an Bourgeat zwischen November 1947 und dem darauffolgenden Jahresanfang machte sie mehrfach ihrem Herzen Luft und bekräftigte, dass sie die Sprunghaftigkeit ihres Liebeslebens, ihre Affären und das ewige Getändel leid war.

117 EP an Bourgeat aus New York, 5. Januar 1948

118 EP an Bourgeat aus New York, 4. November 1947

119 Henke, 11 f.

120 Marcel Cerdan laut Lucien Roupp in: Marchand 1983; vgl. auch Burke, 135

121 Grimault/Mahé 1993, 108

122 Lange, 110

123 EP an Bourgeat, 31. August 1948

124 EP an Bourgeat, Briefe vom 1., 8. & 12. Oktober 1948
125 EP an Marcel Cerdan in: *Moi pour toi* 2007, Brief vom 13. Juni 1949, 141
126 Félix Lévitan in: *Le Figaro* und/oder in: *Le Parisien Libéré*, 7. Oktober 1949; vgl. Bonini, 298 und *Emportée*, 50
127 EP an Cerdan in: *Moi pour toi* 2007, Brief vom 24. September 1949, 151
128 EP an Bourgeat, Oktober 1949; vgl. Bonini, 296 f.
129 EP laut Robert Bré in: *Paris-Presse*, 16. März 1948; vgl. Grimault/Mahé 1993, 109
130 Andere Quellen nennen andere Gipfel: Pic Algarvia oder Pico de Vara.
131 Grimault/Mahé 1993, 275
132 Lange, 111
133 EP an Bourgeat, 31. Oktober 1949; vgl. Bonini, 302
134 Simone Berteaut in: MBD, 102
135 Didier Daix in einem Brief an Robert Dalban; vgl. DM, 306
136 Lange, 108
137 Lange, 104. Weiter heißt es dort: »Die beiden Göttinnen reichen sich die Hände. Beider Grausamkeit entspricht der körperlichen Faszination, die sie ausstrahlen. Marlene ist in ihren Liedern die gnadenlose Frau, nach der die Männer weinen, und Édith die Zerrissene, Verlassene und Geschlagene. Sie haben nur ein Lied gemeinsam, *La Vie en rose* – ein Lied, das weder der einen noch der anderen entspricht.« (Vgl. auch das Kurzkapitel zu diesem Chanson, S. 217.)
138 Henke, 9
139 Henke, 10
140 »Marlene Dietrich war beeindruckt von dem Temperament und der Lebensenergie [Piafs], von der eigenwilligen Technik, wie sie alle großen Naturtalente des Chansons besitzen, die sich im Lied selbst darstellen, in gewisser Weise darin verbrennen, und deren Stil sich mit ihrer Persönlichkeit in beglückender wie erschreckender Weise deckt. Sie bewunderte die ›scheinbar konfuse Harmonie der Sängerin‹, deren gebändigte, eruptive Leidenschaft mit dem selbstzerstörerischen und selbsterhaltenden Trieb alles mitriss und umriss, wenn es sein musste.« (Bemmann 1986, 127)
141 Marlene Dietrich, zit. n. *Passion EP*, 133
142 *AB*, 153 f.
143 EP an Tony Frank, 1. Mai 1950, in: Springer 2008, 82
144 Die Schreibweise des Komödientitels ist durchweg uneinheitlich: Mal wird das Stück *La p'tite Lili* (mit »verschlucktem« e), dann wieder »korrekt« *La petite Lili* genannt.
145 André Pousse in: *Ici Paris* (Ausgabe vom 28. November bis 4. Dezember 1967); vgl. DM, 319
146 Ediert unter dem Titel *Mon amour bleu* (EP 2011). Sie entstammen

dem Zeitraum November 1951 bis September 1952 und wurden im Februar und Juni 1952 im Tagesabstand verfasst, teilweise sogar mehrfach täglich. Gérardins Antwortschreiben, sofern sie sich erhalten haben (sollten), sind nicht Bestandteil des von Cécile Guilbert eingeleiteten Bandes.

147 EP in Briefen an Toto Gérardin u. a. vom 15. Januar 1952, in: EP, *Mon amour bleu*, 2011, 34; 3. Februar 1952, ebda., 41; 6. Februar 1952, ebda., 45 & 48; 13. April 1952, ebda., 123 f.; 21. Februar 1952, ebda., 96 f.

148 EP in Briefen an Toto Gérardin vom 19. Juni 1952, in: EP, *Mon amour bleu*, 2011, 132; 15. November 1951, ebda., 31; 25. Januar 1952, ebda., 36; 3. Februar 1952; ebda., 40

149 EP an Robert Dalban am 21. Dezember 1950, in: *Passion EP*, 142

150 EP an Toto Gérardin, in: EP, *Mon amour bleu*, 2011, 6. Februar 1952, 48

151 Aznavour in: *Passion EP*, 144

152 Rivgauche in: Lange, 127. Die Analyse ihres späteren, talentierten Chansonschreibers lautet: »Warum wurde sie eigentlich verlassen? Weil sie einen umbrachte, indem sie einen zwang, ihren Rhythmus mitzuleben. Niemand konnte da mithalten. Entweder trennten sie [die Liebhaber] sich von ihr, oder sie wurden nervenkrank.« (ebda.)

153 *AB*, 176

154 Lange, 129

155 Piaf war Camping weit lieber als repräsentatives Wohnen: »Ich vergöttere mein *chez moi*, mein Zuhause, aber nur unter der Bedingung, dass es mir so vorkommt, als würde ich dort zelten.« (EP in: *La Presse*, 24. Januar 1955)

156 Henke, 20

157 Ihr neuer amerikanischer Agent Eddie Elkort gruppierte die Engagements und kümmerte sich um die Organisation der Etappen auf ihrer Wandertournee.

158 Bonel/Bonel, zit. n. Burke, 168

159 Michel Philippe-Gérard, zit. n. Brierre, 114

160 DM, 344

161 vgl. DM, ebda.

162 EP am 6. November 1951, in: *Passion EP*, 148

163 Allein im Frühjahr und Sommer 1956 wirkte sie innerhalb weniger Wochen an fünf Ausgaben von *La Joie de vivre* mit – für Gilbert Bécaud (14. Mai), Janine Micheau (28. Mai), Damia (11. Juni), Serge Lifar (25. Juni) und Gina Lollobrigida (9. Juli). Eine ideale Plattform zur Präsentation brandneuer Lieder: Die Sendung setzte Trends, garantierte hohe Einschaltquoten und bot Gelegenheit für Kurzinterviews. Piaf war darüber hinaus auch Gaststar von *Télé-Paris* und *Trente-six chandelles*; in Kanada lud man sie in die Fernsehshow *Music-Hall* ein.

164 Louis Barrier in DM, 351

165 EP an Bourgeat, 12. Februar 1956

166 EP an Jean Cocteau aus Miami am 28. Februar 1953, in: Cocteau, *Le Passé défini*, Band II (1953), 1985, 64

167 Cocteau in: *AB*, 31 f., *Emportée*, 4 f. sowie in Cocteau 2003 (*Cahiers Jean Cocteau*, nouvelle série, no. 2), 215 f.

168 Howard Taubman in: *New York Times*, 5. Januar 1956, 25

169 EP in *France-Dimanche*, Juli 1956; vgl. DM, 361

170 N. N. in: *Le Petit Journal*, 18. Dezember 1955; *Emportée*, 79

171 EP, zit. n. Lange, 203

172 EP in der Rundfunksendung *Au bord de la scène*, 16. Februar 1958 (Interviewpartner: Robert Beauvais), zit. n. DM 1995, 376 ff.; hier: 378

173 Félix Marten an EP im Oktober 1958, zit. n. Bonini, 409 f.

174 ebda.

175 Charles Kiffer, zit. n. Lange, 175

176 Vassal 2002, 57 f.

177 »Wenn sich das Talent mit Herz und gutem Geschmack verbindet, kann es die Perfektion erreichen, die ihm die Zuneigung und Bewunderung vieler Menschen sichert«, diese Gewissheit hatte Charles Aznavour durch die Zusammenarbeit mit Piaf erlangt. Jeder seiner Folgesätze aus seinem jüngsten Memoirenband *À voix basse* gleicht bis aufs i-Tüpfelchen einer Devise Édiths: »Erst die Persönlichkeit eines Stars, der ohne jede Arroganz die Herzen seines Publikums erreicht, ermöglicht ihm, das zu werden, was ein Star sein sollte: ein Künstler. Ein Künstler, der nicht nur Selbstdarsteller ist, sondern sein Talent zur Geltung bringt. … wenn wir auch nur einen Moment lang vergessen, dass unser wichtigster Freund das Publikum ist, dann kann es passieren, dass es uns für immer vergisst.« Genauso wie in der Liebe müsse man für jede Untreue irgendwann büßen. (Aznavour 2010, 87)

178 Claude Sarraute in: *Le Monde*, 8. Februar 1958; vgl. *Emportée*, 86

179 Georges Moustaki, zit. n. Lange, 139

180 EP in *France-Dimanche*, zit. n. DM, 390 f. (Das bei DM angegebene Veröffentlichungsdatum, 6. Januar 1958, ist sicher falsch – beide Unfälle trugen sich ja erst im Herbst desselben Jahres zu.)

181 Henke, 190

182 EP an André Schoeller am 2. Februar 1959, zit. n. DM, 396

183 Georges Moustaki in einem Rundfunkinterview mit Jacques Chancel für die Sendung *Radioscopie* vom 18. Juni 1969

184 EP an Marguerite Monnot laut *Paris-Journal*, 5. Juni 1959

185 N. N. in: *Paris-Journal*, 23. Juni 1959, *Emportée*, 96

186 vgl. Lange, 134

187 Doug Davis; vgl. Lange, 132; Burke, 191; DM, 405

188 Françoise Giroud in: *France-Dimanche* 1951; vgl. Lange, 198

189 Henke, 204

190 ebda.

191 Doch nie hätte Piaf auch nur einen Augenblick lang erwogen, ihr Publikum zu enttäuschen. Eher hätte sie den Tod billigend in Kauf genommen. Für sie galten ausschließlich jene unerbittlichen Leitsätze, wie sie Aznavour erst unlängst wieder als Credo jedes ernstzunehmenden Interpreten formulierte: »Alles, was der Künstler besitzt, hat er seinem Talent zu verdanken, aber auch den Zuschauern, die nicht selten Verzicht üben, um sich eine Konzertkarte kaufen zu können. Sie zahlen aus eigener Tasche, im Gegenzug muss sich der Künstler mit seiner ganzen Person einsetzen. Selbst wenn er krank ist, … muss er sein Bestes geben …« Wenn er sich dann auf die Bühne geschleppt habe und vor dem Publikum stehe, das ihn mit seiner Begeisterung empfängt und trägt, seien die Schmerzen wie weggeblasen. »Nach der Vorstellung mag er wieder auf sein Krankenbett sinken, aber nach einem Tag voller Tabletten, Spritzen, Massagen und Inhalationen wird er mit der gleichen Begeisterung, der gleichen Überzeugung und der gleichen Liebe zu seinem Metier erneut auf die Bühne steigen. Ein *echter* Künstler eben.« (Aznavour, 87 f.)

192 Meine Mitschrift des Fernsehinterviews für *Cinq colonnes à la une* (1959; INA-Archiv sowie Teil des Dokumentarfilms *Édith Piaf – L'Hymne à l'amour* von Armand Isnard).

193 siehe auch: Burke, 193 f.; DM, 407 ff.

194 EP im Gespräch mit Jean Noli, in: *France-Dimanche*, 16. Juli 1959, zit. n. *Passion EP*, 175

195 Henri Contet erinnerte sich: »Wenn man ihr raten, ihr helfen oder sie verteidigen wollte, dann musste man das irgendwie mit einem Aroma von Leidenschaft verbinden. Um ein Freund [Piafs] zu werden, war es nötig, dass ihr Traum sich änderte.« (Contet, zit. n. Lange, 175) Figus riet ihr, half ihr und verteidigte Édith in der Tat, von Leidenschaft beflügelt und von dem brennenden Wunsch beseelt, dass ihr Traum – zu seinen Gunsten – bald in Erfüllung gehen möge.

196 wie Anm. 2

197 Noli 2007, 20

198 Auch dem Filmregisseur Marcel Carné liefen Schauer des Unbehagens über den Rücken, wenn er am Boulevard Lannes eintraf und zum Warten auf Édith gezwungen war: »Stellen Sie sich ein riesiges leeres Wohnzimmer vor, leer bis auf ein Klavier in einer Ecke und einen Hocker. Aber was diesen Raum erst so schrecklich trauervoll machte, war die Präsenz einer Unmenge von Blumenkörben. Körbe verwelkter Blumen, die man der Reihe nach an der Wand abgestellt hatte, Blumen, die hier angelangt waren, um zu sterben.« So wie Blumen auf einem Grab. »Doch dann erschien Piaf auf der Bildfläche, und mit ihr betrat das Leben selbst diesen Raum.« (Carné, zit. n. http://news.celemondo/ com/2010/11/l'appartement d'Édith Piaf)

199 Noli, 40 f.

200 Rivgauche in Lange, 132

201 Noli, zit. n. Lange, 186

202 EP, Interviews mit *Paris-Jour* im September 1960 und am 15. Oktober 1960, zit. n. DM, 415 & 417

203 EP, Fernsehinterview für *Cinq colonnes à la une*, 2. Dezember 1960; Jean Cocteau an EP in einem undatierten Rundfunktext für Radio Lausanne

204 EP, zit. n. Monserrat 1992, 311 (vgl. auch Rosenkranz, 164)

205 Piafs australisch-amerikanische Biographin führte zur damaligen Verschränkung von politischem und kulturellem Kontext aus: »In the new year [1961], the main topics of interest among Parisians were Algeria and Édith Piaf. As De Gaulle prepared a referendum on Algerian independence despite widespread opposition, the press was glad to have something positive to report: Piaf's phoenixlike resuscitation.« (Burke, 202)

206 Emil Zátopek war ein tschechischer Leichtathlet und legendärer Langstreckenläufer. Bei den Olympischen Spielen 1948 und 1952 gewann er mehrere Gold- und Silbermedaillen und wurde so in seiner Heimat zum Volkshelden.

207 wie Anm. 188

208 Bruno Coquatrix an EP, undatiert [1961], zit. n. Bonini, 481

209 Cocteau an EP, aus der Villa Santo Sospir auf dem Cap Ferrat, 9. Oktober 1960, im Originalwortlaut und als Faksimile abgedruckt in: Bonel/Bonel, 158 ff.

210 wie Anm. 188

211 wie Anm. 2

212 Burke, 210

213 Der mit Davis befreundete Lyriker und Songwriter Rod McKuen, der auch viele französische Chansontexte ins Englische übertrug, erinnerte mit seinem Gedicht *Orly Field* an Douglas und an das verheerende Luftfahrtunglück.

214 Charles Dumont, zit. n. Brierre, 152

215 Dumont, zit. n. Bonini, 488. Seinen Standpunkt konnte er mit Informationen aus eigener Anschauung belegen: »Als ich sie kennenlernte, ließ sie sich Dolosal-Spritzen verabreichen, um vor Schmerz nicht zu brüllen und den Tod herbeizuschreien. ... Sie litt wie eine Märtyrerin. Also in solchen Momenten, da ist einem der Sex schnurz! Sex! Jedenfalls kann ich mir nicht vorstellen, dass sie sich bei einem derartigen Befinden einem sexuellen Akt hingegeben hat. Was Sarapo angeht, glaube ich, dass sie ihn liebte, aber wenn man seine Besonderheiten in Betracht zieht ...« Um hernach die heikle Angelegenheit ins Allgemeine zu wenden: »Ich weiß nicht, warum die Leute alles auf Sex reduzieren wollen. ... Es gibt schließlich nicht nur Sex im Leben. Es gibt trotz allem doch bestimmte Wesen, die weit über so etwas stehen.

Théo war der Stern, von dem sie immer geträumt hatte. Man kann Sterne betrachten ohne Lust zu haben, mit ihnen ins Bett zu gehen. ... Édith war von einer engelhaften Schamhaftigkeit.« (ebda.)

216 Joseph Kessel, zit. n. Brierre, 152 und Burke, 211

217 Dumont, zit. n. Bonini, 486 f.

218 EP, zit. n. *Passion EP*, 178

219 Brink 2009, 161 f.

220 EP in einem langen, sehr persönlichen Rundfunkinterview (1962)

221 Michel Emers Neujahrskarte für Édith war die schönste und originellste – er grüßte (und küsste) mit seinen *bons vœux* des Jahres 1963 gleich vier verschiedene Frauen in einer. Madame Lamboukas wünschte er Glück, Madame Gassion beste Gesundheit, Madame Sarapo Liebe und Madame Piaf Erfolg.

222 Zuvor hatte sie die Kinder von Cerdan und Barrier als Erben eingesetzt; ihr Manager selbst entschied aber, dass jetzt Sarapo in den Genuss von Édiths Hinterlassenschaft kommen sollte und nicht seine eigenen Sprösslinge (vgl. Bonini, 512).

223 Mit Chauvigny und anderen Orchesterleitern verband sie Routine und Komplizenschaft, wenn es darum ging, altbewährte dramaturgische Kniffe anzuwenden: »Die Piaf ... sagte ihrem Kapellmeister etwa: ›Im ersten Lied bin ich gut, um zwei, drei, vier, fünf kümmere dich nicht besonders. Was Nummer sechs sein wird, weiß ich noch nicht. Aber sei dabei sorgfältig. Dann brauchst du nicht aufzupassen bis zu den drei letzten. Die werde ich wieder sehr gut singen ... Und dann gehen wir einen heben!‹« (Lange, 171)

224 Aznavour besaß eine optimistische Vision von den Abschiedskonzerten bedeutender Sänger: »Die eigene Karriere glanzvoll zu beenden und bei der letzten Vorstellung auf einen überfüllten Saal zu blicken, in dem Freude, Rührung und Traurigkeit zu beiden Seiten der Rampe zu spüren sind – dafür lohnt es sich doch wohl, das eine oder andere Opfer zu bringen, nicht?« (Aznavour, 88) Opfer hatte Piaf wie noch selten jemand vor ihr gebracht, aber ein solch nostalgischer und beglückender Abschluss ihrer Laufbahn blieb ihr leider verwehrt. *Famous last words* – sie kamen ihr in Lille nicht über die Lippen.

225 Was Markus Becker und die Mallorca Cowboys mit dem *Roten Pferd* aus *Milord* gemacht haben, darüber hüllen wir uns lieber in Schweigen.

226 Jean Cocteau an EP, 28. Mai 1963, zit. n. MBD, 205

227 Lange, 161

228 Zitate aus *Ici-Paris* und *France-Dimanche* im Sommer 1963; vgl. DM, 444 f.

229 In *Le Soir illustré de Bruxelles* hatte sie am 29. November 1962 noch geäußert: »Man sollte schon ehrlich sein: Die sogenannte Sensationspresse ist viel wichtiger für einen Künstler als irgendwelche Kritiken. Diese Art Presse hat enorm viel für die Stars getan. In unserem Beruf

muss man [den Tratsch] der Concierges und Hausmeister akzeptieren. Es ist meine persönliche Überzeugung, dass das Publikum das Recht hat, in die Intimität der Stars vor- und einzudringen. Niemals darf man es in dieser Hinsicht enttäuschen.« – Die Leitung von *France-Dimanche* bestätigte Édiths Standpunkt, als sie nach ihrem Tod bedauernd konstatieren musste: »Wir haben ihre Memoiren zweimal veröffentlich[en können]. Unsere Auflage war um 300000 Exemplare gewachsen. Heute gibt es so etwas wie die Piaf nicht mehr. Das Fernsehen hat uns unglaublich geschadet. Zeitungen wie die unsere sind tot.«

230 Jean Cocteau an EP am 31. August 1963, zit. n. MBD, 205

231 Noli, 186

232 EP laut N.N., in: *Paris-Match* vom 19. Oktober 1963; vgl. *Emportée*, 110

233 EP laut Simone Margantin, Noli, 192

234 Noch im Angesicht des Todes kam es zu einer heftigen Kontroverse zwischen Margantin und Bonel: Letztere drohte für den Fall, dass die Krankenschwester voreilig die Presse benachrichtigen bzw. Noli einweihen würde, damit, ihrerseits an die Öffentlichkeit zu treten und sie von Margantins angeblich heimlich vorgenommenen, illegalen Abtreibungen im Prostituiertenmilieu von Montmartre zu informieren. So »erkaufte« Bonel sich deren Schweigen. Einige Tage später kam es, in Bonels Erinnerung, dann in Paris zu einem weiteren Eklat, als Margantin, während eines hysterischen Anfalls in den Tagen vor Piafs Beerdigung, Sarapo des Ehebruchs bezichtigte: Der Grieche habe seine sterbenskranke Frau mit seinem Freund und Kollegen Brialy betrogen (vgl. Bonini, 530 & 532). War an beiden Gerüchten wirklich etwas dran oder handelte es sich nur um plumpe, hässliche Verleumdungen, um die Gegenseite auszuschalten? Eifersüchtig, so viel ist sicher, wachten die beiden letzten Vertrauten der Sängerin über ihren jeweiligen Sonderstatus – und schieden im Streit.

235 EP, vgl. *Passion EP*, 186

236 Im Frühjahr 2011 stand die Villa, vollständig renoviert, für knapp 7 Millionen Euro zum Verkauf. In ihren Inseraten warben die Immobilienhändler selbstredend mit der schaurig-illustren Vorgeschichte des einstmals schlichten, inzwischen luxuriösen Landhauses.

237 Jean Cocteau in *Le Figaro*, 12. Oktober 1963

238 N.N., in: *Paris-Match* vom 19. Oktober 1963; vgl. *Emportée*, 109

239 So die offizielle Schätzung; in manchen Quellen wird gar das Zehn- bis Zwanzigfache dieser Zahl genannt.

240 Wilson 1963

241 Ein typischer Piaf-Witz, in dem Selbstironie und Hybris eine fröhliche Verbindung eingingen, lautete etwa: »Wenn Marie-Antoinette so gesungen hätte wie ich, hätte sie ihren Kopf behalten.« (EP; vgl. Bonini, 360)

242 Zit. n. Lange, 180. »Wenn die Leute auch dieses Wunder nicht haben konnten … – dass die Piaf aus ihrem Sarg steigen würde, um … ›Allez, venez Milord‹ zu singen –, dann wollten sie wenigstens die Tränen von Marlene, von Aznavour, von Charles Dumont und dem Kinde Théo fließen sehen.« (ebda., 204)

243 Jean Monteaux in: *Arts*, vermutlich Herbst 1963; zit. n. Bret, 229

244 Wie Anm. 238, 110. Die Authentizität eines »letzten Bekenntnisses« in Briefform, das *France-Dimanche* am 24. Oktober 1963 abdruckte und in dem sich Piaf expressis verbis für die unsinnige »Verschwendung von Kräften« in ihrem Dasein schämte sowie all jene um »Vergebung« bat, die sie kannten und liebten, ist in Zweifel gezogen worden. Unüberhörbar ist der »Noli-Tonfall«, der auch in *Ma vie* überwiegt. Mit der Aufforderung an Leser und Fans, möglichst unsentimental auf diese Beichte zu reagieren (»Nach der Lektüre dieses Briefes, der erst nach meinem Tod veröffentlicht werden soll, ja nicht weinen!«), schloss ihr Schreiben.

245 N. N., *France-Observateur*, 17. Oktober 1963; vgl. auch Bonini, 518. Die Schlagersängerin Sylvie Vartan (ab 1965 mit Johnny Hallyday verheiratet) war ab 1962 eines der größten Teenageridole in Frankreich, im Herbst 1963 in aller Munde und bald so erfolgreich, dass sie bereits als knapp Zwanzigjährige 1964 mit Trini Lopez und den Beatles im selben Konzert im Olympia auftrat. Dem »ernsthaften« Chanson näherte sie sich erst später. Unsterblichkeit und Religiosität kristallisierten sich schon damals, noch im Frühstadium, als Leitmotive der Rezeption heraus: »Édith Piaf ist glücklicherweise nie gestorben – weder für die Wissenschaft noch für die Kunst des Liedersingens. Es handelt sich bei ihr um eine Verklärung.« In: *Arts*, vgl. Lange, 143

246 Noël 1950, in: *Emportée*, 56. Diese dreizehn Jahre alte Weissagung bewies 1963 ihre unveränderte Gültigkeit – es war eine Prophezeiung, die der lebenden Sängerin galt und nun über ihren Tod hinaus Bestand haben würde.

247 Die blutjunge Britin Jane Birkin, aus der später eine englisch-französische Stilikone, Schauspielerin und Sängerin wurde, soll 1963, zum Zeitpunkt von Édiths Tod und Begräbnis, ebenfalls am Boulevard Lannes 67bis gewohnt haben: als Au-pair-Mädchen. Ihren künftigen Lebens- und Chansonpartner Serge Gainsbourg hätte Piafs erst sechzehnjährige Nachbarin demnach bereits im Oktober persönlich kennenlernen können: Gainsbourg gehörte zu den prominenten Trauernden, die Sarapo ins Totenzimmer Piafs vorließ. (vgl. http://news.celemondo.com/2010/11/L'appartement-d'Édith-Piaf-et-celui-de-Jane-Birkin/). Eine keineswegs vollständige, aber anschauliche Übersicht zu den wichtigsten Piaf-Schauplätzen in Paris (»Paname«) bietet: http://www.tripline.net/trip/Cartre_exclusive_%3A_Edith_Piaf_%C3%A0_Paname_!_-17401373422010048F4A9EB152AB24BE?earth=1

248 Sarapo in *Le Parisien Libéré*, ca. 1970; vgl. auch Bonini, 559

249 Lange, 153

250 Womöglich hätte man die Schriftstellerin und Cineastin Marguerite Duras mit einem Piaf-Filmprojekt beauftragen sollen. Schon der Autorenfilmer und *Nouvelle-Vague*-Pionier Alain Resnais hatte sich von Duras, als sie noch Drehbuchautorin für ihn war, für sein Meisterwerk *Hiroshima mon amour* ausdrücklich eine Vorlage gewünscht, die dem dunklen, faszinierenden Universum von Édiths Chansons gerecht werden sollte. Sein Wunsch war in Erfüllung gegangen, ihre intensive Zusammenarbeit hatte literarische Akzente gesetzt und provokativ gewirkt. Duras, die sich über die fast gleichaltrige Piaf im Übrigen auch geäußert hat (vgl. Marguerite Duras in: *Le Matin*, 29. September 1983, 10), hätte gewiss keinen Film für die Kinokasse gedreht, sondern ein unbequemes, widersprüchliches und anspruchsvolles Porträt. Legt man Jugendfotos dieser beiden Persönlichkeiten nebeneinander und auch einige Porträts der beiden alternden, egozentrischen Frauen, so besteht oftmals eine frappierende Ähnlichkeit zwischen der streitlustigen, engagierten Duras und Piaf. Im Übrigen sollte auch die kleinwüchsige Autorin in ihrem letzten Lebensabschnitt einen schwulen jungen (und weitaus größeren) Mann als Lebenspartner bevorzugen und die Beziehung zu ihm (Yann Andréa) in Romanen, Theaterstücken, Filmen und Fotoserien zelebrieren.

251 Der amerikanische Komponist und Wahlfranzose Ned Rorem erörterte in einem Essay vom August 1968 die Gemeinsamkeiten und Unterschiede zwischen Holiday und Piaf. Er beschäftigte sich mit den Manierismen dieser beiden »tragischen« Solistinnen und zog zum genaueren Vergleich weitere »Wahlverwandte« wie Ethel Merman und Lotte Lenya heran. »In mehr als nur einer Hinsicht entsprach Édith Billie. Beide standen sie einfach nur da und sangen, jede in ihrem unveränderlichen Bühnen-Outfit: für Billie die ins Haar gesteckte Gardenie, für Édith das einfache schwarze Kleid.« Ihre Privatleben seien gleichfalls miteinander verflochten gewesen, »so wie diejenigen von Baudelaire und Poe, obwohl die beiden letzteren wohl nie von einander gehört hatten. Beide stiegen aus den *bas-fonds* [der Hefe des Volkes] empor. … Beider Repertoire stellte solche Nöte, in jungen Jahren erlittene Plagen und schwierige Bedingungen zur Schau, dennoch wurde Billie zur Millionärin und Piafs Brautjungfer war am Ende Marlene Dietrich.« Von Anfang bis Ende seien beide, obgleich zeitweise wohlhabend und auf ewig heiß geliebt, hereingelegt, geopfert und ausgenutzt worden, so wie es immer der Fall ist bei »einfachen, süchtigen Genies, deren Köpfe von ihren Herzen regiert werden. Beide glitten wieder in öffentlich ausgestellte Armut ab. Und dann gingen sie zugrunde, früh und fast zufällig, fast versehentlich, im eisigen Licht eines schauderhaften Startums.« Holiday, die bereits vier Jahre vor ihrer französischen Kol-

legin starb (1959), und Piaf hatten auch das Geburtsjahr 1915 gemein. Der Paris-Kenner Rorem ging ferner auf den »geteilten Tod« Cocteaus und Piafs ein, wies darauf hin, dass »Humor noch nie [Édiths] starke Seite« gewesen war, aber konzedierte: »Sie war die großartigste volkstümliche Sängerin, die Frankreich in diesem [20.] Jahrhundert hervorgebracht hatte.« Ihren Gesang fasste er »als eine Waffe gegen das Leben« auf und bezeichnete sie als genuin urbane Künstlerin. »Ihre tragische Schlichtheit«, die sie mit Lenya verbinde, »brachte Berge zum Einstürzen.« (Ned Rorem: The More Things Change. Notes on French Popular Song. In: Rorem 1970, 75–80)

252 In ihrem »musical play« porträtierte die erfolgreiche britische Dramatikerin Gems (1925–2011) Piaf auf wenig schmeichelhafte, aber eindringliche und schonungslose Weise: als Alkohol- und Drogenabhänge sowie als bindungsunfähige, selbstzerstörerische Kämpferin, mit einer (Über-)Akzentuierung vulgärer und auch obszöner Szenen. Der *Guardian* schrieb über Gems' Zweiakter: »In Miss Gems's scheme [Édith] speaks as a thoroughly Cockney Mother Courage with a capacity to see the ways of the world and her own life with unsentimental toughness.« Die Premiere von *Piaf* fand im Oktober 1978 in Stratford-upon-Avon statt, bevor das Stück dann in London gezeigt wurde. 1993/94 übernahm Elaine Paige in einer Londoner Wiederaufnahme die Titelrolle; in den achtziger Jahren hatte *Piaf* vor allem am Broadway und in Argentinien für Aufsehen gesorgt.

253 Poulenc, Frankreichs bedeutendster Liedkomponist im 20. Jahrhundert, thematisierte häufig die Nöte und seelische Befindlichkeit verlassener und/oder älterer Frauen. Auch er starb in Piafs und Cocteaus Todesjahr 1963, allerdings bereits im Januar.

254 Am 21. Oktober 1982 wurde ein Asteroid von der sowjetischen Astronomin Lyudmila G. Karatschkina entdeckt und zu »3772 Piaf« (»1982 UR7«) erklärt. Allain Leprest lieferte in seiner Ballade *Édith* eine exakte Lagebeschreibung von ihrer Ruhestätte – aus massivem schwarzem Marmor – und deren Umgebung (die Gräber von Generälen, das Monument der »Mur des Fédérés« sowie der Grabstein des Malers Amedeo Modigliani, in dessen Schatten die Sängerin aufzufinden sei). Er setzte den Friedhof, den er für die Dauer eines Piaf-Konzertes zum Leben erweckte, mit einem gespenstischen Theater gleich, zu dessen Bühnenbeleuchtung die Natur beiträgt, und bezeichnete ihn als eine »seltsame Music Hall«, in der die Bäume um eine Zugabe bitten und die anderen prominenten Bestatteten Édith andächtig lauschen. Leprest beschrieb Rituale: das Pilgern ihrer »Liebhaber« in die 97. Division, wo sie zu »Millionen« Sträuße auf ihrem Grab ablegen. Oder die Verabschiedung eines dahingeschiedenen Menschen durch das Künstlervölkchen – um den Tod nicht noch trauriger zu machen als ein simples »Auf Wiedersehen« an einem Flussufer, genüge es, so der Sänger, dass die Liebe

eine Hymne besitze. Édith Piaf hatte nicht nur eine, sondern Dutzende solcher Hymnen geschaffen und damit den um sie Trauernden das »Au revoir« erheblich erleichtert. Leprest gab in seinem Liedtext fälschlich die 96. Division an: ein Irrtum, der sich in vielen Piaf-Dokumenten findet.

255 Bonini, 585

Kommentierte Bibliographie

Wer sich anschickt, die Sekundärliteratur zur »Königin des französischen Chansons« zu sichten, zu prüfen und auszuwerten, steht vor einer Herkulesaufgabe. Bereits die schiere Anzahl von Veröffentlichungen, ganz überwiegend persönlich gefärbte Erinnerungen von Ginou Richer, Denise Gassion, Marcel Blistène, Marcel Cerdan junior, Hugues Vassal und Maurice Maillet, Parteinahmen, stark romantisierende Lebensberichte – von David Lelait-Helo, David Bret, Margaret Crosland – und hagiographische Schilderungen, kann einschüchternd wirken. Dichtung und Wahrheit sind in den meisten Porträts bis zur Unkenntlichkeit vermischt, Grenzen zwischen beiden Bereichen nur schwer auffindbar. Insbesondere in Frankreich, wo praktisch alle zwei bis drei Jahre eine neue Monographie herauskommt, ist die Lage – zurückhaltend formuliert – unübersichtlich. Zumal nur eine Handvoll Publikationen wissenschaftlichen Standards genügt oder wenigstens über Fußnoten und Literaturverzeichnis oder auch nur über Anmerkungen, Belege oder Quellennachweise verfügt. Selbst für die wichtigsten Lebensdaten finden sich oftmals keine verlässlichen, präzisen Informationen, aber auch Angaben von Konzertterminen, Aufnahmedaten und Studiosessions halten nicht immer einer Verifizierung stand. Vorsicht ist also geboten. Und ebenso Mut zum Aussortieren und zur Konzentration auf einige respektable Standardwerke: Jean-Dominique Brierre, Philippe Crocq/Jean Mareska, Gilles Costaz, Louis Valentin, Bernard Marchois und, besonders empfehlenswer, Pierre Duclos/Georges Martin. Neben einem weiteren knappen Dutzend brauchbarer und vor allem verlässlicher Bücher und Essays zur Vita Piafs – Stan Cuesta, Isabelle Sobelman, Monique Lange, François Lévy oder Fabien Lecœuvre – und Werken für veritable Piaf-Spezialisten – Emmanuel Bonini, Silvain Reiner – steht eine Flut belangloser, ja irritierender Beiträge. Es gilt daher, die Spreu vom Weizen zu trennen.

Piaf selbst hat viele Fährten in ihre Vergangenheit noch zu Lebzeiten, buchstäblich in letzter Minute, verwischt, Türen verschlossen und etliche Möglichkeiten zu authentischer Recherche von vornherein bewusst zerstört: Denn die beiden Erinnerungsbände, die sie den Journalisten Louis-René Dauven (*Au bal de la chance*) und Jean Noli (*Ma vie*) in die Feder diktierte oder, besser gesagt, die sie von diesen Reportern in ihrem Namen schreiben ließ, sind in Wirklichkeit Romane. Kompiliert aus schon existierenden, nicht selten sensationsheischenden Zeitungsberichten, Interviews und Memoiren-Bruchstücken, garniert mit Passagen, in denen die freie Erfindung regierte, versehen mit falschen Namen, lückenhaften Details und unzutreffenden Begebenheiten, durchsetzt von Aussparungen und Auslassungen – von Momone etwa ist in keinem, von Jacques Bourgeat nur in einem der beiden Bücher die Rede –, bieten sie dem heutigen Leser nichtsdestoweniger eine amüsante, gelegentlich unfreiwillig komische und nicht zuletzt anschauliche wie auch zitierfähige Lektüre. Von ihrer Kunst spricht Piaf darin fast nie. Doch hinsichtlich vielem, was wir heute über ihre Kindheit und Jugend wissen (können), sind wir beinahe ausschließlich auf diese beiden Büchlein, trotz ihres gezielt eingeschränkten Verständnisses von »Realität«, angewiesen. Ob wir mögen oder nicht.

Simone Berteauts stark fiktionalisierte, dafür aber ungemein farbige »Piaf-Saga«, in der sie ihren eigenen Anteil am Werdegang ihrer Freundin stark aufbauscht, ist zu Recht heftig kritisiert worden. Immerhin bietet sie jede Menge Einzelheiten aus erster Hand, was die Boheme-Jahre und die Pigalle-Erfahrungen beider Protagonistinnen angeht. Bei der Einschätzung des Wahrheitsgehalts der meisten (extrem kontrastierenden!) Berichte über Piafs letzte Jahre, ihre Agonie und ihren Überlebenskampf gilt es zu berücksichtigen, dass hinter den Kulissen stets zwei Fraktionen a posteriori um die Deutungshoheit ringen: die einander unversöhnlich gegenüberstehenden »Clans« um den Reporter Jean Noli, den Fotografen Hugues Vassal und die Pflegerin Simone Margantin einerseits und das Ehepaar Danielle und Marc Bonel, Piafs fürsorgliche Begleiter, andererseits. Ein Kampf zweier Lager, der sich bis in unsere Tage fortsetzt.

Um in Piafs Denkweise einzutauchen, um ein Gespür für ihren Humor und ihre Lebenslust zu entwickeln, sei die Lektüre ihrer Korrespondenz, vorzugsweise mit männlichen Adressaten, angeraten. Bedauerlicherweise liegt ihr jahrzehntelanger epistolarischer Austausch mit Jacques Bourgeat, ein intensives Zwiegespräch in Schriftform, das existentielle Wichtigkeit für sie besaß, bislang noch nicht in Buchform vor.

Während der Vorarbeiten zu meinem Porträt erschienen in den Jahren 2010 und 2011 Carolyn Burkes wohltuend nüchternes und solide belegtes Lebensbild, Piafs Liebesbriefe an den Radrennfahrer »Toto« Gérardin, deren Auffinden in Frankreich so etwas wie eine kleine literarische Sensation darstellte, sowie die ausgezeichnete Dokumentensammlung von Jean-Paul Mazillier, Anthony Berrot und Gilles Durieux, ausgestattet mit neuem, reichhaltigem Bildmaterial.

Es frappiert, wie stiefmütterlich in nahezu allen Publikationen zur »Môme« bisher die Musik selbst behandelt wurde, wie wenig man zu den Chansons erfährt, abgesehen von deren Entstehungsgeschichte, und wie selten Piafs vokale wie szenische Interpretation dieser kleinen Meisterwerke Gegenstand der Erörterungen ist. Dieses Missverhältnis ein wenig auszubalancieren und, als Kommentar zur »reinen« Lebensbeschreibung, die Musikerin und Bühnendarstellerin Édith Piaf etwas mehr in den Vordergrund zu rücken, war mir ein besonderes Anliegen.

Piafs Lebenserinnerungen, Chansons und Korrespondenz
Piaf, Édith [& Dauven, Louis-René]: *Au bal de la chance*. Genf 1958; Paris 2007 [*AB*]
Piaf, Édith [& Noli, Jean]: *Ma vie*. Paris 1964
Piaf, Édith [& Noli, Jean]: *Mein Leben*. Reinbek 1966
Piaf, Édith: *L'Hymne à l'amour. Les Chansons de toute une vie*. [Auswahl von Chansontexten.] Paris 1994
Piaf, Édith & Cerdan, Marcel: *Moi pour toi. Lettres d'amour*. [Briefwechsel EP/Marcel Cerdan.] Paris 2007
Piaf, Édith: *Mon amour bleu. Lettres inédites*. [Briefe von EP an Louis »Toto« Gérardin.] Paris 2011

Biographien, Monographien, Piaf-Souvenirs
Allaert, Édith & Bertin, Jacques: *Édith Piaf. Le Chant d'amour*. Paris 1973
Berteaut, Simone: *Piaf*. Paris 1993
Blistène, Marcel: *Au revoir ..., Édith ...* Paris 1963
Bonel, Marc & Danielle: *Édith Piaf. Le Temps d'une vie*. Paris 1993
Bonini, Emmanuel: *Piaf. La Vérité*. Paris 2008
Bret, David: *Piaf. A Passionate Life*. London 2007
Brierre, Jean-Dominique: *Édith Piaf. Sans amour on n'est rien du tout*. Paris 2003
Burke, Carolyn: *No Regrets. The Life of Édith Piaf*. New York 2011
Cartier, Jacqueline & Vassal, Hugues: *Édith et Thérèse. La Sainte et la pécheresse*. Paris 1999
Cerdan, Marcel Junior & Durieux, Gilles: *Piaf et moi*. Paris 2000
Cerdan, Marinette & René: *Cerdan. L'Homme. Le Champion*. Paris 1969
Costaz, Gilles: *Édith Piaf. Une femme faite cri*. Paris 1988
Crocq, Philippe & Mareska, Jean: *La Vie pas toujours rose d'Édith Piaf*. Monaco 2007
Crosland, Marg(a)ret: *Piaf*. Berlin 1997
Cuesta, Stan: *Édith Piaf*. Paris 2000
Cuesta, Stan: *L'Homme à la moto. Le chef-d'œuvre d'Édith Piaf*. Paris 2007
Duclos, Pierre & Martin, Georges: *Piaf*. Paris 1995 [DM]
Gassion, Denise: *Piaf ma sœur*. Paris 1977
Gassion, Denise & Morcet, Roger: *Édith Piaf secrète et publique*. Paris 1988
Grimault, Dominique & Mahé, Patrick: *Piaf – Cerdan. Un hymne à l'amour, 1946–1949*. Paris 1993
Grimault, Dominique & Mahé, Patrick: *Eine Hymne an die Liebe. Édith Piaf und Marcel Cerdan*. Reinbek 1984
Henke, Matthias: *Süchtig nach der Sehnsucht. Édith Piaf*. Reihe »Rebellische Frauen«. München 1998
Hiégel, Pierre: *Édith Piaf*. Monaco 1962
Laframboise, Philippe: *Dieu chez Piaf*. Boucherville 1983

Laframboise, Philippe: *Édith Piaf. Chanteuse du 20ᵉ siècle, génie de la chanson.* Boucherville 2000

Lange, Monique: *Édith Piaf. [Histoire de Piaf.]* Paris 1979

Lange, Monique: *Édith Piaf. Die Geschichte der Piaf. Ihr Leben in Texten und Bildern.* Frankfurt am Main 1985

Larue, André: *Édith Piaf. L'Amour toujours.* Paris 1983

Laurent, William: *Édith Piaf.* Paris 1980

Le Breton, Auguste: *La Môme Piaf.* Paris 1980

Lelait-Helo, David: *Sur un air de Piaf.* Paris 2005

Lorcey, Jacques & Monserrat, Joëlle: *Piaf et la chanson.* Paris/Biarritz 2006/07

Maillet, Maurice: *Édith Piaf inconnue.* Paris 1970

Monserrat, Joëlle: *Édith Piaf. Eine Bildbiographie.* München 1992

Noli, Jean: *Édith.* Paris 1973

Noli, Jean: *Piaf secrète.* Paris 2007

Perroud, Frédéric: *Marcel Cerdan – Édith Piaf. Le bel amour.* Paris 1999

Quinonero, Frédéric: *Édith Piaf. Le Temps d'illuminer.* Paris 2008

Reiner, Silvain: *Piaf. Le Livre d'Édith.* Paris 1999

Richer, Ginou: *Piaf, mon amie.* Paris 2007

Routier, Marcelle: *Piaf l'inoubliable.* Paris 1990

Sizaire, Anne: *Édith Piaf. La Voix de l'émotion.* Paris 1996

Sobelman, Isabelle: *Vivante. [Édith Piaf.]* Paris 2003

Springer, Anne-Marie (Hrsg.): *Amoureuses et rebelles. Histoires d'amour et lettres inédites de Arletty, Édith Piaf, Albertine Sarrazin.* Paris 2008

Trembley, Michel: *L'Hymne à l'amour ou De Belleville aux Grands Boulevards.* Paris 1975

Troubac, Sophie: *Édith Piaf. L'Hymne à l'amour.* Monaco 1995

Valentin, Louis: *Piaf, l'ange noir.* Paris 1993

Vassal, Hugues: *Piaf mon amour.* Villeurbanne 1982

Vassal, Hugues: *Dans les pas de ... Édith Piaf.* Paris 2002

Biographische Miniaturen und Dramatisierungen

Feuerstein-Praßer, Karin: *Ich gehe immer aufs Ganze. Zehn Frauenporträts.* Regensburg 2002

Feuerstein-Praßer, Karin: *Frauen, die aufs Ganze gingen. Zehn Frauenporträts aus drei Jahrhunderten.* München 2009

Freyeisen, Astrid: *Chanson für Édith. Das Leben des Norbert Glanzberg.* Berlin 2005

Gems, Pam: *Three Plays. Piaf; Camille; Loving Women.* London 1985

Rosenkranz, Judith: Chaotische Königin des Chansons. – In: *Engel und Sünderinnen. Idole der 50er Jahre.* Hrsg. von Brigitte Ebersbach. Berlin 2006, S. 159–178

Weissensteiner, Friedrich: *Klein und berühmt.* Wien 2006

Wunderlich, Dieter: *AußerOrdentliche Frauen. 18 Porträts.* München 2009

Illustrierte Darstellungen, Bildbände, Dokumentensammlungen

Frébourg, Benoît & Oliv' & Céka & Aliceu u.a.: *Chansons d'Édith Piaf en bandes dessinées*. Darnétal 2007

Lecœuvre, Fabien & Marchois, Bernard: *Édith Piaf – les photos collectors racontées*. Paris 2006

Lévy, François: *Passion Édith Piaf – la Môme de Paris*. Ausstellungskatalog Paris, Hôtel de Ville, Oktober 2003 – Januar 2004. Paris 2003 [*Passion EP*]

Marchois, Bernard (Hrsg.): *Piaf. Emportée par la foule*. [Ausführliche Chronik, CD und gesammelte Presse-Ausschnitte über EP.] Paris 1995 (I) [*Emportée*]

Marchois, Bernard (Hrsg.): *Édith Piaf. Opinions publiques. 60 personnalités témoignent*. [60 Zeitzeugen über Piaf.] Paris 1995 (II)

Mazillier, Jean-Paul & Berrot, Anthony & Durieux, Gilles: *Piaf. De la Môme à Édith. Documents et inédits*. Paris 2010 [MBD]

Renault, Christophe & Domas, Tatiana & Petit, Olivier u.a.: *Chansons d'Édith Piaf en bandes dessinées*. Darnétal 2001

Témoignages sur Édith et chansons de Piaf. [Sammelband mit Dokumenten, Hommagen, Fotos, Illustrationen, Partituren.] Paris 1984

Ausgewählte Artikel, Konzertkritiken, Nachrufe, Lexikoneinträge und Essays

Alden, Robert: Piaf Triumphant in Paris Recital. In: *New York Times*, 23. Februar 1963, S. 8

Atkinson, Brooks: At the Theatre. In: *New York Times*, 31. Oktober 1947, S. 30

Bracker, Milton: Miracle of the »Sparrow Kid«. In: *New York Times Magazine*, 22. Januar 1961, S. 9

Cocteau, Jean: Je travaille avec Édith Piaf. In: *Paris-Midi*, 19. April 1940

Cocteau, Jean: Les Compagnons de la Chanson. In: *Diogène*, 24. Mai 1946

Coles, Joanna: Jeden Abend kurz vor acht. In: *Die Zeit*, 2. Oktober 1992

Contet, Henri: Édith Piaf chante dans la rue. In: *Paris-Midi*, 16. September 1941

Contet, Henri: Du Palais de Chaillot au Club des Cinq. In: *Toujours Paris*, 23.–29. Mai 1946

de Roux, François: La Môme Piaf se métamorphose en princesse. In: *Le Figaro littéraire*, 29. Januar 1949

Delassein, Sophie: Les Mariés de la Mort. In: *Le Nouvel Observateur*, no. 2028, 18. September 2003

Duvignaud, Jean: Die Atmosphäre der Zeit. In: *Paris. Die 50er Jahre. Kunst und Kultur*. Katalog der Internationalen Tage Ingelheim 1994. Mainz 1994, S. 12–25

Eyles, Emmanuelle: Grâce aux prières des ›filles‹ de Bernay, Piaf a retrouvé la vue. In: *Historia*, Nr. 601, S. 8

Fauvet, H.-D.: Édith Piaf va chanter pour les prisonniers. In: *Paris-Midi,*
9. August 1943

Giniger, Henry: Double Loss to France. In: *New York Times,* 12. Oktober
1963, S. 45

Henry, Gilles: D'où vient cette voix? Les Origines d'Édith Piaf. *GE Magazine,* Ausgabe vom April 1983

Holbane, Françoise: Édith Piaf au Moulin de la Galette. In: *Paris-Midi,*
6. Juni 1944

Les 118 évadés d'Édith Piaf. In: *Ce soir,* 21. Oktober 1944

Manceaux, Michèle: La Semaine/Piaf ressuscitée. In: *L'Express,* 4. Januar
1961, S. 33

Marchand, Jacques: L'Affaire Cerdan. In: *L'Événement,* 12. April 1983

Marguerite Monnot dans l'ombre de Piaf. Sonderausgabe von *Camosine,
Annales des pays Nivernais,* Vol. CXX, 2005

Montarron, Marcel: Les quatre tueurs. In: *Détective,* 16. April 1936, S. 2 f.

N. N.: Édith Piaf, Queen of Hearts. In: *Waldorf-Astoria Daily Bulletin,*
24. Februar 1959

N. N.: Adieu Piaf! Édith Piaf, cette fois le rideau est tombé. In: *Paris-Match,*
19. Oktober 1963

N. N.: Édith et Marcel aux States: la fête. In: *Les Nouvelles littéraires,*
7.–13. April 1983

N. N.: Bernay donne une rue à Piaf. In: *L'Éveil normand,* 16. Juni 1988

Noël, Jean-François: Édith Piaf lance face à Dieu le cri même de la terre. In:
Combat, 15. März 1950

O'Connor, Patrick: Édith Piaf. In: *The New Grove, Dictionary of Music and
Musicians,* hrsg. von Stanley Sadie, Band 19. London 2001, S. 650 f.

Paoli, Lionel: Dany Dean, des notes bleues pour colorer sa vie en rose. In:
Nice-Matin, 26. März 2011, S. 14

Piaf sacrée Môme … Sonderausgabe von *Télérama,* Paris 1993

Recknagel, Marion: Musikalische Implikationen literarischer Dramaturgie
(2). Musikalische Strukturen in Stücken der Marguerite Duras. Er-
innerungsräume. [hier: *Savannah Bay*] In: *Studien zur Dramaturgie.
Kontexte – Implikationen – Berufspraxis.* Hrsg. von Peter Reichel.
Forum Modernes Theater, Band 27. Tübingen 2000, S. 69–80

Rosteck, Jens: Die alte Frau und das Meer. Marguerite Duras vor der
Kulisse ihres Ozeans – Verführung im Schatten der Düne. In: *Mare,* Nr.
XIV, Juni/Juli 1999, S. 106–109

Rosteck, Jens: Gruppenbild mit Schwester. Marguerite Duras zwischen
Robert Antelme und Dionys Mascolo. In: *Im Dreieck. Liebesverhältnisse
von Nietzsche bis Duras.* Frankfurt am Main 1999, S. 245–274

Rosteck, Jens: »The Streets of Our Peculiar Hearts« – Ned Rorems jahrzehntelange Zwiegespräche mit Poulenc und Paris. In: *Dialoge und
Resonanzen – Musikgeschichte zwischen den Kulturen.* Theo Hirs-
brunner zum 80. Geburtstag. München 2011, S. 191–209

Santa, Angels: Édith Piaf, chanteuse populaire. In: *Le Populaire à retrouver*. [Aufsatzsammlung.] Université de Saint-Étienne 1995, S. 125–134

Sarraute, Claude: Édith Piaf à l'Olympia. In: *Le Monde*, 8. Februar 1958

Schott, Christiane: Paris en rose. In: *Die Zeit*, 10. Mai 2007

Smith, Helena: Yes, Piaf Did Have One Great Regret. In: *The Guardian*, 8. Dezember 2008, S. 17

Thomson, Virgil: La Môme Piaf. In: *New York Herald Tribune*, 9. November 1947, Beilage V, S. 6

Turner, Frederick: The Echoes of Piaf in Paris. In: *The New York Times*, 11. Dezember 1994

Vincendeau, Ginette: The Mise-en-Scène of Suffering: French chanteuses réalist(e)s. In: *New Formations*, Vol. III, 1987, S. 107–128

Wicke, Peter: Édith Piaf. – In: *MGG, Die Musik in Geschichte und Gegenwart*. Zweite, neubearbeitete Ausgabe, Supplementband. Kassel/Stuttgart 2008, Sp. 671 ff.

Wilson, Earl: Édith Piaf's Close Friends Say Her Funeral Was ›Just A Big Show‹. In: *St. Petersburg Times*, 22. Oktober 1963

Weitere Literatur (Paris-Porträts, Zeitstudien, Sänger- und Schauspielerbiographien, Memoiren, Chansonforschung)

Adison, Fred: *Dans ma vie y'a d'la musique*. Paris 1983

Ariotti, Philippe & de Comes, Philippe: *Arletty*. Paris 1978

Asso, Raymond: *Chansons sans musique*. Paris 1946

Assouline, Pierre: *Simenon*. Paris 1992

Aznavour, Charles: *Le Temps des avants. Mémoires*. Paris 2003

Aznavour, Charles: *Images de ma vie*. Paris 2005

Aznavour, Charles: *À voix basse*. Paris 2009

Aznavour, Charles: *Mit leiser Stimme. Mein Leben – ein Chanson*. Berlin 2010

Baker, Jean-Claude: *Joséphine Baker. Une vie mise à nu*. Paris 1995

Bardot, Brigitte: *Initiales B. B. Mémoires*. Paris 1996

Bemmann, Helga: *Marlene Dietrich. Ihr Weg zum Chanson*. Berlin 1986

Bertin-Maghit, Jean-Pierre: *Le Cinéma sous l'occupation*. Paris 1989

Bollon, Patrice: *Pigalle. Le Roman noir de Paris*. Paris 2004

Boudard, Alphonse & Romi: *L'Âge d'or des maisons closes*. Paris 1990

Boudard, Alphonse & Romi: *Das goldene Zeitalter des Bordells*. München 1992

Bourgeat, Jacques: *Mille petits faits vrais*. Paris 1966

Brink, André: *A Fork in the Road*. London 2009

Calvet, Louis-Jean: *Chanson et société*. Paris 1981

Calvet, Louis-Jean: *Georges Moustaki. La Ballade du Métèque*. Paris 2005

Canetti, Jacques: *On cherche jeune homme aimant la musique*. Paris 1978

Cantaloube-Ferrieu, Lucienne: *Chanson et poésie des années 30 aux années 60*. Paris 1981

Chauveau, Philippe & Sallée, Andrée: *Music-hall et Café-concert*. Paris 1985

Chevalier, Louis: *Montmartre du plaisir et du crime*. Paris 1982

Chevalier, Maurice: *Ma route et mes chansons*. Band 7: *Artisan de France*. Paris 1957

Chimènes, Myriam & Alviset, Josette: *La Vie musicale sous Vichy*. Brüssel 2001

Clarke, Gerald: *Get Happy. The Life of Judy Garland*. New York 2000

Cocteau, Jean: *Nouveau théâtre de poche*. Monaco/Paris 1960

Cocteau, Jean: *Le Passé défini*. Band 1: 1951/52. Paris 1983; Band 2: 1953. Paris 1985; Band 3: 1954. Paris 1989

Cocteau, Jean: *Journal, 1942–1945*. Paris 1989

Cocteau, Jean: *Théâtre complet*. Paris 2003

Cocteau, Jean & Borsaro, Brigitte: *Cocteau, le cirque et le music-hall./Textes et documents inédits ou retrouvés de Jean Cocteau. = Cahiers Jean Cocteau*, nouvelle série, no. 2. Paris 2003. Darin zu Piaf: S. 212–218

Constantine, Eddie: *Cet homme n'est pas dangereux*. Paris 1955

Coquatrix, Paulette: *Les Coulisses de ma mémoire*. Paris 1984

Crespelle, Jean-Paul: *La Vie quotidienne à Montmartre au temps de Picasso*. Paris 1978

Cubertson, Judi & Randall, Tom: *Permanent Parisians. An Illustrated Guide to the Cemeteries of Paris*. London 1991

Dax, Micheline: *Je suis gugusse, voilà ma gloire*. Paris 1985

Dietrich, Marlene: *Nehmt nur mein Leben*. München 1979

Dillaz, Serge: *La Chanson sous la IIIe République, 1870–1940*. Paris 1991

Dréjac, Jean: *Comme elle est longue à mourir ma jeunesse*. Saint-Cyr-sur-Loire 2006

Dutheil-Pessin, Catherine: *La Chanson réaliste. Sociologie d'un genre: Le visage et la voix*. Paris 2004

Faucheux, Michel: *Chaplin*. Paris 2012

Flanner, Janet: *Paris Was Yesterday, 1925–1939*. New York 1972

Fol, Sylvia: *Billie Holiday*. Paris 2005

Fontanes, Michel: *Billie Holiday et Paris. Chronique de la vie de Lady Day à Paris en 1954 et 1958*. Paris 1999

Guesnet, Jacques: *Bernay dans les années 1900*. Bernay 2002

Guillaume, Denis: *La Résistance en France, 1939–1945*. Paris 2006

Hamon, Hervé & Rotman, Patrick: *Tu vois, je n'ai pas oublié*. [Montand-Biographie.] Paris 1990

Hamon, Hervé & Rotman, Patrick (Hrsg.): *Montand raconte Montand*. Paris 2001

Higham, Charles: *Marlene. The Life of Marlene Dietrich*. New York 1977

Klein, Jean-Claude: *La Chanson à l'affiche. Histoire de la chanson française du café-concert à nos jours*. Paris 1991

Lacombe, Nicole & Alain: *Fréhel*. Paris 1990

Lancelot, Hubert: *Nous, les Compagnons de la Chanson*. Paris 1989

Lange, Monique: *Jean Cocteau. Prinz ohne Reich*. Freiburg 1991

Le Boterf, Hervé: *La Vie parisienne sous l'occupation, 1940–1944*. Paris 1975

Lépidis, Clément: *Belleville au cœur*. Paris 1980

Lépidis, Clément: *Je me souviens du 20ᵉ arrondissement*. Paris 1997

Lévy, François: *Paris chante Montand*. Ausstellungskatalog Paris, Hôtel de Ville, Mai–Oktober 2002. Paris 2002

Machart, Renaud: *Poulenc*. Paris 1995

»Madame Billy« [Soccodato, Aline]: *La Maîtresse de »maison«*. Paris 1980

Marquet, Mary: *Tout n'est peut-être pas dit*. Paris 1977

Meurisse, Paul: *Les Éperons de la liberté*. Paris 1979

Millau, Christian: *Paris m'a dit. Années 50, fin d'une époque*. Paris 2000

Morley, Sheridan: *Marlene Dietrich*. Frankfurt am Main 1977

Moustaki, Georges: *Questions à la chanson*. Paris 1973

Moustaki, Georges: *Un chat d'Alexandrie. Entretiens avec Marc Legras*. Paris 2002

Neef, Wilhelm: *Das Chanson. Eine Monographie*. Leipzig 1972

Palmer, Robert: *Baby, That Was Rock & Roll. The Legendary Leiber & Stoller*. San Diego 1978

Pantchenko, Daniel & Robine, Marc: *Charles Aznavour ou le destin apprivoisé*. Paris 2006

Poulenc, Francis: *Correspondance, 1910–1963*. Hrsg. von Myriam Chimènes. Paris 1994

Réali, Caroline: *Charles Aznavour. Passionnément*. Paris 2007

Rearick, Charles: *The French in Love and War*. New Haven 1997

Renaud, Line: *Les Brumes d'où je viens*. Paris 1989

Réval, Annie & Bernard: *Aznavour. Le Roi du cœur*. Paris 2000

Richard, Lionel: *Cabaret, cabarets*. Paris 1991

Riva, Maria: *Marlene Dietrich par sa fille*. Paris 1993

Rorem, Ned: *Critical Affairs. A Composer's Journal*. New York 1970

Rorem, Ned: *The Paris Diary & The New York Diary, 1951–1961*. New York 1998

Rossi, Tino: *Tino Rossi par Tino Rossi*. Paris 1974

Rosteck, Jens: *Zwei auf einer Insel. Lotte Lenya und Kurt Weill*. Berlin 1999

Rosteck, Jens: *Die Sphinx verstummt. Oscar Wilde in Paris*. Berlin 2000

Rosteck, Jens: *Schauplatz Musik – Paris. Die Stadt und ihre Musik*. Regensburg 2012

Roupp, Lucien: *Marcel Cerdan. La Vérité*. Paris 1970

Sagan, Françoise: *Avec mon meilleur souvenir*. Paris 1984

Schmidt, Carl B.: *The Music of Francis Poulenc. A Catalogue*. New York 1995

Schmidt, Carl B.: *Entrancing Muse. A Documented Biography of Francis Poulenc*. Hillsdale 2001

Sevran, Pascal: *La Dame en bleu. Lucienne Boyer m'a raconté.* Paris 1971

Sue, Eugène: *Les Mystères de Paris.* [1842/43] Paris 1989; dt.: *Die Geheimnisse von Paris.* Frankfurt am Main 2008

Tabet, Georges: *Vivre deux fois.* Paris 1980

Taylor, Vince: *Alias Vince Taylor. Le Survivant.* Paris 1976

Thomson, Virgil: *Virgil Thomson by Virgil Thomson.* New York 1967

Trenet, Charles: *Mes jeunes années.* Paris 1978

Vian, Boris: *En avant la zizique.* Paris 1958

Weisweiller, Carole: *Jean Cocteau. Les Années Francine, 1950–1963.* Paris 2003

Yates, Jim: *Oh! Père Lachaise. Oscar Wilde's Purgatory.* Dublin 2007

Die Chansons
Das Repertoire

In das Verzeichnis aufgenommen wurden sämtliche (französischsprachigen) Titel, die Édith Piaf im Laufe ihres Bühnenlebens nachweisbar öffentlich vorgetragen und eingespielt hat bzw. von denen Aufnahmen, auch Probenmitschnitte, vorliegen. Sie sind hier nach Jahrzehnten unterteilt und jeweils in alphabetischer Reihenfolge angeordnet.

Angaben in Klammern bezeichnen lediglich jene an der Entstehung beteiligten Komponisten, Arrangeure und Textdichter (Vornamen nur bei Erstnennung), die im Verlauf dieser Biographie eine Rolle spielen oder für Piafs künstlerische Entwicklung von entscheidender Bedeutung waren.

Mit * gekennzeichnete Chansons fallen in den Zeitraum vor 1935, von dem keinerlei Dokumente vorliegen: Es handelt sich um Lieder, die Piaf ausschließlich auf der Straße oder in kleinen Lokalen vorgetragen haben soll und die offenbar nicht in ihre späteren Programme übernommen wurden. Bei den letzten vier Titeln, versehen mit **, erschien, aufgrund widersprüchlicher Angaben in verschiedenen Quellen, eine eindeutige Zuordnung unmöglich.

Die durch Fettdruck hervorgehobenen vierzehn Titel werden im vorliegenden Buch – in den eingestreuten Chanson-Abschnitten – einer genaueren Betrachtung unterzogen.

Diese Liste, in der auch Piafs Chansons für Yves Montand enthalten sind, nicht aber die englischen Fassungen ihrer französischen Originaltitel, erhebt keinen Anspruch auf Vollständigkeit. Dies gilt insbesondere für die Autorenangaben.

ca. 1925–1939

C'était un musicien*
Catarinetta*
Comme un moineau*
Il m'a vue nue*
J'ai deux amours*
J'ai l'cafard*
J'suis vache*
La Fiancée du démon*
La Marseillaise* (Claude Joseph Rouget de Lisle)
La mauvaise prière*
Le Barbeau de Saint-Jean*

Le Chaland qui passe*
Nuits de Chine*
Sur la Riviera*
Voici mon cœur*

Browning (Raymond Asso)
C'est la moindre des choses
C'est lui que mon cœur a choisi (Asso)
C'est toi le plus fort (Asso)
C'est un homme
Celui qui ne savait pas pleurer (Henri Contet)

'Chand d'habits (Jacques Bourgeat)
Corrèque et réguyer
Dans un bouge du vieux port
Ding Din Dong (Asso)
Elle fréquentait la rue Pigalle (Asso,
Louis Maitrier)
Entre Saint-Ouen et Glignancourt
Fais-moi valser
Il n'est pas distingué
J'entends la sirène (Asso, Margue-
rite Monnot)
J'suis mordu'
Je me fais toute petite
Je n'en connais pas la fin (Asso,
Monnot)
L'Étranger (Monnot)
La Complainte du petit chinois
La Fille et le chien
La Java de Cézigue
La Java en mineur (Asso)
La Julie jolie
La petite boutique
La Valse brune
Le Chacal (Asso)
Le Colonel a fait une valse
Le Contrebandier (Asso)
Le Fanion de la Légion (Asso,
Monnot)
Le grand voyage du pauvre nègre
(Asso)
Le Lapin et les chameaux (Asso)
Le mauvais matelot (Asso) – Duo
mit Asso
Le petit monsieur triste (Asso,
Monnot)
Les deux copains
Les deux ménétriers
Les Hiboux
Les Marins, ça fait des voyages
(Asso, Mitty Goldin)
Les Mômes de la cloche (Vincent
Scotto)
Madeleine qui avait du cœur (Asso)
Mon amant de la coloniale (Asso)

Mon apéro
Mon cœur est au coin d'une rue
Mon légionnaire (Asso, Monnot)
Ne m'écris pas
Nini peau d'chien (Aristide Bruant)
Paris-Méditerranée (Asso)
Partance – Duo mit Asso
Pierrot (Asso)
Poker
Quand même (Jean Wiéner) – für
den Film *La Garçonne*
Reste
Sans faire de phrase
Sans savoir comment
Simple comme bonjour (Louiguy)
[Si petite]?
Tout fout le camp (Asso)
Tu ris sans moi (Asso)
Un jeune homme chantait (Asso)
Va danser
Y avait du soleil
Y avait une fois (Asso)

1940–1949

Adieu, mon cœur (Contet, Mon-
not) – für den Film *Étoile sans
lumière*
Alice et Johnny [Sketch/Chan-
son] – für den Disney-Film
La Boîte à musique, mit Les
Compagnons de la Chanson
Amour du mois de mai
Bal dans ma rue (Michel Emer)
C'est l'histoire de Jésus
C'est merveilleux (Contet,
Monnot) – für den Film *Étoile
sans lumière*
C'est pour ça (Contet, Monnot) –
für den Film *Neuf garçons et un
cœur*
C'est toujours la même histoire
C'est un monsieur très distingué
(EP, Louiguy)
C'était la première fois

444

446

Petite si jolie (EP, Monnot) – für
das Singspiel *La p'tite Lili*
Plus bleu que tes yeux (Aznavour)
Pour qu'elle soit jolie, ma chanson
(EP, Louiguy) – Duo mit Pills für
den Film *Boum sur Paris*
Quand je l'embrasse (EP, Louiguy)
Rencontre (EP)
Retour
Rien de rien (Aznavour) – für das
Singspiel *La p'tite Lili*
Salle d'attente (Rivgauche,
Monnot)
Sérénade du pavé – für den Film
French Cancan
Si, si, si, si (Monnot) – für das Sing-
spiel *La p'tite Lili*
Sœur Anne (Emer)
Soudain une vallée (Dréjac)
Sous le ciel de Paris (Dréjac)
T'es beau, tu sais (Contet,
Moustaki)
Tant qu'il y aura des jours (Riv-
gauche, Monnot) – für den Film
Les Amants de demain
Tatave
Télégramme (Emer)
Toi qui sais (Emer)
Tous les amoureux chantent
(Monnot)
Tous mes rêves passés (EP,
Monnot)
Un étranger (Moustaki) – Duo mit
Robert Chauvigny
Un grand amour qui s'achève (EP,
Monnot)
Une dame
Une enfant (Aznavour, Chauvigny)

1960–1963
À l'aube (EP, Dumont)
À quoi ça sert, l'amour? (Emer) –
Duo mit Théo Sarapo
Avec l'allure que j'ai (EP, Francis Lai)

Bluff! (EP, Lai)
Boulevard du crime (Rivgauche,
Claude Léveillée)
C'est l'amour (EP, Monnot)
C'est la fête à l'amour (EP,
Léveillée)
C'est peut-être ça (Michel Vaucaire,
Charles Dumont)
C'était pas moi (Lai)
Ça fait drôle (Dumont)
Carmen's story (Rivgauche,
Dumont)
Chanson d'amour d'aujourd'hui
(EP, Lai)
Chez Sabine (EP)
Cri du cœur (Prévert)
Dans leur baiser (Vaucaire,
Dumont)
Défense de … (EP, Vaucaire,
Dumont)
Départ (EP, Lai)
Des histoires
Emporte-moi (Lai)
Exodus
Fallait-il? (Vaucaire, Dumont)
Faut pas qu'il se figure (Rivgauche,
Moustaki/Rivgauche, Dumont)
Filles d'Israël (Moustaki)
Histoire(s) en bleu (EP, Dumont)
Il est jaloux (EP, Dumont)
Inconnu excepté de Dieu
(Dumont) – Duo mit Charles
Dumont
J'en ai passé des nuits
J'en ai tant vu (Emer)
Je m'imagine (Monnot)
Je n'attends plus rien
Je suis à toi
Jérusalem
Kiosque à journaux (Rivgauche,
Léveillée)
L'Hidalgo (EP, Lai)
L'Homme de Berlin (Lai)
La Bande en noir (EP)

La belle histoire d'amour (EP, Dumont)
La Fille qui pleurait dans la rue (EP, Dumont)
[La Mort du petit cheval] (Hervé Bazin) – Textrezitation/Romanausschnitt
La Vie, l'amour (Rivgauche, Chauvigny)
La Ville inconnue (Vaucaire, Dumont)
Le Billard électrique (Dumont)
Le Bruit des villes (Dumont)
Le Chant d'amour (EP, Dumont)
Le Dénicheur
Le Diable de la Bastille (Dumont)
Le Droit d'aimer (Lai)
Le Menteur (EP, Lai)
Le Métro de Paris (Rivgauche, Léveillée)
Le Rendez-vous (Lai)
Le Rêve n'est qu'une illusion (EP, Léveillée)
Le vieux piano (Contet, Léveillée)
Les Amants (EP, Dumont) – Duo mit Charles Dumont
Les Amants de Teruel (Mikis Theodorakis)
Les Amants du dimanche (EP, Lai)
Les Amants merveilleux
Les Bleuets d'azur
Les Blouses blanches (Rivgauche, Monnot)
Les Enfants de la mode (EP, Lai)
Les Flonflons du bal (Vaucaire, Dumont)
Les Gens
Les Mains (EP, Lai)
Les Mots d'amour (Rivgauche, Dumont)
Les Nuits
Margot cœur gros
Marie-Trottoir (Vaucaire, Dumont)
Moi, j'aime l'amour (EP, Dumont)

Mon Dieu (Vaucaire, Dumont)
Mon vieux Lucien (Rivgauche, Dumont)
Monsieur Incognito
Musique à tout va (Lai)
Non, je ne regrette rien (Vaucaire, Dumont)
Non, la vie n'est pas triste (EP, Léveillée)
On cherche un Auguste (Dumont)
Ouragan (Rivgauche, Léveillée)
Pauvre comme Job (Monnot)
Polichinelle (Dumont)
Qu'il était triste, cet Anglais (Dumont)
Quand tu dors (Prévert)
Quatorze juillet (Theodorakis)
Roulez tambours (EP, Lai)
Rue de Siam
Sale petit brouillard (Lai)
Sur les quais (EP, Chauvigny)
T'es l'homme qu'il me faut (EP, Dumont)
Tiens, v'là un marin!
Toi, tu l'entends pas (Dumont)
Toujours aimer (Dumont)
Traqué
Troïka (EP, Léveillée)
Un dimanche à Londres (EP)
Un jour (Moustaki)
Une valse (Dumont)

Datierung unsicher/vermutl. nur im Probenstadium:
Jean l'Espagnol**
Le long des quais**
Le Mur**
Michaël**

449

Die Filme

1935/36

Februar 1936: Premiere des Films *La Garçonne*
Im Dezember 1935 in den Pathé-Studios von Joinville gedreht,
nach dem Roman *Femmes capricieuses* von Victor Margueritte.
Regie: Jean de Limur
Musik von Jean Wiéner
EP spielt an der Seite von Stars wie Marie Bell, Arletty und Suzy Solidor.
Kurzauftritt (als »Môme Piaf«) mit einem Chanson: *Quand même*

1941

Oktober: Premiere des Films *Montmartre-sur-Seine*
Im Sommer/Herbst 1941 in den Studios von Courbevoie gedreht.
Regie: Georges Lacombe
Musik von Marguerite Monnot
EP spielt (als Blumenverkäuferin Lily) an der Seite von Jean-Louis
Barrault, Henri Vidal und Paul Meurisse.
Vier Chansons: *Tu es partout; Un coin tout bleu; J'ai dansé avec l'amour;
L'Homme des bars*

1945/46

April 1946: Premiere des Films *Étoile sans lumière*
Im Sommer/Herbst 1945 in Versailles, Joinville, Houdan, in den Pariser
Pathé-Studios und im Bobino gedreht.
Regie: Marc Blistène
Musik von Guy Luypaert und Marguerite Monnot
EP spielt (als Zimmermädchen Madeleine) an der Seite von Yves Montand,
Mila Parély und Serge Reggiani.
Fünf Chansons: *C'était une histoire d'amour; Adieu mon cœur; C'est
merveilleux; Le Chant du pirate; Mariage*

1947/48

März 1948: Premiere des Films *Neuf garçons et un cœur*
Im Herbst 1947 in den Studios von Boulogne-Billancourt gedreht.
Regie: Georges Freedland
Musik von Curt Lewinnek, Norbert Glanzberg, Charles Trenet, Louiguy,
Marguerite Monnot
EP spielt an der Seite von Marc Bonel und Les Compagnons de la Chanson.
Fünf Chansons, davon drei Soli (*Sophie; Un refrain courait dans la rue; La
Vie en rose*) und zwei mit Les Compagnons de la Chanson (*C'est pour
ça; Les trois cloches*)

1949

September 1949: Premiere des Films *La Boîte à musique* [*Make Mine Music*; 1946]
US-Disney-Zeichentrickfilm mit zehn musikalischen Sketchen
Regie: Jack Kinney, Clyde Geronimi, Hamilton Luske u. a.
Erstaufführung der Originalfassung: Filmfestspiele Cannes, September 1946
EP und Les Compagnons de la Chanson synchronisieren/singen einen Sketch über die Liebesgeschichte von zwei Hüten (»Johnny Fedora et Alice Blue Bonnet«/*Alice et Johnny*), der im Original von den Andrew Sisters vorgetragen wurde.

1951/52

Januar 1952: Premiere des Films *Paris chante toujours* (für die Zweitausendjahrfeier der Stadt)
Piaf-Szene im November 1951 gedreht.
Regie: Pierre Montazel
Musik von Raymond Legrand
EP spielt an der Seite von Line Renaud, Les Compagnons de la Chanson, Tino Rossi und Yves Montand.
Ein Chanson: *Hymne à l'amour* (vor Notre-Dame)

1953/54

Februar 1954: Premiere des Films *Boum sur Paris*
Im Sommer 1953 in Paris, in Évian-les-Bains und in Épinay gedreht.
Regie: Maurice de Canonge
Musik: Louiguy
EP spielt an der Seite von Jacques Pills, Juliette Gréco, Charles Trenet, Mouloudji und Annie Cordy.
Zwei Chansons: *Je t'ai dans la peau; Pour qu'elle soit jolie, ma chanson*

1953/54

Februar 1954: Premiere des Films *Si Versailles m'était conté*
(zuvor Galapremiere im Dezember 1953 in der Pariser Oper)
Im Sommer und Herbst 1953 im Schloss von Versailles und an anderen Außenschauplätzen gedreht.
Drehbuch und Regie: Sacha Guitry
Musik von Jean Françaix
EP spielt an der Seite von Michel Auclair, Jean-Pierre Aumont, Brigitte Bardot, Jean-Louis Barrault, Bourvil, Claudette Colbert, Annie Cordy, Sacha Guitry, Jean Marais, Gérard Philipe, Micheline Presle, Tino Rossi und Orson Welles.
Ein Chanson: *Ça ira*

1954/55
April 1955: Premiere des Films *French Cancan*
Piaf-Sequenz im Dezember 1954 gedreht.
Drehbuch und Regie: Jean Renoir
Musik von Georges Van Parys
EP (als Eugénie Buffet) spielt an der Seite von Jean Gabin, Michel Piccoli
und Patachou.
Ein Chanson: *La Sérénade du pavé*

1957–59
August 1959: Premiere des Films *Les Amants de demain*
Im Winter 1957/58 in den Studios von Boulogne-Billancourt gedreht.
Regie: Marcel Blistène
Drehbuch: Pierre Brasseur
Musik von Marguerite Monnot
EP spielt an der Seite von Michel Auclair.
Vier Chansons: *Tant qu'il y aura des jours; Les Amants de demain; Fais comme si; Les Neiges de Finlande*

Auf der Theaterbühne

1940–53

April/Mai: *Le bel indifférent*
Einakter von Jean Cocteau
Inszenierung von André Brûlé, Ausstattung von Christian Bérard.
Premiere: 19. April 1940, Paris, Théâtre des Bouffes-Parisiens
EPs (stummer) Bühnenpartner Émile ist zunächst Paul Meurisse, dann
  Jean Marconi.
Wiederaufnahmen: Juni 1942 (Lyon, Salle Rameau, mit Marconi), Juli
  1946 (Gala im Club des Cinq, mit Gérard Landry), November 1946 (im
  Rahmen der Filmpremiere von *Macadam* im Pariser Kino Le Balzac, mit
  Meurisse).
Neuproduktion im April/Mai 1953: Paris, Théâtre Marigny.
Inszenierung von Raymond Rouleau, Ausstattung von Lila de Nobili.
EPs (stummer) Bühnenpartner Émile ist ihr damaliger Ehemann Jacques
  Pills.

1951

März: *La p'tite Lili*
Musikalische Komödie von Marcel Achard (Singspiel/»comédie musicale«)
  in zwei Akten und sieben/acht Bildern
Musik von Marguerite Monnot, Inszenierung von Raymond Rouleau,
  Ausstattung Lila de Nobili.
Musikalische Leitung: Robert Chauvigny
Premiere: 10. März 1951, Paris, Théâtre de l'ABC.
EP spielt die Hauptrolle an der Seite von Eddie Constantine.
Zehn Chansons: sechs Soli (*L'Homme que j'aimerai; Demain il fera jour;
  Du matin jusqu'au soir; La Valse de l'amour; Avant l'heure; Rien de
  rien*), zwei Soli für Eddie Constantine (*Petite si jolie; Dans tes yeux*),
  zwei Duette für EP und Eddie Constantine (*Si, si, si, si; C'est toi*)

Danksagung

Bernard Marchois & L'Association des amis d'Édith Piaf, Paris
Bibliothèque nationale de France, Paris, Départements des Arts du
 spectacle & Départements des Manuscrits
Bibliothèque publique d'information, Centre Pompidou, Paris
Bibliothèque municipale à vocation régionale Louis Nucéra, Nice
Bibliothèque d'étude et du patrimoine Romain Gary, Nice
Christian Seeger
Sylvain Rigoult
Tanja Ruzicska
Andreas Hedemann
Mia Sundfeldt
Monika Queisser & Frédéric Richaud

Bildnachweis

Personenregister

gurai que tu e
l'impression d
ecrasais tous
pas qu'un h
pour moi, je
mon grand ch
de toi, tu ne
instant, et c'ch
si fort. Voila
te laisser da
je vais te pre
mes yeux mon
m'endormir a
coté de moi et
me donner l'in

u l'ecrire / ce que tu me / ecrais
ika. J'ennui ni le j'ai pas.
j'anue. vien aohe